Neudeutsche Wirtschaftspolitik

von Friedrich Naumann

3. veränderte Auflage

Neudruck 1917

Verlag von Georg Reimer Berlin

Vorwort zur ersten Ausgabe.

Vor reichlich vier Jahren veröffentlichte ich eine Anzahl von Vorträgen über „Neudeutsche Wirtschaftspolitik“, die schon seit ziemlich langer Zeit vergriffen sind. Aus diesen Vorträgen ist das vorliegende Buch herausgewachsen, aber es ist so sehr viel umfassender geworden als jenes ältere kleinere Heftchen, daß ich es nicht als neue Auflage desselben bezeichnen mag. Der Titel und der Geist sind dieselben, aber in allem einzelnen ist es eine völlig neue Arbeit, die sich hiermit dem Leser darbietet.

Ich verkenne nicht, daß es ein Wagnis ist, ein Handbuch der Wirtschaftspolitik zu schreiben, zumal für einen Verfasser, der zwar inmitten der volkswirtschaftlichen Bewegungen und Erörterungen steht, aber doch nicht über das ganze Rüstzeug der fachmäßigen Einzelarbeiten verfüg.. Es bleibt immer die Möglichkeit, daß einzelnes mit mangelnder Kenntnis der vorliegenden Literatur gearbeitet und deshalb unvollkommen ist. Aber diese Möglichkeit bleibt selbst für den gelehrtesten Vertreter des volkswirtschaftlichen Wissens, und schließlich sind nicht die Einzelheiten das entscheidende an einem solchen Buche, sondern es ist der Versuch einer Übersicht über ein fast unübersehbar gewordenes Gebiet von Tatsachen und Beurteilungen. Daß diese Übersicht für den Leser die Einsicht in die Einzelfragen vermehrt und erleichtert, das ist es, was ich wünsche.

In manchen statistischen Angaben wird die „Neudeutsche Wirtschaftspolitik“ schon am Tage ihres Erscheinens durch inzwischen eingetroffene Veröffentlichungen überholt sein. Beispielsweise sind die ersten Bogen vor Kenntnis der Ergebnisse der neuesten Volkszählung gedruckt worden. Das aber ist bei jeder ähnlichen Arbeit unvermeidlich und ändert solange an der Sache nichts, als die nachkommenden Statistiken den hier dargelegten Gedankengang nicht stören, sondern bestärken.

Wenn ich nicht fürchten müßte, denen, deren ich an dieser Stelle mit besonderem Danke gedenke, einen Teil der Mitverantwortung zuzuschreiben, so würde ich vor anderen nennen: Brentano, v. Schulze-Gävernitz, Max Weber, Sombart und Calwer. Es ist nicht immer möglich, die Vaterschaft jedes einzelnen Gedankens hervorzuheben, wenn man ein lesbares Buch für einen weiteren Kreis von Volksgenossen schreiben will.

Die „Neudeutsche Wirtschaftspolitik" schließt sich in Form und Gesamtrichtung an mein Buch „Demokratie und Kaisertum" und an Dr. Rohrbachs Buch „Deutschland unter den Weltvölkern" an. Diese drei Bücher wollen als Einheit gelten und sollen, so Kraft und Leben erhalten bleiben, später eine Ergänzung finden, die ungefähr heißt „Geistesbildung und Politik". Das Ziel aller dieser Arbeiten aber ist und bleibt die Herbeiführung derjenigen geistigen Strömung, durch die ein politischer Sieg der deutschen Linken vorbereitet wird.

Schöneberg, Anfang März 1906.

Naumann.

Vorwort zur Neubearbeitung.

Durch die Berufszählung von 1907 und die weitere Entwicklung der letzten Jahre hat es sich nötig gemacht, das Ziffernmaterial einer eingehenden Nachprüfung zu unterwerfen. Dabei ist auch sonst da und dort im einzelnen verbessert worden, das Buch im ganzen aber ist sich gleich geblieben. Bei der Neubearbeitung hat mir Herr R. Vetter treulich geholfen.

Schöneberg, April 1911.

Naumann.

Inhaltsverzeichnis.

I. Abschnitt: Das neue Wirtschaftsvolk.

II. Abschnitt: Die Materie in der Wirtschaft.

III. Abschnitt: Der Güteraustausch.

IV. Abschnitt: Die Organisation der Arbeit.

V. Abschnitt: Der Staat im Wirtschaftsleben.

1. Abschnitt.

Das neue Wirtschaftsvolk.

1. Die menschliche Lebenskraft als Grundlage der Volkswirtschaft.

Es gibt keine ewigen Wahrheiten in der Wirtschaftspolitik, kein System, das für alle Völker, keine Gesetzgebung, die für alle Perioden passend wäre, denn das, was der Wirtschaftspolitik zugrunde liegt, das Wirtschaftsleben selber, ist wechselnd. Was vor 20 Jahren unentbehrlich war, kann heute schon schädlich sein. Es ist also falsch, wenn man Handbücher für Wirtschaftspolitik wie Katechismen behandelt, in denen Urahne, Ahne, Mutter und Kind ihre Belehrung finden sollen. Auch die liberalen Wirtschaftslehren des Freihandels und des ungehinderten Spieles der wirtschaftlichen Kräfte, so groß und herrlich sie gegenüber dem Polizeistaat, der kleinstaatlichen Zollhemmung und der mürbe gewordenen Zünftlerei aufleuchten, und so Gewaltiges diese Lehren für die Entfaltung des wirtschaftlichen Schaffens geleistet haben, können nicht als ewige Wahrheiten an die Spitze unserer Darlegungen gestellt werden, denn auch sie wurden erst auf einer gewissen Stufe des Wirtschaftslebens überhaupt möglich und konnten gerade deshalb so glänzend wirken, weil ihnen die lange Zucht gebundener Zeiten vorangegangen war. Ob sie heute noch ihre ganze Kraft und Höhe besitzen, bedarf mindestens erst der Untersuchung. Es steht nicht von vornherein fest, daß diese Lehren, die in der Mitte des 19. Jahrhunderts ihren ersten großen Aufstieg erlebt haben, das letzte Wort aller Wirtschaftspolitik sind. Es steht aber erst recht nicht fest, welchen bleibenden Wert andere entgegengesetzte Theorien besitzen. Die Lehren von den in sich abgeschlossenen besonderen Nationalwirtschaften, den „Volkswirtschaften" im engeren Sinne des Wortes, von Zollgrenzen, Staatsbeihilfen oder Staatsbetrieben bedürfen in noch höherem Grade der Nachprüfung, da sie von Haus aus in sich dunkler und verworrener sind als jene breite liberale Wirtschaftstheorie, die wenigstens den Vorzug besitzt, durchsichtige Begriffe zu schaffen und zu verwenden. Wir bitten also den Leser, sich zunächst von gewohnten allgemeinen Begriffen soweit freizumachen, daß er etwas anderes sucht als ein schon fertiges System. Er soll bereit sein, die Wirklichkeit erkennen zu wollen, selbst wenn sie nicht in das vorhandene Schema paßt, die große Wirklichkeit unseres werdenden und wachsenden neudeutschen Wirtschaftslebens. Erst wenn wir diese uns umgebende Wirklichkeit möglichst frei in ihrer ganzen Tatsächlichkeit begriffen haben, werden wir gefestigt genug sein, an das heranzutreten, was uns als streitvolle Überzeugung der wirtschaftspolitischen Parteien zu begegnen pflegt.

Das wirtschaftliche Leben selbst wollen wir also zu verstehen versuchen! Wer aber kann die Flutung in Worte fassen wollen, die uns umbrandet? Wer kann alles das Kleine und Große, das zusammen erst das Wirtschaftsleben ausmacht, in seinen richtigen Verhältnissen ausdenken und so darstellen, daß der Leser glaubt, die werdenden Gestaltungen selber sprechen zu hören? Kein Mensch ist allwissend und in der Darstellung verwickelter Vorgänge frei und klar genug, um den Wirtschaftsgang im ganzen auf wenigen Blättern wiedergeben zu können. Der Gang menschlicher Rede ist und bleibt ein mageres Mittel, wenn die Verflochtenheit ineinander liegender Gärungen und Umgestaltungen zum Ausdruck gebracht werden soll. Die Gleichzeitigkeit des Alten und des Neuen, die Verdeckung alter Formen durch neue Färbungen oder neuere Gestalten durch das Kleid des gewohnten Rechtes, das Ineinander von Not und Hoffnung, von Mangel und Fülle ist es, was zur Anschauung gelangen will. So einfach es ist, von einer Theorie auszugehen, so schwer ist es, vom Leben selbst zu beginnen. Eins nur tröstet uns dabei, das eine nämlich, daß alle Darstellung des Lebens in Kunst-, Literatur- oder Staatengeschichte vor denselben Schwierigkeiten steht. Alle Darsteller menschlichen Denkens oder Treibens können nichts anderes tun, als einige Linien auf das Papier zeichnen, damit die Phantasie aus der Linie heraus die Dinge selber nachempfinde und nachschaffe. Die Linien freilich richtig zu treffen, das Wesentliche scharf herauszuheben, die zahllosen Nebenformen absichtlich verschwinden zu lassen, das allein kann die Kunst derer sein, die die Wirklichkeit in Worten wiedergeben wollen. Nur so dürfen auch wir hier vom Wirtschaftsleben der Neuzeit sprechen. Wir dürfen gar nicht alles sagen wollen, was es gibt, nicht einmal alles, was uns gerade bekannt ist, sondern scharf und streng sollen wir die Hauptergebnisse aussondern, wie ein Landkartenzeichner die Hügel wegläßt, damit der Beschauer die Gebirge begreift. Es gilt, die stärksten Gestaltungen stark zu bezeichnen. Es gilt, die Eigenart des Wirtschaftslebens unserer Zeit auf ihre Elemente zurückzuführen. Was ist es, das unser neues wirtschaftliches Werden bestimmt? Warum ist heute Wirtschaftspolitik etwas anderes als früher? Wo liegen die treibenden Kräfte? Wo liegt das, was man zuerst verstehen muß, um das ganze ahnend zu erfassen?

Die Tatsache selber, daß wir in einem anderen Wirtschaftsleben darin stehen als unsere Großväter, bedarf nicht vieler Ausführungen. Es braucht nicht erst beschrieben zu werden, wie klein früher der Hamburger Hafen war, wie leer das oberschlesische Kohlenfeld aussah, oder wie sehr der Qualm der chemischen Industrie die Ebene am Mittelrhein verändert hat. Postkutsche und Schnellzug, Rüböl und elektrische Lampe sind oft genug einander gegenübergestellt worden. Man lese Goethes „Hermann und Dorothea", wenn man die alte Welt haben will! Es gab ein deutsches Volk, das war von einer durch Jahrhunderte erprobten braven Stetigkeit, ein Volk der Bauern und Handwerker, das seinen Acker väterlich bebaute und sein Gewerbe nach heimatlicher Kunst pflegte, ein Volk, das noch Zeit hatte und noch Platz, und das bei aller materiellen Dürftigkeit einen Luxus besaß, den wir verlieren, den Hintergrund einer noch nicht völlig überwältigten Natur, die Romantik des alten Waldes, der alten Straße und auch der alten Stadt und des alten Hauses. Dieses alte Volk aber sah in sich ein neues Volk erwachsen. Seine eigenen Kinder wurden ihm fremd, denn das Bauernkind ward Schaffner an der Straßenbahn, und der Sohn des Tagelöhners stieg unter die Erde, um Kohle zu graben. Die Söhne von Menschen, die nie etwas anderes erlebt haben als landwirtschaftliches Dasein, fangen an Schienen zu walzen, und die Nachfolger der alten Handwerker werden Fabrikanten oder Maschinenknechte. Aus dem alten langsamen Kaufmann wird ein reisender und Ware anpreisender Händler, aus Büchern werden Zeitungen, und die alte trauliche, aber etwas langatmige Stille weicht einem gedruckten Massengeschwätz, in das allmählich das ganze Volk hineingezogen wird. Einst waren es wenige Vorstellungen, mit denen die Seele ihren Haushalt bestritt, nun aber wird jedermann mit Nachrichten und Abbildungen übergossen, die er beim besten Willen nicht alle in sich verarbeiten kann. Damit hat das Seelenleben selber eine andere Gangart angenommen, der Rhythmus der Arbeit ist schneller geworden, und erst heute scheint das alte Wort der Bibel einige Wahrheit zu haben: es ist, als flögen wir dahin!

Und alle diese und zahllose andere Änderungen unseres Daseins sind offenbar keineswegs an ihrem Ende angelangt. Wir werden im Laufe der Zeit noch schneller fahren, noch heller beleuchten, noch schärfer rechnen, noch mehr telephonieren, noch mehr drucken, noch viel größere Betriebe erstehen sehen und auf gigantischen Arbeitsplätzen Tausende von Lohnarbeitern vereinigt finden; werden erleben, wie sich noch viel mehr Kapital an gewissen Zentralstellen sammelt, wie die Großstädte unübersehbar werden, wie die Lagerhäuser sich ins ungemessene weiten und wie der Ozean sich mit immer mehreren und größeren Schiffen füllt. Während nämlich frühere, stillere Zeiten sich leicht in dem Glanze sonnten, wie herrlich weit sie es gebracht hätten, und sich am Abschluß einer langen Entwicklungsreihe glaubten, ist bei uns das viel verbreitetere Gefühl das umgekehrte, daß wir uns erst am Anfang neuer Lebensformen befinden, am Vorabend einer Zeit, deren Wesen sich uns noch kaum enthüllt hat. Nach uns, erst nach uns, so fühlen wir, kommt das wirklich neue, das Zeitalter der Maschine in seiner Macht, Herrlichkeit und Vergewaltigung, das Zeitalter des Weltmarktes und der Erdumspannung, die Periode des sich vollendenden Kapitalismus und vielleicht die Morgenröte des Sozialismus, damit aber zugleich die endgültige Ertränkung und Versenkung von „Hermann und Dorothea". Ob wir diese neue Zeit wünschen sollen, wissen wir nicht, sie hat in ihrem Riesengesicht Falten, die uns in Schrecken setzen. Aber unser Wünschen ist ja in der Hauptsache völlig gleichgültig. Die neue Zeit kommt mit uns oder gegen uns, sie lacht nicht einmal über uns, wenn wir sie nicht wollen. Wie eine wandelnde Düne wälzt sie sich über uns daher, ein Schicksal, das erst dann ausreifen wird, wenn die Augen derer, die es herannahen sehen, sich längst geschlossen haben. Diese Zeit in ihrer Gesamtwirkung aufhalten zu wollen, würde Torheit sein. Was sind alle bewußten Maßnahmen, alle Gesetze der Menschen, gegen das Fatum, das Geschick im Wirtschaftsleben? Der bewußte Wille kann den Charakter einer Wirtschaftszeit im ganzen nicht bestimmen, er kann nur auf Grund richtiger Einsicht in diesen Charakter den Lebenden die Brutalität der Übergänge erleichtern und die gewonnenen seelischen Werte der Vergangenheit vor blinder Verschüttung zu schützen suchen, er kann die Rechtsformen dem Wandel der Wirklichkeiten anpassen und Ansätze, die freundliche Entwicklungen zu versprechen scheinen, mit Absichtlichkeit fördern. Er kann also nur etwas, nicht alles, er ist nicht der Demiurg, das heißt der Schöpfer der Lebensbedingungen. Das große Werden selber liegt tiefer als das regelnde und ordnende Wollen, es ist seiner Natur nach etwas Unreguliertes, Überwältigendes, dem einen zum Heil, dem andern zur Plage. Vor ihm stehen wir wie Kinder am Strande: Warum steigen die

Wellen? Warum? Dieses Werden müssen wir zu kennen suchen, ehe wir Wirtschaftspolitik treiben können.

Drei Möglichkeiten gibt es aber, dieses Werden zu erklären. Die erste Erklärung ist wesentlich ideologisch, das heißt, sie sieht als den ersten Faktor des neuen Wirtschaftslebens gewisse Ideen an, die das Handeln der Menschen belebt und in neue Bahnen gedrängt haben. Die zweite Erklärung ist wesentlich technologisch, das heißt, sie sucht den Umgestaltungsvorgang aus der veränderten Methode der Arbeit, des Handels und des Verkehrs zu begreifen. Die dritte Erklärung ist, wenn man so sagen will, anthropologisch, das heißt, sie sieht den Hauptvorgang der neuen Zeit in einer Steigerung der menschlichen Lebenskraft, deren erstes Kennzeichen die Bevölkerungsvermehrung ist. Keine dieser drei Erklärungen schließt die beiden anderen aus, vielmehr liegt die Sache so, daß gleichzeitig neue Ideen, neue Technik und neue physische Kraft bei den abendländischen Völkern auftreten. Es fragt sich nur, welcher dieser drei Erklärungen bei der Darstellung des neuen Wirtschaftslebens der erste Platz eingeräumt werden soll. Was ist das privum movens, was ist die Hauptursache der neuzeitlichen Wirtschaft? Wir antworten: Die Vermehrung der Masse der Menschen, der Zuwachs volkswirtschaftlicher Kräfte! Um aber diese unsere Antwort richtig zu begrenzen und zu beleuchten, müssen wir vorher auf die zwei anderen Erklärungsmöglichkeiten eingehen.

Die idealistische oder ideologische Auffassung des Wirtschaftslebens ist ein Teil der Geschichtsauffassung, die in allen Religionen üblich war und ist, und die von da aus zum Eigentum großer Philosophen wurde. Ihr Grundgedanke ist, daß es die Veränderungen in den menschlichen Ideenbeständen, in Glaube, Moral, Weltanschauung, Rechtsanschauung sind, durch die der geschichtliche Fortschritt oder Rückschritt bewirkt wird. Und ohne Zweifel hat es Ideenbestände gegeben, die zu geschichtlichen Mächten allerersten Grades geworden sind. Man denke an alles das, was in den Worten Katholizismus, Islam, Protestantismus liegt, um mit einem Blick zu übersehen, welche Wahrheit in der ideologischen Erklärung liegen kann! Das, was aber jetzt zur Frage steht, ist nicht, welches Recht in der Geschichtsbetrachtung überhaupt der ideologischen Erklärung zukommt (das würde sehr weit über den Rahmen dieser Arbeit hinausgehen), sondern nur die eine Angelegenheit, ob die neuzeitliche Umwandlung des Wirtschaftslebens aus einem bestimmten neuen Ideenbestande hergeleitet werden kann. Auch bei dieser Umgrenzung ist die Frage noch breit genug für ein eigenes historisches Werk. Es würde sich darum handeln, ob die geistige Strömung, die in England, Frankreich und

Deutschland im 17. und 18. Jahrhundert lebendig war, die wir als Aufklärung zu bezeichnen pflegen, und die in Rousseau einerseits, und in den Nordamerikanern des ausgehenden 18. Jahrhunderts andererseits ihre Höhe erreicht hat, die Ursache der Fabriken, der Eisenbahnen, der Demokratisierung des Lebens gewesen ist, oder ob schon sie selbst als ein erstes Symptom eines noch tiefer liegenden Vorganges erscheint. Anders gesprochen: sind die Ideen der großen französischen Revolution die Grundmotive unserer Umgestaltung? Es scheint vieles für diese Annahme zu sprechen, besonders wenn man die Anfänge der wirtschaftlichen Neuzeit ins Auge faßt. Entscheidend gegen diese Annahme spricht aber, daß erstens dort, wo diese Ideen am reinsten zutage treten, in Frankreich, der Übergang zur wirtschaftlichen Neuzeit sich am zögerndsten vollzogen hat, daß zweitens die Hauptförderer der wirtschaftlichen, kapitalistischen und technischen Neugestaltung nachweislich oft nur sehr wenig von den Ideen der Aufklärungszeit beeinflußt waren (Rothschild, Krupp, Siemens, Bismarck), und daß drittens die kapitalistische und technische Neuzeit sich heute gerade oft unter Verdrängung der Aufklärungsideale vor unseren Blicken ausbreitet. Die Ideenwelt der Aufklärung kann demnach als Abendrot der alten Wirtschaftstage, als Morgendämmerung der Neuzeit angesehen werden, aber nicht als der Wesensinhalt des ganzen jetzt entstehenden eisernen und kapitalistischen Zeitalters. Wir haben nicht deshalb eine nie vorher gesehene Ausbreitung der Metalltechnik erlebt, weil wir moralisch aufgeklärt, das heißt zu Individualisten gemacht worden sind. Die Aufklärung hat dabei ohne Zweifel sehr große Hilfsdienste getan, aber doch eben nur Hilfsdienste.

Die technologische Erklärung verzichtet darauf, die Veränderung, die wir erleben, von oben her aus einem Ideenbestande abzuleiten, ist vielmehr bereit, die Ideen selbst nur als Widerspiegelung von Vorgängen anzusehen, deren Heimat die Technik der Arbeit ist, und zwar aller Art von Arbeit. In schärfster Weise ist diese technologische Erklärung von Marx und Engels, den Vätern der Sozialdemokratie, formuliert worden. Sie heißt bei ihnen materialistische Geschichtsauffassung. Die Geschichte der Menschheit ist nach dieser Erklärungsweise im Grunde nur Geschichte des Wirtschaftslebens, und die Geschichte des Wirtschaftslebens ist im letzten Kern Geschichte des Werkzeuges und der Arbeitsweise. Auch in dieser Auffassung liegen unleugbare große Wahrheiten. Es ist zwar bisher nicht geglückt, alle frühere Geschichte auf wirtschaftliche Formeln zurückzuführen, das kann unseres Erachtens auch nicht gelingen; aber es hat weit über die sozialdemokratische Literatur hinaus unser Studium befruchtet, daß wir durch Marx gezwungen wurden, die Technik und den Betrieb als Geschichtsfaktor einzusetzen. Sombarts Werk über den Kapitalismus (Der moderne Kapitalismus, Leipzig 1902) bietet die bisher vollendetste Ausprägung dieses Gedankenganges, und Lamprechts deutsche Geschichte ist von dieser Denkweise vielfältig durchzogen. Wer wird leugnen, daß die Technik der großen Banken, der Eisenwerke, und daß vor allem die Technik der Goldgewinnung, des Heerwesens und der Staatsverwaltung durch die Aneinanderreihung vieler kleiner Veränderungen ein Gesamtresultat hervorbringen, das sich als neue Zeit darstellt? Man sage das eine Wort Eisenbahn, um zu wissen, welche Umwälzungen in der Hand der Technik liegen! Wenn wir trotzdem diesen technologischen Ausgangspunkt nicht wählen, so geschieht es deshalb, weil die Einzelfortschritte der Technik nicht etwas sind, was von einer Stelle aus erfaßt werden kann. Sobald man dem technischen Fortschritt nachgeht, findet man, daß er äußerst mannigfaltig in seiner Art ist, und daß es nicht gelingt, ihn mit kurzen Formeln wie Arbeitsteilung, Vordringen der Maschine, Großbetrieb, kalkulierende Methode, System freier Verträge und dergleichen hinreichend zu beschreiben. Der Fortschritt der Technik fährt gleichzeitig auf verschiedenen Straßen und ist sich keineswegs überall selbst gleich. Er kann als Zerteilung und als Zusammenlegung, als Herabdrückung und als Hinaufhebung der Menschenarbeit auftreten. Und vor allem: auch die Technik allein bewirkt die große Umgestaltung der Völker nicht, solange die Völker sich selbst gleichbleiben, das heißt, solange sie nicht wachsen. Bei Völkern, die nicht wachsen, ändert das Zeitalter der Maschine und Chemie nur die Oberfläche. Auch sie fahren mit der Eisenbahn und lesen Zeitungen, aber ihre Menge bleibt das, was die Väter waren, ihre Städte bleiben im alten Umfang, sie sind konservativ, so radikal ihre zeitweiligen Theorien klingen mögen. Das deutlichste Beispiel dafür ist wieder Frankreich. Warum durchleben wir das Zeitalter der Technik so ganz anders, so viel tiefer, schwerer als die Franzosen, warum machen wir eine Umschiebung des ganzen Volkes durch, obwohl unsere offiziellen Theorien oft konservativ klingen? Deshalb, weil wir physisches Wachstum haben. Die Veränderungen der Menschenwelt gehen von den Kindern aus! Ein Volk verwandelt sich in dem Maße als es Kinder hat. Freilich, es verwandelt sich zum schlechteren, wenn es seine Technik dem Kindersegen nicht anpaßt. *In diesem Sinne kann man sagen, daß die zwei Grundkräfte der Neuzeit die Masse und die Maschine sind, die Masse aber ist die erste.*

Damit sind wir zur *anthropologischen Erklärungs-*

weise gelangt. Sie ist von den drei Arten der Erklärung des menschlichen Fortschrittes die am wenigsten durchgearbeitete, war aber als Naturpolitik einfacher Völker immer vorhanden und hat stets die Aufmerksamkeit der Staatsleiter beschäftigt. Man wußte, daß man die richtige Population haben mußte, die richtige Quantität und Qualität der Menschen, um etwas leisten zu können. Die wissenschaftliche Nationalökonomie hat ihrerseits am Problem der Bevölkerungsfragen nie ganz vorübergehen können, aber sie fand meist keine rechte Stelle zu seiner Behandlung. In den meisten volkswirtschaftlichen Werken wird die Bevölkerungsfrage als eine Frage unter anderen besprochen, und zwar oft ohne rechten Zusammenhang mit der übrigen Lehre. Man beginnt mit den wirtschaftlichen Gütern oder mit der Organisation der Arbeit oder mit dem Wirtschaftsstaat, aber nicht mit dem Urelement des Wirtschaftslebens, dem Menschentum selber. Und wenn man doch vom Menschen ausgeht, dann beginnt man ihn als den wirtschaftlichen Einzelmenschen darzustellen, der als solcher gewisse Triebe und Eigenschaften hat, die dann als Kräfte des Wirtschaftsvorganges erscheinen. Alles das ist an seiner Stelle wichtig und nötig, nur gibt es etwas, was vorher besprochen werden muß: die schaffende Erneuerungs- und Vermehrungskraft, von der alle wirtschaftlichen Leistungen und Eigenschaften abhängen.

Der erste Gedanke der anthropologischen Anschauungsweise ist ein Stück Geschichtsphilosophie und kann hier nur angedeutet werden: die Weltgeschichte besteht aus dem Aufsteigen und Sinken von Völkern, von denen die einen kommen, die anderen gehen. Weshalb kommen sie, warum gehen sie? Man sagt, daß sie kommen, wenn sie jung sind, und gehen, wenn sie alt werden. Aber was heißt das bei Völkern? Hier liegen unergründete Tiefen. Die Behandlung der Rassenfragen, denen sich in neuerer Zeit auffällig viele Kräfte zuwenden, versucht das Dunkel zu lichten, noch aber ist die Unklarheit größer als das Licht. Wir können hier nichts anderes tun, als von der Tatsache ausgehen, daß wir geschichtliche Wachstumszeit haben, und zwar nicht wir Deutschen allein, sondern die ganze germanisch-slavische Welt. Alte Kulturen sind gebrochen, die romanischen Völker treten in ihrer Bedeutung zurück, die einstigen Barbaren aber werden Träger der Kultur und Herrscher des Menschheitslebens. In ihnen ist Willen und Schaffen, Wille zur Macht, Wille zur Ausbreitung. Dieser Wille ist es, ohne den keine Ideen aufsteigen, und ohne den alle Technik schläft. Daß wir diesen Willen haben, ist der Ausgangspunkt der neudeutschen Wirtschaftspolitik. Alle unsere Wirtschaftstheorien sind im Grunde nur Ausdrucksformen dieses Willens.

Wo der Wille zum Wachsen da ist, erscheinen alle Dinge anders, als wo er fehlt. Ein sinkender Stand, der nicht an Wachstum glaubt, hat eben deshalb andere Gedanken in seinem Kopfe als ein steigender Stand, der die Welt erobern will. In jedem Volk gibt es gleichzeitig sinkende und steigende Bestandteile, es ist aber ein großer Unterschied, welche von ihnen die Führung haben. Ein steigendes Volk ist ein solches, bei dem steigende Schichten zur Führung des Wirtschaftslebens gelangen. Im Kampf mit dem sinkenden vollzieht sich die Wirtschaftspolitik. Steigende Schichten aber sind nur dort möglich, wo an sich wachsende Ziffern vorhanden sind.

Jedes lebende Volk hat seine eigenen Nöte. Die einen sind voll Nöte, weil sie nicht steigen, die anderen gerade deshalb, weil sie vorwärtsdrängen. Alles Wachstum macht Schmerzen. Unsere Schmerzen sind Wachstumsschmerzen. Sie als solche zu verstehen, ist der Anfang einer den Willen bildenden Volkswirtschaftslehre. Wir treten aus einer alten Zeit heraus, werden ein zahlreiches Volk, müssen alle Dampfkraft und alle Technik und allen Verstand benutzen, um als solches leben zu können. Die neue Zeit kommt über uns wie ein Naturereignis, weil unsere Natur Saft und Leben in sich hat. Aus der quellenden Tiefe des Volkstums kommt sie heraus. Es quillt die Masse, die Masse aber ist es, die uns treibt, die alles, alles ändert, die uns in die Großstädte wirft und zum Welthandel zwingt, die unsere Tagesordnungen bestimmt und neue Rechte für neues Leben fordert. Ob wir sie lieben oder nicht, die Masse durchdringt unser Dasein. Von ihr müssen wir reden.

---

2. Die Tatsachen der Bevölkerungsvermehrung.

Der Beginn einer brauchbaren Bevölkerungsstatistik für das Gebiet, das heute Deutsches Reich heißt, liegt im Jahre 1816. Damals war unzweifelhaft noch das vorhanden, was wir die alte Zeit nennen; die Zeit, in der sich langsam und bedächtig ein Geschlecht an das andere ansetzte. Von da an ist die Geschichte der Bevölkerungsmenge dieses Gebietes folgende:

1816	24,8	Millionen	Einwohner
1835	30,9	"	"
1855	36,1	"	"
1875	42,5	"	"
1895	52,0	"	"
1905	60,3	"	"
1910	64,9	"	"

Also, wo vor 90 Jahren 2 Menschen lebten, leben jetzt mehr als 5. Mit ruhiger Stetigkeit geht die Menge in die Höhe, alle Ecken des Landes füllend, wenngleich in sehr verschiedener Dichtigkeit. Am wenigsten wuchsen von den deutschen Landesteilen Waldeck, Hohenzollern, Elsaß-Lothringen, Mecklenburg-Strelitz, Württemberg und der preußische Osten; am meisten Westfalen, Rheinland, Königreich Sachsen, Bremen, Hamburg, Berlin. Einzelne zurückgehende Ortschaften gibt es überall, aber kein Landesteil ist vom Wachstum ausgeschlossen und alle haben zum Erfolge ihr Teil beigetragen.

Der Erfolg der Bevölkerungsvermehrung hängt in erster Linie von den Geburten ab, dann von der Verminderung der Sterbefälle, dann vom Überschuß der Einwanderung über die Auswanderung. Leider fehlt uns eine genaue Feststellung der Aus- und Einwanderung. Besonders im Gebiet der Landgrenzen ist die Einwanderung schwer ganz exakt festzustellen. Was wir wissen, ist aber genug, um festzustellen, daß früher sehr viele deutsche Kräfte durch Auswanderung verloren gingen, daß jedoch in neuerer Zeit dieser Verlust aufgehört hat. Die Reichsstatistik berechnet den Abwanderungsverlust seit 1870 auf 2½, seit 1841 auf 5 Millionen Köpfe! Am höchsten stieg der Verlust im Jahrfünft 1881—1885, wo er im Jahresdurchschnitt 196 000 betrug! Von da an aber setzt eine völlige Umwandlung der Wanderungsverhältnisse ein. Das letzte Jahrfünft des alten Jahrhunderts bringt statt Wanderungsverlust einen Einwanderungsgewinn von 19 000 Menschen im Jahr, und selbst die Krisis von 1902/03 hat an dieser günstigen Wendung nichts geändert. Im Jahre 1908 wanderten über See 20 000 Köpfe aus. Das ist nicht schlimm, denn etwas Auswanderung muß ein gesundes Handelsvolk haben, und unsere jetzige Auswanderung wird reichlich, vielleicht schon etwas allzureichlich aufgewogen durch Einwanderung polnischer, slavischer, italienischer Elemente, deren genaue Zahl nicht vorliegt. Keinesfalls aber ist diese Einwanderung eine Hauptursache der Bevölkerungsvermehrung. Das Wesentliche ist und bleibt G e b u r t u n d T o d. Die Grundformel von Geburt und Tod in den letzten 20 Jahren lautet in runden Ziffern:

Geboren	2 000 000
Gestorben	1 200 000
Zuwachs	800 000

Das entscheidende ist die Zuwachsziffer, deren höchste Höhe bisher im Jahre 1906 mit 910 000 erreicht wurde. In dieser Ziffer drückt sich der Pulsschlag des Volkes am unmittelbarsten aus. Es ist aber nötig, zuerst Geburten und Sterbefälle für sich zu betrachten.

Der Gang der **Geburten** ist folgender:

1855	1 211 000	= 33,5‰
1865	1 552 000	= 39,2‰
1875	1 799 000	= 42,3‰
1885	1 799 000	= 38,5‰
1895	1 942 000	= 37,3‰
1905	2 048 000	= 34,0‰
1908	2 077 000	= 33,0‰

Der Höhepunkt der physischen Kraft liegt in der Gründungszeit des Deutschen Reiches. Von 1877 an sinkt das Prozentverhältnis der Geburten, nur erscheint der Abstieg größer als er in Wirklichkeit ist, weil bei der wachsenden Lebensdauer, von der wir sofort sprechen werden, die Zahl der Lebenden relativ zunimmt und also selbst eine sich völlig gleichbleibende Fortpflanzungskraft eine sinkende Prozentziffer haben müßte. Aber in der Tat ist nicht nur ein rechnungsmäßiger, sondern in gewissen Grenzen auch ein wirklicher Abstieg vorhanden. Die quellende Fülle fängt an sich selbst einigermaßen aufzuhalten, da die Zusammenhäufung der Menschen in Großstädte zu Hemmungen der Naturkraft führt, sei es durch zu enge Wohnungen, sei es durch Schwächung des familienbildenden Willens, sei es durch gesundheitliche und sittliche Schäden. Mit dem Wachstum wächst auch als Gegentendenz die Unfruchtbarkeit und sucht das Wachstum zu verschlingen. Sie niederzuhalten und den Sieg des Lebens dauernd zu machen, ist eine der ersten Aufgaben der Wirtschaftspolitik.

Das, was uns bis jetzt den relativen Rückgang der Geburten ohne allzugroße Bedenken ertragen läßt, ist der stärkere Rückgang der Sterbefälle. Die Sterbeziffern des letzten halben Jahrhunderts sind ein glänzendes Blatt in der Geschichte der Menschheit: der **Tod** wird schrittweis zurückgeworfen. Es starben:

1855	1 064 000	= 29,4‰
1865	1 134 000	= 29,2‰
1875	1 247 000	= 29,3‰
1885	1 268 000	= 27,2‰
1895	1 216 000	= 23,4‰
1905	1 256 000	= 20,8‰
1908	1 197 000	= 19,0‰

Der Umschwung liegt in den siebziger Jahren. Von da an siegt das Leben immer sichtbarer über den Tod. Die beiden günstigsten Jahre waren 1907 und 1908 mit je 19,0‰. Trotz stark gewachsener Zahl der Bewohner starben im Jahrzehnt 1900 bis 1910 weniger Menschen als im Jahrzehnt 1870 bis 1880. Der wachsende Wohlstand, die Schulbildung, die Kanalisation und Hygiene, die Arbeit der Ärzte hat dem Tode ein merkwürdig gewaltiges Halt geboten. In einzelnen Jahren versuchte er noch vorzudringen, im ganzen aber hat er seine Grenzen gefunden. Krankenkassen, Alters-, und Invaliditätsversicherung, Säuglingsheime, Mutterschutz warfen sich ihm entgegen. Es lebe das Leben!

Aus beiden Zahlenreihen setzt sich die dritte zusammen, der natürliche Zuwachs. Er betrug:

1855	147 000 =	4,1 ‰
1865	398 000 =	10,0 ‰
1875	552 000 =	13,0 ‰
1885	531 000 =	11,4 ‰
1895	726 000 =	13,9 ‰
1905	872 000 =	13,2 ‰
1908	880 000 =	14,0 ‰

Den Höhepunkt bilden die Jahre 1898 und 1902 mit je 15,6‰ Zuwachs. Die steigende Tendenz ist ganz offenbar. Sie kann etwas schneller oder etwas langsamer wirksam werden, aber sie ist an sich so groß, daß man mit ihr wie mit dem festesten Faktor unserer volkswirtschaftlichen Zukunft rechnen muß. Deutschland muß sich darauf einrichten, daß es in 15 oder 18 Jahren 80 Millionen Menschen haben wird. Schon vor etwa 12 Jahren haben wir als nächstes Ziel unseres volkswirtschaftlichen Arbeitens angegeben, daß wir im Jahre 1925 etwa 80 Millionen Menschen ernähren müßten. Bisher spricht noch immer alles dafür, daß diese Vorberechnung eintreffen wird. Es ist große Wahrscheinlichkeit, daß wir im Kampfe gegen den Tod noch weitere Siege erfechten werden. Man denke an den jetzt begonnenen Kampf gegen Geschlechtskrankheiten und an den Fortschritt der Kanalisation in Klein- und Mittelstädten! Diese weiteren Siege werden das ausgleichen, was durch verminderte Geburtenhäufigkeit verloren gehen kann. Aber selbst, wenn die Vollendung der 80. Million nicht im Jahre 1925 eintritt, sondern einige Jahre später, so kommt sie eben doch. So bald ändern sich große allgemeine Bewegungen nicht, daß der gewaltige Jahresvorsprung des Lebens über den Tod zwischen heute und 1930 verloren gehen könnte. Irgendwann in der Zukunft wird wohl auch unsere Nation sich an das Altwerden gewöhnen müssen, aber vorläufig hat sie noch Glück, Lust, Last und Not der kinderbringenden Völkerjugend. Das bestimmt unsere Zeit, unsere Volkswirtschaft.

Es ist aber nicht unsere Nation allein! Der Vermehrungsvorgang hat die ganze germanisch-slavische Menschheitsgruppe ergriffen und ist selbst über sie hinaus sichtbar. Nachdem der Mensch die Natur technisch gebändigt hat, und nachdem Krieg und

Hungersnot seltener geworden sind, fehlen die Hemmnisse der alten Zeit. Wo sind Wölfe? Wo ist Pestilenz? Rußland hat noch Reste dieser alten Schrecken und entbehrt auch neuer Schrecknisse nicht, trotzdem aber wächst es beständig an Menschen. Es wirft die meisten Kinder in die Welt: 47,1‰! Es hat die größte Sterbeziffer: 29,4‰! Aber diese verschwenderische Art, Menschenleben zu rufen und fortzuwerfen, ist in aller sonstigen Bedrängnis seine Größe. In günstigen Jahren erreicht es einen Überschuß von 18‰, die oberste Leistung unter allen statistisch erfaßbaren Nationen, falls nicht die Bulgaren noch wunderbarere Fruchtbarkeit aufweisen. Gleich hinter Russen und Bulgaren kommen aber die Dänen mit 14,7‰ und dann wir Deutschen, nach der internationalen Übersicht der Reichsstatistik, die das Jahr 1908 behandelt und unseren Zuwachs mit 14,0‰ angibt. Dann erscheinen als unsere nächsten Verwandten die Holländer und Norweger. Österreich-Ungarn und Großbritannien haben über 11‰, Italien 10,8, Irland 5,8 und endlich Frankreich 1,2‰. Jenseits des Meeres aber steigt die Zahl der Nordamerikaner durch Geburten und Einwanderung mehr als die der europäischen Völker; sie stieg in den Vereinigten Staaten in 20 Jahren um 26 Millionen. Und wer kann sagen, wie die Chinesen und Indier wachsen?

Diese allgemeine Zunahme unseres Geschlechtes hat etwas Unheimliches. Wo soll das hinaus? Es gibt verschiedene Berechnungen, welche Vorstellung von der Zukunft der Menschheit und insbesondere der Europäer wir uns zu machen haben, falls man die jetzt wirkenden Tendenzen sich fortgesetzt denkt. Professor Hickmann berechnet für diesen Fall die europäische Bevölkerung im ganzen für das Jahr 1910 mit 420 Millionen, für 1930 mit 500 Millionen, für 1950 mit 600 Millionen, und für das Jahr 2000 mit 940 Millionen! Man tröstet uns, das werde nicht so kommen, denn es sei eine bekannte Erfahrung, daß bei steigendem Wohlstande die Zahl der Geburten abnimmt. Ganz richtig, nur verliert bei wachsendem Wohlstand auch der Tod an Kraft! In Dänemark starben nur 14,7, in Großbritannien ebenso, und in Norwegen 13,6‰. Und vor allem, wer garantiert uns, daß die Zunahme der Masse immer wachsenden Wohlstand bedeutet? Bis heute sind wir im Durchschnitt wohlhabender geworden, indem wir uns vermehrt haben, aber wo liegen die Bürgschaften, daß das auch in Zukunft immer so bleibt? Es ist keineswegs selbstverständlich, daß die größere Dichtigkeit der Menschen größere Mengen von Lebensgütern mit sich bringt. Im Gegenteil scheint an sich die Gefahr viel größer, daß Masse und Mangel sich verbrüdern könnten.

3. Menge und Qualität der Bevölkerung.

Daß Masse und Mangel sich verbrüdern können, war die große Sorge des Engländers Malthus. Als vor 100 Jahren England etwa an der Stelle stand, an der wir im Jahre 1870 waren, nämlich im Übergang vom Agrarstaat zum Industriestaat, als das Übergewicht der nichtlandwirtschaftlichen Bevölkerung fühlbar wurde, da trat er als Prophet der Menschenbeschränkung auf, als Kassandra der modernen Welt: „Vermindert die Fruchtbarkeit, damit ihr leben könnt! Je mehr Leute sich an die Tafel setzen, desto mehr Hungrige werden von ihr aufstehen müssen! Greift der Natur nicht ins Werk, wenn sie Auslese halten will! Laßt die Überflüssigen sterben! Die Kinder sind die Angst der Menschheit!"

Viele Ohren haben diesen Propheten des Pessimismus gehört, und oft hat sich kleine selbstsüchtige Genußsucht mit dem düsteren Mantel des Malthus zu umhängen gesucht. Die Mühen der Erziehung zu sparen, schien als volkswirtschaftliche Weisheit gelten zu dürfen. Die Luxusmutter schrieb „Malthus" über die Tür ihrer Kammer. Vergeblich predigte ihr die Bibel, daß Kinder eine Gabe Gottes seien, vergeblich hörte sie schon als Kind, daß Jehova seinem Freunde Abraham nichts Höheres zu sagen weiß als: „Deine Nachkommenschaft soll sein wie der Sand am Meer und wie die Sterne des Himmels!" Nichts wußte sie mehr von dem Stolze alter echter Mütter, deren Seligkeit in ihrer Kinderstube lebte. Und Väter gingen durch das Dasein, die sich keine Schmerzen daraus machten, daß sie die letzten ihres Zweiges waren. Sind diese Frauen und Männer die Qualität von Menschen, mit der man eine starke Volkswirtschaft machen kann? Das ist die Frage. Ist Lebensverneinung auf dem Urgebiet des Lebens verträglich mit sonstiger Lebensförderung? Ist die Furcht vor der kommenden Generation eine gesunde, schaffende Volksstimmung? Malthus war klug im Sinne der kleinen Alltagsklugheit, aber blind gegenüber der Seele des Menschen. Wer sein Leben durch kleine Kunst vermehren will, der wird es verlieren. Malthusianische Völker verlieren ihre erobernde Kraft politisch und wirtschaftlich. Sie werden ängstlich, sparsam, müde, nervös, verfeinert bis zur Schwindsucht. Es fehlt die große Schule des Willens, die Sorge für die Familie. Es fehlt die Freiheit gegenüber dem Tode, die zum Tode spricht: „Nimm weg, wir schaffen wieder!" Eine menschliche Gemeinschaft, die nicht wachsen will, will keine neuen praktischen Probleme angreifen. Wie gut, daß die Engländer im ganzen ihrem Malthus nicht gefolgt sind! Was würden sie heute sein? Geh hin nach Paris, in die Stadt der Unfruchtbaren, die Zola so ergreifend bis in ihr innerstes

Wesen hinein beschrieben hat! Dort quälen sich die Besten, den Willen zum Leben wieder volkstümlich zu machen, und es kann sein, daß es zu spät ist.

Und hat nicht auch die Erfahrung aller der Jahre, die zwischen Malthus und uns liegen, gegen ihn gesprochen? Alle angelsächsischen und germanischen Völker haben inzwischen zugenommen, und zwar nicht bloß an Zahl, sondern auch an Qualität. Alle Beurteiler sind darin einig, daß der Durchschnitt des heutigen Engländers gesunder und besser lebt, als der Durchschnitt vor 80 Jahren. Auch bei uns ist es keine Frage, daß die wachsende Menge bis jetzt die Rasse nicht verschlechtert hat. Unsere Lebensdauer wird größer, die Körperlänge hat seit 100 Jahren zugenommen, der Militärschritt ist weiter geworden, die Ansprüche ans Leben sind gewachsen und können leichter befriedigt werden als früher. Kein Mensch wird sagen, daß wir ein ärmeres Volk geworden sind. Es hat Segen auf der Fülle der Menschen gelegen. Wir werden später davon reden müssen, wie sich der Verbrauch gehoben hat. Heute, wo in etwa 90 Jahren aus zwei Menschen fünf geworden sind, verbraucht jeder einzelne trotzdem weit mehr. Noch nie haben die Deutschen so viel Fleisch gegessen wie jetzt. Mit ihrer Zahl stieg ihre Lebensmöglichkeit, denn mit der Zahl stieg die Arbeitskraft und der Wille zur Arbeit.

Malthus hat nämlich nur dann recht, wenn er die Menge der Lebensgüter als eine feste Größe betrachtet. Sie aber ist glücklicherweise elastisch. Mehr Menschen können mehr produzieren und im allgemeinen steigt ihre Produktionskraft mit der Masse. Es ist allerdings nötig, diesen Zusammenhang zwischen Masse und Produktionskraft näher zu beleuchten.

Denken wir uns 100 Menschen auf einer kleinen Insel, die von aller anderen Welt abgeschlossen liegt, und denken wir uns, daß auch hier in 90 Jahren aus zwei Menschen fünf werden. Was wird der Verlauf der Sache sein? Man wird zunächst versuchen, auch die letzten Ecken und geringsten Böden der Insel mit nährender Frucht zu bebauen. Dann wird man tiefer graben, um mehr aus dem Boden herauszulocken. Jeder Quadratmeter wird dreimal umgewendet werden. Da es aber das Erfahrungsgesetz vom abnehmenden Bodenertrag gibt, das heißt die Wahrheit, daß bei Steigerung der Eindringlichkeit der Arbeit der Ertrag zwar auch steigt, aber langsamer als die Intensität der Arbeit, so wird die Arbeit von 200 Insulanern nicht doppelt so viel Ertrag schaffen als die Arbeit von 100. Es ist also anzunehmen, daß, wenn es 300 Insulaner geben wird, die Not da ist und mit der Not die Lockerung der gesellschaftlichen Ordnung. Das Ende ist dann Kindertötung oder Malthus.

Dieser Fall existiert nicht bloß in der Phantasie. Es gibt Bergtäler in den Hochgebirgen, die durch unvorsichtige Vermehrung bettelarm wurden. Dr. Rohrbach erzählt, daß ihm ein Fürst im Kaukasus klagte, seit der russischen Herrschaft sei bei ihnen Friede, und es blieben deshalb zuviel Menschen am Leben! Und was war die einstige und noch heute kaum überwundene Dürftigkeit vom Riesengebirge, Erzgebirge, Thüringer Wald und Spessart anders, als die Übervölkerung von Gebieten, deren Ernährungsgehalt gering ist? Erst als diese Bevölkerungen es lernten, durch den Handel ihre Arbeit in Brot umzusetzen, das anderswo gebaut wurde, fingen sie an, besser leben zu können. Es bleibt also an der Malthusischen Lehre soviel wahr, daß für jedes abgeschlossene Gebiet, und sei es noch so groß, einmal ein Zeitpunkt kommen kann, wo die Quantitätsvermehrung der Menschen sich in Qualitätsverschlechterung umwandelt. Es ist wahrscheinlich, daß das Chinesentum diese Umwandlung durchlebt hat. Und wenn wir Europäer keine Schiffe hätten und nur auf unseren Erdteil angewiesen wären, so würden wir im Laufe der Zeit immer geringere Böden heranziehen müssen, das heißt, wir würden mehr arbeiten müssen und relativ weniger dabei gewinnen. Dann würde Gesundheit und Moral abwärtsgehen durch Fülle der Menschen.

Gibt man aber dieses zu, so läßt sich rein theoretisch auch gegen den Gedanken nichts einwenden, daß irgendwann in tausend Jahren die ganze Erdoberfläche so klein geworden ist, daß alle guten Böden längst in intensiver Kultur stehen und deshalb die späteren Milliarden von Menschen zur Bearbeitung der ödesten Wüstenränder übergehen müssen, um leben zu können. Man kann zwar einwerfen, daß vorher die Chemie anderen Rat geschafft haben wird, doch ist das keine Sicherheit. Theoretisch bleibt etwas Richtiges an der Furcht des Malthus, aber nur theoretisch, denn für alle Zeiten, die wir uns von der Gegenwart aus wirklich vorstellen können, ist gar keine Angst menschlichen Ernährungsmangels. Noch gibt es zwei große Hilfsmittel: die Verbesserung der Ausnutzung des guten Bodens in der Heimat und der Anbau der ungeheuren Flächen, die noch des Pfluges harren. Südamerika und Mesopotamien sind noch offen, und solange es noch Völker gibt, die Brot und Fleisch kaufen wollen, wird es Menschen geben, die Brot und Fleisch herstellen. Worüber klagen denn unsere Agrarier? Etwa darüber, daß kein Getreide vorhanden ist? Nein, darüber, daß zuviel auf den Markt kommt! Das, was für uns auf Jahrhunderte hin die Malthusische Angst gegenstandslos gemacht hat, ist der Weltverkehr. Wir leben im Zeitalter des Verkehrs, weil wir dieses Zeitalter haben, können so viele leben.

Das, was wir bisher ausgeführt haben, ist noch völlig unabhängig von der Frage, ob wir Deutschen uns heute im eigenen Lande würden ernähren können. Wir würden es können! Wenn es heute nur Deutschland und nichts anderes in der Welt gäbe, würden wir zwar auf vieles verzichten müssen, aber leben würden wir noch können. Wir würden unsere ganze Kraft darauf werfen müssen, das nötige Quantum von Getreide, Fleisch, Wolle, Leinen (Baumwolle müßte ausscheiden) herzustellen und würden damit jenen Insulanern gleichen, die ihrem knappen Boden mit unmenschlicher Mühe das Notwendigste abzwingen. Mit jedem weiteren Jahrzehnt aber würde dieser Zustand unhaltbarer werden. Woher Nahrung und Kleidung für wachsende Millionen bei geschlossenen Grenzen? Das Ideal des geschlossenen Handelsstaates kann ein Ideal sein für kleinere Nationen auf großem Boden, kann es sein für Nationen, die nicht mehr wachsen, kann und darf es aber nicht sein für wachsende Völker. Wenn wir ein geschlossener Handelsstaat sind, so erdrückt unsere Vermehrung unseren Wohlstand, und wir werden wieder arm und hungrig wie einst das Erzgebirge und der Spessart. Unsere Masse zwingt uns dem Austausch entgegen. **Weil wir wachsen, müssen wir kaufen und verkaufen. Der erste Teil der Wirtschaftspolitik eines wachsenden Volkes ist deshalb seine Handelspolitik.**

Auch der Handel hat aber gewisse Voraussetzungen. Man kann nur mit guter Ware erfolgreich handeln. Die Masse muß also gute Ware herstellen, wenn sie nicht an leiblicher und geistiger Qualität abnehmen soll. Das würde leichter sein, wenn allein wir ein wachsendes Volk wären. Da aber die Volksvermehrung, wie wir gesehen haben, ein ganz allgemeiner europäischer Vorgang ist, sind wir von Völkern umgeben, die dasselbe Bedürfnis haben, Nahrungsmittel durch Bearbeitung von Stoffen zu erkaufen. Mit ihnen stehen wir in einem sich beständig steigernden Wettbewerb. Der Inhalt dieses Wettbewerbes ist die Frage: welches Volk hat die beste Technik, die beste Form und die beste Organisation der Arbeit und des Handels? Mit anderen Worten: wo ist die höchste menschliche Leistung zur Massenerscheinung geworden? Wo gibt es die wenigste Arbeitsvergeudung, die wenigste Verschleuderung von Zeit an wertlose Produkte, die wenigsten Störungen des Produktionsprozesses? Wo gibt es die vollendetste Ausnützung der inländischen Naturschätze, die verständigste Verwendung der Anlagen und Begabungen der Bevölkerung, die gewandteste Anpassung an die Bedürfnisse der Käufer, wo ist das erste Industrievolk der Neuzeit? Masse ohne

Steigerung der Arbeitsqualität wird zur Last, denn auch bei der Warenherstellung gibt es etwas, was dem sinkenden Bodenertrage gleicht, nämlich die Wahrheit, daß alle einfache und ungelernte Arbeit die Tendenz hat, so billig wie möglich bezahlt zu werden, da jeder sie nachmachen kann. Nur Waren, die nicht jeder nachmachen kann, erleichtern das Dasein eines Volkes. Was sich in der Welt bezahlt macht, ist stets nur die höhere Qualität.

Höhere Qualität der Ware ist aber nicht möglich ohne höhere Qualität der Arbeitskräfte, und zwar aller Arbeitskräfte. Die gute Arbeit muß Volkscharakter werden. Nur unter dieser Bedingung können wir unseren wachsenden Millionen mit Ruhe entgegensehen. Hier liegt das eigentlichste Wirtschaftsproblem der deutschen Gegenwart. Unser Volksideal muß sich auf Qualitätsproduktion richten. Hätten wir Überfluß an Naturgütern, so könnten wir uns mit deren Hervorbringung und erster Verarbeitung begnügen. Es muß Völker geben, die dieses tun. Wir aber können unser Land nicht vergrößern, haben keine tropische Fruchtbarkeit, haben wenig Metalle, wenig Holz, wir haben als unser bestes nationales Kapital die Menschen selber. Aus ihnen müssen wir soviel herausholen als möglich ist. Dabei müssen Technik, Betriebsform, Recht, Schule, Kunst und Weltanschauung helfen. Es wird Aufgabe der nachfolgenden Blätter sein, diese Gedanken in ihre Einzelheiten hinein zu verfolgen. Zunächst aber suchen wir die Masse selbst noch besser zu verstehen, indem wir ihre Verteilung in Berufe ins Auge fassen.

---

4. Die neue Berufsgliederung.

Mit der Vermehrung des Volkes verändert sich seine innere Zusammensetzung, und zwar wächst die Zahl der nichtlandwirtschaftlichen Bevölkerung. Leider besitzen wir keine Berufszählung aus dem Anfang des vorigen Jahrhunderts, es spricht aber alles dafür, daß die Summe der landwirtschaftlichen Bevölkerung durch das ganze 19. Jahrhundert hindurch fast genau die gleiche geblieben ist, und zwar, wenn man Frau und Kind und Gesinde mitrechnet und nach statistischem Brauch die Waldwirtschaft und Fischerei zur Landwirtschaft rechnet (auch die Seefischerei und auch die städtische Gärtnerei), im ganzen etwa 18½ Millionen Menschen. Es können Schwankungen nach oben und unten vorgekommen sein (beispielsweise betrug die Ziffer im Jahre 1882 um 724000 mehr als bei der Berufszählung 1895), aber selbst diese Schwankungen erklären sich vielleicht mehr durch die Unsicherheit des Statistikers, der im Einzelfall oft schwer sagen kann, ob jemand noch als Landwirt oder schon als Handwerker oder Hausindustrieller zu zählen ist, als durch wirkliche Vermehrung oder Verminderung ländlicher Stellen. Im einzelnen verschiebt sich auch deren Zahl. An einem Ort werden aus einer Bauernstelle drei oder vier gemacht, an einem anderen werden kleine Gehöfte zusammengelegt; hier zieht ein großes Gut Bauernland an sich, dort zerfällt ein Rittergut in Parzellen; hier werden Landstellen zu Stadtgelände, dort wird Wald oder Ödland zu Acker, aber alle diese Einzelverschiebungen scheinen sich im ganzen ungefähr auszugleichen, und die Zahl derer, die die Fläche bearbeiten, scheint sich wenig zu verändern. Eine große innere Veränderung dieses sich gleichbleibenden Bestandes hat sich zwar trotzdem vollzogen. Der alte Landwirt war in viel höherem Grade im Nebenberufe Gewerbetreibender als der Landwirt von heute, denn er machte vieles selber, was der heutige Landmann kauft, und es ist also die landwirtschaftliche Leistung in jeder Hinsicht eine viel größere geworden, als sie vor 100 Jahren war. Landmann sein, ist heute viel mehr ein Spezialberuf als in den alten Zeiten. Zunächst aber interessiert uns, daß wir die Hauptgruppen der Berufszusammensetzung als solche darstellen, und da genügt es zu wissen: 18,5 Millionen waren Landleute bis zum Ende des letzten Jahrhunderts und erst in den allerletzten Zeiten hat unter der Wucht der Zollgesetzgebung und der Industriesyndikate sich die Ziffer auf 17,7 Millionen vermindert. Die Industrie geht aufs Land und nimmt die Bauernkinder an sich. Es gibt nicht weniger Bauernstellen, aber in ihnen wohnen schon teilweise industrielle Miterwerber.

Außer den Landleuten gab es im Jahre 1816 nur etwas über 6 Millionen übrige Bevölkerung. Das waren die Stadtbewohner, Handwerker, Kaufleute, Beamte, Geistliche, Lehrer, Künstler, Rentiers, Bettler usw., im ganzen damals $^1/_4$ der Bevölkerung. Dieses $^1/_4$ lebte natürlich vom Leben der $^3/_4$. Der Bauer, der Landmann erhielt den Staat, beschäftigte das Handwerk, war die Substanz des Volkes. Damals galt das Wort: Hat der Bauer Geld, hat's die ganze Welt! Anders gesprochen: die Volkswirtschaft hing vom Ertrag der heimischen Ernten ab und in gewissen Landstrichen vom Preise, der in England für deutsches Getreide gezahlt wurde. Alles andere war, volkswirtschaftlich angesehen, Nebenerwerb. Wenn wir eine hinreichende Berufsstatistik Rußlands besäßen, würden wir in ihr diesen früheren Zustand unseres Volkes ungefähr wiederfinden. In Rußland sind etwa 85% der Bevölkerung Dorfbewohner. Fast ebensoviel können es 1816 in Deutschland gewesen sein, wenn man die kleinsten Städte als Dörfer rechnen will.

Dieses alte landwirtschaftliche Deutschland fing nun an, seine Kinder aus sich herauszusetzen. Der Vorgang sieht, wenn man sich die Sache in den gröbsten Umrissen vorstellen will, etwa so aus:

	Landwirtschaftlich	Nicht landwirtschaftlich
1816	18,5 Mill.	6,3 Mill.
1835	18,5 „	12,4 „
1855	18,5 „	17,6 „
1875	18,5 „	24,0 „
1895	18,5 „	33,5 „
1910	18,0 „	46,9 „

Und wollen wir auch hier in die Zukunft hinausgreifen, so werden dann, wenn 80 Millionen Einwohner erreicht sind, 62 Millionen Nichtlandwirte sein. An diesem Grundverhältnis ändern Zölle oder Freihandel wenig oder nichts. In England hat sich die Zahl der Bauern unter dem Freihandel nicht verringert. Vorher nahm sie ab, weil das Zollsystem die Großgrundbesitzer ermutigte, ihr rechtliches Übergewicht zum Bauernlegen auszunutzen. Bei uns lassen sich im letzten Jahrhundert große Wirkungen weder in der einen noch in der anderen Richtung verfolgen, und in neuester Zeit sinkt, wie wir eben gesehen haben, die Landwirtschaftsziffer trotz hoher Agrarzölle. Auf jeden Fall ist es eine Täuschung, von Zöllen eine grundsätzliche Vermehrung der landwirtschaftlichen Stellen zu erwarten. Wo sollen denn die neuen Bauernstellen Platz finden? Es ist ein bereits fertig abgeschlossener Vorgang, daß die Landwirtschaft nicht mehr das Wesen des deutschen Volkes ausmacht. Die Quantitätsvermehrung wurde zur Qualitätsveränderung. Es hat die industrielle Periode begonnen, die Zeit des Übergewichts der Nichtlandwirte. Das mag für den Landmann peinlich sein, aber an der Tatsache selber ist nichts zu ändern, sie gehört als fester Bestandteil zum Schicksal des wachsenden Volkes auf begrenztem Boden.

Als die Landwirtschaft anfing, ihre überzähligen Kinder aus sich herauszusetzen, nahmen sie, wie schon angedeutet, einen Teil der alten Landtätigkeit, das Hausgewerbe, mit sich fort und machten es zum selbständigen Erwerbszweig. Zum alten Handwerker trat das ins Gewerbliche übergehende Landkind, und aus beiden zusammen entstand das heutige Gewerbe. Diese Gruppe entwickelt sich zum neuen Kern der Volkswirtschaft, zur Industrie in ihren vielen Arten und Abarten. Es ist unmöglich, sie vom Handwerk alter Art genau abzugrenzen, da täglich aus Handwerkern Unternehmer oder Hausindustrielle oder Lohnarbeiter werden können. Bei der Berufszählung vom Jahre 1907 betrug diese Gruppe mit allem Zubehör an Frauen, Kindern und Hilfskräften 26,4 Millionen Menschen, also 8,7 Millionen mehr als die landwirtschaftliche Gruppe. Sie ist es, die wachsen muß, wenn wir leben wollen. Wohin soll sonst die neue Masse gehen?

Landwirtschaft und Gewerbe sind die zwei Massenstände, der eine sich beinahe gleichbleibend, der andere wachsend. Zwischen ihnen, beiden dienend, steht als der eigentliche Mittelstand, wenn man diesem vieldeutigen Wort einen bestimmten Inhalt geben will, der Handel, der Verkehr, das Heer, die Beamtenschaft und die gelehrten Berufe. Sie alle leben von den Hauptständen. Der größte Teil dieser Gruppe gehört zum Handel. Im Jahre 1907 waren es 3,7 Millionen Menschen. Zum Verkehr gehörten 3,2 Millionen, zum Gastwirtschafts- und Beherbergungsgewerbe 1,2 Millionen, zum Heer und Beamtenstand im weitesten Sinne des Wortes 3,4 Millionen. Schließt man noch häusliche Dienste und wechselnde, unbestimmbare Lohnarbeit mit 0,8 Millionen und Berufslose, Alte, Rentiers, Bettler mit 5,2 Millionen ein, so hat man eine ungefähre Vorstellung der Gruppierung von vor drei oder vier Jahren.

Wie aber wird die Gruppierung in der Zukunft sein? Nichts liegt uns ferner als weissagen zu wollen, aber es ist ohne Zweifel nützlich, sich auszudenken, wie sich das Volk der 80 Millionen etwa verteilen könnte. Nur als Vermutung, und um die Zukunftsprobleme recht klar heraustreten zu lassen, wagen wir folgenden Entwurf künftiger Berufsteilung:

	1895	1907	1925
Landwirtschaft, Forstwirtschaft, Gärtnerei, Tierzucht	18,5 Mill.	17,7 Mill.	19,0 Mill.
Bergbau, Hüttenwesen, Industrie, Bauwesen, Handwerk	20,3 „	26,4 „	34,0 „
Handel, Verkehr, Gastwirtschaft	6,0 „	8,3 „	13,0 „
Häusliche Dienste, wechselnde Arbeit	0,9 „	0,8 „	1,0 „
Heer, Beamte, Künstler	2,8 „	3,4 „	4,5 „
Ohne Berufsangabe	3,3 „	5,1 „	8,5 „
	51,8 Mill.	61,7 Mill.	80,0 Mill.

Es sei erlaubt, zu diesem unmaßgeblichen Voranschlag einer künftigen Gewerbezählung etliche Bemerkungen zu machen. Er entspricht nicht ganz dem früher (in der ersten Ausgabe) gemachten Voranschlage, indem er den Verkehr und die Berufslosen auf Grund der Zählung von 1907 höher einsetzte, als es früher richtig schien. Damit vermindert sich die Ziffer des eigentlichen Industrievolkes um einige Millionen, bleibt aber mit 34,0 Millionen noch immer hoch genug. Der Voranschlag ist mit Kenntnis der englischen Berufsgruppierung aufgestellt, aber nicht in strenger Anpassung an sie, denn es ist unwahrscheinlich, daß sich die englische Berufsverschiebung bei uns wiederholen wird. Der größte

Unterschied liegt in der Entwicklung der Landwirtschaft. Selbst mit Einrechnung von Irland bietet die englische Statistik nur 12,4 % Angehörige der ersten Gruppe, während wir sie trotz der schlechten Erfahrungen des letzten Jahrzehnts noch immer mit 19,0 Millionen einsetzen. Und zwar tun wir das, weil erstens das Stadium der deutschen Volkswirtschaft von 1925 nicht der jetzigen englischen Berufseinteilung, sondern einer früheren entsprechen dürfte, weil zweitens in Deutschland der Bauernstand nicht so sehr durch die Großgrundbesitzer ruiniert worden ist als in England, und weil drittens nach unserer Meinung eine so starke Steigerung der Viehproduktion in Deutschland in Aussicht steht, daß die viehzüchtende Landwirtschaft an Personal merkbar wird wachsen müssen. Wir wissen, daß diese Tendenz heute noch nicht statistisch greifbar ist, werden aber dort, wo wir von der Viehwirtschaft reden, die Gründe unserer günstigen Beurteilung darlegen. Eine andere Abweichung von der englischen Gruppierung besteht darin, daß wir die Gruppe der häuslichen Dienste zwar als stark steigend einsetzen, aber nicht entfernt nach Maßgabe der für unsere Begriffe fabelhaften englischen Ziffer (13,2%). Zur Erklärung dieser englischen Ziffer gehört ein Wohlstand, mit dem auch der reinste Optimist in 15 Jahren in Deutschland nicht rechnen kann. Handel, Verkehr und Gastwirtschaftsgewerbe ist fast nach dem englischen Vorbild berücksichtigt. Es kann dieses zu hoch erscheinen, aber viele Anzeichen deuten darauf hin, daß wir eine bedeutende Erweiterung unseres See- und Landverkehrs vor uns haben, daß der Betrieb von Hotels, Seebädern, Sommerfrischen unerwartet steigen wird, und daß die Zeit der kleinen elektrischen Bahnen erst im Beginn ist. Die Hauptfrage aber ist, ob es möglich sein wird, 34 Millionen Menschen gewerblich zu beschäftigen. Das ist die Lebensfrage der Nation. Gelingt dieses, dann regelt sich das andere relativ leicht. Arbeit für diese Millionen, das ist die Vorbedingung des Wohlseins der anderen.

---

5. Die Vermehrung der Abhängigkeitsverhältnisse.

Je dichter das Zusammenwohnen der Menschen sich gestaltet, desto abhängiger wird einer vom anderen. Die größte Unabhängigkeit haben die Bewohner dünnbevölkerter Gebiete. Sie sind meist arm und ohne die Wohltaten der Kultur, aber sie können tun und lassen, was sie wollen. Jeder kämpft seinen Kampf für sich, hat seine eigene Welt, ist ein Spielball der Natur und feindlicher Kräfte, aber sein eigener Herr. Dieser Zustand des Nomaden macht schon einer gewissen Gesetzlichkeit Platz, wenn die Stämme sich vergrößern oder wenn seßhafter Landbetrieb eintritt. Aber auch die Gesetzlichkeit des auf seinem Gut allein sitzenden, sich selbst genügenden Ackerbauers ist noch gering gegenüber der Zahl von Rücksichten und Regeln, an die der Stadtbewohner gebunden ist. Das höchste Maß von Vorschriften tritt jedoch erst dann ein, wenn an Stelle der Selbstwirtschaft die Produktion für den Verkauf tritt. Jeder wird dann jedermanns Knecht, und seine Freiheit beruht nur darin, daß seine Abhängigkeit nicht größer und nicht anders ist als die seines Nachbars. Das Zeitalter der wachsenden Masse und der wachsenden Arbeitsteilung der verschiedenen Gruppen der Masse ist von Natur ein Zeitalter immer verwickelterer wirtschaftlicher Abhängigkeiten.

Der Verkäufer wird abhängig vom Käufer, aber auch vom Mitverkäufer. Der deutsche Landmann wird abhängig vom Verkäufer in Argentinien, der Händler in der Kleinstadt vom Kaufmann in der Großstadt, der Bauer von der Kaufkraft des Städters, der Städter von der Kaufkraft des Landes, der Exporteur von der Leistung der Gewerbe seines Hinterlandes, der Importeur von Geschmack und Zahlungsfähigkeit seiner Abnehmer, der Fertigfabrikant vom Halbzeugfabrikanten, der Walzwerksbesitzer vom Kohlenbesitzer, der Mieter vom Hausbesitzer, der Hausbesitzer von der Nachfrage nach Wohnungen, der Arbeitnehmer vom Arbeitgeber, der Arbeitgeber von Zahl und Qualität der vorhandenen Arbeitskräfte, der Beamte von der Steuerkraft der Bevölkerung, der Geschäftsmann von den Vorschriften des Beamten, alle leben von allen, alle streiten sich mit allen, es entsteht ein Netz von Kontrakten, Verträgen, Tarifen, Gewohnheiten, Rechten, Krediten, Gesellschaften, Pflichten, wie es nie vorher in der Menschheit so verwickelt und bunt vorhanden gewesen ist. Der Einzelmensch hört auf, eine Größe für sich zu sein. Er gleicht einem Getreidekorn, das auf dem Gummiband durch das Lagerhaus gefahren wird. Es kann an seiner Stelle springen und tanzen, wird aber während dessen mechanisch weitergeschoben und von den Rändern des Bandes in die Mitte zurückgeworfen, sobald es sich verirrt. Damit ändern sich die seelischen Zustände des Menschen. Das alte Ideal, für sich allein etwas zu sein, verblaßt und verkümmert. Es war und ist ein schönes und hohes Ideal, aber undurchführbar im Massenvolke. Alle Verhältnisse werden vom Gedanken der Organisation, das ist der Regelung der Menge, durchdrungen. Es wird ein Stolz des Menschen, in großen Betrieben zu stehen, in weite Verbindungen hineingezogen zu sein. Oft ist dieser Stolz noch gemischt mit einem schmerzlichen Rückblick auf Zeiten, wo der einzelne für sich etwas war. Aber was hilft es? Selbst der Landmann beginnt sich zu organisieren. Alle fühlen, daß sie gemeinsam ihre Geschäfte machen müssen, daß auf Vereinzelung wirtschaftliche Todesstrafe gesetzt ist.

Diese Änderung unserer Gegenwart ist eines der interessantesten Erlebnisse. Es kommt uns allen unerwartet, denn die Parole der geistigen Bewegung, die der Gegenwart vorausging, war die Unabhängigkeit des Einzelmenschen. Die Philosophen, besonders Kant und Fichte, haben das Ich in die Höhe gehoben, die Dichter, vor allem Schiller, haben es gefeiert, die ganze Strömung des bürgerlichen Liberalismus war voll von dem Klang und Widerklang: Der einzelne ist seines Glückes Schmied! Man zerbrach die alten Verbände und Zünfte, um den einzelnen freizumachen, und verlangte vom Staat, daß er nichts anderes tue, als das Eigentum zu schützen und den einzelnen sich bewegen zu lassen. Mit viel echtem Idealismus wurde diese Kunde vom Sieg des Individualismus vernommen und weitergegeben. Und doch ist heute alles voll von Motiven anderer Art. Alle Teile des Volkes treten mit Forderungen an den Staat heran. Die Forderungen der Sozialisten und Bodenreformer, die auf öffentliche Regelung der Produktion, des Wohnungs- und Hypothekenwesens hinauslaufen, finden willige Hörer. Der Staat und die Verbände werden Wirtschaftsfaktoren, an deren Notwendigkeit man glaubt. So wirkte das Wachsen der Masse.

Es kann nun zwar zweifelhaft sein, ob mehr die Masse oder mehr die Maschine gerade diesen Umschwung hervorgerufen hat. Sicher haben beide zusammengewirkt. Geschichtlich scheint aber festzustehen, daß auch ohne Dampfkraft und Eisentechnik die Anhäufung vieler Menschen stets zu Großbetriebsorganisationen hingeführt hat. Wo im alten Babylon oder im alten Rom oder sonst in der Welt Massenbedürfnisse auftraten, wurde der Trieb zur Konzentration ihrer Befriedigung sichtbar. Nur setzte der unbeholfene Zustand des Verkehrswesens in alten Zeiten diesem Trieb engere Grenzen. Jetzt erst kann er sich frei ausleben, jetzt gibt es einen Markt, der die Erdkugel umspannt, und einen Kundenkreis, der nicht lokal begrenzt ist; jetzt verlohnt es sich, Artikel in Masse herzustellen, Preise für alle Länder zu normieren, Löhne einheitlich zu regeln und Verträge von allem persönlichen und zufälligen Beiwerk zu befreien.

Das heißt aber mit anderen Worten: die W i r t s c h a f t s l e i t u n g w i r d d e n P r o d u z e n t e n a u s d e r H a n d g e n o m m e n u n d g e h t t e i l s i n d i e V e r b ä n d e, t e i l s a n d e n S t a a t ü b e r. D i e Z a h l d e r w i r t s c h a f t l i c h l e i t e n d e n P e r s o n e n w i r d i m m e r k l e i n e r. Oft ist die Leitung nur noch Schein. Ein kleiner Kaufmann muß trotz formaler Freiheit genau das tun, was seine Verkaufsstelle von ihm fordert. Er zahlt die Miete, die in seiner Straße üblich ist, führt die Waren, die von den Verbänden der Fabrikanten oder von seinem Verkaufsverein normiert sind, nähert sich im Grade seiner Selbständigkeit langsam der Lage der Angestellten der Konsumvereine. Der Tierzüchter muß marktgängige Ware liefern und findet deren Preis in der Zeitung. Es verbreitet sich ein Geist der Gebundenheit an ein dunkles Ganzes, das uns alle umfängt. Nicht als ob sich nicht besondere Talente der Bindung entziehen könnten, aber für den Durchschnittsmenschen sind die Existenzbedingungen festgelegt. Er kann sie als Glied seiner Gruppe zu verbessern suchen, aber nicht als persönliches Ich. Deshalb zahlt er Beiträge für seine Gruppenvertretung.

Am deutlichsten ist dieser Zustand beim Durchschnittsmenschen der Industrie, beim gewerblichen Lohnarbeiter, aber es liegt nicht so, als sei er allein ein Gruppen- oder Massenmensch geworden. Auch sein Arbeitgeber ist vielfach ganz ebenso gebunden. Der Arbeiter hat nur die Illusion, als sei er ein einzelner, am ehesten und offensten fahren lassen, weil es gar zu handgreiflich war, daß der besitzlose Durchschnittsmensch sich kein eigenes ganz besonderes Wirtschaftsschicksal schmieden kann. Er muß sich organisieren und muß an den Staat appellieren. Unermüdlich muß er sich sagen, daß sein Einzelleben kein großes Schicksal enthalten kann. Was ist der einzelne Bergarbeiter gegenüber dem Bergwerk und der einzelne Schaffner gegenüber der Eisenbahnverwaltung? Seine Geschichte ist gleichzeitig die Geschichte seiner Genossen!

Und dieser Lohnarbeiter mit dem Massenschicksal ist nun der eigentlich wachsende Volksbestandteil. Im Jahre 1907 betrug die Bevölkerung, die direkt vom gewerblichen Lohn lebte, schon 17,8 Millionen. Dazu kamen 0,4 Millionen hausindustrieller Bevölkerung, die sich nur scheinbar von den Lohnarbeitern unterscheidet. Es ist anzunehmen, daß heute diese Schicht der Bevölkerung schon gegen 20 Millionen beträgt. Der gewerbliche Lohnarbeiter steht ziffernmäßig der gesamten Landwirtschaftsbevölkerung gleich. Und er wird weiterwachsen müssen, wachsen, bis er 30 Millionen oder mehr beträgt. Sein Wachstum ist unsere volkswirtschaftliche Notwendigkeit. Und indem er wächst, vergrößert er die Betriebe. Die Bergwerke, Eisenwerke, Spinnereien, Webereien, Ziegeleien, Baugeschäfte, Schneidereien, Schuhfabriken, Papierfabriken, chemischen Werke, Maschinenbaugeschäfte, sie alle werden immer größer werden, werden sich untereinander verschmelzen und werden Herrschaften aufrichten, gegen die die alten Lehnsherrschaften kleine und milde

Körper waren. Der kombinierte Betrieb ist die Losung der kommenden nächsten Generation. Der alte Kampf zwischen Monarchie und Demokratie erlebt in der Volkswirtschaft eine grandiose Auferstehung. Soll der Massenbetrieb monarchisch sein, konstitutionell, republikanisch, soll er staatssozialistisch sein oder privatwirtschaftlich, soll er kapitalistisch sein oder genossenschaftlich? Die alte Frage der Abhängigkeit des Menschen vom Menschen ist in ein neues Stadium getreten. Noch nie gab es eine so große Masse abhängiger Leute, die ihre Abhängigkeit fühlen und bereit sind, die Notwendigkeit geschichtlich gewordenen Abhängigkeitsverhältnisses zur Erörterung zu stellen. Sie werden uns alle zwingen, sie zu verstehen, und zwar um so mehr, als es den übrigen Volksteilen zum Bewußtsein kommt, daß das, was wir Arbeiterfrage nennen, gar keine bloße Arbeiterfrage ist, sondern die Frage nach der Bedeutung des menschlichen Ich in der Massenzeit überhaupt.

Der Lohnarbeiter ist der erste Massenbestandteil des neuen Volkes. Man mag über ihn noch so schlecht urteilen, so kann man ihm nicht bestreiten, daß er am reinsten die Menge darstellt. Er ist mehr als der Landmann der normale Durchschnittsdeutsche der Zukunft. Beklage das, wer will! Die Klage ist frei, ändert aber nichts. Die Lebenshöhe der Arbeiter ist mehr als irgend etwas anderes entscheidend für die Qualität der nationalen Arbeit. Die Gesundheit der Rasse hängt von den gesunden Existenzbedingungen der vielen ab. Die Arbeiter werden entweder aufwärtsgehoben, oder das Bleigewicht ihrer Unerzogenheit und Unkultur zieht uns alle niederwärts. Es ist gut, daß sie aufwärts wollen. Wenn sie nicht aufwärts wollten, wäre unsere Volkswirtschaft aussichtslos. O daß sie noch viel eifriger wären, geistig, moralisch, volkswirtschaftlich zu steigen! Wir werden später zeigen, wie sehr die materiellen Gewinne einer aufsteigenden Arbeiterschaft das ganze volkswirtschaftliche Getriebe beleben, wie insbesondere der Landmann und der Handwerker am höheren Lohne des Arbeiters interessiert sind. Hier galt es nur zunächst darzutun, daß die Arbeiterfrage nichts anderes ist als der klarste einfachste Ausdruck des sozialen Zeitproblems überhaupt: neue Herrschaftsverhältnisse schaffen neue Kämpfe Das ganze Volk muß die Angelegenheit der Organisationen seiner Arbeiter durchdenken. Welche Organisation und welche Wirtschaftsleitung sichert uns den besten volkswirtschaftlichen Ertrag und sichert uns, daß das lebendige Kapital schaffender Einzelpersonen im Massenzeitalter am wenigsten verloren geht?

6. Die Frauen im neuen Wirtschaftsvolke.

Wenn es richtig erscheint, daß die Vermehrung der Bevölkerung der Ausgangspunkt der neuen Volkswirtschaft ist, so ist gleichzeitig von selbst klar, daß die Frau als Mutter als erste Bringerin der Neuzeit zu gelten hat. Alle andere Frauenarbeit tritt vor der Arbeit der Mutterschaft zurück. Welch bedeutsame Tatsache, daß in einem Jahre über zwei Millionen Kinder geboren werden! Mitten in der volkswirtschaftlichen Erörterung möchte man an dieser Stelle eine Pause machen, um ein Lob der Mutterschaft zu singen. Die Männer erfinden Werkzeuge, die Frauen aber bringen Menschen zur Welt; die Männer schmieden Waffen, in den Armen der Mütter aber entstehen die Soldaten; die Männer regieren, die Frauen aber tun zur Größe der Nation das größte, denn nur die Völker mit leistungsfähigen Müttern setzen sich durch. Die Mütter sind das erobernde Element. Wird in einem Volke die Mutterschaft schwach, so nützt alle übrige Kultur nichts mehr, das Sinken der Mutter ist der Niedergang an sich, der Sturz ins Greisenalter der Völker. Die Jugendlichkeit der Nation hängt daran, daß ihre Töchter gern Mütter werden wollen. Jedes Mädchen, das dieses will, ist ein volkswirtschaftlicher Wertgegenstand. Das Unglück der Neuzeit ist nur, daß sich von allen Arbeiten, die es gibt, die Mutterarbeit am schwersten in den Rahmen der kapitalistischen Wirtschaft einfügt, denn sie ist unbezahlbare Arbeit!

Wir werden später noch genauer davon reden müssen, daß es die Eigentümlichkeit des Verkehrszeitalters ist, alle menschlichen Leistungen in Geld umzusetzen. Die alte Zeit war weniger geldwirtschaftlich. Man arbeitete und lebte zusammen. In dieser alten Zeit brauchte die Mutterschaft nicht berechnet zu werden, denn sie bedeutete keinen direkten Verlust für die Lebensmöglichkeit der Mutter. Jetzt bedeutet Mutterschaft Geldverlust, das heißt: die Frau hört in dem Maße auf zu verdienen, als sie Mutter ist. Die gewöhnliche Arbeit der Frau im Handel oder in der Industrie wird bezahlt, auch wenn sie volkswirtschaftlich von nur geringem Werte ist, die höhere Mutterarbeit aber macht sich nicht bezahlt, ja um sie leisten zu können, muß die Frau Opfer bringen. Die Frau als Individuum geht viel leichter durch die kapitalistische Welt, wenn sie nicht Mutter wird. Sie arbeitet dann nicht Menschen, sondern nur Ware, und verkauft Hände, da ihr niemand für Kinder etwas gibt.

Diese Darstellung ist absichtlich einseitig, um zunächst den Hauptpunkt ganz herauszuarbeiten. Die Einseitigkeit liegt darin, daß von der Mitwirkung des Mannes bei der Aufziehung von Kindern bisher nicht gesprochen wurde. Der Mann ist dazu da, die Mutterschaft volkswirtschaftlich zu ermöglichen. Die Herstellung der neuen Menschen ist gemeinsame Aufgabe beider Geschlechter, und wenn die Frau mehr physische Leistungen zu übernehmen hat, so gehört es sich, daß der Mann wirtschaftlich für sie eintritt: das ist die heutige Auffassung unserer Moral, und wir sind weit entfernt, von ihr etwas abstreichen zu wollen, möchten sie im Gegenteil stärken, können uns aber doch nicht verhehlen, daß damit die Schwierigkeit nicht völlig beseitigt ist, denn auch für den Mann als Individuum liegt es so, daß er leichter durch die kapitalistische Welt wandert, wenn er sich nicht mit Kindern belastet. Auch ihm gibt niemand etwas dafür, wenn er der Volkswirtschaft als Vater viel größere Dienste leistet als sein Nachbar. Gerade hier am Ausgangspunkt aller menschlichen Wirtschaft versagt die reine Geldwirtschaft. Man behauptet, die Gesellschaft werde durch den wohlgeordneten Eigennutz der einzelnen zusammengehalten. Das ist vielfach richtig. Aber eine Gesellschaft, die nur durch diesen Eigennutzen bestimmt wird, stirbt aus. Man sagt, jede gesellschaftlich notwendige Leistung mache sich privatwirtschaftlich bezahlt. Auch das ist vielfach richtig. Nur die Neuschaffung macht sich nicht bezahlt, weder die geistige noch die physische, da neue Menschen und Ideen im Augenblick ihrer Herstellung noch keinen Marktwert haben. *Je exakter man also den Gedanken des bloß geldwirtschaftlichen Systems durchdenkt, desto mehr enthüllt er sich als ein Gedanke der Unfruchtbarkeit.* Er ist ein notwendiger Hilfsgedanke im volkswirtschaftlichen Getriebe, nicht aber ihr A und O.

Es war von Bebel ein tiefer Griff in die Wahrheit der Dinge hinein, als er seine Verkündigung des Sozialismus mit einem Buche von der „Frau" einleitete. An diesem Buche ist vieles einzelne falsch, wunderlich oder überholt durch neuere Einsichten, der Kern aber bleibt richtig, daß Kinder nicht privatwirtschaftlich gedeihen, sobald man die Privatwirtschaft auf die Spitze treibt. Was ist es denn heute, was uns den Kindersegen des deutschen Volkes trotz aller Schwierigkeiten erhält? Es ist die Nachwirkung einer Zeit von Jahrhunderten, die in unserer Religion und Moral sich niedergelegt hat, das Lebensgefühl der Natur, die sich der kalten Lehre vom Nutzen gegenüber sieghaft behauptet, die dunkelempfundene Pflicht aller einzelnen gegenüber der Gattung. Wir leben gerade auf diesem Hauptgebiete vom Kapital der Vergangenheit und müssen Sorge tragen, daß es sich nicht aufzehrt. Das aber heißt: wir müssen die sozialen Motive stärken, indem wir die Last der Kindererziehung wieder mehr zur Sache der Gemeinschaft machen. Wir sagen nicht die Kindererziehung selbst, sondern ihre volkswirtschaftliche Last. Heute werden die Hersteller der Menschen von allen Seiten belastet, als sei es nötig, ihnen ihr Werk besonders zu erschweren. Weder der Vater noch die Mutter nehmen deshalb mehr ein, weil sie Kinder liefern. Man sagt ihnen: Ihr habt dafür das Vergnügen an den Kindern! Ganz abgesehen davon, daß dieses Vergnügen oft recht starken Trübungen unterworfen sein kann, so ist die Rechnung, daß der menschliche Drang, sich an Kindern zu erfreuen, ein so gewaltiger sei, daß er alle Hemmnisse spielend überwinde, keine allzu sichere. Jedes neue Kind verengt zunächst den Raum, vermehrt den Bedarf und verkürzt die Unabhängigkeit der Eltern. Wer Kinder hat, zahlt mehr Miete, zahlt Schulausgaben, verausgabt seine Kraft für die nächste Generation. Die Aufhebung des Schulgeldes ist nur ein allererster Schritt zur Anerkennung, daß es eine öffentliche Leistung ist, Kinder zu erziehen. In dem Maße, in dem die Natur und die starke Gattungsmoral der Vorzeit schlaffer werden, werden wir weitere derartige Schritte tun müssen, wenn wir als Volk nicht zurückgehen wollen. Wir werden es vor allem der Frau erleichtern müssen, Mutter sein zu können. Das ist das erste und schwerste Problem der Frauenfrage.

Aber allerdings ist damit die moderne Frauenfrage noch keineswegs in ihrem ganzen Umfange aufgezeigt. Nicht nur die Arbeit der Mutterschaft, sondern alle weibliche Arbeit überhaupt steht in der neuen Zeit relativ schwerer da als früher. Die frühere Kultur beruhte viel mehr auf Frauenarbeit als die heutige. Das war nicht in jeder Hinsicht ein Vorzug, denn die Möglichkeit, daß der Mann den Herrn spielte und die Frau den Acker bestellen ließ, war in allen alten Kulturen vorhanden. Das äußerste, was in dieser Hinsicht möglich ist, zeigen gewisse Negervölker, wo die Frau als solche Sklavin und Arbeitstier ist. Auch in Deutschland gab es genug Barbarenrecht des Mannes gegenüber der Frau, diese wußte sich jedoch immerhin im großen und ganzen als Bäuerin und Meisterin in der alten deutschen Welt ihren Platz zu sichern. Das wesentlichste war natürlich ihre Stellung innerhalb der Landwirtschaft, da ja 75% des alten Volkes landwirtschaftlich waren. Die Stellung der Frau in der älteren deutschen Landwirtschaft gehört zu den besten Positionen, die sich die Frau in irgendwelchen Kulturformen errungen hat. Auch da, wo sie erbrechtlich benachteiligt und kirchlich ihrem Manne unterworfen war, fand sich in der Wirklichkeit des Lebens eine gewisse Selbständigkeit der Bauersfrau ein, die gar nicht selten in bäuerliche

Mutterherrschaft überging. Die alte Bäuerin war und ist noch häufig ein Faktor, dem sich alles andere unterordnet. Das übliche Bild von dem armen geknechteten Weibe paßt auf sie am allerwenigsten. Wirtschaftlich aber beruht diese ihre Vorzugsstellung darauf, daß die Wirtschaft alten Stils ohne sie gar nicht getrieben werden kann, da es ein fester Bestandteil der alten deutschen Sitte wurde, daß die Kuh zur Frau gehört, und daß die Kuh das Haupttier des alten Betriebes ist. Heute stellt man fest, daß Männerhände besser melken können, aber Männerhände haben es eben in vielen Jahrhunderten nicht tun wollen. In der Milchwirtschaft hatte die Frau ein Gebiet, in dessen Finanzen auch bei beginnender Geldwirtschaft die Männer nicht hineinzugreifen vermochten. Erst die moderne Molkereigenossenschaft entzieht der Frau den Rückhalt der Milchkasse, ein Verlust, der durch alle Vorteile des Molkereisystems nur schwer gutgemacht werden kann, da er die Frau um eine Stufe tiefer in die Abhängigkeit vom Manne hinabsteigen läßt. Immerhin bleibt in der Landwirtschaft auch heute überall dort, wo Viehzucht getrieben wird, die Frau in relativ gesicherter Höhe, denn die Kinderstube der Tiere erfordert im allgemeinen weibliche Hände. Auch die Garten- und Hackfruchtkultur ist günstig für weibliche Kräfte. Selbst in der Unterschicht der ländlichen Bevölkerung gelingt es dort, wo noch irgendwelcher eigener Wirtschaftsbetrieb vorhanden ist, der Frau verhältnismäßig leicht, sich selbst durchs Leben zu bringen. Sie steht in dieser Schicht sehr tief, weil die Schicht selbst tief ist, aber sie steht nicht in reiner Abhängigkeit vom Mann. Und fast überall hat es die Landwirtschaft alter Art ziemlich gut fertiggebracht, Frauenarbeit und Mutterschaft zu vereinen. Es waren Drang- und Mühezeiten für die Frauen, wenn sie kleine Kinder hatten, aber das System als ganzes hat doch innerhalb gewisser Grenzen sich gut bewährt: die Arbeit war elastisch genug, die Fruchtbarkeit nicht zu hindern. Ähnliches gilt vom alten Betrieb des Handwerks und auch des lokalen Handels. Beide waren ohne Frau undurchführbar, da beide eine Zusammenfassung von Familie und Arbeit darstellten, in der die Frau mindestens so nötig war wie der Mann. Als noch alle Arbeitskräfte zur Familie gehörten, konnte die Arbeit oft leichter von einer Frau ohne Mann als von einem Mann ohne Frau fortgeführt werden.

Die Familie, in und von der gearbeitet wird, ist es, die durch die neuere Zeit verdrängt wird, denn die Vergrößerung der Betriebe, über deren Zusammenhang mit der Volksvermehrung und Markterweiterung wir gesprochen haben, hat zur Folge, daß Familie und Produktion sich trennen. Das Handwerk tritt aus der Familie heraus und wird Fabrik, Werkstätte. Der Geselle tritt aus der

Familie heraus und wird Arbeiter, der nur während der Arbeitsstunden mit dem Arbeitsleiter in Beziehung steht. Selbst der Lehrling erscheint nur für die Arbeitszeit. Die Männer gehen „auf Arbeit". Damit entleert sich der alte Begriff der Familie, und es entsteht die neue Familienform, die es in den alten Zeiten nur vereinzelt gab, die Wohnstätte, die nur für Konsumtion und Kindererziehung in Betracht kommt, aber nicht für Produktion. Diese neue verkleinerte Familie wird nun der Lebensbereich der Frau, welche dadurch von einer mitschaffenden zu einer verwaltenden Kraft herabgedrückt wird. Dort, wo viel zu verwalten ist, wird das weniger empfunden, denn die Leitung einer wohlhabenden Haushaltung bietet der Frau auch dann noch Spielraum genug, wenn sie ihren Mann in ein Geschäft gehen sieht, an dem sie keinen Anteil mehr hat; aber im kleineren Lebensgebiet, wo die Wohnung eng und der Konsum gering ist, da wird jetzt die Frau zur verkümmernden Pflanze. Und zwar wird sie das um so mehr, je geringer das Quantum von Tätigkeiten wird, das sich für Familienbetrieb eignet. Die Zahl der Hausarbeiten nimmt immer mehr ab. Das Schlachten und Backen geschieht kaum noch auf dem Lande in der Familie, das Waschen vermindert sich bei verringerten Räumen, die Hausschneiderei weicht der Billigkeit der Konfektion, das Besorgen der Lampen wird durch Gas überflüssig, die Heizungsvorrichtungen vereinfachen sich, alles kann gekauft werden, und wer nicht kochen will, kauft Essen in der Gastwirtschaft. Was bleibt schließlich noch übrig, wenn das Haus das Reich der Frau sein soll? Muß es nicht wie Verzweiflung über sie kommen, wenn sie sich mit der alten Familie zurückgehen sieht? Man sagt ihr, sie solle sich an der Erziehung ihrer Kinder genügen lassen. Aber wie kann jemand erziehen, der nichts erlebt? Die Erziehung der vier Wände, in denen Woche für Woche ein Weib sitzt, das nur davon lebt, daß der Mann Geld in ihre Hände legt, ist in Wirklichkeit keine Erziehung, die auch nur entfernt das bieten könnte, was die oft hausbackene und nicht von des Gedankens Blässe angekränkelte Erziehung der alten Bäuerin und Meisterin leistete, auch wenn die Frau in den vier Wänden mehr gelernt hat als ihre Ahnfrau. Und was sollen all die unverheirateten Frauen tun? Für sie ist schlechterdings in der verkleinerten Familie kein Platz. Einst konnten Tanten, Muhmen, Basen überall gebraucht werden, und alle alten Familiengeschichten reden von ihnen; jetzt aber kann der kleine Mann in der Stadt beim besten Willen nichts mit ihnen anfangen. Wo soll die Frau bleiben, die noch nicht Mutter ist, oder die niemals Mutter wird, oder die ihre Kinder zeitig großgezogen hat? Ihr Suchen nach

Produktion und Verdienst ist der Teil der Frauenfrage, der am offensten vor allen Augen liegt.

Die Frau muß auch auf Arbeit gehen! Alle moralischen Einwendungen sind bei heutigen Verhältnissen nichts als Geplapper. Das Weib ohne Rente, das heute nicht auf Arbeit geht, ist moralisch viel gefährdeter als die Arbeiterin. Die Würde der Frau im modernen Leben liegt sogar eben darin, daß sie sich ihren Lebensbedarf nicht schenken lassen und nicht mit Leistungen erkaufen will, die ihrer Natur nach nicht käuflich sein sollen. Ehre jedem Mädchen, das etwas lernen will, um sich nicht verkaufen zu müssen! Sittlich liegt die Sache sehr klar, aber volkswirtschaftlich leider desto unklarer.

Man hat es dem Schreiber dieser Blätter in den Kreisen der vorwärtsstrebenden Frauen oft verdacht und sogar als Übelwollen angerechnet, wenn er die volkswirtschaftlichen Schwierigkeiten der produktiven Frauenarbeit scharf hervorgehoben hat. Es sei dies falsch, denn es schrecke von der Frauenbewegung ab. Ohne die letztere Folge ganz bestreiten zu wollen, halte ich es doch auch in dieser zusammenfassenden Arbeit für Pflicht, die Schwierigkeiten nicht zu verschweigen. Das beste, was wir Männer für die kämpfenden Frauen tun können, ist ein selbstloses Mitdenken über ihre Lage, so wie ein Vater über seine Töchter denkt, wenn sie ins Leben hineintreten müssen. Gelingt es den Frauen, die Schwierigkeiten, die uns groß erscheinen, leicht zu überwinden, um so besser!

Der Mittelpunkt der Schwierigkeiten ist die beständige Vermehrung von wichtigen Arbeiten, für die sich die Frau aus natürlichen Gründen nicht eignet. Jede Arbeit, die maschinell betrieben wird, gleitet damit mehr oder weniger aus den weiblichen Händen heraus, denn sowohl der Bau der Maschine wie auch ihre Bedienung ist ebenso wie Transport und Kohlenbeschaffung männlich. Was für die Frau im allgemeinen übrig bleibt, sind Handgriffe, die die Maschine nicht machen kann oder will. Die Zahl dieser Handgriffe ist sehr groß; deshalb wächst die weibliche Ziffer, aber die gewerbliche Arbeit selber in ihrem Kern ist heute so männlich wie jemals. Man gehe nur in die Fabriken! Ich habe ein gutes Teil in den verschiedensten Arbeitszweigen gesehen, kenne die langen Säle voll weiblicher Arbeit, weiß, daß alles Zurichten, Putzen, Einpacken, Sortieren, Anheften, Löten, Stanzen, Anmalen ohne Frauen gar nicht gemacht werden kann, will nur davor warnen, daß man aus bloßer Statistik über die Stellung der Frau im Gewerbe sich falschen Meinungen hingibt. Sie dient und hilft, aber sie leitet nicht. Daran ändert es auch wenig, wenn die Zahl der „selbständigen" sich sehr vermehrt.

Am meisten hat sich zwischen den zwei letzten Berufszählungen die Zahl der selbsterwerbenden **Frauen in der Landwirtschaft** gehoben:

	1895	1907	
Erwerbende Männer	5 315 000	5 023 000	— 292 000
Erwerbende Frauen	2 730 000	4 559 000	+ 1 829 000
Gesamtziffer mit Angehörigen . . .	17 815 000	16 921 000	— 894 000

Diese Ziffern sind sehr merkwürdig und bleiben es auch trotz allen Nachdenkens und aller Erklärungsversuche. Während die landwirtschaftliche Zahl im ganzen abnimmt, vollzieht sich in der Statistik der Übergang der weiblichen Angehörigen zur Selbständigkeit mit einer fabelhaften Vollständigkeit, und zwar, soviel wir wissen, ohne daß ein Druck in dieser Richtung ausgeübt wurde. Die Haustochter will als selbsterwerbend gelten! Das ist ein Sieg der weiblichen Selbständigkeitsidee, wie er so groß gerade auf dem Lande sicherlich nicht erwartet wurde, aber wirtschaftlich ändert sich damit außerordentlich wenig. Die Frau tut genau dieselbe Arbeit wie früher, und höchstens kann man annehmen, daß sie noch etwas mehr als früher kleine Gartenwirtschaften selbständig betreibt, während Männer und Söhne in Schächte, Walzwerke oder Maschinenfabriken gehen. Die ganze sonstige weibliche Zunahme findet sich in der abhängigen Arbeit.

Das ist nämlich auch der Charakter der **weiblichen Gewerbetätigkeit**, daß die Frau an Zahl beträchtlich wächst, aber im Grunde doch nur in Kleinbetrieben Selbständigkeit erreicht, sonst aber bei der Schreibmaschine und in der Klasse der leichter erlernbaren Lohnarbeit bleibt. Darin liegt kein Vorwurf, sondern nur die Feststellung einer sehr allgemeinen Tatsache. Die weiblichen Hauptberufe sind:

	1895	1907
Textilindustrie	428 000	528 000
Nahrungsmittel	140 000	249 000
Bekleidungsgewerbe	589 000	721 000
Reinigungsgewerbe	124 000	162 000
Handelsgewerbe	300 000	345 000
Gast- und Schankwirtschaft . .	261 000	340 000

Im ganzen beträgt die weibliche Ziffer in Industrie und Gewerbe 2 104 000 und in Handel und Verkehr 931 000, zusammen etwas über 3 Millionen. Diese Zahlen bedeuten in einer Hinsicht etwas Großes. Sie berichten von unendlicher Mühe ringender weiblicher Kräfte. Aber für jeden, der volkswirtschaftliche Dinge zu lesen versteht, besagen diese Ziffern, daß im allgemeinen die Frau nicht in die starken und gewinnbringenden Erwerbszweige hineingedrungen ist. Im ganzen sind es die armen Industrien, die der Frau die Türen aufgemacht haben, teilweise Industrien, deren Aufrechterhaltung in der Konkurrenz des Weltmarktes sehr schwer sein wird. Die großen, entscheidenden Industrien sind fast frauenlos. Um nur die größten zu nennen: das Baufach in allen seinen Teilen, der Bergbau, die Metallindustrie, die chemische Industrie, der Eisenbahnbetrieb, die Holzverarbeitung. Diejenigen Arbeitszweige, in denen die Neuzeit am lebhaftesten pulsiert, die in der Volkswirtschaft unserer Tage das eigentlich Neue sind, stellen der Frau fast unübersteigliche Hindernisse in den Weg. Und gerade diese Industrien müssen wir pflegen. Von der Eisenindustrie hängt, wie wir später zeigen werden, aller andere Fortschritt ab. Es ist ein Unglück, mit dem die Frauen sich abfinden müssen, daß die neue Kulturperiode ihnen in so hohem Grade das Leben schwer macht. Aber nicht nur die Frauen müssen sich damit abfinden, sondern wir alle ohne Ausnahme müssen die Lage der Frau in ihrer ganzen, nie vorher vorhandenen Schwere kennen lernen, um bereit zu sein, zu helfen.

Das was die Frau mitbringt, ist die Kleinheit der Finger, der Geschmack für das Zierliche und Nette, die anerzogene Geduld, Ordnungsliebe und Bedürfnislosigkeit. Mögen einige dieser Eigenschaften auch nur durch die Not herangebildet worden sein, so sind sie doch jetzt da und bilden Waffen der Frau im Kampfe ums Dasein. Im neuen Wirtschaftsvolke ist die konkurrierende, billige und geschickte Frau der gewerblichen Berufe und die Verkäuferin der neueste Bestandteil. Viele weibliche Kräfte, die oben bei Handwerksberufen mitgezählt worden sind, sind in Wirklichkeit auch Verkäuferinnen. Textilbranche und Handel öffnen sich dem Weibe. Es ist kleinlich, wenn die Männer bei der oben dargelegten Schwierigkeit der Frauenberufsfrage auch hier noch den Frauen Nöte machen wollen. Überhaupt soll man ihnen alle Arbeitszweige, die sich gesundheitlich für Frauen eignen, aufmachen, damit sie selber prüfen, ob sie in ihnen sich ein Leben schaffen können! Seid liberal gegen die Frau, denn wir alle brauchen, daß sie nicht von der Eisenzeit und Geldzeit zur käuflichen Ware oder zum Luxusspielzeug herabgedrückt wird! Es ist die Seele des Volkes und der Nachwuchs des Deutschtums, der in dieser Frage auf dem Spiele steht.

Die Doppelaufgabe heißt also: erstens müssen inmitten der modernen Kultur hinreichend breite Arbeitsgebiete für die Frau hergestellt werden, und zweitens muß die Arbeit in diesen Gebieten so angelegt werden, daß die Mutterschaft sich mit der Arbeit verträgt. Es darf nicht heißen: entweder Arbeit oder Mutter, denn so einleuchtend dieses „entweder — oder" für eine gemütvolle Betrachtung sein mag, so tötet es auf die Dauer die Mutterschaft. Der Zug zur Berufsarbeit ist groß und wachsend unter allen unseren jungen Mädchen. Wer von diesem Zuge nicht ergriffen wird, taugt im allgemeinen weniger, als wer ihn stark empfindet. Das bessere, charaktervollere Weib muß bei heutiger Sachlage Selbstverdienerin werden wollen, solange sie noch jung ist und ihres Lebens Plan zu machen beginnt. Soll nun für sie die Aufforderung zur Ehe unter allen Umständen die Aufgabe der erlernten Arbeit und gewonnenen finanziellen Selbständigkeit bedeuten, so wird in vielen Fällen die Aufforderung ablehnend beschieden werden. Ein Mädchen, das für sich etwas in der Welt geworden ist, hat nicht die einfache Naivität der ungelernten Tochter, die unter allen Umständen einen Versorger braucht. Soll gerade die straffe, tüchtige, berufliche Tochter sich von der Mutterschaft ausschließen? Das wäre ein Unglück für sie und das Volk! Es gilt also die Arbeitsverhältnisse der Frauen elastisch zu machen, so daß Heirat und Arbeit sich auch in der neuen Kultur vertragen, wie sie sich in der älteren Kultur vertragen haben. Ein Beispiel dafür ist der Unterschied zwischen Frankreich und Deutschland hinsichtlich der Lehrerin. In Frankreich darf die Lehrerin verheiratet sein, bei uns nicht. Ohne Zweifel ist es eine große Anforderung an Umgewöhnung unserer Sitten, was in den letzten Sätzen gefordert wird, aber man überlege das Problem selbst, um sich zu fragen, ob nicht doch die einzige dauerhafte Losung der Frau lauten muß: Arbeit und Mutterschaft.

Arbeit und Mutterschaft! Mit diesem schweren Doppelideal allein ist die Zukunft der Frau gesichert, und zwar deshalb, weil nur so die Frau körperlich und sittlich gesund bleibt (oder wird), und weil nur so das Volk im ganzen weiterbestehen kann. Gelingt es nicht, dieses Doppelideal zu verwirklichen, so teilt sich die Frauenwelt in zwei Hälften, nämlich in

mutterschaftslose Arbeiterinnen und
berufslose Mütter.

Die mutterschaftslose Arbeiterin ist aber in sich selbst ein halbes Wesen, mag sie sinnlichen Lebensgenuß ohne Mutterschaft sich versagen oder gestatten. Sie ist in beiden Fällen viel schlechter daran als der Mann, der nicht Vater ist. Auch als Arbeitskraft ist sie teilweis entwertet durch die seelische Unbefriedigtheit ihrer Zwangslage. Und andererseits ist die berufslose Mutter eine Wunde am Volkskörper, da sie, wie schon gesagt, an Charakter zurückgehen muß und außerhalb der Jahre der Kinderpflege sich als zwecklosen Bestandteil der Gesellschaft empfindet, selbst wenn sie mit Kochen und Möbelputzen und Pflege des Mannes ihre Zeit auszufüllen lernt. Das richtige Gefühl, daß ihre Arbeiten nicht groß genug für ein ganzes Menschenleben und vielfach technisch rückständige Arbeiten sind, liegt wie Blei auf ihrer suchenden Seele. Weshalb haben wir so viele Puppen unter unseren Frauen? Weil sie ihr Dasein mit Puppenarbeit hinbringen! Sie erhalten die häusliche Kleinwirtschaft aus Lebensangst. Sie flehen, daß das Zeitalter der Maschine ihnen ihre Arbeit nicht noch mehr erleichtern soll. Denn wozu, wozu würden sie dann auf der Welt sein?

Das Problem selber ist also deutlich. Aber das ist leider auch fast alles heute. Sobald man sich in seine Wirrnisse vertieft, muß man Gefühle und Organisationen verletzen, die durch Jahrhunderte geheiligt sind. Die ganze bisherige Rechtsform der Ehe beruht auf der Voraussetzung, daß die Frau Arbeitskraft im Betriebe des Mannes ist. Diese Voraussetzung trifft in der Landwirtschaft noch meist zu und ist in vielen anderen Berufen herstellbar. Sie ist und bleibt die natürlichste Form der Vereinigung von Arbeit und Mutterschaft, die gegebene Normalform. Theoretisch läßt sich der umgekehrte Fall, daß der Mann Arbeitskraft im Betriebe der Frau ist, konstruieren, und im Kleinhandel und in der Bekleidungsbranche trifft er in Wirklichkeit öfters zu, auch wohl im Gastwirtschaftsgewerbe. Oft ist da, selbst wenn der Mann die Firma hergibt, die Frau die Seele des Geschäftes. Diese Form ist, volkswirtschaftlich angesehen, ebenso berechtigt wie die andere, denn wenn man einmal die Notwendigkeit der erwerbenden Berufsarbeit der Frau zugestanden hat (und niemand kann sie mehr leugnen), so ist der Fall, daß die Frau im Berufsgetriebe höher steht als gerade ihr Gatte, nicht auszuschließen. Dieser Fall ist auch sachlich nichts Neues, da ja, wie wir vorhin ausführten, auch in der Landwirtschaft, wo der Betrieb formell dem Manne zu gehören pflegt, er in nicht wenigen Fällen tatsächlich von einer energischen Frau geleitet wird und der Mann, um es derb auszudrücken, als Großknecht bei der Frau beschäftigt ist. Alle diese Fälle, in denen Mann und Frau in demselben Produktionsverband stehen, machen keine neuen Schwierigkeiten. Anders aber steht es, wo beide auf verschiedene Arbeit gehen. Und dieser Fall wird leider der Musterfall in der Zukunft des gewerblichen Volkes, da die kleinen häuslichen Privatbetriebe an Bedeutung verlieren. Schon heute ist dieser Fall in allen Textilgegenden zahlreich vertreten. Dort entsteht am ersten die neue Form des Frauenlebens. Die wichtigsten Entscheidungen der Frauenfrage liegen dort, wo

der Umfang der Hausarbeit am meisten verkleinert ist,
die weibliche Erwerbskraft am meisten eingebürgert ist.

Dort entsteht in Not und Drang die Gestaltung, die sich dann mit der weiteren Ausdehnung dieser Vorbedingungen möglicherweise weiterverbreitet.

Wir wissen wohl, daß es der herkömmlichen Betrachtungsart der Frauenbewegung, soweit sie bürgerlichen Charakters ist, durchaus widerspricht, die Textilarbeiterin als die eigentliche Musterform der modernen weiblichen Entwicklung anzusehen. Nichtsdestoweniger müssen wir an dieser Auffassung festhalten, denn alle neuen Organisationsformen des Lebens entstehen dort, wo die neue Not am dringendsten ist. Auch der moderne Lohnarbeiter entstand in den ärmsten Gebieten, und der Gemeinschaftscharakter der Arbeit wurde in der Sphäre des Mangels zuerst begriffen. Die Volksschule entstand aus der Waisen- und Armenkinderschule, die Pädagogik erhob sich aus Pestalozzis Rettungshaus, die Industrie selber fing mit den ärmsten Manufakturen an. Nicht als ob die ganze Zukunft aus den Tiefen heraufstiege! Die Gedankenarbeit wird oben getan, aber das Material selbst zur Umgestaltung der Gedanken, das Rohmaterial der Kulturumgestaltungen, ist dort zu finden, wo das alte System am meisten in die Brüche geht. Das hat etwas sehr Gefährliches in sich, denn auf diese Weise können leicht Erscheinungen, die nur Folge von Unbildung oder Mangel sind, verallgemeinert und für notwendige Kulturerscheinungen gehalten werden. So war es in der Arbeiterbewegung, als man den Hunger der ersten Periode des Industrialismus für einen Wesensbestandteil des Lohnsystems an sich hielt. Man muß versuchen, die neuen Formen ohne die zufälligen Anfangsfärbungen der Erniedrigung zu erkennen. Das aber ist in Hinsicht auf die Frauenfrage nicht leicht. Die Textilarbeiterin als Mutter kommt in folgenden Gestalten vor:

1. als unverheiratete Mutter,
2. als verheiratete Mutter,
3. als eheverlassene Mutter.

Der normale Fall ist selbstverständlich der zweite. Er unterscheidet sich dort, wo der Mann regelmäßigen und ausreichenden Verdienst hat, nur unwesentlich von der herkömmlichen Form des ehelichen Haushaltes. Dort scheidet die Frau während der Jahre ihres Mutterschaftsdienstes aus der Fabrik aus, verdient durch hausindustrielle Nebenarbeit ihren Anteil am Familienbedarf und versucht (oft vergeblich) später wieder Anschluß an die Fabrikindustrie zu finden. Diese klare Sachlage erscheint aber sofort getrübt, sobald der Mann arbeitslos, ausgesperrt, krank, pflichtvergessen ist. Dann liegt die Last der Kindererhaltung auf ihr, und es hilft ihr gar nichts, von der Pflicht des Mannes zur Familienversorgung zu reden. Das sind die Fälle, wo sie sich einrichten muß, als wäre sie allein verantwortlich. Von diesen Fällen bis zu der „eheverlassenen Mutter" gibt es zahllose Zwischenstufen, deren eine heißt: „Du würdest die Kinder leichter erziehen können, wenn du den Mann nicht hättest!" Man sage nicht, das seien traurige Ausnahmefälle, die man nicht verallgemeinern dürfe! Jeder, der praktisch mit diesen Dingen zu tun gehabt hat, urteilt darüber anders. Die Stellung des Mannes zur Familie ist von da an, wo die Familie mit dem Arbeitsbetrieb nichts mehr zu tun hat, und wo die Frau sowieso als Verdienerin in Betracht kommt, eine lockere. Wenn in ihm die Moral des früheren Zustandes nicht stark nachwirkt, so fängt er an, von der „Familie seiner Frau" zu reden, für die er Geld geben muß, weil er der Vater ist. Er tritt zur Frau in ein formulierbares Verhältnis von Leistung und Gegenleistung, sobald der Begriff der gemeinsamen Einheitswirtschaft sich aufzulösen beginnt. Der Umkreis ihrer gemeinsamen Tätigkeiten verkleinert sich. Diese Veränderung kann durch keine Schärfung der Familienpredigt, so nötig und unentbehrlich sie ist, aus der Welt geschafft werden. Von da aus aber verändert sich auch die Stellung der unverheirateten Mutter. Es unterliegt keinem Zweifel, daß sie den geschichtlich gewordenen, in der Vergangenheit tief verankerten Sittengesetzen nicht genügt, aber das Urteil über sie verschiebt sich in dem Maße, als es sich um selbsterwerbende Frauen handelt, die die Verantwortung für die Versorgung von Kindern für sich übernehmen können. Ein starker Grund der alten rechtlichen Unterordnung der Frau unter den Mann fällt damit weg. In solchen Fällen braucht die uneheliche Entstehung des Kindes keine Übereilungssünde zu sein. Die Frau sucht nach einem Wege, um freie selbständige Arbeit mit Mutterschaft zu vereinigen. Sie will auf dem Arbeitsmarkt ihr eigener Herr bleiben. Wie sie dann ihre doppelte Belastung trägt, ist ihre eigene Sache, oft wird sie und das Kind dabei zerbrechen. Es ist aber schon ein Fortschritt, daß die Krankenkasse diesen Zustand ihrerseits anerkennt. Man muß dieses alles vor Augen haben, wenn man die Folgen der Trennung von Familie und Arbeit recht verstehen soll. Wer diese Folgen rücksichtslos und grundsätzlich ablehnen will, muß letztlich die erwerbende Frau ablehnen.

Statistisch tritt freilich diese Entwicklung noch kaum zutage. Die Zahl der Eheschließungen ist heute noch immer größer als zwischen 1878 und 1888 und viel größer als etwa in den schweren Jahren 1852 bis 1856. Sie stieg in den wirtschaftlich guten Jahren 1897 bis 1901 auf eine früher nur selten übertroffene Höhe.

und unter Reichsdurchschnitt ist die Eheschließung am meisten in agrarischen Gebieten. Die größten Zahlen unehelicher Kinder aber verteilen sich sehr gleichmäßig auf Großstädte und gewisse Agrargebiete, sind am niedrigsten in den industriellen Provinzen Rheinland und Westfalen. Nur liegt es so, daß auch bei rein moralischer Betrachtung ein uneheliches Kind in vielen Fällen besser ist als kein uneheliches Kind, und daß in Industriegebieten die geringe Ziffer nicht an sich die höhere Tugend bedeutet. Es kann also sehr wohl eine höhere Zahl unehelicher Kinder wie die sächsische (14 %) auf günstige Änderungen in der volkstümlichen Auffassung zurückschließen lassen.

Man wird es uns teilweise verübeln, daß wir diesen Punkt so breit behandelt haben, aber man täusche sich nicht darüber, daß er in der nächsten Zukunft noch viel besprochen werden wird! Die Debatten über „Mutterschutz" sind ein Merkzeichen der Lage der Sache, und daß im Juni 1904 die Frage der verheirateten Lehrerin auf großer, vom Landesverein preußischer Volksschullehrerinnen berufener Versammlung eindringlich debattiert wurde, gehört auch hierher. So groß die Unterschiede in der Auffassung der Lehrerin und der Fabrikarbeiterin sind, so bewegt doch beide dasselbe tiefe Lebensinteresse: Berufsarbeit und Mutterschaft! Wer kann sagen, in wieviel Seelen diese Dinge zittern?

Die Frauen mit besserer geschichtlicher und moralischer Erziehung werden sich trotz der Größe ihrer Lasten nicht davon abbringen lassen, daß die lebenslängliche Einehe die endgültig beste Form der Gemeinschaft von Mann und Weib ist. Es fragt sich nur, inwieweit diese beste Form sich mit der neuen Wirtschaftslage der Frau verträgt. Hier kann nur die opferwillige Praxis selbst zur Bildnerin von Recht und Sitte werden. Was wir hier inmitten volkswirtschaftlicher Untersuchungen nur zu fordern haben, ist, daß man nicht durch eine allzufertige Moral die Unmoral, das ist die Unfruchtbarkeit des Volkes, fördert. Das andere aber ist, daß wir an alle Arbeitgeber, die weibliche Kräfte beschäftigen, die dringende, aus ernster Zukunftssorge herausgeborene Bitte richten, es der verheirateten Frau zu erleichtern, erwerbend zu bleiben. Es ist das nicht leicht, denn alle Mutterschaft bedeutet Arbeitsstörung. Es gehört viel guter Wille und Klugheit dazu, der Frau im Arbeitsprozeß ihre richtige Stelle zu geben, in der sie nützliche Kraft, Charakter und Mutter zugleich sein und bleiben kann. Es ist aber eine der allerwichtigsten Fragen, die wir überhaupt vor uns haben. Ihre Vernachlässigung wird unser Volk frühzeitig alt machen. Erst dann werden wir alle unsere Töchter mit gutem Gewissen den

Weg der Berufsbildung gehen lassen können, wenn wir wenigstens soviel wissen, daß dieses nicht der Weg zum Ende des Volkstums sein muß.

Welche Arbeitszweige sich eignen, mit Mutterschaft verbunden zu werden, und welche Maßnahmen und Gesetze nötig sein werden, um in ihnen die Mutterschaft zu ermöglichen, ist nicht möglich hier zu erörtern, und unterliegt in jeder Hinsicht noch dem Versuche. Auf keinem Gebiete hat man so sehr wie auf diesem das schwere Gefühl, vor neuen Aufgaben zu stehen. Selbst das Beispiel Englands scheint uns hier wenig zu helfen. Wir haben vorhin gesagt, in welchen Arbeitszweigen die Frau bisher am besten fortkommt, und haben gefordert, daß man ihr in liberaler Weise alle Türen öffnet. Erst auf diese Weise kann man sehen, *was die Frau inmitten des neuen Wirtschaftsvolkes zu leisten imstande ist.* Bis jetzt konnte die Frau sagen: ich war von vornherein benachteiligt, denn meine Erziehung war unpraktisch, und ich mußte um der Ehe willen gerade dann aus der Arbeit heraus, wenn ich anfing, in ihr etwas zu bedeuten! Diese beiden besonderen Schwierigkeiten soll man aus dem Wege räumen, soweit es möglich ist. Dann erst kann die Frau selber sehen, was dieses Zeitalter ihr zu bieten imstande ist. Was sie von uns Männern verlangt, ist, daß wir sie nicht künstlich in den Schatten schieben, denn ihre Aufgabe bleibt schwer genug, auch wenn sie freie Luft und helle Sonne hat.

2. Abschnitt.

Die Materie in der Wirtschaft.

1. Mensch und Materie.

Die ersten beiden Elemente des Wirtschaftens sind der Mensch selbst und der Boden, auf dem er lebt. Dieser Boden war in allen ursprünglichen Verhältnissen der einzige Gegenstand menschlicher Arbeit, und auch heute ist an diesem Urverhältnis nur insofern etwas geändert, als es nicht der einheimische Boden zu sein braucht, der die Materie unseres Wirkens liefert. Man kann das alte Verhältnis von Mensch und Boden kaum innig genug darstellen. Der alte Mensch war seinem Wesen nach bodenständig und entsprach in seinen Gattungen den Erdformen. Er war Wassermensch oder Landmensch, Gebirgsmensch oder Ebenenmensch, Ackermensch oder Steppenmensch. Zwar das Geheimnis der Rassenverschiedenheiten wird durch die Aufdeckung dieses Zusammenhanges nicht entschleiert, denn es gibt schwarze, gelbe, weiße Menschen unter jeder dieser genannten Gattungen. Volkswirtschaftlich aber sind die Bodenunterschiede, wie es scheint, noch wichtiger als die Rassenunterschiede, denn wir sehen besonders in Urzeiten bei verschiedenen Rassen fast die gleichen volkswirtschaftlichen Erscheinungen zutage treten, wenn nur die Böden sich gleichen. Der Boden bestimmt die Nahrung, Kleidung, Wohnung, und damit die Art und das Maß der Arbeit. Es hängt ursprünglich vom Boden ab, ob die Menschen Körneresser, Obstesser oder Fleischesser sind, ob sie sich mit Wolle, Leinen oder Kokosfasern bedecken, ob sie unter Lehm, Holz oder Schiefersteinen wohnen. Bei genügender Kenntnis eines Bodens kann man sich aus dem Boden heraus den Naturmenschen ziemlich sicher konstruieren. Ein Naturmensch in der Lüneburger Heide ist von vornherein und zu allen Zeiten etwas anderes als ein Bewohner der Marsch.

Wenn wir bei diesen Überlegungen das Wort Boden gebraucht haben, so haben wir im stillen etwas mehr dabei im Auge gehabt als den bloßen Erdboden. Jeder Boden hat seinen Himmel und seine Feuchtigkeitsmenge und darum seine Fruchtbarkeitsgrenze und seine eigene Pflanzenwelt, nur sind das alles keine ganz gleichbleibenden Faktoren. Man denke an den gewaltigen Unterschied des einstigen Zustandes von Mesopotamien und der heutigen Naturmattigkeit dieses Landes, man denke an das alte Germanien mit seinen Wäldern und Sümpfen! Der Mensch wird vom Boden in seinem Wesen bestimmt, ist aber gleichzeitig der Umgestalter des Bodens. Er nimmt dem Boden sein altes Kleid und legt ihm neue Gewänder an, deren Dauerhaftigkeit nicht immer sicher ist. Er entwaldet, entwässert, verwandelt Laubwaldgebirge in Nadelwaldbestände, setzt körnertragende Gräser an Stelle wilder Weide, reguliert Bäche, schafft zahllose Steine nach den Wohnplätzen, gräbt Metalle aus der Tiefe und hebt Verwertungsstoffe aus der See. Es gibt Landstriche, deren Öde sagt: „Hier waren früher Menschen!“ Es gibt andere, deren Üppigkeit spricht: „Menschen!“ Nichts ist falscher, als in der Geschichte der menschlichen Wirtschaft nur Licht und nur Verstand sehen zu wollen, denn stets gab es Augenblicksinteressen der einzelnen, die das ruinierten, wovon die Gattung leben sollte.

Man kann versucht sein, die Kulturgeschichte als Geschichte der menschlichen Bodenbenutzung anzusehen. Diese Geschichte hat etwa folgende Grundform: eine Gegend schafft und nährt ihren Menschen, der zu ihr paßt. Dieser Mensch macht sich Platz, indem er Tiere und Pflanzen teils verdrängt, teils benutzt. Wenn er sich vermehrt, so schiebt er alle ihm unnütz scheinenden Organismen beiseite, sobald er stärker ist als sie. Vermehrt er sich noch weiter, so drängt er selbst einen Teil seiner Nachkommen aus der Heimat und schafft damit das erste Element der geschichtlichen Bewegung, die Wanderung. Durch die Wanderung gelangen Menschen auf Böden, mit denen sie nicht von Natur zusammengehören. Dadurch erst entstehen die komplizierten Kulturen, Herrschaftsverhältnisse, wirtschaftliche Dienstbarkeiten, Staaten. Alle Geschichte ist Wanderungsgeschichte, auch die Geschichte der Gegenwart. Was ist unsere ganze Weltpolitik anders als Wanderung der weißen Menschen in die Gebiete der Farbigen? Alle Völker, die wir kennen, sind wandernd gewesen, und dem Beschauer der Jahrhunderte erscheint in gewissem Sinne alles Menschentum als Nomadentum. Es ist ein ewiges Schieben und Drängen von einem Boden zum andern, und solange es wachsende Völker gibt, gibt es wandernde Stämme. Der Unterschied zwischen alter und neuer Zeit ist aber der, daß es in den alten Zeiten nur ein bewegtes Element gab, den Menschen, und daß mit dem Wachsen der Kultur ein zweites bewegliches Element hinzukommt, das transportierbare Bodenprodukt. In dem Maße, als das Bodenprodukt beweglich wird, kann ein wachsendes Volk seßhaft bleiben, wenn es versteht, sich Bodenprodukte herbeischaffen zu lassen. Der Güteraustausch der Massengüter ist das Ersatzmittel der alten Volkswanderungen. Wir müssen entweder Güter herbeiholen oder Menschen abschieben, wenn der Boden für uns zu knapp zu werden beginnt.

Ehe aber ein Volk wandert oder Güter aus der Fremde herbeiholt, versucht es, seinem eigenen Boden mehr abzugewinnen. Das ist die zweite Seite der Kulturgeschichte, die Steigerung der Intensität der Naturbenutzung. Die Verdrängung der nichtverwertbaren Organismen wird immer systematischer. Alle Tiere, die keinen Nutzwert haben, werden getötet, alle Pflanzen, mit denen man nichts anzufangen weiß, werden in die Winkel gedrückt. Die Natur wird in die Schule genommen. Damit verändert sich das ganze seelische Verhalten des Menschen zur Natur. Erst ist sie groß, und der Mensch ist klein in ihrer Mitte, allmählich aber macht er sie klein und verwandelt sie in Plantagen und Gartenbeete. Der Boden muß lernen, künstliche Nahrung aufzunehmen, damit er mehr hervorbringen kann. Er bekommt seine Zensur, nach der er so oder anders besetzt wird. Alles, was wir heute bei uns „die Natur" nennen, ist gar nicht mehr Natur im alten Sinne. Unsere Wälder, Äcker, Wiesen und Gärten, unsere Tierbestände sind längst rationell geregelte Produkte. Und wie lange wird es dauern, bis die ganze Erdoberfläche in diesem Sinne durchackert wird und durchrechnet ist? Nichts fast ist seines alten Bestandes sicher, außer dem, was im ewigen Eise, in der Tiefe der See oder im allzu heißen Innern der Erde liegt.

Die Natur wird in Zwangskultur genommen, und ihr einziges Mittel, sich allzu dringender Vergewaltigungen zu erwehren, ist eine gewisse störrische Passivität, mit der sie den Übereifer der Menschen beantwortet. Mit anderen Worten: von einem gewissen Punkte an belohnt sie steigende Arbeit nicht mehr mit einem in gleichem Maße steigenden Ertrage. Man kann immer tiefer ackern, aber nicht jeder weitere Zentimeter Vertiefung hat den gleichen Wert. Man kann ins Endlose düngen, aber von einer gewissen Sättigung an hilft die Zufuhr von Chemikalien nichts mehr. Es gilt das schon erwähnte Gesetz vom sinkenden Ertrag bei allzuhoch gesteigerter Bearbeitung. Viel kann man der Natur durch Erfahrung, Schlauheit und Zähigkeit abringen, aber irgendwann sagt sie doch: ich will nicht mehr! Man kann Tiere nicht über ein gewisses Maß hinaus mästen, wenn man das Fleisch nicht verschlechtern will. Das Merkzeichen der neuen Kultur aber ist, daß wir auf jedem Gebiet bis an die Grenze des Erreichbaren vorzudringen suchen und nicht immer sorgsam genug sind, ob wir nicht bereits Minderwertiges erzeugen, nur um mehr hervorzubringen.

Im Grunde braucht der Mensch heute dasselbe, was er zu allen Zeiten gebraucht hat: einen Wohnplatz, eine Hütte, einen Acker, einen Viehbestand, einen Wald und einen Bach. Wie verwickelt aber sind diese einfachen Dinge heute für den Stadtmenschen? Sein Wohnplatz ist sehr klein; seine Hütte liegt unter Umständen 12 oder 15 Meter über der Erdoberfläche; sein Acker liegt weit von ihm, und er kennt ihn nicht; von dem Vieh, dessen Fleisch und Milch er genießt, weiß er gar nichts; sein Wald steht teils an der Donau und teils in Schweden, und sein Bach heißt Wasserleitung. Er lebt von der Natur, wie seine Ahnen auch, aber nicht mit ihr. Deshalb ist er den Urgründen der Volkswirtschaft so fern. Alles, was er sieht, ist verarbeitetes Produkt. Das erste Stadium aller Volkswirtschaft, die Rohproduktion, liegt wie im fernen Nebel. Deshalb ist der durchschnittliche Stadtmensch bei aller formalen Bildung volkswirtschaftlich oft so anschauungslos. Er redet vom Kaufen, aber nicht vom Erzeugen. Das ganze Problem der Gütergewinnung erfaßt seine Phantasie nicht, da er zu wenig von der Güterherstellung kennt. Er sieht den Landmann nur als den Menschen, der sich das wunderliche Vergnügen macht, mit zwei Pferden auf den Acker zu gehen, hat aber blutwenig Gefühl dafür, daß alle Städter einen Acker haben müssen, der für sie bearbeitet wird. Die Grundlage der Kultur bleibt aber in allen Handlungen ihrer Erscheinungsformen sich selber gleich. Wir brauchen Wald, Acker, Vieh, Steinbrecher und Bergleute, damit wir leben können. Auch wenn wir Industrievolk werden, muß es für uns Rohproduzenten geben, und zwar um so mehr, je mehr unsere Volkszahl wächst und unsere Ansprüche an das Leben sich steigern.

Wenn wir also gesagt haben, daß sich die Grundbedürfnisse der Menschen im Laufe der Jahrhunderte gleichbleiben, so ist es doch nötig, diesen Satz in zweierlei Hinsicht näher zu bestimmen. Das, was immer gleichbleibt, ist das Bedürfnis nach Rohproduktion an sich, es muß aber beachtet werden, daß sich innerhalb dieses Bedürfnisses starke Verschiebungen vollziehen. Eine augenfällige Verschiebung ist die gegenseitige Ersetzung des Holzes, Steines oder Eisens. Viele Dinge können durch jedes dieser Materialien hergestellt werden. Die Wohnung kann je nach dem Vorhandensein des einen oder des anderen Stoffes sehr verschieden gestaltet werden. Die allgemeine

Richtung der Zeit geht nun darauf aus, das Holz durch Stein und Eisen zu ersetzen, da es schwerer ist, Holz in großen Quantitäten zu beschaffen als Stein und Eisen. Voraussichtlich wird in Zukunft das Holz immer knapper werden auf Erden. Das organische Material weicht dem unorganischen. Derselbe Vorgang zeigt sich auf vielen anderen Gebieten kleineren Umfanges. Die Pflanzenöle weichen den Erdölen und chemischen Produkten, die Pflanzenfarben den Anilinfarben, das Glas verdrängt schon heute in mancherlei Verwendung die Pflanzenfaser und das Problem der metallischen Ersetzung der lebendigen Kräfte ist längst allseitig begriffen. Die Kultur entfernt sich vom lebendigen Material und würde es in noch viel höherem Grade tun, wenn die Menschennatur selber nicht einen ähnlichen passiven Widerstand leistete, wie wir ihn vorhin vom Acker beschrieben haben. Noch ist Nahrung und Kleidung im großen und ganzen organischen Ursprungs, und nur an den Grenzen der Ernährung spielt die Chemie eine Rolle. Innerhalb der organischen Nahrung aber vollzieht sich eine Wandlung, die fast so wichtig ist wie die Ersetzung des Holzes durch Eisen, nämlich die Ersetzung vegetabilischer Nährstoffe durch Fleisch. Wir werden später vom Wachsen des Fleischbedarfes zu sprechen haben. Er ist neben dem Eisenbedarf das stärkste Kennzeichen der Neuzeit, und will man auch auf dem Gebiete der Kleidung etwas Ähnliches hinzusetzen, so ist es der Sieg der Baumwolle über Leinen und Wolle. Der „moderne Mensch" wohnt und wandert auf Eisen, ißt Fleisch und bekleidet sich mit Baumwolle. Ob das hygienisch die beste der Welten darstellt, geht uns hier nichts an. Die Volkswirtschaft hat nicht die Aufgabe, medizinische Lehren zu verbreiten, sondern die Aufgabe, den wirklich vorhandenen Bedarf zu erkennen. Es vollzieht sich also in der Rohstoffproduktion die Umwandlung, daß gegenüber dem Waldarbeiter, Ackersmann und Wollzüchter der Bergmann, Fleischzüchter und Baumwollenpflanzer in die Höhe steigen.

Eine zweite Erkenntnis aber, die den Satz, daß das Rohstoffbedürfnis der Menschen sich im Grunde gleichbleibt, erst in seine richtige Beleuchtung bringt, ist die, daß mit der wachsenden Dichtigkeit der Menschen der Verbrauch an Materie relativ nicht abnimmt, sondern zunimmt. Um etwas sehr Naheliegendes zu sagen, so ist der durchschnittliche häusliche Wasserverbrauch des Großstädters größer als der des Landmanns. Was aber vom Wasser gilt, gilt auch vom Holz, denn der Städter „verbraucht" schneller. Alles rinnt ihm durch die Finger. Er verbraucht in seiner Kleidung mehr Pflanzenfaser als der Landmann, weil er die Anzüge rascher wechselt als dieser. Will man diese sehr vielgestaltige Sache auf einen allgemeinen Ausdruck bringen, so ist es der, daß die vermehrte menschliche Masse mehr Stoffe zerreibt. Je konzentrierter die Menschen wohnen, desto mehr Durst nach Materie haben sie, und desto mehr Materialverschleuderung tritt ein. Wieviel Papier wird hergestellt, um weggeworfen zu werden! Wieviel Obst und Gemüse wird schlecht, ehe es genossen wird! Wieviel Schund wird produziert! Aller Schund aber ist, volkswirtschaftlich angesehen, Materialverschleuderung. Man kann also nicht ohne weiteres sagen: Weil auf den Kopf soviel Prozent mehr an Stoffen zu berechnen ist, hat das Quantum der Werte für den einzelnen in demselben Verhältnis zugenommen! Es ist vielmehr sehr möglich, daß unter Umständen vermehrter Materialverbrauch mit Verminderung der tatsächlichen Lebenshöhe gleichzeitig sein kann, und eine der wichtigsten und zu wenig beachteten Aufgaben der Volkswirtschaftslehre ist es, die rationelle Materialbenutzung zu fördern. Wir können mit demselben Quantum an Stoffen besser leben, wenn wir es besser verwenden.

Die Hauptursache des unsinnigen Materialverbrauchs ist irgendwie der ungestillte Durst der Natur, den der in Städten zusammengedrängte Mensch nicht los wird. Es ist, als ob der Verlust von freier Luft, Sonne, Raum und Bewegung durch eine Menge anderer Genüsse ausgeglichen werden müßte. Aber nicht nur Material wird verschleudert, sondern auch physische Menschenkraft. Je weniger Raum für den einzelnen Menschen da ist, desto schwerer wird es, ihn als Gattung zu erhalten. Von allen Bedürfnissen, die wir zu besprechen haben, ist darum das erste der Wohnplatz der Menge. Wie wohnt das Massenvolk?

---

2. Das Land der Masse!

Man sagt, daß das deutsche Land dem deutschen Volke gehört, es gehört aber nicht der Volksgemeinschaft, sondern den einzelnen, und zwar bei weitem nicht allen einzelnen. Der Boden, ohne den kein Mensch leben kann, ist im rechtlichen Besitz einer Minderheit. Wie dieser Besitz einst entstanden ist, ob durch Recht oder Gewalt oder ohne beides, ist für die heutige Volkswirtschaft völlig gleichgültig, denn sicher ist, daß wir die heutigen Besitzer nicht für das verantwortlich machen können, was in dunkler Vorzeit ihre Ahnen taten, und diejenigen, die heute Land fordern, sind ja auch nur zum geringsten Teile gerade die Kinder derer, die damals gerade geschädigt wurden. Die Tatsache, daß der heutige Besitz heutiges Recht ist, muß als feststehend angenommen werden, aber es kann nach seiner rückhaltlosen Anerkennung nicht verboten sein, Land und Volk in Gedanken als zwei Gesamtbestände anzusehen und zu sagen: 65 Millionen Menschen müssen auf 540 000 Quadratkilometern leben. Wenn diese 65 Millionen einem einzigen ordnenden Willen gehorchen könnten und über ihr Land freie Macht hätten, dann würde die Ansiedelung anders vor sich gehen, als sie in Wirklichkeit geht. Dann würde die Ansiedelungsfrage auf dem Volksboden die wichtigste Volksangelegenheit sein. Wo sollen Ortschaften sein? Wie groß sollen sie sein? Man sage nicht, daß dieses Gebiet sich der Regelung durch den menschlichen Willen völlig entziehe! Das ist nicht wahr! Die Fürsten der alten Weltreiche haben sehr bewußte Ansiedelungspolitik in ihren Staaten getrieben. Viele Könige haben Städte gegründet, oft freilich an ganz falschen Stellen. Die Hohenzollern haben den Anlagen neuer Orte oft großes Interesse zugewendet. Wir aber tun in dieser Frage gar nichts, weil wir einesteils den Zwang der Schollenpflichtigkeit endgültig abgeworfen haben und andererseits viel zu sehr unter dem Druck der Bodenbesitzer stehen, um ihnen mit einer systematischen Volkspolitik in Bodenfragen zu begegnen. Wir sehen zu, wie Landesteile, die sich für eine zahlreichere Bevölkerung eignen, dünn bevölkert bleiben, weil sie privatrechtlich festgelegt sind, und lassen infolgedessen Hunderttausende von Menschen sich an einzelnen Stellen zu unsinnigen Riesenkörpern zusammenballen. Man fahre in der Eisenbahn von Aachen bis Königsberg und frage sich beim Anblick der wechselnden Menschenbesetzung der Gegend, wieweit es natürliche und wieweit künstliche Ursachen waren, die den Wechsel von Anhäufung und Verlassenheit hervorgebracht haben! Gegen die natürlichen Ursachen kann niemand ankämpfen, die vergangene Geschichte kann niemand ändern, aber ein Bewußtsein davon, daß es nicht nur ewige Gesetze sind, nach denen wir uns zusammenhäufen, muß und wird sich regen, je mehr unsere Bevölkerung wächst. Man denke doch, wie groß die Unterschiede sind! Im Königreich Sachsen sitzen 320 Menschen auf einem Quadratkilometer, im Rheinland 264, in Westfalen 204, dagegen in Pommern 57, in Ostpreußen 56, in Mecklenburg-Schwerin 49, in Mecklenburg-Strelitz 36! Und diese Zahlen sind längst nicht das Ende. Wer da hat, dem wird gegeben, daß er die Fülle habe! Nicht die vollen Landesteile stoßen Kinder ab, sondern die leeren Teile.

Fragt man daraufhin, ob es möglich ist, die Menge gleichmäßiger über das Land zu verteilen, um die Vorteile des Raumes und der Gemeinschaft mit der Natur allen gleichmäßiger zuteil werden zu lassen, so ist unser Gedankengang zwar etwas schematisch, aber deshalb doch zur Einführung in die Sache nicht ganz wertlos. Machen wir uns klar, um was es sich handelt! Schon bei der letzten Volkszählung im Jahre 1910 kamen in Deutschland durchschnittlich 120 Einwohner auf den Quadratkilometer. Das ist eine Dichtigkeit, die zwar von Ägypten, von einzelnen Provinzen Chinas und Indiens und auch von Belgien, England, Holland und Japan übertroffen wird, die aber an sich recht stark ist. Österreich-Ungarn hat nur 73, Frankreich 73, die nordatlantischen Staaten der nordamerikanischen Union haben 50, Spanien hat 37, Schweden 12, das europäische Rußland 19 Einwohner auf derselben Fläche. Alle diese Staaten können ihren Gliedern mehr Platz gewähren. Ein deutscher Mensch hat im Durchschnitt gegen 8300 Quadratmeter zur Verfügung. So groß ist, theoretisch gesprochen, sein Anteil an Wald, Acker, Wiese, Öde, Weg, Fluß, Garten und Hausfläche. Dieses Durchschnittsquantum vermindert sich aber unaufhaltsam. Wenn die in Aussicht stehenden 80 Millionen Menschen erreicht sein werden, wird der Quadratkilometer durchschnittlich 148 Menschen tragen müssen, das heißt: auf den einzelnen kommen gegen 7000 Quadratmeter. Diesen Durchschnittslebensspielraum bekommen aber die einzelnen Menschen bei weitem nicht, denn die Mehrzahl von ihnen häuft sich so zusammen, daß der einzelne nur ganz kleine Quadrate erhält. Beispielsweise sitzen im Staate Hamburg durchschnittlich auf dem Quadratkilometer 2454 Menschen (Wasser eingerechnet). Das will sagen: der einzelne Hamburger hat theoretisch einen Lebensspielraum von nur 407 Quadratmeter, das heißt etwa 20,2 Meter im Geviert. Da nun aber tatsächlich der Spielraum der verschiedenen Hamburger ein sehr verschiedener ist, ist das, was bei aller Zurechnung der Mitbenutzung von Straßen, Plätzen, Arbeitsstätten auf den einzelnen kommt, in der Mehrzahl der Fälle viel geringer. Das ist eine Lebensverengung, die zu schwersten Sorgen Anlaß gibt. Man sage sich doch, ganz abgesehen von dieser theoretischen Rechnerei, wie klein die Welt eines großstädtischen Kindes ist! Nach der Weite seiner Welt aber weitet sich der Mensch. Und wenn wir auch erreichen, daß die Großstädte hygienisch nicht schlechter, sondern besser sind als das Land, so bleibt der Verlust an Naturzusammenhang und Naturerlebnis, an Gemeinschaft mit der Tier- und Pflanzenwelt so groß, daß es uns bange werden mag vor einem Geschlecht, das ohne freien Raum aufwächst. Die Qualität des Massenvolkes leidet unter seiner räumlichen Zusammendrängung, die Moral leidet und der Reichtum an inneren Werten. Es ist deshalb ein Haupterfordernis der neudeutschen Volkswirtschaft, **die Menschen zu dezentralisieren, um sie zu erhalten.**

Der jetzige Gang der Dinge ist also der, daß alles menschliche Leben gewissen Sammelbecken zuströmt. Das ist bei der Entwicklung des Gewerbevolkes in mancher Hinsicht eine Notwendigkeit. Man kann Kohle nur dort graben, wo Kohle in der Erde liegt. Man wird Eisen möglichst da verarbeiten, wo Erz oder Kohle zur Hand ist. Man kann den Seehandel nur in den Hafenplätzen bewerkstelligen. Man muß mit der Tatsache rechnen, daß die meisten Industrien das Bedürfnis haben, herdenweise aufzutreten. Trotzdem übersteigt der Zug nach der Großstadt alles nötige und richtige Maß und ist Folge **einer einseitigen Bevorzugung der Hauptplätze durch das moderne Verkehrssystem und gleichzeitig und in noch höherem Grade Folge einer falschen Wirtschaftspolitik der Landgebiete.**

Da die Menschen das, was sie sehen, für das Notwendige zu halten pflegen, so ist für viele Beurteiler Industriestaat und Großstadtvolk fast ein und dasselbe. Man verweist uns auf England: dort ist das Land leer und die Städte sind voll! Man sagt, auch bei uns wachsen die Dörfer nicht, ja es gibt viele abnehmende Dörfer, und schon im Jahre 1905 war die Verteilung so, daß in Gemeinden städtischen Charakters mehr Menschen wohnten als in reinen Landorten!

Die Verteilung war diese:

In	15 449	Gemeinden	unter			100	Einw.	wohnten	850 000
„	40 845	„	von	100	bis	500	„	„	10 308 000
„	11 679	„	„	500	„	1 000	„	„	8 074 000
„	4 838	„	„	1 000	„	2 000	„	„	6 591 000
	72 811								25 823 000
In	2 386	Gemeinden	von	2 000	bis	5 000	„	„	7 159 000
„	945	„	„	5 000	„	20 000	„	„	8 334 000
„	208	„	„	20 000	„	100 000	„	„	7 817 000
„	41	„	„		über	100 000	„	„	11 509 000
	3 580								34 819 000

Nennt man die Gemeinden der ersten Gruppe einfach Landgemeinden und die der zweiten Gruppe Städte, obwohl es zweifelhaft sein kann, ob nicht die Orte unter 5000 Einwohnern noch vielfach als wirkliche Dörfer anzusprechen sind, so ergibt sich ein Überwiegen des städtischen Teiles. Rechnet man dagegen Städte erst von 5000 Einwohnern an, so ist der dezentralisierte Volksbestand heute noch ein Teil größer als der zentralisierte. Die

Tendenz zur Zentralisierung ist aber sehr stark. Es lebten von 100 Reichsbewohnern

	1871	1880	1890	1900	1905
in Großstädten (über 100 000) . .	4,8	7,2	12,1	16,2	19,0
„ Mittelstädten (von 20—100 000) .	7,2	8,9	9,8	12,6	13,0
„ Kleinstädten (von 5—20 000) . .	11,2	12,6	13,1	13,5	14,0
„ Landstädten (von 2—5 000) . .	12,4	12,7	12,0	12,1	12,0
	35,6	41,4	47,0	54,4	58,0

Wie verschieden aber ist Stadt- und Landvolk über Deutschland hir ausgegossen! Um nur ein Beispiel anzuführen: die drei Provinzen Ostpreußen, Hannover und Rheinland haben ungefähr gleichviel Landvolk, aber die Zahl ihrer Städter (= über 2000) ist 633 000, 1 203 000 und 4 955 000. Bei dem Nachdenken darüber, ob eine größere Gleichmäßigkeit erzielt werden kann, ist von vornherein zweierlei völlig auszuscheiden, einmal die Idee, als könne und dürfe man die Freizügigkeit wieder beschränken. Es kann sich nur darum handeln, ob man nicht die Anziehungskraft des Landes gegenüber dem fabelhaften Magnetismus der Großstädte vermehren kann.

Der Magnetismus der Großstädte ist künstlich gepflegt worden. Man gab und gibt ihnen alle Erleichterungen des Verkehrs, alle Annehmlichkeiten der geistigen und sinnlichen Unterhaltung und macht sie zu Sitzen der Beamten und des Militärs und damit zu den Stellen, wo die Staatssteuern verzehrt werden. Das ganze Land bringt die Gelder auf, die in den Großstädten dem Leben einen rascheren Fluß geben. Dazu sind die großen Städte der Sitz der Banken und der meisten Kapitalbesitzer. Die Zinsen, die das Land zahlt, werden in der Großstadt verwaltet und teilweis verbraucht. Die Gewinne des Handels dienen den Städten. Ist es ein Wunder, wenn die Leute von draußen mit ihrer beständigen Sehnsucht nach Glück dem Gelde nachlaufen? Die Anziehungskraft des großen Körpers wächst mit seinem Umfang, und es gehört schon viel Festigkeit des Heimatbodens dazu, wenn er seine Kinder halten soll, daß sie nicht in die steinernen Riesenquartiere wandern.

Worin besteht das, was wir jetzt Festigkeit des Heimatbodens genannt haben? Das festeste Bindemittel ist der Besitz von Land. Wer ein Stück Boden hat, bedenkt sich zehnmal, ehe er wandert. Das ist der Grund, weshalb die Gebiete mit französischem Erbrecht weniger Abwanderungsgebiete sind als die Bauerngebiete mit Anerbenrecht, und diese wieder weniger als die Großgrundbesitzerflächen mit besitzlosen Landarbeitern. Vor allem der preußische Osten mit seinen Latifundien ist Abwanderungsland. Hier werden Kinder zahlreich geboren, aber sie bleiben nicht! Wozu sollen sie auch bleiben? Selbst wenn sie alt werden, sind und haben sie nichts! Sie ans Land zu fesseln, gibt es nur ein Mittel, ein großes, schweres, tiefgreifendes Mittel: man mache den Boden in kleinen Stücken verkäuflich! Die Parole „das Land der Masse!" hat eine ganz ungeheure, volkserhaltende Kraft in sich. Land, Land, wer das hat, den lockt kein Asphalt und kein städtischer Tanzsaal zum dauernden Leben in Berlin oder Leipzig! Die Soldaten, welche Land besitzen, gehen wieder hinaus, die Dienstmädchen, die Land haben, heiraten nach draußen. Landhunger ist eine der größten Triebkräfte im Menschenleben. Diese Triebkraft wird nicht ausgenutzt, weil unser Wirtschaftsrecht für Unteilbarkeit gerade der großen Güter eintritt. Die Fideikommisse sind das direkte Gegenteil einer gesunden Wirtschaftspolitik, ein Schaden für den Nationalbestand im ganzen, Stätten der Kindervertreibung, der Unseßhaftigkeit, Ausgangsorte für das Überquellen der Großstädte. Und Rittergüter, die zwar nicht Fideikommisse, aber doch in Wirklichkeit unteilbare Größen sind, haben dieselbe Wirkung.

Wir wollen die Bevölkerungsgeschichte von Ostpreußen am Schlusse des vergangenen Jahrhunderts ausführlicher darstellen, um von da aus einen Einblick in das Wesen der Ansiedelungsfrage in den östlichen Provinzen überhaupt zu bekommen. Es wurde in Ostpreußen berechnet:

	Geburtenüberschuß	Wirkl. Zunahme	Abwanderung
1841—1850	111 300	88 200	— 23 100
1851—1860	138 000	171 700	+ 33 700
1861—1870	184 900	165 400	— 19 500
1871—1880	208 800	117 800	— 91 000
1881—1890	235 600	24 900	— 210 700
1891—1900	271 500	35 800	— 235 700
	+ 1 150 100	+ 603 800	— 546 300

Also Ostpreußen verliert in 60 Jahren über eine halbe Million Menschen, die ihm zuwachsen und deren Erziehung es mit seinen Kräften und auf seine Kosten besorgt hat! Dabei wird dieser Verlust so stark, daß in den letzten 20 Jahren allein 446000 Menschen verloren gegangen sind! Einen solchen Blutverlust kann kein Körper ohne Entkräftung vertragen. Ostpreußen war sehr produktiv an Kindern. Es stand in menschlicher Fruchtbarkeit ein ganzes Teil über Reichsdurchschnitt, allerdings auch etwa ebensoviel in menschlicher Sterblichkeit, war also ein normales Gebiet an natürlichem Zuwachs. Was vertrieb nun diese Menschen, warum gingen sie fort?

Die gewöhnliche Antwort lautet: die Not der Landwirtschaft! Aber gerade für Ostpreußen war die Not im ganzen statistisch nicht besonders greifbar. Im Gegenteil, die Statistik ist nicht ungünstig. Es kamen nämlich auf 100 Einwohner (1900):

	Pferde	Rinder	Schafe	Schweine	Ziegen
in Ostpreußen . .	23,0	53,2	31,5	42,2	1,7
in Preußen . . .	8,5	31,6	20,3	31,8	6,0
im Reich	7,4	33,6	17,2	29,8	5,8

Zugegeben, daß die Ostpreußen deshalb relativ mehr Vieh haben, weil sie eben wenig Industrie besitzen, so ist doch der Bestand an sich so erfreulich groß, daß er eine sehr gute Grundlage für weitere Verdichtung der Bevölkerung geben könnte, denn nichts steht, rein volkswirtschaftlich betrachtet, im Wege, daß diese Provinz, die in Pferden höher ist als selbst Schleswig-Holstein und Ostfriesland, die in ganz Deutschland an Geburten lebender Fohlen nirgends übertroffen wird, und deren übriger Viehbestand ein sehr gutes Mittelmaß aufweist, nichts steht im Wege, daß sie ihre Viehwerte stark vermehrt. Nichts außer dem Großgütersystem! Schon jetzt vermehrt sich der ostpreußische Viehbestand in auffälliger Weise. Der Verkaufswert betrug in Ostpreußen nach der Landesstatistik:

	1892	1900	Zunahme (Abnahme)
Pferde	120 940 000 Mk.	161 928 000 Mk.	+40 988 000 Mk.
Rinder . . .	147 063 000 „	189 131 000 „	+42 068 000 „
Ziegen . . .	385 000 „	516 000 „	+ 131 000 „
Schafe	12 708 000 „	11 819 000 „	— 889 000 „
Schweine . . .	30 494 000 „	43 221 000 „	+12 727 000 „
	311 590 000 Mk.	406 615 000 Mk.	+95 025 000 Mk.

Eine Provinz, deren Viehwert nach offiziellen Angaben, die in dieser Provinz selbst gemacht worden sind, in 8 Jahren um 95 Millionen Mark steigt, ist während dieser Zeit ein Abwanderungsgebiet, das in 10 Jahren etwa 235 000 einheimische Menschen abschiebt! Gewiß, der Viehwert ist nicht die ganze Landwirtschaft. Aber auch das Getreideland hat in der betreffenden Zeit nicht abgenommen, eher etwas zugenommen, und der Ertrag ist sichtbar gestiegen, nur kann er leider nicht genau angegeben werden, da die preußische Ertragsstatistik gerade in dieser Zeit die Art ihrer Erhebung geändert hat. Er ist aber sowohl nach der alten wie nach der neuen Erhebungsweise in günstiger Entwicklung, wenn auch seine Ziffern an sich nicht übermäßig hoch sind. Natürlich leidet Ostpreußen ebenso unter dem Sinken des Getreidepreises wie alle übrigen europäischen Getreideproduktionsländer; aber wenig Gebiete können den Übergang zur Viehwirtschaft so leicht bewerkstelligen wie gerade diese Provinz. Wenn sie es nicht in höherem Grade getan hat, wenn sie lieber große Haufen von Menschen hat ziehen lassen, so kann das nach dem, was wir gesagt haben, nicht mit dem bloßen Wort „der landwirtschaftliche Notstand" erledigt werden. Ist etwa Ostpreußen in den Zeiten hoher Getreidepreise kein Abwanderungsland gewesen? Wenn heute die Preise der sechziger oder siebziger Jahre wiederhergestellt werden könnten, so würde das an der Abwanderung fast nichts ändern, denn hohe Getreidepreise ändern nichts an der Bodenverteilung zuungunsten der Masse, und die Bodenverteilung ist im ganzen Osten die erste und größte Ursache des Wegziehens der heranwachsenden Jugend.

Die ostpreußische Bodenverteilung ist so, daß fast genau $^2/_5$ der Fläche von Großbetrieben über 100 Hektar besetzt sind. Eine fast ebenso große Fläche ist in bäuerlichen Händen mit 20 bis 100 Hektar und hat fast ausnahmslos Anerbenrecht eines Kindes. Nur $^1/_5$ der Fläche gehört den kleinbäuerlichen und kleinsten Betrieben, ist aber nur zum Teil eigener Besitz der Bearbeiter. Als eigenes Land kleiner Leute (unter 10 Hektar) wird in der Feststellung vom Jahre 1895 nicht ganz 9% der landwirtschaftlichen Fläche bezeichnet. Alles andere ist für den kleinen Mann als Eigenbesitz schlechterdings unerreichbar. Muß er nicht in einem solchen Lande ein Grauen vor seiner Zukunft bekommen?

Das Abwandern ist die notwendige Folge des Großgütersystems. Vom alten Italien hieß es, daß es durch die Großgüter verdorben worden sei. Wir brauchen in keine Vergangenheit zu gehen, wenn wir dasselbe sehen wollen. Wo Großgüter sind, gedeiht kein Mittelstand, gedeiht keine seßhafte und wachsende Unterschicht. Hier bleiben die kleinen Städte ohne Belebung. Nirgends geht es dem Handwerker so schlecht wie in den Rittergutsbezirken. Von wem soll er leben? Für die gnädige Herrschaft arbeitet er nicht fein genug, und vom Landarbeiter läßt sich nichts verdienen. Und Untertänigkeit der Gesinnung lastet über einer Provinz, deren weiter Acker teils Schlösser, teils Katen trägt. Dort bleibt kein junges besitzloses Volk, man mag machen, was man will, dort bleiben die, die etwas haben, und die, die sonst nirgends weiterkommen können. Jedes folgende Jahrzehnt wird es immer deutlicher zeigen, daß alle Zölle oder sonstigen Maßnahmen, die den Besitzenden des Ostens nützen, zur Festhaltung der Besitzlosen nicht die geringste Bedeutung haben! Will man Menschen an das Land fesseln, so muß man das Land mobilisieren. Es gibt nichts anderes: das Land der Masse!

Und das gilt für alle östlichen Provinzen Preußens und für Mecklenburg. Sie alle stoßen ihre

Kinder ab. Die nachfolgenden Ziffern gelten für die Zeit von 1841 bis 1900:

	Geburtenüberschuß	Wirkl. Zunahme	Abwanderung
Ostpreußen	1 150 000	604 000	— 546 000
Westpreußen	1 096 000	650 000	— 446 000
Pommern	1 193 000	586 000	— 607 000
Posen	1 360 000	663 000	— 697 000
Schlesien	2 365 000	1 821 000	— 544 000
Mecklenburg-Schwerin .	345 000	113 000	— 232 000
Mecklenburg-Strelitz .	58 000	12 000	— 46 000
	7 567 000	4 449 000	—3 118 000

Die Provinz Brandenburg würde auch in diese Reihe hineingehören, wenn sie ohne die Vororte von Berlin berechnet werden könnte, und die Provinz Sachsen ist wenigstens teilweise diesen ostelbischen Landgebieten zuzurechnen, teilweise gehört sie in das Gebiet der mehr bäuerlichen Provinzen. Selbst das große, dichtbevölkerte Schlesien kann seine Kinder nicht halten, denn auch in Schlesien ist etwa $^1/_3$ der Fläche in Händen von Großgrundbesitzern. Der ganze Osten ist beständig mit der Erziehung von Menschen beschäftigt, die nicht bei ihm bleiben. Früher bevölkerte er Nordamerika, jetzt übervölkert er Berlin, Sachsen und das rheinisch-westfälische Gebiet. Die Arbeiter aller Industriegebiete leiden unter dem beständigen Zustrom von Elementen, die zunächst nichts anderes wollen, als ihre „Heimat“ verlassen, und die deshalb bereit sind, zu jedem Lohn ungelernte und leicht erlernbare Arbeit zu tun. Der eine Lungenflügel Deutschlands ist krank. Er leidet am Großgrundbesitz.

Aber auch das übrige Deutschland hat ja genug Abwanderungsgebiete! Es ist nicht so, als ob nur der Osten Kinder abschiebt. In gewissem Sinne tun das alle Gebiete mit bäuerlichem Erbrecht. Überall, wo nur ein Kind erbt, haben die Geschwister zu Hause wenig zu erwarten. Es ist aber doch ein großer Unterschied zwischen den Rittergutsgebieten und den Bauerngebieten. Während die Rittergutsgebiete immer mehr Kinder von sich weisen, gelingt es in neuerer Zeit den Bauerngebieten immer mehr, sie bei sich zu behalten. Wir geben die jährlichen Verhältnisziffern von charakteristischen Gebieten für die Zeit von 1895—1900:

Rittergutsgebiete		Bauerngebiete	
Ostpreußen	—14,6 ‰	Schleswig-Holstein . . .	— 0,5 ‰
Westpreußen	— 9,2 ‰	Hannover	— 1,6 ‰
Pommern	— 7,2 ‰	Pfalz	— 1,1 ‰
Posen	—13,8 ‰	Bayern (rechtsrh.) . . .	— 0,4 ‰
Mecklenburg-Schwerin . .	— 7,8 ‰	Elsaß-Lothringen . . .	— 0,4 ‰

Es ist wahrscheinlich, daß auch diese Bauerngebiete in nicht allzu ferner Zeit ihren Geburtenüberschuß ganz bei sich behalten werden, wie es heute schon Hessen-Nassau, Braunschweig und Baden tun. Es bleiben aber auch im Westen einzelne Landstriche, die niemals ihre Kinder nähren werden, weil sie zu arm sind. Das sind zum Teil Gebiete, in denen erst jetzt die Abwanderung mit ganzer Kraft einsetzt, wie Schwarzburg-Sondershausen mit —6,8‰, Schwarzburg-Rudolstadt mit —7,3‰, Reuß ältere Linie mit —9,0‰, Lippe mit —9,2‰ und das abwanderungsreichste Ländchen Deutschlands, Waldeck, mit —10,9‰ Abwanderung.

Sehr auffällig ist Württembergs starker Kinderverlust bis in die neueste Zeit: —4,1‰! Um so auffälliger, da seine Nachbarn teils ohne, teils mit viel geringeren Verlusten leben. Ist Württemberg unter die armen Gebiete zu rechnen, von denen wir zuletzt sprachen? Teilweise sicher, denn der durchschnittliche Ernteertrag Württembergs erreicht in keiner Feldfrucht außer dem Wiesenheu den Reichsdurchschnitt, aber sein Obst und sein Rinderbestand sind gut! Es spielen hier wie an mancher anderen Stelle alte Wandergewohnheiten mit, die man rein volkswirtschaftlich kaum wird erklären können.

Alles aber, was die Heimat nicht festhalten kann, wird in die eigentlichen Industrieplätze hineingezogen. Früher gingen die Leute nach Amerika oder nach Paris. Jetzt haben wir unser Amerika und unser Paris bei uns selber. Seht ihr, wie sie ankommen? Alle haben noch etwas Landluft in der Lunge. Aber es dauert oft nicht lange, da ist sie völlig ausgeatmet, und schon die Kinder sind oft „Großstadtpflanzen" im schlechten Sinne des Wortes. Nicht daß wir die Großstädte schelten wollten. Sie haben getan, was sie konnten. Die Sterblichkeit Berlins ist geringer als die aller Provinzen, eine Leistung ersten Ranges, wenn man auch den beständigen Zufluß junger Elemente in Anschlag bringen muß! Die Städte als ganzes sind großartig, wunderbar, berauschend, aber das Einzelschicksal der Menge in ihnen ist nicht das letzte und beste, was die Kultur der Neuzeit zu vergeben hat. Das Volk der Maschinen muß an die Luft gebracht werden, wenn es gesund bleiben soll. Auch politisch sind, wie ich in meinem Buche „Demokratie und Kaisertum" ausgeführt habe, die Großstädte für wirkliche demokratische Entwicklung gefährlich.

Das Ideal also muß sein: Dezentralisation der Masse, soweit es nach der Natur der Bodenschätze möglich ist, Industriestraßen durch die Provinz, Belebung der Kleinstädte, Industrialisierung des flachen Landes! Wenn wir die Menschen auf dem Lande halten wollen, so müssen wir ihnen dort Lebensmöglichkeiten verschaffen.

Heute will der Landmann von der Industrialisierung der Provinz oft wenig wissen. Er sagt einfach: ich will keine Sozialdemokraten sehen! Er will für sich bleiben, vergißt aber dabei, was es für seinen Absatz bedeutet, die Käufer vor der Tür zu haben. Die Landleute industrialisierter Gebiete sind mit ihrer Kundschaft zufrieden, sobald diese gute Löhne verdient. Die Industrialisierung des flachen Landes sollte zur allgemeinen Parole gemacht werden. Das würde dem Landmann helfen und würde der gewerblichen Bevölkerung und ihren Kindern mehr Lebensspielraum schaffen. Nun aber ist vom einzelnen Industriellen oder von der einzelnen Aktiengesellschaft nicht zu verlangen, daß sie sich von ihren Lebensbedingungen willkürlich entfernen. Man muß deshalb die Lebensbedingungen der Industrie selbst dezentralisieren. Das aber heißt staatliche und kommunale Steuer- und Frachterleichterungen für isolierte Neuanlagen! Das heißt Gewährung von Nebengeleisen und Kleinbahnen ohne direkten Ertrag! Wir wissen, daß solche Schritte merkantilistisch heißen und der reinen liberalen Wirtschaftstheorie widersprechen, aber so gut man arme Gegenden sonst subventioniert, kann man ihnen auch mit Staatshilfe das beste vermitteln, was es für sie gibt, lohnende Arbeitsgelegenheit. Alle Kreistage müßten beständig auf ihrer Tagesordnung haben: „Welche gewerblichen Erwerbszweige lassen sich bei uns fördern, damit wir unseren Anteil am allgemeinen Wirtschaftsaufschwung bekommen?" Die Gemeindevertretungen der kleinen Provinzialstädte müßten jedes Jahr zu ihren vielen nötigen und unnötigen Berichten einen Fragebogen ausfüllen, der etwa so aussieht:

1. Zahl der Geburten und Sterbefälle im Bezirk?
2. Zahl der gegenwärtigen Ortseinwohner?
3. Zahl der Abgewanderten; Ziel der Abwanderung?
4. Welche gewerblichen Betriebe sind gewachsen; welche könnten angelegt werden?
5. Was ist geschehen, um die Abwandernden der Gegend zu erhalten?

Ohne uns über die Wirksamkeit des amtlichen Schreibwerkes besonderen Täuschungen hinzugeben, erwarten wir, daß durch derartige regelmäßige Berichterstattung die Ansiedelungsfrage ins Bewußtsein der verantwortlichen Stellen geschoben werden würde.

Der letzte große Kampf aber muß doch um den Großgrundbesitz selber ausgefochten werden, denn in Rittergutsgebieten sind, wie wir oben gezeigt haben, alle solche Mühen, die Bevölkerung ansässig zu erhalten, vergeblich, bis der große Bann der Landherrschaften gebrochen ist. Die öffentliche Meinung muß tausendmal rufen, daß es ein Unding ist, wenn eine Minderzahl von Menschen ganze Millionen zur Abwanderung zwingt. Die Mobilisierung und Parzellierung der Großgüter ist heute schon eine elementare nationale Forderung. Wir brauchen Ansiedelungskommissionen, die nicht nur Polen auskaufen, sondern die überhaupt den deutschen Osten, soweit er sich für kleinbäuerlichen Betrieb eignet, und das tut er überall, wo er genügend Wasser für Viehwirtschaft hat, in kleine kaufbare Stücke zerlegen. Mag man den Großgrundbesitzer gut bezahlen! Wenn nur sein Land erst unter die Leute kommt, so wird das Geld schon seinen Weg zurückfinden! Den Anfang aber muß die Aufhebung der Fideikommißrechte bilden. Fideikommiß heißt Landversperrung für das Volk. Die Masse kommt! Aus 65 Millionen werden 80 Millionen und wohl noch mehr. Soll da ein einzelner Herr für Ewigkeit das Land nur dem einen vorbehalten dürfen? Und wenn er selbst es auch will, das Recht macht schließlich doch nicht der eine. Das Recht macht das Volk in seiner Gesamtheit, und kein Herrenhaus und kein Landtag kann für alle Zeiten widerstehen, wenn alle offenen und ehrlichen Gewissen rufen: Das Land der Masse!

---

3. Die Wohnung des Volkes.

Ein wachsendes Volk muß ein bauendes Volk sein. Kein Unterschied zwischen Deutschland und Frankreich ist so sichtbar als die Fülle der neuen Häuser auf unserer Seite. Für jedes neue Hunderttausend Menschen werden etwa 5000 neue Häuser gebaut. Wenn wir also einen Volkszuwachs von 900 000 neuen Menschen im Jahre haben, so bedeutet das etwa 45 000 neue Häuser. So setzt sich Haus an Haus, und je dichter die Menschen zusammengepreßt werden, desto größer wird der steinerne Kasten, den man mit dem alten traulichen Namen „Haus" benennt. Jetzt noch kommen auf ein bewohntes Gebäude nicht ganz 9 Personen, wenn aber aller neue Nachwuchs der Masse in Mietskasernen untergebracht wird, so wird diese Zahl bald sehr gewaltig steigen.

Menschen in steinernen Kästen unterzubringen, ist ein sehr großes Geschäft geworden, von dem viele Leute leben. Genau kann man freilich nicht sagen, wieviel Leute gerade vom Wohnungsbau leben, da in der Aufzählung der Berufe alle Arten von Hochbau, Tiefbau, Straßenbau, Eisenbahnbau, Brückenbau untrennbar verbunden sind. Man muß also seinen Blick erweitern und alles, was gebaut wird, als Fortsetzung der menschlichen Wohnstätte betrachten: die Treppe setzt sich in der Straße fort, die Straße im Bahndamm, die Wohnung hat als Ergänzung die Werkstatt, den Kaufladen, das

Staatsgebäude, die Gasanstalt usw. Um dieses alles herzustellen und in Stand zu halten, waren im Jahre 1907 beschäftigt (mit Einrechnung der dazu gehörigen Frauen, Kinder und Dienstboten):

In Ziegeleien und bei Herstellung von Tonröhren	585 000	Menschen
In Glashütten (teils für Wohnung, teils für deren Ausstattung)	215 000	"
In Steinbrüchen	301 000	"
Als Steinmetzen, Steinhauer	153 000	"
In Kies, Sand, Kalk, Zement, Gips	242 000	"
In Lehm- und Tongräbereien	24 000	"
Als Tischler (teils für Wohnung, teils für Ausstattung	1 169 000	"
Als Zimmerer	595 000	"
Als Maurer	1 549 000	"
In Bauunternehmung (Tiefbau, Straßenbau, Eisenbahnbau usw.)	1 674 000	"
Als Glaser	66 000	"
" Stubenmaler und Tüncher	480 000	"
" Tapezierer	101 000	"
" Stuckateure	65 000	"
" Dachdecker	116 000	"
" Steinsetzer	95 000	"
" Brunnenmacher	17 000	"
" Gas- und Wasserinstallateure	63 000	"
" Ofensetzer	58 000	"
" Schornsteinfeger	27 000	"
	7 591 000	Menschen

Es verlohnt sich wohl, dieses Heeres der Bauenden zu gedenken, noch aber ist seine Aufzählung nicht vollständig, denn es gehören noch derjenige Teil Eisenarbeiter und -techniker dazu, die für Bauzwecke tätig sind, derjenige Teil des Transportgewerbes, der Steine, Holz, Eisen, Kalk, Sand und alles andere herbeischafft, und derjenige Teil der Verwaltungsbeamten und Künstler, die für Bauten in Betracht kommen. Man wird etwa sagen können: der achte Teil der Bevölkerung lebt vom Bauen. Das ist kein an sich fester Bruchteil; es gehört zur Anspannung unseres sich vermehrenden Volkes, einen so großen Teil seiner Bevölkerung für Wohnungszwecke einstellen zu müssen.

Ist aber diese unsere Berechnung in den allergröbsten Umrissen richtig, daß $^1/_8$ der Bevölkerung mit Wohnungsherstellung und anderen Bauarbeiten beschäftigt ist, so ist klar, daß dieses $^1/_8$ von den übrigen $^7/_8$ miterhalten werden muß. Das Baugewerbe verkauft nichts (oder fast nichts) ans Ausland, muß also vom Inland ernährt werden. Rechnet man nun, daß die Schichtung von Oberklasse, Mittelklasse und Unterklasse im Baugewerbe im ganzen ähnlich ist wie in der Bevölkerung überhaupt (und das wird man tun dürfen), so ergibt sich aus dieser ganz allgemeinen Rechnung, daß jeder Volksgenosse 1/8 = 12,5 % seines Einkommens für das Baugewerbe abgeben muß. Das geschieht durch einen Teil der Eisenbahnbillette für den Bahnkörperbau, durch Steuern für die öffentlichen Gebäude, durch Preiszuschlag für die Werkstätten und Kaufläden, durch Zinsen oder Zinsverzicht beim eigenen Hause und durch Miete für alle Bewohner fremder Häuser. Nehmen wir an, daß der Mieter 2½% seines Einkommens indirekt an das Baugewerbe abführt, so würde für ihn die direkte Abgabe noch 10% des Einkommens betragen. Dieses 1/10 würde der „natürliche" Mietspreis sein, wenn nicht noch die Verwaltungsgebühren des Hausbesitzers, die Bezahlung ausländischer Materialien und die Monopolrente der Besitzer von Steinen, Holz, und vor allem von Baugrund hinzukämen. Man wird dieser ganzen Berechnungsweise zwar vorwerfen können, daß sie viel Unsicheres in sich enthält, aber es wird kaum einen besseren Weg geben, um sich wenigstens theoretisch eine Anschauung davon zu bilden, was eigentlich in der „Wohnungsfrage" verhandelt wird. Es wird nicht darüber verhandelt, den Ertrag der Bauarbeit herabzusetzen, sondern nur den der Rente, die arbeitslos gewonnen wird.

Zwischen Bauarbeit und einheimische Rente aber schiebt sich also der Bezug von Materialien aus dem Ausland. Dieser läßt sich noch weniger genau abschätzen als der Preis der Bauarbeit, da er in keinem Relativverhältnis zum Einkommen unserer Bevölkerung steht, und da man nicht unterscheiden kann, welcher Teil von Holz, Erz und dergl. gerade für Bauzwecke im engeren Sinne des Wortes zur Verwendung kommt. Nur als Anhaltspunkte für die Anschauung dessen, um was es sich handelt, geben wir folgende Einfuhrziffern für Holz aus dem Jahre 1909:

	Einfuhr
Bau- und Nutzholz, roh	108 800 000 Mk.
Bau- und Nutzholz, gesägt	120 600 000 „
	229 400 000 Mk.

Unser fremdes Bauholz kommt aus Österreich, Rußland, Finnland, Schweden und Nordamerika. Je mehr wir bauen, desto mehr müssen wir entweder Holz durch Eisen ersetzen oder fremdes Holz durch unsere Ausfuhrindustrie bezahlen, denn unsere Waldflächen wachsen ja nicht mit unserer Bevölkerung. Zu den wenigen guten Stücken der neuen Handelstarife gehört wenigstens die Ermäßigung der Holzzölle: auch ein kleiner Beitrag zur Wohnungsfrage.

Gehen wir nun zu dieser selbst! Ihr praktischer Inhalt ist: wieviel und was für Raum hat der einzelne Mensch, um außer der Arbeit Mensch sein zu können, welchen Raum hat die Mutter mit ihren Kindern, welche Schlafräume haben Alte und Junge? Es ist das Verdienst zahlreicher Wohnungsgenossenschaften, Bauvereine und Mietervereine, diese Frage immer wieder aufgeworfen zu haben, das größte Verdienst darum aber haben in der neueren Zeit der Deutsche Bund für Bodenbesitzreform (Adolf Damaschke, Berlin, Lessingstraße 11) und der Deutsche Verein für Wohnungsreform (begründet von Charles Hallgarten, Frankfurt a. M.). Beide Vereine heben sich dadurch aus dem Kreise sonstiger gemeinnütziger Bestrebungen heraus, daß sie die Wohnungsfrage als eine volkswirtschaftliche große Sache betrachten und nicht nur als Unterstützungsfrage eines gewissen Teiles ärmerer Mieter. Sie bauen keinerlei Wohnungen, weder musterhafte Mietskasernen noch nette Gartenhäuser für ein oder zwei Familien, sondern sie prüfen die Wohnungsnot nach ihrer Tatsächlichkeit und ihren Ursachen und suchen Reformen anzubahnen, die mehr sind als ein zeitweiliges Herabneigen der Güte zur Bedrängnis. Der Verein für Wohnungsreform wird alle hierher gehörigen Bestrebungen vereinigen und hat eben deshalb kein eigenes theoretisches Programm. Der deutsche Bund für Bodenbesitzreform aber sieht seinen Lebenszweck in seinem einseitigen, aber kräftigen Programm, das in einem Frontangriff auf alle Monopolwerte an Boden und Bodenschätzen besteht. Noch sind beide Vereine nicht sehr einflußreich, aber sie müssen es werden, je höher die Menge des Volkes steigt, auch sie sind Produkte der wachsenden Dichtigkeit der Menschen.

Die Tatsachen nun, von der diese Bewegungen ausgehen, sind ganz unbestreitbar: es ist ein Elend, mit was für kleinen und teuren Wohnungen sich fast die Hälfte des Volkes behelfen muß! Nicht das ist das wichtigste, daß an einzelnen Stellen ganz schmutzige Löcher als Wohnungen ausgeboten werden. Die Mehrzahl der deutschen Wohnungen ist nicht schmutzig und faulig. Selbst die Landarbeiterwohnungen fangen an, sich über den allertiefsten Zustand zu erheben, wenngleich des Kaisers Wort, daß die Schweineställe besser sind als die Menschengelasse, noch vielfach gerade auch im Gebiet reicher und stolzer Herrschaften Geltung hat. Die Wohnhäuser der großen Städte und Industriegebiete sind meist erst in neuerer Zeit entstanden, unterlagen baupolizeilicher Prüfung und werden, schon um ihre Vermietbarkeit nicht zu schädigen, zwar nicht glänzend, aber erträglich gehalten. Sie sind aber so teuer, daß im allgemeinen die von ihrer Arbeit lebende Familie halb soviel an Wohnung hat, als sie aus gesundheitlichen und sittlichen Gründen haben sollte. Es wohnten im Jahre 1900 von je 1000 Menschen in Wohnungen mit

	Berlin	Königsberg	Magdeburg	Breslau
1 heizbar. Zimmer	438	507	457	409
2 „ „	307	240	235	325
3 „ „	122	116	133	141
4 „ „	54	57	77	51
5 und mehr „	78	80	98	74

Welche Atmosphäre liegt in diesen Zahlen! Wie klein ist im Wohnungswesen die Zahl der Glücklichen! Und man nehme hinzu: gerade die Bewohner der kleinen Wohnungen sind es, die keinen Garten haben, meist keinen Balkon! Alles, alles spielt sich für etwa 40% der Großstädter in ihrem einen Zimmer ab, das gleichzeitig Schlafstube, Wohnstube, Kinderstube, Salon und Sterbezimmer ist! Von je 1000 Wohnungen mit 1 Zimmer sind mit mehr als 6 Personen besetzt in Dresden, dem Sitz der Hausbesitzervereinigung, 150 (!), in Breslau 148, in Alt-Leipzig 156, in Berlin 120, in Frankfurt 83. Und wie oft gehören diese 6 und mehr Menschen nicht zu einer Familie! Von 1000 Haushaltungen beherbergten Schlafgänger in Alt-Leipzig 322, in München 306, in Dresden 278, in Frankfurt 258, in Berlin 210. Und es sind wiederum nicht die großen Wohnungen, in denen Schlafgänger gehalten werden.

Man mag vom Glanz unserer Zeit reden, was man will, das Wohnungswesen ist Nacht und Grauen! Auch das besagt nicht übermäßig viel, daß die Prozentziffern sich im allgemeinen gebessert haben, denn die absoluten Ziffern der Menschen, die ein menschenunwürdiges Wohnen ertragen müssen, wachsen beängstigend. In solchen Wohnungen sollen die zukünftigen wirtschaftlichen und militärischen Verteidiger des Vaterlandes geboren werden!

Das also ist der Tatbestand, von dem die Bewegung aller Wohnungsreformer ausgeht. Volle Einigkeit besteht auch darüber, daß es vom Standpunkt der Volksmenge aus nur eine Geldfrage ist, ob sie geräumigere Wohnungen beziehen kann oder nicht. Wenn die Wohnungen billiger werden, wächst für die Familien der Lebensraum. Aber sie werden nicht billiger. Aus den verschiedensten Großstädten liegen öffentliche Angaben über Mietpreise vor und beweisen, daß alles Herabgehen der Mieten nur zeitweilig ist und stets von steigender Strömung überwunden wird. In Hamburg kam auf den Kopf der mietenden Bevölkerung im Jahre 1874: 132 M., im Jahre 1884: 146 M., im Jahre 1894: 166 M., im Jahre 1902: 173 M. Damit ist fast alles wieder zunichtegemacht, was in dieser Zeit steigende Löhne gutgemacht haben. Die Unternehmer zahlen mehr, aber den Arbeitern hilft es nichts, denn die Wohnung frißt den Vorteil weg! Seht doch die Sachen, wie sie sind! In langem Streit, unter Erschütterung des sozialen Friedens, erkämpfen die Gewerkschaften Vorteile — für die Wohnungsbesitzer! In vielen Demütigungen erbitten die Beamten Geld — für die Wohnungsbesitzer! Ein heizbares Zimmer mit Zubehör kostete in Alt-Leipzig im Jahre 1885: 192 M., 1890: 204 M., 1895: 210 M., 1900: 243 M.! Und so können wir von Stadt zu Stadt gehen. Die schlechtesten Zimmer steigen im Preise. Ganz alte Häuser, die, kaufmännisch gesprochen, längst abgeschrieben sind, vermehren ihre Einnahme. Wer wohnen will, muß zahlen, und zwar trotz ganz ungenügender Wohnungen weit mehr als jenes $1/_{10}$ seines Einkommens, von dem wir oben sprachen. Es wird $1/_{5}$, $1/_{4}$, $1/_{3}$ gezahlt. Die Allerärmsten bezahlen verhältnismäßig das allermeiste. Eine alte Näherin, die eine Kammer für 10 M. im Monat mietet, arbeitet 10 Tage, um wohnen zu dürfen.

Wo liegen die Ursachen?

Es wird gesagt: Die Lehre vom freien Spiel der Kräfte hat in der Wohnungsfrage ihren endgültigen Schiffbruch erlitten! Angebot und Nachfrage haben einen Zustand geschaffen, der unerträglich ist! Deshalb wird gefordert, daß der Staat die ganze Wohnungsfrage in die Hand nimmt. Es wird gut sein, diesen Gedankengang etwas näher zu prüfen. Angebot und Nachfrage waren wirksam, aber das Angebot konnte warten und die Nachfrage nicht. Der Steinbruchsbesitzer konnte warten, bis die Leute ihm nicht nur die Steinbruchsarbeiten, sondern die Steine selbst bezahlten. Alles Material wird deshalb außer seinem Verarbeitungswert noch mit einem Grundwert an sich bezahlt. So wurden Kiesgruben zu Silbergruben und Kalklager zu Vermögen. Das Spiel war nicht frei. Der Boden lag in festen Händen und dieses Recht verlangte Zahlung. Wer dem Rittergutsherrn entlaufen war, rannte dem Bodenherrn in die Arme. Die Versteigerung wurde zum neuen Frondienst, denn das Wesen des Frondienstes ist, daß für alte Rechte ohne neue Leistungen gearbeitet werden muß. Ein freies Spiel der Kräfte tritt erst ein, wenn es gelungen ist, die Besitzrechte derer, die das Land in Händen haben, abzulösen. Solange dieses nicht gelingt, ist es auch im Grunde gleichgültig, ob der Staat die Wohnungen baut oder der Privatunternehmer, denn auch der Staat ist von den Bodenpreisen abhängig. Im übrigen aber ist kaum ein Gewerbe so wenig reif für Staatsbetrieb als die Bauverwaltung, denn gerade dieses Gewerbe hat wenig Großbetriebsformen angenommen.

Wer die Erweiterung Berlins oder einer anderen Großstadt miterlebt und dabei einige allgemeinere volkswirtschaftliche Bildung hat, verwundert sich immer von neuem über die altmodische, handwerkerliche Art der Wohnungsherstellung. Fast nie wird ein ganzer Block zwischen vier Straßen von einer Firma übernommen und nach einheitlichem Plane erbaut. Zehn, zwölf, fünfzehn Bauunternehmer teilen sich in den Fetzen Land. Jeder baut für sich Häuser, obgleich diese Häuser völlig unpersönlich sind und sich nur in gleichgültigen Dingen unterscheiden. Das hat für die ganze Anlage die nachteiligsten Folgen. Alle Vorteile des leichteren Verkehrs im Häuserblock, der zentralen Heizung und Beleuchtung, der gemeinsamen Verwaltung und Bedienung, gemeinsamer für den Abend zu mietender Gesellschaftsräume, gehen auf diese Weise verloren. Es gibt nichts Spießbürgerlicheres als die Fortsetzung der alten Idee „Haus" in eine Zeit hinein, wo das Haus als solches in allen Mieterquartieren keine Einheit mehr ist. Was heute abgeschlossen lebt, ist die Einzelwohnung, nicht das Haus. Welche Schäden für die künstlerische Durcharbeitung der Straßen das jetzige System mit sich bringt, ist Sache für sich. Jetzt überlegen wir die volkswirtschaftliche Erscheinung, daß die großen Organisatoren, die wir in allen schweren Industrien, im Bankwesen, im Handel auftauchen sahen, auf diesem Gebiete ausgeblieben sind. Die Bauunternehmung für Eisenbahnen, Kanäle, Straßen, Brücken, Fabriken, Ausstellungen ist großzügig geworden, aber der Wohnungsbau steht talentlos und organisationslos vor unseren Augen. Er wird als Geschäft mit herkömmlicher Gewandtheit betrieben, ist aber innerlich noch kein Teil der Neuzeit geworden. Man denke sich Köpfe wie Siemens, Krupp, Ballin oder Wertheim in das Wohnungswesen hinein! Daß sie fehlen, muß irgendwie sachlich begründet sein. Liegt es darin, daß das Bauen Saisongeschäft ist? Alle Saisongeschäfte haben Neigung zu kleineren Betriebsformen. Oder liegt es daran, daß verhältnismäßig wenig konstantes Kapital im Baugeschäft nötig ist, daß also leicht jeder bessere Maurer einen selbständigen Betrieb anfangen kann? Ist das Baugeschäft an sich weniger ertragreich als andere Geschäfte? Alles dieses mag mitwirken. Die Hauptsache ist, daß das Baugeschäft durch die Dampfmaschine wenig berührt wird. Produktionen, bei denen keine zentrale Kraft verwendet wird, pflegen auch geschäftlich dezentralisiert zu bleiben. Dieser Zustand aber ist es, der dem Gedanken der Verstaatlichung, ganz abgesehen von der Furcht, die Staatsallmacht zu vergrößern, ein fast absolutes Hemmnis entgegenstellt, denn Verstaatlichung gelingt nur da, wo die zentralisierende Tendenz an sich vorhanden ist.

Wir müssen also damit rechnen, daß noch auf sehr lange Zeit hinaus der Zustand der Vereinzelung des Baugewerbes bestehen bleibt, und dieser Zustand bedeutet (ebenso wie die Vielheit der

Kleinkrämer im Warenhandel) eine gewisse Verteuerung der Wohnung, da ja die vielen Unternehmer jeder für sich gewinnen wollen, aber er bedeutet vor allem leider die Unreformierbarkeit des Wohnungsbauwesens. Das begreifen die verschiedenen Gruppen der Wohnungsreformer und wenden deshalb ihre Energie nicht der Organisation des Wohnungsbaues, sondern nur der Frage des Preises und damit der Bodenrente zu. Ihre Kritik setzt nicht beim Bauunternehmer ein, sondern beim Bodenverkäufer.

Daß der Bodenverkäufer (oder der spekulierende Bodenbesitzer) am Boden viel verdient, wird im Grunde von niemand bestritten, es ist aber gar nicht leicht, den Gewinn zweifelsfrei zu erfassen. Adolf Weber hat viel Material dafür beigebracht, daß die Terraingesellschaften im Grunde nichts verdient haben. Das mag teilweise richtig sein und teilweise auf spekulativer Buchungsmethode beruhen, aber es macht für die Sache selbst sehr wenig aus, denn daß verdient wird, sei es vom ersten, zweiten oder dritten Besitzer, ist über allen Zweifel erhaben. In Charlottenburg liegt es so, daß bisher jeder neue Kopf der Bevölkerung den Bodenwert um 2500 M. gesteigert hat. Und wenn auch Charlottenburg ein besonders teures Pflaster geworden ist, so gilt doch ganz allgemein, daß mit der Menge des Volkes die Bodenrenten wachsen. Es fehlt uns ein fester Anhalt, um die Milliarden zu schätzen, die auf diese Weise gewonnen werden, da es eine allgemeine Statistik des Grundstücks- und Häusermarktes leider nicht gibt, obwohl sie durchführbar sein würde.

Versuchen wir aber festzustellen, worauf sich die großen arbeitslosen Einnahmen etwa eines Berliner Bodenbesitzers gründen. Er besitzt ein Grundstück, das als Ackerboden minderwertig ist und durch alle vergangenen Jahrhunderte hindurch nur wenigen Menschen Nahrung bot. Der Wert dieses Grundstückes hat sich erst von da an gehoben, als die Großstadt zu ihm hinausrückte. Was hat der Besitzer dafür getan, daß die Stadt wächst? Dieses Wachsen ist ein geschichtlicher Vorgang, der weit über seine kleinen Privatinteressen hinausgeht. Vielleicht war er stets bei der Partei derer, die dem Wachstum Hemmnisse bereiteten. Auch das ändert nichts an seinem Gewinn. Die Verlegung des politischen Schwergewichts vom deutschen Süden nach dem Norden, der Sieg des preußischen Heeres, die Verbesserung der Verkehrsmittel, der Zusammenfluß von Menschen und Geld sind für ihn dagewesen. Er gewinnt von der Abwanderung aus den östlichen Provinzen, von der Hoffnungslosigkeit der Tagelöhner, von den Fortschritten der Hygiene, er ist ein Glückskind der neuen Wirtschaft. Alles scheint sich ihm in Gold zu verwandeln, und er selber wird nobel, ohne daß er es merkt.

Dieser Mann nun ist ganz empört, wenn man seinen mühelosen Gewinn kritisch beleuchtet, denn er sagt: Glück ist kein Unrecht! Gewiß nicht, aber Glück, das andere belastet, wird Unrecht! Wenn irgendwo durch allgemeine Geschichtsentwicklung einzelne Volksgruppen leiden, haben sie stets das Bestreben, sich dafür von der Gesamtheit entschädigen zu lassen. Das größte Beispiel sind unsere Getreideproduzenten. Sie beruhigen sich keineswegs damit, daß der allgemeine Wirtschaftsgang sie benachteiligt hat, sie verlangen von der Gesamtheit hohe Jahreszahlungen für ihre Not. Wenn ein Hafen versandet, fordert man Staatsgelder, wenn ein Tal überschwemmt wird, schreit man nach Subventionen. Wenn aber der umgekehrte Fall eintritt, dann soll der Nutzen nur dem Einzelsubjekt zugute kommen. Es wehrt sich mit Händen und Füßen gegen Wertsteuer, Umsatzsteuer, Erbschaftssteuer. Eine Gesellschaft aber, die auf der einen Seite Entschädigungspflichten anerkennt, muß um ihrer selbst willen auch Anteil am besonderen Glücksfall fordern. Sie darf vor den Grundbesitzer hintreten und sagen: Halbpart!

Der Grundbesitzer aber wehrt sich weiter und spricht: heute hatte ich Glück, morgen aber kann die Rente wieder sinken! Das ist theoretisch richtig. Jeden Tag erlebt man, daß Bodenwerte entwertet werden, selbst inmitten großer Städte. Aber das sind bei einem wachsenden Volke mit aufwärtsgehendem Wirtschaftsleben Ausnahmen. Die Regel ist das Steigen. Dieses Steigen geht nicht ohne große Opfer der Gesamtheit vor sich. Soll der, dem es am meisten nützt, nichts Besonderes dazu beitragen?

Darauf antwortet der Grundbesitzer: mein Vermögensgewinn nützt der Gesamtheit mehr, als meine Besteuerung und „Beraubung“ ihr nützen könnte! Und diese Antwort ist in der Tat das reellste, was vom Standpunkt des spekulativen Grundbesitzers überhaupt vorgebracht werden kann, wenngleich auch sie nur teilweise richtig ist. Ihr Hintergrund ist die Erkenntnis, daß wir Vergrößerungen unserer Kapitalien brauchen, um im kapitalistischen Menschheitszeitalter etwas zu erreichen. Wir leiden daran, daß wir noch immer zu wenig kapitalistisch sind. Aller unkapitalistische Betrieb bedeutet, besonders in der Warenproduktion, eine ungenügende Ausnützung der vorhandenen Menschenkräfte, ein Punkt, den wir an anderen Stellen weit ausführlicher erörtern müssen. Wir brauchen noch größere Aktiengesellschaften, noch stärkere Schiffahrtsverbände, noch finanzkräftigere Kolonisationsgesellschaften, noch leistungsfähigere Fabrikationen usw. Das alles entsteht aber nicht ohne privaten

Reichtum. Deutschlands Wirtschaftsaufschwung war ohne das, was ihr Bodenwucher nennt, gar nicht möglich! Man sollte die „Bodenwucherer" mit Lorbeer krönen, denn sie vermehrten durch ihr Glück die nationale Kapital- und Wirtschaftskraft!

So spricht der Bodenbesitzer, und er kann dabei einige Tatsachen für sich reden lassen. Es ist wahr, daß der großstädtische Reichtum zu einem wesentlichen Teile durch Bodenwertsteigerungen entstanden ist. Mag das moralisch beanstandet werden, so lacht der Bodenbesitzer und sagt: warum sind die Menschen zu uns gekommen? Wir haben sie nicht gerufen! Sie haben uns die hohen Preise aufgenötigt! Natürlich haben wir genommen, was wir konnten, aber der Gesamterfolg hat uns gerechtfertigt!

Ja, er hat sie gerechtfertigt, wenn man folgendes außer acht läßt:

Erstens, daß die Reichtümer, von denen man sagt, daß sie die Industrie gehoben haben, aus der Tasche derselben Industrie herausgenommen worden sind. Wer hat sie bezahlt? Der Unternehmer und der Arbeiter, denn es waren Teile des Produktionsgewinnes, die an den Grundbesitzer abgeführt werden mußten. Er nimmt seinen Zins von den bestehenden Produktionen, um ihn gegen Zins den produktiven Anlagen wieder zuzuführen. Wie aber würden die Produktionen arbeiten können, wenn sie nicht mit der Bodensteuer belastet wären!

Zweitens, daß auf Kosten der steigenden Bodenwerte die physische und moralische Qualität der Bevölkerung verschlechtert wurde. Diese ist aber für die Volkswirtschaft im ganzen noch weit wichtiger als die Beschleunigung des Kapitalisierungsprozesses, der ja keineswegs bloß auf Bodenwucher angewiesen ist, um leben zu können. Schon heute würde wahrscheinlich (ein absolutes Urteil kann niemand in dieser Sache abgeben) der Gewinn am Auslandsgeschäft und der Unternehmergewinn an einheimischer Produktion und das Wachsen der Zinsen für Staats- und Gemeindeschulden genügen, um unseren Kapitalismus auf der volkswirtschaftlich notwendigen Höhe zu halten. *Wir könnten schon jetzt allen privaten Bodenwertgewinn aus dem Haushaltplane des kapitalistischen Systems ausschalten, ohne dieses selbst zu alterieren.* Das aber ist es, was die Bodenreformer wollen. Da ihr Wille heute aber noch schwach ist, so ist die Sorge, daß sofort die Ernährung des Kapitalismus mit Bodenwerten aufhören könne, gegenstandslos, und es handelt sich in der Gegenwart nur darum, ob der Wille zur Ausschaltung dieses Kraftzuwachses für den Kapitalismus gestärkt werden soll. Sobald man die Frage so stellt, bejahen wir sie rundweg: *wir* wollen nicht, daß der Kapitalismus durch hohe Mieten wächst, da dieses Wachstum viel mehr schädliche als nützliche Wirkungen zeigt!

Aber mit dieser grundsätzlichen Stellungnahme ist noch gar nicht sehr viel gewonnen, solange man die Mittel und Wege nicht bezeichnen kann, auf denen die Miete zum Ausdruck des wirklichen Wertes der Wohnung gemacht werden soll. Absichtlich brauchen wir den unklaren Ausdruck „wirklicher Wert der Wohnung", um an ihm zu zeigen, wie schwer es ist, Mieten zu verbilligen. Was ist der wirkliche Wert eines Zimmers in der Friedrichstraße in Berlin? Ist es sein Herstellungswert oder sein Gebrauchswert? Ohne Zweifel der letztere! Hier wird ein Rechtsanwalt eine bessere Praxis, ein Arzt eine zahlreichere Kundschaft, ein Häuseragent größere Nachfrage, eine Lebensversicherung mehr Versicherungsbedürftige finden als in einem Zimmer von gleicher Beschaffenheit, das nur den Nachteil hat, in Rixdorf zu liegen. Diese günstigen Eigenschaften verliert das Zimmer in der Friedrichstraße auch dann nicht, wenn die Bodenwertsteigerung in die Kasse der Stadt Berlin fließt. Die erhöhte Rente ist einfach nicht totzumachen. Es ist nicht zu ändern, daß der Boden am Ostseestrand durch das Erholungsbedürfnis der Berliner in die Höhe getrieben wird. Auch wo er öffentlichen Körperschaften gehört und nur verpachtet wird, spürt er die goldenen Füße. Also selbst eine so gründliche Hinwegsteuerung der steigenden Bodenwerte, wie Henry George sie vorschlägt, ist nicht direkte Mietsverbilligung, sondern nur ein Ablösungsverfahren, durch das die kommunale und staatliche Steuerlast der Mieter vermindert und ihnen somit indirekt geholfen wird. Es wird davon noch einmal geredet werden müssen, wenn wir vom Gemeindesozialismus sprechen.

Aber bleiben wir in Gedanken noch einen Augenblick bei dem Zimmer in der Friedrichstraße! Es wird so teuer bezahlt, weil die Zimmer in den angrenzenden Straßen auch schon viel kosten. Der Mieter sagt sich: in der Charlottenstraße kostet es nur 30 Mk. weniger; soviel ist der Unterschied wert! Und so geht es von der Charlottenstraße abwärts bis hinaus zu den Zimmern am Rande der Brandenburgischen Wüste. Ein Preis baut sich auf dem anderen auf, und will man Preise erniedrigen, so muß man die niedrigsten Preise noch niedriger machen. Sie entscheiden über die Preise überhaupt etwa so, wie der sogenannte ortsübliche Tagelohn über die Löhne überhaupt entscheidet. Wir verhandeln demnach mit dem Vermieter einer neuen Straße in Rixdorf oder Schöneberg, draußen am Rande der Großstadt, und fragen nach den Gesetzen der Preisbildung in seinem Revier. Da er für möglich hält, daß wir das Haus kaufen wollen, so sagt er: „Das Haus kostet mich 150 000 Mk., der Boden kostet 50 000 Mk. Das muß verzinst werden. Dazu kommen Reparaturen, Verwaltungskosten und Steuern; auch muß man etwaige Mietsverluste in Anschlag bringen. Das Haus muß also mindestens 10 000 Mk. im Jahre einbringen. Später wird es mehr werden, wenn wir eine belebte Gegend geworden sind! Im Anfang muß man ein Auge zudrücken!" Das Ergebnis ist also, daß schon an dem äußersten Rande $^1/_4$ des Hauspreises und etwa $^1/_5$ der Miete für Bodenrente bezahlt wird, dort, wo es nach der reinen Theorie überhaupt keine Rente geben sollte, als höchstens eine Entschädigung für Strandhafer. Wie entsteht diese Rente am Außenrande, von der alle Preise in der ganzen Stadt abhängen? Sie ist Vorwegnahme zukünftiger natürlicher Rente, das heißt Vorberechnung des späteren Zustandes, wenn der Rand nicht mehr Rand sein wird. Und diese Vorwegnahme ist die Erklärung aller weiteren Erscheinungen: des geringen Gewinnes der eigentlichen Bautätigkeit und des Wartens der Grundstücke, bis ihr Preis erreicht ist. Es ist richtig von den Bodenreformern, daß sie auf die Besteuerung der wartenden Grundstücke nach ihrem Verkaufswert dringen, und sei es nur, um das Warten etwas zu erschweren. Der Entscheidungskampf um die städtische Bodenrente wird draußen gekämpft, wo noch Kartoffeln und Menschen nebeneinander gepflanzt werden. Hier hat tatsächlich die freie Konkurrenz versagt. Niemand bietet seinen Acker zum Nutzwert an, denn das Geschäft ist so sicher, daß keiner fürchtet, sitzen zu bleiben. In dieses sichere Geschäft nun hat sich sofort der Großbetrieb eingesetzt. Während das Bauen handwerksmäßig organisiert ist, beschäftigen sich größere Terraingesellschaften mit dem Verkauf und der Organisierung der Rentenzahlung auf dem Wege der Hypothekenbanken. Die Hypothek ist eines der stärksten Handwerkszeuge des kapitalistischen Systems. Dieses Werkzeug aber ist durch die Gesetzgebung hergestellt. Aller juristischer Scharfsinn ist in den Dienst seiner Vervollkommnung gestellt worden. Die Macht des Staates schützt mit allen ihren Mitteln den Jahrestribut der Bodenrente. Für wen tut sie das? Zunächst für die Minderheit der Bodenbesitzer. Hier ist der Staat so offenbar Klassenstaat wie kaum an einer anderen Stelle. Er reguliert die Blutentziehung der Stadtbevölkerung. Es ist darum richtig, wenn gefordert wird, daß die Sicherung der Hypotheken, die an sich ein technischer Fortschritt ist, der Gesamtheit zugute kommt, und irgendwann wird die Forderung der Verstaatlichung des Hypothekenwesens ebenso an unsere Tür klopfen, wie wir die Verstaatlichung des

Versicherungswesens der ärmeren Bevölkerung erlebt haben. Das wird eine Reform sein, die nicht weniger schwer, aber auch nicht weniger segensreich sein wird, als seinerzeit die Ablösung der Frondienste durch Staatsrente war. Nur so kann der Vorteil des Bevölkerungswachstums für die Zukunft dem Volke im ganzen zugute kommen.

Das Land der Masse! So sagten wir vorhin, als wir vom verhängnisvollen Einfluß der Fideikommisse und Rittergüter auf die Abwanderung des Bevölkerungszuwachses aus dem deutschen Osten redeten. Das Land der Masse! So tönt es neu, wenn wir die Klage der städtischen Mieter wie dumpfes tausendfältiges Rauschen vernehmen. Gehört nicht das Land dem Volke? Ist es nicht altes germanisches Rechtsbewußtsein, die Gesamtheit als Herrin des Bodens zu betrachten? Sind Eigentumsrechte an Grund und Boden dazu da, um Millionen von Menschen heimatlos zu machen, und um durch das Anwachsen der Menge eine Minderzahl mühelos zu bereichern? Was sollte denn das Eigentumsrecht an Grund und Boden ursprünglich sein? Ein Schutz der Arbeit vor fremdem Eingriff! Heute wird es zum Anrecht auf einen Anteil an fremder Arbeit. Das trifft ja, wie wir sehen werden, oft auch sonst beim Eigentumsrecht zu, wird aber auf diesem Gebiet am unmittelbarsten empfunden. So juristisch fest das Eigentumsrecht an Grund und Boden formuliert ist (und welches Recht könnte besser durchgearbeitet sein als dieses?), so sicher ist, daß das öffentliche Bewußtsein, das Gewissen des Volkes, dieses Recht nicht mehr versteht. Man sieht den Zweck nicht ein, weshalb die städtischen Bodenwerte heute beliebigen Einzelpersonen zugute kommen, und die große Reform, die dunkel in dem Nebel der zukünftigen Dinge liegt, heißt Ablösung dieses moralisch nicht mehr haltbaren Rechtes.

So leicht es aber ist, das neue Rechtsbewußtsein gegenüber dem alten Bodenrechte auszusprechen, so unendlich schwer ist es, den geordneten Weg zur Überleitung in bessere Rechtsverhältnisse zu finden. Man muß dabei sich gegenwärtig halten, wie überhaupt neue Rechte zu entstehen pflegen. Sie kommen nicht aus einer bloßen Theorie heraus. Deshalb, weil etwas theoretisch richtiger ist, geschieht es noch lange nicht. Wieviel müßte sonst in der Welt schon geschehen sein! Neues Recht ist gewöhnlich nur Formulierung eines neuen Zustandes, der sich unter der Decke des alten Rechtes sein Dasein erzwungen hat. Wo aber ist bis heute der neue Zustand im Wohnungswesen? Alle unsere Baugenossenschaften sind bis jetzt noch junge Kinder mit geringen Kräften. Erst wenn sie wachsen, werden sie ihre Rechte schaffen. Alle öffentliche Bautätigkeit ist nur ein Anfang. Das Erbbaurecht ist ein Versuch,

Die Zusammenfassung der Mieter als gemeinsame Wirtschaftskraft ist kaum irgendwo erfolgreich zu spüren. Die Organisation des Proletariats versagt bis jetzt gegenüber dem Wohnungsproblem. Man klagt und zahlt! Die Idee „das Land dem Volke" hat ihre Form noch nicht gefunden. Nur auf dem Wege der Besteuerung versucht man da und dort der wachsenden Rente einen Teil ihres mühelosen Gewinnes zu entwinden. Diese Lage ist peinlich für jeden, der die Wohnungsfrage in ihrem ganzen Umfange begriffen hat. Aber ist es nicht schon ein Vorteil, daß wenigstens die Zahl derer, die sie begreifen, im Zunehmen ist?

4. Die Kleidung des Volkes.

Während die Wohnung des Volkes schon durch die Schwere des Baumaterials einen gewissen Heimatcharakter hat und behält, und die Wohnungsherstellung an dem Orte geschehen muß, wo der Wohnungsbedarf sich zeigt, ist die Beschaffung der Kleidung in viel höherem Grade eine internationale Tätigkeit geworden. Mit eigenem und fremdem Stoff schaffen wir Gewebe und Kleidungsstücke für uns und andere. Selbst theoretisch wird auf dem Bekleidungsgebiet unseres Wissens von niemand eine „nationale Wirtschaft" gefordert, wie sie auf dem Ernährungsgebiet vielfach als Ideal hingestellt wird. Eine nationale Selbstgenügsamkeit würde den Abschluß von Baumwolle und Seide bedeuten, da wir diese beiden Produkte gar nicht herzustellen in der Lage sind (und auch bei günstigerer Kolonialentwicklung nicht in genügendem Maße sein werden). Aber auch unsere Wolle kommt zum größeren Teil vom Ausland, denn wie soll unser Land neben seiner Riesenleistung für die Ernährung, von der wir später sprechen, die Zucht der Wollschafe so steigern, daß der deutsche Mensch in deutscher Wolle geht? Beginnen wir aber trotzdem dieses Kapitel mit der einheimischen Wolle!

Deutschland hatte vor 40 Jahren etwa 25 Millionen Schafe, früher noch mehr. Das Schaf aber wurde im Stall von der Kuh und dem Schweine verdrängt und auf dem Acker vom Getreide und den Hackfrüchten. Es ist ein großer Unterschied der englischen und deutschen Volkswirtschaft, daß wir bei steigender Volkszahl unseren Schafbestand so sehr herabgesetzt haben. Im Jahre 1907 gab es noch 7,7 Millionen Schafe, eine kleine Zahl, die beständig weiter herabgeht. Die Kleinheit dieser Zahl wird deutlich, wenn man sich vergegenwärtigt, daß Rußland auf fast 50 Millionen, Großbritannien auf 28 Millionen, Frankreich auf 17 Millionen und Spanien auf 15 Millionen Schafe geschätzt wird. Nordamerika,

Argentinien und Australien sind Wollgebiete ersten Ranges geworden, besonders Australien, das trotz seiner geringen Bevölkerung mehr als zehnmal soviel Schafe hat als Deutschland. Das Schaf braucht Platz, und die Masse der Menschen verdrängt das Schaf. Boden und Arbeit werden zu teuer, um sich den sinkenden Wollpreisen anpassen zu können. Unsere eigene Wollproduktion wird nicht viel mehr als 1% der ganzen kontrollierbaren Wollerzeugung der Menschheit betragen. Die Folge ist, daß wir für Wolle große Summen ans Ausland zahlen, im ganzen (nach Abzug der Ausfuhr) etwa 320 Mill. M. im Jahre, dazu Wollgarn für 118 Mill. M.

Nicht weniger ist es freilich, was wir für Baumwolle zahlen. Im Jahre 1909 waren es für rohe Baumwolle 532 Mill. M. und für Baumwollengarn nach Abzug der Ausfuhr 30 Mill. M. Dazu kommt Seide mit etwa 157 Mill. M., Flachs 37 Mill. M., Leinengarn, Jute und manches andere. Wollen wir aber die Kleidung in ihrem ganzen Umfange erfassen, so müssen wir 64 Mill. M. für Pelzwaren hinzurechnen und einen nicht unbeträchtlichen Teil des Leders, das wir in großen Quantitäten einführen. Der deutsche Mensch, der keine Auslandsware an sich trägt, fängt an sehr selten zu werden.

Da wir aber so große Mengen Kleidungsmaterie einführen, werden wir gleichzeitig zu Kleidungsversorgern anderer Völker. Wir haben 1909 ausgeführt an Baumwollenwaren für 322 Mill. M., an Wollenwaren für 255 Mill. M., an Seidenwaren für 164 Mill. Mark, an Kleidern und Putzwaren für 62 Mill. M., an feinen Lederwaren für 43 Mill. M., an Handschuhen für 26 Mill. Mark usw. Ohne diese Ausfuhr würde unser Bedarf an Stoffen für die Kleidung eine unerträgliche volkswirtschaftliche Last sein. Das muß insbesondere denen gesagt werden, die gelegentlich fordern, erst die Mängel der heimatlichen Kleidung zu beseitigen, ehe wir fremden Völkern Röcke machen. Gewiß ist es wahr, daß noch viele arme Leute bei uns ungenügend gekleidet sind, aber wir können keine neuen Jacken oder Hemden schaffen, wenn wir uns nicht mit unserer Arbeit den Stoff dazu erkaufen. Die Verflochtenheit in der Weltwirtschaft liegt auf keinem Gebiet so klar wie auf diesem. *Wir werden uns schlechter kleiden müssen, wenn wir aufhören, die Kleidermacher der Fremden zu sein.*

Dieser Satz ist eine schwere Wahrheit für den, der die Nöte und Bedrängnisse aller der Gewerbe vor Augen hat, die sich mit Kleidungsherstellung beschäftigen. Unsere Weber und Strumpfwirker sitzen meist mitten im Lande, im Wuppertal, im Elsaß, im Erzgebirge oder Riesengebirge, und ihr Rohstoff entsteht jenseits des Meeres in Nordamerika, Südamerika, Australien oder Ägypten. Sie müssen aber trotzdem in der Lage sein, nicht nur nach dem europäischen Hinterland zu verkaufen, sondern unter Umständen die fertigen Waren bis in die fernen Erzeugungsländer des Rohstoffes zurückzuliefern. Dazu kommt, daß die Konkurrenz in der Textil- und Kleiderbranche in allen europäischen Nachbarländern steigt. Österreich und Polen gründen Fabrik auf Fabrik, und selbst orientalische Völker treten in den Wettbewerb. Kein Wunder, wenn der Spielraum der Preisbildung ein äußerst knapper ist. Nirgends wird so mit den Pfennigen kalkuliert, als bei billigen Textilwaren, die für Ausfuhrzwecke hergestellt werden. Daher kommt das bleiche Aussehen, das die Textilbranche im ganzen hat. In ihr ist die geringste Heimarbeit, die billigste Frauenarbeit zu Hause. Ob wir vom Leineweber reden oder vom Strumpfwirker oder von den Wäschenäherinnen oder den Mäntelnäherinnen oder den Konfektionsschneidern, so ist es ein qualvoller Haufe von Elend, der sich für jeden Wissenden mit diesen Worten verbindet. Nicht alle Arbeiter des ganzen Gebiets sind arm. Es gibt in Spinnerei, Seidenweberei, Plüschfabrikation und in Qualitätswaren von Wirkerei und Weberei normale und anständige Verhältnisse, es gibt Sticker, die etwas Ordentliches verdienen, und Schneiderinnen, die sich über den Durchschnitt erheben; aber der Durchschnitt selber ist traurig. Calwer berechnet nach den Ausweisen der Berufsgenossenschaften für 1906 den Jahreslohn im Textilgewerbe auf durchschnittlich 765,12 Mark und in der Bekleidungsindustrie auf 899,28 Mark! Und welche Bilder enthüllten die Ausstellungen der Heimarbeiter in den Jahren 1904 und 1907! Der Schneiderverband stellte Blusen aus, die mit Stundenlöhnen von 15 Pf. gearbeitet wurden, Knabenanzüge zum Preise von 8—9 M., deren Macherlohn 35 Pf. beträgt, und Hosen, die dem Arbeiter bei fünfstündiger Arbeitszeit 70 Pf. einbringen. Da waren Schürzen, von denen drei Dutzend bei fünfstündiger Arbeitszeit mit 1 M. bezahlt werden, die Arbeiterin hat aber noch 36 Pf. Auslagen. Weißwäsche wird teilweise mit Stundenverdienst von 12 Pf. genäht. Und dabei nimmt in nicht wenigen Arbeitszweigen die Heimarbeit zu! Zwar sank in der Hausindustrie die Zahl der männlichen Personen in Schneiderei und Wäschekonfektion zwischen den beiden letzten Zählungen um 6300, aber die weibliche Ziffer stieg um 19100; und ähnlich steht es in vielen hierhergehörigen Erwerbszweigen. Im ganzen betrug die Hausindustrie im Bekleidungsgewerbe 51000 männliche und 112000 weibliche Arbeitskräfte. Und wie leben diese? Wer beschreibt die Stuben, in denen ein Teil der Kleidung des Volkes hergestellt wird?

Diesen dunklen Hintergrund muß man im Auge behalten, wenn man die gesamten Ziffern der Arbeitskräfte in den Bekleidungsgewerben betrachtet. Wir müssen bei ihrer Wiedergabe den Begriff Kleidung ziemlich weit fassen, da es nicht möglich ist, eine Scheidung zwischen sonstiger Tuch- und Gespinstverwertung zu machen. Es wurden 1907 gezählt mit Einrechnung der Angehörigen:

Zubereitung von Spinnstoffen	45 000
Spinnerei und Spulerei	325 000
Weberei	968 000
Gummi- und Haarflechterei	4 000
Strickerei und Wirkerei	164 000
Häkelei, Stickerei, Spitzen	113 000
Färberei	99 000
Bleicherei, Appretur	116 000
Posamenten	51 000
Seilerei	34 000
Näher und Näherinnen	247 000
Schneider und Schneiderinnen	1 148 000
Wäschekonfektion	49 000
Putzmacherei	64 000
Hut- und Mützenmacher	53 000
Kürschner	37 000
Handschuhmacher	50 000
Krawatten und Hosenträger	9 000
Korsetts	12 000
Schuhmacher	944 000
Wäscherei und Plätterei	221 000
Kleiderreiniger	2 000
Chemische Reinigung	10 000
	4 765 000

Dazu kommt noch ein Teil der Arbeitskräfte in der Lederbranche und derjenige nicht unbeträchtliche Teil der Metallindustrie, der sich mit Herstellung von Maschinen für die verschiedenen Bekleidungsgewerbe befaßt. *Man wird ungefähr sagen können, daß 1/13 des Volkes für Bekleidung arbeitet.* Wieviele davon für einheimischen und wieviele für fremden Bedarf tätig sind, läßt sich nicht sagen. *Beinahe die Hälfte der arbeitenden Kräfte ist weiblich.*

Sehr verschieden ist in den Bekleidungsgewerben die Art und Größe der Betriebe. Es gibt in der Spinnerei und Weberei große Aktiengesellschaften mit Tausenden von Arbeitskräften und in der Konfektion Geschäfte mit gewaltigem Umsatz. Aber direkt daneben finden sich viele kleine und mittlere Betriebe. Je feiner die Arbeit ist, und je mehr besondere Aufmerksamkeit sie fordert, desto mehr ist sie für den übersehbaren Betrieb geeignet. Aber freilich ist auch die Fülle der Kleinunternehmer eine der Ursachen, weshalb die Textil- und Kleiderbranche so schwer zu kämpfen hat. Je größer die Zahl der Unternehmer, desto geringer ist im allgemeinen die kapitalistische Kraft, desto nervöser und ängstlicher das Geschäft, desto gespannter die Sorge vor jedem neuen Begehren der Arbeiter.

Es gibt keine Kleiderfrage in demselben Sinne, wie es eine Wohnungsfrage gibt, kein Monopol, keine allgemeine drängende Not der Verteuerung der Waren. Die Kleidungsstoffe sind billig, und es unterliegt keinem Zweifel, daß es heute auch für den ärmeren Teil der Bevölkerung leichter ist, sich ordentlich zu kleiden, als jemals früher. Unser Volk sieht weit mehr auf seine Kleidung, als es unsere Vorfahren taten. Man braucht nur das Volk in Ungarn mit dem unsrigen zu vergleichen! Wo es an Kleidung mangelt, liegt die Schuld nicht am Kleiderpreis, sondern an der sonstigen Armut. Die Kleiderfrage ist also keine Konsumentenfrage, aber in sehr hohem Maße eine Produzentenfrage. Wir gehen an den Kleiderläden vorbei und sehen gleichsam Gespenster vor uns: Weber, Näherinnen, viele versinkende Seelen und ermattende Leiber! Muß das so sein?

Das Problem ist hier völlig anders als bei der Wohnungsfrage. Dort lag eine Rechtsangelegenheit im Hintergrund, nämlich der private Bodenbesitz. Hier fehlt die juristisch moralische Handhabe. Das einzige, was vom moralischen Gesichtspunkte aus gesagt werden kann, ist, daß *Industrien, die unsere Bevölkerung herabdrücken, für uns zu schlecht sind. Wir müssen sie durch gehobenere Industrien zu ersetzen suchen, in denen ein Aufsteigen der Bevölkerung möglich ist.* Die Schwierigkeit ist nur, diesen Übergang zu finden, da wir Deutschen gerade im Bekleidungsfach nicht in der Luxusware, sondern in der Massenware die Führung haben. Von dieser Massenware aber gilt für alle absehbare Zeiten, daß sie schlecht lohnt, denn sie hat alle Merkmale der Unterbietungsware: sie kann überall hergestellt werden und wird mit verhältnismäßig kleinen Maschinen gearbeitet, die man in aller Welt aufstellen kann. Wirklich bezahlt wird nur die feine Fasson, der Geschmack, die Idee im Gewebe und im Kleide. Das bloße Machen ist Allerweltssache. Wir müssen also von der billigen Massenware loskommen, sie halbgebildeten Völkern überlassen und uns nach oben hin in die internationale Konkurrenz einbohren. So leicht aber so etwas gesagt ist, so unendlich schwer ist es zu tun, denn es fehlt gerade hier alle Einheitlichkeit der Produktionsleitung. Die Spinnereien und mechanischen Webereien sind noch einigermaßen einheitlich, aber alle Fertigfabrikation ist in tausend Händen. Wer will die vielen Einzelunternehmer dazu bringen, einen gemeinsamen Gang zur

Gewinnung des Luxusmarktes zu gehen? Jeder versucht es auf seine Weise, und es entsteht keine den Geschmack der Völker beherrschende deutsche Mode. Noch warten wir auf Paris und London. Dort ist die ältere und, sagen wir es offen, die bessere Kleidungskultur.

Um aber die bessere Kleidungskultur bei uns zu erreichen, müssen die Ansprüche im Inland gesteigert werden, und zwar in doppelter Hinsicht, in Material und Form. Über das letztere sprechen wir dort, wo wir uns mit der künstlerischen Durchdringung des Wirtschaftslebens im ganzen zu beschäftigen haben. Über das Material aber ist auf das zurückzuverweisen, was wir früher über Materialverschleuderung im allgemeinen bemerkten. Es ist volkswirtschaftlich eine große Torheit, ein Volk mit minderwertigen Geweben zu bekleiden, eine Vergeudung von Arbeit und Materie. Mag der einzelne Unternehmer seinen Vorteil darin suchen, Strümpfe auf den Markt zu werfen, die nichts aushalten, Anzüge zu verkaufen, die schon am dritten Sonntag wie alte Fahnen herabhängen, Wäsche zu liefern, die beständig gestopft werden muß, Schuhe, die sich vor dem Regen fürchten; mag er das schnelle Verderben als Beschleunigung seines Umsatzes preisen; es ist ein Unsinn, wenn sich ein Volk, das sein Material teuer vom Ausland kaufen muß, auf diesen Ramsch einläßt! Wir könnten mit weniger Ausgaben besser gekleidet sein, wenn unser Geschmack solider wäre. Dann würde das einzelne Stück mehr kosten, die Gesamtausgabe aber sich vermindern. Wenn wir also eine deutsche Mode machen wollen, dann sei sie sieghaft durch ihre Solidität! Teuer und gut!

---

5. Die Nahrung des Volkes.

Das größte der menschlichen Bedürfnisse ist und bleibt die Nahrung. Auf dem Gebiet der Nahrung werden die lebhaftesten volkswirtschaftlichen Kämpfe ausgefochten. Hier drängen sich alle Probleme zusammen, die sonst vereinzelt auftreten: Vorrechte der Landbesitzer gegenüber den Nichtbesitzern, Überfülle auf der einen und tatsächliche Unterernährung auf der anderen Seite, einheimische Produktion und gewaltige Einfuhr vom Ausland. Es wird nötig sein, daß wir schrittweise vorgehen. Wir beginnen mit der erfreulichsten Seite der Angelegenheit, mit der staunenswerten Steigerung der deutschen Viehbestände und des deutschen Fleischkonsums. Dabei nehmen wir eine ältere (etwa 10 Jahre alte) Darstellung von Professor Hickmann zum

Ausgangspunkt, weil wir neuere Berechnungen der Dichtigkeit des Viehbestandes nicht besitzen und diese zum Vergleich sehr wichtig ist. Wenn dabei Pferde, Esel und Maultiere mit berücksichtigt sind, so mag das geduldet werden, obwohl diese Tiere nicht eigentlich unter die Überschrift Ernährung gehören:

Pferde, Esel, Maultiere absolute Ziffer		pro □ km
450 000	Dänemark	11,8
284 000	Belgien	9,6
280 000	Niederlande	8,5
4200000	**Deutschland**	**7,8**
2 020 000	Italien	7,0
870 000	Rumänien	6,6
3 480 000	Frankreich	6,5
2 000 000	Großbritannien	6,4
4 200 000	Österreich-Ungarn	6,2
1 100 000	Türkei	6,2
22 000 000	Rußland	4,1
15 630 000	Nordamerika	1,6

Rinder absolute Ziffer		pro □ km
1 640 000	Niederlande	50
1 420 000	Belgien	48
1 750 000	Dänemark	43
11 420 000	Großbritannien	36
19000000	**Deutschland**	**35**
1 300 000	Schweiz	31
16 800 000	Österreich-Ungarn	25
13 500 000	Frankreich	25
3 500 000	Türkei	20
5 000 000	Italien	18
33 600 000	Rußland	6
43 900 000	Nordamerika	4,6

Schweine absolute Ziffer		pro □ km
1 160 000	Belgien	40
16760000	**Deutschland**	**31**
1 170 000	Dänemark	30
720 000	Niederlande	22
940 000	Serbien	19
11 600 000	Österreich-Ungarn	17
570 000	Schweiz	14
1 710 000	Rumänien	13
6 300 000	Frankreich	12
3 700 000	Großbritannien	12
38 655 000	Nordamerika	4
11 700 000	Rußland	2

Schafe und Ziegen absolute Ziffer		pro □ km
31 000 000	Großbritannien	93
6 000 000	Griechenland	93
8 300 000	Bulgarien	88
5 880 000	Rumänien	45
7 500 000	Türkei	42
22 900 000	Frankreich	42
19 300 000	Spanien	39
8 700 000	Italien	30
17 400 000	Österreich-Ungarn	26
12900000	**Deutschland**	**24**
59 500 000	Rußland	11
41 900 000	Nordamerika	4,4

Diese kleine Viehtabelle ist in jeder Hinsicht lehrreich. Sie zeigt die hohen Quantitäten von Vieh, die Nordamerika und Rußland auf ihren weiten Flächen haben, zeigt die schon erwähnte verschiedene Richtung des Viehbestandes in Großbritannien und Deutschland, zeigt den besonderen Hochstand unserer drei Nachbarländer Dänemark, Niederlande und Belgien, und zeigt vor allem, daß das industrielle Deutschland in Vieh besser dasteht als die mehr agrarischen Nachbarländer Österreich-Ungarn und Frankreich. *Und zwar ist Deutschland ein gutes Viehland erst dadurch geworden, daß es sich industrialisiert hat. Die Masse der Menschen vermehrt das Nutzvieh.* Inzwischen sind nach den Angaben des Statistischen Jahrbuches die Viehbestände fast überall gewachsen, aber das Verhältnis wird im allgemeinen noch zutreffend sein. In Rußland gibt es teilweise

Senkungen und in Nordamerika starke Steigerungen. In Deutschland ist die Steigerung stetig und auffällig:

	1883	1900	1907	Zunahme
Pferde . . .	3 500 000	4 200 000	4 300 000	+ 800 000
Rinder . . .	15 800 000	18 900 000	20 600 000	+ 4 800 000
Schweine . .	9 200 000	16 800 000	22 100 000	+ 12 900 000
Ziegen . . .	2 600 000	3 300 000	3 500 000	+ 900 000
Schafe . . .	19 200 000	9 700 000	7 700 000	— 11 500 000

Es ist aber nicht bloß die Zahl gestiegen, sondern Gewicht und Wert. Der interessanteste und wichtigste Teil der deutschen Viehstatistik ist die Wertberechnung. Leider fehlen dafür neuere Angaben. Es wurden von landwirtschaftlichen Sachverständigen der Regierung folgende Werte angegeben:

	1883	1892	1900	Zunahme
Pferde .	1 679 Mill. Mk.	1 882 Mill. Mk.	2 352 Mill. Mk.	+ 673 Mill. Mk.
Rinder .	3 074 „ „	3 547 „ „	4 182 „ „	+ 1 108 „ „
Schweine	477 „ „	685 „ „	914 „ „	+ 437 „ „
Ziegen .	40 „ „	48 „ „	55 „ „	+ 15 „ „
Schafe .	307 „ „	218 „ „	195 „ „	— 112 „ „
	5 577 Mill. Mk.	6 380 Mill. Mk.	7 698 Mill. Mk.	+ 2 121 Mill. Mk.

Diese 2121 Millionen Mark, die zum größten Teil während der Caprivischen Zeit gewonnen wurden, sprechen lauter als alle Agitationsreden des Bundes der Landwirte. *Während sich die Zahl der Landwirte nicht vermehrt hat, hat der Wert ihrer Ställe in 17 Jahren um mehr als 2 Milliarden zugenommen*, und eine heutige Wertstatistik würde noch viel mehr ergeben. Das macht der gesteigerte Bedarf. Der steigende Verkehr hat die Pferde, der steigende Nahrungsbedarf hat die Rinder und Schweine in die Höhe getrieben. Überall, wo Industrie nur einigermaßen erträgliche Löhne zahlt, vermehrt sich der Absatz der Fleischer. Die von Zeit zu Zeit eintretende „Fleischnot" besteht wesentlich darin, daß der Bedarf stärker steigt als die Herstellung bei den erhöhten Futterpreisen nachkommen kann. Auf den Kopf der Bevölkerung werden jetzt etwa 52 kg im Jahre gerechnet. Trotz der steigenden Viehwirtschaft mußte um des gesteigerten Fleischbedarfes willen nach Deutschland noch Fleisch eingeführt werden. Es war zwar nicht sehr viel im Vergleich zu den obengenannten Wertziffern, und vor allem die Einfuhr nimmt ab. Sie würde wahrscheinlich etwas größer sein, wenn die Grenze nicht aus sanitären Gründen gesperrt wäre. Aber viel größer kann sie überhaupt nicht sein, denn es gibt in der Welt keine Fleischländer von einer Ergiebigkeit wie etwa Argentinien in Getreide. Man kann nicht an beliebigen Stellen beliebige Quantitäten Vieh herstellen, denn die Begabung der verschiedenen Völker für Nutzviehpflege ist ganz verschieden, und Vieh, das auf dem Fleischmarkt etwas taugen soll, braucht Feuchtigkeit. Wenn wir heute völlig offene Türen für fremdes Vieh haben würden, so würde dadurch für einige Jahre die deutsche Viehproduktion beunruhigt werden, aber dann würde unser Viehbestand so sicher bestehen und steigen, wie es der belgische und englische Viehbestand tut, der durch keinerlei Grenzsperre geschützt ist. Gerade die allerbesten Länder der obigen Viehtabelle sind frei von Grenzbeschränkungen.

Der zweite Posten in der Volksnahrung ist das Brot. Früher war Brot unbestritten der erste Posten. Brot war das Leben selber. Unser täglich Brot gib uns heute! Das alte agrarische Deutschland war in seinem Wesen vegetabilisch. Der Durchschnittsmensch der Vergangenheit, der Landmann, aß Fleisch nur an Festtagen, und noch jetzt ist er selbst da, wo er sich ein besseres Leben gönnen kann, sparsamer im Fleischgenuß als der Städter. England zeigt, was ein Industrievolk an Fleisch verbraucht. Wenn unsere Textilarbeiter bessere Einnahmen hätten, was würden sie an Fleisch essen! Je mehr man die Menschen zusammenhäuft, desto fleischbegieriger werden sie. Die Intensität des Lebens und Arbeitens drängt zur intensiven Ernährungsweise. Dieser von aller beabsichtigten Regelung unabhängige Zug der Neuzeit zum Tierfleisch ist die größte Tatsache im Leben unserer Landwirtschaft, und es ist geradezu Irreleitung der öffentlichen Meinung, wenn man heute noch so redet, als sei die alte Unterordnung des Fleisches unter das Brot vorhanden. Als vor etwa 12 Jahren der deutsche Landwirtschaftsrat eine leider niemals völlig veröffentlichte Untersuchung über das landwirtschaftliche Einkommen veranstaltete, teilte er als Ergebnis folgendes mit:

Einnahmen aus Viehzucht und Viehprodukten	40,6 %
„ aus Getreidebau	26,4 %
„ aus anderen Ackerfrüchten	16,3 %

Es blieb also schon damals nach dieser von agrarischen Kreisen unternommenen Untersuchung kein Zweifel, daß vom Standpunkt des Produzenten aus Vieh und Fleisch in die erste Stelle eingerückt sind, und dasselbe ergibt sich, wenn wir vom Standpunkt des Konsumenten an die Sache herangehen. Auf den Kopf der Reichsbevölkerung rechnet man im Jahre etwa 180 kg Brotgetreide und ungefähr 52 kg Fleisch. Das Brot kostet, wenn man den Durchschnitt zu treffen sucht (ich danke diese Angaben Herrn Professor Mombert), etwa 45—50 Mk., das Fleisch etwa 55—60 Mk. Das Verhältnis der Ausgaben des Konsumenten ist also dem Verhältnis der Einnahmen des Produzenten im allgemeinen ähnlich.

Während nun aber die Geschichte der deutschen Fleischerzeugung geradezu ein Triumph unseres Landvolkes ist, hat sich die Herstellung des Brotes zum Schmerzenskinde der Landwirtschaft gestaltet. Über keinen Punkt der deutschen Volkswirtschaft ist in den vergangenen Jahren soviel geredet worden wie über diesen, so daß man eine ungefähre Kenntnis der Sachlage voraussetzen kann. Unsere Getreideproduktion ist an sich nicht ungünstig, reicht aber nicht für den Bedarf. Im Jahre 1909 sah der deutsche Außenhandel in Getreide folgendermaßen aus:

	Einfuhr:		Ausfuhr:			
Roggen	275 000	Tonnen	650 000	Tonnen	— 375 000	Tonnen
Weizen	2 430 000	„	210 000	„	+ 2 220 000	„
Gerste	2 570 000	„	2 000	„	+ 2 568 000	„
Hafer	530 000	„	300 000	„	+ 230 000	„
Mais	707 000	„	—	„	+ 707 000	„

Die inländische Herstellung aber betrug:

Roggen	11 348 000	Tonnen
Weizen	3 756 000	„
Gerste	3 496 000	„
Hafer	9 126 000	„

Jedes einzelne Jahr bietet ein etwas anderes Bild. Wir würden die fehlenden Quantitäten selber erzeugen können, wenn wir die Zuckerproduktion oder den Viehbestand einschränken wollten. Beides aber kann gar nicht ernsthaft in Frage kommen und wird auch von den Wortführern der Agrarier nicht gefordert. Das, was umstritten wird, ist im Grunde gar nicht die Produktion, sondern der Preis. Man will gar keine größere Ausdehnung des Getreidelandes erreichen, sondern nur höhere Bezahlung. Zwar sagt man, daß die Getreideproduktion als solche durch niedrige Preise in Frage gestellt sein würde und redet in diesem Sinne von der drohenden Verwüstung der Landwirtschaft. Die Tatsachen der Nachbarländer aber lassen diese Furcht als unbegründet erscheinen. Belgien hat ohne Getreidezölle 43 % seiner Fläche als Ackerland, Dänemark 44%, wir haben jetzt 49%. Es würde voraussichtlich auch bei uns ohne alle Getreidezölle eine Ackerfläche bleiben, die 40% übersteigt. Einige Gebiete geringsten Bodens würden zwar aufgeforstet werden müssen, aber die Broterzeugung im ganzen würde nicht wesentlich schlechter gestellt sein als jetzt. Es ist angesichts der Sachlage in Belgien und Dänemark und angesichts des Umstandes, daß die englischen Bauerngehöfte seit dem Abbruch der Getreidezölle sich nicht vermindert haben, eine falsche Behauptung, daß das Schicksal der inländischen Getreideproduktion in Frage gestellt sei, wenn wir die Zölle aufheben. Die ganze Zollfrage ist eine Geldfrage, die für die jetzigen Besitzer sehr wichtig, aber für das Schicksal der Landwirtschaft im ganzen von geringer Bedeutung ist. Wir kommen auf die allgemeine wirtschaftspolitische Bedeutung der Sache später zurück. Hier war es nur am Platze, die Produktion des Getreides als relativ unabhängig vom Zollkampf zu beleuchten.

Man kann die Lage der Landwirte ungefähr so kennzeichnen: alle landwirtschaftlichen Artikel, die Welthandelsware geworden sind, sinken im Geldwert, und alle Artikel, die der nahe Markt braucht, steigen. Es steigen Fleisch, Milch, Butter, Obst, Gemüse; es halten sich auf leidlicher Höhe Futtergewächse, es sinkt zeitweise Brotkorn. Das Gesamtergebnis ist aber glücklicherweise kein Niedergang, sondern ein Aufstieg. Kein Mensch, der deutsche Dörfer früher gekannt hat und sie heute kennt, kann behaupten, daß sie das Bild des Rückganges darbieten. Es soll nicht geleugnet werden, daß in einzelnen Ecken, wohin die neue Zeit nicht kommt, das Landvolk noch ebenso dürftig ist wie früher, dürftiger als früher wird es kaum irgendwo sein. In der weitaus überwiegenden Zahl von Ortschaften reden allein schon die Gebäude der ländlichen Gehöfte vom Nutzen der gegenwärtigen Arbeit. Nicht als ob sie schon ideal wären, aber sie werden solider, größer, besser gepflegt! Für den, der Augen hat zu sehen, ist die allgemeine Lage der Nahrungsproduzenten weniger schlecht als die der Kleidungshersteller und kann viel leichter verbessert werden als diese, denn alle jene Waren, von denen wir eben sagten, daß sie steigende Werte darstellen, können und müssen im Inlande noch viel reichlicher produziert werden. Das gilt in erster Linie vom Fleisch. Es gilt auch von der Milch und vom Obst. Wie wertlos waren früher vielfach beide Erzeugnisse! Jetzt könnte noch viel mehr verkauft werden, wenn es da wäre! Milch statt Alkohol! Obst statt Mehl! Daß wir im Jahre 1909 für 25 Mill. M. Äpfel, für mehr als 11 Mill. M. Birnen, für über 11 Mill. M. Nüsse vom Ausland bezogen haben, wäre unnötig gewesen, wenn wir nicht viele Landleute hätten, die bei gutem Klima dennoch der Obstpflege keine Sorgfalt zuwenden. Daß wir für Gänse 27 Mill. M., für Hühner 13 Mill. M., für anderes Federvieh 4 Mill. M., für Eier 156 Mill. M. (!) ans Ausland gezahlt haben, ist sachlich unbegründet. Das könnten wir selber leisten! Hier fehlt es wesentlich an Erziehung und Willen, und teilweise ist es gerade die Zollverteuerung der Futterstoffe, die uns auf diesen wichtigen Nebengebieten der Landwirtschaft nicht recht vorwärtskommen läßt.

Die Landwirtschaftsfrage ist mindestens ebensosehr eine Frage der Erziehung zur geschäftlichen Leistungsfähigkeit wie eine Frage der Preise an sich. Wer Land hat und inmitten eines wachsenden Volkes sitzt, das täglich essen will, der kann in keiner verzweifelten Lage sein. Daß sich die Großgüterprovinzen durch ihre unwirtschaftliche Bodenverteilung selbst der meisten Vorteile der Neuzeit berauben, haben wir schon gesagt, als wir von der Parole sprachen: Das Land der Masse! Das Landvolk mit mobilisiertem Boden wird sich im Industriezeitalter gut halten können, viel besser als früher.

Die Zahl der landwirtschaftlich beschäftigten Bevölkerung nimmt natürlich relativ ab, absolut braucht sie nicht zurückzugehen, sobald mit dem veralteten volkszerstörenden System der Rittergüter gebrochen wird. Sie weicht im Gebiet der wachsenden Städte den Straßen, aber wieviel zukünftiges Bauernland ist heute noch Fideikommiß! Der Tag, wo eine bauernfreundliche Gesetzgebung den großen Grundbesitz mobilisiert, indem sie ihn unter gleiches Erbrecht stellt, wird ein Tag der Morgenröte für die deutschen Bauern sein. Bis dahin ist ein direktes Wachstum nicht mehr möglich. Die letzte Zählung bietet sogar ein auffälliges und sehr bedauerliches Sinken der landwirtschaftlichen Bevölkerung im ganzen. Während nämlich die Zahl der Berufszugehörigen bei der vorletzten Zählung noch 17,8 Millionen betrug, finden wir im Jahre 1907 nur noch 16,9 Millionen. Innerhalb dieses Gesamtbestandes haben sich insofern bedeutende Verschiebungen vollzogen, als die Zahl der weiblichen Erwerbstätigen sehr zugenommen hat (vergl. S. 43). Inwieweit neue Verschiebungen zwischen selbständigen Gutsbesitzern, Pächtern, Angestellten, Tagelöhnern und Knechten eingetreten sind, läßt sich leider nicht mit voller Genauigkeit feststellen, da die neue Zählung nicht ganz nach dem früheren Muster eingerichtet worden ist. Die Zahl der Betriebsleiter ist auf 2,9 Millionen gewachsen, weil man die Tagelöhner mit Landbesitz in neuerer Zeit mit in die Gruppe der selbständigen Eigentümer hineingenommen hat. Die Ziffer der Knechte und Mägde ist um etwa 170 000 gesunken. Das Hauptergebnis aber ist, daß nicht die Selbständigen abnehmen, sondern die Unselbständigen. Diese sollte man schützen, wenn man der Landwirtschaft Menschen erhalten will.

Sehr groß ist die Zahl der weiblichen Arbeitskräfte. Fast die Hälfte aller Erwerbstätigen ist weiblich, ganz abgesehen davon, daß die Ehefrauen der Bauern beinahe ausnahmslos in der Landwirtschaft arbeiten. Außer einigen Teilen des Bekleidungsgewerbes gibt es keine so weiblich durchsetzte Tätigkeit, als die Rohproduktion in Nahrung und zwar ist das weibliche Element, wie schon wiederholt hervorgehoben, ziffernmäßig im Wachsen. Es ist nicht unwahrscheinlich, daß bei weiterem Verlegen der Industrie aufs Land der landwirtschaftliche Betrieb noch weiblicher wird.

Rechnet man aber, wie wir es bei den Wohnungs- und Kleidungsberufen getan haben, auch beim Landmann Kinder und berufslose Angehörige hinzu, so ist also die Gesamtzahl noch immer 16921000, eine stattliche Ziffer, die deshalb als Einheit erscheint, da der Viehbetrieb, Getreidebetrieb, Gemüsebetrieb, Geflügel- und Obstbetrieb untrennbar untereinander verflochten sind.

Es genügt aber nicht, diese Zahl allein zu nennen, wenn man von der Herstellung der Nahrung des Volkes redet. Zur Produktion kommt die Verarbeitung und zur Viehhaltung die Fischerei. Es wurden gezählt (mit Zurechnung der Angehörigen):

Müllerei	234 000
Bäckerei, Konditorei	688 000
Fleischerei	495 000
Fischzubereitung	7 000
Konservenfabrikation	22 000
Sonstige Verarbeitung	
von vegetabilischer Nahrung	68 000
von animalischer Nahrung	69 000
Mälzerei	17 000
Brauerei	310 000
Branntweinbrennerei	71 000
Schaum- und Obstwein	23 000
Essigfabrikation	7 000
Zuckerfabrikation	102 000
Binnenfischerei	34 000
Seefischerei	39 000
	2 186 000

Über diese Gewerbe im einzelnen zu reden, ist im Rahmen unseres Buches unmöglich. Es muß ausreichen, sie in ihrer Mannigfaltigkeit sich vor Augen zu stellen. Im allgemeinen pflegen die Lebensmittelgewerbe ihren Mann zu nähren, wenn er selbstständiger Meister oder Unternehmer ist. Die Lage der Arbeiter ist aber im ganzen schlecht. Am häufigsten bot Müllerei und Bäckerei Anlaß zu bitteren und berechtigten Klagen, die tiefsten Löhne hat jedoch die Fleischerei, vielfach freilich deshalb, weil in ihr das alte handwerksmäßige Wohnen im Hause noch üblich geblieben ist. Calwer gibt als Durchschnittsjahreslohn der Arbeiter der Nahrungsmittelgewerbe 782,97 M. an, eine Summe, die zwar über den Textillöhnen steht, aber doch noch äußerst gering ist. Sehr verschieden ist in dieser Gruppe die Größe der Betriebe. Die Müllerei geht sichtbar dem Großbetriebe entgegen, die Zuckerfabrikation war von vornherein ein Großbetriebsgewerbe, in der Bierbrauerei schwillt die Macht und der Umsatz der größten Anlagen mit jedem Jahr, während Fleischerei und Bäckerei trotz aller Brotfabriken und Massenschlachtungen im ganzen ihren handwerklichen Charakter merkwürdig gut zu erhalten wissen. In der Fischerei siegt der Großbetrieb in der kostspieligen Hochseefischerei.

Nicht möglich ist es, zu bestimmen, wieviel Arbeit der hier besprochenen Gruppe dem Inlandsverbrauche dient und wieviel zur Ausfuhr bestimmt ist. Besonders Zucker und Bier sind große Ausfuhrartikel geworden. Wir geben eine kurze Übersicht über Einfuhr und Ausfuhr von Nahrungsmitteln überhaupt, und zwar aus dem Jahre 1909. Natürlich ist die Einfuhr viel größer als die Ausfuhr:

Einfuhr.

Weizen	456 Mill. Mk.	Fische, frische	44 Mill. Mk.
Gerste	303 „ „	Wein	43 „ „
Kaffee, roh	188 „ „	Kakaobohnen	42 „ „
Eier v. Geflügel, Eigelb	180 „ „	Hülsenfrüchte	39 „ „
Kleie u. dergl.	140 „ „	Roggen	39 „ „
Schmalz und Fette	139 „ „	Heringe, gesalzen	32 „ „
Tabakblätter	132 „ „	Gemüse, frisch	31 „ „
Ölkuchen	98 „ „	Käse	29 „ „
Milchbutter	98 „ „	Ochsen	28 „ „
Mais	88 „ „	Milch und Rahm	25 „ „
Hafer	66 „ „	Schweine	22 „ „
Obst und Beeren	62 „ „	Fleisch	22 „ „
Reis	59 „ „	Kartoffeln	22 „ „
Südfrüchte	56 „ „	Kühe	21 „ „
Federvieh, lebendes	45 „ „		

Ausfuhr.

Zucker	206 Mill. Mk.	Bier	22 Mill. Mk.
Roggen	92 „ „	Roggenmehl	18 „ „
Weizenmehl	45 „ „	Haferflocken u. a.	9 „ „
Hafer	42 „ „	Graupen, Grieß, Grütze	8 „ „
Weizen	39 „ „	Mineralwässer	8 „ „
Reis	32 „ „	Fische	7 „ „
Ölkuchen	28 „ „		

Rechnet man alles zusammen, so zahlten wir im Jahre 1909 für Nahrungs- und Genußmittel an das Ausland 2324 Millionen Mark und verkauften an das Ausland nur für 662 Millionen Mark, zahlten also für unsere Ernährung an andere Völker 1662 Millionen Mark. Für dieses Geld haben andere für uns geackert, geerntet, Tiere aufgezogen, Bäume gepflanzt, Ländereien kultiviert, nur muß ein Teil des Geldes dabei für Handel und Transport gerechnet werden. Unter allen

Umständen ist es eine Leistung von erstaunlicher Größe, ein Volk von mehr als 60 Millionen Menschen auf begrenztem Boden sattzumachen. Inland und Ausland schaffen an dieser Arbeit, der ersten und größten Arbeit des Menschentums.

6. Holz, Eisen und Kohle.

In alten Zeiten war alles deutsche Wesen auf den Wald begründet. Die alten Städte waren mehr aus Holz als aus Stein. Deshalb brannten sie auch so häufig ab. Die alten Hausgeräte waren Holz, die alten Webstühle Holz, die alten Wagen fast nur Holz, die Brücken Holz, die Speere Holz, die Kunst war Holzschnitzerei, die Schiffe aus Holz. Holz war so unerschöpflich, daß man es brauchte wie Erde oder Wasser. Wenn das Wetter kalt wurde, warf man endlose Scheite ins Feuer. Es mag verbrennen, es ist ja draußen noch genug davon! Als aber die Zahl der Menschen wuchs, fing das Holz an knapp zu werden. Äcker und Städte verdrängten den Wald, bis er nur noch 1/4 der Gesamtfläche betrug. Und er würde noch weniger sein, so wenig wie in Italien, wenn wir keinen Staatswald, keine Jagdliebhabereien des Adels und keine steigenden Holzpreise gehabt hätten. Das, was wir an Wald noch haben, ist ein edles Gut, und wir möchten Kind und Kindeskind verpflichten, es nicht zu vermindern. Selbst den von uns so stark bekämpften Fideikommißbesitzern gönnen wir die eine Anerkennung, daß sie Waldschützer gewesen sind. Die reine Bauerngegend pflegt waldarm zu werden, denn für den Kleinbesitzer ist der Wald zu langsam in seinem Umsatz und deshalb zu gering in seinem Tageswert. So günstig für den Ackerboden die Mobilisierung ist, so schädlich ist sie für den Wald. Er braucht ruhige Hände. Vom deutschen Walde befindet sich in Staatshänden (mit Einrechnung der Kronforsten) 32,7%, in Händen von Gemeinden und Stiftungen 17,6%, in Händen von Waldgenossenschaften, Altgemeinden und dergleichen 2,2%, im Fideikommißbesitz 10,4% und in Privathänden 36,1%. Auch die Privatbesitzer sind zu einem guten Teil größere Herrschaften.

Wenn wir so warm und dringlich für die Erhaltung des Waldes eintreten, so bestimmen uns nicht unmittelbar volkswirtschaftliche Interessen, denn es ist wohl möglich, daß mindestens die Hälfte des deutschen Waldlandes in der Gegenwart höhere Werte produzieren würde, wenn sie nicht mit Wald besetzt wäre. Das, was uns bestimmt, ist der unberechenbare Einfluß des Waldes auf das gesundheitliche und geistige Leben der Nation und der Blick auf eine fernere Zukunft, wo in allen Ländern der Wald gemindert sein wird und die Menschheit geradezu nach Holz schreien wird. Jetzt gibt es in Rußland, Schweden, Österreich-Ungarn noch alte Waldbestände von fast märchenhafter Pracht. Aber wie lange wird es dauern, dann sind auch sie kapitalistisch verwaltet? Kapitalistische Verwaltung ist aber auf keinem Gebiet ruinöser als auf dem des Waldes. Wald ist Mittelalter, Wald ist der Rest des Naturzustandes, Wald ist deshalb in der privatwirtschaftlichen kapitalistischen Welt in gewissem Sinne Luxus, aber ein Luxus, der höher und besser ist als alle Verfeinerungen des Essens und der Kleidung.

Indem der Wald zum Luxus wird, wird das Holz im Gebrauch verdrängt. Als wir Kinder waren, stand unter dem breiten Schuppendach im Hofe noch eine hochgeschichtete Wand von Brennholz. Das ist vorbei! Wir verbrennen jetzt die versunkenen Wälder der Vorzeit. Wo sind hölzerne Wannen, Fässer, Schüsseln noch in alter Fülle vorhanden? Metall und Steingut ersetzen das Holz in der Küche und selbst im Waschhaus. Nur Wein und Bier erzwingen sich noch hölzerne Gehäuse. Im Häuserbau tritt, wie schon erwähnt, der eiserne Träger an die Stelle des hölzernen Balkens. Nur in der Zimmereinrichtung selbst und in allem, was ihr ähnlich ist, behält das Holz seine Herrschaft. Es war nötig, einen Teil der in Holzarbeit beschäftigten Bevölkerung schon bei der Besprechung der Wohnung zu erwähnen. Hier tragen wir nach, daß es 1907 mit Einrechnung der Familien gab:

Forstwirtschaft	365000	Menschen
Holzzurichtung	242 000	„
Grobe Holzwaren	120 000	„
Tischler	1 169 000	„
Böttcher	125 000	„
Korbmacher	89 000	„
Flechtarbeiten	12 000	„
Drechsler	120 000	„
Spielwaren aus Holz	17 000	„
	2 259 000	Menschen

Der Hauptbestand sind die Tischler. Der Durchschnittslohn für Arbeiter in Holz und Schnitzstoffen ist höher als in den zuletzt besprochenen Gewerben, aber kleiner als im Baufach. Er beträgt 944,94 Mark im Jahre. In Wirklichkeit ist er sehr verschieden, da er sich den höchst unterschiedlichen Gütegraden von Tischlereierzeugnissen anpaßt. Über die künstlerische Seite der Holzarbeit sprechen wir später. Volkswirtschaftlich ist hier nur zu wiederholen, was wir bei der Textilbranche sagen mußten, daß es eine grenzenlose Verschleuderung von Material ist, geringe Ware herzustellen. Es ist gar nicht zu sagen, zwischen welchem hölzernen Plunder ein großer Teil unserer Bevölkerung wohnt. Unser Volk kann in Holzarbeit auch für die Ausfuhr Großes, Mustergültiges leisten, aber es muß dazu vor allem alles schlechte Hausgestühl bei sich selber als unerträglich empfinden lernen.

In dem Maße also, als Holz seltener wird, hebt sich die Verwendung von Stein, Steingut, Zement, Porzellan. Auch davon ist ein Teil der betreffenden Verarbeitungen beim Wohnungskapitel erwähnt. Hier ist nachzutragen, daß beschäftigen:

Feine Steinwaren	50 000	Menschen
Töpferei	81 000	"
Feine Tonwaren	6 000	"
Fayence und Porzellan	157 000	"
Glashütten, Glasveredelung, Spiegel	213 000	"
Spielwaren aus Porzellan, Glas, Stein	5 000	"
	492 000	Menschen

Die Hauptstücke sind hier Porzellan und Steingut, Artikel, die uns jetzt über 50 Millionen Mark vom Ausland einbringen, in denen wir aber noch viel mehr leisten können.

Wichtiger aber, durchschlagend, entscheidend bedeutsam ist das, was wir in Eisen produzieren. Am Eisen entscheidet sich unsere Zukunft. Wenn uns ein anderes Volk die Führung auf dem Eisenmarkt so abnimmt, daß wir sichtlich zurückbleiben, hilft uns alle andere Arbeit nur wenig, denn die wirtschaftlichen Entscheidungsschlachten der modernen Völker werden nicht in Porzellan und Holz, nicht in Fleisch und Getreide, auch nicht in Wolle und Baumwolle, sondern in Eisen geschlagen. Eisen ist das beherrschende Element des Kapitalismus, der Urstoff der neuen Massenkultur, die als solche ein Zeitalter des Verkehrs und der Maschine ist.

Eisenproduktion hat es immer gegeben, solange es Menschheitsgeschichte gibt. Auch die Pyramiden Ägyptens sind nicht ohne eiserne Werkzeuge entstanden. Aber was will alles Eisen der alten Zeiten gegen die Fülle dieses Metalles besagen, mit der wir uns jetzt umspinnen? Unsere Schiffe sind Eisen und werden immer mehr Stahl, unsere Schienen sind Eisen und Stahl, unsere Bahnhöfe, Gasanstalten, Brücken, Türme, Warenhäuser, Wohnungen, Kriegsmaterialien, Werkzeuge, Webstühle, Spinnmaschinen, Dreschmaschinen, Lokomotiven, Wasserleitungen, Heizungen, Fahrräder: alles ist Eisen. Alle anderen Zweige der Technik sind nur Geschwister oder Kinder der Eisentechnik. Eisen bearbeiten zu können, ist der Stolz der Modernität, und es muß deutsche Ehre sein und werden, daß keinem Volke das Eisen mehr in die Hand gewachsen ist als uns.

Die mittelalterliche Eisenkultur war deutsch. Von Deutschland aus wurde England versorgt. Erst durch das Elend des Dreißigjährigen Krieges verloren wir die Führung in Eisen. England erhob sich zu scheinbar unerreichbarer Höhe, bis in der zweiten Hälfte des vorigen Jahrhunderts die Nordamerikaner und wir in eine Konkurrenz mit dieser Eisenmacht traten, die alle Zähigkeit und alle Findigkeit wachgerufen hat, die im deutschen Naturell schlummerte. Den heutigen Zustand zeigt folgende Tabelle von 1907. Die Roheisengewinnung betrug in Metertonnen:

Vereinigte Staaten	26 193 000
Deutschland	**12875000**
Großbritannien	10 277 000
Frankreich	3 590 000
Rußland	2 819 000
Österreich-Ungarn	1 873 000
Belgien	1 378 000
Schweden	616 000
Canada	591 000
Spanien	385 000

Der Vorsprung Nordamerikas ist erschreckend groß. Was man die nordamerikanische Gefahr nennt, liegt in dieser Ziffer. Nachdem unsere Produktion früher eine Zeitlang wenigstens prozentual mit der amerikanischen gleichen Schritt gehalten hat, sind wir seit einigen Jahren auch in der Verhältniszahl hinter Nordamerika zurückgeblieben. Außerdem aber entscheidet hier mehr die Quantität an sich als das Prozentverhältnis. Daß die englische Ziffer von uns überholt wurde, ist ein Ergebnis der allerletzten Jahre, und auf beiden Seiten der Nordsee wird mit aller Anspannung von Geist und Kapital gerungen, im Wettlauf um das Eisen die zweite Stelle zu behaupten.

Wer die neue Zeit sichtbar vor sich haben will, der gehe in eines der großen kombinierten Eisenwerke, in denen der Wettkampf ausgekämpft wird! Hier erst ist die Materie dem Menschen dienstbar geworden. Das Eisen ist in aller seiner Glut willig wie ein Kind, wenn es die Menschen zu behandeln wissen. Dieselben Hände, die draußen am Abend ihre Kinder hochheben, spielen hier im Kampfe ums Dasein mit den rotleuchtenden Blöcken. Seht den Mann unten am Hochofen! Das ist der Türhüter der Zukunft, die wir erwarten! Immer gewaltiger werden diese Öfen. Ihre Zahl nimmt kaum zu, da ein einzelner soviel leistet, wie einst alle Hüttenfeuer einer Provinz. Im Jahre 1908 waren 280 solcher Türme in Betrieb. Zu ihnen gehört eine Arbeiterschaft von mehr als 40 000 Männern, und das, was von ihnen geliefert wird, hat einen angegebenen Wert von mehr als 715 Millionen Mark.

Solche Hilfsmittel der Materienverarbeitung gab es noch nie vor unserer Gegenwart. Sie sind die Organe des Massenvolkes. Durch sie assimilieren wir uns die Nerven der Gebirge. Um sie herum gruppiert sich die Arbeit der Eisengießerei, der Schweißeisenbetrieb und der Flußeisenbetrieb, das heißt die Herstellung von Geschirrguß, Röhren, sonstigen Gußwaren, Rohluppen, Schienen, Schienenteilen, Bahnschwellen, Rädern, Axen, Fassoneisen, Baueisen, Platten, Blechen, Draht, Stahl in allerlei Verarbeitungen, Kriegsmaterial. Die größte Eisenverarbeitung aber ist der Maschinenbau, die Herstellung von Werkzeugen, Instrumenten, Apparaten. Hier freilich berührt sich schon die Eisenverarbeitung mit der Verarbeitung anderer Metalle und auch teilweise mit der Verarbeitung von Holz und sonstigen Stoffen. Um eine Anschauung zu vermitteln, was es auf diesem weiten und wichtigen Gebiete gibt, greifen wir auch hier zur Berufszählung, wobei wir wiederum die Angehörigen zuzählen:

Erzgewinnung	236 000	Menschen
Hüttenbetrieb	704 000	"
Kupferschmiede	35 000	"
Rot- und Gelbgießer	14 000	"
Zinngießer	7 000	"
Spielwaren aus Metall	12 000	"
Erzgießer, Glockengießer	2 000	"
Sonstige Verarbeitung unedler Metalle ohne Eisen	259 000	"
Eisengießerei und Emaillierung von Eisen	425 000	"
Schwarz- und Weißblech	17 000	"
Klempner	215 000	"
Blechwaren	37 000	"
Nägel, Stifte, Schrauben, Ketten, Drahtseile	110 000	"
Grob- und Hufschmiede	547 000	"
Schlosserei, Geldschrankfabrikation, eiserne Möbel	798 000	"
Zeug- und Messerschmiede, Scherenschleifer	119 000	"
Feilenhauer	26 000	"
Eiserne Kurzwaren	55 000	"
Nadel- und Drahtwaren	38 000	"
Schreibfedern	2 000	"
Maschinen, Werkzeuge, Apparate	1 192 000	"
	4 850 000	Menschen

Diese Zahlen haben vor allem den Wert, das ungefähre Verhältnis der einzelnen Gruppen darzustellen. Es treten besonders heraus der Erz- und Hüttenbetrieb, der Eisengießer, der Schmied, der Schlosser, der Maschinenbauer und der Klempner. Das sind die Leute, denen das Metall gehorsam geworden ist. An sie schließen sich zahlreiche Fabrikationen an, in denen mit Hilfe von Metall die verschiedensten Kombinationen von Werkzeugen und Gebrauchsgegenständen hergestellt werden (wieder mit Angehörigen):

Mühlenbauer	15 000	Menschen
Stellmacher, Wagner, Wagenbauanstalten	286 000	"
Automobile und Fahrräder	48 000	"
Schiffsbau	129 000	"
Büchsenmacher	9 000	"
Sonstige Schußwaffen	32 000	"
Uhrmacher	96 000	"
Pianoforte, Orgel, Orchestrion	42 000	"
Sonstige Musikinstrumente	43 000	"
Wissenschaftliche Instrumente und Apparate, photographische Apparate	103 000	"
Lampen und Beleuchtungsapparate	27 000	"
Elektrotechnik	193 000	"
Erd- und Seekabel	21 000	"
	1 044 000	Menschen

Fast für jede Arbeit gibt es einen besonderen Werkzeughersteller und für jeden Bedarf eine besondere Hilfsindustrie. Die Hersteller der Werkzeuge sind Vorarbeiter der übrigen Arbeit. Der Wagenbauer (Eisenbahnwagen) ist Vorarbeiter des Transportes, der Mühlenbauer Vorarbeiter der Nahrungsgewerbe, der Fabrikant chirurgischer Apparate dient dem Arzt, und der Pianofortehersteller dem Musiker. So selbstverständlich das ist, so wenig ist es überflüssig, alle Kreise auf ihren beständigen Zusammenhang mit der Metalltechnik hinzuweisen. **Der Grad der Leistung aller Berufe, vielleicht außer ganz wenigen, ist vom Grad der ihnen zugewendeten Metallarbeit abhängig.** Man denke an den Landmann, den Tischler, den Bäcker, den Weber, den Zahnarzt! Bei ihnen allen läßt sich der Grad der Fortgeschrittenheit an ihrem Metallverbrauch messen. Jeder Produzent, der über Verbesserung seiner Arbeitsmethode nachdenkt, geht zum Metalltechniker. Meist entstehen die Fortschritte der Methoden aus gemeinsamer Besprechung des einen mit dem anderen.

Wenn man früher vom eisernen Zeitalter redete, so verstand man darunter ein Zeitalter grober Gewalt. Nun, wo die wirkliche Eisenzeit vor unserer Schwelle steht, fühlen wir, daß sie doch sehr anders ist, daß sie Gewalt ist, aber nicht in Grobheit, sondern in Akkuratesse. Erst der Eisenbetrieb hat uns präzis gemacht, genau, scharf, denn das gerade ist eine der Eigenschaften des Eisens, daß es mit weniger Quantum dasselbe tut, was Holz oder Stein mit vieler und darum oft grober Quantität geleistet haben. Das wirkliche Eisenzeitalter legt ein großes Gewicht auf kleine Maße und Differenzen. Erst mit der Eisenbahn wurde der Verkehr zuverlässig. Und welche Verfeinerung des Nachrichtendienstes liegt im Telephon!

Ja selbst der schwerste Schmiedehammer ist nicht nur schwer, sondern auch absolut genau: die Wucht im Bann des Millimeters! Es ist deshalb nicht zuviel gesagt, wenn man die Eisenproduktion als die größte Erzieherin ihres Menschenvolkes bezeichnet, ein Punkt, den wir schon an dieser Stelle hervorheben, weil die ganze Präzisionsmethode in Handel, Preisbildung, Arbeitsorganisation, die wir noch darzustellen haben, hier ihre Urquelle hat.

Bei dieser einzigartigen Wichtigkeit der Eisenproduktion versteht es sich von selbst, daß sie keine arme Industrie ist. Wir werden die Finanzkraft der Eisensyndikate später genugsam zu erwähnen haben. Hier sei nur von den Löhnen der Arbeiter gesagt, daß sie relativ besser sind als in den bisher besprochenen Gewerben. Calwer gibt (1903) für Hütten- und Walzwerke 1300,91 M., für Metallverarbeitung im allgemeinen (1906) 1060,78 M., für Maschinen und Instrumente (1906) 1227,73 M. als Jahresdurchschnitt an. Es ist aber auch die größte körperliche und sonstige Leistung, die gerade von dieser Arbeiterschicht gefordert wird. Sie sind die Vortruppe der industriellen Arbeiterschaft, und ihre Zahl und Bedeutung muß beständig zunehmen, da sowohl der inländische Eisenbedarf wie die Ausfuhr eiserner Waren im Wachsen ist und hoffentlich recht stark weiterwächst. Den inländischen Verbrauch an Roheisen berechnet die Reichsstatistik im Jahre 1908 auf 11,7 Millionen Tonnen, die Einfuhr von Roheisen nur auf 0,4, die Ausfuhr in dieser Gestalt nur auf 0,4 Millionen Tonnen. Man würde aber diese Ziffern nicht richtig beurteilen, wenn man nicht hinzusetzen wollte, daß wir für etwa 127 Millionen Mark Eisenerze einführen, auch für 82 Millionen Mark Maschinen, dafür aber ausführen:

Maschinen	für	411	Mill.	Mk.
Grobe Eisenwaren	"	148	"	"
Feine Eisenwaren	"	78	"	"
Fahrräder, Fahrradteile	"	61	"	"
Eisendraht	"	53	"	"
Schmiedbares Eisen in Stäben	"	49	"	"
Eck- und Winkeleisen	"	48	"	"
Telegraphenkabel	"	47	"	"
Platten und Bleche aus Schmiedeeisen .	"	46	"	"
Luppeneisen, Rohschienen, Ingots . . .	"	42	"	"
Eisenbahnschienen	"	39	"	"

Und in wievielen anderen Artikeln unserer Ausfuhr ist Eisen enthalten! Man wird sie in ihrer Gesamtheit ein Kind der Eisenproduktion nennen müssen, wenn man ihre Entstehung in der vorhin angedeuteten Weise verfolgt. Neben dem Eisen verschwinden die anderen Nutzungsmetalle. Vom Golde als Geld sprechen wir später. Was wir Deutschen selber an Gold und Silber aus unseren Bergen graben, wird immer weniger. Das Land ist abgesucht. Für fremdes Gold und Silber zahlten wir 1909 etwa 340 Millionen und erwarben mit Gold- und Silberwaren 235 Millionen, aber gerade auf diesem Gebiet zeigt jedes Jahr ein anderes Bild. 1902 haben wir weniger eingeführt als ausgeführt. Ein großer Bedarfsartikel ist Kupfer, für das wir 1909 190 Millionen ausgeben mußten, und welches durch die Vermehrung der elektrischen Anlagen ein immer gesuchterer Artikel werden wird. Doch es hat wenig Zweck, in dieser Weise noch mehr Zahlen zu häufen. Für unsere Arbeit ist das wesentlichste, die zentrale Stellung des Eisens verständlich gemacht zu haben.

Eisen aber kann nicht ohne Kohle gedacht werden. Ist Eisen die Ersetzung des Holzes im Bau, Gerät und Werkzeug, so ist Kohle der bessere Ersatz für Holz in der Wärmeerzeugung. Wir brauchen jährlich fast 140 Millionen Tonnen Steinkohle und gegen 80 Millionen Tonnen Braunkohle. Die Steinkohle, die in Deutschland im Jahre 1908 gefördert wurde, hatte ziemlich genau den Wert von anderthalb Milliarden Mark. Eine halbe Million Arbeiter schafft Kohle. Der Durchschnittslohn für Arbeiter im Bergbau und Hüttenbetrieb ist 1328,19 M. im Jahre. Diese Arbeiter sind es, die die Kraft der Neuzeit aus der Tiefe holen, und glücklicherweise ist Kohle ein deutsches Material. Wenn wir Kohle kaufen müßten, wie wir Baumwolle und Gold kaufen müssen, so würde unsere Volkswirtschaft die Anspannung kaum aushalten. Wenn wir über die wirtschaftliche Zukunft Deutschlands nachdenken und die Überfülle der Naturgaben in den Vereinigten Staaten Nordamerikas und den Reichtum Englands an wirtschaftspolitischer Macht vor unser Auge stellen, wenn wir dann klagen möchten, daß wir Stiefkinder des Wirtschaftsglückes seien, arm an eigenen Materien und arm an brauchbaren Kolonien, dann tröstet uns das, was unser Volk mit Eisen und Kohle erlebt hat, und, so wenig wir die Herrschaftsformen für gut und endgültig halten können, in denen heute die Arbeit in Kohle und Eisen geleitet wird, so sind dennoch sachlich die Horte unserer Hoffnungen unsere deutschen Schächte und das, was sich an wirtschaftlicher Lebendigkeit um sie gruppiert. Die schwarze Last der rheinisch-westfälischen Grenze und die Unerschöpflichkeit Oberschlesiens leuchten im Dunkel deutscher Wirtschaftssorgen. Wir haben Kohle, wir wissen das Eisen zu behandeln! Das ist deutsches Erbgut, sobald wir gleichzeitig nach außen und im Innern das Wort verstehen lernen, das der alte Arndt gedichtet: Der Gott, der Eisen wachsen ließ, der wollte keine Knechte!

7. Das Ideal vollkommener Materialverwertung.

Nachdem wir die vier Hauptgruppen der Materialverwendung in allgemeinsten Zügen dargestellt haben, verzichten wir darauf, kleinere Gruppen, und seien sie auch so wichtig wie chemische Industrie oder wie Papier-, Buchhandel-, Buchdruckerei- und Zeitungsgewerbe, im einzelnen zu besprechen. Der Zweck dieses Buches kann in keiner Hinsicht sein, Vollständigkeit zu erreichen, sondern nur der, den Blick der Leser den Haupterscheinungen zuzuwenden. Wir verschieben auch die Besprechung desjenigen Volksteiles, der sich mit Materialtransport befaßt, auf ein späteres Kapitel und reden von jetzt ab wieder von dem Verhältnis des Menschen zur Materie in allen ihren Arten und Formen, nur daß wir jetzt unsere Aufmerksamkeit dem Grade der Verarbeitung, das heißt, der Qualitätsfrage zuwenden. Auch diese ist schon wiederholt gestreift worden, bedarf aber der besonderen Klärung.

Wir sagten früher, daß sich die Grundbedürfnisse der Menschen in allen Zeiten gleichbleiben, und machten damals absichtlich nur die Einschränkung, daß häufig Stoff im Laufe der Zeit durch einen anderen ersetzt werden kann, und daß zunehmende Bevölkerungsdichtigkeit zunehmendes Materialbedürfnis zur Folge hat, unterließen es aber, über die Qualitätsverschiebungen in der Materialverarbeitung zu reden, ehe wir über die Quantitäten an sich gesprochen hatten, um nicht die Untersuchung von vornherein allzusehr zu verwickeln. Nur gelegentlich wurde hervorgehoben, daß eine geringwertige Verarbeitung von Holz oder Pflanzenfaser eine Quantitätsverschleuderung sei. Dieser Gesichtspunkt muß aber in seiner ganzen Weite erfaßt werden. Er heißt in seiner einfachsten und volksverständlichen Form: allzu billig ist schlecht und verdirbt ein Volk!

Billige Arbeit ist schlechte Arbeit, denn man kann von einer Arbeiterschaft, die dürftig lebt, keine moralischen und technischen Heldentaten verlangen. In aller Welt erreichen nur diejenigen Arbeitskäufer etwas, die anständig zahlen. Wer am geringsten zahlt, muß den Ausschuß von Arbeitskräften erhalten.

Er soll sich nicht wundern, wenn er dann über schlechte Materialbehandlung von seiten der Arbeiter zu klagen hat! Man unterschätze den jährlichen Materialverlust nicht, der durch Fahrlässigkeit, Pflichtwidrigkeit, Unbildung, Stumpfheit vor sich geht! Er ist viel größer als der Verlust durch Feuersbrünste und Überschwemmungen. Wieviel Getreide, Futter, Vieh, Obst, Gemüse, Holz, Leder, Wolle, Tuch, Pappe, Papier, Metall kann erhalten werden, wenn der Geist der Materialerhaltung zum allgemeinen Volksgeist geworden ist! Wieviel Maschinen werden vor der Zeit verdorben, wieviel gute Ware verfault, und vor allem, wieviel Materie wird in Waren verwandelt, die nichts taugen! Der erste Grund aller dieser Verluste ist die niedrige materielle Lage der arbeitenden Klassen. Wer selber nur schlechte Materie besitzt, kann und wird es nie lernen, gut mit der Materie umzugehen. So straft sich die falsche Sparsamkeit beständig selbst und schlägt um in einen Luxus der Materialvergeudung. Es ist aber nicht die geringe Bezahlung der Arbeit allein, die beständig an unserem Materialbestande zehrt (am Kapital), sondern ein allgemeiner Mangel der Produzenten und Konsumenten an Sinn für die Dauerhaftigkeit. An späterer Stelle wird zu erwähnen sein, inwiefern das Anfangsstadium aller Maschinentechnik die Oberflächlichkeit und Minderwertigkeit der Arbeitsleistung begünstigt, es handelt sich aber keineswegs bloß um maschinelle Unbeholfenheit, sondern um den Geist der Materialbetrachtung an sich. Der Kern der Sache ist der, daß aus demselben Stoffe mit Einsetzung von weniger Arbeit und Treue ein vergängliches, und mit aller Einsetzung von mehr Arbeit und Treue ein bleibendes Wirtschaftsgut geschaffen werden kann. Das letztere ist im Herstellungspreis teurer, bedeutet aber trotzdem einen unvergleichlich größeren Vorteil. Nehmen wir als Beispiel die Baumwolle, so kostet an sich schon die gute Qualität mehr als die geringe, aber sie allein läßt gutbezahlte tüchtige Arbeit als lohnend erscheinen, und mit ihr allein kann man etwas verdienen, denn sie allein schafft Wertgegenstände, bei denen der Käufer das Gefühl der Sicherheit eines reellen Besitzes hat. *Mit allen geringen Waren sind Unternehmer, Arbeiter und Käufer gegenseitig betrogen, weil sie sich um etwas abgemüht haben, was keiner Mühe wert war.* Solche Arbeit sollten wir halbgebildeten Völkern überlassen. Wir sollten von vornherein auf dem Standpunkt stehen, daß jede deutsche Kraft durch die in sie hinein veranlagte Bildung zu gut ist, um den Dienst der Herstellung von wertloser Produktion zu übernehmen.

Es ist ja auch auf diesem Gebiet schon manches besser geworden, aber der Mangel an allgemeinem Materialverständnis ist noch riesengroß. Hier können uns in vielen Sachen die Engländer zum Muster dienen. Auch sie sind durch die Zeit der Minderwertigkeiten hindurchgegangen und haben sie noch keineswegs ganz überwunden, aber man betrachte auf einer Reise die Ausstattung einer deutschen und einer englischen Familie, und man wird Studien über Koffer, Schirme, Hüte, Mäntel, Kleider, Schuhe, Wäsche, Schmucksachen machen können, die für den Deutschen zwar unerfreulich, aber heilsam sind! Und wie ist es in der Hausausstattung? Was ist es eigentlich, was man „Berliner Möbel" nennt? Es ist

Holz mit zu wenig Arbeitsvertiefung, Materie, die man nicht vermißt, wenn sie nicht da ist. Wir stellen her, um wegzuwerfen, wir verderben uns selbst die Liebe zu Dingen, mit denen wir leben sollten, und damit verderben wir uns das Geschäft, das große volkswirtschaftliche Geschäft der deutschen Ausfuhr. Nur ein Volk, das seine Materie liebt und achtet, kann volkswirtschaftlich groß sein. Man denke doch nicht, daß über die Zukunft der deutschen Ware nur der Preiskatalog entscheidet! Jeder Deutsche, der auf Reisen geht, ist ein Stück Musterlager. Man sieht ihn und sagt: so sind die deutschen Sachen! Jedes deutsche Hotel, in das ein Engländer oder Amerikaner einkehrt, dient als kleine Ausstellung: so sind die Fabrikationen dieses Volkes! Und man kann keine solid ausgestatteten Reisenden und keine einfach guten Hoteleinrichtungen vor der übrigen Welt vorzeigen, wenn nicht die ganze dazugehörige Kultur über das Stadium der Herstellung von Unwerten hinweg ist.

Es ist in dieser Hinsicht eine merkwürdige Doppelheit im deutschen Wesen. Einerseits haben wir Sinn für das Dauerhafte. Uns imponiert die stählerne Eisenbahnschiene und die gesunde Kraft einer deutschen Lokomotive, wir fühlen uns wohl im festen Haus aus gutem Gestein und wissen zwischen schlechtem Eisenguß und guter Schmiedekunst zu unterscheiden. Aber um dieses Gefühl für das Feste und Wohlgefügte herum drängelt sich ein böses Gewimmel von rückständigen Sparsamkeitsgefühlen aus der alten kleinhandwerkerlichen und kleinstädtischen Zeit und von noch viel wertloseren Eitelkeitsgefühlen einer unfertigen Stadtmenschheit, von allerlei Unkenntnissen des früheren Volkes der Dichter und Denker und von einer kleinen modernen Alltagsklugheit, die den Schein für das Wesen hält. Aus diesem Zustande aber müssen wir als Volk heraus, wenn wir wirtschaftlich etwas gelten wollen, zur reinen Schätzung des Dinges an sich, das ist im Wirtschaftsleben: die Materie. Wir brauchen sachlich geschulte Augen und Hände und müssen Kinder erziehen, deren Wirklichkeitssinn über den unsrigen hinauswächst. Indem ich diese Worte schreibe, denke ich an die vielen jungen Leute, die sie lesen werden, und grüße sie mit der Bitte, daß sie den besonderen Beruf der nächsten deutschen Generation gegenüber dem Material des Lebens erfassen mögen. Wer heute schon älter ist, kann nicht nachholen, was er in seiner Jugend noch nicht finden konnte: eine Kultur von bleibenden Gebrauchswerten. Wir sterben mit unseren alten Einrichtungen. Ihr aber richtet euch erst ein, ihr habt es noch vor euch, den Stil der Deutschen als den Stil der Festigkeit und Zuverlässigkeit vor allen Völkern wie einen rocher de bronce zu stabilieren! Es wird das ein Weg sein, um die Schwierigkeiten der Arbeiterfrage zu erleichtern, denn die gute Arbeit fordert ja gute Arbeiter: auch ein Weg, um die Moral ohne Worte zu erhöhen, denn im Hausrat entstehen die Seelen der Kinder. Und wenn ihr sagt, noch sei Deutschland zu arm für ein derartiges Ideal, so antworte ich, daß es mit jedem Tage wohlhabender wird trotz aller Zolltorheiten, und daß das gerade der Weg ist, reicher zu werden, wenn wir einesteils die Materialvergeudung der schlechten Waren und andererseits unseren Sachkredit gegenüber dem Ausland durch unser Beispiel erhöhen.

Die Dauerhaftigkeit der Produktion ist aber nur die eine Seite der Qualitätsfrage. Die andere Seite ist die künstlerische Formvollendung. Ein Volk, das mit seiner Arbeit Milliarden verdienen will, muß die Kunstfrage volkswirtschaftlich betrachten lernen. Hier geht sie uns nur unter diesem Gesichtspunkt an, alle ästhetische Weltanschauung an sich muß uns hier gleichgültig sein. Wir sagen nicht, daß die Kunst volkswirtschaftliche Zwecke verfolgt (wenn wir das sagen würden, so würden wir alle Kunsttheoretiker auf unserem Rücken haben), aber wir behaupten, daß ein durchgebildeter Kunstsinn volkswirtschaftlich sehr nützlich ist, und zwar nicht bloß und nicht in erster Linie der Sinn für die besonderen Künste im engeren Sinne des Wortes, so wichtig dieser ist, sondern der Sinn für vollendete Form in jeder Produktion. Es braucht dieses beides nicht unbedingt zusammenzuhängen. Vor allem sagt die Fähigkeit in Dichtkunst und Musik noch sehr wenig über die Fähigkeit guter Maschinenformen und guter Emballage für chemische Artikel. Ohne sonst als Lebenswerte die Künste der Phantasie und des Tones zu unterschätzen, und ohne zu vergessen, was ein Mann wie Richard Wagner auch volkswirtschaftlich für Deutschland bedeutet hat und noch bedeutet, so sind es doch wesentlich die Künste der Form und Farbe, die bei Besprechung der Verarbeitung der Materie in Frage kommen. Versuchen wir es, den volkswirtschaftlichen Wert dieser Künste uns zu verdeutlichen!

Schon unsere Forderung, in allen Produktionen auf Dauerhaftigkeit Gewicht zu legen, führt zur Wertschätzung der Form, denn es ist bei vielen Gebrauchsgegenständen unzweifelhaft, daß sie nur dann lange im Gebrauch bleiben, wenn sie in ihrer äußeren Erscheinung einen bleibenden Gefühlswert besitzen. Am offenbarsten ist das bei der Hauseinrichtung. Welches Gestühl kommt aus allen Auktionen immer wieder in die Höhe? Nur das, bei dem Güte der Materie und Klarheit der Form zusammentreffen! Welche alten Gläser und Porzellansachen existieren noch?

Welcher Gold- und Silberschmuck hat festen Erbwert? Welche Häuser läßt man stehen? Welche Gärten brauchen nicht verändert zu werden? Die Antwort ist immer dieselbe. Die erhöhte seelische Arbeit, die in die Materie hineingetan wurde, ist der sicherste Schutz vor Vernichtung.

Die Form besitzt aber auch gleichzeitig den Gegenwartswert, daß sie in einem Zeitalter des Kaufens und Verkaufens den Sinn der Käufer anlockt und festhält, und zwar läßt sich diese Wirkung durch alle Gebiete des Schaffens hindurch verfolgen. Je vergänglicher die Materie selbst ist, desto mehr verlegt sich bei ihr die Form in die Einpackung, und je dauerhafter sie an sich ist, desto gleichgültiger wird ihre Einpackung, da sie selbst die Trägerin der Kunstarbeit wird. Die vergänglichsten Produkte des Wirtschaftslebens sind die Getränke, zugleich die formlosesten und, offen gesagt, überhaupt die volkswirtschaftlich wertlosesten, denn was bleibt an physischem oder materiellem Kulturwert, wenn eine Million Hektoliter mehr vertrunken wird? Hier liegt die Kunst höchstens in der Farbe, in der Flasche, in der Etikette und in der Dekoration der Trinkstube. Schon die eigentliche Nahrung bietet viel größeren Spielraum. Zwar das Getreide, das Mehl und Fleisch an sich ist kunstlos und findet seinen Wert im Nahrungsgehalt, der auch eine Art von Dauerhaftigkeit ist. Aber sobald sie für längere Dauer präpariert wird, beginnt auch die Speise nach Form zu rufen. In der Konservenindustrie, in der Konditorei, in der Obstverpackung, bei der Schokoladenfabrikation steigt der Gefühlswert der Gestalt und der äußeren Hülle. Und welchen Umfang hat gerade auf dem Nahrungsgebiet das künstlerische Plakat! Dazu kommt, daß die Ausstattung der Speisetafel der Kunst viel reichere Aufgaben stellt als die Trinkstube. Dauerhafter aber als Nahrung ist im allgemeinen Kleidung, Wäsche, Draperie und Teppichproduktion. Hier entscheidet geradezu der Kunstwert über den Marktwert. Hier freilich erscheint auch das Kunstproblem in seiner verwickeltsten Gestalt und bedarf deshalb etwas längerer Überlegung.

An sich kann die Bekleidungskunst keine Ewigkeitswerte schaffen wollen, da alle Pflanzenfaser oder Wolle in absehbarer Zeit der Vergänglichkeit anheimfällt. Was uns in alten Schlössern und Klöstern an einstigen Trachten gezeigt wird, mag noch heute Museumswert haben, der Kleidungswert verschwindet an dem Tage, wo der Purpurmantel oder das Meßgewand zum letztenmal benutzt wird. Kleidungskunst ist also grundsätzlich wechselnde Kunst. Es fragt sich nur, ob der Wechsel, die Mode als volkswirtschaftliches Prinzip günstig wirkt oder nicht. Hier stehen sich die Interessen der Verkäufer und Käufer scheinbar unausgleichlich gegenüber. Vom Standpunkt der Käufer oder Käuferinnen ist das schnelle Veralten aller Bekleidungsformen, besonders der weiblichen, ohne Zweifel ein großer wirtschaftlicher Schaden, der dadurch nicht gutgemacht wird, daß der Wechsel Unterhaltung schafft, denn diese Unterhaltung, deren Annehmlichkeiten wir unsererseits zwar nicht verstehen, aber keineswegs bestreiten, dient wenig dazu, der Frau im ganzen den Grad von innerer Sicherheit zu geben, ohne den sie immer ein abhängiges Element bleiben wird. Die Frau im ganzen, die etwas anderes sein will als Luxus in der Hand des Mannes, muß sich gegen den Modezwang auflehnen und solide Kleidungskunst verlangen, das heißt eine langsamere Wellenbewegung der Änderung der Formen. Der Produzent und Verkäufer seinerseits glaubt aber am besten zu fahren, wenn er stets etwas Allerneuestes bietet und dadurch die Amortisation der vorhandenen Kleiderbestände beschleunigt. Er hat auch insofern recht, als er auf diese Weise mehr verkauft, nur soll er sich nicht darüber täuschen, daß er selbst durch sein System die Durchschnittsqualität der Ware sehr herunterdrückt und damit die Möglichkeit des besonderen Verdienstes. Das tritt nicht bei der obersten und reichsten Kundschaft zutage, sondern bei dem Verkauf an alle diejenigen, die mit dem Gelde rechnen müssen. Diese aber sind die Menge. Hier bedeutet schneller Wechsel der Mode einfach Verschlechterung der Kleidung. Man sehe doch den Sonntagsverkehr unserer Großstädte an! Die wirkliche Anpassung an gute Kunst der Kleidung ist keineswegs erreicht, aber im vergeblichen Bemühen, sie zu erreichen, ist die Kulturmenschheit mit einer Dekoration umhangen, gegen die der Schmuck der Negerweiber den Eindruck von Rasseschmuck macht. Das war der Vorzug der alten Trachten, daß sie mehr inneren Gehalt hatten. An ihrer altfränkischen Form liegt uns gar nichts, aber daran, daß es sich verlohnte, sie herzustellen und sie zu besitzen. Der Hintergrund des jetzigen Modesystems ist die Not der Heimarbeiterinnen. Und wenn auch zugestanden werden muß, daß es keine Möglichkeit gibt, schnell von diesem System zu einem anderen überzugehen, so ist es doch Pflicht aller denkenden Frauen, nicht ihre Kleidungsausgabe an sich zu verringern, aber in der Veranlagung den geringen Alltagskram möglichst zu vermeiden, um damit den allgemeinen Zwang zu mindern, den eine falsche Methode heute den Frauen aller Schichten auferlegt, und der den Kaufmann, den Unternehmer und vor allem die Arbeiter und Arbeiterinnen herabdrückt, und der unserer Ausfuhr die Marke der Gewöhnlichkeit anhängt. Auch hier wird die Ausfuhr nur gehoben, wenn die heimische

Sitte sich hebt und zur Verkünderin eines besseren Stils für die Kulturwelt von uns abhängiger Völker wird. Nur durch eine sehr hohe und gute Heimatkultur werden wir mit Paris in Konkurrenz treten können.

Und dasselbe gilt von den Gegenständen der Hausausstattung. Hier öffnet sich für Deutschland ein weites Feld des Erwerbes, wenn wir uns selbst nur erst auf die rechte Höhe zu stellen wissen. Es kann geradezu als Ziel der deutschen Gewerbeentwicklung hingestellt werden, den Weltmarkt in feinen Hausgeräten aller Art zu beherrschen. Wir liefern schon jetzt in Steingut, Porzellan, Keramik, Emaillegeschirr, feinen Metallwaren, feinen Holzwaren, Tapeten, Glaswaren, Musikinstrumenten, Beleuchtungskörpern, Möbeln sehr Anerkennenswertes. Alle großen Ausstellungen der letzten Zeit vermehrten das Ansehen Deutschlands in diesen Artikeln. Auch unsere Gold- und Silberverarbeitung und Edelsteinindustrie arbeitet mit hoher Anspannung. Das, was erreicht ist, muß aber nur als Zwischenstation auf einem langen Wege angesehen werden, nämlich auf dem Wege dahin, daß Deutschland für Zimmerschmuck und verwandte Dinge das wird, was heute Paris und Wien für einzelne Teile des Kunstgewerbes sind. Dieses Ziel muß in unser nationales Bewußtsein aufgenommen werden und muß ebensogut von groß und klein in seiner Wichtigkeit begriffen werden wie die Steigerung unserer Fleisch- und unserer Eisenproduktion. Auf diesem Gebiet ist noch unendliches zu tun, denn bei der Ausdehnung der Verkehrsmittel steigt der Weltbedarf an guter hochstehender Lebensausstattung mit jedem Jahre, und wir können unsere ältere Bildungskultur in nichts so gut veranlagen, als in denjenigen Waren, die den größten seelischen Arbeitswert in sich zu sammeln vermögen, weil sie mit diesem Arbeitswert gleichzeitig an Geschmacks- und Marktwert gewinnen.

Man sieht, daß in diesen Andeutungen ein nationales Wirtschaftsideal enthalten ist, zu dem unser Volk erst erzogen werden muß, das Ideal der erhöhten Formgebung in bester Materie. Auf dieses Ideal werden wir auch durch folgende Erwägungen gedrängt, die zum Teil schon kurz berührt sind, zum Teil erst in späteren Abschnitten genauer ausgeführt werden können, hier aber einheitlich zusammengefaßt werden sollen:

Die Lage der deutschen Volkswirtschaft ist dadurch bestimmt, daß wir (abgesehen von Kohle, Steinen und Erden) arm an Rohstoffen sind und deshalb bei wachsender Volkszahl einen immer größeren Teil unseres Materialbedarfes vom Ausland kaufen müssen. Dieser Kauf kann auf dreierlei Weise erfolgen:

durch Zinsen der von Deutschland im Ausland angelegten Kapitalien,

durch Vergütung internationalen Transportes,

durch Verkauf von Waren.

Von diesen drei Erwerbsmöglichkeiten ist die erste dadurch begrenzt, daß die Kapitalbildung bei uns zwar erfreulich fortschreitet, aber mit der Kapitalbildung von England und Nordamerika nicht gleichen Schritt halten kann, da der Besitz großer Kolonialgebiete und vieler Rohstoffe die angelsächsischen Nationen begünstigt. Die zweite dieser Erwerbsmöglichkeiten ist ihrer Natur nach begrenzt und reicht nicht aus, den großen Bedarf an Rohstoffen zu bezahlen. *Unser Haupterwerb ist unsere Ware. Wir sind das geborene Ausfuhrland für Fertigfabrikation.* Innerhalb der Fertigfabrikation besteht aber ein scharfer Unterschied zwischen solchen Waren, die überall und mit jeder Bevölkerung hergestellt werden können, und solchen, die nur mit guterzogener und gutbezahlter Bevölkerung herstellbar sind. Die erste Art von Waren ist nur auf Grund geringer Löhne und knappster Kalkulation verkäuflich. Völker, die sich auf ihre Herstellung verlegen, bleiben im volkswirtschaftlichen Knechtszustand. Alle Arbeiterbewegung ist im Gebiet solcher Waren grundsätzlich erfolglos, da sich jede Lohnsteigerung in Absatzverminderung umsetzt und nur die Konkurrenz bedürfnisloserer Nationen stärkt. Diese Art von Waren müssen wir abzuschieben suchen, was aber nur in dem Maße gelingen kann, als wir *die Voraussetzungen für die höhere Art von Waren* bei uns herstellen. Diese Voraussetzungen sind teils ästhetischer, teils moralischer, teils volkswirtschaftlicher Natur. Wir müssen als Volk im ganzen den Satz begreifen und uns in Fleisch und Blut eingehen lassen, *daß nur der höhere Mensch höhere Ware schaffen kann.* Im Wirtschaftsideal der gehobenen Fertigfabrikation liegt also gleichzeitig ein großes Willensziel für das deutsche Menschentum überhaupt.

Die praktischen Folgerungen, die sich aus dieser Auffassung ergeben, sind sehr vielfältig. Sie zeigen sich in erster Linie in der öffentlichen Behandlung der Schul- und Arbeiterfragen. Sie zeigen sich aber auch in der Handelspolitik. Schon jetzt machen wir darauf aufmerksam, daß sich das von uns vorgetragene Kulturideal mit der jetzigen deutschen Zollpolitik schlecht verträgt, die eine Bedrückung der Fertigfabrikationen zugunsten der Rohstoffe und Halbfabrikate bedeutet. Um dieses später zu erörternden Gesichtspunktes willen ist es schon an dieser Stelle nötig, einige Worte über *Eisenproduktion und Fertigproduktion* anzufügen:

Unsere Leser erinnern sich, wie lebhaft wir vorher die Wichtigkeit der Eisenproduktion gepriesen haben. Von dem dort von uns Gesagten nehmen wir nichts zurück, wenn wir jetzt die Fertigfabrikation hervorheben. Es handelt sich darum, daß unsere Eisenproduktion möglich ist, ohne Bedrückung der Fertigfabrikationen. Wir leugnen nicht, daß auf diesem Gebiet die verwickeltsten Schwierigkeiten der gegenwärtigen deutschen Volkswirtschaft liegen, und daß diese Schwierigkeiten unter Herrschaft des jetzigen Zollsystems immer größer werden, aber wir behaupten, daß bei Abschaffung der Zölle unsere Eisenproduktion wenig leiden und unsere Fertigfabrikation gewaltig gewinnen wird, und daß dieser Umschwung nicht den Ruin, sondern den denkbar größten Aufschwung der deutschen Maschinenindustrie bedeuten würde. Die Maschinenindustrie schafft die Hochkultur der Fertigfabrikation, sobald man ihr erträgliche Einkaufsbedingungen sichert. Das alles bedarf später weiterer Begründung und steht nur deshalb hier, damit unser qualitatives Wirtschaftsideal in seinem Gesamtumfange hervortritt.

8. Der wachsende Volksbedarf.

Das steigende Volk hat steigende Bedürfnisse. Auf unseren Zukunftsbedarf wollen wir jetzt die Aufmerksamkeit lenken. Dabei kommt es weniger auf die einzelnen Ziffern an, die wir geben wollen, denn diese Ziffern müssen ihrer Natur nach etwas Unsicheres haben. Sie sollen nur einen gewissen Anhalt geben, wenn unsere Gedanken den Versuch machen, die Gegenwart als in der Zukunft weiterlebend zu denken. Als Ausgangspunkt dient uns dabei unsere alte Behauptung, daß wir im Jahre 1925 oder um weniges später 80 Millionen Menschen haben werden. Diese 80 Millionen wollen leben. Was ist es, was sie brauchen werden?

Wir beginnen bei Kohle und Eisen. Im Jahre 1908 kam auf den Kopf der Bevölkerung ein Steinkohlenverbrauch von 2200 kg und ein Braunkohlenverbrauch von 1200 kg, während vor 30 Jahren an Steinkohle 850 kg und an Braunkohle 320 kg verbraucht wurden. Das jährliche Wachstum betrug also pro Kopf 48 kg für Steinkohle, 29 kg für Braunkohle. Nehmen wir an, daß sich der Zuwachs in der weiteren Zukunft etwas verlangsamt, so wird es dennoch nicht falsch sein, nach abermals 17 Jahren 2700 kg Steinkohle und 1600 kg Braunkohle pro Kopf einzusetzen. Wir werden also sagen, daß wir brauchen

	1908	1925
Steinkohle	138 Mill. Tonnen	220 Mill. Tonnen
Braunkohle	76 „ „	130 „ „

Noch größer ist die bisherige Steigerung des Roheisenbedarfes. Vor 30 Jahren betrug er auf den Kopf 50 kg, im Jahre 1908 aber 185 kg. Auch er muß noch sehr stark wachsen, wenn wir uns als Industrievolk erhalten wollen. Nehmen wir aus Vorsicht auch hier ein verlangsamtes Wachstum an und setzen für 1925 nur 235 kg auf den Kopf an, so ergibt sich

	1908	1925
Roheisen	11,7 Mill. Tonnen	19 Mill. Tonnen

Diese knappen Ziffern bedeuten eine Umgestaltung unserer Montangebiete, die man sich nicht groß genug denken kann. Man bedenke folgende Seiten der Umgestaltung:

> Das in Kohle und Eisen angelegte Kapital verdoppelt sich in seinem Umfang, indem teils vorhandene Besitzwerte steigen, teils neues Kapital herangezogen wird, die Betriebe vergrößern sich riesenhaft, so daß man von eisernen Labyrinthen wird reden müssen.
>
> Die Arbeiterzahl wächst und füllt ganze Städte, die heute noch nicht da sind.
>
> Die Zahl der zum Transport nötigen Waren und Kähne wird Legion.
>
> Die Oberleitung dieses ganzen Getriebes bekommt eine Macht über die Preisbildung aller Industrien.

Von Kohle und Eisen gehen wir zum Fleischbedarf. Hier ist es besser, von der Stückzahl zu reden und von den Geldwerten, als vom Gewicht, dessen Schätzung zu unsicher ist. Wir beschränken uns auf die inländische Produktion von Rindern und Schweinen. Der Leser weiß aus einem früheren Abschnitt (II, 5), in welcher Weise Fleischbedarf und Viehstand bisher gewachsen sind. Im Jahre 1907 kamen auf 100 Menschen 33 Rinder, das ist um 5 Rinder weniger als 35 Jahre vorher. Ohne Zweifel ist das keine sachliche Verminderung, da die Verbesserung der Qualität und Quantität in den 35 Jahren mindestens diese 5 Stück ausgleicht. Aber nehmen wir an, daß im Jahre 1925 die inländische Produktion für je 100 Köpfe bis auf 30 Rinder gesunken sei, so bedeutet das trotzdem eine Steigerung um $3\frac{1}{2}$ Millionen Rinder gegenüber dem Jahre 1907. Noch viel größer ist die voraussichtliche Zunahme der Schweine. Im Jahre 1873 kamen auf 100 Menschen nur 17 Schweine, aber im Jahre 1900 waren es 30 und 1907 schon 35 Schweine. Nimmt man hinzu, daß auch hier Quantität und Qualität der Einzelexemplare sich gebessert haben, so ist das ein so seltener Steigerungsvorgang, daß wir nicht wagen, die Steigerung in derselben Weise in die Zukunft hinein zu verlängern.

Wir wollen für 1925 nur wenig mehr als heute ansetzen, nämlich 38 Schweine auf 100 Menschen, so bedeutet auch dieses schon eine höchst bedeutende Produktionssteigerung. Die Zahlen sind unter diesen Voraussetzungen folgende:

	1907	1925
Rinder	20,6 Millionen	24 Millionen
Schweine	22,1 „	30 „

Gute Aussichten für den Landmann! Überall dort, wo jetzt 6 Rinder stehen, müssen dann 7, und wo 4 Schweine stehen, 6 sein. Das ist um deswegen bedeutsam, weil die Zahl der Gehöfte, in denen dieses vor sich geht, nicht wächst, sondern nur ihr Wert und Inhalt. Rechnet man hinzu, daß die Fleischpreise (auch abgesehen von allen Zöllen und Grenzsperren) trotz gelegentlicher Schwankungen eine beständige Richtung nach oben haben, so kann man auf diesem Gebiete eine sehr gute Zukunft in Aussicht stellen.

Nicht ganz so einfach und klar liegt die Sache bei Getreide, da hier die Ernten wechseln, und da die Inlandsproduktion viel stärker durch Auslandsproduktion ergänzt werden muß als bei Kohle, Eisen und Fleisch, und zwar in Zukunft noch viel mehr als bisher, da ferner eine Abgrenzung des Verbrauchs und der Aussaat nur annäherungsweise möglich ist, und da vor allem die Produktionsstatistik sehr zweifelhafte Ergebnisse liefert, weil sie im Jahre 1893 ihre Methode geändert hat. Man kann deshalb nur im allgemeinen sagen, daß der verfügbare Jahresbestand etwa nach folgendem Schema steigen muß:

	pro Kopf ca.	1908	1925
Roggen .	150 kg	9 Mill. Tonnen	12 Mill. Tonnen
Weizen .	90 „	5,3 „ „	7,2 „ „
Gerste . .	75 „	5,1 „ „	6 „ „
Hafer . .	120 „	7,1 „ „	9,6 „ „

Da wir nach den bisherigen Erfahrungen annehmen, daß die Inlandsproduktion (mit und ohne Zölle, vergleiche Belgien und Dänemark!) nur langsam und wenig wachsen kann, so liegt in diesen Zahlen eine bedeutende Erhöhung unseres Getreidebedarfes vom Ausland, besonders in Weizen, aber auch in allen anderen Getreidearten. Man sieht in diesen Zahlen einerseits die Getreidelager, andererseits die Zollverteuerungen sich vermehren, und begreift, daß der Kampf um die Getreidezölle mit der Menge der eingeführten Quantitäten sich verschärfen muß.

Um reine Einfuhr handelt es sich bei Baumwolle, Kaffee, Reis und Südfrüchten. Baumwolle brauchen wir teils für den Inlandsverbrauch, teils für Exportfabrikation. In beiden Richtungen sind große Steigerungen zu erwarten. Im Jahre 1909 stieg der Bedarf der Rohbaumwolle auf den Kopf berechnet auf 7 kg, das ist doppelt soviel als vor 30 Jahren. Setzen wir ihn im Jahre 1925 auf 9 kg, so ergibt sich folgende Steigerung:

	1909	1925
Baumwolle	448 000 Tonnen	720 000

Dieser Bedarf wird uns bei der Begrenztheit der Baumwollgebiete noch große Sorgen machen, und wir werden ihn vielleicht teuer bezahlen müssen. Die Steigerung in Kaffee, Reis und Südfrüchten ist bisher sehr regelmäßig. Wir halten folgenden Voranschlag für nicht übertrieben:

		1909		1925
Kaffee . .	(à 3,3 kg)	212 000 Tonnen	(à 3,5 kg)	280 000 Tonnen
Reis . .	(à 2,5 „)	163 000 „	(à 2,5 „)	200 000 „
Südfrüchte	(à 3 „)	195 000 „	(à 3,5 „)	280 000 „

Damit sei es genug dieser Phantasieberechnungen! Sie lassen sich beliebig fortsetzen und auf Petroleum, Zucker, Wolle, Kupfer, Bier, Tabak, Salz und alle statistisch greifbaren Artikel ausdehnen. Der Wert dieser Zukunftsspekulationen ist nur der, die Augen dafür zu öffnen, daß die heutigen Ziffern immer noch klein sind im Vergleich zu denen, die wir zu erwarten haben, und für deren Erreichung wir arbeiten müssen. Und haben wir einmal den Blick für die notwendige Ausweitung unserer Volkswirtschaft bekommen, dann fangen wir an, alle unsere Wirtschaftseinrichtungen daraufhin anzusehen, ob und wie sie den größeren Zukunftsaufgaben dienen. Sobald wir das tun, vermindert sich unsere Achtung vor dem bisherigen Weitblick der deutschen Gesamtwirtschaft. Man rechnet bei uns viel zu sehr nur mit dem nächsten Tage. Das trifft besonders unsere Verkehrsanlagen. Diese haben einen sichtbaren Mangel an Zukunftsspekulation in sich. Jedesmal, wenn ein neuer Bahnhof gebaut ist, fängt man schon an, ihn für zu klein zu halten, und jedesmal, wenn man einen Hafen an der Nordsee oder am Rhein erweitert hat, muß man schon wieder neue Erweiterungspläne in Auftrag geben. Vorsicht ist ja sicher gut, aber diese Art Vorsicht ist ein beständiges Umbauen, Anbauen, Ausflicken. Wir hätten uns seit 30 Jahren im deutschen Staats- und Privatbetrieb viele Anlageveränderungen sparen können, wenn man das Volkswachstum als festen Faktor in alle Rechnungen eingesetzt hätte. Diese Ersparnisse würden weit größer gewesen sein als die Zins- und Materialverluste, die bei größeren Anfangsanlagen unvermeidlich sind. Die Kleinheit unserer von zu kleinen Kanaltiefen abhängigen Schleppkähne ist typisch für die wirtschaftliche Gesinnung, mit der wir vorwärtsgehen. Gewiß, wir gehen vorwärts, aber unsere Schritte könnten größer sein, wenn uns nicht die alte, lange, kleingewerbliche Vergangenheit noch in allen Knochen steckte, und wenn nicht unsere Parlamente und die öffentliche Meinung von den Vertretern der Kleinbetriebe verhältnismäßig stark beeinflußt würden. Im Seehandel ist dieser Vergangenheitsgeist am meisten überwunden, im Inlandsverkehr aber wird er uns noch lange, lange quälen. Man vergleiche die wachsende Tonnengröße der Eisenschiffe mit der kindlichen Form der eisernen Wagen! Irgendwann müssen wir zwischen den kleinen Eisenbahnen von heute breite eiserne Hauptstraßen anlegen. Unsere Güterbeförderung auf Vollbahnen betrug in Tonnenkilometern:

	Eil- und Expreßgut	Frachtgut
1894	96 Millionen	22 500 Millionen
1897	127 „	27 600 „
1900	244 „	33 700 „
1903	314 „	35 800 „
1906	428 „	43 700 „
1908	435 „	44 000 „

Diese Versendungsmengen vervielfältigen sich weit stärker als die Bevölkerung wächst. Man denke allein an die Kohle und an das Baumaterial! Schon jetzt ist die Klage über Platz- und Wagenmangel in allen großen Produktionsgebieten eine immer wiederkehrende Not. Und angesichts dieser Lage verweigert man Kanäle und baut keine Schleppbahnen! So oft ich nachts einen langen Güterzug fahren höre, denke ich an die Arbeitsvergeudung, die in dieser langen Schlange kleiner Wagen liegt.

Und ist es etwa mit den Einrichtungen der Stadtverwaltungen anders? Die Verkehrsverhältnisse Berlins sind nicht schlechter, sondern eher besser als die von Paris und Wien, aber ungenügend sind sie doch und rechnen nie mit dem unvermeidlichen Zuwachs der Zufuhr und des Menschengedränges. Es ist, als ob die Stadtverwaltungen immer erst vom Zuwachs überrascht werden müßten. Das gilt auch vom Bau von Schulen, Bädern, Spielplätzen. Wir gehen der Zukunft mit ungenügender Willenskraft entgegen.

In der Großindustrie ist das in neuerer Zeit anders geworden. Das Syndikatswesen hat tatsächlich den Blick erweitert, nur kämpft hier die Beschränkung der Produktion um der Preise willen mit der Einsicht in die Notwendigkeit breiter, weiter, zukunftsfroher Großanlagen. Wie aber geht der inländische Handel den gewaltigen Umsätzen der Zukunft entgegen? Als ob er die Menge der Verbrauchsgüter nicht abschätzen könnte, die durch seine Hände gehen werden. Dort der kleine Wagen, hier das kleine Geschäft! Es fehlt noch viel, bis wir es lernen, mit den Mitteln der Neuzeit Industrie- und Massenvolk zu werden!

Man blicke doch zum Schluß auf die Gesamtzahlen unserer Einfuhr und Ausfuhr! Sie betrugen in Millionen Mark:

Einfuhr

	1889	1894	1899	1904	1909
Rohstoffe	1 768	1 666	2 607	3 188	4 689
Fabrikate	993	835	1 148	1 220	1 276
Nahrungsmittel	1 229	1 437	1 728	1 936	2 324
Gesamtsumme	**3990**	**3938**	**5483**	**6344**	**8289**

Ausfuhr

Rohstoffe	665	668	1 016	1 257	1 701
Fabrikate	2 099	1 879	2 712	3 442	4 217
Nahrungsmittel	401	414	479	524	662
Gesamtsumme	**3165**	**2961**	**4207**	**5223**	**6580**

Diese Ziffern sollen uns begleiten, wenn wir jetzt daran gehen, den Handel in seiner zentralen Bedeutung für die ganze neue Volkswirtschaft zu betrachten.

3. Abschnitt.

Der Güteraustausch.

1. Die Produktivität des Handels.

Schon in den bisherigen Erörterungen mußte der Handel im Inland und mit dem Ausland stets als vorhanden und entwicklungsfähig vorausgesetzt werden, und unser letzter Abschnitt hat uns vor geradezu riesenhafte Handelsaufgaben gestellt. Jetzt aber gehen wir dazu über, das Getriebe des Handels selber zu betrachten. Was ist der Handel? Vom Standpunkt des Konsumenten aus ist er die Zuführung der erforderlichen Verbrauchsgegenstände. Vom Standpunkt des Produzenten aus ist er die Abführung der fertiggestellten Waren. Da aber im allgemeinen alle produzierenden Bevölkerungen gleichzeitig konsumieren und umgekehrt, so ist Handel die Lieferung der Verbrauchsgegenstände an Stelle von Arbeitsprodukten: Brot für Kleider, Kleider für Wohnung, Wohnung für Luxus, Luxus für Brot. Dieser Austausch findet selbst in der kleinsten Wirtschaftsgemeinschaft statt, wird aber erst Handel genannt, wenn er sich zur eigenen Tätigkeit, zur besonderen Produktion gestaltet. Wir brauchen hier mit Absicht das Wort Produktion, weil es eine alte Streitfrage ist, ob der Handel als produktive Tätigkeit zu bezeichnen sei, und weil wir seinen produktiven Charakter für absolut gesichert halten. Zur Produktion gehört zweifellos die Herbeischaffung der nötigen Materialien und die Ablieferung des Produktes an den Verbraucher. Wenn der Handwerker seinen Lehrling schickt, um ein Paar Stiefel auszutragen, dafür Geld einzukassieren und dann dieses Geld zum Lederhändler zu bringen, so wird es niemand einfallen, diese Tätigkeiten als außerhalb des Produktionsprozesses liegend anzusehen. Ändert sich das nun, wenn an Stelle des Lehrlings bei erweitertem Geschäftsumfange ein besonderer Mann tritt, und ändert es sich, wenn dieser Mann dieselbe Tätigkeit auf seine eigene Rechnung und Gefahr besorgt, wenn er vom

Schuhmacher fertige Schuhe kauft, sie an die Kundschaft verkauft und dann vom Handelsgewinn Leder kauft und es dem Schuhmacher anbietet? Oder ändert sich sachlich etwas, wenn es nicht nur ein Mann ist, der dieses besorgt, sondern bei noch erweitertem Geschäft eine Mehrzahl von Personen? Je mehr diese örtliche Entfernung des Produzenten und des Konsumenten zunimmt, desto einleuchtender wird der produktive Charakter des Handels. Beispielsweise wurden im 16. Jahrhundert die Bergwerke in Tirol und Ungarn erst dadurch arbeitsfähig, daß das Handelshaus der Fugger für Absatzwege im Ausland sorgte. Vorher lagen sie verloren in ihrem Winkel. Wer hat den kleinen Textilbetrieb der deutschen Mittelgebirge zur Blüte gebracht, wenn nicht der Handel? Die Produzenten selber waren nur zum geringsten Teil imstande, für erweiterten Absatz zu sorgen. Sie würden vielfach in ihrer Ärmlichkeit geblieben sein, wenn sich der Handel ihrer nicht angenommen hätte. Wer schaffte in der ersten Hälfte des vorigen Jahrhunderts die Möglichkeit der großen Steigerung der Getreideproduktion in Norddeutschland? Das waren nicht die Rittergutsbesitzer selber, denn sie konnten zwar Getreide herstellen, aber ihre Herstellung bekam für sie erst dadurch Wirtschaftswert, daß die Exporteure von Danzig, Stettin, Lübeck und Hamburg den Absatzmarkt öffneten. Wer verschafft heute unserer chemischen Industrie ihre Weltstellung? Man soll doch nicht denken, daß die Südamerikaner und Australier von selber deutsche Präparate bestellen, wenn sie ihnen nicht ins Haus gebracht werden! Es ist nichts als ganz verstaubte Kleinhandwerksempfindung, wenn man den Handel nicht unter die Faktoren der Produktion einrechnen will. Wer den Markt von Krähwinkel als eine Welt für sich betrachtet, der, aber auch nur der, kann es für überflüssig erklären, daß sich ein „Fremder" zwischen den Produzenten und Konsumenten schiebt. Dann aber mag der Ort Kleinkrähwinkel auch auf alles verzichten, was seine biederen Spießbürger nicht selber ohne fremde Materialien, Kapitalien oder Belehrungen herstellen können, denn auch das Kapital und die Literatur gehen ja durch den Kaufmann!

Es mag überflüssig erscheinen, solche Elementarwahrheiten hier zu wiederholen, aber wir werden später, wenn wir vom Staat zu reden haben, nochmals sehen, welche Bedeutung die mittelalterliche Stimmung gegenüber dem Handel noch im heutigen Deutschland besitzt. Er wird als geborener Bösewicht betrachtet, den man zwar nötig hat, dem man aber immer auf die Finger sehen muß, daß er nicht stiehlt. Diese Stimmung ist so stark, daß es unvermeidlich ist, sie noch etwas genauer zu verfolgen. Woher kommt es, daß in allen einfacheren und älteren Kulturen der Handel als etwas

Verdächtiges gilt, und daß sich dieses Urteil trotz vieler volkswirtschaftlicher Belehrungen bei uns immer neu belebt? Es hat zwei Ursachen, deren erste mehr im Kleinhandel und deren zweite mehr im Großhandel in Betracht kommt, die aber vielfach auch verbunden auftreten:

1. Der Handel ist die Ausbreitung der Produktion vor dem Auge des Verbrauchers, er ist also auch die Ausbreitung der Mängel der Produktion und wird für sie verantwortlich gemacht.

2. Der Handel ist die Verbindung zweier Welten, die sich gegenseitig nicht kennen, und wird deshalb als unkontrollierbar empfunden.

Beginnen wir mit dem ersten Satze: Der Handel ist die Ausbreitung der Produktion vor dem Auge des Konsumenten! Will man diesen Satz in seiner ganzen Fülle verstehen, so muß man eine große Ausstellung besuchen. Auf diesen Jahrmärkten der Neuzeit liegt die Industrie zur Besichtigung. Aber auch der Besuch eines großen Warenhauses erfüllt diesen Zweck: das also ist das Ergebnis der zahllosen ungesehenen Werkstätten, Fabriken und Arbeitsstuben! Wenn man durch Deutschlands erstes Warenhaus am Leipziger Platze in Berlin hindurchgeht, so fühlt man sich von der rastlosen Gewalt der verborgenen Produktion bis ins tiefste erfaßt. Man fühlt gleichsam die Last und Mühe der Arbeit im Hintergrund des Glanzes. Und was dieses Warenhaus im großen leistet, das tut jedes kleinere Handelsgeschäft auf seine Weise. Auch der Kramladen irgendeines Dorfes ist ein Stück gewerblicher Weltausstellung. Da liegen die Erzeugnisse aller Zonen und Gewerbe eingeschachtelt beieinander, und der Kaufmann sagt zum Kunden: Die Produktion müßte verzweifeln, wenn wir nicht existierten! Der Kunde aber sagt: Wir Konsumenten müßten verzweifeln, wenn alle Ware so schlecht wäre wie hier dieses Kaffee-Ersatzmittel und dort jenes Steingutgeschirr! Der Kaufmann aber zuckt mit den Achseln und spricht: Alle Welt will billig kaufen, umsonst aber ist der Tod!

Ja, umsonst ist der Tod und fast umsonst ist der Schund, das heißt die halbtote Ware. Mit welchem gräßlichen Plunder sind teilweise unsere Kramläden angefüllt! Was wird da als Zuckerware, Spielzeug, Wandschmuck, Tischdecke, Wanduhr, Spiegelschrank angeboten! Wie weit erstreckt sich der Verkauf von Minderwertigkeiten selbst bis in sonst gute Spezialgeschäfte und Warenhäuser hinein! Und wie wenig kennt überhaupt die ärmere Masse des Volkes einen guten soliden Handel! Da sie billig kaufen will und muß, so fällt sie dem geringen Geschäft hilflos in die Arme und verschleudert ihr mühsam erworbenes Geld an Nahrungsmittel ohne Nährgehalt, an Kleidungsstoffe ohne

Dauer, an Luxus ohne Güte. Sie ist dabei formell nicht betrogen worden, denn der Kauf hat sich rechtlich vollzogen, aber sachlich fühlt sie sich beständig als betrogen, so wie die Neger sich betrogen fühlen, wenn man ihnen schlechte Gewehre für gute Rinder verkauft hat. Es wirkt vieles zusammen, diesen Umstand der sachlichen Täuschung der Käufer herbeizuführen, der oft gleichzeitig Folge des Überganges zum Maschinensystem und zur freien Konkurrenz ist. Der Kaufmann als solcher ist nur Mittelsmann, Verwalter einer Produktion, deren Losung ist: Quantität und nicht Qualität! Aber wie man den Gastwirt schilt, der schlechtes Bier ausschenkt, das er selber auch erst gekauft hat, so wendet sich der dumpfe, aber sachlich richtige Unwille des Volkes über die Minderwertigkeiten der Produktion an die Adresse der Verkäufer. Was in Wirklichkeit hier unproduktiv ist, ist weniger der Handel als die Art der Produktion selbst.

Der Handel aber ist nicht ohne Mitschuld, denn er vergißt es, daß er Vermittler zwischen Konsument und Produzent zu sein hat, und darum auch die Interessen des Konsumenten gegenüber den Produzenten zu vertreten hat. Er hat den Konsumenten als willenlose Masse behandelt, etwa so wie die alten Staatsregierungen ihre Untertanen, die nur zahlen und ruhig sein durften. Er hat auf die endlose Geduld der Konsumenten hin in unverantwortlicher Weise gesündigt, indem er sich den Mängeln der Produktion willenlos fügte. Und als endlich die Konsumenten da und dort anfingen, sich gegen dieses System zu wehren, indem sie Einkaufsvereine gründeten, Konsumentenvereine, da verstand es der zunächst betroffene Kleinhandel gar nicht, daß diese Gründungen sehr oft nur eine notwendige Folge seiner Versäumnisse sind, und daß sie nur da und nur solange gedeihen können, als der berufsmäßige Handel unter dem Durchschnitt zeitgemäßer Leistung steht. An sich ist der Kaufmann stärker als ein Verein, denn von allen Betriebsarten ist keine so sehr auf freie persönliche Leistung angelegt als die kaufmännische. Ein vereinsmäßig betriebener Kleinhandel ist stets nur ein Notbehelf, aber gerade deshalb beweist das Aufkommen großer Konsumvereine, wie wenig der individualistische Handel seiner Aufgabe, Konsumentenvertreter gegenüber der Produktion zu sein, gerecht geworden ist. Auch mit dem Warenhaus steht es ähnlich. Der Großbetrieb im Kleinhandel ist gar nicht von vornherein so sehr seines Sieges sicher wie etwa der Großbetrieb in der Eisenproduktion oder in der mechanischen Weberei. Der Kleinhandel ist seiner Natur nach viel persönlicher und bietet voraussichtlich für alle Zeiten reiche Möglichkeiten persönlicher Erfolge, nur muß er dann eben von wirklichen Personen betrieben werden und nicht von Statisten, die zwar auf dem Handelstheater aufmarschieren und sich ins Handelsregister eintragen lassen. aber weder Warenkunde noch Geschäftskunde mitbringen, weil sie einfach den Handel für eine ungelernte Arbeit ansehen, zu der jeder ausreicht, der einen Lagerbestand auf Vorschuß nehmen und ein Ladenfenster mieten kann. Der Handel als Ganzes ist produktiv, aber seine Füllung mit ungelernten Elementen ist unproduktiv. Das ist es, was jeder wirkliche, gelernte Kleinkaufmann bestätigen kann. Er fühlt die Konkurrenz der Konsumvereine und Warenhäuser, fühlt aber noch viel mehr die Schleuderkonkurrenz der Ungelernten, die beständig kommen und vergehen und die den Handel verderben, indem sie ihre eigenen kleinen Vermögen dabei verlieren.

Zwischen den zwei Berufszählungen von 1895 und 1907 wuchs die Bevölkerung um 19%, die Zahl der Handelsbetriebe aber um 33%! Volkswirtschaftlich lag nicht die mindeste Veranlassung dazu vor, daß die Zahl der Handelsbetriebe sich so insektenhaft vermehrte. Nur die Gast- und Schankwirtschaften haben eine gleich krankhafte Vermehrung aufzuweisen. Während es im Jahre 1895 151 000 Kolonial-, Eß- und Trinkwarengeschäfte gab, ist die Zahl 1907 bereits auf 198 000 angewachsen. Das bedeutet: auf je 314 (1895: auf je 344) Menschen kam ein solches Geschäft! Was aber ist der Nahrungsumsatz von 314 Menschen, die doch außerdem zum Bäcker, Fleischer und Gastwirt gehen? Diese Geschäfte müssen schlechten Handel treiben, um leben zu können. Oder, was soll es bedeuten, wenn in einer Zeit, da die Bevölkerung um 14% wuchs (1882—1895), die Zahl der Zigarrengeschäfte um 75%, während die Bevölkerung um 19% wuchs (1895—1907), die Zigarrengeschäfte gar um 126% gewachsen sind?! Hier liegt die Not des Kleinhandels. Ein Kleinhandel, der so zusammengesetzt ist, muß dem geordneten Großgeschäft unterliegen.

Wie kommt es aber, daß alle Welt Kaufmann werden will, während doch jede Detaillistenversammlung verkündigt, daß unter heutigen Zuständen nichts mehr verdient werden könne? Ein Hauptgrund ist der Mangel an Erkenntnis von der wirtschaftlichen Abhängigkeit des Kleinkaufmanns. Der einzelne bildet sich ein, daß er das Geschäft durch ganz besondere persönliche Eigenschaften besonders betreiben könne. Nun haben wir oben gesagt, daß das persönliche Element im Handel immer stark bleiben wird, aber gerade im untersten Kramhandel ist es relativ schwach. Die Freiheit ist meist Illusion. Diese Illusion aber war es, die den einzelnen verhinderte, als Arbeiter oder Angestellter in irgendeinen größeren Betrieb zu gehen. Der alte, in seiner Weise ehrenwerte Drang nach individualistischer Tätigkeit äußert sich in Überfüllung des individualistischsten aller Berufe. Erst wenn die Rechte der Persönlichkeit im Großbetriebe besser als heute gewahrt sein werden, wird dieser Drang nachlassen. Bis dahin schleppt sich der Kleinhandel mit einer Überlast unnötiger Kleinunternehmer und wird dadurch zur willenlosen Ablagerungsstätte geringwertiger Produktion. Die Lage des einzelnen reellen und gelernten Kleinhändlers ist durch alles das sehr verwickelt und schwierig. Er untersteht dem Zwang der verbreitetsten Schmutzkonkurrenz und muß gleichzeitig die Gegenformen dieser Schmutzkonkurrenz, die Konsumvereine und Warenhäuser, über sich ergehen lassen. Oft denkt er, es würde ihm besser gehen, wenn er wenigstens diese los sein würde. Das aber ist falsch! Wenn man heute die Konsumvereine und Warenhäuser töten könnte, so würde die Konkurrenz der Ungelernten nur noch voller ins Kraut schießen, und die Menge der Konsumenten würde erst recht dem Handel ins Gesicht sagen, daß er sie betrüge. Das, was dem reellen Kleinkaufmann übrig bleibt, ist nichts anderes, als die Methode der Warenhäuser und Konsumvereine sich möglichst anzueignen, das heißt den gemeinsamen Bezug preiswerter Ware und das System sofortiger Barzahlung einzuführen. Die Einkaufsverbände der gelernten Kleinhändler können dann das tun, was der Handel als Vertreter der Konsumenten tun muß, wenn er nicht der öffentlichen Geringschätzung und sozialen Entwertung verfallen soll, sie können Erzieher der Produktion zur sachlichen Produktivität werden.

Mehr als beim Kleinhandel tritt beim Großhandel, und besonders beim Auslandshandel der zweite Gesichtspunkt in den Vordergrund, daß der Handel die Verbindung zweier Welten ist, die sich gegenseitig nicht kontrollieren können. Der Käufer (auch der kleine Wiederverkäufer) hat keine Übersicht, zu welchen Bedingungen der Großhändler einkauft, und hält deshalb die von ihm geforderten Preise im allgemeinen für willkürlich. Was er dem Händler vorwirft, ist die unnötige Vergrößerung der Differenz zwischen Einkauf und Verkauf. Alle landläufigen Vorwürfe gegenüber der Getreidebörse, dem Kaffeehandel, dem Handel in Südfrüchten, Wolle, Leder, aber auch dem Handel in Aktien, Staatspapieren, Pfandbriefen gehen auf diese Auffassung zurück. Das eine Mal ist es die örtliche Entfernung des Einkaufsortes, das andere Mal die Dunkelheit der Kreditverhältnisse, die es dem Handel ermöglichen sollen, das Publikum unbilligerweise um einen Teil seines Geldes zu bringen. Und in der Tat hat der Handel das Bestreben, die Differenz zwischen Einkauf und Verkauf zu erweitern. Man braucht nur die kleineren Textilunternehmer zu hören, wenn sie aus Hamburg oder Berlin heimwärtsfahren: wir stehen vor dem Großkaufmann nicht anders da als unsere Arbeiter vor uns! Was sollen wir tun? Wenn wir streiken wollen, gründen die Herren eigene Fabriken! Man muß wissen, daß im Vorzimmer von Rudolf Hertzog gewartet wird wie vorzeiten in der hochfürstlichen Kanzlei. Man übernimmt Aufträge zum knappsten Preis und besieht sich dann im Schaufenster seine Waren, die das Publikum teuer bezahlen muß! Wer weiß, was der Holzhändler in Finnland für das Holz gezahlt hat, das er in Lübeck an den Mann bringt? Wer weiß, was der Wein an der Garonne wert ist, der an der Spree 3 Mark kostet? Wer kann sagen, ob ein Papier, das ihm zu 95% angeboten wird, nicht nächstens nur 90% bringen wird? Kurz, wer ist sicher, nicht übervorteilt zu werden, bloß deshalb, weil er sich in den Händen des Handels befindet?

Der ältere Liberalismus antwortete auf diese Frage mit der theoretisch völlig richtigen Bemerkung, daß eine Übervorteilung nicht da sei, solange Käufe und Verkäufe freiwillige Akte seien. Es ist nur sachlich zweifelhaft, wie weit der Getreideverkauf eines russischen Bauern und der Brotkauf eines deutschen Arbeiters freiwillige Akte sind. Der russische Bauer muß verkaufen, weil er der Regierung Steuern schuldet, und der deutsche Arbeiter muß kaufen, weil er morgen arbeiten soll. Was zwischen dem russischen Bauern und dem Arbeiter liegt, ist das für ihn dunkle Gebiet. Er erfährt nur, daß jener mit Hungerpeitschen abgefunden wird, und weiß, daß er deshalb doch nicht billig kauft. Der Zoll allein reicht nicht aus, den Unterschied zu erklären. Ist es der Bäcker, der Müller, der Getreidehändler, die Getreidebörse, die Eisenbahngesellschaft, wer ist es, der von der Mühe des arbeitenden Volkes beider Länder reich wird? Ist nicht doch der Handel der große Vampyr, der das Blut der Völker trinkt?

So dachte man im Mittelalter, und man dachte nicht ohne Grund so, denn der ältere Großhandel war seiner Natur nach von unberechenbarer Gier. Er hatte etwas Gigantisches in seiner Räuberhaftigkeit. Wer etwa in Venedig den Geist der alten Zeiten zu sich ruft, daß er ihm erzähle, wie es einst war, der erstaunt über das Herrengeschäft, das sich hier Handel nannte, und das mit Piraterie und Krieg und Menschensklaverei einen großen Bund gemacht hatte. Es war nicht nur dogmatische Rückständigkeit, wenn sich die damalige Kirche vor dem damaligen Handel bekreuzigte. Und was der Venetianer und Genuese im großen taten, das machte der fahrende Händler, der mit seinen Karren den Kot der deutschen Wege überwand, im kleinen nach. Er betrieb den Handel als

Glücksgeschäft, als ein Spielen mit großen Gefahren und relativ großen Gewinnen, als wildes, kühnes, rechtloses Geschäft. Selbst in dieser Form war der Handel produktiv, denn er half den Teppichwebern Asiens und den Bergleuten Spaniens, daß sie arbeiten konnten, er brachte den deutschen Bauern Werkzeuge und den Städten Salz, aber freilich ungeregelt, unberechenbar, schob er sich zwischen Welten, die sich nicht kannten. Von diesem alten Handelsgeist, von dem auch die deutsche Hansa ihr gutes Stück hatte, ist noch immer ein gewisses Teil übrig geblieben, aber dieses Teil wird zusehends kleiner. Wie sich der Krieg der Landsknechte in den Dienst der uniformierten Massen umgestaltet hat, so wurde der Handel eine rationelle Größe. Die Welt im ganzen wird ja immer übersichtlicher und gefahrloser. Durch das Aufkommen der englischen Seemacht ist zum erstenmal, solange es eine Menschheit gibt, die Seeräuberei unterdrückt worden, durch die Besetzung aller handelsreifen Seeplätze mit europäischen Agenturen und Konsulaten ist das Meer seiner Diebeswinkel entledigt, durch den Sieg des Dampfschiffes über das Segelschiff hat die Regelmäßigkeit der Verbindungen sehr zugenommen, und durch den Telegraphen sind die Handelsgeheimnisse, die in allen alten Kaufmannsgeschichten eine so große Rolle spielen, auf kleine Privatvorteile zusammengeschmolzen. Der überseeische Handel im ganzen ist ein glattes Geschäft bei offener Tagesbeleuchtung geworden, ein unromantisches, fleißiges, kluges Ergreifen von Vorteilen, das mehr in der glücklichen Kombination von Zeit, Fracht, Quantität und Qualität seinen Lebensnerv hat, als in irgendwelchen trüben Ausnutzungen der um so viel geringer gewordenen Raum- und Kulturentfernungen des Einkaufs und Verkaufs. Und dasselbe gilt vom großen Landgeschäft. Moskau und Konstantinopel sind heute für den Handel keine fremde Ferne mehr, und was dort der eine Kaufmann weiß und möglich machen kann, steht morgen seiner Konkurrenz auch zu Gebote.

Dazu kommt eine zweite sehr wichtige Veränderung der Lage des Kaufmanns. In früheren Zeiten waren der Hauptgegenstand des Handels Luxusgegenstände, die einen Liebhaberpreis hatten: feine Gewebe, Spitzen, Pelze, Gewürze, Elfenbein, Fischbein, feines Holz. In solchen Sachen spielte die Willkür eine nicht geringe Rolle. Inzwischen sind selbst diese Luxusartikel viel mehr regulierbare Ware geworden, aber was die Hauptsache ist: der Luxushandel verschwindet hinter dem Massenhandel. Nicht als sei der Luxushandel geringer geworden, nein, auch er wächst, aber der Massenhandel ist es, der die Schiffe und Güterzüge füllt, und der dem modernen Großkaufmannsgeschäft seinen Charakter gibt. Nehmen wir als Beispiel den Hamburger Elbverkehr, so sind elbaufwärts seine Hauptartikel: Getreide, Düngemittel, Petroleum, Steinkohlen, Ölsaat, Erze, Roheisen, Brucheisen, Mehl, und sind elbabwärts seine Hauptgegenstände: Zucker (Melasse, Sirup), Düngemittel, Steinkohlen, Holz, Gerste, Salz, Zement und Kalk. Dasselbe Bild bietet der überseeische Verkehr. Er ist in der Einfuhr überwiegend Massenware und auch in der Ausfuhr zu einem guten Teil. Nehmen wir als Beispiel unseren Handel mit Brasilien, so sind die wichtigsten Einfuhrartikel: roher Kaffee, Rindshäute, Kautschuk und Guttapercha, Rohtabak, Kakaobohnen; die wichtigsten Ausfuhrgegenstände: grobe Eisenwaren, Waren aus edlem Metall, Baumwollengewebe, feinere Guß- und Schmiedeeisenerzeugnisse, Galanteriewaren, baumwollene Strumpfwaren, Maschinen, wollene Tuch- und Zeugwaren, Tonwaren. Auch das, was in der Statistik als feinere Ware bezeichnet wird, ist dabei vielfach Massenabsatz. Der Handel dient längst nicht mehr bloß den Oberschichten der handelnden Völker, er ist Organ der Menge geworden und wird es bei wachsender Bevölkerungsdichtigkeit noch viel mehr werden. Das aber bedeutet, daß die Tendenz auf Gleichmäßigkeit und Einheitlichkeit, die in allem zu finden ist, was die Masse angeht, auch den Großhandel immer mehr ergreift und ihn damit den großen Produktionen mit ihrem monotonen und übersichtlichen Geschäftsgange immer mehr annähert. Auch er wird unpersönlich, in viel höherem Grade als der Kleinhandel, er wird ein riesiger Verwaltungsapparat zur Vermittelung regelmäßiger Produktionen und regelmäßiger Konsumtionen, er wird „Organ der Gesellschaft", und viel von dem populären Mißtrauen, das ihm begegnet, beruht auf Unkenntnis dieser großen Verwandlung des Wesens.

Der Großhandel ist der Austausch der breiten gleichartigen Produktionen der verschiedenen Zonen, eine Folgeerscheinung der Arbeitsteilung der Nationen, und damit die Lebensbedingung der modernen Produktion an sich. Keine Produktionssteigerung ohne Handelsvermehrung. Wenn wir mehr Menschen ernähren wollen, müssen wir mehr Handel treiben!

---

2. Die Organisation des Handels.

Es ist sehr schwer, die im Handel tätigen Personen statistisch richtig zu erfassen, da es keine genauen Grenzen der Handelsgewerbe gibt. Wenn ein Bäckermeister eine Verkäuferin hält, so ist sie ein Teil des Kaufmannsstandes, rechnet aber zum Handwerk, da der Betrieb als ganzes Handwerk ist. Ebenso ist der Einkäufer einer Maschinenfabrik kein Kaufmann im Sinne der Gewerbezählung. Dafür aber gehört der Einpacker eines Handelsgeschäftes zum Handelsstand, obwohl er mit Kaufen und Verkaufen direkt gar nichts zu tun hat, sondern einfach ein Arbeiter ist wie jeder gewerbliche Lohnarbeiter auch. Noch schwerer, ja unmöglich ist es, Großhandel und Kleinhandel zu sondern. Man kann wohl sagen, wieviel Personen in den Betrieben beschäftigt sind, aber das hat nur relative Bedeutung, denn oft werden die größten Geschäfte mit Abschiebung aller Hilfstätigkeiten von wenigen Personen erledigt. Ein einzelner, der auf die Börse geht, kann sachlich unter Umständen mehr bedeuten als ein Geschäft mit 30 Personen. Das ist in der Produktion anders. Dort gestattet die Betriebsgröße wenn auch keinen absoluten, so doch einen relativen Rückschluß auf den Umsatz. Es kann also die nachfolgende Tabelle nur einen sehr allgemeinen Eindruck von der Verteilung der Kräfte im Handelsgewerbe für 1907 geben:

	Inhaber und Geschäftsleiter	Angestellte Kontorpersonal	Gehilfen Arbeiter
Waren- und Produktenhandel	557 000	186 000	711 000
Geld- und Kredithandel	8 000	49 000	9 000
Buchhandel u. dergl.	10 000	12 000	16 000
Zeitungsverlag und -expedition	2 000	4 000	12 000
Hausierhandel	33 000	—	4 000
Handelsvermittlung	42 000	10 000	3 000
Hilfsgewerbe des Handels	2 000	2 000	43 000
Versteigerung, Verleihung, Aufbewahrung	4 000	1 000	5 000
Stellenvermittelung	6 000	—	—
Annoncenvermittelung, Auskunftsbureaus	2 000	3 000	1 000
Handelsgewerbe überhaupt	**667 000**	**268 000**	**804 000**
davon männlich	497 000	219 000	477 000
davon weiblich	170 000	49 000	327 000

Gegenüber dem Jahre 1895 sind die Gehilfen und Arbeiter um 214 000, die Angestellten um 116 000, die Inhaber und Geschäftsleiter um 76 000 gewachsen. Das Steigen der Arbeiter und Gehilfen macht sich in erster Linie dort bemerkbar, wo sich der Handel am meisten der Produktion oder dem Transportgewerbe nähert, im Verleihungsgeschäft, Aufbewahrungsgeschäft, Hilfsgewerbe (Packer), Zeitungsverlag, Baumaterialgeschäft. Im eigentlichen Warenhandel vermehrt sich aus Gründen, die im vorigen Abschnitt erwähnt wurden, die Zahl der Unternehmer kleinster Art mindestens so sehr wie die der kaufmännischen Gehilfen. Das gibt den Organisationen der Gehilfen bis heute einen unklaren Charakter. Sie sind doch nicht wie die gewerblichen Arbeiter auf Großbetriebszustände eingerichtet und haben als ihr persönliches Ideal vielfach nicht das Aufsteigen im Betriebe, sondern die spätere Selbständigkeit. Das trifft für die männlichen Organisationen in höherem Grade zu als für die weiblichen. Man kann im allgemeinen sagen, daß im Warenhandel eine zunehmende Betriebsvergrößerung gleichzeitig eine Verschiebung der Gehilfenarbeit in weibliche Hände bedeutet, wenigstens bei Manufakturwaren, Kolonialwaren, Galanteriewaren und ähnlichem. Das Warenhaus ist, wie wir schon an andrer Stelle sagten, eine Verweiblichung des Handels, und ein Teil des Gegensatzes der männlichen Gehilfen gegen diese Betriebsvergrößerung erklärt sich aus der Konkurrenz der beiden Geschlechter.

Im allgemeinen besteht im Handel noch kein organisierter Kampf um den Lohn, womit nicht gesagt ist, daß er nicht eines Tages auftreten kann. Er ist dadurch erschwert, daß die Lebenslage und Bildungshöhe der abhängigen Arbeitskräfte viel verschiedener ist als in der Industrie, daß zwischen Großhandelsangestellten und Kleinhandelsgehilfen kein gemeinsames Standesgefühl vorhanden, daß der Lohn oder Gehalt im eigentlichen Handel (nicht im Transportgewerbe) elastischer ist als in der Warenproduktion, daß die Unternehmer in zahlreichen Fällen noch direkt mit ihren Arbeitskräften verkehren, und vor allem, daß die Hoffnung, persönlich aufsteigen zu wollen, weit mächtiger ist als der Gedanke, die Gehilfenschaft im ganzen zu heben. Der Handel ist individualistisch geboren, und selbst dort, wo er im vollsten Übergang zur kapitalistischen Organisation sich befindet, behält er noch auf lange Zeit etwas vom individualistischen Blute seiner Vergangenheit in den Adern. Es gibt unseres Wissens im Handel nirgends reine Arbeitgeberverbände. Schon diese Tatsache beleuchtet die Besonderheit des Handels gegenüber der Industrie. In der Industrie ist der Lohn unter Umständen 70% des Ausgabenkontos, im Handel ist er immer nur ein viel kleinerer Prozentsatz. Hier ist und bleibt die Lebensfrage die Frage der Bildung des Warenpreises. Um diese Frage dreht sich die eigentliche Organisation des Handels.

Wie entsteht der Preis? Alle Welt sagt, daß er durch Angebot und Nachfrage entsteht, und diese Wahrheit ist so offenbar, daß man ein Narr sein müßte, sie leugnen zu wollen, nur hat man mit der bloßen Verbeugung vor dieser volkswirtschaftlichen Katechismuswahrheit die Sache selbst noch wenig gefördert. Man muß nämlich von vornherein wissen, daß es nicht einen Preis gibt, sondern in jeder Ware ein ganzes System von in sich zusammenhängenden Preisabstufungen. Dieses System ist es, das nach Angebot und Nachfrage schwankt, und zwar vergleichbar einem locker zusammengebundenen Floß, welches von kleinen Wellen stückweise, von großen Wellen aber im ganzen gehoben oder gesenkt wird. Beispielsweise sind die Roggenpreise von München, Mannheim, Hamburg, Danzig und Berlin selbständige Preise, aber doch untereinander so verbunden, daß die Linien ihrer Bewegungen eine gewisse Verwandtschaft behalten müssen. Danzig wird stets niedriger sein als die anderen Orte, weil es den Verkehrszentren ferner liegt, München wird fast stets höher sein, weil es schwierige Frachtverhältnisse hat, Berlin ist nicht niedriger als Mannheim usw. Diese Gegenseitigkeitsverhältnisse können durch lokale Vorgänge jeden Tag sich ändern. Herr X. in Danzig faßt den Markt anders auf als Herr Y. in Mannheim. Das ändert je nach dem wirtschaftlichen Gewicht dieser Herren den Abstand der Preise beider Orte. Jeder dieser Orte ist nun aber selbst erst wieder als Zentralstelle eines sehr verzweigten Preisbildungsverfahrens anzusehen, indem die Roggenproduzenten einerseits, die Mühlen und kleinstädtischen Getreidehändler andererseits ein Wort durch Kauf und Verkauf sprechen. Was aber alle diese Preise in einem gewissen gegenseitigen Abhängigkeitsverhältnis hält, ist das kleine Wort: ich kann auch in Berlin kaufen! Nun ist jedoch dieses deutsche Roggenpreissystem immer nur erst ein Teil dessen, was man mit dem Worte „der Roggenpreis" bezeichnet. Die andere Seite des Roggenpreises liegt in Rußland und teilweise auch in Österreich-Ungarn, ja irgendwie sind fast alle Länder selbst am Roggen beteiligt. Der Roggenpreis der kleinen Landorte im Innern Rußlands zittert mit, wenn die Berliner Roggenbörse sich bewegt, Berlin aber bewegt sich, weil es die Ernteschätzungen eben dieser russischen Nester bekam. Man kann den einen Preis in seiner hundertfachen Verästelung einer Idee vergleichen, die in hundert Köpfen auf eigene Weise aufgenommen worden ist. Er wirkt vom letzten verkaufenden Produzenten bis zum letzten kaufenden Konsumenten, beide meist dann erreichend, wenn die Zentralstellen schon wieder in neuer Welle schwimmen. Diese nämlich weben den Preis der Zukunft, indem sie die vorhandenen Vorräte, die Erntehoffnungen und die Konsumkraft der Roggenesser kombinieren. Dieses Weben des Zukunftspreises ist es, was den meisten Vorwürfen ausgesetzt ist, obwohl es von den wenigsten derer, die es verurteilen, verstanden wird. Es geht viel objektiver, man kann sagen mechanischer dabei zu, als die Phantasie derer, die die Börse angreifen, sich auszumalen pflegt. Die Frage heißt einfach: wieviel zahlen Sie auf nächsten oder übernächsten Termin? Wenn ein Kollegium von Sachverständigen sich zusammensetzen und den Preis durch bloße Gutachten herstellen sollte, so würde er viel willkürlicher sein als bei dieser Methode, wo jeder sein Gutachten bezahlen muß. Der eine rechnet darauf, daß die Preise steigen müssen. Er kauft von dem, der sie für sinkend oder für weniger steigend hält. Einer gewinnt, der andere verliert. Dieses ist die Grundform, deren technische Einzelgestaltung nicht in eine allgemeine volkswirtschaftliche Erörterung hineingehört, auch nur von denen zureichend dargestellt werden kann, die in der Praxis der zentralen Preisbildung drinstehen. Nun ist ja klar, daß diese Gutachten, die sich als Terminhandel darstellen, zunächst aus rein persönlichen Erwerbsinteressen abgegeben werden, aber es ist ebenso sicher, daß sie sich nicht allzuweit vom natürlichen Gang der Dinge entfernen dürfen, wenn sie nicht zu starken Privatverlusten führen sollen. Gerade die großen weltbekannten Versuche, den Preis willkürlich in die Höhe zu treiben, sind elend gescheitert, und, was hervorgehoben werden muß, sie waren keine bloßen „Scheingeschäfte", sondern Anlage stärkster Vermögen in Aufkauf vorhandener Ware. Überhaupt ist kein Kauf, selbst wenn er mit Rückkaufsklausel versehen ist, ein Scheinkauf. Ein solcher läßt sich gar nicht konstruieren. Es ist allerdings ein Kauf, bei dem der Käufer die Ware selbst nicht zu sehen bekommt und vielleicht gar nicht besitzen will. Um letzteres zu ermöglichen, muß der Kauf durch einen Verkauf ausgeglichen werden.

Dieser Umstand, daß man kauft und verkauft, ohne die Ware zu sehen, muß noch etwas weiter erklärt werden. Der Handel hat von alters her eine doppelte Aufgabe: die Ware selbst vom Produzenten zum Konsumenten zu schaffen und dabei dem einen Geld zu geben und es vom andern zu nehmen. Beide Vorgänge sind schon in den kleinsten und einfachsten Verhältnissen oft völlig voneinander getrennt. Der Handwerker schickt seinen Schrank durch den Spediteur und bittet brieflich, das Geld bei der Vorschußbank auf sein Konto einzuzahlen. Der Spediteur weiß gar nicht, was der Schrank kostet. Nun kann sich der Vorgang der Bezahlung dadurch weiter verwickeln, daß der Schrank an seine zukünftige Stelle geschafft wird, während Produzent und Konsument über den Preis noch streiten. Der Produzent überträgt seine Forderung an den Rechtsanwalt A. und der Käufer seine Zahlungspflicht an den Rechtsanwalt B. Diese beiden Rechtsanwälte vereinbaren den Preis, ohne daß einer von ihnen beabsichtigt, den Schrank je zu besitzen. Dieses Beispiel soll nur zeigen, daß Transport und Lagermiete und dgl. vom eigentlichen Kaufgeschäft getrennt werden können. Eine Voraussetzung freilich ist dabei, daß der Schrank eine abschätzbare Wertgröße ist. Das aber ist gerade der Schrank in viel geringerem Grade als Roggen, da jeder Schrank seine Besonderheiten hat, während Roggen klassifiziert werden kann, das heißt durch wenige leicht kontrollierbare Merkmale sicher bestimmt wird. Die einfache Frage: wie schwer ist das Liter? zeigt den Weg der Kontrolle. Je kontrollierbarer eine Ware ist, desto eher eignet sie sich für allgemeine Preisbildung. Waren kontrollierbar zu machen und für sie Prüfungsstationen herzustellen, gehört aber zu den wesentlichen Schritten der moderneren Organisation des Handels. Man kauft und verkauft jetzt nicht mehr einen einzelnen Bestandteil Roggen, sondern einen Anteil am Gesamtvorrat. Da der Müller in Hamburg den russischen Bauern doch nicht kennt, kann es ihm gleichgültig sein, von wem das Getreide stammt, das er in seine Lagerschächte füllt, wenn er nur über die Qualität im reinen ist. Es tritt Gattungshandel ein.

Was aber folgt für den einzelnen Roggenhändler aus diesem Vorgang? Daß er nur einen sehr geringen Spielraum hat, sich selber Preise zu machen! Er ist Beamter eines Vorganges, der viel größer ist als er auch nur übersehen kann. Der Roggenhandel als Ganzes hat sich seine internationale Regierung gegeben. Und ebenso liegt es bei allen Weltmarktwaren, also insbesondere bei allen Getreidearten, Zucker, Kaffee, Petroleum, Baumwolle, Wolle, Kammgarn, Eisen, Kupfer, Kohle, Edelsteinen. Viele andere Waren aber sind auf dem Wege, welthandelsreif zu werden. Der Entwicklungsgang ist dieser: zuerst wird das einzelne Stück verhandelt, dann wird nach Muster bestellt, dann wird das Muster zur festen Qualitätsklasse erhoben, dann wird die Klassifizierung vom Zentrum des betreffenden Handels aus anerkannt und aufrechterhalten. Natürlich ist das im allgemeinen bei Rohprodukten leichter als bei Halbfabrikaten, bei diesen wieder leichter als bei fertigen Gebrauchsgegenständen. Man denke an Getreide, Mehl und Brot, an Wolle, Garn und Strumpf, an Eisenerz, Stabeisen und Eisenwerkzeug. Dieser Unterschied ist für den ganzen Aufbau des kapitalistischen Systems sehr wesentlich. Er ist einer der Gründe für das gesellschaftliche und politische Überwiegen teils der Rohstoffproduzenten, teils der Rohstoffhändler. Sie haben das Geschäft mit den einfachsten und größten Linien, wo mit wenigen Strichen über gewaltige Quantitäten und Umsätze entschieden wird; gleichzeitig pflegt ihre Preisbildung für die von ihnen abhängigen Verarbeitungsgebiete maßgebend zu werden. Das nämlich, was wir vorhin vom Roggen zu beschreiben versucht haben, ist nichts als eine Teilerscheinung der Entstehung des Weltpreises an sich. Unter Weltpreis verstehen wir ein Staffelsystem unzähliger voneinander abhängiger Preisgebiete, die in sich wieder in zahllosen

Gliederungen organisiert sind. Der Weltpreis ist nicht der Preis irgendeiner Ware, weder der des Eisens, noch der des Weizens, selbst nicht der des Goldes; man kann auch von ihm nie sagen: hier wird er notiert und da wird er telegraphiert, er entzieht sich jeder Einzelbeobachtung; und doch ist er vorhanden und man merkt seinen Atem in allen Einzelprovinzen der Preisbildung. Es ist dieser Weltpreis das „Ding an sich" zu allen Börsenpreisen, diese aber wieder sind wie Gattungsbezeichnungen gegenüber allen wirklichen Kassapreisen.

Wir wollen versuchen, diesen Weltpreis verständlich zu machen. Ausgangspunkt des Verständnisses ist die Tatsache, daß im Gebrauch jede Ware bis zu einem gewissen Grade durch eine andere ersetzt werden kann. Es kann beispielsweise nicht nur englische Steinkohle für deutsche Steinkohle eintreten, sondern auch in vielen Fällen deutsche oder böhmische Braunkohle; für beide aber kann je nach Zweck und Lage auch Holz, Petroleum und Spiritus eintreten, ja selbst elektrische Übertragung von Wasserkraft oder Windturbine. Die Preisbildungssysteme all dieser Artikel hängen also in verschiedenen Prozenten voneinander ab, da jede Preissteigerung des einen Artikels die Nachfrage nach den anderen belebt. Es kann also das ganze Verwandtschaftsgebiet steigen oder fallen, aber schwerlich ohne größere Folgen für die einzelnen Artikel. In ähnlicher Weise hängen alle Kleiderstoffe unter sich zusammen, und in oft sehr eigentümlichen Verschlingungen alle Eßwaren. Man denke an die Preise von Wildpret, Geflügel, Fischen, Konserven, Rindfleisch, Schweinefleisch, Hammelfleisch, Speck und Wurst! Es ist da eine große Klaviatur vorhanden, auf der nur mit Vorsicht gespielt werden kann, da das Werk mit vielen Verkoppelungen arbeitet, die der Praktiker allmählich im Gefühl hat, die aber niemand in mathematischen Formeln wird ausdrücken können, obwohl sie ihrem Wesen nach mathematischen Charakters sind. Neben diesen leicht ins Auge fallenden Preisverwandtschaften gibt es aber andere, die verborgener und doch wirksam sind. Die Nähmaschinenpreise und die Fahrradpreise haben nicht deshalb Verwandtschaft, weil etwa eine Nähmaschine durch ein Fahrrad ersetzt werden könnte, aber deshalb weil dieselben industriellen Anlagen sich auf den einen oder anderen Gegenstand werfen können, je nachdem der eine oder der andere Absatz verspricht. Bodenpreise, Häuserpreise, Ziegelpreise, Maurerlöhne, Ladenmieten, Brotpreise, Milchpreise stehen in fühlbaren Verhältnissen. Die Frachten der amerikanischen Eisenbahnen bedingen in etwas den Preis der Semmel, die in Breslau verkauft wird. Wer Augen hat zu sehen, findet täglich neue Zusammenhänge. Die Gesamtfolge davon aber ist, daß es im Gebiet des Handels etwas gibt, wie den Feuchtigkeitsgehalt der Luft, in der wir leben. Es gibt Zeiten erhöhter allgemeiner Feuchtigkeit oder Trockenheit, Zeiten, wo alle Preise sich nach oben strecken, und Zeiten, wo die verschiedensten Produktionen gleichzeitig ihre Blätter hängen lassen. Die geheime Existenz des Weltpreises ist die Voraussetzung des guten oder schlechten allgemeinen Geschäftsganges.

Schon in dem bisher von uns Gesagten ist enthalten, daß es nicht nur die Waren im engeren Sinne des Wortes sind, die nach einem Einheitspreise hin sich bewegen. Es wird aber gut sein, wenn wir diese Bewegung nach einigen besonderen Seiten hin ins Auge fassen, und zwar in der Richtung auf Bodenpreise, Löhne, Frachten und Kapitalverschreibungen.

Der Bodenpreis ist deshalb vom Warenpreis verschieden, weil der Boden nicht transportiert werden kann, aber die Transportierbarkeit der Bearbeitungswerkzeuge, des Bearbeitungspersonals und der erzeugten Produkte machen ihn selbst zum Gegenstand bedeutender Preisverschiebungen. Oder anders ausgesprochen: nicht die Bodenpreise machen den Getreide- und Viehpreis, sondern die Getreide- und Viehpreise machen den Bodenpreis. Das ist nicht so zu verstehen, als ob nicht andere Faktoren: Gewohnheit, Verkehrsgelegenheit, Lohnhöhe, Bodenqualität, Betriebsgröße, bisherige Ausnutzung bei der Preisbestimmung mitwirkten. Sie wirken überall, und zwar überall verschieden, aber das schließlich für allgemeines Steigen oder Fallen maßgebende Element ist doch der Preis der Massenerzeugnisse. Erst dann würde der Bodenpreis den Getreide- und Viehpreis machen können, wenn er zum Monopolpreis würde, das heißt, wenn die Grenze der verwendbaren Böden erreicht wäre. Solange aber einer etwaigen Bodenpreissteigerung in Europa der noch unbenutzte oder nur extensiv benutzte Boden anderer Erdteile gegenübergehalten werden kann, lautet die Formel etwa so: der Bodenpreis Argentiniens ist ein regulierendes Moment des Bodenpreises in Brandenburg. Wenn in Brandenburg zwei Landleute einige Morgen Landes verkaufen, so steht hinter den beiden unsichtbar die ganze Weltorganisation des Handels in Landwirtschaftsprodukten.

Und dasselbe gilt von der Festsetzung der Arbeitslöhne. Von Hause aus sind sie ganz verschieden und hängen von der Nachwirkung alter lokaler Macht- und Herrschaftsverhältnisse ab, allmählich aber werden auch sie in das große System der allgemeinen Preisbildung einbezogen. Auch sie sind sozusagen indirekte Handelsartikel geworden, denn ihre Höhe hängt einerseits vom Warenpreise ab, der international bedingt ist, und andererseits von der Möglichkeit des Arbeiters, seinen Arbeitsplatz zu wechseln. Der ländliche Arbeiter sagt: wenn ich nicht wenigstens soundso viel bekomme, dann werde ich Sachsengänger oder wandere aus! Oft tritt diese Wirkung nicht rein zutage, da die persönlichen Gegengründe gegen zeitweilige oder dauernde Abwanderung sehr vielgestaltig und stark sind, aber *im Grunde hat doch schon heute kein Kulturgebiet seinen eigenen Lohn*. Die Arbeit ist noch keine börsenfähige Ware geworden, wird es wohl nie werden, da sie nicht von den Personen der Arbeiter getrennt werden kann, aber klassifizierte Ware ist sie schon vielfach und wird es in immer höherem Grade, ein Gesichtspunkt, den wir im Abschnitt „Die Arbeitsverkäufer" weiter zu verfolgen genötigt sein werden.

Die Löhne der Arbeiter und die Preise der Waren und Böden hängen also von den Möglichkeiten der Ortsveränderung der Personen ab, von dem *Preis der Überwindung der Entfernungen*. Auch dieser Preis ist Welthandelsgegenstand. Dadurch, daß bei uns die Eisenbahnpersonentarife für längere Zeit festgelegt sind, und daß im Staatsbahnsystem auch die Gütertarife weniger beweglich und nicht nur von Handelsgesichtspunkten bestimmt sind, wird der Handelscharakter der inländischen Transportpreise teils aufgehoben, teils verdunkelt, aber die Geschichte der Wasserfrachten beweist die überaus hohe Bedeutung dieses Faktors. Der Lohn in Galizien hängt von dem billigsten Überfahrtspreis nach Amerika ab, der Getreidepreis in London von dem größeren oder geringeren Angebot freier Schiffsräume zwischen Amerika und Europa, der Baumwollenpreis teilweise von der Konkurrenz der Dampferlinien. Und ebenso hängt der Einzelpreis der Waren im kleinsten Nest davon ab, welche Transportkosten zwischen ihm und dem nächsten Zentrum liegen. Die Transportkosten zu bestimmen, ist nun zwar im allgemeinen nicht Sache des Händlers im engeren Sinne des Wortes, ist aber zweifellos Handelstätigkeit, selbst wenn sie von einer Staatsverwaltung ausgeübt wird, und gehört deshalb in den Zusammenhang dieser Erörterung.

Eine Folge von allen diesen hier nur angedeuteten Zusammenhängen ist es, *daß auch das Kapital im ganzen einem Weltpreise zustrebt*. Wir werden später vom Kapital besonders sprechen, wollen hier nur sagen, daß bei aller unendlichen Verschiedenheit der Zinsfuß aller Anleihen, Obligationen, Genossenschaftsanteile, Aktien und sonstigen Kapitalverschreibungen unter sich ein Gewebe ist, das an keiner Stelle eine isolierte Bewegung zuläßt. Das kommt einesteils daher, daß die durch die Kapitalverschreibungen bezeichneten Bodenwerte, Bergwerkswerte, Schiffswerte, Fabrikationswerte, Staatsanlagen oder Waren unter sich in einem Zwangsverwandtschaftsverhältnis stehen, anderenteils daher, daß diese Verschreibungen beständig unter sich ausgewechselt werden können. Wenn die Staatsanleihen geringe Zinsen zahlen, sucht das Kapital andere Anlagen, bei denen mehr zu verdienen ist, bis es durch diese Art Abwanderung die Staatsverwaltungen gezwungen hat, wieder bessere Bedingungen zu bieten. Wenn Anlagen in Kleinbahnen sich verschlechtern, muß irgendwo anders das scheu gewordene Kapital unterzukommen suchen. Der Kurszettel ist in keiner Weise eine lange Karte vereinzelter Wertabschätzungen, sondern ein ungeheuer verwickeltes, für den Laien unübersehbares, selbst für den Fachmann kaum ganz überschaubares Gewinde von Rivalitäten, das heißt von Beziehungen, bei denen jeder Vorgang jeden anderen Vorgang irgendwie beherrscht. Um ein Beispiel zu sagen, so wurde die Vernichtung von Schiffsmaterial im russisch-japanischen Kriege direkt als Beeinflussung des Staatsanleihenmarktes auf der einen und des Stahl- und Schiffsbaumarktes auf der anderen Seite empfunden. Der Bedarf beider Märkte vergrößerte sich gleichzeitig Die Stahlwerke mußten ihr Betriebskapital vergrößern, wenn sie den neuen Aufträgen genügen wollten, und die Staaten mußten ihre Geldeinnahmen in höherem Grade verpfänden als bisher. Beide Märkte rangen um das Vertrauen derselben Geldbesitzer und rangen gleichzeitig mit anderen geldbedürftigen Marktgebieten. Und aus allen derartigen beständigen Verschiebungen ergibt sich, ob Kapital zu einer bestimmten Zeit knapp ist oder nicht, ob es sich anbietet oder gelockt werden muß, ob der Normalzins, der die Grundlage aller Kapitaleinkünfte ist, hoch oder niedrig steht. *Es gibt kein Kapital, das für sich allein leben könnte.*

Und die Regierer dieser ganzen weiten Preisbildung sind die Kaufleute, sei es die Händler in Rohstoffen, sei es in Waren, sei es in Kapital und sei es in Arbeitsleistung. Wie das letztere zu verstehen ist, wird später dargelegt werden. Der Kaufmann arbeitet an einer Menschheitsorganisation, die in ihrer Art ganz neu ist, an dem *freiwilligen Menschheitsparlament der Preisnormierung.* Diese Organisation unterscheidet sich von allen staatlichen Organisationen durch ihre Ungezwungenheit, aber diese Ungezwungenheit ist doch nur organisatorisch zu verstehen, sachlich gibt es keinen stärkeren Zwang als den des allgemeinen Preises. Der einzelne darf seine eigenen Wege gehen wollen, aber er vermehrt dabei sein Risiko. Wer die Macht des Preises nicht anerkennt, wird von ihr erdrückt. Bei aller ihrer Macht aber ist die Preisbildung etwas beständig Werdendes. Stets gibt es, wie im kleinen Einzelhandel so auch im Welthandel, eine preiserhöhende und eine preiserniedrigende Strömung. Aus dem Zusammenstoßen dieser zwei Strömungen entstehen fast alle großen Streite des Wirtschaftslebens.

3. Kapital, Eigentum, Banken.

Zu den umstrittensten Begriffen der Wirtschaftslehre gehört der Begriff „Kapital“. Die meisten Schwierigkeiten in seiner Erfassung kommen aber daher, daß man vom Einzelsubjekt ausgeht und Kapital als etwas erklären will, das der einzelne hat. Das ist von vornherein falsch und hängt mit der rein individualistischen Auffassung der Arbeit zusammen, deren Ungenügendheit wir im nächsten Kapitel darlegen müssen. Hier, wo wir vom Güteraustausch reden, ist es nötig, die späteren Erörterungen vorauszusetzen, es würde aber bei anderer Anordnung des Stoffes dieselbe Unbequemlichkeit auch eintreten. Wir teilen also dem Leser mit, daß wir später ausführen werden, daß der Arbeitsprozeß ein Gesamtvorgang ist, in den der einzelne eintritt und aus dem er wieder austritt, bei dem aber nicht gesagt werden kann, wie groß der sachliche Anteil des einzelnen am Endergebnis ist. Diesen Prozeß als Ganzes müssen wir jetzt im Auge haben, wenn wir von Kapital reden, und das, was wir hier über ihn zu sagen haben, wird seine nähere Beleuchtung in späteren Abschnitten vorbereiten.

Der Arbeitsprozeß der Menschheit im ganzen ist der Wesensgrund des Kapitals, und zwar der in die Kulturgemeinschaft einbezogene, durch Güteraustausch mit ihr verbundene Arbeitsvorgang. Wo der einzelne für sich allein arbeitet, hat er Arbeitsmittel, aber nicht Kapital. Die Getreideaussaat des für sich allein existierenden Einsiedlers ist in diesem Sinne nicht Kapital, die Angelhaken des Grönländers sind nicht Kapital, aber die Aussaat verkaufender Bauern und die Angelhaken verkaufender Fischer bekommen eben durch die Absicht des Verkaufs die Eigenschaft als Kapital. Ebenso ist es mit aller sonstigen Materie und mit der Arbeit selber. Ein Feld, das nur der Selbsternährung dient, ist nicht Kapital, und Arbeit, die nicht auf Austausch-Güter-Herstellung bezug hat, spielt im kapitalistischen Vorgang keine Rolle. Diese Begrenzung des Kapitalbegriffes erscheint zunächst willkürlich, wird sich aber, wie wir denken, im weiteren Verlauf von selbst rechtfertigen.

Natürlich ist der Übergang einer Materie oder eines Werkzeuges oder einer Arbeit aus dem früheren Zustand in den Kapitalszustand oft deshalb fließend, weil das Einrücken eines Wirtschaftsgebietes in den Bereich des allgemeinen Austausches nur schrittweise erfolgt. Vielleicht kommen wir aber mit einem Beispiel am schnellsten zum Ziel:

Irgendwo in Rumänien liegt ein großer Wald, der seit Urzeiten einem Herrengeschlecht gehört. Dieser Wald war Eigentum der gnädigen Herren, sie hielten in ihm Jagd, verfolgten fremde

Wilderer, benutzten für sich und ihre Leute beliebig viel Holz, aber daß der Wald selbst, der alte ganze Wald, Geld werden könnte, war vielen Jahrhunderten verborgen, denn wie hätte man Arbeiter zwingen können, den Wald auf ihre Schultern zu nehmen und ihn bis dahin zu tragen, wo man Schiffe aus Holz baut oder Städte findet, die selbst keinen Wald mehr haben? Das wurde anders, als eine Eisenbahn kam und ein Händler dem Fürsten den Vorschlag machte, er wolle die Arbeiter mit Geld bezahlen, die den Wald bis auf die Eisenbahn trügen, der Fürst aber solle Geld für die Bäume erhalten, denn sie seien sein „Eigentum". An diesem Tage vollzog sich folgendes:

1. Der Eigentumsbegriff gewann eine neue Anwendung, an die bei seiner ersten Einführung (z. B. bei der einstigen Okkupation oder Lehenserteilung) niemand hatte denken können. Aus einem Verwaltungsgegenstand wird ein Handelsartikel und aus einem Verwaltungsherrn ein Verkäufer.

2. Die Materie wird weggeschafft und dafür werden Arbeitslöhne und Kaufgeld in der Gegend gelassen, die Gegend wird also einesteils kaufkräftig für fremde Waren, anderenteils ein Gebiet, wo es üblich wird, Arbeit zu verkaufen und zu kaufen. Man sagt: sie wird erschlossen!

3. Die Materie wird z. B. nach Breslau gebracht und ist dort „Kapital". Das will sagen: in ihr verbirgt sich das Geld, welches

a) für das ursprüngliche Eigentumsrecht,
b) für den Arbeitslohn,
c) für den Transport

bezahlt wurde. Die Materie ist mit der Verpflichtung belastet, mindestens diese Ausgaben wieder einzubringen. D a s B e h a f t e t s e i n d e r M a t e r i e m i t d e r a r t i g e r V e r s c h u l d u n g o d e r V e r p f l i c h t u n g g e h ö r t z u m W e s e n i h r e s A u f e n t h a l t e s i m A r b e i t s p r o z e ß. Das Holz hat sozusagen einen Paß, auf dem seine Unkosten angegeben sind. Der Paß steht in den Geschäftsbüchern der Holzfirma.

In Breslau nun tritt dieses Holz in die große Gemeinschaft des vorhandenen kapitalisierten Holzes ein. Von da an verliert es seine Individualität, und seine besondere Verschuldung verfließt in die Gesamtverschuldung dieses Holzbestandes überhaupt. Es wird nach den verschiedensten Seiten hin verteilt, für Schächte, für Möbelfabriken, für Baugeschäfte, für Brennholz: aber in aller seiner Verteilung trägt das Holz seine Schuld weiter und vermehrt sie durch Hinzufügung neuer Arbeitslöhne und neuen Transportes. Nur wird die Schuld nun nicht mehr den Einzelstücken aus dem rumänischen Walde zugerechnet, sondern den neuen Gruppen kapitalistischen Holzes oder hölzernen Kapitals. Das Ende ist, daß ein Teil des Holzes als fertige Ware bar bezahlt wird, ein anderer Teil als Hilfsmittel im Arbeitsprozeß verbleibt (Schachtholz), ein Teil im Hausbau hypothekarisch mitbeliehen wird. Das aber bedeutet: der erste Teil hat aufgehört, Kapital zu sein, der zweite bleibt Kapital bis er verfault, der dritte Teil scheidet allmählich aus dem Kapitalverhältnis aus (ist zur Hälfte noch Kapital). Damit ist die Verschuldung teils gelöscht, teils in einem Verschuldungssystem endgültig untergebracht, das die allmähliche Löschung besorgt. Wenn das Holz im Schacht amortisiert und im Haus abgeschrieben ist, so ist es nicht mehr „Kapital".

Dieses Holz hat also in seiner kapitalistischen Zeit eine doppelte Geschichte, nämlich eine technische und eine finanzielle. Die finanzielle Geschichte ist von der technischen Geschichte abhängig, hat aber dabei ihre eigenen Erlebnisse, denn sie wird von dem Preisbildungsvorgang beeinflußt, den wir beschrieben haben. Um sie zu kennen, muß man wissen, wie oft das Holz im Verlauf seiner technisch-finanziellen Geschichte „Eigentum" eines anderen geworden ist. Der Übergang aus einem Eigentum in ein anderes dient dazu, den Preis zu fixieren. Dabei werden die alten Verschuldungen des Holzes gelöscht und eine neue Verschuldung tritt ein, die nicht mehr davon ausgeht, welche Unkosten von Anbeginn an in dem Holze stecken, sondern davon, was es dem neuen Eigentümer gekostet hat. Auf diese Weise ist es möglich, daß an dem Holz ein Eigentümer gewonnen, ein Eigentümer verloren und ein Eigentümer weder gewonnen noch verloren hat, daß aber am Holz im ganzen gewonnen wurde, das heißt, daß sein endgültiger Preis alle Ausgaben gedeckt und einen Zuwachs an Geld gebracht hat. Der letzte Verkauf zahlt den ersten Ankauf und alle ihm folgenden Zwischenkäufe, Arbeiten, Transporte. Deshalb sagten wir, das Holz sei mit Schuld belastet gewesen, bis es aufhörte, Kapital zu sein. Kapital ist verschuldete Materie.

Was wir hier vom Holze dargestellt haben, gilt ebenso vom Getreide, von der Baumwolle, vom Eisen, von den Kohlen, von allen Stoffen, die in den Arbeitsprozeß eingehen. Die Kohle in der Tiefe ist solange nicht Kapital als sie unberührt liegt. Es ist freilich schwer, genau zu sagen, wann sie Kapital zu werden beginnt, ob am Tage der Eintragung des Mutungsrechtes oder am Tage des Verkaufes des Unterirdischen an eine Bergwerksgesellschaft. Sie bleibt Kapital bis zu ihrem Übergang in Hauswirtschaften oder bis zu ihrer Vernichtung. Da aber die Vernichtung im Hochofen oder in der Lokomotive nicht ohne Nutzen vor sich geht, so lebt die Kohle auch nach ihrer körperlichen Vernichtung als

Teilbetrag anderer kapitalistischer Werte fort, so gut wie die Rente fortdauert, die ihr erster Eigentümer bezieht, selbst wenn die Kohlen, die er verkauft hat, völlig abgebaut und abgebraucht worden sind. Es gibt also im Kapitalismus ein doppeltes Fortleben nach dem Tode, nämlich ein Weiterwirken der rationell vernichteten Materien in anderen Materien und ein Weiterwirken der Bezahlung der inzwischen vernichteten Materien in der Preisbildung. Wie es aber ein Fortleben gibt, so gibt es auch in gewissem Maße eine Wirkung vor dem Eintreten in die kapitalistische Sphäre: Böden, die noch erschlossen werden können, Getreide, das erst noch reifen soll, Materialvernichtungen, die erst erwartet werden, bestimmen schon heute teils die praktische Verwertung der vorhandenen Böden, Getreidevorräte und sonstigen Materialien, teils den Preis der im wirklichen Arbeitsprozeß enthaltenen sachlichen Werte. Das ist es, was der finanziellen Wertung des Kapitals ein so kompliziertes Gesicht gibt. Sie ist nicht einfach eine papierne Darstellung der sichtbaren Unterlage, will gar nicht eine einfache Photographie sein, etwa eine in Geldziffern geschriebene Wirklichkeitsgeschichte der Güterentstehung, sie will „vergeistigte Photographie" sein und wird dadurch unter Umständen zur verzeichneten, falsch retuschierten Wiedergabe.

Natürlich erweitert und verschlingt sich das finanzielle Bild des Arbeitsprozesses der auf Güteraustausch beruhenden europäischen Zivilisation in dem Maße, als dieser Arbeitsprozeß und dieser Güteraustausch sich vergrößern. Wenn es möglich wird, Schächte tiefer zu treiben als bisher, so entsteht durch die Vertiefung eine neue Sphäre möglichen und wirklichen Kapitals. Wenn das innere Afrika erschlossen wird, so entstehen unzählige neue Ansatzpunkte für Kapital, zunächst für materielles Kapital (Plantagen, Bergwerke, Viehherden), gleichzeitig aber für geschriebenes Kapital, das heißt für Anteilscheine an diesen Dingen. Im Grunde ist es der Verkehr, die Austauschmöglichkeit, die das Kapital vergrößert. „Wir leben im Zeitalter des Verkehrs", ist nur ein anderer Ausdruck der Tatsache: wir leben im Zeitalter der gewaltigen Kapitalvermehrung. Wo gibt es noch Wälder, wo gibt es Felder, wo sind Erze, wo sind Steine, wo sind Tiere, wo sind Berge, wo sind Dünen, die nicht anfangen Kapital zu werden? Man fühlt es, wie das Zeitalter des Verkehrs an jeden alten Felsen klopft, um ihn zu fragen: sage, Alter, kannst du nicht irgendwie Kapital werden? Die Eisenbahn und das Dampfschiff werden es fertigbringen, daß in einigen Menschenaltern die ganze Erdoberfläche durchkapitalisiert sein wird, einbezogen in das Doppelsystem der Material- und Finanzgemeinschaft. Das ist das geschichtliche Erlebnis des Geschlechtes, zu dem wir gehören. Wie wenig Dinge waren im Mittelalter Kapital, und wie unendlich viele sind es jetzt!

Es ist aber nötig, das System der Kapitalverschreibungen, den finanziellen Oberbau des materiellen Arbeits- und Austauschvorganges noch genauer ins Auge zu fassen, und zwar müssen wir die Umwandlung des Eigentumsbegriffes, von der wir im Zusammenhange des Beispiels vom kapitalisierten Walde redeten, schärfer zu formulieren suchen. Das Eigentum an Werkzeugen und Materien ist eine vorkapitalistische Bildung. Es ist falsch, wenn man Eigentum und Kapital gleichsetzt. Unsere bisherigen Beispiele haben genugsam gezeigt, daß es im Haushalt der alten Zeit, in der der Güteraustausch keine Rolle spielte, nicht nur ein Eigentum der wenigen damaligen Austauschgüter gab, sondern vor allem ein Eigentum auch der unverkäuflichen, sozusagen seßhaften Materien. Dieses Eigentum war dreierlei, nämlich Schutz vor fremden Eingriffen, Herrschaft über den lokalen Arbeitsvorgang und Verteilung des Arbeitsertrages an die Beteiligten. Da der Schutz vor fremden Eingriffen die Vorbedingung alles weiteren war, so war das Eigentum eine Einrichtung derer, die diesen Schutz herzustellen in der Lage waren. Die Zugehörigkeit zu einem Schutzverband und die Stellung des einzelnen in ihm bestimmte im allgemeinen seine Rechte in der Arbeitsleistung und Güterverteilung. Das ist das Wesen des Eigentums im Lehenswesen. Daneben gab es immer ein Kaufmannseigentum, das sich auf transportierbare Dinge bezog und von den Inhabern des Feudaleigentums soweit geduldet und mitgeschützt wurde, als es für sie vorteilhaft schien, den Warenhandel als Ergänzung ihres in sich geschlossenen Betriebes zu erhalten. Das Austauscheigentum war aber nur die geduldete Nebenform des Herrschaftseigentums. Das Charakteristische der Neuzeit ist nun, daß diese Nebenform zur Hauptform wird, indem sich die Herstellung des militärischen und rechtlichen Schutzes zur besonderen Produktion für sich verselbständigte (der moderne Staat), indem dadurch die Arbeitsleistung ihren politischen Charakter verlor und zu einer der kaufmännischen Tätigkeit verwandten Leistung wurde, und indem das Untertänigkeitsverhältnis der Arbeitskräfte (Sklaverei, Hörigkeit, Heimatpflichtigkeit, Frondienst) sich in den Arbeitskauf umwandelte. Das Feudaleigentum wird Kaufmannseigentum. Diese Umwandlung ist auch bei uns noch nicht völlig beendet, aber das Feudaleigentum ist in seinem Umfang und in seinen Befugnissen so beschränkt, daß es heute in Fideikommissen, Gutsherrschaftsrechten und, was nicht zu vergessen ist, im Staatsbetriebe selbst, eine Nebenrolle neben dem herrschend gewordenen Kaufmannseigentum spielt. Wir werden sehen, daß sich neue Feudaleigentumsformen wieder bilden, zunächst aber ist festzuhalten, daß im Bewußtsein der Gegenwart das Kaufmannseigentum als das Eigentum schlechthin gilt. Wenn der bürgerliche Liberalismus das Eigentum verteidigte, und wenn die Sozialisten das Eigentum angriffen, so war es diese besondere Eigentumsform, die, im alten römischen Rechte vorgebildet, in den letzten Jahrhunderten ihren Siegeszug durch alle Menschheitsverhältnisse genommen hat. Wenn der Liberalismus die Heiligkeit des Eigentums proklamierte, so meinte er nicht das Eigentum an sich, denn die Eigentumsformen des Feudalsystems, so gut sie rechtlich begründet sein mochten, waren ihm in keiner Weise heilig. Er scheute sich nicht, erworbene Rechte einfach aufzuheben, sobald sie die Form des Herrschaftseigentums trugen. Das Eigentum, das er für heilig erklärte, war nur das mobilisierbare Eigentum, das Austauscheigentum, das Eigentum, dessen Wert sich als Preis in Geld ausdrücken läßt. Auf dieses Eigentum konzentrierte er allen Schutz und alle Feinheit der juristischen Bildung. Das aber hieß, daß die Materie selber unter dem Klange des Wortes „Eigentum" mobilisiert, das ist in Umtauschbewegung versetzt wurde. Man fing an, alles Transportierbare in der Welt herumzufahren und dabei zu rufen: dieses Stück der allgemeinen Fluktuation gehört mir und jenes gehört dir! Laßt uns denken, wir ständen vor einem großen Mischapparat, in den die verschiedensten pulverisierbaren Stoffe von allen Seiten eingeschüttet werden! Wenn sie hineinfallen, hat jeder Stoff seine Farbe. Mit jeder Umdrehung des eisernen Griffes auf dem Boden der Tonne verliert die Farbe an Reinheit. Die Männer aber, die oben am Rande stehen, verfolgen mit starren Augen ihre Farbe, bis aus allen Farben ein graugrünes Gemisch geworden ist. Dieses Gemisch scheint das Ende der Einzelfarben zu sein, aber der Farbentheoretiker beweist aus der Schlußfarbe, wieviel Prozent der Mischung auf Konto jeder Einzelfarbe kommt. Es wird das Eigentum theoretisch konstruiert, wo es praktisch zu verfließen scheint. Diese Konstruktion drückt sich in Dividenden, Kursen, Geldzahlungen aus. Das Eigentum wird von der Einzelmaterie losgelöst und erscheint als konstruierter Anteil an der finanziellen Nachbildung des Mischungsvorganges. So ändert die Verschiebung des alten feudalen Herrschaftseigentums in Kaufmannseigentum in ihrer Fortwirkung das Eigentumswesen überhaupt. Eigentum hieß in alter Art ein bestimmtes Verhältnis eines Menschen zu einer bestimmten Einzelmaterie. Dieses Verhältnis war „heilig". Inzwischen aber wird aus dem einen Menschen eine Reihe sich folgender oder gemeinsam vorgehender Menschen, und aus der bestimmten Einzelmaterie wird die Materialsorte, das Materialanrecht, das theoretisch konstruierte Etwas innerhalb eines ganz unpersönlich gewordenen Materialgetriebes. Heute kann man etwas besitzen, was man nicht im entferntesten kennt, ja, was man auch bei Mühe und Studium gar nicht in seiner Einzelwirklichkeit kennen kann. Wenn jemand am Aktienkapital der Deutschen Bank oder am Geschäftskapital der Siemens-Schuckert-Werke oder einer internationalen Schlafwagengesellschaft beteiligt ist, so ist es keiner Phantasie mehr möglich, die Realität zu bezeichnen, die sein eigen ist. Es gehört in der Geschichte des menschlichen Geisteslebens zu den wunderbarsten Vorkomnissen, diese Entmaterialisierung des Einzeleigentums zu erleben, und es ist ein formeller Triumph der kaufmännisch-juristischen Technik, diese Entmaterialisierung durchgeführt zu haben. Es ist aber auch leicht begreiflich, daß diese Heraushebung des Eigentumsbegriffes aus der Welt der unmittelbar verständlichen Dinge diesem Begriffe selbst einen Teil seiner alten Festigkeit nimmt und zu sozialer Kritik an dieser Art von Eigentumsrecht überhaupt hinüberführt. Das alte konkrete, materiell faßbare Eigentum wird unmittelbar in seiner Notwendigkeit verstanden. Es erscheint als nötig für den Arbeitsvorgang. Je mehr aber der Arbeitsvorgang sein eigenes Wesen erhält und von der konstruierten Rechtsbeteiligung unabhängig wird, desto mehr fragt die Kritik, ob hier nicht ein alter praktischer Grundbegriff der menschlichen Wirtschaft, das Einzeleigentum an der Materie, sich überlegt, ob es nicht an der Zeit ist, luftförmig zu werden.

Das, was heute den älteren kaufmännischen Eigentumsbegriff noch stark und wirksam erhält, ist der Umstand, daß die Entmaterialisierung nur teilweise vollzogen ist. Es gibt noch ungeheuer viel wirkliches Einzeleigentum. Die überwiegende Menge der im Arbeits- und Austauschvorgang befindlichen Materie ist noch in festen Händen, sie ist mobilisierbar, aber noch nicht frei von bestimmter Personalverbindung. Um die Hauptsachen zu nennen: der Acker und das tote und lebende Inventar der Landwirte, die Fabriken und Lagerbestände der Fertigfabrikationen, die Warenbestände der meisten Großhändler und vieler Kleinhändler sind noch persönliches Eigentum, sei es auch mit Anteil fremden Geldes und unter starker Einschränkung ihrer persönlichen Bewegungsfreiheit durch die von uns dargestellte allgemeine Preisbildung und durch die später zu besprechenden Produktionsverbände. Es existiert in diesen Gebieten sozusagen kontrolliertes Personaleigentum an der Materie. Das ist die Grundform der heutigen Gesellschaft, und deshalb ist heute die sozialistische Idee von der geschichtlichen Verflüchtigung des kaufmännisch gedachten Eigentums mindestens verfrüht. Sie eilt der wirklichen Entwicklung weit voraus, ist deshalb kein Programm, aber jedes offene Auge bemerkt, daß nicht die persönlichen, sondern die unpersönlichen Formen des Eigentums stärker werden. Die Zahl der Menschen, die einen Teil des Arbeitsvorganges individuell beherrschen, nimmt ab. Es wächst die Zahl der Menschen, die kein Interesse mehr daran haben, wem das Kapital gehört, in dessen Bereich sie arbeiten. Man denke an das Heer von Arbeitern und Angestellten, das im Umkreis des Stahlwerksverbandes tätig ist, oder an die Menge Menschen, die der Hamburg-Amerika-Linie dienen, oder an die Angestellten der Deutschen Bank! Wer ist der Eigentümer, in dessen Dienst ihr alle steht? Ihr kennt eure Direktoren, aber die Eigentümer sind für euch dunkler Hintergrund geworden! Wo sie sitzen, wie sie leben, was sie tun, das ist alles im Nebel! Der Arbeiter und Angestellte weiß von seinem Eigentümer soviel wie der Mensch, der auf Java für holländische Herren Kaffee erntet. Das einzige, was er weiß, ist, daß diese Eigentümer das Recht haben, sich mit ihrer Einlage von dem Geschäft zu entfernen, wenn sie nicht genügenden Ertrag zugeschrieben bekommen. Die Welt der Arbeit und die Welt des Eigentums hängen zusammen durch die Bilanz. Sie lesen, beurteilen, verwerten zu können, ist die Mitwirkung des Eigentümers am unpersönlichen Eigentum.

Der Kaufmann aber in seiner Erscheinung als Geldhändler ist es, der zwischen Eigentum und Arbeit in allen diesen Fällen vermittelt. Er vermittelt es, wenn der Unternehmer des Schutzes, Rechtes und Landtransportes, der Staat, Geld braucht, das nicht durch seinen eigenen Betrieb direkt aufgebracht werden kann; er vermittelt es, wenn der Unternehmer für Straßenbau, Wasserleitung, Gas und Ortspolizei, die Gemeinde, neuer Mittel bedürftig ist; er tritt ein, wenn Bahngesellschaften, Schiffahrtsgesellschaften, Bergbaugesellschaften, Terraingesellschaften, Landschaften, Leihbanken, Hüttenwerke, Walzwerke, Kokswerke, Zementwerke, Spinnereien, Webereien, Porzellanfabriken, Papierfabriken, Brauereien, Hotels, Warenhäuser Geld haben wollen. Er ist dabei formell nur dienende Hilfskraft, denn er schlägt beiden Seiten nur vor, was sie tun sollen; sachlich aber ist dieser Hilfsdienst sehr oft die wirkliche Leistung, denn das geldanlegende Publikum ist auf die Aussagen und Aufforderungen des Geldhandels angewiesen, und der geldbedürftige Unternehmer kann es nicht wagen, sich den Wünschen und Regeln der Ordner des Kapitalmarktes zu entziehen. Was das bedeutet, beginnt man zu ahnen, wenn man hört, daß nach einer

Schätzung, die der Abg. Kämpf auf dem deutschen Handelstag 1904 vortrug, in Deutschland nicht weniger als 100 000 Millionen Mark Wertpapiere vorhanden sind. Und diese Riesensumme vermehrt sich beständig. Die im Jahre 1909 an deutschen Börsen zum Börsenhandel neu zugelassenen Wertpapiere werden von der Reichsstatistik folgendermaßen angegeben:

	Deutsche			Ausländische		
Staatsanleihen	1301	Mill.	Mk.	237	Mill.	Mk.
Anleihen v. Provinzen, Städten	354	"	"	70	"	"
Landschaftliche Pfandbriefe . .	169	"	"	126	"	"
Pfandbr. v. Hypothekenbanken	795	"	"	122	"	"
Bankaktien	92	"	"	15	"	"
Bankobligationen	59	"	"	21	"	"
Eisenbahnaktien, Kleinbahnen	44	"	"	1	"	"
Eisenbahnobligationen . . .	21	"	"	315	"	"
Industrieaktien	433	"	"	58	"	"
Industrieobligationen . . .	239	"	"	11	"	"
Summa	3507	Mill.	Mk.	974	Mill.	Mk.
Davon Umwandlungen	184	"	"	—	"	"
Also Neuanlagen	3323	"	"	974	"	"

Diese Ziffern sind kein ganz genaues Bild des innerdeutschen börsenfähigen Kapitalzuwachses, da die hier genannten ausländischen Werte nicht nur in Deutschland gehandelt wurden, da auch an den deutschen Werten das Ausland sich beteiligt und da nicht alle deutschen Anlagen über deutsche Börsen gehen. Aber uns kommt es ja auch an dieser Stelle weniger darauf an, das deutsche Kapital vom ausländischen Kapital zu unterscheiden, als die Fülle neu entstehenden Kapitals und neuer Kapitalverschreibungen im ganzen zu beleuchten und daraus die Bedeutung zu entnehmen, zu der in unseren Zeiten der Geldhandel emporsteigt. Dieser Geldhandel beschäftigt verhältnismäßig wenig Personen. Im Jahre 1907 waren es 8200 leitende Kräfte, 49 000 Angestellte und 9100 für Lohn beschäftigte Hilfskräfte. Die Zahl der Banken hat sich nicht vermehrt, und die Zahl ihrer leitenden Kräfte ist nur wenig gestiegen. Die Ziffer der Angestellten wächst, die Zahl der Banken aber wächst nicht. Es ist eher wahrscheinlich, daß sie sich vermindert, denn nirgends ist die Tendenz auf Zentralisierung so groß wie im Bankfach. Die größten Banken beherrschen das unpersönlich werdende Eigentum. In ihnen hebt sich der Kaufmann zu seiner reinsten Höhe. Es fragt sich nur, ob die Herrschaft, die er sich aufgerichtet hat, eine dauernde Form in der Menschheitsgeschichte sein kann. Das aber wird uns erst bei der Organisation der Arbeit beschäftigen. Jedenfalls hat die Gegenwart mit dem ungeheuren Einfluß der großen Banken wie mit einer festen Tatsache zu rechnen.

Der Einfluß der großen Banken ist gleichzeitig extensiv und intensiv, jenes, indem er die Sphäre der kapitalistischen Geschäfte nach außen hin erweitert, dieses, indem er die Entpersönlichung des Arbeitskapitals fördert. Beides ist nicht immer auseinanderzuhalten, da oft die Produktionserweiterung mit der Entpersönlichung zusammenhängt. Man muß dabei festhalten, daß es den Banken meist weniger darauf ankommt, regelmäßige Verwaltungen zu übernehmen, als Neugründungen, Neuanlagen, Umwandlungen, denn erst in der Vermittelung neuer Kombinationen erhöht sich der kaufmännische Verdienst. Die Bank hat das Bestreben, ihre eigenen Mittel möglichst wenig dauernd festzulegen, um für neue Unternehmungen die Hände wieder freizubekommen. Sie gründet, um die Aktien, wenn sie in die Höhe gestiegen sind, wieder zu verkaufen. Dasselbe gilt von den Staatsanleihen. Auf diese Weise sind die Bankkapitalien die Kavallerie des kapitalistischen Aufmarsches. Sie sind beständig von inländischen und ausländischen Projekten umlagert. Was könnte noch alles gemacht werden! Alle Erdteile sind voll von Arbeiten, die geschehen könnten! Es fragt sich aber, welche davon am ehesten in das bisherige System der Märkte, Transporte und Bedürfnisse sich einordnen, denn nur bei ihnen ist zu gewinnen. Dieses zu untersuchen und danach zu handeln, ist Bankangelegenheit. Ein berühmtes Beispiel solchen Handelns mit großen fernen Möglichkeiten war der Suezkanal und ist die Bagdadbahn, ein unglückliches Beispiel der Panamakanal. Die Zukunft ganzer Länder hängt von den Entscheidungen einiger europäischer Bankdirektoren ab. Beispielsweise werden Palästina und Mesopotamien sich nie aus eigener Kraft heben können. Sie warten, bis Londoner, Newyorker, Pariser, Brüsseler oder Berliner Kapital durch direktorialen Entschluß auf ihre kahle Oberfläche geworfen wird. Ähnlich ist es aber auch mit der Entwicklung einzelner Landesteile bei uns. Es gibt kleinere Industrien, die deshalb nicht gedeihen, weil sie für die Bankleitungen zu unübersichtlich sind und deshalb liegen gelassen werden. Da nämlich die großen Banken allein imstande sind, große Umwandlungen anzubahnen, da aber diese Banken an glatten, großzügigen Verkehr gewöhnt sind, so sind sie, wenn man so sagen darf, ungerecht gegen alle Produktionsformen, die einen verworrenen äußeren Anblick und größere Verwaltungsschwierigkeiten darbieten. Die Banken arbeiten trotz ihrer Größe nicht nach allgemeinen volkswirtschaftlichen Kulturgesichtspunkten, sondern als Erwerbsgeschäfte, die das unbequeme Geschäft, auch wenn es an sich lohnend sein könnte, möglichst von sich abschieben. Daher kommt beispielsweise die relativ geringe Geldausstattung der deutschen

Viehzucht, des deutschen Baugeschäfts und der feineren Textilbranche. Mitten im Zustrom anlagebedürftiger Gelder bleiben durstige Arbeitsgebiete ungetränkt, während andere Arten von Anlagen mit finanziellem Wasser geradezu übergossen werden. Das große Kapital verlangt von seinen Schützlingen, daß sie sich auf die normale Gesellschaftsform der kapitalistischen Produktion einlassen, es verlangt im allgemeinen die Aktiengesellschaft. Erst in neuerer Zeit treten ihr verschiedene Genossenschaftsformen erfolgreich zur Seite. Jedenfalls aber bei Aktiengesellschaft wie Genossenschaft verlangt das Großkapital die Verminderung des reinen Personalbetriebes. Das ist es, was wir die intensive Beeinflussung des Wirtschaftslebens genannt haben.

Wenn man die gewöhnlichen Alltagskritiken des Bankwesens hört und liest, so pflegen diese weder von der Ungleichmäßigkeit der Produktionsbefruchtung noch von dem Zwang der Entpersönlichung der Betriebe zu reden, sondern sprechen viel mehr von dem leichten Gewinn großer Vermögen im Bankgeschäft und Börsenhandel und von der Unsolidität der Spekulation. An beiden ist vieles richtig, aber beides hängt mit der Größe der Aufgabe von Bank und Börse so untrennbar zusammen, daß es eine kindliche Auffassung verraten würde, wenn man hoffen wollte, beides auszuschalten und doch den Markt des Eigentumkapitals zu erhalten. Jede große Leitungsaufgabe, sie heiße wie sie wolle, nützt denen, die sie ausüben, und jede große Direktion ist in der Gefahr, ihre Kräfte zu überschätzen und sich und andere damit zu gefährden. Man denke doch an die Leitung des Heerwesens! Hat es seinen führenden Köpfen nicht auch außermilitärisch unberechenbar genützt, und hat es sie nicht oft verführt, sich und ganze Völker in Verluste und Ängste zu stürzen? Es ist unvermeidlich, daß die Großhändler mit den Milliarden kapitalistischer Anlagen, die sie verwalten, selber reich werden. Ein kapitalistisches Zeitalter kann nur von Kapitalisten geleitet werden. Das mag für die Anleger kleiner Werte gefühlsmäßig peinlich sein, für die Menge der Arbeiter und Angestellten ist es gleichgültig, denn sie handeln um den Preis ihrer Arbeit mit dem Kapitalismus im ganzen. Welche Bezahlung innerhalb des Kapitalismus der Geldkaufmann sich sichert, hat für die Arbeitsverkäufer keine größere Bedeutung als es für die Kapitalisten hat, welchen Gehalt die Gewerkschaftssekretäre zu beziehen pflegen. Und es ist anderenteils nicht zu leugnen, daß die kaufmännische Leitung der kapitalistischen Eigentumsrechte in dem Maße vorsichtig vorgehen wird, als sie selbst etwas zu verlieren hat. Das trifft keineswegs immer zu, mag aber doch im

Durchschnitt Geltung haben. Die gewagtesten Gründungen, die tollsten Schätzungen, die unwahrsten Verlockungen werden von denen gemacht, die alles auf eine Karte setzen müssen. Es ist nun aber unzweifelhaft, daß auch diese gewagtesten Gründungen gut befunden werden, wenn sie gelingen, daß also der Zorn über die Spekulanten mehr dem Mißlingen gilt als dem Wagnis. Es gibt Leute, welche die Sicherheit von deutschen Reichspapieren mit argentinischen oder mexikanischen Zinsen zugleich genießen möchten. Ihnen eine besondere Träne des Mitleids zu weihen, wenn sie hineinfallen, ist nicht nötig.

Und war etwa der Handel in irgendeinem früheren Zeitalter solider als heute? Wir erinnern an das, was wir über den Handel als Vermittler zweier unbekannter Welten gesagt haben. Die Welt des kleinen deutschen Kapitalisten und die Welt der produktiven Anlagen großen Stils sind weit getrennt. Der Kaufmann ist der Bote der einen Welt an die andere. Ist es ein Wunder, wenn er seine Zwischenstellung benutzt? Man kann das moralisch tadeln, aber man wird es volkswirtschaftlich nicht ändern können, auch nicht durch Staatsgesetze. Und auch die Staaten gehören ja zu den Klienten der größten Kaufleute.

4. Gold und Geld.

Geld ist die Sprache des Kapitals. Diese Sprache hat eine dreifache Form, die etwa dem gedachten Wort, dem geschriebenen Wort und dem gesprochenen Wort parallel sein würde. Es verlohnt sich schon, diesem Vergleiche einige Aufmerksamkeit zu widmen, da er schwer zu beschreibende Finanzverhältnisse auf einfache Weise zur Anschauung bringt. Erst am gesprochenen Wort entsteht überhaupt das Wort. So entsteht am greifbaren Gelde überhaupt der Vollwert, der Gedanke des Geldes, der schließlich alle Materien in Goldformen umdenkt, so wie die Seele des sprechenden Menschen alle ihre Eindrücke und Empfindungen bei sich selbst in Worte umzusetzen sucht. Wie es aber verschiedene Sprachen gibt, so gibt es verschiedene Münzsysteme, zwischen denen der Geldwechsler als Übersetzer dient. Bei fortschreitendem Verkehr wird diese Vielheit der Geldsprachen als Last empfunden, und es entsteht das Bedürfnis der finanziellen Weltsprache, gleichzeitig aber wirken nationale Tendenzen im Sinne der Erhaltung der finanziellen Muttersprachen. In letzter Linie hängt die Art der Geldsprache vom politischen Siege der Nationen ab, wie ja die deutsche Finanzsprache des jetzigen Reichswährungssystems, auf Grundlage der Reichsmark, eine Begleiterscheinung unserer politischen Einigung war und ohne sie nicht möglich gewesen wäre. Die Verschiedenheit der Ausdrucksform verhindert aber nicht, daß das, was ausgedrückt werden soll, in allen Zivilisationsgebieten so gleichartig wird, daß die Übersetzung zur Nebenarbeit herabsinkt. Ob jetzt die verschuldete Materie in Franks oder Rubeln berechnet wird, hindert nicht mehr, daß sie als eine im Austauschprozeß sich bewegende Gesamtmasse finanziell gedacht wird. Als Geld gedacht wird alle kapitalistische Materie, aber geschriebenes Geld wird nur derjenige Teil von ihr, der unpersönliches Eigentum ist, gesprochenes Geld jedoch ist dann nötig, wenn sie in den kapitalistischen Vorgang eintritt, und wenn sie aus ihm austritt, teilweise auch, wenn sie in ihm den Eigentümer wechselt. Auch hier soll ein Beispiel helfen:

Beim Bau eines Hauses tritt ein Stück Boden, ein Teil Steine. Holz und andere Materie in einen Arbeitsvorgang ein. Dazu müssen sie bezahlt werden, und zwar im allgemeinen mit barem Gelde, wenn sie von kleinen Eigentümern stammen, mit geschriebenem Kapital, wenn sie bereits ins größere Geschäft eingegangen sind. Ganz sicher muß aber mit barem Gelde die Arbeit bezahlt werden, insbesondere aller in dem Hause angelegte Lohn. Der Eigentümer verwandelt also einen Teil seines geschriebenen Kapitals in Geld, um einen neuen Wert herzustellen. Sobald sein Haus fertig ist, ist es zunächst gedachtes Geld, kann teilweise geschriebenes Geld sein, wenn es mit einer Hypothek belastet ist, ist aber in keiner Weise mehr gesprochenes Geld. Beabsichtigt der Hauserbauer das neue Haus als private Familienwohnung zu benutzen, so hat er es für Zeit oder für immer entkapitalisiert. In diesem Falle diente sein bares Geld dazu, das Haus aus dem Kapitalprozeß herauszuheben, ein Vorgang, der sich im kleinen bei jedem Stück Fleisch, Tuch oder Literatur wiederholt, das wir kaufen. In diesem Falle heißt bezahlen entkapitalisieren. Will aber der Hauserbauer das Haus vermieten, so verbleibt es Kapital, und verkauft wird nur seine Nutzbarkeit. Die Nutzbarkeit des Hauses wird aber wieder in barem Gelde bezahlt. Das ist die langsame Entkapitalisierung der Materie. Verkauft er schließlich das Haus, so hängt es von den besonderen Verhältnissen ab, welche Rolle beim Verkauf das geschriebene und das gesprochene Geld spielen.

Im ganzen ist der Entwicklungsgang des wirtschaftlichen Lebens derartig, daß das geschriebene Geld an Umfang gewinnt, während der Umkreis des gedachten Geldes (Eigenbesitz) und des gesprochenen Geldes (Münzzahlung) sich relativ vermindern. Aus dieser ganz allgemeinen Beobachtung werden aber vielfach recht falsche Schlüsse gezogen, insbesondere der Schluß, daß das ganze kapitalistische System auch ohne das gesprochene Geld, das heißt für unser Zeitalter: ohne Gold arbeiten könnte. Dieser Schluß ist so falsch, wie wenn man die mündliche Rede aus dem menschlichen Verkehr ausschalten wollte, denn alle geschriebenen Geldwerte leben nur davon, daß sie jeden Tag in Gold umgesetzt werden können. Die Ware Gold ist die Normalware der kapitalistischen Kultur geworden. Am Golde hängt, nach Golde drängt doch alles! Jedes Stück Brot wird als Goldanteil kalkuliert, denn der Satz: „Ich zahle 12 Pfennige" ist eine kleine Goldkalkulation. Es kommt dabei nicht auf den Kupferwert an, sondern auf den Bruchteil von Goldwert. Das Gold ist die Grundlage von Kapitalbewertungen, die viel größer sind als alle wirklichen Goldbestände der Erde, aber selbst diese Kapitalien sind so konstruiert, daß ihre vereinzelten Teile immer wieder Gold werden können. Das, was wir oben den Weltpreis genannt haben, der innere Zusammenhang aller Preise untereinander, ist nicht einfach der Goldpreis, aber er ist ohne das die Menschheit durchrollende blinkende unverwüstliche Metall undenkbar.

Wenn demnach auch der Fortschritt des kapitalistischen Systems in einer Ersetzung der Münze durch geschriebenes Geld zutage tritt, so behält das Gold zwei große Aufgaben, nämlich erstens die Überführung aller naturwirtschaftlichen älteren Zustände in das geldwirtschaftliche Austauschzeitalter hinein, und zweitens die beständige Neugeburt des Kapitals durch Entschuldung verarbeiteter Materie und Ankauf neuen Arbeitsstoffes oder neuer Arbeitskraft. In diesen zwei Richtungen spielt auch die Quantität des in der Menschheit vorhandenen Goldes eine große Rolle. Die Bedeutung dieser Quantität ist in unseren Tagen die eigentliche Goldfrage geworden. Früher stritt man über das gegenseitige Verhältnis von Gold und Silber. Diese alten Währungsfragen sind heute erledigt, nachdem Nordamerika, Rußland, Österreich und Indien zum Goldsystem übergegangen sind. Silber ist heute kein Wertmesser mehr, sondern eine Ware, und zwar eine Ware zweiten oder dritten Grades, viel unbedeutender als etwa Weizen oder Kohle. Gold allein ist Maß aller kapitalistischen Dinge geworden. Dieses Maß selber aber verändert sich in seiner Menge, und das ist also heute der Punkt, an dem die Meinungen sich scheiden.

Es gibt eine von Männern der Wissenschaft und Praxis vertretene Auffassung, nach der das Wesen des geldwirtschaftlichen Zeitalters an sich von den Goldquantitäten bestimmt wird. Auf geschichtlichem Gebiete gehört hierher Prof. Delbrücks Darstellung vom Untergange des alten römischen Weltreiches. Roms Macht ging nach Delbrück aus Mangel an Edelmetall zugrunde. Eine ganze breite hohe Kultur versank, weil sich die Bergwerke erschöpften, weil die südafrikanischen Goldzufuhren ausblieben, und weil das vorhandene Edelmetall zu den Barbaren wanderte. Hätte die römische Kultur mehr Gold gehabt, würde sie sich weiterentwickelt haben! Die Richtigkeit dieses Weltgeschichtsgemäldes auf Goldgrund müssen wir den Fachhistorikern überlassen, es ist aber immerhin nützlich, die Delbrücksche Auffassung der alten Kultur und ihres Unterganges im Sinn zu haben, wenn man daran gehen will, die Goldfrage der Gegenwart zu begreifen. Von der Goldfrage der Gegenwart sagt Prof. Sombart in einem Vortrag, den er 1903 auf der Versammlung des Vereins für Sozialpolitik in Hamburg gehalten hat:

> Mir ist kein großer wirtschaftlicher Aufschwung bekannt, der nicht auf eine vermehrte Goldproduktion zurückzuführen ist.

Das ist ein rundes Bekenntnis zur Delbrückschen Weltgeschichte auf Goldgrund. Es genügt aber nicht, ein solches Bekenntnis abzulegen, man muß sich die Zusammenhänge zwischen Gold und Wirtschaftsleben noch schärfer vor Augen führen. Wir tun es, indem wir zuerst die Folgen einer Verringerung und dann die Folgen einer Vermehrung der Goldernten uns auszudenken suchen.

Wenn von jetzt ab die Goldbergwerke und Goldwäschereien in Verfall geraten würden, so wäre die erste Folge die, daß Gold teurer würde, das heißt, daß man für weniger Gold mehr Ware geben muß. Das würde, unter Voraussetzung, daß keine Staatsbankerotte eintreten, eine schwere Mehrbelastung aller Schuldnerstaaten sein. Beispielsweise muß Rußland bei Goldknappheit mehr Getreide ausführen als bei Goldfülle, denn seine Schulden sind in Goldwerten gedacht und geschrieben, aber seine Zahlungen erfolgen in Waren. Alle Gläubiger auf der ganzen Erde sind, wenn man die Goldfrage isoliert betrachtet, an knapper Goldzufuhr interessiert. Das Deutsche Reich, soweit es Gläubigerstaat ist, nimmt an diesem Interesse teil, aber die Reichskasse, soweit sie Reichsschuldenverwaltung ist, hat die umgekehrte Neigung. Das soll nur deshalb gesagt sein, um eine Ahnung davon zu erwecken, welche unentwirrbaren Verschiebungen in den Händen derer liegen können, die sich die Goldernten der Menschheit sichern. Leider haben wir Deutschen fast gar kein eigenes Gold. Gold ist eine angelsächsische Ware geworden, und es ist nicht unmöglich, daß die englisch-amerikanische Goldherrschaft zu einer bewußten, methodisch geregelten Gläubigerherrschaft über alle schuldbeladenen Nationen wird. Nimmt man hinzu, daß fast alles Gold, um klassifiziert, um handelsreif zu werden, durch die Goldbestimmungsanstalt in London wandern muß, so erscheint London als die Stadt der Goldmacht an sich, die das Manometer der kapitalistischen Betriebsamkeit in ihren Fingern hält.

Man wird zwar sagen, daß Gold, auch wenn es langsamer fließt, von so großer Bedeutung nicht sei, da ja das Verschreibungssystem sich in dem Maße ausdehnen werde, als Gold knapp wird. Aber zeigen denn nicht die Papierwerte Argentiniens und auch Rußlands, was Verschreibung ohne Gold bedeutet? Unsere Reichsbank legt doch nicht ohne Ursache gewaltige Mengen von Gold in ihre Keller. Aller Giro-, Scheck- und sonstige Banknoten- und Abrechnungsverkehr hängt von der Möglichkeit der täglichen Entkapitalisierung der verschuldeten Materie ab. Wo Gold fehlt, entsteht die Stockung in der Entkapitalisierung und Kapitalverjüngung. Goldvermehrung aber bedeutet, daß man schneller und leichter, mit weniger Waren, Schulden abtragen, Verpflichtungen löschen kann. Goldvermehrung bedeutet, daß neue naturwirtschaftliche Gebiete dem Verkehr erschlossen werden können, und daß damit steigende Lebenshöhe innerhalb des alten Kapitalismus möglich wird.

Goldvermehrung und nicht Goldverminderung ist der Zustand der Gegenwart, und es liegt bis jetzt kein Grund vor, an ein Aufhören dieser Vermehrung zu glauben. Eher könnte man fürchten, daß bei Fortsetzung der großen Goldernten in Australien und Südafrika in einem oder zwei Jahrzehnten ein Zustand herbeikommt, bei dem die eine Hälfte der Menschheit zu schreien beginnt, es sei zu viel Gold da. Man stelle sich nur vor, was es heißt, daß jetzt im Jahre über 600 000 Kilogramm Gold gewonnen werden, während vor 100 Jahren die Jahresernte der Menschheit 20 000 Kilogramm blieb. Jetzt wird in einem Jahre dem Verkehr soviel Gold zugeführt, wie damals in 30 Jahren. Ein Vierteljahrhundert Goldgeschichte rückt zu einem Jahre zusammen, und es ist sehr wahrscheinlich, daß wir bald in einem Jahre soviel Gold bekommen, wie früher in vierzig Jahren, und Jahrgang setzt sich an Jahrgang, Gold fließt zu Gold, es quillt der Nährstoff des Kapitalismus. Was sind aber die Folgen dieses Quelles?

Die Folgen der Goldvermehrung müssen andere sein, wenn das Gebiet der kapitalistischen Wirtschaft abgegrenzt, als wenn es erweiterungsfähig ist. Das letztere ist unser Fall. Mit der Menge des Goldes wächst die Menge der Nationen, die in den Goldaustauschbezirk einbezogen werden. Der Vorgang, wie dieses geschieht, wird uns später noch mehr beschäftigen, wenn wir von Gold und Verkehr reden. Jetzt bleiben wir bei der Tatsache selber, daß mit der Menge des Goldes die Zahl der Länder mit Goldwährungs-Austauschverkehr zunimmt, und zwar solange zunimmt, bis die ganze Erdoberfläche von dem einen und einzigen Wertsystem beherrscht wird, das von London ausgeht. Dieses Erweiterungsstreben der Austauschwirtschaft auf Grund eines einheitlichen Wertmessers verläuft nach dem Beispiele vom rumänischen Walde, dessen sich die Leser erinnern. Und das Ende von dem allen ist ein einheitliches Welthandelsgebiet ohne goldlose Stellen. Der internationale Kapitalismus wird eine Wirklichkeit. Noch ist er nicht fertig, aber wir hören das Klappern des Webstuhles, auf dem er gewebt wird.

Die Ausdehnung des Gold- und Austauschsystems bringt gleichzeitig eine Abhängigkeit der später kapitalisierten Länder von den Ausgangsorten des Kapitalismus mit sich, denn das Gold, das nach Persien oder Argentinien oder Japan geworfen wird, geht zwar als Münze dorthin, bleibt aber Eigentum, das ist geschriebenes Kapital der Abendländer, die es leihen: Gold wird in die erwachenden Länder ebenso ausgeführt wie Eisenbahnschienen und Lokomobilen. Damit aber vermehrt sich einesteils die Verschuldung des kapitalistischen Neulandes und anderenteils die Möglichkeit des stärkeren Importes und Exportes für die alten kapitalistischen Länder. Was wir guten Geschäftsgang nennen, beruht zu einem großen Teile auf dieser Ausdehnung.

Noch sind wir mitten drin im Prozeß der Durchkapitalisierung der Erdoberfläche, aber wir sind doch schon so weit, daß die Phantasie versuchen kann, den Zustand zu ergründen, der eintreten muß, wenn selbst China, diese letzte Riesenburg der mittelalterlichen Wirtschaft, in Goldwerte umgedacht sein wird. Dann besteht das Wachsen des Kapitals nicht mehr im Erschließen alter Herrschaftskulturen der vorkaufmännischen Zeit, sondern nur noch in der Steigerung der inneren Intensität des Arbeitsvorganges. Dann erst tritt eine Wirkung der Goldvermehrung rein zutage, die jetzt zwar als Tendenz vorhanden ist, sich aber wegen der großen Ausdehnungsarbeiten nicht merkbar betätigen kann. Goldvermehrung bei sonst gleichbleibenden Verhältnissen, bei geschlossenem Handelsgebiet, bedeutet das Umgekehrte dessen, was wir vorhin als Folgen der Goldverminderung dargestellt haben, nämlich, daß für mehr Gold weniger Ware gegeben wird, daß also die Warenpreise und Löhne steigen, oder daß die Schuldner weniger Arbeit und Materie abgeben müssen, um ihren Verpflichtungen nachzukommen. Goldvermehrung hebt also von einem gewissen Zeitpunkte an die verschuldeten Nationen gegenüber den Gläubigerstaaten in die Höhe. Das wird der kritische Zeitpunkt für die Weltherrschaft der weißen Rasse und insbesondere der angelsächsischen Nationen sein, und erst in dieser späten Situation kann man sich vorstellen, daß der Besitz der Goldfelder als politisches Kampfobjekt der ganzen Menschheit in Betracht kommt, und zwar sind es dann voraussichtlich die besitzenden Völker, die das Gold zurückhalten werden, um ihre Renten hochzuhalten.

Es würde vielleicht nicht nötig sein, der Phantasie zu gestatten, in so weite Fernen vorauszueilen, wenn wir nicht genötigt wären, der marxistischen Lehre von der Endkatastrophe des Kapitalismus eine bestimmte Ansicht gegenüberzustellen.

Die Marxisten sagen ihren Anhängern, daß die kapitalistische Gesellschaft an ihrer eigenen Konstruktion zugrunde gehen muß. Bis jetzt ist dieser Untergang aber weder eingetreten noch in Aussicht. Der Kapitalismus entwickelt sich, verändert sich, organisiert sich in immer größeren Verbänden, aber er hat keineswegs hippokratische Züge im goldglänzenden Angesicht. Das macht, weil er noch im Zeitalter der Ausdehnung nach außen ist. Solange er sich noch immer neue Gebiete erobern kann, bleibt er noch gesund in sich selber und erstickt nicht an der Fülle seiner eigenen Produkte, weil er noch immer Neuland für neue Arbeitsprozesse findet. Erst dann, wenn die Ausdehnung zu Ende sein wird, entsteht die Frage, ob der innere Kreislauf des Kapitals an sich zu Stockungen und Zerstörungen führen muß, dann entsteht die Frage, *ob die Kapitalvermehrung den Kapitalismus tötet.* Diese Frage ist keine Gegenwartsfrage, auch keine Frage des nächsten Menschenalters, sondern erst eine spätere Zukunftsfrage der Menschheit, und es genügt für uns, sie in dieser ihrer reinen Zukünftigkeit erkannt zu haben, um uns vor der Illusion zu bewahren, als könnte heute eine politische Bewegung mit einer Spur von sachlicher Berechtigung auf diese Götterdämmerung der kapitalistischen Welt im ganzen spekulieren. *Das, was wir, die wir jetzt lebende Menschen sind, verhandeln können, ist nicht das Ende des Kapitalismus, sondern sind die Veränderungen und Verschiebungen innerhalb des noch weiter wachsenden kapitalistischen Systems.*

Wir rechnen also mit einer nächsten Periode, in der das Gold den Bereich des Kapitalismus noch bemerkbar und stark vergrößert, und in der eben dadurch alle Elemente des Kapitalismus noch die Möglichkeit haben, sich zu recken und zu strecken. In welcher Weise dies geschieht, soll uns zunächst beschäftigen, soweit es kaufmännisch-finanzieller Natur ist.

---

5. Das Lohnquantum im Kapitalismus.

An dieser Stelle kümmern wir uns noch gar nicht darum, welchen Wert der Lohn für den einzelnen Arbeiter hat, nicht darum, wodurch er im einzelnen erhöht oder erniedrigt wird, nicht um Lohnkämpfe und Arbeitgebervereine, sondern nur darum, daß der Lohn die regelmäßigste und größte Ausgabe des kapitalistischen

Systems ist, und welche Bedeutung diese Ausgabe für die Vermehrung des Kapitalvermögens im ganzen hat. Wir nähern uns damit dem Mittelpunkt der von Karl Marx formulierten sozialdemokratischen Wirtschaftslehre. Marx erklärt die Vermehrung des Kapitals nicht aus dem Zustrom von Gold, sondern aus einem inneren Vorgange im Kapitalismus selbst, und auch, wenn wir den Zustrom von Gold besonders wegen der Erweiterung des kapitalistischen Lebensgebietes hoch in Anschlag bringen, so bleibt auch für uns bestehen, daß die Vermehrung des Kapitals unendlich viel schneller vor sich geht als die Vermehrung der Goldbestände. Das gedachte und geschriebene Kapital der bereits kapitalisierten Länder wächst durch sich selbst mit dem Wachstum des Arbeitsprozesses, und es ist nötig, diesen Wachstumsvorgang in seinem Wesen zu erkennen.

Das, was Marx mit viel Scharfsinn und in schweren Gedankenläufen auseinandersetzt, ist, daß der Kapitalismus deshalb wächst, weil er dem Arbeiter für seine Arbeit weniger zahlt, als diese Arbeit im ganzen wert ist. Die Arbeit hat einen Marktwert, für den sie gekauft wird (Lohn), und einen wirklichen Wert, den sie schafft (Arbeitsertrag). Der Lohn ist nicht der volle Arbeitsertrag. Was zwischen Lohn und Arbeitsertrag liegt, heißt bei Marx der „Mehrwert". Dieser Mehrwert ist es, den das Unternehmertum dem Arbeiter wegnimmt, und mit dem es immer neue Anlagen gründet, in denen wieder Mehrwert erzeugt wird, bis schließlich Mehrwert sich auf Mehrwert häuft, so daß am Ende niemand mehr da ist, der die Produkte kaufen kann, die der überernährte Kapitalismus auf den Markt wirft, dessen Hauptkäufer die Masse der zu schlecht bezahlten Arbeiter ist. Der Kapitalismus muß bei dieser Sachlage irgendwann entweder die Löhne so erhöhen, oder die Warenpreise so erniedrigen, daß der Arbeiter den vollen Ertrag seiner Arbeit bekommt, das heißt, daß er soviel konsumieren kann, als er schafft. Dann erst wird der Kreislauf von Lohn, Kapital und Konsum in glattem geordneten Tempo verlaufen, dann aber wird der Kapitalismus selber sein Ende gefunden haben, denn es wird der besondere kapitalistische Nutzen, der Mehrwert, wegfallen, durch den jetzt das Getriebe in Gang erhalten wird.

Wir sagten schon, daß diese Konstruktion solange nicht reinlich in die Erscheinung tritt, als das Gebiet der kapitalistischen Wirksamkeit sich nach außen ausdehnt. Solange es Gebiete gibt, die erschlossen werden, hat der Kapitalismus zahllose Käufer, deren Kaufkraft von der Lohnhöhe ganz unabhängig ist. Der Marxismus muß also mindestens noch eine Weltgeschichtsperiode warten, ehe seine Katastrophe kommt. Aber auch wenn man aus diesem Grunde sich dem „Endziel" dieser marxistischen Konstruktion gegenüber gleichgültig und vielleicht ganz ablehnend verhält, so ist doch der von Marx herausgearbeitete innerkapitalistische Vorgang auch für die Gegenwart von allerhöchstem Interesse, denn in ihm verbergen sich die schwersten Probleme des sozialen Kampfes und des Absatzes der Waren im Inland. Wir beabsichtigen nun nicht, unsere Leser mit dem schweren Handwerkszeug marxischer Wortkunst zu belästigen. Die an der deutschen Philosophie des vorigen Jahrhunderts geschulte geistige Dialektik von Marx ist für das heutige Geschlecht schon eine Art von Latein geworden, und auch innerhalb der Sozialdemokratie ist es nur eine ganz kleine Zahl von Köpfen, die noch imstande sind, marxistisch zu denken. Die Redeformen wechseln, aber die Probleme selber bleiben, und es ist nicht zu leugnen, daß Marx für unsere ganze Gesellschaft ein Problemsteller ersten Grades gewesen ist.

Wir versuchen also das Marxische Problem in unserer Sprache zu behandeln, soweit es in einer Schrift möglich ist, die nicht für Fachleute hergestellt wird. Beginnen wir dabei mit einigen Vorbegriffen! An einer späteren Stelle müssen wir genauer ausführen, daß der Gedanke des vollen Arbeitsertrages der Arbeit des einzelnen Menschen ein ganz unvollziehbarer Gedanke ist, da im kapitalistischen Arbeitsvorgang die einzelne Arbeit für sich allein gar keinen erkennbaren und bestimmbaren Wert hat. Es ist also eine Phantasie, zu sagen, daß der einzelne Arbeiter als einzelner weniger Lohn erhält, als er verdient. Wenn er ein einzelner für sich wäre, würde er noch viel weniger verdienen! Eben deshalb ordnet er sich dem kapitalistischen Arbeitsvorgange ein, weil er als einzelner noch schlechter leben würde. Wir sagen nicht, daß er jetzt gut lebt, aber wir sagen, daß er sonst noch schlechter leben würde. Es ist also falsch, wenn man die Lohnzahlung nach Marktwert des Lohnes als eine Art moralischen Unrechtes hinstellt, als einen Riesenbetrug des Kapitalismus am arbeitenden Volke. Die Forderung des vollen Arbeitsertrages ist ein logisch nicht haltbarer Ausdruck für den einfachen und sehr berechtigten kaufmännischen Wunsch des Arbeiters, seine Leistung so teuer wie möglich zu verkaufen. Damit fällt die marxische Begriffsbestimmung des Mehrwertes als der Differenz von Lohn und vollem Ertrag der persönlichen Arbeit. Es bleibt aber doch etwas übrig, was Mehrwert zu heißen verdient, und was als Ursache der stetigen Kapitalvermehrung anzusehen ist. Man hat den Gedanken selbst noch lange nicht totgeschlagen, wenn man seine marxische Form zerbricht.

Der Arbeiter steht dem kapitalistischen Arbeitsvorgange in doppelter Weise gegenüber, als Verkäufer von Arbeit und als Käufer von Waren. In letzterer Eigenschaft ist er nicht anders wie jeder andere Konsument, da er aber im kapitalistischen Staat die Mehrheit bildet, so kann er als der kleine Normalkonsument aufgefaßt werden, und wir können vieles, was wir von ihm sagen, später auf alle Konsumenten, auch die kapitalbesitzenden Konsumenten ausdehnen. Das, was Marx Mehrwert nennt, ist in unseren Augen ein Spannungsverhältnis zwischen dem Arbeiter als Lohnempfänger und als Warenkäufer, oder anders ausgesprochen: der Arbeiter steht zwischen zwei Preisbildungssystemen, dem System der Arbeitspreise und dem der Warenpreise, und beiden Systemen gegenüber ist er relativ schwach, man kann sagen: zu schwach. Er muß seine Arbeit billig verkaufen und muß die Waren teuer kaufen. Diese seine Schwäche ist hier als Tatsache hinzunehmen. Er kann im Kampf um den Lohn seinen Willen nur wenig zur Geltung bringen, da seine Zahl Legion ist, und da die Festsetzung unter Rechtsformen erfolgt, die er nicht gemacht hat, und er kann im Einkauf der Waren keine besonderen Bedingungen stellen, da und solange er als verstreuter einzelner kauft. Das alles wird später genauer zu erklären sein. Die Tatsache der doppelten Schwäche des Arbeiters erhöht den kapitalistischen Gewinn. Der kapitalistische Gewinn besteht in der Differenz des Herstellungspreises und des Verkaufspreises der Waren. Je billiger die Herstellung und je teurer der Verkauf, desto größer der Reinertrag, das heißt, desto größer die Möglichkeit weiterer kapitalistischer Anlagen. Wenn der Kapitalbesitzer selbst als Konsument teuer kauft, so kann das ihm persönlich schädlich sein, weil seine Rente im Einzelfall sich nicht nach den Verkaufspreisen seines Konsums richtet, aber der Kapitalismus im ganzen hat dadurch weder Gewinn noch Verlust, denn er rechnet sozusagen mit sich selber. Er stellt seine Waren sich zur Verfügung, so wie der alte Bauer sein eigenes Getreide und Fleisch verzehrt, mag es auf dem Markte kosten, was es will. Warenverteuerung bedeutet innerhalb der kapitalistischen Klasse nur eine Hebung der Unternehmer gegenüber den reinen Zinsgenießern, der Arbeiterklasse gegenüber aber bedeutet Preisverteuerung der Waren eine Bedrückung und Schwächung derjenigen Käuferschicht, die die zahlreichste ist, und deren ganze Einnahme eine Zahlung von seiten des Kapitals ist, die keineswegs in gleichem Schritt mit der Verteuerung der Waren zu steigen braucht.

Vom Standpunkt der Kapitalvermehrung aus kommt also nicht die absolute Lohnhöhe in Betracht, sondern die Spannungsweite zwischen Lohnhöhe und Warenpreis. Es ist möglich, daß beide steigen, und daß doch die Spannungsweite größer wird. Es ist möglich, daß beide sinken, und daß ebenfalls die Spannungsweite sich vergrößert. Es ist aber auch möglich, daß die eine Linie steigt und die andere sich senkt, und daß in allen diesen Fällen die Spannung nicht größer, sondern kleiner wird. In diesem Falle gewinnt der Arbeiter an Lebensspielraum, im anderen Falle gewinnt das Kapital. Die Behauptung des Marxismus nun ist, daß die dauernde Vergrößerung der Spannungsweite zur Katastrophe, das ist zum Ende des kapitalistischen Systems führen muß.

Diese Behauptung ist innerhalb gewisser Grenzen und unter allerlei Voraussetzungen richtig, aber eben nur dann, wenn diese Voraussetzungen da sind. Wenn der Umkreis des kapitalistischen Absatzmarktes sich nicht oder zeitweilig nicht sehr verändert, wenn der eigene Konsum der besitzenden Klassen sich nicht wesentlich vermehrt und ausdehnt, wenn die Verminderung der Lohnarbeiterzahl durch Vermehrung der persönlichen Diener der besitzenden Klassen nicht fühlbar wird, kurz wenn alles andere ungefähr bleibt wie es ist: so fertigt der kapitalistische Arbeitsprozeß im ganzen mehr Waren, als bei der Spannungsweite zwischen Lohn und Warenpreis von der Menge des Volkes gekauft werden können. Es tritt dann der von allen Marxisten oft beschriebene Zustand ein, daß alle Lagerhäuser gefüllt sind, während draußen darbende und bedürftige Menschen stehen, die gern kaufen möchten, aber leider nicht kaufen können, weil sie zu geringen Lohn erhalten. Man hat diesen Zustand die Unterkonsumtion der Masse genannt, oder die Überproduktion an Waren. An dieser Krankheit soll, so lesen wir, der Kapitalismus sterben. Seine eigenen Produktivkräfte wachsen ihm über den Kopf, er wirft Produkte hinaus, die ihm niemand mehr abnimmt.

Das alles ist nicht bloße Phantasie. Es existiert als vorübergehender Zustand, aber eben nur als solcher, denn sobald dieser Zustand eintritt, hat der Kapitalismus in sich selbst einfache und naheliegende Mittel, ihn wieder zu beseitigen. Er hat folgende Möglichkeiten, die Krisis, in die er geraten ist, nicht zur Katastrophe werden zu lassen:

1. er setzt die Warenpreise herab und vermehrt damit den Absatz und vermindert die zu groß gewordene Spannung,
2. er vermindert seine Produktion und verzichtet damit zeitweilig auf kapitalistischen Ertrag,
3. er erhöht die Löhne und hebt damit die Konsumkraft,
4. er wirft sich mit neuer Energie nach außen.

Die Reihenfolge der Maßnahmen ist gewöhnlich die hier von uns angegebene. Diese Maßnahmen erfolgen unter dem Zwange der Lage fast instinktiv. Es leiden dabei beide Teile, denn jede Produktionsverminderung bedeutet ein Hinauswerfen von Arbeitern in die Nacht der Arbeitslosigkeit. Die Krankheit des Kapitalismus ist an sich vorhanden und wird zur Volkskrankheit, aber sie ist eine Entwicklungskrankheit und nicht eine Krankheit zum Tode, sie bleibt Krise und wird nicht Katastrophe. Die Katastrophe ist eine ferne Zukunftsfrage und steht viel eher mit den vorhin besprochenen Goldverhältnissen in Zusammenhang, als mit der Spannungsweite zwischen Lohnhöhe und Warenpreis, da Überschreitung einer zeitgemäßen Spannungsweite ein kaufmännisches Vorkommnis ist, das auf kaufmännischem Wege geregelt werden kann. Kaufmännische Dinge aber zu regeln, ist ja gerade die Hauptfähigkeit der Leiter der gegenwärtigen Gesellschaft. Mag unsere Kultur sonst in vieler Hinsicht anderen Kulturen nachstehen, von ihr zu erwarten, daß sie an einem Probleme der Preisbildung zugrunde geht, ist eine Verkennung der gerade in ihr wirksamen besonderen Fähigkeiten.

Es ist also nicht zu erwarten, daß wir oder unsere Kinder die Marxsche Form des Gesellschaftsumsturzes erleben. Was wir aber erleben werden, ist, daß man die kaufmännische Eigenschaft des Lohnes immer allseitiger erkennen wird. Man wird auch innerhalb der kapitalistischen Leitung genötigt sein, die freie Handelsbewegung der Lohnhöhe als notwendiges Element der Gesamtwirtschaft anzuerkennen. Unter freier Handelsbewegung des Lohnes ist zu verstehen, daß nicht durch unkaufmännische Mittel der Arbeiter gehindert wird, seine Arbeit nach bester Möglichkeit zu verkaufen. Aus unkaufmännischem Herrschaftsdruck auf die Lohnbewegung entsteht am allerersten eine zu große Spannung zwischen Lohn und Warenpreis. Der Lohn muß in einer auf Austausch gegründeten Gesellschaft freie Handelsware sein. Ist er es nicht, so trägt die Gesellschaft in ihrem Körper ein beständiges Element von Erkrankungen. Sie schwächt den Arbeiter künstlich, und diese künstliche Schwächung ruiniert ihren eigenen Fortschritt. Deshalb ist es ein Fremdkörper im kapitalistischen Wesen, wenn der Lohn als Gegenstand eines unwirtschaftlichen Kampfes erscheint. Später müssen wir vom Freihandel im ganzen reden, aber schon hier ergibt sich als Lebensgesetz der kapitalistischen Gegenwart die Forderung absoluten Freihandels für den Lohn! Wir werden diese Forderung als Forderung der Arbeiterklasse wiederfinden, wenn wir von der Organisation der Arbeit sprechen. In dieser Forderung liegt die größte denkbare Sicherung des inneren Gleichgewichtes der gegenwärtigen Gesellschaft.

Alle Preisbildungen vollziehen sich unter Schwierigkeiten und Kämpfen, aber kein Preis hat so große innere Schwierigkeiten in sich selbst als der Preis der menschlichen Arbeit. Dieser Preis ist gleichzeitig der Preis einer vertretbaren Ware, denn ein Mensch kann für den anderen eintreten, besonders ein Lohnarbeiter für den anderen, und doch auch der Preis des persönlichsten, was es gibt, nämlich des guten Willens, das Beste zu schaffen. Es wird im letzten Grunde ein geistiger Zustand bezahlt, der auf physischen Grundlagen beruht. Oder anders ausgesprochen: der Verkäufer von Arbeit verkauft einen Teil von sich selbst. Er handelt um sein Fleisch und Blut und seinen Willen. Deshalb wird dieser größte Handel des kapitalistischen Zeitalters so leicht durch ganz unkaufmännische Stimmungen getrübt, und zwar auf beiden Seiten, ebensowohl durch Herrschsucht, Protzentum, Verachtung, wie durch Haß, Ungeduld oder übertriebene Demut. Das System der Geldwirtschaft hat hier eine seiner größten Lücken, solange es ihm nicht gelingt, einen normal funktionierenden Geschäftsverkehr zwischen Kapital und Arbeit zu finden, eine Organisation des Arbeitsverkaufes und Kaufes, die den freien Handel in Arbeit seiner störenden Nebenerscheinungen entkleidet und ihn aus dem Zustande des Mittelalters in den der Neuzeit emporhebt. Das Objekt der Preisbestimmung ist im letzten Grunde das Lohnquantum im ganzen. Die Frage heißt: *wie groß muß das Lohnquantum sein, damit der kapitalistische Arbeitsprozeß sich ohne Absatzstörungen entwickelt?* Diese Frage ist keine Frage des Gesetzgebers. Er steht ihr ganz hilflos gegenüber. Sie ist eine kaufmännische Frage ganz nach Art der Fragen: wie hoch muß und darf der Getreidepreis sein, wenn alle Nahrungsbedürfnisse befriedigt werden sollen? wie hoch darf der Kohlenpreis sein, wenn die Kohlenproduktion im Einklang mit dem Kulturbedarf an Kohle stehen soll? Und ebensogut wie diese Preise sich durch ein unendlich verzweigtes System kaufmännischer Vermittelungen bilden, muß auch der Verkauf von klassifizierter Arbeitskraft eine kaufmännische Berufsarbeit werden. Die Ansätze dazu sind vorhanden, denn alle Arbeitsnachweise irgendwelcher Art sind Versuche eines methodischen Handels in Arbeit. Alle Gewerkschaften streben demselben Zwecke zu. *So gut das Kapital seine Direktoren hat, muß die Arbeit sich ihr Direktorialsystem schaffen, Großhändler in Arbeitskräften, die ebenso zur Arbeiterklasse gehören wie die Bankdirektoren zur Klasse der Kapitalisten.*

6. Der wirtschaftliche Kreislauf.

Der Lohn der Arbeiter ist die größte Ausgabe und Einnahme des kapitalistischen Systems. Wie hoch mag er wohl auf ein Jahr in Geld zu veranschlagen sein? Es gibt Lohnangaben für Einzelberufe von seiten der Berufsgenossenschaften, der Unfallversicherung, aber keine alle Lohnarbeiter umfassende Statistik. Wir müssen also auf Grund der vorhandenen Angaben zu Schätzungen übergehen und sind vor sechs Jahren auf diesem Wege zu der Meinung gelangt, daß das Lohnquantum mit Zuzählung der Gehalte von Angestellten, die nicht in die Kapitalistenschicht gehören, in Deutschland etwa 13 Milliarden Mark betrug. Inzwischen hat sich sowohl die Zahl der Arbeitskräfte wie der Geldbeträge nicht unwesentlich erhöht. Vielleicht war auch jene Ziffer schon etwas zu gering, so daß wir heute, unter allem Vorbehalt und mit aller Vorsicht, das Lohnquantum mit 17 Milliarden Mark einsetzen wollen. Diese Summe kann etwas zu hoch oder zu niedrig gegriffen sein, gibt aber jedenfalls eine Vorstellung davon, um was es sich bei der Lohnfrage handelt. Sie ist, selbst wenn sie richtig berechnet ist, nichts Feststehendes, denn Lohn steigt und fällt beständig in tausend kleinen Schwankungen. Dieses Steigen und Fallen aber ist keineswegs bloß für die Lohnempfänger wichtig, sondern für alle diejenigen, die indirekt vom Lohne leben. Wer aber sind diese?

Vom Lohne der Arbeiter werden gespeist folgende Stellen:

1. der Staat als Finanzkörper,
2. das System der kapitalistischen Neubildung von Werten,
3. die Hausbesitzer von Mietwohnungen,
4. die Verkäufer von Verbrauchswaren.

In diesen verschiedenen Richtungen wird es nötig sein, das Lohnquantum zu verfolgen.

1. Das Lohnquantum dient der Staatserhaltung, denn der Arbeiter ist Steuerzahler, und zwar in sehr hohem Grade ein Zahler von Zöllen und indirekten Steuern und in gewissen Maße auch ein Zahler von Einkommensteuern. Dazu kommen die kommunalen Steuern und Abgaben. Wie groß der Anteil am Lohnquantum ist, der für öffentliche Zwecke abgegeben wird, läßt sich nur schwer genau berechnen, da er sich aus folgenden, sehr verschiedenen Elementen zusammensetzt: Zölle auf Nahrungs- und Genußmittel, Steuern auf Bier, Tabak, Salz, Zucker und anderes, Einkommensteuer für alle diejenigen, die sich oberhalb der Steuergrenze befinden, Kommunalabgaben und unter Umständen noch besondere Abgaben für Schule und andere öffentliche Zwecke. Man wird nicht zu hoch greifen, wenn man diese Abgaben im ganzen auf mindestens 10 % des Lohneinkommens veranschlagt.

2. Das Lohnquantum dient der Herstellung von Kapitalbesitz der Arbeiterklasse, denn es dient der Herstellung der gesetzlich geregelten Versicherungskassen. Die Jahresbeiträge zu den Krankenkassen betragen etwa 240 Millionen Mark, die Beiträge zur Invalidenversicherung über 90 Millionen Mark. Mit diesen 330 Millionen Mark erkauft sich die Arbeiterklasse ihren Anteil an den für sie geschaffenen Kapitalbeständen der Reichskassen. Daß diese Kapitalbestände nicht gering sind, zeigt der Vermögensausweis der Invaliditäts- und Altersversicherung, der im Jahre 1908 nicht weniger als 1490 Millionen Mark aufzeigte, die ganz nach Art sonstiger kapitalistischer Werte angelegt sind. Neben den staatlichen Versicherungskassen gibt es eine Anzahl von freien Hilfskassen, Pensions- und Sterbekassen, in die der Arbeiter vom Lohn Einzahlungen macht, es ist aber unmöglich, die Höhe dieser Kapitalien zu schätzen. Ebenso steht es mit seinen Anteilen an Gewerkschaften und Genossenschaften. Man kann die Kassenbestände der Gewerkschaften aufzählen, hat aber damit noch keine Unterscheidung, was von diesen erfreulich großen Beständen als Kapitalanlage, und was als Betriebsmittel anzusehen ist. Stärker als alles dieses aber ist die Kapitalisierung von Lohn auf dem Wege der Sparkassen. Im Jahre 1907 gab es in Deutschland 19 Millionen Sparkassenbücher mit einem Gesamtguthaben der Einleger von 13921 Millionen Mark. Die Jahressteigerung der Guthaben betrug in durchschnittlichen Jahren über 700000 Mark. Rechnet man davon die größere Hälfte als Sparanlage der Lohnempfänger, da ja die Kapitalbesitzer im allgemeinen andere Methoden der Kapitalisierung ihrer Ersparnisse bevorzugen, so ist es gewiß nicht zu hoch gegriffen, die jährlichen freiwilligen und vorschriftsmäßigen Spareinlagen der Lohnarbeiter mit etwa 750 Millionen anzusetzen.

3. Das Lohnquantum dient der Bezahlung des Wohnungsbedarfes der Arbeiterklasse. Bei der ungeheuren Verschiedenheit der Miet- und Wohnungspreise in Stadt und Land und bei Einrechnung des Umstandes, daß viele ländliche Lohnarbeiter und auch noch vereinzelte städtische Arbeiter eine Wohnung in natura geliefert bekommen, ist es natürlich schwierig, sich eine Vorstellung vom Anteil der Miete am Lohnquantum zu machen. Es ist aber nicht unwahrscheinlich, daß für die Wohnung gegen 3 Milliarden Mark ausgegeben werden. Diese Ziffer ist gering eingesetzt und wird nur verstanden, wenn man die vielen billigen Landwohnungen und die Schlafstellengebühren unverheirateter Arbeiter im Sinn behält, denn sie beruht auf der Annahme, daß der Lohnempfänger im Durchschnitt ca. 130 Mark für Wohnung ausgibt. Dieses Geld fließt zunächst in die Tasche der Haus-

besitzer, wenigstens soweit es sich um Mietwohnungen handelt. Dort teilt sich das Geld wieder, und zwar dient es auch da wieder der Staatserhaltung, der Schuldentilgung und Neukapitalisierung, dem eigenen Wohnungsbedürfnis des Vermieters und dem Einkauf von Verbrauchswaren. Der Anteil von Neukapitalisierung muß aber an dieser Stelle sehr hoch eingesetzt werden, soweit es sich um städtische oder stadtähnliche Wohnungen handelt, weil die Bodenrente steigt und durch ihr Steigen eine beständige Heranziehung des Lohnes zur Kapitalvermehrung darstellt.

4. Das Lohnquantum geht zum allergrößten Teile in die Hände des Warenverkäufers. Nach unserer bisherigen Aufstellung werden von Lohnarbeitern im Jahre für ungefähr 11,5 Milliarden Ware gekauft. Diese größte Ausgabe des Lohnquantums müßte in ihre Hauptteile zerlegt werden können, nämlich Heizmaterial, Nahrung, Kleidung, Hausrat, sonstige Bedürfnisse, aber wir finden keine Möglichkeit, auch nur einigermaßen glaubhafte Ziffern zu nennen. Es gibt ja eine ganze Anzahl Haushaltungspläne von Arbeitern, wie sie z. B. Dr. Mombert zusammengestellt hat, aber diese Grundlage ist viel zu schwach. Wir verzichten also auf den interessanten Versuch, den Haushaltplan des Lohnquantums im ganzen durchzuführen, und begnügen uns mit der Aufzählung der Hauptempfänger des Arbeitergeldes. Es sind: der Kohlenhändler, Bäcker, Metzger, Gastwirt, Kolonialwarenhändler, Milchhändler, Obsthändler, Tuchhändler, Schneider, Schuhmacher, Möbelhändler und im übrigen fast jeder Handwerker und gelegentlich jede Art von Kaufmann bis hin zum Zeitungsverkäufer, Buchhändler und Uhrmacher. Diese alle müssen wünschen, daß der Arbeiter viel ausgeben kann, denn für sie alle ist der Lohn, den sie als Unternehmer ausgeben, viel kleiner als die Einnahme vom Lohn, die sie im Geschäft haben. *Insbesondere in allen Industriegegenden ist der Lohn geradezu die Lebensgrundlage aller Kleingeschäfte. Es ist deshalb einfache Torheit, wenn sich in solchen Gegenden mittelständlerische Vereine gegen Lohnerhöhungen der Arbeiter sträuben.* Wenn beispielsweise die im Berg- und Hüttenwesen beschäftigten 900 000 Arbeiter einen Durchschnittslohn von 1330 Mark beziehen, so macht das im ganzen im Jahre nicht weniger als 1197 Millionen Mark. Davon rechnen wir für Staatserhaltung, direkte Kapitalisierung und Wohnung etwa 380 Millionen. Es bleiben also für den Kaufmann und Handwerker 817 Millionen. Diese Summe steigt und sinkt mit dem Geschäftsgang und mit der wirtschaftlichen Kraft der Arbeiterverbände. An dieser Summe nehmen zahllose Menschen teil, die sich ihres Zusammenhanges

mit den Lohnkämpfen kaum bewußt sind. Die Maschinenbauer vereinnahmen etwa 860 Millionen Mark. Steigt der Durchschnittslohn der 700 000 Maschinenbauer von 1230 Mark auf 1300 Mark, so bedeutet das eine Erhöhung ihres Lohnquantums um 49 Mill. Mark. Eine solche Erhöhung ist fruchtbarer Regen für alle diejenigen, die vom Arbeiter sich nähren.

Was aber wird aus dem Arbeitergeld, wenn es dem Kaufmann zugeführt ist? Auch hier zerlegt es sich nach dem uns bereits bekannten Schema. Es dient der Staatserhaltung, der Schuldentilgung, der Wiederherstellung des Warenlagers, der Ladenmiete, den Löhnen, der Lebenserhaltung und der Kapitalvermehrung. Es geht vom Kaufmann zur Produktion, zum gewerblichen und landwirtschaftlichen Hersteller von Waren. Auch dort zerlegt es sich wieder in ähnlicher Weise und bietet etwa folgenden schematischen Haushaltplan:

Das Geld des Landmanns:	Das Geld des Fabrikanten:
Inventarerhaltung	Halbfabrikate und Maschinen
Gutsverzinsung	Gebäude, Inventar und Zinsen
Löhne	Löhne
Lebenserhaltung	Lebenserhaltung
Staatserhaltung	Staatserhaltung
Kapitalvermehrung	Kapitalvermehrung

Man sieht, daß auf allen Stufen ein Teil des wandernden Geldes zur kapitalistischen Anlage hinstrebt, daß aber überall der größere Teil sich wieder in Lohn zu verwandeln bestrebt ist. Das, was hier Lebenserhaltung des Bauern und Fabrikanten heißt, geht denselben Weg, den wir bei der Lebenserhaltung des Arbeiters beschrieben haben. Auch die Staatserhaltung und die Erneuerung des Inventars und der Warenlager fließt zu einem guten Teil in Gehalt und Löhne. Immerhin ist die Gesamttendenz die, den Lohn knapp zu halten und die Kapitalvermehrung zu steigern. Diese auf allen Stufen vorhandene Tendenz ist es, die der Lehre von der wachsenden Verelendung der Massen zugrunde liegt. Diese Lehre ist jetzt von der deutschen Sozialdemokratie aufgegeben worden, aber es verlohnt sich doch, ihr ein gewisses Nachdenken zu widmen, da sie ein Stück des im vorigen Abschnitt dargestellten Gedankenganges von der Selbstauflösung des Kapitalismus ist, in gewissem Sinne nur ein anderer Ausdruck der Lehre vom Mehrwert.

Die Lehre von der wachsenden Verelendung der Massen geht davon aus, daß bei jeder Umdrehung des Wirtschaftsrades ein größerer Anteil von Zinsen, Dividenden, Kapitalgewinnen in die Wanne des Kapitalismus abgeworfen wird, daß also die Menge der vom Rade bewegten Lohnsumme sich vermindern muß. Anders gesprochen: je länger die Rotation des Kapitalismus sich fortsetzt, desto mehr Ware gehört den Besitzenden und desto weniger gehört den Lohnarbeitern. Diese Rechnung würde richtig sein, wenn der Kapitalgewinn nicht genötigt wäre, sich auch seinerseits wieder in Lohn zu verwandeln. Was soll mit diesem Kapitalgewinn gemacht werden? Entweder er wird in Luxuskonsum angelegt, oder zur Anlage neuer oder Erweiterung vorhandener Betriebe verwendet. In beiden Fällen aber macht er neue Lohnarbeit nötig und tritt also als Arbeitskäufer auf den Arbeitsmarkt, führt der Arbeiterschaft eine Fülle neuer Arbeitsgelegenheiten zu und erhöht damit den Marktwert der Arbeit. Jede Umdrehung des Rades bedeutet also in der Tat einerseits eine Verminderung der vorhandenen Lohnsumme, aber gleichzeitig eine entsprechende Vermehrung der Lohngelegenheiten in neuen Arbeiten. Das ist die Methode der Erweiterung des kapitalistischen Arbeitsvorganges an sich. In diesem Vorgange kann der Lohn im ganzen und prozentual verlieren oder gewinnen, je nachdem das Angebot an Arbeitskräften und die Organisation der Arbeiter wirksam sind. Ein Naturgesetz des sinkenden Lohnes besteht nicht, und die bisherige Geschichte spricht gegen sein Vorhandensein, denn in dem Maße als wir kapitalistischer wurden, hat sich die Lebenslage der arbeitenden Klassen gehoben.

Es ist freilich theoretisch nicht zu leugnen, daß die Lehre von der Verelendung der Massen sich in einzelnen Gebieten des Kapitalismus bewahrheiten kann. Sie ist nicht so überwunden, daß sie vollständig zum alten Eisen geworfen werden dürfte. Wenn nämlich in einem Lande nur einfachste Massenproduktionen eingerichtet sind (Bergwerke, Spinnereien u. dergl.) und wenn der Konsum der Kapitalisten sich in der Hauptsache mit ausländischer Ware befriedigt, so ist es denkbar, daß beständig ein Teil des Lohngeldes bei der Umdrehung des Rades ins Ausland geworfen wird und dort sich in Lohnsumme verwandelt. Dann verliert der Lohn als Menschheitserscheinung nichts, aber der Lohn der bestimmten Gegend wird ärmer, falls nicht Abwanderung eintritt. Die Freiheit des Abwanderns gehört also zu den notwendigen Voraussetzungen des Freihandels im Lohn. Nur bei ihrer vollen Unbeschränktheit wird die Lehre von der Verelendung der Massen tatsächlich zur falschen Konstruktion. Da aber das Abwandern schwer ist und Waren zu allen Zeiten leichter transportierbar sein werden als Familien, so bleibt vermutlich ein Rest von Wahrheit der Lehre von der Verelendung in allen Gebieten, die nicht selbst für die Herstellung des Luxusbedarfes der Kapitalistenklasse sorgen. Es ergibt sich aber hieraus, daß es weniger eine Sorge für die deutsche Volkswirtschaft ist als für die weniger entwickelten Länder, von der die ältere sozialdemokratische Theorie geredet hat. Im werdenden Industrialismus Deutschlands vor vierzig Jahren war diese Theorie an sich nicht völlig falsch, sie ist nur glücklicherweise zum Irrtum für uns geworden, weil die Kapitalgewinne fremder Länder sich teilweise in deutsche Löhne umsetzen.

Es bleibt aber trotzdem noch übrig zu fragen, ob nicht doch durch das oben dargestellte System des wirtschaftlichen Kreislaufes dem Lohne gewisse Grenzen gesetzt sind, über die er nicht hinaussteigen kann. Der Leser erinnert sich, daß Lassalle das ehernе Lohngesetz verkündigt hat, dessen Inhalt ist, daß der Lohn nur so hoch steigen kann, als zur Lebenserhaltung des Arbeiters nötig ist. Der Lohn ist nach dieser Auffassung eine einfache Wiederherstellung der zur Arbeitsleistung nötigen Ausgaben. Alles, was über diese Wiederherstellung hinausgeht, soll durch die Natur des kapitalistischen Systems ausgeschlossen sein. Der Arbeiter kann im Grunde nie steigen, weil er immer nur wiedererlangt, was er verausgabt hat. Auch an diesem Gesetz ist etwas Wahres, die sichere Wahrheit liegt aber auf der anderen Seite als wo sie gewöhnlich gesucht wird. Die sichere Wahrheit ist nämlich, daß der Lohn auf die Dauer nicht unter den Wiederherstellungspreis der Arbeitskraft sinken kann. Sinkt er nämlich tiefer, so verschlechtert sich die Qualität der Arbeitenden in fühlbarer Weise. Er kann aber steigen, und zwar in dem Maße als die Qualität der Arbeit steigt. Das ist es, was wir in Deutschland vielfach erlebt haben. Er kann nicht willkürlich steigen, denn ein beliebiges einfaches Gewerbe kann bei gleichbleibender Arbeitsmethode und gleichbleibenden Marktverhältnissen nicht höhere Löhne zahlen als bisher. Aber Arbeitsmethode und Markt sind elastisch, und allein schon die Fortschritte der Maschinentechnik erweitern den Spielraum der Lohnmöglichkeiten. Dort, wo die Technik am gefördertsten ist, sind die höchsten Löhne möglich. Man denke an Amerika!

Die letzte derartige Frage ist die, ob es für eine Volkswirtschaft im ganzen vorteilhafter ist, ein kleineres oder ein größeres Lohnquantum zu zahlen. Das ist eine handelspolitische Frage ersten Grades und wird von allen lohnzahlenden Unternehmern als solche empfunden. Der Einzelunternehmer ist meist geneigt, sich für den Nutzen des geringeren Lohnquantums auszusprechen. Er behauptet, bei Lohnsteigerungen nicht mehr konkurrenzfähig zu sein, da er in diesem Falle zu teure Herstellungskosten seiner Waren haben würde. Er beruft sich darauf, daß in Böhmen oder Italien billiger produziert werden kann, und er hat als Einzelunternehemr recht, wenn er billige Massenartikel herstellt. Eine Nation, die in billigen Massenartikeln ihren Lebensgrund sucht, muß niedrige Löhne haben, wenn sie nicht ausgeschaltet werden will, aber wir berufen uns auf das, was wir früher über den volkswirtschaftlichen Wert von Qualitätswaren ausgeführt haben (II, 7) und auf das Beispiel von England und Amerika. Die Wirtschaftsgeschichte im ganzen spricht laut und deutlich für die höheren Löhne. Unsere schärfste Konkurrenz in guten Waren ist dort, wo die höheren Löhne sind. Dort gedeiht auch das Kapital am besten. Dort hat auch der Arbeiter am ersten Gelegenheit, selber kleiner Kapitalist im Nebenberufe zu werden. Es schließt also auch diese Überlegung mit dem Hinweis darauf, daß wir die geringeren, gleichförmigen Massenarbeiten nach Möglichkeit den Völkern geringerer Bildung überlassen und uns vorwärtsstrecken müssen in der Richtung der Volkswirtschaft mit den höheren Löhnen.

---

7. Kapital und Verkehr.

Aus allen Ecken der Volkswirtschaft steigt Kapital in die Höhe, das heißt zunächst: Geld, das nicht in Konsum verwandelt wird, sondern den Wunsch hat, den Arbeitsprozeß direkt zu erweitern. Überall dort, wo das normale Ziel der geschäftlichen Kalkulation erreicht wird, wo die Materie bei ihrem Austritt aus dem Arbeitsvorgang einen Verkaufswert hat, der höher ist als das in ihr angelegte Kapital, entsteht der Zuwachs an Geld, das Verwendung sucht. Es ist dieser Zuwachs das, was mit dem etwas unsicheren Wort Unternehmergewinn bezeichnet wird. Die Unsicherheit dieses Wortes liegt darin, daß in allen den zahlreichen Fällen, wo der Unternehmer gleichzeitig Kapitalbesitzer und Arbeitskraft ist, eine reinliche Scheidung zwischen Arbeitsvergütung (die theoretisch betrachtet zum Lohnquantum zu rechnen wäre) und Kapitalzuwachs nicht möglich ist, da die Arbeitskraft des Unternehmers keinen feststehenden Marktwert hat. Man muß also rein praktisch sagen: aus den Kreisen der Kapitalbesitzer und selbsttätigen Unternehmer steigt jährlich eine große Summe Geldes auf, die weder zur einfachen Wiederherstellung des bisherigen Kapitals, noch zu privaten Konsumzwecken, noch zu Verlustdeckungen dient, sondern am Geldmarkt erscheint und dort Verwendung für neue Anlagen fordert. War es schon beim Lohnquantum unmöglich, klare Ziffern der jährlichen Kapitalisierung zu finden, so ist es auf dem Gebiete der sonstigen Selbstvermehrung des Kapitals ganz ausgeschlossen, Zahlen zu nennen. Der Augenschein aber belehrt darüber, daß es sich um ungeheure Quantitäten handelt. Dafür sind offenbare Belege die bereits angeführte Steigerung der börsenfähigen Werte (III, 3) und die Ergebnisse der preußischen Kapitalbesteuerung (Ergänzungssteuer). Überall, in allen Ländern der geldwirtschaftlichen Zivilisation, entsteht ohne Unterlaß aus unberechenbar vielen Einzelquellen ein ungeheures Angebot von Geld oder geldartigen neuen Werten, die in die Arbeit hineinwollen, die zur Verschuldung der Materie werden wollen, um, von der Materie getragen, neuen Zuwachs zu erzeugen. Dieses beständige Riesenangebot ist die vorwärtstreibende Kraft zu unaufhörlichen neuen Unternehmungen. Wir haben schon gesehen, welche Rolle der Geldhandel als Vermittler der Hauptmasse dieses Angebots in Händen hat. Jetzt ist noch nötig, die Richtung zu verstehen, in der sich die Neuanlage vollzieht. Wir knüpfen dabei an das frühere Beispiel vom rumänischen Walde an. Dort war es die Eisenbahn, die der Materie zur Mobilisierung verhalf, und wir sagten schon dort, daß das Zeitalter des Verkehrs und das Zeitalter der Kapitalvermehrung nur zwei Ausdrücke für eine und dieselbe Sache sind. Diesen Zusammenhang weiter zu beleuchten, ist Aufgabe dieses Abschnittes unserer Arbeit.

Das „Sparen" an sich, das heißt das Nichtverwenden eines Teiles der eingenommenen Gelder zum Konsum, bedeutet noch keinen volkswirtschaftlichen Fortschritt, solange kein Verkehrsfortschritt hinzutritt. Dieses Sparen ist ohne Verkehr teils nutzlos, teils schädlich. Es findet sich darüber in dem wunderlichen, aber nicht geistlosen Buche des Deutschamerikaners J. O. Cahn über den „Kreislauf des Geldes" eine interessante Erörterung. Er fragt, weshalb in China das dort recht verbreitete Sparen keine segensreiche Folgen hat. Ein Mann wie der verstorbene Lihungtschang sammelte ein Vermögen, das in unserer Geldsprache 200 Millionen Mark bedeutet. Er benutzte seine Herrschaftsstellung, um Tribute aller Art zu erheben und dem chinesischen Volke große Summen zu entziehen. Dieses Geld verwendete er (soweit er es nicht auf dem Wege über London in den abendländischen kapitalistischen Prozeß einführte, was hier außer Betracht bleiben muß) zum Ankauf großer Ackerflächen. Damit gründete er sich eine Feudalherrschaft, ohne an der Arbeitsweise dieser Ackerwirtschaften etwas zu ändern. Das Geld, das er zahlte, floß in die Hände der Vorbesitzer, diente aber auch da nicht zur Betriebsveränderung, denn was sollte mit ihm anders angefangen werden, als daß es zum Ankauf anderer traditioneller Betriebe und schließlich zur Konsumbezahlung verwendet wurde, wozu es von Anfang an gebraucht worden wäre, wenn es nicht durch die Herrschaftsstellung Lihungtschangs dem Konsum entzogen worden wäre. Hier ist die Vermögensanhäufung eine Herrschaftsveränderung, aber nicht eine Produktionssteigerung. Ähnlich ist es tausendfach in der deutschen Vorzeit gewesen. Es entstanden und vergingen Reichtümer, ohne daß das Gesamtbild sich änderte. Aus dieser Zeit stammt die ganze alte, auch in der Bibel vertretene Auffassung vom Mammon als einer schädlichen Macht an sich. Es ist das Reichwerdenwollen einzelner auf Kosten anderer, das von allen alten Religionen und Morallehren bekämpft wird. Der Gedanke, daß das Reichwerden des einen die anderen mitemporheben könne, kam jenen Zeitaltern nicht, da sie diesen Vorgang nicht vor Augen sahen. Auch er war zwar in den Handelsplätzen der alten Welt schon immer da, wurde dort am Umschlagsplatz der Handelsgüter auch begriffen, blieb aber in der alten Kultur immer nur ein Gedanke der wenigen, die am Rande des Handels existierten. Die Menge der Menschen kannte den Handel nur als gelegentliche Ausnahmeerscheinung und bildete sich ihren Geistesinhalt aus der Erfahrungswelt eines Zustandes, bei dem jede Gegend für sich lebte. In dieser engen Welt bedeutete das Aufsaugen des wenigen vorhandenen Geldes durch einen Mächtigen keine Vermehrung der Arbeitsgelegenheit für andere, sondern bewirkte nur, daß er ihre geringen Kaufmöglichkeiten auf sich vereinigte und seinem Luxus zuführte, was er ihnen wegnahm. Er konnte sich ein Schloß bauen und den Mönchen des nächsten Klosters eine silberne Mutter Gottes schenken, aber die Bauern seines Gebietes wurden dadurch nur ärmer und versklavter, denn ihre Arbeitskraft gewann durch seinen Reichtum in keiner Weise an Wert. Selbst wenn er ihnen Geld für ihren Acker gegeben hätte, so war dieses Geld in ihren Händen zu nichts anderem tauglich, als es zu verbrauchen oder an die Kirche zu schenken, denn die Materie der Gegend war im allgemeinen noch kein Handelsgut. Man konnte kein Getreide kaufen und anderswo verkaufen, man konnte keine Bäume bis ans Meer tragen, oft war das einzige, was verkauft werden konnte, der Mensch selber, der in die Sklaverei wanderte, da er die einzige mobilisierbare Produktion des Landes darstellte. Wurde die Sklaverei durch Macht oder Moral gehindert, so blieb gar nichts anderes übrig, als von dem zu leben, was da war. Selbst bessere Eisengeräte konnten nicht gekauft werden. Was hätte man für sie hergeben können, das den Händler gelockt haben würde? Die Bevölkerungsvermehrung war unter diesen abgeschlossenen Verhältnissen soweit möglich, als der Acker groß genug war, in altväterlicher Weise sein Volk zu nähren, und als es dem gnädigen Herrn gefiel, seinen Jagdwald zu Ackerfeld zu machen. Dieses dumpfe Traumleben der abgeschlossenen Wirtschaft ist der Untergrund aller altkonservativen Wirtschaftsgedanken. Auf diesem Boden ist es richtig, den Mammon zu verurteilen und das Sparen als Geiz zu brandmarken; hier ist es richtig, allen Zins als Wucher anzusehen, denn hier gilt der mittelalterliche Satz: das Geld zeugt keine Jungen, es schafft keine neuen Werte, es belebt nicht, es steigert den Betrieb nicht.

Das alles aber ändert sich, wenn es möglich wird, produzierbare Güter auszuführen. Schon der Sklavenverkauf, so elend er ist, hebt eine Gegend, falls er wirklicher Verkauf und nicht einfacher Raub ist, denn dann bringt wenigstens die Kinderproduktion eine gewisse Steigerung an Verbrauchsgütern. Man denke an das Verhältnis der Kaukasusländer zu Konstantinopel! Für viele Teile Mitteleuropas war der Sklavenhandel der Venetianer die erste Form ihres Anschlusses an das geldwirtschaftliche System. In dieser moralisch schändlichsten Form ging auch das Kapital zuerst in das Innere von Afrika. Damit begann der Verkehr die schlafenden Gebiete zu mobilisieren, ruinierte sie aber meist, da er zum Raub wurde oder minderwertigste Konsumartikel (Schnaps, Glasperlen) an Stelle von Kinderproduktion hinterließ. Daß diese Anfänge des kapitalistischen Betriebes nicht dazu dienen konnten, seine Beurteilung zu mildern, ist offenbar. Der Verkehr kam als blutgieriges Ungeheuer. Man wollte lieber den Kinderüberschuß zu Hause im gewohnten Mangel sterben lassen, als ihn in dieser Weise absetzen. Es bleibt aber volkswirtschaftlich trotzdem wahr, daß die meisten Länder solange wirtschaftlich tot bleiben mußten, als sie dem Verkehr nichts oder nur ihre Kinder darzubieten hatten. Daß sie aber nichts anderes hatten, lag nicht an ihnen, sondern am Verkehr. Solange die Verkehrstechnik höchstens den Austausch von Elfenbein, Metall, Luxusgeweben und Gewürzen gestattete und sich allen schweren Massenartikeln versagte, war der Transport von Menschen an Stellen, wo man diese Sachen herstellen oder handeln konnte, die einzige Form des Austausches für alle Gegenden, die nichts hätten als Acker und Wald. Schon die Transportierbarkeit von Vieh ändert die Lage. Diese hängt aber in viel höherem Grade als die Transportierbarkeit von Menschen ab von Straßenbau, von Rechtssicherheit, und setzt an den Handelszentren einen Übergang zur Fleischnahrung voraus, wie es in keinem alten Volke vorhanden war. Noch heute ist der Viehtransport eine schwierige und riskante Angelegenheit. Wie hätte er auf allen kleinen Schiffen und alten Straßen ein großer Erwerbszweig werden sollen? Erst von da an, wo Wolle, Felle, und vor allem Getreide transportierbar werden, beginnt der Austausch das Hinterland wirklich zu erfassen. Erst von da an verlohnt es sich, mehr aus dem Acker herauszuarbeiten, als den unmittelbaren Nahrungs- und Kleidungsbedarf seiner Bewohner. Um es etwas scharf und übertrieben auszudrücken: das Getreideschiff ist das erste Instrument der neuen Wirtschaftsweise!

Dort, wo im Altertum das Getreideschiff auftaucht, beginnt der moderne Verkehr. Nur muß man sich nicht vorstellen, daß damit gleich eine volle Tauschwirtschaft eingetreten sei. Die alten Herrschaftsverhältnisse waren so stark, daß ganze Länder zu Exportländern werden konnten, ohne aus der sklavischen Abhängigkeit herausgehoben zu werden. Man denke an Ägypten als römische Kaiserprovinz! Das Getreide wurde in Rom verschenkt, weil es in Ägypten nicht bezahlt zu werden brauchte! Dort aber, wo die Staatsherrschaft die Austauschproduktion nicht zur Sklavenleistung machen konnte, dort erst wurde der Verkehr „frei", das heißt, er wurde ein Verhältnis von Leistung und Gegenleistung, er wurde Freihandel, das Wort in seinem ersten und tiefsten Sinne genommen. Von da an war Kapital nötig, um Materie einzukaufen und zu verkaufen, von da an zwang das Exportland, ihm Import zu liefern. Man denke an die Jahrhunderte, in denen die norddeutsche Ebene Getreide nach Flandern und später nach England lieferte, um von dort Gewebe und Kolonialprodukte zu beziehen! Das Getreideschiff ist der erste mächtige Verwandlungsfaktor aller durch Flußläufe mit Ostsee und Nordsee verbundenen Landgebiete. Auch Berlin war einst ein kleiner Exportplatz für Getreide. In der Gegenseitigkeit von Norddeutschland und England erstarkten beide Gebiete, das eine in seiner Ackerwirtschaft und das andere in seiner Industrie und Kolonialtätigkeit. Jetzt konnten sich die vorhandenen Kräfte ausleben, jetzt konnte man seine Kinder selber brauchen, jetzt wußte man, was man mit seinen „Ersparnissen" tun konnte, man gab sie ab, um den Umfang der Lebensgüter durch den Kauf zu erweitern. Es verlohnte sich für den erwerbenden Menschen, Getreide, Wolle, Kleiderstoffe herzustellen. Es war, wie wenn es auf dürres Laub geregnet hätte.

Wir machen aufmerksam, daß zweierlei gleichzeitig vor sich geht: es finden sich Gelegenheiten, nichtverbrauchte Materie abzusetzen und nichtverbrauchtes Geld anzulegen. Beides ist parallel. Kein Handel kann, besonders in seinen Anfängen, ohne Geld arbeiten, da er das System des geschriebenen Kapitals gerade im Anfang nicht einführen kann, und da der Austausch von Ware gegen Ware sich nur ruckweise und unregelmäßig vollzieht. Es gehört also zum Getreideschiff die Geldvermehrung und zu beiden die Sinnesart, die für Geld und Schiff sorgt. Von der letzteren haben wir jetzt nicht zu reden. Wir halten uns hier an den äußeren Vorgang.

Es war Gold und Silber (denn Silber war damals Geld) nötig, damit der Mechanismus des Austausches sich einrichten konnte. Dieses Geld setzte aber seinerzeit wieder Straßen und Schiffe voraus, denn die Silberbergwerke des Harzes, Tirols, Ungarns, des Erzgebirges und die Goldstätten Amerikas waren nur dann wirksam, wenn das Metall von ihnen bis in die Zone der Getreideschiffe gelangte. Es besteht also von Anfang an ein nahes inneres Verhältnis zwischen Edelmetall, Verkehrsfortschritt und Arbeitsbelebung. Der Verkehrsfortschritt steht in der Mitte aller Umgestaltungen. Ohne das Schiff des Kolumbus und ohne die Heerstraßen der deutschen Kaiser ist die Belebung des deutschen Ackers bei Beginn der neueren Zeit undenkbar.

Was aber ist das Schiff des Kolumbus und die Heerstraße Kaiser Maximilians gegen die Verkehrsmittel, die inzwischen entstanden sind? Es ist selbstverständlich hier nicht der Platz, die Geschichte der Verkehrsmittel darzustellen. Die Technik der Dampfschiffe und Lokomotiven gehört ebensowenig in diese Arbeit wie die Methode der Walzwerke oder die Anlage der Getreidehäuser. Aber wenn es inmitten aller neuen Technik eine Technik gibt, die volkswirtschaftlich als zentral bezeichnet werden muß, so ist es die Beförderung schwerer Lasten über weite Räume in verhältnismäßig kurzen Zeiten und für verhältnismäßig billige Preise. Diese Technik ist nicht bloß ein maschineller Sieg über die Natur, sondern mindestens so sehr ein Sieg des organisatorischen Gedankens. Das, was Jahrtausende für den Transport getan haben, ist klein gegen das, was das eine letzte Jahrhundert fertiggebracht hat. Durch den Transport wird die Erde mobilisiert. Jetzt braucht kein Volk mehr seine Kinder zu verkaufen oder sterben zu lassen, denn die Arbeit der ganzen Erdoberfläche tauscht sich aus. Gold und Verkehr haben sich gegenseitig in die Hände gearbeitet. Gold hat die Straßen, Eisenbahnen, Dampfschiffe gebaut. Als sie fertig waren, wurden sie geschriebenes Geld, und das Gold baute an ihren Stationen Verkaufsplätze und bezahlte Wälder und Steppen, um sie durch Arbeit zu beleben. Wenn diese Stationen wieder soweit waren, daß sie geschriebenes Geld werden konnten, dann warf sich das Gold weiter ins Inland, baute neue Straßen, gründete neue Plantagen oder Bergwerke. Und so ging es vorwärts, als ob Myrmidonen ihre Gräber verlassen hätten und mit Karre und Schaufel, mit Schwelle und Schiene die Welt erobern wollten.

Mit Absicht haben wir von Gold und Verkehr gesprochen. Der Verkehrsmangel der alten Zeiten war meist Goldmangel. So klug waren die Fürsten und Hauptleute immer, um den Wert der

Straßen schätzen zu können, (das war ja schon alte Perser- und Römerweisheit), aber wer konnte es sich leisten, lange Straßen zu bauen? Der sieghafte Techniker, der Europa säuberte und beherrschte, und der das Gold aus den ältesten Truhen zu nehmen wußte, Napoleon, wurde der Straßenfürst, mit dem das Jahrhundert des Verkehrs begann, und mit der napoleonischen Zeit begann zugleich etwas zweites: die geordnete Staatsanleihe. Es begann die Rothschildsche Epoche, in der es die Staaten lernten, von der Zukunft zu borgen und für die Zukunft Wege zu bauen. Etliche haben es gar zu gut gelernt, aber an sich war es ein richtiger und folgenreicher Gedanke, Privatgeld zu Staatskapital zu machen und dafür Zinsverschreibungen zu geben. Es entstand in den ersten Jahrzehnten nach dem Sturze Napoleons ein allgemeiner Eifer, das alte Europa mit guten Straßen zu versorgen, ein Eifer, der das Abendrot des Landstraßenzeitalters war. Und wie die Umgestaltung des Staatsfinanzwesens in den Napoleontagen die Grundlage dieser letzten Postkutschenperiode wurde, so fing der Ausbau der Eisenbahnen gleichzeitig mit dem kalifornischen Golde an.

Es gibt eine Statistik der Goldproduktion der ganzen Erde von Soetbeer, die um ihrer Vortrefflichkeit willen in die Reichsstatistik aufgenommen wurde. Aus dieser Aufstellung ist zu entnehmen, daß es nach der Entdeckung Amerikas bisher zwei große Veränderungen der Goldproduktion gegeben hat, deren eine mit dem Jahr 1848 und deren zweite mit dem Jahr 1890 beginnt. Bis 1848 kam es so gut wie nie vor, daß der Jahresdurchschnitt der Goldausbeute über 20 000 kg hinausging, von 1840 an steigt er und steht zwischen 1848 bis 1890 auf ungefähr 200 000 kg (zuletzt weniger), von 1890 an steigt er wieder, und zwar so gewaltig, daß das Jahr 1909 mit 674 000 kg angegeben wird. Ohne Zweifel hängt nun der Eisenbahnbau der vierziger und fünfziger Jahre mit der ersten großen Goldveränderung zusammen. Man ist erstaunt, welche Mittel mit einem Male Europa für eiserne Straßen hat, während es vorher endlose Zeit kaum ordentliche Pflasterwege herstellen konnte. Die Mittel zum Zeitalter des Verkehrs wurden in Kalifornien flüssig. Von da an reiht sich Veränderung an Veränderung. Die neueste Goldperiode aber scheint das Eisenbahnnetz aller Erdteile vollenden zu wollen. Zwischen 1890 und 1908 wurden an Eisenbahnen gebaut:

Europa	102 000	Kilometer
Amerika	173 000	„
Asien	61 000	„
Afrika	22 000	„
Australien	10 000	„
	368 000	Kilometer

Rechnet man auf den Kilometer nur 200 000 Mark Anlage und Betriebskapital, so gelangt man zu der schönen Summe von 73 600 000 000 Mark, die in 18 Jahren in Eisenbahnen veranlagt worden ist, und es sieht keineswegs so aus, als wäre die zweite Gründerzeit des Eisenbahnwesens im Ablaufen. Alle unerschlossenen Länder sind voll von Bahnprojekten. Es ist, als ob der allgemeine Austausch nun erst beginnen sollte. Die in Deutschland viel besprochene Bagdadbahn ist eines dieser vielen Projekte, von denen Engländer und Amerikaner viele andere verhandeln. Wann wird Persien, Afghanistan, Indien, China ein volles Netz von Bahnen besitzen? Schon heute hat Britisch-Ostindien etwas mehr Kilometer als Frankreich. Südafrika hat soviel Eisenbahnen wie Bayern, Sachsen und Württemberg zusammen, Argentinien hat mehr als Italien, die Schweiz, die Türkei und Griechenland zusammen. Es ist im Kapital eine gewaltige Unruhe, den Verkehr zu verallgemeinern, ein Gefühl, daß wir in Produktion und Kapital ersticken, wenn wir nicht alle Länder in den Arbeitsprozeß hineinziehen.

Dasselbe Bild wie das Eisenbahnwesen gewährt die Schiffahrt. Der Tonnengehalt der Schiffe, die in deutschen Häfen von außereuropäischen Häfen mit Ladung ankamen, war

1873	1 180 000	Reg.-Tonnen
1883	1 932 000	„ „
1893	3 598 000	„ „
1903	5 696 000	„ „
1908	7 672 000	„ „

Und diesen Zahlen entspricht die Vermehrung des europäischen Hafenverkehrs. Deutschlands Handelsflotte hat 2700 Segelschiffe mit 510 000 Reg.-Tonnen und 2000 Dampfschiffe mit 2 350 000 Reg.-Tonnen, und unaufhörlich werden neue und größere Schiffe gebaut. Was aber ist unsere Handelsflotte gegen die englische Handelsflotte? Diese hat 22 000 Segelschiffe mit 2 283 000 Reg.-Tonnen und 16 800 Dampfschiffe mit 10 980 000 Reg.-Tonnen! Das ist eine Transportmacht, wie sie nie vorher in eines Menschen Sinn gekommen ist. Auch im Schiffbau hebt sich die neue Goldperiode klar von der vorhergehenden Zeit ab. Ihr Merkmal ist das metallene Riesenschiff und die große Schiffahrtsgesellschaft.

Gerade wir Deutschen sind so glücklich, große Schiffahrtsgesellschaften zu unserer Volkswirtschaft rechnen zu können, während unser Anteil an der zweiten großen Eisenbahnperiode relativ gering zu sein scheint. Die finanzielle Entwicklung unserer Schiffahrtsgesellschaften zeigen die folgenden Zahlen einzelner namhafter Gesellschaften. In Millionen Mark betrug das Aktienkapital:

	1896	1900	1903	1909	
Hamburg-Amerika-Linie	30	80	100	125	Mill. M.
Norddeutscher Lloyd	40	80	100	125	" "
Hamburg-Südamerika	7,5	11,25	11,25	15	" "
Hansa	10	15	15	25	" "
Kosmos	6,5	11	11	14	" "
Hamburg-Australien	—	9	12	16	" "

Mit der Entstehung dieser Gesellschaften, deren gegenseitige Verflechtung und Abhängigkeit voneinander beständig zunimmt, und die durch gemeinsame Abschlüsse mit ausländischen ähnlichen Gesellschaften die ganze Transportleistung der schiffbaren Erdoberfläche in feste Regeln zu bringen suchen, entsteht erst jetzt die Höhe der kapitalistischen Erdumspannung. Noch zehn Jahre solcher Entwicklung in Eisenbahn und Schiffahrt, und wir werden einen Gesamtverkehr haben, der alle alten Gewohnheiten ändert, indem er alle Gegenden in den Austauschverkehr einbezieht. Die erste Periode der Neuzeit, deren Aufschwung mit dem Golde und den Eisenbahnen von 1848 bis 1860 beginnt, war wesentlich eine Periode des Austausches der westeuropäisch-nordamerikanischen Welt. Seit 1890 setzt (schon vorher vorbereitet) die zweite Periode ein, der **Welthandel und seine Folgen.** Dieser Periode gehen wir entgegen, und zwar keineswegs mit einheitlichem Mute. Die Majorität unseres Volkes geht ihr mit offenem Mißtrauen entgegen. Das ist der Sinn des schweren und für uns verlustreichen Kampfes um Zoll und Freihandel, der im letzten Jahrzehnt zu einem vorläufigen traurigen Abschluß gekommen ist.

8. Der Freihandel.

Wenn wir an dieser Stelle einen besonderen Abschnitt für den Freihandel einsetzen, so bedeutet das nicht, daß nur hier von ihm geredet werden soll. Das würde unmöglich sein. Schon die bisherigen Darlegungen waren voll von Ausführungen über den Gegensatz des Austauschsystems und der älteren Selbstwirtschaftsformen, und die späteren Ausführungen über die Organisation der Arbeit und die Macht des Staates im Wirtschaftsleben werden in immer neuen Wendungen von diesem Gegensatz reden müssen. Die Frage des Freihandels ist nicht eine Teilfrage der Volkswirtschaft, sondern ist **die Frage der volkswirtschaftlichen Willensrichtung überhaupt.** Sie selbst ist Folge von Bevölkerungsvermehrung und Verkehrstechnik. Als solche wird sie von unseren Lesern nun ohne weiteres verstanden werden. Erst auf einer gewissen Höhe der Entwicklung kann sie zur Zentralangelegenheit des volkswirtschaftlichen Willens werden. Jetzt aber ist die Periode da, wo sie es geworden ist, und täglich mehr wird. Die Aufgabe dieses Abschnittes ist, den Freihandel als wirtschaftliches Prinzip der Neuzeit darzustellen.

Was bedeutet der Freihandel? Er ist die Überwindung der Selbstwirtschaft durch die Austauschwirtschaft, der abgeschlossenen Wirtschaft durch die unbegrenzte Wirtschaft, der örtlichen Preisbildung durch den allgemeinen Marktpreis, der staatlich geregelten Wirtschaft durch die staatlich unbeeinflußte Wirtschaft. Insbesondere bedeutet Freihandel

a) den ungehinderten Austausch aller transportierbaren verkäuflichen Naturschätze und Produkte (Handelsfreiheit),
b) die ungehinderte Ortswahl aller selbsterwerbenden Personen (Wanderungsfreiheit),
c) die ungehinderte Wahl des Berufes oder Erwerbszweiges (Gewerbefreiheit).

Diese drei Freiheiten sind unter sich verbunden, und man muß bei Abschätzung ihrer Wirkungen ihre innere Verwandtschaft immer im Auge behalten. Beispielsweise wirkt Getreidezoll (also Austauschverhinderung von Waren) anders, wenn er mit oder ohne Aus- und Einwanderungsverbot auftritt. Bei freier Wanderung kann das Austauschverbot zum Abwanderungsgrund werden, und andererseits würde die Zollpolitik unserer Agrarier sofort ein ganz anderes Gesicht bekommen, wenn sie mit einem Einwanderungsverbot (Einfuhrzoll) gegenüber Polen und Galiziern verbunden wäre. Freier Austausch von Waren setzt freie Berufswahl voraus, und gebundener Austausch wirkt als Gegenteil dieser Freiheit. Es gab Zeiten, da der Kampf um den Freihandel sich wesentlich als Kampf um Gewerbe- und Wanderungsfreiheit darstellte. Jetzt sind diese zwei Freiheiten im ganzen gesichert (kleine agrarische Rückfälle abgerechnet), und aller Streit konzentriert sich um den Warenaustausch. Damit aber ist ein Sieg des alten Selbstwirtschaftsgedankens ausgeschlossen, denn kein Land mit Wanderungsfreiheit kann seinen Austausch so erschweren wollen, daß die Abwanderung zur Massenerscheinung werden muß. Man streitet heute nicht mehr um das Recht der Austauschwirtschaft an sich, sondern nur um ihre etwaige Hemmung durch besondere Maßnahmen, und zwar fast nur noch um ihre Hemmung an den Staatsgrenzen, nicht mehr am inneren Markt. Es gibt zwar noch einige Rechte städtischer Zölle (Oktroi), die allerdings für Nahrungsmittel im Jahre 1910 abgeschafft worden sind und seitdem wirtschaftlich eine sehr geringe Bedeutung haben. Das Inland ist dem freien Austausch preisgegeben, kein Mensch denkt daran, die alten Zollgrenzen zwischen Neumark und Mittelmark, zwischen Uckermark und Priegnitz, zwischen Pommern und Westpreußen, zwischen Hessen und Baden wieder herzustellen. Gerade die stärksten Vertreter des jetzigen deutschen Zollsystems würden sich gegen die Inlandsgrenzen sehr energisch verwahren, denn dem Inland gegenüber wollen sie den Markt freihaben. Sie sind ganz taub, wenn die Bauern Süddeutschlands über die norddeutsche Konkurrenz schelten. Diese Bauern sollen eben mit der Tatsache des innerdeutschen Freihandels rechnen lernen! Für sie gibt es kein Mitleid, obwohl sie für einen innerdeutschen Schutzzoll genau dieselben Gründe vorbringen können, die die norddeutschen Getreideproduzenten für den Zoll an der Reichsgrenze geltend machen.

Die Sachlage ist also die, daß die abgeschlossene Selbstwirtschaft für alle kleineren Bezirke grundsätzlich aufgegeben ist, ja daß sogar staatliche Tariferleichterungen den innerdeutschen Druck der freien Konkurrenz willkürlich und sehr wirkungsvoll vermehren, und daß nur noch die Staatsgrenze selbst, und zwar nur für Wareneinfuhr, nicht für Menscheneinfuhr umstritten ist.

Nun unterliegt es keinem Zweifel, daß politische Landesgrenzen vom Standpunkt der Volkswirtschaft aus sehr willkürlich sind. Es ist volkswirtschaftlich betrachtet Zufall, daß Nordböhmen Ausland ist und Posen Inland, es ist volkswirtschaftlich willkürlich, Schleswig von Jütland zu trennen und Holland vom Rhein und von Friesland. Die politische Geschichte hat Grenzen geschaffen, die in keiner Weise Grenzen von Weltwirtschaftsprovinzen sind. Das gibt allen Zollverhandlungen von vornherein etwas so Unklares und in sich Gebrochenes. Man will an den Grenzen Interessen vertreten, die unter sich zerspalten sind. Eine grundsätzlich denkende Hinderung des Freihandels müßte als Wirtschaftspolitik einheitlicher Wirtschaftsgebiete auftreten können, als Politik der Getreideländer, Montangebiete, Fabrikationsprovinzen. Da sie das nicht kann, wenigstens beim heutigen Zustande der Organisation der Arbeit nicht kann, so bleibt selbst vom Standpunkt der prinzipiell denkenden Vertreter der „Heimatpolitik" nichts übrig, als den zufälligen Staatsumfang zur Grundlage sehr verwickelter Systeme von gegenseitigen Konzessionen zu machen. Diese Verwickeltheit des Zollsystems aber, die seine grundsätzliche Schwäche ist, wird gleichzeitig zu seiner praktischen Stärkung, weil nun Kunstbauten von solcher Unübersichtlichkeit geschaffen worden sind, daß der einzelne Produzent gar nicht mehr imstande ist, den ganzen Aufbau des Zollsystems zu überschauen, und sich nur daran hält, ob sein besonderes Zimmer in diesem Bau reichlich genug ausgestattet erscheint.

Wir unsererseits dürfen uns aber die Mühe nicht ersparen, die Austauschhemmung in ihrer Gesamtwirkung zu prüfen. Ist es richtig, nachdem so viele alte Hemmnisse gefallen sind, wirtschaftliche Landesgrenzen aufzurichten? Vor ungefähr 40 Jahren beantwortete man im allgemeinen in Deutschland diese Frage mit einem runden Nein! Dann aber begann in der zweiten Hälfte der siebziger Jahre ein Umschlag der Gesinnungen, der seitdem unsere Wirtschaftspolitik beherrscht. Es begann an Stelle relativ einfacher alter Zölle das verwickelte System des gegenseitigen Austausches von Vergünstigungen, das seinen bisher höchsten Triumph in unseren neuen Handelsverträgen feiert. Dieses System hat in den finanziellen Wünschen der Regierungen, in den Wirtschaftsforderungen großer Parteien und auch in den Theorien einzelner wissenschaftlicher Wortführer soviel Untergrund gewonnen, daß derjenige, der heute für Freihandel redet, sich von vornherein in schwerer Lage befindet. Die geschichtliche Entwicklung im großen gibt ihm zwar recht, denn sie ist Geschichte des steigenden Austauschbedürfnisses, aber die besondere deutsche Gegenwartsgeschichte erhebt sich gegen ihn. Bis 1917 ist unsere deutsche Handelspolitik festgelegt. Was hat es also für einen Zweck, gegen sie zu schreiben? Es hat keinen Augenblickszweck! Der heutige Tag gehört der anderen Richtung; wir aber glauben, daß der Freihandel sich wieder melden wird, und wollen helfen, daß man ihm dann die Tür leichter öffnet.

Die Freihandelsidee ging davon aus, daß der freie Austausch die denkbar größte Garantie der menschlichen Wohlfahrt sei, da durch Austausch niemand verlieren, alle aber gewinnen könnten. Man sagte: Du wirst nicht tauschen, wenn es dir nicht nützlich ist! Gibt dir der andere zu wenig, so behältst du dein Produkt für dich! Du denkst nicht daran, anderen Völkern etwas zu bezahlen, was du selber besser, billiger, müheloser dir mit eigenen Kräften schaffen kannst! Du wirst nur das arbeiten, was dir den größten Vorteil bringt! Alle Menschen werden ausprobieren, wo und wie sie am besten Getreide bauen, wo sie Wolle produzieren, wo sie Wälder pflegen, wo sie Maschinen und wo sie Uhren und Überzieher machen werden. Auf diese Weise wird sich eine Menschheitsarbeitsteilung einrichten, in der die ganze Menschheit sozusagen eine einzige Stadt ist! Und wer will leugnen, daß diese Entwicklung sich vollzieht? Zwar bleiben viele Arbeiten an bestimmte Orte gebunden, insbesondere direkte persönliche Leistungen: Körperpflege, Erziehung, Rechtspflege, Polizei, Speisebereitung, Kleidermaßarbeit, Wohnungsherstellung. Man kann die Menschheit niemals von einer Ecke aus mit der Dachdeckerei versorgen oder eine besondere Provinz für Friseure und Heilgehilfen herstellen. Ebenso ist es unmöglich, den Untergrund einer Eisenbahn anderswo zu legen als am Orte des Bedarfs. Immerhin greift selbst in diese Art von Tätigkeiten die Austauschwirtschaft ein, denn der Erzieher erhält seine Literatur und Bildung am Orte der pädagogischen Spezialproduktion, der Dachdecker bezieht sein Material und Handelswerkzeug, der Friseur seine Flaschen, Kämme, Spiegel, der Eisenbahnbauer seine Steine, Schwellen, Schienen von den Orten relativ bester Produktion. Schon allein die Endlosigkeit unseres neuen deutschen Zolltarifes beweist, wie viele Waren bereits international getauscht werden, weil es vorteilhaft ist zu tauschen. Wie arm und einfach würde unser deutsches Leben sein, wenn wir nicht tauschen könnten! Ich sehe, indem ich dieses schreibe, das Zimmer an, in dem zufällig dieser Teil des Buches entsteht, und bin verwundert, wieviel Ausland selbst in einem Landgasthaus ist. Und wenn ich in Österreich oder Italien durch die Straßen gehe, bin ich immer wieder erstaunt, wieviel Deutschland dort in den Schaufenstern liegt. Alle Nationen haben einen jährlich wachsenden Durst nach Austausch. Keine europäische Nation will auf die Erzeugnisse wärmerer Länder und extensiverer Kulturen und fremder Kunstfertigkeit verzichten. Das ist eine längst selbstverständliche Sache, die man sich scheut zu schreiben, die aber in aller Einfachheit den schlichten großen Kern der Freihandelslehre ausmacht.

Warum wird in Deutschland soviel Zucker hergestellt? Weil man für Zucker mehr Brot kaufen kann, als man auf demselben Acker und mit denselben Arbeitskräften zuwege bringt! Warum machen wir Anilin- und Teerfarben für alle Länder? Weil wir auf diese Weise unsere Arbeit besser anlegen, als wenn wir Mais bauen! Wir würden noch viel wohlhabender sein, wenn wir uns noch viel mehr auf Austauschartikel verlegen würden. Man sehe doch, welche Gegenden im Inlandsmarkt am besten vorwärtskommen! Es sind diejenigen, die am meisten tauschen. Selbstwirtschaft ist arme Wirtschaft, sie war es zu allen Zeiten. Selbstwirtschaft bei wachsender Bevölkerung ist Hungerwirtschaft, denn je mehr Menschen leben wollen, desto schlechtere Böden müssen bei geschlossener Wirtschaft beackert werden. Heimatpolitik heißt deshalb Aussichtslosigkeit. Wir leben im Zeitalter des Verkehrs, das bedeutet: erst durch den Verkehr wird unser Leben mehr als geringe Daseinsfristung. Deshalb muß der volkswirtschaftliche Wille darauf gerichtet sein, das Austauschsystem zu fördern und unsere Produktion ihm anzupassen. **Wir dürfen es nicht wie ein mühseliges und im Grunde trauriges Geschick ansehen, daß wir ein austauschendes Volk sind, sondern müssen alle miteinander ein Kaufmannsvolk im höchsten Sinne des Wortes werden**, ein Volk, das seine Kraft nur an wertvollste Produktionen wendet, um dadurch seinen Lebensstand im ganzen zu erhöhen. Wenn wir dieses in uns aufgenommen haben, dann wird die Parole Freihandel für uns zum positiven Ideal. Ein wachsendes Volk auf begrenztem Boden, mit relativ geringen Naturgütern, darf gar nicht anders denken als: wir wollen für alle Welt arbeiten, damit alle Welt für uns arbeiten muß! Das ist unser Weg, ein Herrenvolk zu werden, das ist unsere Nationalbestimmung, das ist die Methode, unsere sozialen Schwierigkeiten zu erleichtern: „Auf! Macht Luft, macht alle Häfen frei, laßt uns ein Werkhaus der Völker werden und ein Stapelplatz der Erzeugnisse aller Zonen!"

So klar aus unserer Lage heraus entstanden aber auch dieses Ideal ist, und so wahr es ist, daß keiner, auch kein Hochschutzzöllner, sich ihm ganz entziehen kann, so ist es eben doch eine Tatsache, daß dieses Ideal im letzten Menschenalter an Werbekraft bei uns eingebüßt hat, und wir haben die Verpflichtung, die Einwände zu hören, die gegen dieses Ideal erhoben werden. Diese Einwände sind teils wirtschaftlicher, teils politischer Natur.

Vom wirtschaftlichen Standpunkt aus wird eingewendet, daß:

1. Arme Gegenden durch den Freihandel noch ärmer werden. Man sagt: es ist zwar wahr, daß der Austausch im allgemeinen die Wohlhabenheit gesteigert hat, und daß er nicht entbehrt werden kann, aber es gibt doch viele Orte, die erst durch den Austausch ruiniert worden sind, und wie es solche Orte gibt, so kann es solche Länder geben. Die beiden Hauptbeispiele sind: das Getreidedorf und der Textilbezirk.

a) Das Getreidedorf kann an sich durch den Austausch nicht ärmer werden, als es bei Selbstwirtschaft ist, denn der Austausch nimmt ihm nichts von seiner durch Jahrhunderte bestehenden Fruchtbarkeit. Kein Acker wird durch Austausch schlechter. Natürlich kann es vorkommen, daß die Bauern einen schlechten Tausch machen, z. B. Getreide in Schnaps umsetzen, aber das ist nicht Schuld des Austauschsystems und heilt sich im Laufe der Zeit von selbst, sei es auch unter persönlichem Ruin einzelner Besitzer. Ja man kann noch weiter gehen: kein Getreidedorf ist so arm, daß es nicht durch Austausch von Werkzeug und Dünger seine Produktion verbessern kann. Die ganze Vermehrung der deutschen Ackerfruchtbarkeit ist Folge von Austausch. Solange man also die reine alte Selbstwirtschaft und die Austauschwirtschaft vergleicht, ist die letztere in jeder Hinsicht vorzuziehen. Die Schwierigkeit kommt erst an einer späteren Stelle, nämlich mit den Verschiebungen, die sich innerhalb des Austauschsystems vollziehen. Eine wesentliche Verschiebung ist der Übergang zum Geldlohn. Die Arbeitskraft muß nach Marktwert bezahlt werden. Das kann zur Folge haben, daß der Lohn teurer wird als er innerhalb des Getreideverkaufspreises möglich ist. Der Arbeiter arbeitet nicht mehr für das alte Quantum vom Dorfertrage, denn er kann ja wegziehen und sich im Schacht besser verkaufen. Damit verbessert sich der Arbeiter und verschlechtert sich der Arbeitskäufer. Das ist keine Verschlechterung der Volkswirtschaft im ganzen, aber unter Umständen eine Verschlechterung der einzelnen Dorfwirtschaft, denn diese geht bei starker Gegenbewegung von Lohn und Getreidepreis zur Betriebsverminderung über, das heißt, man bearbeitet den Acker schlechter oder läßt geringste Böden liegen (verwandelt sie in Fichtenwald usw.). Es kann auch geschehen, daß der Kleinbauer, den niemand hindert, in alter Weise selbstwirtschaftend vorzugehen, es trotzdem für besser hält, sein Land so gut oder so schlecht zu verkaufen, als es eben geht und sich lohnenden Erwerben zuzuwenden. In Wirklichkeit aber kommen diese Fälle nur dort vor, wo von Hause aus auf magerem Boden eine örtliche Übervölkerung vorhanden war, das heißt eine Volksbesetzung, bei der ein Teil sich nicht genügend ernähren konnte. Überall dort, wo guter Boden ist, bleibt der Betrieb intensiv, und es wechselt nur mit Preis und Lohn die Rente der Bodenbesitzer. Das ist, von wenigen Ausnahmen abgesehen, der wirkliche Zustand der deutschen Landwirtschaft. Diesen wirklichen Zustand verhüllt *die agrarische Agitation* in unverantwortlicher Weise. Sie redet von Rückgang der Landwirtschaft, wo sie nur von Rückgang der Gutsrenten reden dürfte. Die Landwirtschaft geht nicht zurück. Der Getreideertrag sinkt nicht, die Betriebsmittel sind heute besser als je früher. Das oben theoretisch konstruierte arme Dorf, wo man den Boden unter dem Druck der Austauschwirtschaft halbbearbeitet liegen läßt, existiert nur als Ausnahme. *Man kann getrost als Preisaufgabe stellen, hundert Dörfer zu finden, deren Getreideproduktion heute geringer ist als im Jahre* 1875, wenn man nur solche Dörfer ausschaltet, wo deshalb weniger Getreide gebaut wird, weil es lohnender ist, Rüben oder Wiesenheu zu produzieren. Und welcher Zuwachs an ländlichem Wohlsein liegt nach dem, was wir früher dargestellt haben, in den jetzigen Viehwerten! Unsere Dörfer im ganzen sind glänzende Zeugnisse für den Segen des Austausches. Und wenn nun jemand antworten wollte, daß der steigende Wohlstand der deutschen Dorfgemeinden, von dem ebensowohl die Hauseinrichtungen wie die Einkommensteuern reden, eben nur möglich sei, weil wir Zölle haben, so verweisen wir nochmals auf die blühende Landwirtschaft der zollfreien Nachbarstaaten Belgien, Holland und Dänemark. Unsere Viehwirtschaft wird in dem Maße wachsen als wir Zollfreiheit gewinnen. Das einzige, was uns hindert, die erste Viehwirtschaft Europas zu haben, sind unsere Zölle, denn diese Zölle verteuern das Viehfutter und verringern den Fleischkonsum durch Steigerung der Brotpreise und durch Hemmung des Verdienstes der arbeitenden Menge. Die Berufsbewegung der Landwirte müßte bei Abwägung der sich gegenüberstehenden Vorteile und Nachteile folgende Rechnung aufstellen:

für Zölle spricht:	gegen Zölle spricht:
die Erhöhung des Getreidepreises	die Verminderung des Fleischbedarfs
die Erhöhung der Bodenrente	die Verminderung des Marktgewinnes
die Erniedrigung der Löhne	die Verschlechterung der Arbeitskräfte

Unter Marktgewinn ist die Einnahme aus Milch, Butter, Obst, Gemüse zu verstehen. Diese Einnahme und die für Fleisch ist für die überwältigende Mehrzahl der deutschen Landwirte längst die eigentliche Lebensquelle geworden. Etwa $^3/_4$ aller Einnahmen stammen, wie wir früher sagten, nicht aus Getreide. Dieses $^3/_4$ wächst, das $^1/_4$ sinkt, wenn die Zölle fallen. Und was die Löhne betrifft, so sei hier nur soviel gesagt, daß in allen Marktproduktionen besser bezahlte Arbeitskraft möglich ist, weil sie sich sichtbar in besseren Nutzen verwandelt. Nur der Getreidebau kann mit geringen Arbeitern betrieben werden, wenngleich auch er nicht gut. Der Zoll vermehrt möglicherweise die Zahl der geringwertigen Arbeitskräfte, die auf dem Lande bleiben (sicher ist auch dieses nicht), aber er ermöglicht in keiner Weise eine Landwirtschaft auf Grund guter Löhne, denn der Zollgewinn ist viel mehr Rente als Betriebsgewinn, das heißt, er wird von den Bodenpreisen verschluckt und nicht zur Qualitätserhöhung der Betriebe verwendet, was beim Marktgewinn in viel höherem Grade der Fall ist. Die Zölle sind ein Mittel, die Landwirtschaft von der unvermeidlichen Umgestaltung zur Marktwirtschaft abzuhalten, entspringen der menschlich erklärlichen Abneigung gegen die Veränderung der gewohnten Betriebsweise, sind aber volkswirtschaftlich betrachtet gerade für die Landwirtschaft, gerade für sie, ein Bleigewicht von unheimlicher Schwere. Und was hilft es, den Umgestaltungsvertrag künstlich zu verzögern? Es ist ganz undenkbar, daß ein wachsendes Volk, dessen ausländischer Brotbedarf von Jahrzehnt zu Jahrzehnt steigt, sich für alle Zeiten mit Brotzöllen binden läßt. Irgendwann werden die Zölle gesprengt. Daran zweifeln im Grunde auch die Zollvertreter nicht. Sie wollen nur Zeit gewinnen. Diese Zeit aber, die sie für ihre Rente und ihren gewohnten Betrieb gewinnen, ist Verlust für die Stellung, die unsere Landwirtschaft auf dem Weltmarkt der Zukunft haben kann. Deutschland als Ganzes ist eben nicht ein armes Dorf mit geringem Boden. Wir sind in weiten Gebieten ein Land, das für Vieh, Hackfrüchte und Obst wie geschaffen ist, und selbst unser Getreideacker wird die Abwerfung aller Zölle weit besser aushalten, als heute geglaubt wird. Es handelt sich freilich um die Abwerfung aller Zölle. Wollte man etwa Vieh- und Getreidezölle beseitigen, aber Maschinen und Kleider weiter verteuern, so wäre das eine schreiende und unerträgliche Ungerechtigkeit gegenüber dem Landmann. Solange er von Zöllen bedrückt wird, will er auch Zölle genießen. Er gehe aber zum Viehmarkt nach Groningen und Leeuwarden in Holland und sehe dort, was er erleben könnte, wenn er helfen würde, alle Zölle, alle, alle Zölle abzuwerfen! Auch er steigt schließlich nur mit dem Zeitalter des Verkehrs. Wir wollten, die deutschen Bauern kämen mehr ins Ausland, damit sie selber urteilen lernten über das, was ihnen heute als volkswirtschaftliche Weisheit vorgetragen wird.

b) Der Textilbezirk ist der zweite Ausgangspunkt der Bekämpfung des Freihandels, und zwar auch hier der arme Textilbezirk, welcher geringe Massenware herstellt. Er ist beständig in Angst, daß ihm das Ausland sein schwererkämpftes Dasein wieder nehmen werde. Diese Angst ist an sich sehr wohl verständlich, denn in diesem Bezirk ist Lohn und Unternehmergewinn schon so knapp, daß jede halbe Mark ein Streitgegenstand ist. Selbst die Landwirtschaft älterer Gebiete hat kaum eine Vorstellung von der Lebensknappheit des armen Industriedorfes im Gebiet der Weber, Strumpfwirker, Spielwarenschnitzer. Und es gibt auch andere Industrien, denen es ähnlich geht. Sie flehen: gebt uns der Auslandskonkurrenz nicht schutzlos preis, laßt uns wenigstens den inneren Markt! Und ihr relatives Recht dabei ist genau dasselbe wie das Recht des Bauern, der nicht ohne Zollnutzen sein will, solange er Zollschaden hat. Solange die Leineweber Brotzölle, Garnzölle, Maschinenzölle tragen und diese Zölle als gegebene Größen ansehen, müssen auch sie ihrerseits Zölle fordern. Eine Abwerfung der Zölle kann auch für sie nur in Frage kommen, wenn alle Zölle hinwegfallen. Erst wenn sie Weltmarktbrot haben und Weltmarktgarn, sind sie frei in ihrer Meinung über Nutzen oder Schaden ihrer Zölle. Weshalb fürchten sie die englische Konkurrenz? Weil sie zollfrei arbeitet! Sie fürchten allerdings nicht nur die englische Konkurrenz, sondern auch den immer zudringlicheren Wettbewerb östlicher Völker, die noch billigere Arbeitskräfte haben. Schon sind es nicht nur Österreicher und Italiener, sondern auch Rumänen, Russen, Indier, die man zu fürchten beginnt. Die Industrien von Warschau und Lodz sind schon recht fühlbar. Kann man dieser billigsten Konkurrenz begegnen, wenn man von keinen Zöllen belastet, aber auch von keinen Zöllen geschützt ist? Man muß offen gestehen, daß das nicht sicher ist. Es kann sein, daß voller Freihandel etliche unserer allerärmsten Industrien zerstört. Es fragt sich nur, ob das volkswirtschaftlich ein Schade ist. Ein Schade ist es nur dann, wenn damit die betreffenden Menschen noch ärmer werden als sie es heute sind. Was das heißen will, weiß ich, denn meine Jugend ist voll vom Untergang der alten Hausweberei. Man soll nicht leicht über solche Hungerprozesse denken, sie sind etwas Schreckliches! Aber noch schlimmer ist die Verlängerung eines Zustandes, der auch kein Leben ist. So schmerzlich vor fast 40 Jahren der Untergang der alten Weberei war, er war nötig, er war gut. Die deutschen Menschen sind zu gut, um die geringsten Diener des Weltmarktes zu sein, denn sie können nach ihrer Bildung für bessere Arbeiten gestellt werden. Man lasse das Ausland die allermechanischsten Produktionen nehmen. Um sie an uns zu verkaufen, wird eben dieses Ausland andere Waren von uns kaufen müssen. Der Sturz aller Zölle wird gleichzeitig eine Überschwemmung unserer Verkaufsläden mit billiger Auslandsware und ein genau ebenso steigendes Auslandsbedürfnis nach besserer deutscher Herstellung bedeuten. Jetzt kann das Ausland weniger kaufen, weil wir ihm weniger zu verkaufen gestatten. Es handelt sich auch hier im wesentlichen um den Übergang zu höheren Qualitäten. Dieser ist möglich, wenn wir unsererseits mithelfen, daß noch viel mehr Völker in Herstellung billigen Massenbedarfs eintreten und damit zu Käufern unserer Maschinen, unserer Luxuswaren, unserer Hausgeräte, unserer besseren Gewebe und schließlich auch unseres Fleisches werden. Wir sind es, die durch unsere Zölle den Übergang zu lohnenderen Produktionen hindern. Ja, wenn wir ein industriell unfähiges Volk wären und trotzdem teurer produzierten als andere, dann müßten wir uns vor der offenen Tür fürchten. Aber es ist keine Überhebung, wenn wir unserer Bevölkerung zutrauen, daß sie bei gesteigertem Verkehr das bessere Teil der gesteigerten Herstellung in ihre Hände fassen wird. Es ist eine falsche Angst, die uns blendet, die Angst, nur von geringen Stapelartikeln leben zu können und leben zu müssen.

2. Der zweite wirtschaftliche Einwand gegen den Freihandel ist, daß unsere Abhängigkeit vom Auslande wächst, wenn wir keine Zölle haben. Die Tatsache der wachsenden Abhängigkeit ist ohne Zweifel, es fragt sich nur, ob sie ein Unglück

ist. Wir verneinen es. Die Abhängigkeit besteht in der Abhängigkeit von fremden Materialien, fremden Preisen und fremden Zöllen.

a) Die Abhängigkeit von fremden Materialien wird, da wir eine wesentlich verarbeitende Industrie pflegen müssen, als gewaltiger Bedarf an fremder Wolle, Baumwolle, Holz, Kupfer, Leder, aber auch an Getreide, Kaffee, Reis usw. zutage treten. Unsere Arbeit und unser Leben ist abhängig von der Produktion der Australier, Amerikaner, Russen. An diesen Tatbestand hängt sich die Furcht an: was wird, wenn diese Ausländer eines Tages von uns nichts mehr kaufen wollen, sondern anfangen, selber Maschinen zu bauen, Strümpfe zu wirken, Uhrketten zu machen? Mit ernster Miene wird uns vorgehalten, daß im Laufe der Zeit alle Staaten zu Industriestaaten werden und sich selber versorgen. Was dann? Dann sitzen wir mit unseren Anlagen und haben nichts zu tun! Antwort: solange jemand da ist, der Baumwolle kaufen will, ist auch jemand da, der sie herstellen will, solange aber jemand da ist, der Baumwolle verkaufen will, gibt es auch Abnehmer für die Ausfuhr des Käufers. Gerade jetzt, wo die Knappheit des Baumwollenmarktes die Welt beschäftigt, ist es gut, dieses Beispiel zu wählen. Durch geringe Ernte einerseits und wachsenden Bedarf andererseits sind die Preise sehr in die Höhe gegangen. Von dieser üblen Konjunktur sind unsere Baumwollkäufer abhängig. Sie schädigt den Umsatz, den Absatz, den Lohn. Aber die Folge ist nun nicht, daß es in den künftigen Jahren noch weniger Baumwolle gibt, sondern daß es mehr gibt, denn der Preis erweitert die Plantagen. Kommt dann eine reiche Ernte, so haben wir den Vorteil, wie wir jetzt den Nachteil hatten. Solche Wechselfälle sind ärgerlich und vermehren das Risiko des Geschäftes, aber sie waren stets bei allen Produktionen vorhanden, und was hier die Hauptsache ist: an ihnen ändert unser Zoll gar nichts! Mit und ohne Zoll müssen wir die Schwankungen der Materialproduktion miterleben, und ob sich diese Schwankung im Ausland oder Inland vollzieht, ändert nichts. Eine Sorge würde erst dann eintreten, wenn es den Amerikanern einfallen könnte, an uns nicht verkaufen zu wollen, also das alte Mittel des Ausfuhrverbotes anzuwenden. Das halten wir für ausgeschlossen, solange die Baumwollproduzenten überhaupt noch etwas gelten. Sie würden sich mit Händen und Füßen gegen eine solche Vergewaltigung wehren. Nie könnte etwas derartiges schnell und unerwartet kommen, und ehe es kommt, haben sich andere Gegenden bereitet, um die für sie wie ein Geschenk sich bietende Gelegenheit auszunützen. Mit solchen Phantasien soll man uns nicht bange machen! Es gibt kein einziges Beispiel neueren Datums für ein solches Vorgehen irgendeines Staates. Solange aber jemand an uns Baumwolle verkaufen will (das heißt aber: für alle Zukunft), wird er genötigt sein, dafür Anweisung auf deutsche Waren in Zahlung zu nehmen. Womit sollen wir sonst bezahlen? Je teurer die Baumwolle zeitweilig wird, desto größer werden gleichzeitig die Konsumbedürfnisse ihrer Hersteller. Und kaufen etwa die Industriestaaten nichts von uns? Hört England auf, unser Abnehmer zu sein? Je kapitalistischer England wird, je reicher es durch seinen Freihandel wird, desto mehr Zinsen bezieht es von allen Rohstoffgebieten, und mit diesen Zinsen, die eben in Wolle, Baumwolle, Getreide bestehen, kauft es dann unsere besseren Waren. Und auch an uns sind derartige Zinsen zu zahlen. Man sagt, daß wir vom Ausland abhängig werden. Ist aber nicht der umgekehrte Satz noch viel richtiger, daß das Ausland von uns abhängig wird? Sind wir mehr von Rußland abhängig oder Rußland mehr von uns? Wir sind Gläubiger, die Russen sind Schuldner! Wir können Roggen auch von Amerika kaufen, Rußland kann nur an uns verkaufen. Wenn der Russe uns keinen Roggen liefert, essen wir Weizen aus Argentinien, der Russe muß aber Roggen liefern, denn sonst kann er keine Steuern zahlen. Je freihändlerischer wir werden, desto mehr werden wir ohne Zwang viele Diener unter allen Himmeln haben.

b) Die Abhängigkeit von fremden Preisen hängt eng mit dem eben Besprochenen zusammen. Im allgemeinen lautet die Antwort: da jede Preisbildung eine Vereinbarung von Käufern und Verkäufern ist, so sind wir in keinem Falle an der Preisbildung einer von uns gebrauchten Materie unbeteiligt. Fremde Preise im Sinne erzwungener Preise kann es nur bei Monopolartikeln geben, deren wir unter allen Umständen bedürftig sind: Gold, Petroleum, Salpeter, Kupfer. Aber auch in solchen Artikeln ist unser Bedarf elastisch. Es kann sein, und wir glauben es, daß in fernerer Zukunft internationale Monopole entstehen, die uns schwere Sorgen bereiten, aber was in aller Welt kann man da mit Zöllen ausrichten? Je größer unser Bedarf und Kapital ist, desto eher werden wir am Monopol beteiligt sein können. Die Zölle aber halten uns zurück in der Kapitalbildung und damit in der Beherrschung der internationalen Ausnutzungsverbände, die wir nicht hindern können.

c) Die Abhängigkeit von fremden Zöllen gilt als Hauptgrund für das deutsche Zollsystem. Dieser Grund ist sehr populär, aber doch falsch. In allen Ländern steigert man mit diesem Grunde die Tarife. Österreich erhöht Zölle, weil wir sie erhöhen, und wir, weil Österreich es tut. Zwischen allen Zollländern sitzen inzwischen einige Gebiete ohne Schutzzölle oder mit nur sehr geringen Zöllen: England, Holland, Belgien, Dänemark, und gehen nicht unter, ja im Gegenteil, wir behaupten, daß die Zölle der anderen ein Hauptgrund für den fabelhaft wachsenden Reichtum Englands sind. *Die Höhe der englischen Kultur wird durch die Zollbelastung der kontinentalen Staaten gesteigert.* Dieser Punkt ist so wichtig und wird von der gewöhnlichen Zollerörterung so wenig berücksichtigt, daß wir ihm eine besondere Aufmerksamkeit schuldig sind. Es ist dabei allerdings nötig, einige etwas schwerere Gedankengänge kurz darzulegen;

Als Bismarck die Zollgesetzgebung einführte, rief er ins Volk hinein: den Zoll trägt das Ausland! Dieses Wort kann wahr sein oder unwahr, je nachdem die Lage des Handels ist. Wenn das Ausland absolut verkaufen muß (vergleiche russischer Roggen!), so wird es bis an die Grenze des Möglichen sich drücken lassen und viel vom Zoll auf sich nehmen, das heißt: unmenschlich billig verkaufen. Wenn aber wir absolut kaufen müssen (vergleiche Monopolartikel!), so werden wir den Zoll auf uns nehmen, das heißt, der Weltmarktpreis ist an sich normal und wir bezahlen übernormale Preise. Beide Fälle sind nicht reinlich voneinander zu scheiden, es bleibt aber immer die doppelte Möglichkeit, daß entweder der Weltmarktpreis zu niedrig oder unser Einkaufspreis zu hoch ist. In beiden Fällen gewinnt England! *Wenn wir die Getreideländer nötigen, ihre alleräußersten Preise zuzugestehen, so hat London billiges Brot durch den von uns ausgeübten Druck, ohne daß unsere Bauern die gewünschte Preiserhöhung erleben.* Da aber in England und Schottland etwa 90% der Bevölkerung nicht Landwirtschaft treiben, und da auch unter den 10% Landwirten viele Viehzüchter sind, so hat fast das ganze englische Volk den Vorteil eines um ein Viertel des Preises verbilligten Brotes. Und so geht es mit vielen anderen Waren, z. B. den französischen Weinen. Tritt aber der andere Fall ein, daß wir den Zoll selber zahlen, so genießt zwar England keine besondere Verbilligung, aber der englische Fabrikant hat eine Belastung nicht, die dem deutschen Fabrikanten erwächst. Dieser Fall kann beispielsweise bei den Garnzöllen vorliegen. Nun kann ja der deutsche Fabrikant für seinen höheren Einkaufspreis sich damit trösten, daß er den Inlandsmarkt gesichert erhält und somit den Schaden auf die Kundschaft abwälzen kann; die Kundschaft wieder kann sich trösten, daß sie soviel weniger Staatssteuern zu zahlen hat als die Reichskasse an den betreffenden Zöllen verdient. Doch dieser Trost ist an sich schon etwas mangelhaft, da die Käufer von Geweben nicht gerade die zu sein brauchen, die bei dieser Art von Staatsfinanzernährung gut wegkommen; er versagt aber völlig, wenn der Fabrikant exportieren will, dann muß er mit dem Engländer konkurrieren, der weniger belastet ist als er, der also mehr Spielraum für Gewinn hat. Unsere Zölle lähmen unsere Entfaltung, ja sie treiben deutsche Industrien ins Ausland. Dazu kommt aber noch als weiterer Hauptpunkt, daß diejenigen unserer Industrien, die zwar keine Zölle für Rohprodukte zahlen, aber für ihre Halbfabrikate durch Zölle geschützt sind, dem Auslande auf Inlandskosten billige Materialien für ihre weitere Verarbeitung liefern. Wir freuen uns, daß wir eine größere Roheisenproduktion haben als England, aber diese Freude ist sehr dadurch getrübt, daß unsere Eisenwerke an die Engländer billiger verkaufen als an deutsche Fabrikanten, daß sie also den englischen Schiffs- und Maschinenbauer mit unseren Zöllen ernähren. Von allen Seiten her gewinnt der freie Markt London durch die Abschließung der europäischen Grenzen billiges Brot, billiges Eisen, billiges Garn! Und durch diesen Freihandelscharakter behält der Londoner Markt seine überragende zentrale Bedeutung. Wir Deutschen erkennen durch Schaffung des Hamburger Freihafengebietes an, daß man Welthandel erfolgreich nur als Freihandel treiben kann, aber wir lassen den Freihafen nur eine Außenstation unserer Volkswirtschaft sein, während gerade Deutschland als Ganzes zum Freihandelsgebiet geschaffen ist wie nur irgendein Land, da es die natürliche Vermittelungsstelle fast aller europäischen Länder sein könnte, wenn es frei sein wollte. Solange wir selber Zölle haben, fürchten wir uns vor fremden Zöllen, weil wir bei unserer selbstgeschaffenen Verteuerung keinerlei Druck auf Weltmarktpreise vertragen können. Wir sind wund an allen Seiten. Wenn irgendwo ein Zoll auf Seife oder Spielwaren oder sonst etwas gelegt wird, zittern wir, denn wir fühlen, daß das die Preise drücken könnte, und daß wir das bei unseren Zöllen für Holz, Maschinen, Brot usw. nicht aushalten können. Die ganze Industrie wird nervös, weil es ein aus Ängsten geborenes System ist, unter dem sie lebt.

Aber, so sagt man uns: in England gibt es ja selbst neuerdings zollfreundliche Stimmungen! Das ist wahr, nur darf nicht vergessen werden, daß es politische Motive sind und nicht Wirtschaftsgründe, die für Chamberlain und seine Freunde den Ausschlag geben, und daß die übergroße Mehrheit des englischen Volkes nicht daran denkt, ihr altes Vorrecht, durch Freihandel von den Torheiten der Zollstaaten reich zu werden, aufzugeben. Aber selbst, wenn das Unerhörte später einmal eintreten sollte, wenn England eine Zollgrenze um sein Weltreich legen sollte, müßten wir Deutschen zum Freihandel übergehen, denn England kann eine Welt für sich sein wollen, da es in allen Zonen lebt, wir können es nicht. Wir haben nur die Wahl, ein kleines Volk am Rande der Weltgeschichte zu sein oder zum Freihandel überzugehen.

3. Der dritte wirtschaftliche Einwand gegen den Freihandel ist, daß durch ihn der Kapitalismus vermehrt wird. Dieser Einwand wird besonders in Kreisen von Mittelstandspolitikern laut und paßt zu ihrer sonstigen Weltanschauung. Sie leben nämlich in ihren Gedanken noch in der ersten Hälfte des vorigen Jahrhunderts, wo man sich fragte, ob man die neue Wirtschaftsweise überhaupt haben wollte oder nicht. In diesem Stadium der Entwicklung ist es richtig, daß Zölle die Entfaltung des Großkapitals hindern, indem sie die Industrie abhalten, sich auszudehnen. In diesem Stadium kann beispielsweise ein Maschinenzoll die Entstehung mechanischer Webereien aufhalten, da man im Inland gute Maschinen noch nicht bauen kann. Ein derartiger Zoll mag heute in der Türkei noch möglich sein, für uns hat er keinen Sinn mehr, denn bei uns wird kein einziges Handwerk durch Zölle vor industrieller kapitalistischer Konkurrenz geschützt. Im Gegenteil verstärken vielfach die Zölle, die zur Erschwerung der Ausfuhr werden, den Eifer der Fabrikanten, auch die letzten Handwerker noch zu erdrücken. Das Handwerk stirbt immer dann, wenn die Industrie keinen Absatz in der Ferne findet, weil sie dann die kleine Vorteile der Heimat genauer ausnützt. Statt dessen aber befördern die Zölle die großkapitalistische Zusammenfassung der Syndikate. Wir verschieben jedoch die Besprechung dieser Wirkung auf den späteren Abschnitt, wo wir von den Syndikaten überhaupt reden.

Damit sind wir am Ende der wirtschaftlichen Gründe gegen den Freihandel. Alle diese Gründe würden ihn nicht fernhalten können, wenn nicht zu ihnen starke politische Gründe kämen. Diese wollen wir hier nur aufzählen, heben uns aber ihre Kritik für den politischen Teil dieses Buches auf. Sie heißen:

4. Durch den Freihandel treten Verschiebungen der Herrschaftsverhältnisse ein, die von den bisherigen Herrschaftsschichten mit allen Mitteln bekämpft werden.

5. Durch den Freihandel soll die Wehrfähigkeit des Volkes geschädigt werden.

6. Durch den Freihandel wird ein anderes System der Staatsfinanzen nötig.

7. Durch den Freihandel soll das Volk entnationalisiert werden.

Man sieht, daß die eigentlich großen Trümpfe in diesem Spiel gar nicht Wirtschaftsgründe sind. Alle wirtschaftliche Debatte ist nur Begleiterscheinung eines bitteren Kampfes um die Macht im Staat. Die jetzigen Führer der Zollbewegung waren bis vor dreißig Jahren selber Freihändler. Damals war der Freihandel für sie der Weg zur Macht. Sie würden nichts gegen den Freihandel haben, wenn er sie in ihrer Macht beließe. Es ist also der Zoll niemals als reine Wirtschaftsmaßregel zu begreifen. Als solche wird und muß er unverständlich bleiben. Er ist Eingriff des politischen Wollens in die Wirtschaft. Um aber diesen Zusammenhang beleuchten zu können, muß vorher noch manches andere erledigt sein. Hier ist nur noch am Platze, eine Zolltheorie wirtschaftlicher Art zu besprechen, die von vornherein den Zoll für ein Übel hält, ihn aber für gewisse Fälle als Aushilfsmittel zulassen will. Wir meinen die Lehre vom Erziehungszoll.

Ihr Inhalt ist, daß jede neu beginnende Industrie unter schwereren Bedingungen arbeitet als ein alteingeführtes Gewerbe, und daß es deshalb nötig ist, ihr Vorzugsbedingungen zu gewähren, bis sie auf eigenen Füßen stehen kann. Beispielsweise würden wir eine viel bessere Geflügelzucht haben können als sie heute in Deutschland besteht. Dazu würde es nötig sein, für einige Zeit fremdes Geflügel und fremde Eier fernzuhalten. Später, so sagt man, werden wir so schöne und vollkommene Geflügelzüchtereien haben, daß wir es mit aller Welt aufnehmen können. An sich leugnen wir diesen Gedanken nicht. Es ist nicht falsch, auf allgemeine Kosten ein einzelnes Gewerbe zu heben, von dem später viele Menschen besser leben werden als heute. Aber wir behaupten, daß es gerade unsere jetzigen Zollsysteme sind, die jedes derartige Verfahren ausschließen. Das Wesen unseres jetzigen Zollsystems ist die Verteuerung aller Arten von Produktion, also auch die Belastung der jungen Industrien, die gepflegt werden sollen. Wir belasten, um bei diesem Beispiel zu bleiben, unsere Geflügelzucht mit so großer Futterverteuerung, daß es ihr nichts oder wenig helfen kann, wenn sie mitten in der allgemeinen Belastung auch ihr besonderes Vorteilchen bekommt. Sie ist es doch nicht, die den ersten Rahm abschöpft, den sichern sich die großen, längst bestehenden Gewerbe, die schon sehr ausgewachsen und erzogen sind. Man kann geradezu sagen, daß in dem großen Geschäft gegenseitiger Belastungen mit Notwendigkeit alle diejenigen Erwerbszweige zu kurz kommen müssen, die am ersten des Schutzes bedürfen. Und wie oft wird der Gedanke des Erziehungszolles falsch angewendet. Wir hören die Reden unserer Gärtner, die vor italienischem Obst und italienischen Blumen geschützt werden wollen. Auch sie sagen: laßt uns nur erst einmal eine Weile still für uns leben, dann wollen wir wohl etwas schaffen, was auch diese Konkurrenz aushält! Das ist ehrlich gemeint, aber falsch gedacht, denn nichts erzieht das deutsche Publikum so sehr für die einheimische Blume als die fremde Blume, und nichts so sehr für den Apfel als die Apfelsine. Zoll bedeutet in solchen Fällen nicht, daß die einheimische Produktion steigt, sondern daß das Bedürfnis sinkt. Zum Bedürfnis gehört Gewöhnung, und diese wird in sehr vielen Fällen durch Auslandsware geweckt, hilft aber dann, wenn sie geweckt ist, der Inlandsware.

Meist aber wird das Wort Erziehungszoll gar nicht ehrlich verwendet. Es ist geradezu ein Spiel mit Worten, wenn man es auf die deutsche Eisenindustrie anwendet. Wir leugnen nicht, daß es in der Mitte des vorigen Jahrhunderts mit gewissem Rechte gesagt werden konnte. Damals weckte England in Deutschland die Eisenbedürfnisse, warf aber dabei soviel Eisen auf den deutschen Markt, daß es schwer war, deutsche Eisenwerke mit noch ungeschulter Arbeitskraft und verhältnismäßig geringen Kapitalien zu gründen. Das war die Zeit, in der Friedrich List die Theorie von den Erziehungszöllen verkündigte. Wir halten auch für möglich, daß diese alten sachlich berechtigten Eisenzölle zu zeitig (1873—1876) aufgehoben wurden, und sehen in dieser Überstürzung der damaligen Freihandelsbewegung einen Hauptgrund ihrer kurzen Dauer. Aber die Zeiten, wo Eisenzölle ihre Schuldigkeit getan haben, sind längst vorbei. Jetzt ist es Spott, sie noch Erziehungszölle zu nennen, nachdem wir eine Eisenproduktion haben, die mit Schleuderpreisen an das Ausland verkauft. Jetzt ist der Zoll zur Mauer der Syndikatsherrschaft, zum Bereicherungsmittel einer äußerst kapitalkräftigen Schicht geworden. Aus Erziehungszöllen wurden Tribute. Im Worte „Schutzzoll" liegt eine Tendenz, die sich in keiner Weise mehr mit dem deckt, was diese Zölle in Wirklichkeit bewirken. Heute ist aus dem Schutzmittel ein Herrschaftsmittel geworden.

Es gibt aber auch noch eine zweite Art von Zöllen, die wir trotz grundsätzlicher Freihandelsüberzeugung theoretisch billigen könnten. Wir wollen sie Wohlfahrtszölle nennen. Sie können eintreten, wenn ein bestimmtes Gewerbe, obwohl man weiß, daß es sich niemals weltwirtschaftlich rentieren kann, doch künstlich erhalten werden soll, weil sein Untergang zwar kaufmännisch kein Verlust, aber ästhetisch, hygienisch, ideell ein Nachteil sein würde. In diesem Falle bringt die Gesamtheit mit vollem Bewußtsein Opfer, die sich volkswirtschaftlich nicht bezahlt machen. Das kann beispielsweise eintreten, wenn alle einheimische Waldwirtschaft unrentabel werden sollte. Den Wald müssen wir erhalten, auch wenn es ein Luxus ist, ihn zu haben. Wir wollen als Volk lieber etwas schlechter leben, aber Wald wollen wir haben. Ich sage nicht, daß dieser Fall eingetreten ist, denn noch ist die Aussicht steigender Holzpreise auf dem Weltmarkt vorhanden, aber er ist denkbar, und wir waren oder sind nahe an der Grenze dieses Falles. Um den Wald zu erhalten, können wir ihn in Staatsverwaltung nehmen oder für ihn sonst schädliche Fideikommißvorrechte bestehen lassen oder ihn durch besondere Zölle schützen. Ob das eine oder andere Verfahren besser ist, ist eine praktische Frage, fest steht nur der Wille, die Austauschwirtschaft sich nicht ungehindert ausleben zu lassen, wenn sie uns den Wald nehmen will. Jetzt freilich sind Zölle auch hier ein ungeeignetes Mittel geworden, weil die allgemeine Belastung den nicht sehr hohen Vorteil der vertragsmäßigen Holzzölle reichlich wegfrißt. Auch dieser Wohlfahrtszoll kann ebenso wie der Erziehungszoll nur dann wirken, wenn im allgemeinen Freihandel besteht. Es ist möglich, die Weinbauern Süd- und Westdeutschlands unter ähnlichem Gesichtspunkt zu betrachten. Ihr Erwerb ist vielfach volkswirtschaftlich nicht viel nütze, aber sie gehören zur Landschaft, zum Volkscharakter. Es ist denkbar, für sie eine Ausnahme aus Gefühlsgründen zu konstruieren, wenn man nur sonst die nationale Wirtschaft im großen von der Beschwernis zweckloser Massenzölle befreit hat. Ein großes Geschäft braucht nicht in jeder kleinen Ecke logisch zu handeln, wenn es nur im großen nach strengster Logik geleitet wird. Das letztere aber ist die Voraussetzung des ersteren. Jetzt dagegen bauen wir das nationale Gesamtgeschäft auf Unlogik auf und verderben uns damit neben vielem anderen auch die Möglichkeit, uns gewisse Betriebe als nationalen Luxus nebenher zu erlauben.

Es kann gefährlich scheinen, dieses Zugeständnis der Wohlfahrtszölle zu machen, da sie die Reinheit des Prinzips gefährden, und da sie leicht ebenso wie die Erziehungszölle zu falschem Gebrauche benutzt werden können. Aber gerade dieser letzte Grund ist es, warum wir offen über sie reden, denn bei vielen Gebildeten ist es schließlich diese Idee des Wohlfahrtszolles, die sie in die Arme des heutigen Zollwesens hineintreibt. Sie sind im Kern freihändlerisch, gehören mit ihrem ganzen Denken der Austauschwirtschaft, wollen aber aus Gründen der Ästhetik, Hygiene, Moral „die Landwirtschaft erhalten", und sei es auch unkaufmännisch und deshalb rein volkswirtschaftlich falsch. Sie sagen: wir sind reich genug, den Bauern eine Staatssubvention zukommen zu lassen, nur um eben den Bauern zu haben, wie man den Sachsenwald oder den Weinberg am Neckar haben will, auch wenn hier der Acker und dort die Weinberge sonst viel rentabler verwertet werden könnten. Es ist eine Art von Idealismus, der sich in solcher Denkungsweise ausdrückt, und der die besten Menschen zu Hilfstruppen einer schlechten Sache macht. Schlecht ist nämlich die Anwendung dieses Gedankenganges auf die Getreidezölle deshalb, weil diese, wie an verschiedenen Stellen schon ausgeführt wurde, erstens der Masse der kleineren Bauern überhaupt nicht nützen, sondern sie direkt schädigen, indem sie die Vieh- und Marktwirtschaft hindern, weil zweitens diese Zölle eine ungeheure Belastung der übrigen Bevölkerung, und zwar besonders der armen Bevölkerung enthalten, die sich mit dem geschilderten Idealismus in keiner Weise verträgt, weil drittens der Getreidebau im Gegensatz zu den übrigen Formen der Landwirtschaft gar keine so besonderen ästhetischen oder moralischen Vorzüge hat, daß wir ihn gerade vor anderen ebenso nötigen Produktionen im Inlande halten müßten, und viertens, weil der Getreidebau in zwei Dritteln oder drei Vierteln seines Bestandes den Übergang zum Freihandel ganz gut aushalten kann (Belgien, Dänemark, England). Den an sich berechtigten Gedanken des Wohlfahrtszolles kann man, wenn man ihn überhaupt zulassen will, nur für Nebengebiete der nationalen Produktion gelten lassen, und man muß sehr genau wissen, daß man Opfer bringt, um sich irgendeine besondere Freude nicht entgehen zu lassen.

Beide Arten von Zoll aber, die wir unter bestimmten Voraussetzungen und mit knapper Begrenzung für theoretisch berechtigt halten, Erziehungszoll und Wohlfahrtszoll, sind praktisch durch unser politisches System so gut wie ausgeschlossen. Sie können in einer absoluten Monarchie mit Maß und weiser Vorsicht verwendet werden, aber *in einem Staatswesen, wo Zollfragen durch Parlamente entschieden werden, ist es unmöglich, Zölle für die Schwachen zu machen.* In solchen Staaten sind und bleiben Zölle die Waffen der Starken. Als solche müssen sie erhalten oder verworfen werden. Für eine feinere Benutzung der Zollklaviatur ist hier kein Platz. Deshalb bleibt nur die letzte, einheitliche, alle Wirtschaft durchzitternde Frage übrig: soll dieses Zollsystem, das wir haben, als Ganzes erhalten oder zerbrochen werden? Und unsere Antwort kann, darf und wird nichts anderes sein als ein Aufruf an alle denkenden Köpfe, zur Untergrabung der heutigen Zölle mit allen Kräften und allen Mitteln der öffentlichen Beeinflussung beizutragen, weil dieses Zollsystem zwar einzelne Kreise bereichert, die Nation im ganzen aber unsäglich schädigt, weil sie ihr die volle freie Flutung der Austauschwirtschaft vorenthält.

Das aber führt zum letzten volkswirtschaftlichen Bedenken zaghafter Freunde. Sie geben zu, daß es ein großer, unheimlicher Fehler war, daß wir uns in die Zollnetze einspannen ließen, aber nun, wo das einmal geschehen sei, nun müsse man auch in dem falschen System drinbleiben, weil es *ein zu großer Bruch* mit der bisherigen Entwicklung sein würde, zum Freihandel überzugehen. Sie sagen: seht, nun sind die Aktien der Eisenwerke, die Aktien der Spinnereien, die Güterpreise der Getreidegüter, nun sind die Anlagen der Maschinenbauer, die Fabriken der Textilfabrikanten, die Preise der Lebensmittel und Waren alle auf die Dauer der Zölle eingerichtet! Hätten wir die Zölle nicht, so würden wir sie gewiß nicht einführen, aber sie jetzt abschaffen, ist, wie wenn man das Straßenniveau einer ganzen Stadt ändern wollte, wie wenn man die Spurweite unserer Eisenbahnen vergrößern oder den Wasserdruck einer großstädtischen Wasserversorgung morgen vermindern sollte. Die ganze Volkswirtschaft kommt in Unordnung, denn diese Zölle, mögen sie schlecht sein, so sind sie doch nun unsere Wirtschaftsverfassung geworden.

In dieser angstvollen Abmahnung vor dem Abbruch des falschen Systems liegt leider eine gewisse Wahrheit. Es ist in der Tat sehr schwer, große volkswirtschaftliche Irrtümer wieder gutzumachen. Immerhin ist die Angst übertrieben, denn wir sehen ja jetzt, daß große Veränderungen der bestehenden Zollsätze nach oben sich vollziehen, ohne daß unsere Wirtschaftswelt zusammenstürzt. Wenn die Veränderung nach oben möglich ist, so ist es noch leichter bei der Veränderung nach unten, denn diese bietet größere Gewähr, daß sie von gutem Geschäftsgang begleitet sein wird. Bei schlechtem Geschäftsgang ist jede allgemeine Veränderung schwer, bei gutem Geschäftsgang vollzieht sie sich leichter als man denkt. Erinnern wir uns doch an das Eintreten der Caprivischen Handelsverträge! War das der Ruin der deutschen Volkswirtschaft? Auch damals änderten sich die bisherigen Bedingungen, viele Erwerbszweige mußten mit neuen Zahlen rechnen, aber geschadet hat dieser teilweise Bruch mit der seitherigen Praxis fast keinem, da er von einer allgemeinen Aufwärtsbewegung begleitet war. Auch die Landwirte sind trotz allen Geschreis ihrer Agitation durch diese Änderung nicht ärmer geworden, da das Vieh stieg und das Getreide weniger sank, als man angenommen hatte. Die Änderung, von der wir reden und für die wir arbeiten, ist viel gründlicher als das Eintreten der Caprivischen Handelsverträge, aber es ist damit noch nicht gesagt, daß sie schwerer zu sein braucht. Ihr Wesen wird folgendes sein:

1. Die Weltmarktpreise derjenigen Waren, bei denen unsere Zölle den Preis unter die Herstellungskosten gedrückt haben (Getreide), steigen in demselben Augenblick, wo wir die Zölle fallen lassen. Damit verkleinert sich der bisherige englische Vorteil, aber damit verkleinert sich andererseits der Preissturz für unsere einheimischen Verkäufer.

2. Der Inlandspreis derjenigen Waren, bei denen wir den Zoll selber bezahlt haben (Maschinen) sinkt, aber gleichzeitig wächst das Bedürfnis und verbilligen sich die Herstellungskosten.

3. Die Industrien der Rohstoffe und Halbfabrikate (Eisen, Garn) verlieren zunächst an Dividende, aber dafür steigt die Möglichkeit aller Verarbeitungsindustrien in vorher nie dagewesenem Maße.

4. Die Rente der Getreideböden verschlechtert sich, aber dafür werden wir das erste Viehproduktionsland der Welt.

Für den guten Verlauf eines derartigen Vorganges haben wir ein kleines Beispiel im Inland und ein großes im Ausland. Das inländische Beispiel ist die Geschichte unseres Zuckermarktes in den letzten Jahren. Am 1. September 1903 trat das neue Zuckersteuergesetz in Kraft, dessen Inhalt die Herabsetzung der Zuckersteuer war. Man erinnert sich, welche Stürme der Zuckerproduzenten vorher das Land beunruhigt hatten, als sei es nun mit dem Wohlsein der Zuckerindustrie zu Ende. Die Ausfuhrprämie fiel weg und der Inlandspreis erniedrigte sich, so daß der alte Inlandspreis (Magdeburg I Brot) von etwa 60 Mark auf unter 40 Mark sank. Die Ausfuhr verminderte sich, aber die Weltmarktpreise stiegen, so daß folgendes Ergebnis vorliegt:

	Tonnen	Mark
1903	1 020 000	187 000 000
1909	844 000	206 000 000
	— 176 000	+ 19 000 000

Das Ausland zahlte also für eine viel geringere Quantität mehr als früher, was einen offenbaren starken Gewinn der deutschen Volkswirtschaft bedeutet. Inzwischen aber hob sich der Inlandsverbrauch in ganz unerwarteter Weise:

	Tonnen	kg pro Kopf
1902/03	729 000	12,5
1908/09	1 122 000	17,6
	+ 393 000	+ 5,1

Der Inlandsverbrauch stieg stärker als die Ausfuhr sank, er stieg so sehr, daß die Inlandspreise sehr bald wieder in die Höhe gingen, und daß nun im ganzen von der Zuckerindustrie weit mehr verdient wird als vor der Herabsetzung des Zolles. Ja, was das merkwürdigste ist: selbst die Staatskasse ist infolge des vermehrten Inlandsverbrauches nicht schlechter, sondern besser weggekommen. Alle sind zufrieden, nur die Engländer klagen, denn ihr Zucker ist teurer geworden. Da sieht man, für wen wir in unserer Torheit bisher Gesetze gemacht haben!

Das große Beispiel des Auslandes ist aber natürlich eben dieses England, dem unsere Zölle nützen. Die nachfolgenden Angaben entstammen einer Zusammenstellung von Professor Brentano, den alle diejenigen in dankbarer Anhänglichkeit grüßen, die vom Freihandel Deutschlands zukünftige Größe erwarten. Er hat trotz aller Ungunst der Zeitströmung in unermüdlicher Tapferkeit den Gedanken des freien Handels vertreten, und eine spätere Generation wird ihm ein Denkmal mit der Aufschrift setzen: dem Manne, der nie aufgehört hat, an die Wirtschaftsfreiheit zu glauben! Brentano also schreibt:

> Das Parlament von 1832 war ein Parlament von Grundbesitzern und glaubte damals noch an die Getreidezölle als Mittel gegen die Not der Landwirte und erblickte in diesen die Säule des Staatswesens. Hinsichtlich der Getreidezölle freilich trat bald Enttäuschung ein. Nach dem Kornzollgesetz von 1815 hatte die britische Landwirtschaft praktisch das Monopol auf dem heimischen Markte. Und der Erfolg? Man hatte erklärt, daß 80 s. der Quarter und die entsprechenden Preise für andere Getreidearten die niedrigsten Preise seien, bei denen das Land weiter bebaut werden könne, und hatte das Gesetz in der sicheren Erwartung erlassen, daß die Preise nie unter diese Sätze herabgehen würden. Alle Parteien hatten diesen Glauben, und bei Verkauf wie bei Verpachtung richteten sich darnach die Bodenpreise wie die Pachtschillinge. Wirklich stieg im Gefolge einer Mißernte der Quarter Weizen wieder von 57 s. 1 d. auf 120 s. 5 d. Die Folge war die bitterste Not. Tausende waren arbeitslos. Hungertod starrte ihnen ins Antlitz. Große Unruhen setzten das Land in Schrecken. Die gewerblichen Arbeiter zerschlugen in Verkennung der Ursachen der Not die Maschinen. Die ländlichen Arbeiter glaubten an eine Verschwörung der Pächter, durchzogen in Banden das Land und verbrannten, um sich zu rächen, die Getreidehaufen auf den Feldern, die Scheunen und Pächterhäuser und demolierten die Läden von Bäckern und Metzgern. Für die Landwirte freilich war es ein Gnadenjahr, aber das letzte. Bald kam mit veränderter Witterung der Umschlag. Es kam eine Anzahl überreicher Erntejahre, und mit ihnen begann jene Zeit ununterbrochener Not der englischen Landwirte, welche so lange anhielt, als die Kornzölle währten. Nicht weniger als fünf Ausschüsse hat das Parlament zwischen 1820 und 1836 mit der Feststellung ihrer Ursachen und der Auffindung eines Heilmittels betraut. Schon der Ausschuß von 1821 erkannte klar das Unheil, welches das Gesetz von 1815 geschaffen, und führte energisch aus, daß es vergebliches Bemühen sei, der Landwirtschaft durch Kornzölle helfen zu wollen. Desgleichen wurde die Wissenschaft mehr und mehr einstimmig in Verurteilung der Kornzölle. Allein noch war bei den Landinteressenten der Glaube an die alleinseligmachende Kraft des Schutzzolles zu groß. Man redete sich ein, der Fehler sei nur die Folge davon, daß das Gesetz von 1815 die Getreidespekulation unterbunden habe, und erging sich im Lobe der wohltätigen Wirkungen der Spekulation. Um sie zu heben, ersetzte man 1828 das Gesetz von 1815 durch eine gleitende Zollskala, wodurch ein mit dem Steigen der Getreidepreise sinkender, mit ihrem Sinken steigender Zoll eingeführt wurde. Da begann die trockene Witterungsperiode wiederzukehren, und als in ihrem Gefolge die Ernten noch reichlicher wurden und die Preise weiter fielen, beschuldigte man die Spekulation, die man gerufen, als Ursache. Dabei brachte die Skala nicht einmal die erhoffte Stabilität der

Preise; sie schwankten von 1828—1839 um 126 Prozent. Und als Ende der dreißiger Jahre wieder stärkerer Regenfall stattfand und die Preise wieder anzogen, konnte man angesichts der Leiden der hungernden Massen es nicht einmal wagen, auf den herabgeminderten Zollsätzen des Jahres 1828 zu bestehen; man erließ 1832 eine Zollskala mit niedrigeren Sätzen.

Angesichts dieser Erfahrungen war im Ministerium längst der Glaube an das Schutzzollsystem ins Wanken geraten. Die Reform desselben begann 1822—26 mit den Maßregeln Cannings und Huskissons: Vereinfachung des Tarifs, Herabsetzung der Zollsätze. Dies vermochte aber nicht der durch die Kornzölle schwer geschädigten Industrie und der Not der in ihr Beschäftigten abzuhelfen; ihre Lage wurde immer verzweifelter. Damit einer kaufe, ist es nötig, daß er verkauft, und da man dem Ausland sein Korn nicht abnahm, konnte es England auch seine industriellen Produkte nicht abnehmen. Ungeheure Massen von Waren lagen unverkäuflich, während die Arbeiter sich im tiefsten Elend befanden. Da gründeten 1838 sieben Fabrikanten in Manchester nach dem Muster der Antisklavereigesellschaft die Antikornzolliga. Ihre Seele ward Richard Cobden, ihr mächtigstes Organ einer der größten Redner aller Zeiten: John Bright. Nunmehr wurde eine Agitation entfesselt, die ganz England in seinen Grundfesten erschütterte. Es wurde immer deutlicher, daß das Schutzzollsystem unhaltbar sei. Die Not der Landwirte hatte es nicht zu beseitigen, vielmehr nur zu konservieren vermocht; den Bauernstand hatte es vernichtet, denn der englische Bauer ist unter der Herrschaft der Kornzölle und infolge derselben verschwunden: die Industrie hatten sie an den Rand des Abgrundes gebracht. Da kam die irische Hungersnot; Hunderttausende wurden dahingerafft oder außer Landes getrieben. Da erfolgte, nach vorausgegangner Herabsetzung der Industriezölle i. J. 1842 und 1845, im Jahre 1846 die Abschaffung der Kornzölle von 1850 ab.

Darauf weitere Anbahnung der systematischen Durchführung des Freihandels in England. 1853 brachte Gladstone die Zollfreiheit für alle Rohprodukte und Halbfabrikate und setzte die Zölle auf Fabrikate auf 10% ihres Wertes in maximo herab. Indes noch immer wurden durch Schutzzölle gewisse Industrien künstlich am Leben erhalten, die nicht lebensfähig waren. Sie waren ein Hindernis für die volle Entfaltung derjenigen Industriezweige, für welche die geeigneten Bedingungen der Leute im Lande gegeben waren; denn beim Abschluß von Handelsverträgen wurde auf jene kümmerlichen Gewerbe stets Rücksicht genommen und Schutzzölle zu ihren Gunsten stipuliert, welche verhinderten, daß das Ausland seine Schutzzölle fallen ließ, welche die Ausfuhr der Produkte der blühenden Gewerbe Englands behinderten. Aber nachdem das hauptschutzzöllnerische Interesse Englands, das agrarische, besiegt war, war es relativ leicht, diesen weiteren Sieg des Freihandels herbeizuführen. Dieser erfolgte im englisch-französischen Handelsvertrage von 1860. Er bedeutete die völlige Umgestaltung des englischen Tarifs auf Grundlage des Freihandels.

Diese Umgestaltung fand nunmehr gemäß folgenden Prinzipien statt:

1. Keine Schutzzölle, d. h. keine Zölle auf im Inland erzeugte Waren, sondern nur reine Finanzzölle, d. h. Zölle auf im Inland nichterzeugte Waren, und auch solche nur auf einige besonders ergiebige Gegenstände des Massenverbrauchs, und daneben auch sogenannte Ausgleichszölle, d. h. Zölle auf

Waren ausländischen Ursprungs, welche genau der Besteuerung derselben Waren, wenn im Inland erzeugt, entsprechen. Die einzigen Einfuhrzölle, die heute in England erhoben werden, sind solche auf Einfuhr von Kakao, Kaffee, Zichorie, getrocknete Südfrüchte, Melasse, Zucker, Tee, Tabak, Wein; ferner Ausgleichzölle auf Bier, Glukose, Spirituosen, Chloroform, Chloralhydrat, Kollodion, Äther, Äthyl, Seife, bei deren Herstellung Spiritus verwendet wird, Spielkarten.

2. Keinerlei differenzielle Behandlung der Nationen bei Veranlagung der Finanzzölle; an ihre Stelle ist die Meistbegünstigungsklausel getreten. Im Jahre 1902 wurden eine Registrierungsgebühr von nicht ganz 45 Pfennig pro 1 dz Getreide und kurz vorher ein Ausfuhrzoll auf Kohle (1 s. per Tonne) aus finanziellen Gründen eingeführt. Die Registrierungsgebühr auf eingeführtes Getreide wurde 1904 wieder beseitigt.

Der englische Reichtum nahm unter Herrschaft des Freihandels einen kolossalen Aufschwung. Dabei blieben trotz der Freigabe der Handelspolitik an die englischen Kolonien und trotzdem diese nun hohe Schutzzölle gegen das Mutterland einführten — nur eine englische Kolonie verfuhr anders — die Handelsbeziehungen des Mutterlandes zu seinen Kolonien nicht nur bestehen, sondern nahmen teil an dem allgemeinen Aufschwung des englischen Handels. Der Schwerpunkt des englischen Handels liegt allerdings nicht im Handel mit seinen Kolonien, sondern in dem mit anderen Ländern. Es beziffert sich der Wert der britischen Ein- und Ausfuhr in Millionen £:

	Einfuhr		Ausfuhr	
	aus fremden Ländern	aus britischen Besitzungen	nach fremden Ländern	nach britischen Besitzungen
1855—59	129	40	79	37
1860—64	167	68	93	46
1865—69	218	68	131	50
1870—74	270	76	175	60
1875—79	292	83	135	67
1880—84	312	96	153	81
1885—89	293	87	147	79
1890—94	322	96	159	78,5
1895—99	355	98	159	81
1900—03	420	109	182	105

Hier haben wir eine Geschichtstatsache vor uns, gegen die alle schutzzöllnerischen Theorien nur Worte sind. Über den Aufschwung des englischen Reichtums seit dem Sturze des Zollsystems gibt eine kleine Tabelle Auskunft, die von Giffen stammt. Nach dieser Tabelle beträgt der Besitz auf den Kopf der englischen Bevölkerung:

1812	3 200 M.	1865	4 000 M.
1822	2 400 „	1875	5 200 „
1833	2 880 „	1885	5 400 „
1845	2 860 „	1902	7 140 „

Die erste Hälfte dieser Tabelle stellt das schutzzöllnerische England dar und die zweite Hälfte das freihändlerische. Wir Deutschen befinden uns im Zustand der ersten Hälfte, während uns die Engländer in dem der zweiten Hälfte vorangeeilt sind. Das Zeitalter des kalifornischen Goldes kam England deshalb soviel mehr zugute als allen anderen Völkern, weil es bei ihm mit der Entwicklung zur Freiheit zusammentraf. Was dort geschehen ist, geschah uns zur Lehre. Es fragt sich nur, ob wir endlich werden lernen wollen.

4. Abschnitt.

Die Organisation der Arbeit.

1. Die Arbeit als Gemeinschaftsleistung.

Unter Arbeit verstehen wir zweckvolles Handeln, dessen Ziel die Überwindung lebensfeindlicher Mächte ist: der Hunger, die Kälte, die Hitze, die Dürre, die Überschwemmung, die Überwältigung durch Tiere oder fremde Menschen, die Vereinsamung, Dunkelheit, Krankheit, und schließlich in allen seinen Formen der Tod. Bei gesteigerter Gemeinschaftskultur der Menschen kommen Unbildung, Unehre und Unfreiheit dazu. Überwindung aller dieser Bedrohungen des Daseins war von der Urzeit an der Inhalt der absichtlichen Betätigung der Menschen. Wer würde je den Acker bearbeitet haben, wenn keine Angst vor dem Hunger dagewesen wäre, wer würde Straßen gebaut haben, ohne die Vereinsamung wirtschaftlich oder militärisch als Not zu empfinden? Wer baut Wasserleitungen, wenn kein Wassermangel da ist? Hinter aller Arbeit jagt die Angst daher, sie ist ihr Urgrund, ihr ewiger Fronvogt! So war es in den dunklen Anfangstagen der menschlichen Geschichte, und so ist es noch heute. Was treibt denn heute die Menge der Lohnarbeiter in ihren gleichmäßigen Dienst? Doch wahrhaftig nicht allgemeiner Idealismus für die Überwindung der Materie durch den Menschen! Was treibt die Beamten? Etwa die reine sonnige Hingabe an das Gemeinwohl? Nicht als ob jener Idealismus und diese Hingabe nicht vorhanden wären, aber sie sind Nebenwirkungen, Begleiterscheinungen. Die erste Begründung der Arbeit heißt stets: wovon sollten wir sonst leben? Die Völker sind in dem Maße arbeitsam geworden, als sie Nöte hatten. Unsere hochgesteigerte Arbeitsamkeit erklärt sich dadurch, daß zwei Drittel des Volkes sofort nichts zu essen haben, wenn sie nichts zu arbeiten haben. Dort, wo die Sorgen aufhören, hört die Gleichmäßigkeit der Arbeit auf, da gibt es einzelne starke Arbeiter, aber zwischen ihnen viel männliche und weibliche Hingabe an die Naturideale der Trägheit und des freien zwecklosen Spieles der Kräfte. Alle aber, auch diejenigen, die selbst wenig arbeiten, wissen, daß nur die Arbeitenden die Lebenserhalter der Menschheit sind. Alle Kinder, Greise, Kranken, alle Bettler, Bummler, Lebemänner, Dirnen leben von der Arbeit der Arbeitenden. Deshalb sind auch die Arbeitsfreiesten immer so erschrocken, wenn irgendwo die Arbeit eingestellt wird. Was soll werden, wenn alle Bergarbeiter streiken, wenn es eines Tages den Knechten einfällt, nicht mehr Getreide einzufahren, und wenn etwa die Mägde aufhören zu melken! Womit sollen wir uns Licht schaffen, wenn die Gasarbeiter Ferien machen, womit uns kleiden, wenn die armen Weber erklären, daß sie lieber sterben wollen, als arbeitend weiterzuhungern? Jedes Nachlassen der Arbeit wirft uns in Not hinein. Darum ist der gespensterhaft große Gedanke des Generalstreiks aller Arbeitenden von so starker Anziehungskraft für die Ärmsten und Elendsten. Sie wollen es gern einmal der sorglosen Gesellschaft zeigen, daß Arbeit allein auch die feinsten Menschenpüppchen vor tierischer Not schützt, sie wollen auf einige Tage den Naturzustand des Mangels aus seinen dunklen Höhlen hervorrufen, damit man anfange, die Arbeitenden in ihrer ganzen Unentbehrlichkeit zu schätzen.

Es liegt nun gleichzeitig in dieser Auffassung der Arbeit, daß sie nicht in erster Linie als das Werk des Einzelmenschen aufgefaßt werden kann. Was nämlich der einzelne als einzelner, als Einsiedler zur Überwindung der Lebensnöte tun kann, ist minimal; darüber vermag uns keine Robinsongeschichte hinwegzutäuschen, denn hinter Robinson lagert ja die Arbeit der ganzen Kultur seiner Heimat. Arbeit ist ihrer Natur nach Gattungsleistung: Familienarbeit, Sippschaftsarbeit, Rassenarbeit, Standesarbeit, Ortschaftsarbeit, Volksarbeit. Der einzelne macht die Arbeit nicht, sondern wird in sie hineingeboren und fällt aus ihr wieder heraus, wenn sein Lebenslicht erlischt. Die Schiffahrt ist größer als der Schiffer, die Landwirtschaft größer als der Bauer. Tausend Jahre wird derselbe Boden bearbeitet. Wer es tut, ist Nebensache. Wenn der Vater stirbt, ackert der Sohn die Furche zu Ende. Irgendwo las ich das Wort: Die Werke der Menschen sind mächtiger als die Menschen. Dieses tiefe Wort steht am Anfang aller Erkenntnis des Wesens der Arbeit. Die Arbeit ist ein Prozeß, der von Jahrhundert zu Jahrhundert zwischen Mensch und Natur verhandelt wird. Die Natur will den Menschen töten, der Mensch aber zwingt sie, ihn lebendig zu erhalten. In diesem Prozesse tauchen zahllose Köpfe auf, Männer mit harten Knochen und solche mit feinen weichen Fingern, stumpfe Gesichter, müde Pyramidenbauer, helle Köpfe, Spekulanten, Erfinder, tapfere Kapitäne, treue Diener, wilde Wagehälse, stille

Arbeitsfrauen, Dulderinnen, Lastträgerinnen, orientalische Weberinnen, Berliner Verkäuferinnen, friesische Bäuerinnen, Mütter vieler Kinder, kleine Mädchen, die Semmeln tragen, Knaben, die Garn spulen, alte Menschen, die im Walde Holz lesen, Fabrikanten, Handwerker, Zufallsarbeiter, Naturmenschen, Kulturmenschen, Dachdecker, Bergarbeiter: es quillt aus der Tiefe des Lebens, es schreitet daher wie eine Karawane der Ewigkeit, es kommt die Arbeit! Sie alle hängen unter sich zusammen, denn einer schafft immer mit für einige andere. Von der Arbeit, gerade von ihr gilt das Bibelwort: „Unser keiner lebt ihm selber."

Dieser Gemeinsamkeitscharakter der Arbeit tritt bei wachsender Volksdichtigkeit viel stärker hervor, ist aber schon bei dünner Bevölkerung vorhanden. Im dünnbevölkerten Lande ist die Gruppe, die füreinander arbeitet, eine kleine Welt für sich und hängt nur durch geringen Austausch von Arbeit mit dem übrigen Leben zusammen. Es besteht in diesem Falle Selbstwirtschaft, ein kleiner Kreislauf sich ergänzender Tätigkeiten zwischen wenigen Personen. Einige Männer und einige Frauen tun alles, was zur begrenzten Kultur dieses Kreises gehört, aber so wenige es sind, so haben sie schon Organisation der Arbeit, das heißt: Arbeitsteilung und Arbeitsleitung. Je größer der Kreis wird, je näher die Menschen aufeinanderrücken, desto mehr zieht sich die Arbeit in ihre Teile auseinander. Der eine ackert, der andere baut, der dritte spinnt, der vierte fängt Fische usw., desto mehr aber wird auch die Organisation der Arbeit ein hartes Problem, denn desto schwieriger ist es, die Quantität und Qualität dem Bedarfe anzupassen und den Ertrag unter die Beteiligten zu disponieren. Die Leitung der Arbeit wird auf diese Weise selbst zur Arbeit, und zwar zum entscheidendsten Teile der Arbeit. Von ihr hängt es letztlich ab, ob die Not überwunden wird und ob die Grenze dessen, was als Überwindung der Not angesehen wird, sinkt oder steigt.

Versuchen wir es, den Begriff Organisation der Arbeit noch genauer zu bestimmen! Sie besteht aus folgenden Elementen:

a) Erlangung der notwendigen Materie (Boden, Wald, Kohle, Vieh, Aussaat, Baumwolle, Salz, Eisen);
b) Schützung der Materie und des Arbeitsvorganges vor feindlichen Gewalten (Naturereignisse, Tiere, feindliche Menschen, Militär und Rechtsbildung);
c) Feststellung der Arbeitstechnik hinsichtlich jeder einzelnen Materie;
d) Herstellung der Werkzeuge und Hilfsmittel für jede Art von Technik;

e) Verteilung der Arbeitskräfte auf die verschiedenen Aufgaben;

f) Anordnung der Arbeitsdisziplin in den einzelnen Gruppen;

g) Austausch der gewonnenen Waren (Handel, Eigentumsrecht, Arbeitsvergütung, Lohn).

Alle diese Elemente sind irgendwie schon in der allereinfachsten Wirtschaftsform vorhanden, nur wächst erst mit der Menge der Beteiligten die Schwierigkeit. Von dem ersten Punkte, der Erlangung der Materie, haben wir bereits ausführlich geredet, von der Aufgabe der Schützung vor feindlichen Gewalten werden wir später im Kapitel vom Staat handeln; was uns hier beschäftigt, sind die von c bis g angegebenen Tätigkeiten. Wir beginnen mit der Technik.

Es gibt keine allgemeine Normalform für Technik, da jedes Material und jede besondere Aufgabe ihre eigene Technik haben. Jede Steinart will anders behandelt, jedes Metall anders geschmolzen werden, in jeder Gegend muß man anderes Material beim Bau benutzen, jedes Gewebe hat seine eigenen Gesetze und jede Färbung ihre eigenen Kunstgriffe. Erst aus tausend und abertausend Erfahrungen erwächst auf jedem Stoffgebiet die Fertigkeit der methodischen Umwandlung des organischen Stoffes oder der zielvollen Leitung des organischen Wachsens. Die Summe der Erbweisheiten ist der goldene Schatz aller Arbeit, und auch die kühnsten Bahnbrecher der Neuzeit sind nur Kinder der Handwerkstechnik ihres Gewerbes. Kein Mensch könnte eine moderne Brücke bauen, wenn es nicht unberechenbar viele Brückenbauer vor ihm gegeben hätte. In diesem Sinne leistet niemand eine eigene Arbeit, so wenig wie er eine eigene Sprache spricht oder einen eigenen Glauben hat. Das Eigene ist immer nur Zusatz, Verschärfung, Klärung, Verbindung, aber es ist nie das Wesen der Arbeit. Das Wesen ist und bleibt Tradition, und zwar eine Tradition, die über das einzelne Volkstum hinausreicht, wenigstens in allen alten und großen Haupttätigkeiten des Menschentums. Erst wenn man sich dieses mit ganzer Eindringlichkeit verdeutlicht hat, kann man darangehen, den Unterschied älterer und neuerer Technik zu bestimmen. Es liegt, um es kurz zu sagen, in der bewußten Zerlegung der Einzelvorgänge, sozusagen in der Anatomie der Arbeit.

Die Arbeit entsteht ursprünglich wie jede schöpferische Leistung aus unbewußtem Geschick, aus kühnem Gefühl, aus zufälligem Gelingen. Ein Mensch kann Eisen schmieden, lange ehe er etwas von Molekülen, Hitzegraden und Aggregatzuständen der Materie weiß. Er kennt instinktiv das Feuer, das Metall und seine Kraft.

Er schmiedet, wie man ohne Noten singt. Erst viel später kommt der Notenschreiber. Dieser aber ermöglicht die Übertragung des Liedes ohne persönliche Berührung, die Übersetzung auf andere Tonarten und Instrumente, die bewußte Anbringung von Variationen und die Ausscheidung ungeeigneter Individualtöne. Das Lied wird kontrollierbar und rekonstruierbar. So wird der Schmiedeprozeß zerlegt und seiner Zufälligkeiten entkleidet. Man lernt, warum sich verschiedene Erze verschieden verhalten, indem man das Material auf seine Einzelteile hin prüft. Man lernt die Einwirkung des Feuers nach Temperaturgraden und Heizmaterial berechnen, lernt den Schlag des Hammers in seine Bestandteile zergliedern und ihn vom menschlichen Träger freimachen, soweit er rein mechanisch wirken soll. Man versteht Phosphor, Mangan, Kohlenstoff und Sauerstoff zu werten. Das naive Vorgehen wird zur raffinierten Anwendung verwickeltster Kenntnisse. Alles menschliche Wissen muß schließlich mithelfen, einen einzigen Schlag wirksam zu machen. Aus der Mystik der Arbeit wurde Rationalismus.

Die verstandesmäßige Zergliederung des Arbeitsvorganges, diese Zerstörung der Naivität der Arbeit, hat zur Folge, daß der Herstellung der Hilfsmittel und Werkzeuge der Arbeit eine Aufmerksamkeit zugewendet wird, wie nie zuvor. Während früher die persönliche Leistung allen Arbeitserfolg zu beherrschen schien, beginnt die neue Zeit für die Entpersönlichung der Arbeit sich zu begeistern. Das Ideal ist die mechanische Arbeit an sich. Wo es irgend möglich ist, Menschen- und Tierkraft durch einen automatischen Vorgang zu ersetzen, greift man zu. Man baut Maschinen aller Art, Apparate, künstlichen Ersatz der Hände. Damit erst bekommt die Herstellung von Werkzeugen eine eigene volkswirtschaftliche Bedeutung. Teilweise freilich ist es nur Illusion, daß man die Menschenkraft durch mechanische Kraft ersetzen könne. Wenn beispielsweise ein Gasmotor einige Arbeitskräfte spart, so entsteht doch weder der Motor noch das Gas ohne menschliche Hände, und es fragt sich, ob wirklich viel Menschenkraft gespart wird. Es handelt sich teilweise sicher nur um eine andere Disposition, nicht um eine Ausschaltung von Menschenkraft. Oder wenn durch die Eisenbahn persönliche Bewegung des Reisenden durch mechanische Bewegung der Wagenreihe ersetzt wird, so ist diese letztere nicht ohne den Dienst der Bahnbeamten, Wagenfabriken, Schienen- und Kohlenwerke denkbar. Man sieht die Menschenhände nicht, von denen man getragen wird, aber sie müssen da sein. Es erscheint dem Zeitungsleser als ein mechanischer Vorgang, daß er die neuesten Nachrichten aus Ostasien zum Kaffee genießt. Er findet bei leichtem Nachdenken, daß es einen Mann geben muß, der in Tokio telegraphiert, einen Mann, der dieses Telegramm hier aufnimmt, einen Boten, der es dem Drucker gibt, einen Setzer, einen Korrektor, einen Zeitungsausträger. Alles andere macht ja der Telegraph, die Druckmaschine! Wieviel Menschenleistung aber wieder in den zwei Worten Telegraph und Druckmaschine liegt, bleibt den oberflächlichen Sinnen verborgen. Die Zahl Menschen, die nötig sind, um eine Nachricht zu verbreiten, ist Legion, denn jedes Stück des Vermittelungsprozesses hat seine eigene Arbeitsgeschichte: das Kabel, der Landtelegraph, der telegraphische Aufnahmeapparat, die Druckmaschine, die Papiermaschine, der Geschäftsbetrieb des Depeschen- und des Zeitungswesens: überall, überall lebendige Menschen! Auch in den Pferdekräften der Maschinen sind schließlich Menschenkräfte verkörpert. Wenn der Landmann künstliche Düngung auf seinen Acker streut, so wirft er nicht nur Chemikalien in das Erdreich, sondern gleichzeitig die Arbeit aller derer, die diese Chemikalien von ihrem Fundort bis zu ihm brachten. Wenn ich mit der Schreibmaschine schreibe, erspare ich feine und komplizierte Muskelbewegungen, aber eben in dieser Maschine ist Muskel und Nerv von Menschen zu meiner Verfügung. Es scheint nötig, diesen Gesichtspunkt mit einer gewissen Nachdrücklichkeit hervorzuheben, damit man sich über die Wirkungen des Maschinenzeitalters nicht täuscht. Es bedeutet ohne Zweifel einen ungeheuren Kräftezuwachs für die menschliche Arbeit, aber nicht in dem Maße, wie der Ununterrichtete nach bloß äußerlichen Erscheinungen leicht glaubt. Der Kräftezuwachs liegt in der Verwertung der chemischen, physikalischen und organischen Prozesse an sich und in der neuen Verteilung menschlicher Arbeit.

Was ist eine M a s c h i n e? Soweit es sich um Maschinen im engeren Sinne des Wortes handelt, ist sie ein Gehäuse und Gliederapparat für einen chemischen oder physikalischen Vorgang. Das einfachste und größte Beispiel ist die Dampfmaschine. Der Vorgang der Wasserzersetzung durch erhöhte Temperatur wird eingefangen und in Rotation verwandelt. Das Einfangen des Vorganges ist komplizierteste Menschenarbeit. Erst von da an, wo die Kraftwirkung des gebändigten Vorganges größer wird als die Kraftverausgabung bei seiner Bändigung, entsteht ein Arbeitszuwachs, und zwar entscheidet nicht die absolute Kraft, die aus der Wasserzersetzung entsteht, sondern der Teil dieser Kraft, den man in eine Leistung umsetzen kann, die der direkten Menschenleistung entspricht. Es fragt sich also, was die Finger oder Füße leisten können, die man der Maschine gibt. Eine bedeutende absolute Kraft mit fehlerhafter oder unvollkommener Arbeitsvorrichtung kann zum volkswirtschaftlichen Verluste werden, selbst wenn sie der Quantität nach mehr herstellt, als es den an ihrer Bändigung beteiligten Menschenkräften je möglich gewesen wäre, weil der Nutzen der größeren Quantität durch schlechtere Qualität oder kürzere Gebrauchsdauer der Erzeugnisse zunichte gemacht wird. Um es kurz auszusprechen: erst bei einem hohen Grade der Vervollkommnung wird die Maschine ein sicherer volkswirtschaftlicher Gewinn, das ist: eine reelle und nicht nur scheinbare Ersparung menschlicher Leistung im Gesamtgetriebe der Arbeit.

Im allgemeinen wird man sagen können, daß die Anfangszeiten aller warenherstellenden Maschinen nur privatwirtschaftlich, aber nicht volkswirtschaftlich nützlich sind, das heißt, sie nützen, wenn es gut geht, ihrem Erbauer und Verwender, schädigen aber die Gesamtheit durch Qualitätsverschlechterung! Das Auftreten der Maschine wird zunächst durch Schundware bezeichnet, die zwar billiger ist als das frühere Handerzeugnis, aber gleichzeitig so große Mängel an sich hat, daß sie volkswirtschaftlich als passiv gebucht werden muß. Man denke an den Zustand der Gewebe, Schuhe, Möbel, Getränke, Ackergeräte, mit denen zuerst die Maschinenindustrie auf den Markt trat! Nur sehr langsam und unter viel Mühen gelangte die Maschine dazu, volkswirtschaftlich vorteilhaft zu sein. Ist sie aber einmal so weit, hat sie die Vollkommenheit der Handwerksproduktion unter Ersparung von Menschenkraft erreicht, so wird sie zur wahren Helferin der Menschheit, zur Überwinderin von Mängeln, denen die bloße Handwerkskraft hilflos gegenüberstand, zur Erhöherin des Minimalmaßes menschenwürdiger Existenz. Es liegt also alles daran, die böse Durchgangsperiode der unzulänglichen Maschinen schnell zu überwinden.

Schon im bisherigen ist ausgesprochen, wie sehr sich die Arbeitsteilung durch die neue Methode des menschlichen Arbeitens verändert. Der Vorgang der Veränderung der Arbeitsteilung ist äußerst verwickelt, und wir können nicht daran denken, ihn erschöpfend darzustellen. Es genügt aber auch für die Zwecke unseres Buches, ihn in seinen allgemeinsten Umrissen zu begreifen. Als Ausgangspunkt diene die einseitige und halbwahre Behauptung, das wesentliche an der Neugestaltung der abendländischen Arbeitskultur sei die Entstehung der Arbeitsteilung überhaupt. Als halbwahr bezeichnen wir diese landläufige Behauptung, weil es, wie wir schon vorhin sagten, Arbeitsteilung immer gegeben hat, selbst in den ursprünglichsten Verhältnissen. Schon in der Herdenwirtschaft Abrahams war Arbeitsteilung, und wenn die Phönizier Elfenbein von Timbuktu bis Damaskus zu bringen wußten, so ist das ohne vielseitige Teilung der Transportarbeit nicht möglich gewesen. In jedem Bestehen eines selbständigen Handwerks hat von Anfang an Arbeitsteilung gewirkt, und die Zunftverfassung des früheren Stadtgewerbes war geradezu ein starrer Schematismus der Arbeitsteilung. Als einseitig aber bezeichnen wir obige Behauptung, weil die neuere Entwicklung ebenso oft aus Aufhebung alter Arbeitsteilungen besteht, wie aus Einführung neuer Trennungen. Das Zusammenwerfen alter getrennter Handwerke zu großen Einheitsfabrikationen ist ein so offenbares Merkzeichen der Gegenwart, daß dieser Drang zur Kombination dem Drang zur weiteren Sektionsbildung mindestens gleichwertig gegenübersteht. Es ist ganz unmöglich, mit der bloßen Formel „weitgehende Arbeitsteilung" die Gestaltungsveränderung der Arbeit hinreichend zu erfassen. Vielmehr scheint es so zu liegen:

Theoretisch wird alle Arbeit viel eindringlicher geteilt als je zuvor. Man behandelt die Arbeit, wenn der Vergleich gestattet ist, nach der Art der Momentphotographie. Jede kleine Bewegung wird extra gebucht. Damit vermehrt sich die Zahl der isolierbaren Einzelakte ins Unberechenbare. Es wird beispielsweise das Einpacken des Kaffees in Tüten so genau beobachtet, daß aus dieser scheinbar einheitlichen Handlung Arbeiten für zwei kleine Maschinen und drei Personen herauskommen, oder es wird die Herstellung eines Schuhes an sechzehn verschiedene Apparate verteilt, oder es wandert eine Weste durch vier Hände, ehe sie fertig ist. Das Konto der möglichen Einzeltätigkeiten schwillt an, aber gleichzeitig wird beständig über die vorteilhafteste Gruppierung dieser Einzeltätigkeiten nachgesonnen, und zwar handelt es sich dabei ebensowohl um örtliche wie mechanische wie kaufmännische Konzentration der einzelnen Akte. Es erscheint dem rationellen Arbeitsverfahren unpraktisch, den Hochofen und das Kokswerk vom Kohlenschacht zu trennen; es erscheint falsch, Spinnerei, Weberei, Färberei, Bleicherei als getrennte Geschäfte zu behandeln; es empfiehlt sich für Brauereien, ihre eigene Böttcherei anzugliedern; für Rittergüter, ihre eigene Brennerei zu haben; für alle großen Fabrikationen, ihr eigenes Baugeschäft zu betreiben; für Riesenbetriebe, ihre besonderen Konsumgeschäfte zu gründen. Die ganze alte Arbeitsteilung wird zerlegt, und aus der Zerlegung entstehen neue Körper. In diesen neuen Körpern freilich ist die innere Arbeitsteilung im allgemeinen strenger, als sie früher sein konnte. Zwar vergesse man nicht, wie weitgehende Arbeitsteilung auch ohne Maschinen schon allein die Bevölkerungsdichtigkeit in Indien hervorgerufen hat! Die dortigen Europäer klagen, daß sie so viele Diener halten müssen, weil jeder nur eine Sache macht. Auch im Sklaven- und Klientenwesen des alten Rom war das Spezialistentum in der Arbeit weit verbreitet. Der Unterschied ist nur, daß mit der Maschine die Absonderung gewerblicher Handgriffe zugenommen hat. Die große Zwangsgewalt der Umgestaltung, die Volksvermehrung, hat ihre besondere Wirkung bei uns dadurch erhalten, daß sie mit der Rationalisierung der Technik zusammentraf. Dieses Zusammentreffen ist der Kern dessen, was wir als modern bezeichnen.

Man muß also immer gleichzeitig mehrere Wirkungen der neuen Arbeitsverfassung im Auge haben. Am offenbarsten für den Nichtfachmann liegt die Sache im Handel. Hier führt die theoretische Durchdenkung des Arbeitsproblems der Gütervermittelung gleichzeitig zum Spezialgeschäft und zum Warenhaus. Die alte Gruppierung zusammengehöriger Waren löst sich in ihre Teile auf, und neue Gruppierungen werden entweder nach den Gesichtspunkten der Produktion (Spezialgeschäft) oder nach den Gesichtspunkten der Konsumtion (Warenhaus) in Angriff genommen. Diese Vorgänge sind so allgemein, hängen so sehr vom Zwang der Gesamtentwicklung ab, daß sie von keiner Macht absichtlich aufgehalten werden können. Man müßte das methodische Denken der Menschen über die Organisation der Arbeit selber verbieten, wenn man sie hemmen wollte.

Alle diese Tendenzen wirken verschieden in den einzelnen Zweigen der Arbeit. Nicht nur die Technik, auch die Arbeitsverfassung hängt vom Material der Arbeit ab. Je gleichförmiger das Material ist, desto eher stellt sich der Großbetrieb ein. Das beste Beispiel hierfür ist der landwirtschaftliche Beruf. Getreide- und Kartoffelbau haben Großbetriebstendenz, extensive Viehzucht ist Großbetriebsgewerbe, intensive Viehzucht begünstigt kleineren Betrieb, Obst- und Gemüsebau sind direkt vorteilhaft für Kleinbetrieb. Alle Arbeiten mit persönlichen Dienstleistungen haben Kleinbetriebsneigungen: Maßschneiderei, Putzmacherei, Wäsche, Badeanstalten, Fleischerei, Bäckerei, Gastwirtsgewerbe, Friseurgewerbe, ärztlicher Beruf, Rechtsanwalt usw. Auch in diesen Arbeitszweigen versucht der allgemeine Zug zum Großbetrieb sich einzusetzen, aber schließlich will es hier der Mensch mit dem Menschen zu tun haben. Auch der hohe persönliche Luxus der Reichen hat Neigung zur persönlichen Geschäftsführung, das ist zum mittleren Geschäft. Im ganzen aber ist der Großbetrieb im unaufhaltsamen Vorwärtsschreiten, wie ein Vergleich der Ziffern von 1895 und 1907 deutlich zeigt. Es waren in der Industrie tätig:

	1895		1907	
in Kleinbetrieben	3 191 000	(39,9%)	3 200 000	(29%)
in Mittelbetrieben	1 902 000	(23,8%)	2 715 000	(25%)
in Großbetrieben	2 907 000	(36,3%)	4 938 000	(46%)

Es ist also der Großbetrieb weit über den Kleinbetrieb emporgestiegen. Was aber will überhaupt in dieser Sache die Statistik besagen? Sie registriert nur die offenbare Abhängigkeit und nicht die geheime. Sie zählt den kleinen Unternehmer als selbständige Größe, während er es längst nicht mehr ist. Sie weiß ihrer Natur nach nichts von den finanziellen Abhängigkeiten der Gezählten, sie weiß nichts von der allgemein fortschreitenden Gleichmachung aller Arbeit. Diese aber ist das letzte, wovon wir in diesem Abschnitt reden wollen.

Dadurch, daß der einzelne Markt vom großen gemeinsamen Markte verschlungen wird, wird alle Arbeit untereinander immer ähnlicher. Das gilt auf ästhetischem Gebiet, davon aber ist hier nicht zu reden. Das gilt in Hinsicht der Rohstoffe und der Preise. Früher gab es provinzielle Stoffe und Preise. Jetzt aber tauschen alle Provinzen und Länder ihre Arbeitsmethoden und Preise miteinander aus. Vor allem die Massenartikel des Volksbedarfes werden schematisiert, das will sagen: sie bekommen ihre Normalnummern, denen sich kein Produzent mehr entziehen kann. Beispiele sind die Bezeichnungen der Garnsorten, Getreidesorten, Weinsorten, Bierarten, Zuckersorten, Glasarten. Der einzelne kann versuchen, seine Spezialsorten an den Mann zu bringen, hat unter Umständen damit Glück, aber im ganzen wird ein Kampf ums Dasein zwischen den marktgängigen Sorten gekämpft, in dem nur eine gewisse Anzahl normaler Durchschnittsformen das Feld behauptet. Schon die Wucht der großen Reklame entscheidet für einzelne Artikel. Ob Odol oder Kosmin besser oder schlechter sind als hundert andere Zahnwasser, kommt nicht mehr in Frage, sie haben das Ohr der Menge erreicht. Es ist möglich, daß sie verdrängt werden, aber nur wieder von einer neuen Normalform, nicht von verschiedenen Individualprodukten. Ob man von Herrn X oder von Herrn Y Papier oder Kohlen kauft, macht wenig mehr aus, da sie zu denselben Preisen fast genau oder ganz genau dasselbe liefern müssen. Von welchem Eisenwerk der Maschinenfabrikant bezieht, verliert an Bedeutung, da er weiß, daß sie alle unter gleichen Bedingungen produzieren. Der Spielraum der selbständigen Gestaltung wird in allen kontrollierbaren Artikeln fabelhaft eng. Ob die Hausfrau beim Kaufmann Müller oder beim Kaufmann Schulze kauft, macht heute viel weniger aus als früher, da beide in derselben Straße wohnen und sich ruinieren würden, wenn sie nicht gleich schlecht oder gleich gut wären. Zu beiden kommen dieselben Geschäftsreisenden und machen ihnen dieselben Offerten, beide bezahlen relativ die gleiche Miete, beide zahlen die gleichen Löhne und Gehälter, beide kämpfen um dasselbe Publikum. Sind sie nicht im Grunde wie zwei Angestellte einer einzigen unsichtbaren Firma? Und wenn die Bauern in Eichsdorf oder in Müllerwinkel eine gemeinsame Molkerei machen, einen Einkaufsverein für Düngemittel haben, eine

Dreschmaschine von Gehöft zu Gehöft wandern lassen und an denselben Getreide- oder Viehhändler verkaufen, sind sie da noch frei in der Herstellung? Am gleichförmigsten gestaltet sich natürlich die Arbeitslage der abhängigen Lohnarbeiter. Sie sind wie Ameisen in einem großen Haufen. Wer sie nicht ganz mikroskopisch betrachtet, kann sie nicht unterscheiden. Aber auch der ganze kleine und mittlere Betrieb reguliert sich. Wir bekommen wieder gebundene Zeit im Wirtschaftsleben, wo der einzelne untertaucht. Die Arbeit als gemeinsame Leistung zwingt die Individualitäten in ihren Bann. Das Wirtschaftsleben bekommt wieder Stil, Tradition, Zwangsformen. Das ist das große und schwere Thema, das die Gegenwart beschäftigt, das ist die soziale Frage in der Organisation der Arbeit. Mit einer sehr gemischten Empfindung von Bewunderung und Grauen begrüßen wir dieses über uns kommende Schicksal. Unsere Gefühle sind noch in der alten Welt, die im wirtschaftlichen Liberalismus ihren Ausdruck fand, aber um uns herum türmen sich unliberale Gestaltungen: Syndikate, Preiskartelle, Riesenbetriebe, Arbeiterverbände, Verkaufsgemeinschaften aller Art. Ihnen offen ins Auge zu schauen, ist unsere Pflicht.

2. Der ältere wirtschaftliche Liberalismus.

Der ältere wirtschaftliche Liberalismus ist, wie schon sein Name sagt, ein Teil der großen allgemeinen Kulturbewegung, die im Laufe der letzten Jahrhunderte Europa geistig und materiell verändert hat. In der Mitte dieser Bewegung steht der Glaube an das Recht des einzelnen gegenüber der Gemeinschaft und an das Recht der Menschheit gegenüber den geschichtlichen Trennungen. Aus dem Glauben an dieses doppelte Recht heraus war der Liberalismus freihändlerisch in der äußeren und freigewerblich in der inneren Wirtschaftspolitik. Unsere Stellung zum Freihandel zwischen Volk und Volk haben wir schon dargelegt. Hier gilt es wesentlich, den freigewerblichen Standpunkt in der Produktion richtig darzustellen.

Er war, praktisch angesehen, ein Protest gegen alle staatliche und kommunale, zünftlerische und gutsherrliche Bevormundung der Arbeit, ein stürmischer und erfolgreicher Ruf nach Freiheit von Abhängigkeiten im Arbeitsprozeß. Der Bauer sollte frei sein vom Gutsherrn und von der Gemeindefeldwirtschaft! Der Handwerker sollte frei sein von der Innung und von der behördlichen Regulierung seiner Preise und Arbeitsweise! Der Arbeiter sollte frei sein von Schollenpflichtigkeit und polizeilichen Lohnverordnungen und sollte seine Kraft verkaufen können, wo und wie er wollte. Jeder Mensch sollte sich die Stelle suchen dürfen, die er für sich als die beste erkannte. Wer in die Stadt wandern will, darf wandern! Wer einen Beruf ergreifen will, ohne ihn gelernt zu haben, soll es nur tun! Wer auswandern will, fahre ungehindert in die Weite! Wer einwandern will, der komme herzu! Es wird niemand nach Konfession, Rasse, Nationalität gefragt, denn alle Möglichkeiten gehören ja allen! Wer eine neue Arbeitsweise einführen will, der versuche es! Es sei kein Zwang, aber auch kein Schutz! Wem das Glück hold ist, der steige aufwärts, wem es sich versagt, der sinke ins Grab! Man darf nicht mitleidig sein, wenn man Wirtschaftsmenschen erziehen will! Jeder Knabe soll schon wissen, daß er nur seiner Kraft sein Schicksal verdanken wird! Auf, schürzt euch zum Wettkampf, salbet euch mit dem Öl des Individualismus und fordert als einzelne die Mitbewerber in die Schranken!

Theoretisch lag hinter dieser praktischen Freiheitsverkündigung eine Auffassung von der Arbeit, die sehr anders ist als die, welche wir eben vorgetragen haben. Die Arbeit wird hier nicht als Gemeinschaftsleistung angesehen, sondern als Privatleistung des einzelnen. Man wollte die Gemeinsamkeit der Arbeit nicht sehen. Ein Mann wie Alfred Krupp, dessen Klugheit außer Frage steht, war als Liberaler absolut scharf in der Leugnung dieser Gemeinsamkeit. Er beansprucht für sich, daß er den Ertrag seiner Arbeit für sich allein besitzt. Und wie er, so tat es das ganze Geschlecht der aufsteigenden Industriellen. Sie sagten mit Krupp: „Den Leuten, die ich gebraucht habe, habe ich ihren Lohn gezahlt." Daß es die Umgestaltung der Politik und des Heerwesens war, die ihn in die Höhe trug, störte Krupp nicht, den Erfolg sich allein zuzurechnen. Er und seinesgleichen waren in Wirklichkeit Produkte ganz allgemeiner Vorgänge, da sie aber theoretisch Individualisten waren, so sahen sie nur sich, nur ihren Fleiß, ihre Sorgen, ihre schlaflosen Nächte. Es hätte ja jeder andere dasselbe leisten dürfen wie sie; warum hat er es nicht getan?

Diese Auffassung der Arbeit, die der ältere wirtschaftliche Liberalismus vertrat, spricht sich vielleicht in keinem Satze besser aus als in der Forderung, die zeitweilig die Sozialdemokraten von ihm geborgt haben: jeder soll den Ertrag seiner Arbeit erhalten! Als ob der Anteil des einzelnen an der Arbeit ziffernmäßig festgestellt werden könnte! Als ob die Arbeit des einzelnen ein isolierbares Etwas wäre, das für sich Wert besitzt! Welchen Wert hat denn die Arbeit eines Bahnwärters, eines Polizeidieners, eines Oberlehrers? Sie schaffen keine verkäuflichen Waren. Wer kann sagen: sie ist 1000, 2000 oder 3000 Mark wert? Der Mangel des Bahnwärters kann unter Umständen gefährlicher sein als das Fehlen des Oberlehrers. Es ist völlig unmöglich, den einzelnen nach seiner Wichtigkeit für den Gesamtprozeß der Arbeit zu belohnen, da diese Wichtigkeit durch kein Mikrometer gemessen werden kann. Deshalb mußte der Liberalismus von vornherein an Stelle des inneren Sachwertes der Arbeit den Tagesmarktwert setzen. Jeder soll nach Angebot und Nachfrage bezahlt werden. Er gehe hin an den Markt und biete sich an: ich arbeite für diesen Preis! Arbeit wird Submissionsartikel. Wenn morgen jemand kommt, der dasselbe billiger herstellt als du, so darfst du gehen, denn deine Arbeit verliert an Wert, sobald ein anderer sie für weniger Geld besorgt! Ob der andere sie genau so gut machen wird wie du, wer kann das im Augenblick untersuchen? Er ist billiger, du kannst gehen! Daß die Praxis des Lebens oft anders verfährt, wissen wir alle, hier aber gilt es, den Gedanken des wirtschaftlichen Liberalismus in seiner ganzen Nacktheit zu sehen. Angebot und Nachfrage! Ihr Menschenkinder habt einen steigenden und sinkenden Kurs wie die Aktien an der Börse! Wie war es nur möglich, daß diese Lehre die Gemüter mit Hoffnungen füllen konnte, und wie war es möglich, daß sie zur Grundlage unseres ganzen Arbeitssystems wurde?

Philosophisch und moralisch angesehen, ist diese Lehre von der Arbeit viel ärmer und dürftiger als die Lehre von der Arbeit als Gemeinschaftsleistung. Sie entspricht in etwas dem mittelalterlichen Nominalismus, der im Gegensatz zum damaligen Realismus das Wesen der Dinge in den Einzelerscheinungen sah: Arbeit ist Einzelleistung, kaufbar wie ein Raummeter Gas oder wie ein Zentner Kohle. Aber so gut wie einst dieser Nominalismus ein Element des Fortschrittes war, so wurde es auch diese Lehre. Die Gründe sind folgende:

1. Der philosophisch und historisch besser begründete Satz, daß Arbeit Gemeinschaftsleistung ist, enthält in sich gar keine Garantien, daß der einzelne seinen gerechten Anteil am Ertrag bekommt, solange nicht eine Arbeitsverfassung da ist, die alle Arbeitenden zu Subjekten des Arbeitsprozesses macht, vielmehr lehrt die Wirklichkeit von Jahrtausenden, daß die Gemeinsamkeit zur Herabdrückung der Mehrzahl geführt hat, indem im Landwirtschaftsvolke der Gutsherr nicht nur Arbeitsherr, sondern auch Ertragsherr wurde. Er bestimmte willkürlich, was der einzelne bekommen sollte, und war in seiner Willkür unbeschränkt, solange sich ihm der einzelne nicht entziehen konnte. Der Zustand, der vor der liberalen Submission liegt, war für alle abhängigen Arbeiter und Arbeiterinnen schlechter als diese. Jetzt

können sie sich wenigstens selber verkaufen, vorher waren sie ohne ihren Willen von vornherein verkauft.

2. Auch dort, wo die Gemeinsamkeit kein Fron- oder Hörigkeitsverhältnis begründete, sondern einen statutarisch geregelten Verband von Gleichberechtigten wie in den Zünften, erwies sich dieser Verband nicht als Förderung der Tüchtigkeit, sondern als Hemmung der Strebsamen und Regelung der Arbeit nach dem Maße der Unbefähigten. Der Tüchtige durfte nicht weiter vorwärtskommen als der geringere Durchschnitt. Daher wuchs in allen wahrhaft brauchbaren Elementen ein tiefer und gerechter Groll gegen die beständige Zurückhaltung und Maßregelung. Das Wasser der Arbeit hatte es satt, in kleinen runden Teichen zu stagnieren, Strom wollte es werden.

3. Das starke Motiv, durch Arbeit sein Dasein verbessern zu können, war durch den Zwang der Kleinstaaterei, Polizei und Stadtherrschaft so umschnürt, daß denen, die in dieser Umschnürung lebten, nur eine Rettung möglich schien: den Staat und seine Beamten aus dem Wirtschaftsleben völlig auszuschalten, da sie zu seiner Leitung doch unbrauchbar seien.

Um unerträgliche Mißstände zu zerbrechen, erfand man eine Theorie, oder vielmehr man entnahm sie den Zuständen, die sich im Trotz und Gegensatz gegen das Alte von selbst einstellten. Es gab in der Tat für den von Flurzwang, Fronde, Hörigkeit, Zunft und Polizei entronnenen Menschen keine andere Parole als die: das Zeitalter ist traditionslos geworden, du bist ein einzelner geworden, siehe, wie weit du kommst!

Da stand der einzelne! Er hatte nur die Wahl, entweder die Arbeit anderer zu kaufen, oder seine Arbeit zu verkaufen, oder ohne fremde Arbeit mit eigener Arbeit ein einzelner zu bleiben. Beginnen wir mit diesem letzten Falle. Er ist nur möglich für kleinste Besitzer, kleinste Bauern, kleinste Handwerker. Sobald der Besitz wächst, müssen sie fremde Arbeit kaufen, sobald er fehlt, müssen sie ihre Arbeit verkaufen. Diese Leute sind es nicht, die die Wirtschaftsgeschichte machen. Wir haben schon im vorigen Abschnitt gesagt, wie wenig heute im allgemeinen ihre Selbständigkeit bedeutet. Die entscheidenden Gruppen sind die beiden ersten, die Käufer und die Verkäufer von Arbeit. Alle diejenigen, die nicht Staatsbeamte oder Kleinbürger untersten Grades waren, wurden durch die liberale Gewerbeordnung zu einer dieser beiden Gruppen getan: „Arbeitgeber oder Arbeitnehmer". Aus der Buntheit früherer Abhängigkeitsverhältnisse hob sich eine tadellos klare Doppelheit heraus. Es mochten einzelne Mischformen weiterleben,

Leute, die gleichzeitig nach unten Käufer und nach oben Verkäufer von Arbeit waren (Zwischenmeister u. dergl.), die Rationalisierung der verworrenen Arbeitsverfassungen war dennoch glänzend gelungen. Schon das allein war ein Fortschritt, der den Stolz des Geschlechtes erklärlich macht, das ihn in geschichtsloser Logik von der Geschichte erzwang.

Alles kam nun darauf an, wer im Handel um die Arbeit der stärkere Teil sein würde, ob der Käufer oder der Verkäufer. Das ist rein theoretisch angesehen, gar nicht von vornherein klar. Im kleinen Handwerk und beim Kleinbauern gibt es noch heute mitten unter uns Fälle, wo der Arbeitgeber für die Arbeit des Gehilfen mehr zahlen muß, als er für seine eigene übrig behält. Bei höher qualifizierter Arbeit ist es gar nicht selten, daß der Verkäufer von Arbeit seine ganz besonderen und schweren Bedingungen stellen kann. In Kolonialländern, wo viel Acker, aber wenig Arbeitskräfte sind, können die Arbeiter die Kontrakte verfassen. Überall, wo, nach einem Wort Oppenheimers, zwei Meister einem Gesellen nachlaufen, ist es für den letzteren leicht, seine Arbeit preiswert zu verkaufen. Aber die deutsche Wirklichkeit war anders: zwei Arbeiter liefen einem Arbeitgeber nach. Das lag teils in den Wirtschaftsgrundsätzen des Liberalismus, teils in dem starken Zustrom immer neuer Arbeitnehmer.

Von diesem brauchen wir nicht viel zu sagen, da unser ganzes Buch von der Tatsache der Bevölkerungsvermehrung ausgeht, und da wir die Abwanderung von Arbeitskräften aus den östlichen Provinzen und aus den Bauerngebieten schon besprochen haben. Ausführlicher aber müssen wir das andere bedenken, inwiefern der wirtschaftliche Liberalismus den Käufer von Arbeit von vornherein gewaltig begünstigte und geradezu unüberwindlich stark machte.

Wir haben gesehen, daß der Liberalismus gegenüber den verschiedenen alten Arbeitsverfassungen sehr radikal war. Von 1811 bis 1869 hat er sie in Preußen beseitigt. Er war aber in allen Ländern, wo er auftrat, in einem Punkte, der auch zur Arbeitsverfassung gehört, absolut und rückhaltslos konservativ, nämlich im Erbrecht. Der Individualismus ging nicht so weit, das Eigentumsrecht rein individuell zu gestalten, es blieb Familienrecht. Theoretisch zwar wurde von konsequenten Denkern die Idee gefunden, daß jedes Individuum von vorn anfangen müsse, sich sein Eigentum zu bilden, und juristisch wurde vielfach die Testierfreiheit zuungunsten der natürlichen Erben sehr befördert, aber beides kam praktisch gar nicht in Betracht gegen den übermächtigen Trieb, das Eigentum den Kindern zu erhalten. Es ergab sich hieraus eine merkwürdige Doppelstellung des Liberalismus zur Familie. Sie wird als Arbeitsgemeinschaft zerstört und als

Besitzgemeinschaft erhalten. Der Liberalismus spricht zum einzelnen Familienglied: Du kannst dir deine Arbeit suchen, wo du willst, denn es ist ganz unnötig, daß Vater, Mutter, Sohn und Tochter in demselben Betriebe tätig sind! Jeder soll seine Kräfte da verwerten, wo sie am besten bezahlt werden, der Vater im Schacht, die Mutter als Aufwartefrau, der Sohn in der Spinnerei und die Tochter als Milchmagd beim Bauern! Ob das der Familie nützt oder schadet, läßt den Liberalismus kalt, denn er ist ja Individualismus, hat es nur mit den Einzelpersonen zu tun. Sobald aber dann das Erbe in Frage kommt, wird der Liberalismus voll Familiensinn und tritt so sehr für den ungeschmälerten Übergang des Privateigentums in Familieneigentum ein, daß es vor kurzem noch Liberale gab, die sentimental wurden, wenn man die Erbschaften an Kinder auch besteuern wollte. Durch diesen konservativen Zug in seinem Wesen machte der Liberalismus den ganzen Handel zwischen Arbeitskäufern und Arbeitsverkäufern von vornherein zu etwas anderem, als was die reine Theorie ihn sein oder scheinen läßt, denn so wurde dieser Handel zu einem Handel zwischen Besitzenden und Nichtbesitzenden.

Wer kann Käufer von Arbeit sein? Nur der, welcher Arbeit bezahlen kann, bevor er die Ware in Geld umsetzt, also nur der, welcher Besitz hat, der sich zu Geld machen läßt. Es ist ohne weiteres klar, daß der, der mit Besitz geboren wird, einen ungeheuren Vorsprung vor dem hat, der sich selber erst diesen Besitz erwerben muß. Die Wahrheit dieses Satzes wird nicht dadurch aus der Welt geschafft, daß man uns auf Leute verweist, die mit nichts angefangen haben und zu Millionären geworden sind. Solche gab es, es gibt sie auch heute noch unter uns, es kann sie vielleicht selbst in Zukunft noch geben, aber sie sind und bleiben merkwürdige Ausnahmeerscheinungen. Ebenso wird die Wahrheit dieses Satzes nicht dadurch gestört, daß es Leute gibt, die im Besitz geboren werden und es doch zu nichts bringen. Im Durchschnitt hat der Erbe den Vorzug vor dem, der nichts erbt. Er kann Arbeit kaufen, aber er kann auch warten, er kann sie hier und dort kaufen. Der Besitzlose aber muß Arbeit verkaufen, er kann nicht warten; er stirbt, wenn er wartet, und er muß sie im allgemeinen dort verkaufen, wo er sich gerade befindet. Der Besitzende vergibt die Arbeit in Submission an Leute, die geängstet sind, arbeitslos bleiben zu müssen, kann also den Preis der Arbeit niedrig halten, ja, wenn er rein geschäftlich verfährt, muß er ihn niedrig halten. Das ist es, was die Sozialisten von Anfang an gegenüber dem Liberalismus vorgebracht haben, daß er in der Mitte seiner eigenen Prinzipien halt macht. Sie rufen: schafft das Familienerbrecht ab, macht es zum Erbrecht der Arbeitsgemeinschaft oder der Volksgemeinschaft, seid wirkliche Individualisten, so wollen wir an euren freien Arbeitsvertrag glauben!

Das Erbrecht war übrigens längst nicht der einzige Punkt, in dem es der wirtschaftliche Liberalismus vorzog, nicht individualistisch zu sein. Auch er kannte zahlreiche Tätigkeiten, die zugrunde gehen, wenn sie individuell betrieben werden. Diese schob er dem Staate zu. Dort, wo wir vom Staate reden, werden wir sie näher betrachten: die Sicherung vor Angriffen, die Rechtserhaltung, die Volksbildung, die Minimalhygiene, den unrentablen Verkehr, das Münzwesen, Patentwesen usw. Inmitten aller seiner ehrlich empfundenen Reden über den Individualismus verlor der Liberale nie ganz das Gefühl, daß sein Prinzip nicht das einzige der nötigen Prinzipien war. Aber eben deshalb war er theoretisch schwach gegenüber dem Sozialisten, der ihn vor ein entschiedenes Entweder-Oder stellte: entweder voller Individualismus (Anarchismus) oder Anerkennung des Gemeinschaftscharakters der Arbeit. Das, was wir als wirtschaftlichen Liberalismus erlebt haben, war kein akademisch reines System, es war ein System, dem ein Klasseninteresse der Arbeitskäufer seine Besonderheiten gab.

Geben wir es offen zu, daß die liberale Wirtschaftslehre in der Mitte des vorigen Jahrhunderts diesen Klassencharakter trug! Es schadet heute dieser Lehre nichts mehr, wenn man ihre Umgrenztheit und Einseitigkeit anerkennt, denn sie hat trotz dieser und durch diese Schwächen überaus Großes geleistet. Ein theoretisch reiner Liberalismus würde eine luftige Weltverbesserungsphantasie geblieben sein, diese mit Tradition und Egoismus durchzogene neue Idee wurde aber gerade in solcher Verbindung Grundrichtung eines Zeitalters ungeahnter Fortschritte. Was in der Welt wirkt, sind nie die chemisch reinen Ideen. Das mag für reine Denker unangenehm sein, aber historia docet, die Geschichte beweist es.

Es ist etwas Ungeheures, was der Liberalismus in kurzem Zeitraum fertig gebracht hat: das alte Deutschland zog ein neues Kleid an, das ganze Abendland flog wirtschaftlich aufwärts. Wie fern liegt uns die alte Stille der gebundenen Heimatproduktion! Es ist, als ob man nun erst hätte arbeiten lernen. Der Acker mußte doppelt soviel hergeben als früher, der Schutt des Dreißigjährigen Krieges wurde weggeräumt, die Städte wurden blühend; jetzt erst erfuhr man, welche Kräfte durch die alten Arbeitsverfassungen gefesselt worden waren. Auch der Besitzlose empfand das allgemeine Steigen. Trotz der ungünstigen Vorbedingungen, unter denen er die Arbeit verkaufte, kam er doch im ganzen aufwärts. Die wachsende Masse wurde besser ernährt und gekleidet. Wie hätte die alte Arbeitsverfassung je solche Menge Volkes auch nur sättigen können?

Es lag ja eben nicht so, als ob es vorher Gleichberechtigte und Freie gegeben hätte, die nun durch die Gewerbefreiheit und den Arbeitskauf erst zur dienenden Klasse gegenüber den Arbeitskäufern herabgestoßen worden wären. Es waren die Hörigen, Kätner und Bauernknechte, die Gesellen, Fabriksknechte und Deputatarbeiter, es waren nicht freie Frauen, sondern arme, abhängige, bevormundete Weiber, denen der Arbeitsvertrag des Liberalismus nun zur Grundlage ihres Daseins wurde. Sie konnten diesen Arbeitsvertrag am traumhaft hohen Ideal der reinen liberalen Verkündigung messen, — dann war er ein Vertrag von Herren mit Abhängigen, aber sie konnten und mußten ihn auch am Maße der erlebten langen Wirklichkeit messen, und dann war er zweifellos ein gewaltiger Ruck vorwärts, einer noch besseren Zukunft entgegen. Der Feudalismus, das Herrensystem an sich, wurde zerbrochen, es blieb die Herrschaft des Besitzes, schwer genug, aber weit weniger unveränderlich und bleiern als das Agrarrecht und die Zunftgebundenheit der Vorzeit. Jetzt erst durfte der besitzlose Arbeiter die Arbeit niederlegen, durfte die Stelle wechseln, bekam, soweit er gewerblich tätig war, das Recht der Koalition, das heißt das Recht, gemeinsam sich über den Arbeitsvertrag zu verständigen, ein Recht, dessen starke Folgen vom älteren Liberalismus kaum richtig gewürdigt werden konnten, und dessen Wucht erst jetzt deutlich zu werden anfängt.

Der Arbeitsmarkt entstand, ein Markt, der weit wichtiger wurde als die Getreidebörse und als der Markt in Staatspapieren. Er entstand völlig unorganisiert. So nur war er vom Liberalismus gedacht. Die Organisationslosigkeit aber war nichts als ein Übergangszustand. Sobald Arbeit einmal kaufbare Ware geworden war, unterlag auch sie dem Entwicklungsgange aller Waren. Das Angebot zentralisierte sich und die Nachfrage. Ehe wir aber von dieser Folge der liberalen Pulverisierung der alten Arbeitsverhältnisse sprechen können, müssen wir unsere Aufmerksamkeit der Veränderung des Unternehmertums zuwenden.

Wir tun es, indem wir unser Interesse den Umgestaltungen zuwenden, die sich durch die Fortschritte der Austauschwirtschaft einerseits und durch die Änderung der Arbeitstechnik andererseits im Wesen des freien Einzelunternehmers vollziehen. Unser Ausgangspunkt ist der normale liberale Arbeitskäufer. Ihn verfolgen wir in seinem Verhältnis zu den Arbeitsverkäufern, zu den Darleihern von Arbeitsmitteln und zu den Käufern seiner Waren, und wir werden finden, daß er in allen drei Richtungen seinen IndividuRalcharaktereinbüßt. Die Einzelunternehmung besteht heute formell noch als Kern oder Normalform der Volkswirtschaft, aber sie ist sachlich durchaus und überall im Übergange zu einer neuen Normalform, deren Wesen die vielseitige Abhängigkeit ist. Der Liberalismus zerbrach eine alte Bindung, aber er konnte es nicht hindern, daß sich aus ihm neue Bindungen herausgestalteten. Er war nicht das Ende der Organisation der Arbeit, sondern nur ein großes, leuchtendes Zwischenspiel in ihrer Geschichte.

---

3. Der landwirtschaftliche Unternehmer.

Der eigentliche Normalmensch des Liberalismus war der freie Unternehmer, das heißt der Bauer, dem sein Acker zu eigen gehörte, der nach keiner Gutsherrschaft zu fragen brauchte, den kein Flurzwang band, und der allen seinen Fleiß und alles sein Gelingen in Geld und damit in wirtschaftliche Kraft, d. i. in die Kraft, fremde Arbeit zu kaufen, verwandeln konnte, und der Handwerker, der frei von allem Zunftwesen und aller Staatsfürsorge sein Gewerbe nach eigenem besten Wissen einrichten und mit seinem Gelde und seiner Kraft sich soweit in die Höhe bringen konnte, daß alle Handwerkskleinlichkeit von ihm abfiel und er als ein Organisator erfinderischen und gewinnbringenden Tuns vielen Besitzlosen Arbeit geben konnte. Der freie Bauer und der freie gewerbliche Arbeitsleiter waren die zwei Augen des liberalen Volkes. Und es ist nicht zu leugnen, daß beide Augen Leuchtkraft gewonnen haben. Erst durch die Bauernbefreiung des Liberalismus ist der Name des Bauern zum Ehrennamen geworden. Was war um das Jahr 1800 der Bauer? Und was ist er ums Jahr 1900! Wenn es etwas wie Dankbarkeit in der Politik gäbe, müßten alle Bauern den Liberalismus feiern. Alle Hemmungen und Verschlechterungen der Bauernbefreiung waren konservativen Ursprungs, die Förderungen aber waren ausnahmslos liberaler Herkunft. Niemand kann dem alten Liberalismus absprechen, daß er das größte praktische Bauernverständnis gehabt hat, das es bisher in der Geschichte überhaupt gab. Die ganze Kulturlage des Bauern wurde eine andere, ja selbst die heutige antiliberale Bewegung des Bundes der Landwirte ist gar nicht denkbar ohne den Hintergrund der früheren liberalen Großtaten für das Bauerntum. Man muß das jetzt in so deutlichen Worten sagen, weil es von dem heute lebenden Geschlecht fast völlig vergessen ist. Man weiß heute nicht mehr, wie knechtisch der Bauer in den meisten deutschen Landesteilen den gnädigen Herren, den Amtleuten, den Stadtherrschaften gegenübergestanden hat, wie wenig er in seiner Arbeit sein eigener Herr war, wie zerstückelt seine Zeit, wie bunt belastet sein Hof, wie arm sein Leben war. Man kann sich nicht mehr erinnern, wie ungebildet und kulturfern noch in den Tagen Goethes und Schillers das Land war, und hält es deshalb für etwas Kleines, daß die Bauern vom freigewerblichen Geiste des Liberalismus gehoben und selber erfaßt wurden. Es war ein Volkserlebnis allerersten Grades. Aber gerade wenn man sich das alles vergegenwärtigt, wird die Frage doppelt dringend, wie es kommt, daß der Bauer einem Ideengange fremd geworden ist, dem er soviel zu danken hat. Ein solcher Umschwung in der Geistesstimmung eines ganzen Berufsstandes, wie er beim Bauern vorliegt, kann nicht auf zufällige Ursachen zurückgeführt werden. Wir müssen den freien Bauern in seinen obenangegebenen drei Beziehungen genau betrachten, um zu sehen, wo seine Freiheit in neue Gebundenheit umschlägt, um zu verstehen, wie er der liberalen Theorie gegenüber zum harten Kritiker werden konnte, ja mußte.

Dem Bauern wurde gesagt: Du bist frei, du kannst dir Arbeiter kaufen, kannst Schulden aufnehmen, kannst die Preise deines Getreides und Viehes festsetzen! Er kaufte also Arbeiter, das heißt, er löste die alten Naturallieferungen und Deputate mit Geld ab und hatte von da an nicht Mitarbeiter, sondern bloß „Arbeiter", das heißt Leute, die am Ertrag kein eigenes Interesse haben, denen er kündigte, und die ihm kündigten, um die er sich, wenn er nicht wollte, im Winter nicht zu kümmern brauchte. Zuerst erschien es sehr leicht, mit solchen Arbeitern zu schaffen zu haben, denn sie waren ja zwar vielleicht nicht billiger, aber viel weniger schwierig in ihren Ansprüchen als die alten naturalwirtschaftlichen Kostgänger des Bauernhofes. Doch das Verhältnis verschlechterte sich binnen kurzer Zeit, denn der Geldlohn allein schafft eben kein Gemeinschaftsgefühl an der Arbeit, und Arbeit ist auf keinem Gebiet mehr Gemeinschaftsleistung als in der Landwirtschaft, weil man Landwirtschaft nicht schematisch betreiben kann wie eine Weberei, und weil die Einzelarbeit auf dem Acker und im Stall viel weniger kontrollierbar ist als etwa die Fertigstellung von Handtüchern. Der Bauer mußte sein wertvolles totes und lebendes Inventar in Hände geben, mit denen er nicht mehr organisch verbunden war. Auch früher war sein Arbeitermaterial nicht glänzend gewesen, und die ländliche Arbeiterfrage und Gesindeklage ist so alt wie die Existenz ländlicher Arbeiter, aber die unheilvolle Folge der liberalen Arbeitsverfassung war doch für den Bauern, daß in einer Zeit, da er sich selber aus der alten Unfreiheit heraushob, und da viele andere Umstände, besonders der gesteigerte Massenbedarf, ihm günstige Aussichten eröffneten, seine Arbeitskräfte sich im allgemeinen nicht oder nur sehr wenig emporhoben. Er konnte, auch wenn er selbst die nötige Bildung hatte, kein wirklich moderner Landwirt werden, weil er keine aufsteigenden Arbeiter hatte. Diese Lage verschlechterte er sich meist selbst noch mehr dadurch, daß er den Kauf von Arbeit in den ersten Jahrzehnten des neuen Verhältnisses nach den Grundsätzen einer peinlichen Sparsamkeit besorgte, die im übrigen oft die Rettung des Bauern gewesen waren, hier aber viel mehr schadeten als nützten. Er hatte kein Gefühl dafür, daß die Güte der Arbeit von den gezahlten Preisen für Arbeit abhängt. Heute hat sich dieses Gefühl vielfach eingestellt, aber während der Jahrzehnte großer landwirtschaftlicher Einnahmen im vorigen Jahrhundert war es im allgemeinen noch nicht vorhanden. Die landwirtschaftlichen Arbeiter, Knechte, Mägde merkten damals sehr wenig von den hohen Getreidepreisen. Und wenn nun auch der Zusammenhang zwischen Preis und Güte der Ware Arbeit inzwischen dem Bauern aufgegangen ist, so kann er jetzt vielfach den Schaden der versäumten Jahrzehnte nicht mehr einholen, da inzwischen die tüchtigeren Elemente vom Zug der Industrie erfaßt worden sind, das heißt vom höheren Lohn, den schon damals die Industrie gab, als der Bauer ihn auch hätte geben können, wenn er nicht irregeführt worden wäre vom Gedanken des Erwerbes von Arbeit zu niedrigsten kaufmännischen Bedingungen.

Die Arbeiterfrage auf dem Lande in ihrer heutigen Schärfe und Härte stammt aus schlecht angewendetem Liberalismus. Das empfindet der Bauer, wird deshalb unliberal und teilweise antiindustriell. Er sieht keinen Weg aus dem entstandenen Mißverhältnis als die Rückkehr zu alten Zuständen, und das konservative Wort von der Abschaffung der Freizügigkeit klingt ihm wie Rettungskunde in die Ohren, wenngleich weder er noch sonst jemand sagen kann, wie man im Zeitalter der Eisenbahnen und des industriellen Arbeiterbedarfs die frühere Dorfpflichtigkeit wieder einführen könnte. Es liegt aber in dieser konservativen Umwandlung trotz ihrer rückwärtsblickenden Ausdrucksform ein vorwärtsdrängendes Element, dem sich der einsichtsvolle Neuliberale nicht wird verschließen können, nämlich das Bedürfnis nach einer ländlichen Arbeitsverfassung, die nicht auf bloßen kurzfristigen kontraktlichen Arbeitskauf gegründet ist, und die es ohne Beeinträchtigung der freien Bewegung der Arbeiter ermöglicht, die Arbeiter am Schicksal der landwirtschaftlichen Unternehmungen zu interessieren.

Von sozialdemokratischer Seite wird mit Recht hervorgehoben, daß man dem ländlichen Arbeiter auf Bauernhöfen und Rittergütern ein Recht bis jetzt in großen Teilen Deutschlands vorenthalten hat, das grundsätzlich zum liberalen Arbeitssystem gehört, nämlich das Recht der freien Koalition zur Erreichung besserer Arbeitsbedingungen. So oft nun dieses Recht in Preußen gefordert wird, malen uns die Bauernvertretungen das Schreckbild eines Streiks während der Ernte an die Wand. Daß ein solcher Streik an sich möglich ist, kann nicht geleugnet werden, und daß er viel verhängnisvoller sein würde als etwa ein Streik der Brauereiarbeiter, liegt auf der Hand, aber es gibt doch sehr zu denken, daß in denjenigen Bundesstaaten, wo die Koalition der ländlichen Arbeiter nicht verboten ist, solche Streiks nicht vorkommen, da das vorhandene Koalitionsrecht dort gar nicht praktisch ausgenutzt wird. Der ländliche Arbeiter ist dort, wo er nicht direkt hungert, wie hie und da in Galizien und Ungarn, nicht streiklustig, wo er aber hungert, fragt er gar nicht erst, ob er Koalitionsrecht hat oder nicht. Man könnte ihm das Koalitionsrecht in ganz Deutschland geben, ohne viel am heutigen Zustand zu ändern. Die industrielle Form des Lohnkampfes der Arbeiter ist eben nicht seine Form. Sein Streik ist die Abwanderung ins Kohlenrevier oder in die Großstadt. Es ist sehr unwahrscheinlich, daß er den kollektiven Arbeitsvertrag (Tarifgemeinschaft), von dessen Wichtigkeit für die Industrie wir noch sprechen werden, je als sein Wirtschaftsziel annehmen wird, schon allein aus dem technischen Grunde, daß ein Arbeiterverband, selbst wenn er bestände, für die Leistungen seiner Mitglieder viel weniger auf dem Lande wird Garantie übernehmen können als im städtischen Gewerbe. Ein Minimaltarif ist bei der uns bekannten gegenwärtigen Zusammensetzung der ländlichen Arbeiter eine sachliche Unmöglichkeit, wie er überhaupt bei ungelernter Arbeit und beim Saisongewerbe versagt. Man muß deshalb zwar aus Gründen formeller Gerechtigkeit für das ländliche Koalitionsrecht eintreten, hat aber wenig Veranlassung, besondere Furcht oder besondere Hoffnungen an diese Forderung zu knüpfen.

Das Problem der ländlichen Arbeit liegt an anderer Stelle. Es ist nötig, für die fortschreitende, qualitativ sich steigernde Landwirtschaft einen Stamm lebenslänglicher gelernter Arbeitskräfte zu schaffen, der in seiner Weise nicht hinter dem Durchschnitt der Maschinenbauer oder der Bauhandwerker zurücksteht. Mit bloßen wandernden Saisonarbeitern und Tagelöhnern läßt sich die moderne Vieh- und Gartenwirtschaft nicht erfolgreich betreiben. Eine intensive Landkultur fordert ein Arbeitermaterial, das den Wert von Spezialarbeitern besitzt. Hier ist Gewinnbeteiligung direkter Art am Platze. Auch der gewerkschaftliche Kampf in der Industrie ist ein Ringen um Gewinnbeteiligung, seine industrielle

Besonderheit aber ist eben die Form des Verhandelns von Verband zu Verband. Die ländliche Gewinnbeteiligung wird individueller bleiben müssen, das heißt: die Form der alten Naturaldeputate muß in moderner Weise wiedergewonnen werden, ohne daß damit die persönliche Bewegungsfreiheit gekürzt wird. Der Lohn muß sich in Anteilen vom landwirtschaftlichen Verkauf ausdrücken lassen. Es ist nicht nötig, daß in Naturalien gezahlt wird, aber wenn irgendwo, dann muß in der Landwirtschaft der gelernte Arbeiter wissen, daß die Steigerung des Viehertrages, Obstertrages, überhaupt des Wirtschaftsertrages seine eigene Angelegenheit ist. Das ist sehr schwer juristisch zu formulieren, schon deshalb, weil die Ertragsberechnungen äußerst verwickelt sind, und es hat wenig Zweck, eine theoretische Musterform aufzustellen. Vor allen theoretischen und juristischen Formulierungen muß die Praxis kluger Landwirte die Lösung dieser Schwierigkeit vorbereiten. Sie müssen die verschiedenen Möglichkeiten von Prämiensystemen und Jahresanteilen ausprobieren, damit später aus neuer Praxis neues Recht werden kann. Solange das nicht geschieht, ist gar keine Aussicht vorhanden, daß die Landarbeit wieder Gemeinschaftsarbeit wird, das aber bedeutet, daß solange die Qualität ländlicher Arbeit im Durchschnitt allzu gering bleibt.

Es kann auffallen, daß im allgemeinen der Bauer heute keine Arbeitgeberverbände bildet. Das hängt damit zusammen, daß es, wie schon gesagt, keine Arbeiterverbände gibt. In gewisser Hinsicht ist es aber zu bedauern, denn auf diese Weise wird das schwere Problem der ländlichen Arbeiterfrage überhaupt von keiner Seite systematisch behandelt. Die gemeinsame Not der Unternehmer und der Arbeiter ist da, für beide Teile ist der jetzige Zustand fast unerträglich. Ob wir den Wanderarbeiter ansehen oder den seßhaften Tagelöhner, so ist er ein aussichtsloser und deshalb qualitätsloser Mensch, durch den das Unternehmen nur wenig gehoben werden kann. Hier fehlt Organisation. Der Bauer sucht in der Politik Hilfe für einen Wirtschaftszustand, an dem die Gesetzgebung nichts ändern kann. Dieses Suchen macht ihn unliberal, ohne ihm, wenigstens auf diesem Gebiete, etwas zu nützen. Nötig ist eine besondere Organisation zur Sammlung aller Erfahrungen über Erzielung von Qualitätsarbeitern in der Landwirtschaft. Diese Organisation muß sehr genau prüfen, inwieweit sich genossenschaftliche Formen für Mitbeteiligung des Arbeiters am Erwerbsinteresse eignen. Wir unsererseits wagen es beim heutigen Stande der Frage nicht, sie direkt zu empfehlen, haben aber den Eindruck, daß man sie längst nicht genug beachtet hat (vergl. Oppenheimers Arbeiten über Siedelungsgenossenschaft).

Irgendwie muß die Landarbeiterfrage zu neuen Rechtsformen führen, wenn durch sie nicht die ganze übrige sehr günstige Gesamtlage der deutschen Vieh- und Marktwirtschaft der Bauern verdorben werden soll. Bis heute ist aber freilich wenig Aussicht baldiger besserer Regelung.

Die zweite Freiheit des Bauern, von der wir vorhin sprachen, ist die Freiheit, nach eigenem Ermessen sein Gut mit Schulden zu belasten. Das scheint nicht in eine Erörterung der Organisation der Arbeit hineinzugehören, hat aber doch viel mit ihr zu tun, da die Freiheit des Unternehmers stark vom Verschuldungssystem abhängt. Was der Liberalismus beabsichtigte, ist offenbar. Er wollte dem Landmann die größtmögliche Selbstverfügung und Ausnutzung seines Kredits und aller seiner Kräfte geben. Um billiges Geld für Inventar und Betriebsmittel zu bekommen, sollte der Landmann seinen Acker in der denkbar festesten Form verpfänden können. Die straffste Hypothekengesetzgebung ist die Vorbedingung des relativ billigsten Kredits, denn wer wird Kapitalien an vereinzelte Bauern verborgen wollen, wenn er nicht große Garantien gegen Verlust besitzt? Schon allein die 1325 Millionen Mark, welche bereits im Jahre 1897 die preußischen Sparkassen dem ländlichen Betriebe zugeführt hatten, würden nicht für die Landwirtschaft flüssig geworden sein, wenn keine hinreichenden Sicherungen hätten geboten werden können. Und mit der Geldausstattung durch Pfandbriefe der Landschaften, Landeskreditkassen und Hypothekenbanken steht es ebenso. Das, was diese Art Kassen im ganzen in Preußen an die Landwirtschaft geborgt haben, betrug nach einer älteren Aufstellung von Meitzen im Jahre 1897 etwas über 3,7 Milliarden Mark.

Diese Summe aber war schon damals nur etwa ein Drittel der vorhandenen landwirtschaftlichen Hypothekenschulden. Man rechnete schon am Ende des abgelaufenen Jahrhunderts in Preußen etwa 12 Milliarden ländliche Realverschuldung, und in den übrigen Teilen Deutschlands steht die Sache nicht anders. Heute wird vom Bunde für Bodenreform die ländliche Grundverschuldung mit 12,6 Milliarden angegeben. Gegenüber dieser Riesensumme scheint die ursprüngliche liberale Betrachtungsweise in ihr Gegenteil umzuschlagen. Während man früher von der Beschaffung billigen Geldes redete, spricht man jetzt, wo es beschafft ist, von der entsetzlichen Belastung. Die Verschuldung wird als Not der Landwirtschaft in Ansatz gebracht, nicht als Zeichen ihrer kapitalistischen Leistungskraft, und in den bäuerlichen Kreisen sind Bestrebungen, den „Liberalismus des Schuldenmachens" zu hindern, offener Ohren sicher. Der Landwirt hat, so heißt es, die wirtschaftliche Freiheit nicht vertragen, er paßt nicht in das kapitalistisch-individualistische

Betriebe, er braucht Bevormundung, damit er sich nicht selbst ruiniert! Man muß seinen Kredit von der Gemeinde oder von der ländlichen Genossenschaft oder von sonst einer Kontrollstelle abhängig machen, muß eine Verschuldungsgrenze normieren!

Aus allen diesen Klagen und Forderungen ergibt sich zunächst das eine mit Sicherheit, daß im landwirtschaftlichen Kreditwesen irgend etwas faul sein muß. Ob die vorgeschlagenen Reformen die Sache in ihrem Kern treffen, ist eine andere Frage. Wir versuchen den Sachverhalt dadurch zu klären, daß wir die Belastung der Industrie und der Landwirtschaft vergleichen. Es unterliegt keinem Zweifel, daß die Industrie noch unvergleichlich mehr Schulden hat als die Landwirtschaft, und daß man die Unternehmungen, die ganz ohne fremdes Geld arbeiten, suchen kann. Weshalb redet man nicht von industrieller Kreditbevormundung? Etwa deshalb, weil die Industrie bessere Geschäfte macht als die Landwirtschaft und darum leichter Zinsen zahlen kann? Gewiß nicht, denn wir haben viele Industriezweige, deren finanzieller Gewinn auf viel schwächeren Füßen steht als der Gewinn der Landwirtschaft. Es sei nur an die Steigerung der Viehwerte erinnert! Natürlich gibt es Industrien, die weit mehr verdienen als der Landwirt, aber wer die Lage des Durchschnittes der Textilfabrikanten auch nur einigermaßen kennt, wird sich sehr hüten, sie gegenüber der des Viehbauern in den Himmel zu heben. Auch ist es ja im allgemeinen nicht der arme Bauer auf magerem Lande, der die meisten Schulden hat. Wer sollte ihm soviel Geld borgen? Der Verschuldete ist der sogenannte fette Bauer und der Großgrundbesitzer. Dafür sind einige ältere Ziffern des Großherzogtums Oldenburg sehr lehrreich. Es arbeiteten von landwirtschaftlichen Besitzern

	Ohne Geldkapital u. ohne Schulden	Mit Geldkapital u. ohne Schulden	Mit Geldkapital u. mit Schulden	Ohne Geldkapital u. mit Schulden
Marschland . . .	21,9 %	22,6 %	21,6 %	33,9 %
Oldenburger Geest	39,5 %	19,8 %	11,5 %	29,2 %
Münstersche Geest	53,2 %	22,4 %	5,4 %	19,0 %

Je ärmer das Land, desto kleiner die Schulden! Aus dieser Tatsache ergibt sich, daß es falsch ist, die Hypothekarbelastung an sich als Zeichen von Notstand anzusehen. Im Gegenteil liegt die Sache so, daß die finanzkräftigsten Teile der Landwirtschaft am meisten in den Gesamtkapitalismus verflochten sind und sich am meisten dem Zustande nähern, der für die Industrie der Normalzustand geworden ist, und dessen Erscheinungsformen wir in den nächsten Abschnitten darlegen werden, daß deshalb die ärmere Landwirtschaft geradeso wie das ärmere Gewerbe noch nicht „durchkapitalisiert“ ist, das heißt in höherem Grade rein privatwirtschaftliche

Einzelbetriebe aufweist als die wohlhabendere. In der reicheren Landwirtschaft geht der wirtschaftliche Liberalismus in Kapitalismus über, und das ist der Hauptgrund, weshalb die einzelnen Unternehmer aufhören, sich als wirtschaftliche Einzelunternehmer zu empfinden, und nach Regelung ihrer kapitalistischen Abhängigkeitsverhältnisse rufen, gerade wie es die Industrieunternehmer ihrerseits tun.

Mit dieser allgemeinen Betrachtung ist aber die Sachlage noch keineswegs vollständig beschrieben. Es besteht ein formeller Unterschied zwischen den ländlichen und den industriellen Schulden, der früher noch größer war als jetzt, nämlich der Unterschied, daß die Industrie, wenigstens in ihren Anfängen, fremdes Geld weniger in Form von Hypotheken und Obligationen und mehr in Form von Geschäftsbeteiligungen, Anteilscheinen, Aktien aufzunehmen pflegte. Das heißt: die Industrie verteilt Gewinn und Verlust auf ihre Hintermänner, während der Landmann sein Kapital in einer Form aufzunehmen pflegt, bei der er allein das Risiko trägt. Er verpflichtet sich, gleichbleibende Zinsen zu zahlen, auch wenn es ihm schlecht geht, indem er dafür in Anspruch nimmt, auch nur dieselben Zinsen zahlen zu müssen, wenn es ihm gut geht. Das ist an sich kein unvernünftiges System, setzt aber größere Geschäftsgewandtheit voraus als das andere, weil es ohne Reservefonds nicht mit Sicherheit verwaltet werden kann. Dieses sachlich schwerere System erschien dem Landmann als das einzig natürliche aus dem einfachen Grunde, weil die Rentabilitätsberechnung bei ihm schwieriger ist als in der Industrie, und weil er selbst in hundert Fällen diese Rentabilitätsberechnung nicht machen kann und will. Das tritt am deutlichsten hervor bei der Abfindung der Geschwister. Der natürliche Vorgang würde sein, daß das Vermögen der Geschwister, wie es in der Industrie landläufig ist, im Geschäft weiterarbeitet, das bedeutet: am Risiko weiter teilnimmt, bis es ausbezahlt werden kann. Dieses natürlichere Verfahren aber ist das rechnerisch schwerere und wird deshalb durch ein steiferes Zinsverhältnis ersetzt, das sich in der Periode wirtschaftlicher Schwierigkeiten sehr zuungunsten des verschuldeten Inhabers äußert. Wir kommen also auch hier wie bei der Besprechung der ländlichen Arbeiterfrage zu dem Ergebnis, daß es dem landwirtschaftlichen Betriebe an geschäftlicher Elastizität fehlt, an Übernahme gleitender Beteiligungsformen, die nur auf Grund exaktester Hauptbücher durchführbar sind.

Dabei ist nicht zu leugnen, daß es für den Bauern sehr schwer ist, fremdes Geld in gleitender Mitbeteiligung zu erhalten, ebenso schwer wie für alle anderen kleineren Betriebe, daß es ihm bis vor kurzem überhaupt noch in manchen Landesteilen schwer war, Geld zu anständigen Bedingungen zu bekommen, hauptsächlich deshalb, weil der Einzelkredit des Bauern zu schwach ist, den Strom großkapitalistischer Entwicklung seinen Zwecken dienstbar zu machen. Er muß den Einzelkredit in *Gemeinschaftskredit* verwandeln, das heißt, er muß genossenschaftlich borgen, wenn er vorteilhaft borgen will. Das kommt vor allem für den kurzfristigen Betriebskredit in Frage, spielt aber auch in der langfristigen Kapitalbeschaffung schon heute eine große Rolle. Die von Schulze-Delitzsch begründeten Kreditgenossenschaften, die Raiffeisenverbände und der Reichsverband der deutschen landwirtschaftlichen Genossenschaften vermittelten bereits jetzt insgesamt mehrere Milliarden, die wesentlich in bäuerliche Hände gelangten. *In ihnen wird der Einzelunternehmer zum Glied einer Geschäftsorganisation, die ihm hilft, indem sie seine Schritte leitet. Das ist der Übergang des Bauern vom Liberalismus zum Kapitalismus in reinster und übersichtlichster Form.* Besonders in den zuletzt genannten, jetzt vereinigten Verbänden steigt geradezu eine neue Arbeitsorganisation des durch den Liberalismus vereinzelten Bauernvolkes in die Höhe. Man sieht das aus den Jahresabschlüssen. Wir teilen beispielsweise mit, daß die Raiffeisensche Organisation schon im Jahre 1902 an Darlehen ausgegeben hat:

	Zahl der Darlehen	Geldbetrag
Für Ackermeliorationen . .	6 818	3 468 300 Mark
„ Viehankauf	25 522	6 612 300 „
„ Bauten	27 620	25 505 300 „
„ Kaufgelder	62 674	32 749 400 „
„ sonstige Zwecke	85 428	49 487 400 „
	206 062	117 822 700 Mark

Eine Organisation, die etwas derartiges leistet, ist eine organisatorische Macht ersten Grades: Sie ist formell nur Vermittlungsstelle für Geld, sachlich aber eine demokratische Selbstregierung des Bauerntums, denn wer diese Gelder vermittelt, hat damit ganz von selbst Sacheinfluß. Diese Genossenschaften entsprechen den Kartellen und Syndikaten der industriellen Unternehmer und den Gewerkschaften der gewerblichen Arbeiter und sind als solche Wirtschaftsfaktoren der Zukunft, die in ihrer weiteren Kräftezusammenhäufung heute noch gar nicht genau abgeschätzt werden können. Es ist nicht unmöglich, daß sie auch die Regelung der Arbeitsgemeinschaft ländlicher Arbeitskräfte in dem vorhin besprochenen Sinne anbahnen helfen.

Die dritte Freiheit des liberalen Bauern war seine *Unabhängigkeit in der Aufstellung der Art und des Preises* seiner Waren. Es hat dir niemand zu sagen, wie du verkaufen sollst! Du kannst pflanzen, was du willst, säen, wann du willst, du stehst dem Markte unabhängig gegenüber, nur verkaufen mußt du, denn im liberalen, geldwirtschaftlichen Zeitalter lebt niemand, der nichts verkauft! Die Zeiten der alten abgeschlossenen Selbstgenügsamkeit sind vorüber, der Staat, die Gemeinde, die Schule, ja selbst die Kirche wollen bares Geld, es gibt keine Naturalsteuern mehr! Jeder Schritt in die Stadt kostet Geld, jedes Kind kostet Geld, und die Leute verlangen, daß du Kleider und Schuhe trägst, die man nicht mehr für Brot und Fleisch im Haustagelohn machen lassen kann! Es ist eine große Umwälzung des ganzen bäuerlichen Denkens notwendig gewesen, ehe er sich als kaufenden und verkaufenden Geldmenschen begriffen hat; und im Grunde seiner Seele ist er heute noch nicht recht damit ausgesöhnt, daß all sein irdisches Wohlsein vom richtigen Verkaufen abhängt. Der liberale Grundgedanke, daß die Welt nichts ist als eine Börse, widerspricht seiner Stetigkeit. Er will lieber etwas weniger haben, aber dafür etwas, das nicht wechselt. Mit dem Wechsel der Witterung und Ernte hat er an sich schon genug zu tun; ist es nicht eine Quälerei, ihm dazu steigende und fallende Getreidepreise, Viehpreise, selbst Milchpreise auf den Rücken zu legen? Immer behält er etwas von dem Gefühl, übervorteilt zu sein, und in der Tat, da er oft fern vom Markte wohnt und trotz des Kreisblattes auch fern vom Kurs, da er oft noch nicht gewohnt ist, nach Grundsätzen des Marktes herzustellen und zu sortieren, auch bisweilen noch alten schätzungsweisen Verkauf (besonders beim Vieh) gewohnheitsmäßig beibehält, so wird er häufig übervorteilt. Ob es Juden oder Christen sind, die seine Schwächen ausnutzen, bleibt sich volkswirtschaftlich völlig gleich, er grollt der Zeit, die mehr von ihm verlangt, als er leisten kann. So wenigstens war und ist das Gefühl der älteren Generation. Die neue Jugend wächst von vornherein kaufmännischer ins Leben hinein. Aber auch dort, wo der Bauer mit klarem Bewußtsein zum Kaufmann geworden ist, sieht er sich außerstande, als einzelner erfolgreich zu handeln. Der Großgrundbesitzer kann seine Milch und sein Vieh systematisch verkaufen; der einzelne Bauer bringt zu wenig an den Markt, um ihn als einzelner irgendwie beeinflussen zu können. Ihm wird der Preis gemacht, wie dem Arbeiter der Lohn gemacht wird, solange er sich nicht zur Preisbildung vereinigt. Deshalb drängt es ihn zum Preiskartell der Landwirte.

Das, was wir eben das Preiskartell der Landwirte genannt haben, ist für den Bauern das „Endziel" in demselben Sinne wie der Zukunftsstaat für den Sozialdemokraten. Es schwebt über ihm in den Wolken und wird sich im Kampf der irdischen Dinge voraussichtlich nicht vollkommen verwirklichen, aber alle Schritte bäuerlicher Vereinigungen in der Verkaufsfrage gehen irgendwie diesem Endziel entgegen. In letzter Linie ist dieses Kartell international wie alle großen Kartelle. Ruhland hat in seinen literarischen Arbeiten den Gedanken des internationalen Getreidekartells statistisch und theoretisch durchdacht, und die internationalen Zusammenkünfte der Agrarier haben ihren Hintergrund in dieser Idee. Aber freilich, wann wird der Ruf in Wirklichkeit erschallen: Getreideproduzenten aller Länder vereinigt euch!? Vorläufig sollen nationalwirtschaftliche Zölle ein inländisches Preiskartell ermöglichen. Wir haben an anderer Stelle gesagt, weshalb wir gegen diese Zölle sind, und haben dort ausgeführt, daß sie der Mehrheit der Landwirte mehr schaden als nützen. Mit der Ablehnung der Zölle ist aber die Frage selbst nicht erledigt. Auch bei Weltmarktpreis in Getreide, wie ihn England, Holland, Belgien, Dänemark haben, bleibt die Frage bestehen, wie der Einzelbauer sich zum Markte verhält, ob er den Getreidehandel von sich abhängig machen kann oder ob der Getreidehandel ihm gegenübersteht wie der Arbeitgeber dem Arbeitnehmer. Es ist also ganz unausbleiblich, daß Versuche zur Bildung von Verkaufsgenossenschaften immer wieder gemacht werden. Dasselbe gilt vom Viehhandel. Die Viehverwertungsgenossenschaften liegen in der Linie der notwendigen Entwicklung, und die Gemeinsamkeit der Milchverwertung hat dieselbe Logik für sich wie etwa der Verband der Metallarbeiter oder das Kartell der Tapetenfabrikanten. Nichts ist falscher, als wenn Zeitungen, die sonst für wirtschaftlichen Zusammenschluß sind, bei landwirtschaftlichen Waren sprechen: ja Bauer, das ist ganz was anderes! Noch sind, abgesehen von den Molkereien, die Verkaufsgenossenschaften erst abwartende Versuche, aber man täusche sich nicht: sie müssen kommen! Und wenn sie kommen, so werden sie mit den kleineren Einkaufsverbänden und mit den großen Darlehensorganisationen allmählich zusammenfließen, und aus dem freien Einzelbauer wird der Verbandsbauer geworden sein, ein organisierter Produzent, ein Bestandteil des kapitalistischen Organisationssystems.

Überblicken wir noch einmal das Ganze! Der landwirtschaftliche Unternehmer ist abhängig vom Arbeitsmarkt, Geldmarkt und Warenmarkt; er ist Arbeitskäufer, Geldleiher, Warenkäufer und Warenverkäufer. In allen diesen Beziehungen ist er festgelegt durch Zustände, die er als einzelner nicht in der Hand hat, und auf die er nur in Gemeinschaft Einfluß gewinnen kann. Auf diese Weise geht er einem neuen Organisationszustande entgegen, von dem man zweifelhaft sein kann, ob man ihn Sozialismus oder Kapitalismus nennen soll. Wir haben bisher das Wort Kapitalismus gebraucht, werden aber später sehen, daß Kapitalismus in seiner letzten Ausgestaltung nichts anderes ist als Sozialismus der Besitzenden. Da der Bauer gleichzeitig als Besitzer und als Arbeitskraft in Frage kommt, so steht seine vor unseren Augen sich bildende Organisation in der Mitte von Kapitalismus und Sozialismus, ist aber sachlich das, was sowohl Kapitalismus wie Sozialismus sind: die Überführung der freien Einzelwirtschaften in größere, zentral geleitete Einheiten.

4. Der Handwerker.

Ehe wir den Handwerker in seinen drei Abhängigkeiten vom Arbeitsmarkt, Geldmarkt und Warenmarkt betrachten können, müssen wir ihn in seinen Beziehungen zum industriellen Unternehmertum verstanden haben, das heißt zum gewerblichen Großbetrieb. Beim landwirtschaftlichen Unternehmer war eine derartige Untersuchung weniger nötig, weil die Organisation der Arbeit in der Landwirtschaft nicht in gleicher Weise durch eine beständige Verschiebung der Betriebsgrößen erschüttert wird. Die Betriebsgröße der landwirtschaftlichen Unternehmungen ist zwar unter sich sehr verschieden, ändert sich aber wenig. Es kommt vor, daß sich Bauernstellen vergrößern, und daß Rittergüter parzelliert werden, aber diese Veränderungen sind verschwindend klein gegenüber den beständigen Umschiebungen der Betriebsumfänge im Bereiche derjenigen Gewerbe, die in früheren Zeiten handwerkerlich betrieben wurden.

Das alte Handwerk hatte eine sehr bestimmte Abneigung gegen Betriebsvergrößerungen. Die Zahl der Gehilfen und Lehrlinge war in den Zünften beschränkt. In den meisten Gewerbszweigen durften nur zwei Gesellen und ein Lehrling gehalten werden, nur im Baufach gestattete man etwas größere Zahlen. Diese Einengung wurde vom Liberalismus zerbrochen, und zwar auf Drängen der Handwerker selber, die in dieser Beschränkung eine Hemmung ihres wirtschaftlichen Glückes sahen. Die Freiheit der Handwerker vom Zunftzwange stellt sich der Bauernbefreiung würdig zur Seite. Erst durch sie wird der Handwerker eine selbständig schaffende Größe. Der Handwerker füllte die liberalen Vereine in der Mitte des vorigen Jahrhunderts und schickte die Deputierten in das Frankfurter Parlament. Sein Ideal war *der ungebundene Kleinunternehmer*. Dieser war neben dem freien Einzelbauern der wirtschaftliche Normalmensch jener Epoche. Ihn also müssen wir in seinem weiteren Schicksal verfolgen.

Beginnen wir, um an ein bestimmtes Beispiel anzuknüpfen, bei den Schneidermeistern, so hat für sie die Gewerbefreiheit folgende Wirkungen:

1. Da jetzt jeder Geselle sich selbständig machen kann, wenn er will, vermehrt sich die Zahl der Konkurrenten, und es entsteht eine Masse kleiner und kleinster Unternehmer, die ihrerseits wieder Lehrlingszüchterei treiben und damit die Gesamtzahl der Schneider sehr vergrößern.

2. Da jetzt die Zusammenfassung von Tuchgeschäft und Maßschneiderei erlaubt ist, entsteht die neue Form des Schneiders mit Tuchladen, die in sich den Trieb hat, größeren Umfang zu gewinnen und auf diese Weise aus dem Handwerk herauszuwachsen.

3. Da jetzt der Vertrieb von fertigen Schneiderwaren nicht mehr an den Ort gebunden ist, entsteht ein Hausierbetrieb, der sich bald zum geregelten Konfektionsgeschäft erweitert. Dieses Geschäft benutzt die Überzahl der kleinen Unternehmer als Arbeitskräfte und macht sie zu Hausindustriellen. In dieser Form wird die Schneiderei Exportgeschäft.

Es gibt also nun drei in sich verschiedene Schichten: eine Unterschicht der kleinen Schneider, die sich wenig von der Schicht der Lohnarbeiter unterscheidet und allmählich in sie übergeht, eine Mittelschicht der kaufmännischen Maßschneider und eine Oberschicht der industriellen Unternehmer in Kleiderwaren. Das alte Handwerk hat sich zerlegt, und es ist ganz ausgeschlossen, die Kleiderproduktion jemals wieder in eine einheitliche Form zu bringen. Als Handwerker bezeichnet sich heute im Grunde nur noch der in der Mitte stehende Maßschneider, aber auch er ist beständig bestrebt, sich zur Höhe eines Unternehmers emporzuheben, der Aufträge annimmt und sie von der unteren Schicht ausführen läßt. Es ist in jedem einzelnen Falle zweifelhaft, ob er noch Handwerker ist, das heißt, ob er nur Leiter von Schneiderarbeit ist oder selber noch schneidert. Auf diese Weise wird der ganze Begriff Handwerk zu einer absolut flüssigen, unfaßbaren Größe. Oft sind es nur die Zurückgebliebenen der zweiten Schicht, die noch Wert darauf legen, Handwerker zu heißen. Sie fühlen sich der vergangenen Handwerksform am ähnlichsten und haben einen vergeblichen Traum, als könnten sie durch irgendwelche Mittel die anderen Formen wieder aus der Welt schaffen. Der alte Normalschneider ist zur Zwischenstufe innerhalb seines Gewerbes geworden und wird deshalb einer Entwicklung gram, die sein Gewerbe im höchsten Maße ausgeweitet hat.

Nach diesem Beispiel kann man die Veränderungen in anderen Produktionen leicht beurteilen. Nicht jede Produktion erhält gleichzeitig alle drei Formen am Leben, denn in allen Arbeitszweigen, wo es keine Hausindustrie und kein Reparaturgewerbe geben kann, verschwindet der Unterschied und verwandelt sich restlos in Lohnarbeiter, und in allen Gewerben, wo der Kauf fertiger Waren die Bestellung von Maßarbeit oder persönlicher Ware verdrängt, versinkt auch die zweite Schicht, und es bleibt neben dem Arbeiter nur der Unternehmer übrig, der für den Verkauf tätig ist.

Dieser Vorgang braucht nicht von der Maschinentechnik beeinflußt zu sein, ist es aber in den meisten Fällen, auch wenn man nicht schon die allgemeine Verkehrs- und Austauscherleichterung als Maschinentechnik rechnen will. Die Hauptsache ist die Vergrößerung und Vereinheitlichung des Bedarfs. Ein Massenbedarf, wie er mit dem wachsenden Volke entsteht, bringt stets in allen Perioden der Volkswirtschaft Massenproduktionen hervor. Es ist ein unmöglicher Gedanke, daß jeder seinen Extraweber oder Extrahandschuhmacher haben soll, sobald Weberwaren und Handschuhe gleichartige Massenartikel geworden sind. *Nur in Waren, bei denen es persönliche oder örtliche Besonderheiten gibt, hat der individuelle Betrieb einen erkennbaren Zweck.* Das ist die Grenze des relativen Rechts derer, die für die Erhaltung des Handwerks eintreten. Man kann mit Professor Bücher und vielen anderen Bearbeitern dieser Frage drei Klassen von Handwerkern bilden, die sich etwa so gruppieren:

Untergegangene Handwerke: Weberei, Strumpfstrickerei, Färberei, Gerberei, Seifensiederei, Seilerei, Knopfmacherei, Nadelmacherei, Kammmacherei, Nagelschmiederei und handwerksmäßiger Bergbau.

Kranke Handwerke: Schuhmacherei, Schneiderei, Böttcherei, Drechslerei, Uhrmacherei, Sattlerei, Buchbinderei, Klempnerei, Tischlerei, Glaserei, Schlosserei, Zeugschneiderei, Stellmacherei.

Lebensfähige Handwerke: Maurerei, Dachdeckerei, Stubenmalerei, Hufschmiederei, Barbiergewerbe, Bäckerei, Fleischerei.

Im einzelnen kann es strittig sein, ob ein Handwerk bei dieser Aufzählung in die richtige Klasse gesetzt worden ist, da es auf diesem Gebiet viele provinzielle Unterschiede gibt. Beispielsweise kann Gerberei und Seilerei auch für die zweite Klasse in Vorschlag kommen. In keinem Falle bedeutet aber der Tod eines Handwerks, daß nun die Tätigkeit tot ist, die von diesem Handwerk betrieben wurde. *Die Tätigkeit ist überall heute viel lebendiger als früher. Was gestorben ist, ist nur eine bestimmte Organisation der Arbeit.* Ob das ein Verlust oder ein Gewinn ist, hängt von der besonderen Art des einzelnen Gewerbes ab. Im allgemeinen ist bei der Umgestaltung der Gewinn viel größer als der Verlust, aber man darf doch nicht verschweigen, daß es Gewerbe gibt, in denen zwar die Quantität der Erzeugung sehr zugenommen hat, bis jetzt aber die Durchschnittsqualität nicht gewonnen zu haben scheint. Die Lederbereitung der alten handwerksmäßigen Gerberei, die Holzverarbeitung der handwerksmäßigen Tischlerei hat oder hatte Vorzüge, die vom maschinellen und chemischen Betriebe noch nicht erreicht sind. Es geht hier wie bei jeder großen Veränderung: mit vielem Unhaltbaren wird auch etliches Gute mit hinweggeschwemmt. Wir erinnern an das, was wir früher über industrielle Schundproduktion gesagt haben. Nur liegt die Verbesserung der Qualität der Arbeit heute nicht mehr bei den Kleinbetrieben, die sich im engeren Sinne Handwerk nennen. Die Qualitätsverbesserung setzt Kapital und gute Löhne voraus, und beides ist mehr beim größeren Unternehmer als beim kleinen möglich. Man kann leider die „Mittelstandsbewegung" im ganzen nicht als Qualitätsverbesserungsbewegung ansehen. Wäre sie das, so würde sie ein unbestreitbares volkswirtschaftliches Recht haben und eine sehr erwünschte Kontrolle der Massenproduktion darstellen. Soweit sie es ist, verdient sie öffentliche Teilnahme und staatliche Hilfe. Alle Bestrebungen, die Ausbildung der Arbeitskräfte zu verbessern, sind direkt verdienstlich, sie mögen kommen, von wem sie wollen. Ein Handwerkerverein, der sich als Qualitätsverband auftut, soll bei Submissionen und ähnlichen Gelegenheiten Vorzugsrechte haben, denn von ihm aus kann der Durchschnitt des ganzen Gewerbes gehoben werden! Aber was man gewöhnlich vortragen hört, ist etwas ganz anderes, es ist das Begehren, eine veraltete Arbeitsform zu schützen, nur weil sie eben da ist, auch wenn sie nichts Besonderes leistet. Das ist eine unberechtigte Anforderung an die Opferbereitschaft der Gesamtheit. Das einzige, was den Kleinbetrieb wirklich erhalten kann, ist die Güte und Notwendigkeit seiner Leistungen. Alle künstlichen Maßnahmen helfen nur auf Zeit, wenn sie überhaupt helfen.

Lange Jahre hindurch hat man die Zwangsinnung und den Befähigungsnachweis gefordert. Beides hat nur dann einen Sinn, wenn man auch sonst die alte Zeit wiederherstellen könnte, das heißt, wenn man den Verkauf industriell hergestellter Waren verbieten und die Größe der Einzelbetriebe in alter Weise begrenzen könnte. Eine Zwangsinnung, die den industriellen Konkurrenten nicht mit umfaßt, hat keinen praktischen Wert. Nimmt sie ihn aber in sich auf, so ist sie nicht mehr Handwerksinnung, sondern Fachvertretung eines Erwerbszweiges, der aus dem Handwerk herauswächst. Und welchen praktischen Zweck hat ein Nachweis der Handwerkerfähigkeit für jemanden, dessen Betrieb nicht mehr handwerkerlich ist? Es scheint, daß die Mehrzahl der Handwerker neuerdings sich in diese Sachlage fügt, um so mehr als die

Versuche der Zwangsinnung auf Grund des Handwerkergesetzes gezeigt haben, daß diese gezwungenen Gemeinschaften, zu denen auch alle kleinen und allerkleinsten Reparaturhandwerker gehören, nichts fertigbringen können, während freie Verbindungen mittlerer Handwerker in vielen Fällen recht nützliche Körper geworden sind.

Vor zwei Irrtümern muß man sich in dieser Frage unseres Erachtens hüten, einmal vor dem Irrtum, als läge ein bestimmtes volkswirtschaftliches Interesse vor, die kleineren Betriebe mit Gewalt auszurotten, und dann vor dem Irrtum, als seien die gegenwärtigen Kleinbetriebe noch altes Handwerk. Der erste dieser Irrtümer tritt gelegentlich in sozialdemokratischen Reden zutage. Man vernimmt da eine wahllose Begeisterung für den Untergang aller Kleinbetriebsformen. Das ist falsch! Dort, wo der kleinere Betrieb sich ohne künstliche Stützen halten kann, ist er ebenso berechtigt wie der Großbetrieb. So gut der sozialdemokratische Agrarschriftsteller Dr. David in der Landwirtschaft die besonderen Vorzüge der kleinen Betriebe hervorhebt, kann man auf Grund derselben Wirtschaftsauffassung das Recht gewerblicher Kleinbetriebe festhalten. Die Praxis allein kann entscheiden, wo und inwieweit kleinere Betriebe lebensfähig bleiben. Oft sind es scheinbar kleine Dinge, die den Ausschlag geben. Beispielsweise ist es geradezu eine Doktorfrage, wie es kommt, daß der einzelne Bäcker in den Großstädten sich hält. Wer einmal die Einrichtungen einer maschinellen Großbäckerei gesehen hat und dann den Alltagsbetrieb der Kleinbäckereien beobachtet, der begreift nicht, daß es noch kleine Brotbäckereien gibt. Und in der Tat, wenn nur Roggenbrot gegessen würde, müßte man die Bäckerei sicher unter die kranken, ja vielleicht bald unter die untergegangenen Handwerke schreiben. Aber es soll morgens frisches Weißbrot und Sonntags frischer Kuchen gegessen werden. Das ist die Lebenserhaltung der Kleinbäckerei. Zwar auch auf diesem Gebiete hat die Großbäckerei versucht, sich die Kunden zu sichern. So gut man ein System des Austragens frischer Morgenzeitungen hat und Bollesche Milchwagen, so gut könnte man vielleicht auch eine zentralisierte Semmelversorgung haben. Es könnte gehen, aber es geht nicht, denn der Tagesbedarf wechselt, und der Kleinbetrieb ist, wie es scheint, billiger als ein Großbetrieb mit Kleinverkauf. Es entsteht also der Bäcker, der Händler von Roggenbrot und Konditorwaren ist und Hersteller von Weißbrot und Kuchen. Oder wie kommt es, daß der Schuhmacher sich aufrecht hält? Er hat viel von seinem alten Gebiet verloren, aber zwei Dinge sichern ihm eine gewisse Unverwüstlichkeit: die Reparaturen und die unregelmäßigen Füße. Die letzteren sind für ihn das, was die frische Semmel für den Bäcker ist. Zwar bietet auch die Schuhfabrik Maßarbeit für schwierige Füße an, aber es fehlt bei ihr die persönliche Fürsorge, denn der Mann, der den Auftrag annimmt, hat selbst mit der Herstellung, die irgendwo in der Provinz geschieht, wenig Zusammenhang, er schickt seine Aufzeichnung und hält es im Grunde für eine Störung, daß er sich mit einem unnormalen Einzelfalle aufhalten soll. Der Meister aber, der noch alles in seiner Hand hat, rettet sich durch diese Fälle. Er wird Händler für Normalware, Ausbesserer für gekauftes Schuhwerk und Hersteller für empfindliche Kunden. Überhaupt ist die Mischung von Kleinhandel und Herstellung eine offenbar noch sehr lebenskräftige Form des Betriebes. Man gehe in irgendeiner mittleren und kleinen Stadt durch die Straßen und sehe, wieviel derartige Mischbetriebe es gibt: Eisenwaren mit Schlosserei oder Messerschleiferei, Uhrenverkauf mit Reparatur, Papierladen mit Buchbinderei, Möbelverkauf mit Tischlerei, Rahmenverkauf mit Glaserei, Pelzwarengeschäft mit Kürschnerei. In vielfältigster Abwechslung tritt dasselbe Gesetz auf: Der Kleinverkauf der Massenartikel verschwistert sich mit dem Teil der Produktion, der örtlichen oder persönlichen Charakter trägt. Aus dem Handwerker wird der gewerblich gebildete Verkäufer. Ihm ein allgemeines Todesurteil zu sprechen, würde eine Verkennung vorliegender Tatbestände sein, kann man doch selbst beobachten, daß ganz neue Berufe ohne alle alte Handwerkstradition zum Kleinbetriebe drängen wie Photographie, Beleuchtungsinstallation, Weißzeugwäscherei. Es spricht alle Wahrscheinlichkeit dafür, daß zwischen den großen Industrien zu allen Zeiten gewisse Kleinbetriebe weiterleben werden wie Unterholz im hohen Walde. Überall dort, wo die große Industrie sich hingesetzt hat, sind ganz von selbst diese Begleiterscheinungen zutage getreten, teils indem alte Handwerker am Lohn der Arbeiter sich kräftigten, teils indem Hilfsgewerbe sich um die Industrien herumsetzten, wie die Töpferbuden um die mittelalterlichen Rathäuser und Kirchen. Um die Bergwerke sitzen die Leute, die den Bergmann ausrüsten, um die Eisenbahnen die Krämer, die für den Reisebedarf sorgen, und wo es große Bankiers gibt, da stehen auch kleine Makler unter dem Vordach. Nur ist das alles kein altes Handwerk mehr. Alles das ist irgendwie *Hilfsgewerbe des Großunternehmers* geworden. Einst regierten die Kleinen ihre Welt selber. Das ist vorbei. Das ist auch der innere Grund, weshalb alle Erörterungen der Handwerkerfragen etwas so Müdes und Wehmütiges an sich haben. Wir nehmen Abschied von einer alten Grundgestalt des deutschen Lebens, von dem Meister, der ein kleiner Schöpfer eigener Werte gewesen ist. Das Schaffen ist zu den großen

Betrieben übergegangen, und der Handwerker folgt ihnen wie der Ährenleser dem Trupp der Schnitter. Auch wenn seine Tagesernte nicht schlecht ist, so kann er doch immer nur nehmen, was übrig bleibt, nachdem die Garben der Großen in Reihe und Glied stehen.

Hat man dieses eingesehen, so wird man alle Vorschläge zur Hebung des Handwerkes nur als Vorschläge zur Verminderung des Leidens, aber nicht als Vorschläge zur Wiederherstellung der alten Bedeutung des Kleinbetriebes auffassen können. Von diesem Gesichtspunkt aus aber soll man mild sein auch gegenüber wunderlichen Wünschen! Ich meinesteils finde den Zorn derer, die von der Geschichte fallen gelassen worden sind, menschlich begreiflich und halte den spöttischen Ton für unrichtig, der oft gegenüber dem Handwerksgroll angeschlagen wird. Es ist freilich schwer, etwas wirklich Nützliches zu raten. Keinesfalls dürfen wir uns vom zürnenden Kleinbetrieb die Produktivität unseres nationalen Schaffens verkürzen lassen. Wo neue Formen sich bewähren, muß man sie frei leben lassen! Das ist die Kehrseite des Satzes, den wir oben sagten, als wir den Fanatismus ablehnten, der alle Kleinbetriebe ruinieren will: man soll keinen Kleinbetrieb künstlich töten wollen, aber ebensowenig einen Großbetrieb künstlich hemmen! Das trifft die falschen Versuche der Handwerker, sich am Warenhaus und Konsumverein dafür rächen zu wollen, daß der allgemeine Übergang zur Großindustrie nicht mehr zu hemmen ist. Die Großbetriebe in der Produktion läßt man unangefochten (was wird man auch gegen sie tun können?), aber im Handel wenigstens soll etwas von der alten Zucht der Zunft noch übrig bleiben, und sei es auch nur eine Extrasteuer gegen das Großwerden! Das ist eine so offenbare Ungerechtigkeit, daß man sie zwar bei den Nächstbeteiligten aus der eben besprochenen Gemütslage heraus begreifen, aber nie billigen kann, und es ist eine Schädigung des wirtschaftlichen Rechtsgefühls, wenn zwar im Bergwerk, im Eisenwerk, in der Spinnerei, in der Reederei, im Bankwesen alle Vergrößerungen der Werke und Anlagen als ein Sieg der nationalen Technik gefeiert werden, aber dann aus bloßen Stimmungsgründen derselbe Vorgang im Verkaufsgeschäft als schädlich, ja fast als unmoralisch hingestellt wird. Das Handwerk muß sich grundsätzlich damit abfinden, daß die Vergrößerungsgrenze im vorigen Jahrhundert unter seiner eigenen Zustimmung in Wegfall gekommen ist, und daß dieser damalige Beschluß nie wieder rückgängig gemacht werden kann. Es muß es als selbstverständlich hinnehmen, daß in allen heutigen Betrieben der Vergrößerungswille schlummert. Auch die lautesten Wortführer der Handwerkervereine selber denken nicht daran, ihren eigenen Betrieben Beschränkungen aufzulegen. Sie wollen vorwärts. Geht es nicht durch Handarbeit, so geht es durch Maschinenarbeit; gelingt es nicht durch Herstellung, so gelingt es vielleicht durch Handel! Das ist kein Tadel, gar nicht, es ist nur die Feststellung der Tatsache, daß der alte Handwerksgeist überall vorbei ist, und daß die Handwerker selber viel zu „modern" geworden sind, um noch ein sittliches Recht zu haben, zwangsweise Vergrößerungsbeschränkungen für irgendwen zu fordern.

Das, was dem Kleinbetriebe wirklich nützen kann, ist nicht der Versuch, die letzten Fetzen vom Kleide der alten kleinstädtischen Innungen sich neu aufbügeln zu lassen, sondern der klare Wille, sich in die neuen Verbände der erweiterten Wirtschaft richtig einzugliedern, das heißt, sich in Arbeitskauf, Kapitalbeschaffung, Einkauf, Verkauf und Preisbemessung einer festen neuen Regel anzubequemen, deren Ziel der Verbandshandwerker in demselben Sinne ist, wie wir im vorigen Abschnitt vom Verbandsbauer gesprochen haben. Diesen Übergang müssen wir darstellen. Vorher aber ist es nötig, die unterste Sorte von Handwerkern von der Erörterung abzusondern, da für sie weder Arbeitskauf noch eine Kapitalsbeschaffung in Frage kommt. Wir haben von dieser untersten Sorte beim Schneider geredet, sie findet sich aber auch beim Schuhmacher und seltener noch immer beim Weber, Strumpfwirker, Zigarrenmacher. Teils hält sie sich durch Reparaturen, teils setzt sie unter unsäglichen Opfern eine alte Unternehmerexistenz fort, zu der es an Kraft und Geld gebricht, und die deshalb nichts ist als ein allerletzter Schatten früherer besserer Tage. Diese Leute können nicht organisiert werden, und ihnen hilft alle Sozialpolitik nichts. Soweit sie von Reparaturen leben, müssen sie als einzelne die Stelle suchen, wo sie sich durchschlagen können, und soweit sie heute noch als Hersteller tätig sind, sinken sie von selber in die Hausindustrie, das ist in die direkte Abhängigkeit von einem stärkeren Einzelunternehmer. Sobald sie aber in der Hausindustrie angelangt sind, gehören sie zu den Arbeitsverkäufern und nicht mehr zu den Handwerkern, auch wenn sie es für nötig halten, sich bis an ihr Lebensende Meister zu nennen. Ihre Organisation ist, wenn es für sie überhaupt eine solche geben kann, die Organisation der Arbeiterklassen. Dort werden wir sie wieder treffen. Hier sprechen wir von denjenigen kleineren Betrieben, die in der Lage sind, sich Arbeiter zu kaufen. Nur diese können zum Verbandshandwerk übergehen.

In keiner Unternehmerschicht wurde der Übergang zum freien Arbeitsvertrag stärker empfunden als in der der kleinen Handwerker. Die landwirtschaftliche Arbeiterfrage kam langsamer herangerückt, der Handwerker aber mußte den ersten Anprall der modernen Arbeiterbewegung aushalten. Formell zwar wendete sich die Arbeiterbewegung in erster Linie gegen die Großunternehmer, da aber diese von Hause aus stärker waren, konnten sie der Arbeiterorganisation einen festeren Widerstand entgegensetzen, auch waren sie meist viel eher in der Lage, bessere Löhne zu zahlen, bessere Arbeitsräume herzustellen und den Anforderungen der staatlichen Versicherungskassen zu genügen. Eine der sichtbarsten Folgen des Kampfes der Arbeiter um bessere Lebensbedingungen war und ist die wachsende Bedrängnis der kleinsten Arbeitskäufer. Auch rein menschlich hatte der kleine Unternehmer von dem schärfenden Gegensatz der Arbeitskäufer und Arbeitsverkäufer am meisten zu leiden, denn im kleinen Betriebe wird der Stoß von unten nach oben oder von oben nach unten nicht durch die Zwischenglieder der Beamten, Werkmeister, Vorarbeiter aufgehalten, sondern der Kampf zweier Welten entlädt sich im Glase Wasser. Nimmt man hinzu, daß der Kleinmeister nicht imstande ist, sich die besten Arbeiter zu kaufen, und daß er jeden Groschen Lohn, den er mehr geben muß, als direktes Opfer empfindet, daß oft seine Frau diesen Groschen vermißt, den der Geselle erzwingt, so bekommt man eine Ahnung von der Menge der Widerwärtigkeiten, die sich für alle Beteiligten im Kleinbetriebe einstellen mußten, und man versteht, wie es kommt, daß viele Kleinmeister blindwütende Bekämpfer der Sozialdemokratie geworden sind und sich jeglicher Partei verschreiben, von der sie hoffen, daß sie den Kampf gegen die Anmaßung der Arbeiter führen wird, wie aber andererseits bei den organisierten Arbeitern eine bittere, verachtungsvolle Bosheit gegen diese wütenden Kleingegner sich einstellen mußte. Die Qualität der Handwerksarbeit hat unter diesen Zuständen ungeheuer gelitten und leidet noch. Die wildeste Streikgeschichte haben von allen Gewerben nicht diejenigen mit vorherrschenden Großbetrieben, sondern die eigentlichen Streikherde sind die vielfach handwerksmäßig betriebenen Gewerbe der Bauunternehmer, Maurer, Zimmerer und Tischler. Die schwersten Anklagen der Arbeiter gegen ihre Unternehmer kommen aus Handwerken, aus der Bäckerei, Müllerei, Schneiderei. Alle sozialen Gegensätze drängen sich in diesen Gebieten zusammen, und es würde eine unbegründete Illusion sein, zu erwarten, daß hier der soziale Friede morgen oder übermorgen sich melden könne. Immerhin scheint man auf beiden Seiten eine gewisse gelegentliche Friedenssehnsucht zu spüren, deren Ausdruck die Tarifverträge sind, von denen wir nachher Genaueres mitteilen, deren innere Gründe aber in folgenden Erwägungen zu liegen scheinen:

1. Da der Handwerker ein kleiner Unternehmer ist, so hat er mit dem Arbeiter viele Gegensätze gegen das Großunternehmertum und Großkapital gemeinsam. Er bekämpft mit ihm in vielen Fällen die Verteuerung der Miete durch steigende Bodenrente, die Verteuerung der Nahrungsmittel durch Zölle und Grenzsperren, die Verteuerung der Rohstoffe durch Syndikate, kurz, er gehört, abgesehen davon, daß er selber Unternehmer ist, in die Klasse der Protestierenden.

2. Da der Handwerker vielfach von der kleinen Privatkundschaft lebt, hat er als Verkäufer ein so großes Interesse am steigenden Lohne der Masse, daß er sich in leidenschaftslosen Stunden berechnet, daß eine Steigerung der Löhne ihm in seiner Eigenschaft als Verkäufer mehr nützt, als sie ihm in seiner Eigenschaft als Arbeitskäufer schadet.

3. Sofern der Handwerker einsieht, daß er sich nicht durch billige Massenware als Produzent erhalten kann, sondern durch Qualitätsware und Spezialitäten sich eine dauernde Existenz sichern muß, verliert er das Interesse an der absoluten Billigkeit der Arbeitskraft und beginnt auf gutgelohnte Qualitätsarbeiter Gewicht zu legen, was eine indirekte Anerkennung der Arbeiterbestrebungen in sich schließt.

4. Sofern der Arbeiter sich durch Qualitätserhöhung verbessern will, ist er geneigt, solchen Handwerkern, die etwas Besonderes leisten, mit mehr Achtung zu begegnen als denen, die nur Alltagsware im Kleinbetrieb herstellen, was die Abschwächung des Gegensatzes gegen den tüchtigen Teil des Handwerks in sich schließt.

5. Da der Arbeiter erfahrungsmäßig weiß, daß seine Organisationen gegenüber den großen Industriebetrieben schwach bleiben, hat er ein allgemeines Interesse daran, die für seine Organisation günstigeren Klein- und Mittelbetriebe nicht völlig verschwinden zu lassen. Die Gewerkschaftsbewegung als Ganzes kann keinen Zustand wünschen, bei dem sie nur mit Riesenbetrieben zu tun hat.

Alle diese Gründe wirken nicht gleichmäßig, auch sind sie nicht so mächtig, um die vorher dargestellten Gegensätze etwa ganz zu verwischen, aber sie helfen doch dazu, die Idee des Verbandshandwerkers, das will sagen, des Handwerkers, der mit seinen Kollegen einerseits und den Arbeitern andererseits einen geordneten Leistungsvertrag schließt, als möglich erscheinen zu lassen. Wir können hier nicht alle denkbaren Formen solcher Verträge darstellen, da der Tarifvertrag ein Studium für sich ist, verweisen aber alle, die weitere Aufklärung suchen, darauf, daß in dem großen Buche von Fanny Imle über die Tarifgemeinschaften (Gewerbliche Friedensdokumente, Jena 1905) die Verträge von Handwerkern einen auffällig großen Raum einnehmen. Nehmen wir als Beispiel die Verträge in der Schuhmacherei.

Tarifverträge sind hier bemerkenswerterweise nicht in der Fabrikschuhmacherei heimisch, sondern gerade in der mehr handwerksmäßigen Maßarbeit. Am wenigsten sind sie bisher durchgeführt beim industriellen Reparaturbetrieb, der „Schnellsohlerei". Diesen gegenüber stellt sich eine Interessengemeinschaft, von der die Verfasserin sagt: „Das Bündnis berufsstolzer und organisationstreuer Gehilfen mit den soliden Handwerkern muß durch das tarifliche Zusammenwirken noch gewaltig gefestigt werden, bis an eine systematische Bekämpfung dieses gefährlichen Wettbewerbes gedacht werden kann." Der Inhalt der Verträge ist im einzelnen sehr verschieden. Wir geben einen Auszug aus dem Vertrag für Hamburg-Altona-Ottensen:

> Der Vertrag wurde 1903 geschlossen. Als regelmäßige Arbeitszeit gelten 10 Stunden. Als Arbeitslohn gelten 45 Pf. für die Stunde, 24 Mark für die Woche, in der Schnellsohlerei aber 50 Pfg. auf die Stunde. Überstunden werden mit 15 Pfg. mehr bezahlt, Nachtarbeit mit 30 Pfg. mehr. Die Akkordarbeit ist durch einen äußerst genauen Tarif mit 234 Positionen geregelt. Die kleineren Zutaten stellt der Unternehmer. Für Heimarbeit wird 5 % mehr bezahlt. Gesunde Arbeitsräume und Reinigung derselben nach der Arbeitszeit wird vertragsmäßig ausbedungen. Die Überwachung des Vertrages liegt in den Händen einer ständigen paritätischen Kommission. Der Tarif muß in den Arbeitsstätten aushängen. Kost und Logis beim Meister ist endgültig aufgehoben. Lohnbücher werden eingeführt.

Für den Arbeiter bedeuten solche Verträge, daß er sich für eine gewisse Zeit seine Lage sichert, indem er auf Ausnutzung etwaiger günstiger Zufallskonjunkturen verzichtet. Für den Arbeitskäufer bedeuten sie, daß er nicht mehr der freie Unternehmer von früher ist, sondern als Arbeitskäufer eine gebundene Marschroute hat, daß er der Überwachung einer Kommission untersteht, aber daß er dafür mit festen Arbeitsverhältnissen rechnen kann und nicht als einzelner die ganze Wucht des Klassenkampfes auszuhalten hat. Die neue Innung taucht empor, der Verband der Kleinmeister, die sich nur durch Zusammenschluß retten können. Ganz ebenso liegt es bei den Maßschneidern und, was noch mehr besagen will, vielfach bei den Bauhandwerkern. Die Gesamtzahl der Tarifverträge betrug 1908: 5981, 1909: 6578, davon in der Lederindustrie 140 und 172. Es zeigt sich, daß hier eine neue Form der Handwerksorganisation sich Raum schafft, die in sich selbst gesund ist, und deren nützliche Folgen für die Leistungen der Kleinbetriebe ohne Zweifel mit der Dauer dieser Verträge zunehmen werden.

Ist aber die Zukunft des Handwerkers als Arbeitskäufer in dieser Weise ein Gemeinschaftsvertrag, so ist auch seine Zukunft als Geldborger, Warenbezieher und Warenverkäufer ähnlich anzusehen. Auch in allen diesen Beziehungen versagt die Kraft des isolierten einzelnen, und in immer neuen Wendungen tritt der Genossenschaftsgedanke an den Handwerker heran. Es ist zwar nicht leicht, den Handwerker und die Genossenschaft in ein gutes und festes Verhältnis zu bringen, denn im Handwerker lebt seit Aufhebung des alten Innungszwanges im Grunde ein antigenossenschaftlicher Geist. So sehr der Handwerker über die Schäden der schrankenlosen Konkurrenz zu schelten pflegt, so sehr ist er bis ins Mark hinein voll von Konkurrenzgedanken. Das liegt in der Natur der Sache, denn der Tischler ringt mit dem Tischler, der Schneider mit dem Schneider um dieselbe kleine und örtliche Kundschaft. Der Handwerker hat nicht das Gefühl, daß die Welt weit ist, denn die Welt, von der er lebt, ist tatsächlich eng. Er widersteht dem Gedanken, sich und seinen Konkurrenten als Glieder eines gemeinsamen Körpers anzusehen, so lange wie möglich, und ist selbst dann, wenn er für eine Genossenschaft gewonnen wird, im allgemeinen ein schlechter Genossenschaftler, viel schlechter als etwa der Bauer, der zur Molkerei, oder der Arbeiter, der zum Konsumverein gehört. Diese an sich schlechte Disposition für Genossenschaften wird noch dadurch vermehrt, daß der Handwerker sich fälschlich gewöhnt hat, die Genossenschaften der Arbeiter als seine Todfeinde anzusehen und also alle Genossenschaftlichkeit als Teufelswerk zu betrachten. Es gibt Handwerker, die lieber den Untergang aller Kleinbetriebe als ihre Sozialisierung ertragen wollen. Diesen Leuten ist nicht zu helfen, denn es ist inmitten einer Gesellschaftsordnung, die an allen Ecken und Enden der Gemeinschaftsorganisation zustrebt, eine Unmöglichkeit, Inseln für grundsätzliche Einspänner zu erhalten. Der antigenossenschaftliche Handwerker vertritt einen Gedankengang, der vor 60 Jahren richtig war, als es noch keine Landwirtschaftsverbände, Arbeiterverbände, Großbanken, Industrieverbände, Preissyndikate gab, der aber heute zum alten Eisen geworfen werden muß. Heute ist der einzelne Handwerker für sich allein ein Nichts, wenn er Geld haben will, wenn er Maschinen kauft, wenn er Holz, Leder, Mehl kauft, und wenn er zu beliebigen Konkurrenzpreisen verkauft. Er wird als einzelner beiseite geschoben oder betrogen. Es liegt viel Tragik in der Feststellung dieser Umwandlung aller gewerblichen Lebensbedingungen, aber was hilft es? Man muß die Dinge sehen, wie sie liegen: die Periode, in der das kleine Ich etwas in der Wirtschaftswelt bedeutete, ist vergangen, und es ist nichts als müde Romantik, ihr nachzutrauern. Die neue Jugend wächst bereits nicht mehr mit den alten Idealen auf. Sie will leben, und Leben heißt jetzt Anschluß suchen. Solange aber diese neue Jugend im Handwerk noch nicht die Führung hat, sind es immer nur geringe Anfänge der neuen Genossenschaftsformen des Kleinbetriebes, von denen berichtet werden kann. Die Reichsstatistik gibt folgende Ziffern:

	Genossenschaften	Mitglieder
Kreditgenossenschaften	16 606	2 275 000
Gewerbliche Rohstoffgenossenschaften . . .	296	12 000
Wareneinkaufsvereine	142	6 400
Gewerbliche Werkgenossenschaften	389	27 200
Gewerbliche Magazingenossenschaften . . .	81	4 500
Gewerbl. Rohstoff- u. Magazingenossenschaften	150	4 900
Gewerbliche Produktivgenossenschaften . .	276	30 900

Diese Ziffern enthalten an mehreren Stellen Mitgliederbestände, die nicht zum Handwerk gehören, besonders in den Kreditgenossenschaften und auch in den Produktivgenossenschaften, aber es ist nicht möglich, die Handwerkergenossenschaften reinlich auszusondern, da besonders die Kreditvereine gar keinen grundsätzlichen Unterschied zwischen Handwerkern und Nichthandwerkern machen. Selbst Institute, die sich Handwerkerbank nennen, sind unter Umständen recht wenig handwerkerlich in ihrer Zusammensetzung. Die Ziffern sollen also nur einen ganz allgemeinen Anhalt geben. Es ist sicher, daß viel Handwerkskredit genossenschaftlicher Natur ist. Wie kann das auch anders sein? Der Handwerker hat keinen Realkredit, wenn er nicht nebenbei Besitzer wertvoller Hausgrundstücke ist, und hat als einzelner nur einen sehr geringen Personalkredit. Wer kann dem einzelnen ohne genaue Kenntnisse borgen, und wer wird es selbst mit diesen Kenntnissen tun? Erst wenn der einzelne seine Arbeit und seine Geschäftsbücher der sachkundigen Kontrolle einer für ihn haftbaren Gemeinschaft von Kollegen unterordnet, kann er normale Kreditfähigkeit erlangen. *Geld bekommt, wer sich einordnet!* Und zwar wächst die Möglichkeit des Kredits mit der Schärfe der Einordnung. Der Genossenschaftsbücherrevisor schlägt die Brücke zur Geschäftserweiterung. Von seinem Urteil hängt der Kauf neuer Hilfsmaschinen ab. Die Genossenschaftsleitung muß im Laufe der Zeit zur patriarchalischen Regierung werden. Sie bestimmt, wieweit der einzelne sich und die Gemeinschaft belasten darf, und von ihrer Geschäftsfähigkeit hängt es ab, welche Vorteile Staatskassen oder Privatbanken dem Handwerk zuwenden können. Ohne diese Zentralstelle ist selbst guter Wille der Regierenden hilflos. Es ist also eine Lebenspflicht der Handwerker, sich derartige leistungsfähige Kreditvermittelungsstellen zu schaffen. Wer sie nicht braucht, ist entweder schon im Begriff, über das Handwerk emporzusteigen, oder er ist so tief, daß er fast schon zur Hausindustrie rechnet.

Es liegt in der Natur der Sache, daß diejenige Stelle, die den Kredit verwaltet, auch Einfluß auf den Einkauf erlangt, denn wenn der Handwerker Geld borgt, so will er entweder Lieferungsschulden bezahlen oder Material oder Werkzeuge und Maschinen kaufen. Er borgt nicht, ohne den Grund anzugeben, denn nur mit dem Borggrund zusammen läßt sich seine Kreditwürdigkeit abschätzen. Auf solche Weise können sich leicht an handwerkerliche Geldinstitute Einkaufsvermittelungen anschließen, die der Form nach nicht genossenschaftlich sind, wohl aber der Sache nach. Oft empfiehlt sich allerdings auch die genossenschaftliche Form, da sie kontrollierbarer ist als die Privatvermittelung des Kreditbeamten. Für diese Genossenschaften des Einkaufes spricht theoretisch fast alles. Der Bäcker kauft Mehl und Konditorware, Zucker, Mandeln, Rosinen, Backgerät und Ladeneinrichtung von seiner Zentralstelle; der Schuhmacher Leder, Zwecken, Werkzeug, Maschinen; der Baumeister bezieht Ziegel, Mauersteine, Kalk, Gerüste von der Berufsverwaltung. Die Praxis freilich hat bis heute dieser Theorie nur wenig Recht gegeben, und zwar teils infolge der antigenossenschaftlichen Stimmung, von der wir schon gesprochen haben, teils und mindestens ebensosehr infolge des Umstandes, daß es an einem Stande gelernter, geschäftsfähiger Genossenschaftsbeamter gefehlt hat, die mit dem fertigen Schema eines festen Zentralverbandes die einzelnen Genossenschaftsstellen eingerichtet hätten. An jedem Ort machte man mangels solcher Beamten dieselben Kinderkrankheiten noch einmal durch. Der Vorteil, den der Arbeiter an der Zentralkommission seiner Gewerkschaften und der Bauer an den Zentralleitungen seiner großen Verbände hat, fehlte bis jetzt der Handwerkerorganisation. Ansätze zur Besserung sind in Hessen und anderswo vorhanden, aber die weitaus größte Mehrzahl der deutschen Handwerker kann heute noch gar nicht genossenschaftlich werden, auch wenn sie will, weil im Verfolgen nebensächlicher oder unmöglicher Ziele bis jetzt versäumt worden ist, den Knochenbau für ein genossenschaftliches Handwerk sich bilden zu lassen.

Mit der Einkaufsgenossenschaft geht der Einkauf von Fabrikware Hand in Hand. Schon heute gehört ein Teil Schuhmacher zum Schuhhändlerverbande. Die Doppelrolle des Handwerkers als Hersteller und als Wiederverkäufer muß sich auch in seinen Verbänden äußern. Teilweise ist auch der Verkauf der handwerksmäßig hergestellten Ware genossenschaftlich versucht worden, beispielsweise von den Tischlern. Welche Art und Form praktisch ist, entscheidet sich nach der Natur der einzelnen Gewerbe. Unsere Aufgabe kann es nur sein, die Richtung der Entwicklung im ganzen darzustellen. Das ist geschehen. Nach unserer Ansicht würgt sich das Handwerk solange ziellos und hilflos weiter, bis es ein genossenschaftliches Gewerbe geworden ist, ein Gewerbe mit Tarifvertrag, Kreditvertrag, Einkaufsvertrag und teilweise auch Verkaufsvertrag. Von da an, wo es dieses geworden ist, wird es imstande sein, dem Großbetriebe gegenüber sein Gebiet zu behaupten, denn dann hat es wesentliche Vorteile des Großbetriebes zu sich herübergezogen, ohne einige Nachteile mit zu erfassen, die wir in der Organisation der Großbetriebe finden werden.

5. Der industrielle Unternehmer.

Schon aus dem bisher Gesagten geht hervor, daß es eine bestimmte Grenze zwischen Handwerk und Industrie nicht gibt. Wer sich über den Kleinbetrieb erhebt, fängt an, industrieller Unternehmer zu werden. Bei einigen Handwerken kann man versuchen, in der Herstellungsweise einen Unterschied zu finden, aber ganz sichere Kennzeichen fehlen auch da, denn gelegentlich macht auch das größte Unternehmen einmal etwas nach Handwerksweise. Mitten im Kruppschen Riesenbetrieb kommen handwerkerliche Gewehrherstellungen vor, und mitten in der Dorndorfischen oder Herzschen Schuhfabrikation wird Maßarbeit gemacht. Bei den Wahlen zu den Handwerkerkammern zeigt es sich ja, wieviele Einzelfälle zweifelhaft sind. Das aber schadet nichts, solange man nicht an Zwangsinnung denkt und von freien Organisationen die Besserung erwartet. Sicher ist, daß die Unterschicht industrieller Unternehmer sich nicht sehr wesentlich vom Handwerker unterscheidet. Der kleine Textilfabrikant oder Ziegeleibesitzer oder Schäftefabrikant steht ebenso wie der Handwerker noch mitten im Arbeitsvorgange drin, greift selber zu, ist an eine bestimmte Kundschaft gebunden und nimmt ebensogern einzelne Aufträge an, als er Waren ohne Auftrag an den Markt bringt. Nur schrittweise entsteht aus ihrer Mitte der eigentliche U n t e r n e h m e r. Er ist der produzierende Kaufmann, der die Leitung der Produktion zur besonderen Arbeit für sich emporgehoben hat. Ihn muß man als Ausgangspunkt für die weitere Entwicklung der Industrie ansehen, als den Pionier der wirtschaftlichen Neuzeit.

Der Unternehmer vereinigt in sich folgende Eigenschaften:

1. er ist Besitzer des Grundstücks, der Gebäude, der Maschinen und sonstigen Hilfsmittel, der gekauften Rohstoffe, der flüssigen Geldmittel und des Warenlagers, oder, soweit er nicht Besitzer ist, ist er Privatschuldner;

2. er ist Einkäufer sowohl der Rohstoffe, wie der Arbeitsmittel, wie der Arbeitskräfte;
3. er ist Verkäufer der Waren oder sonstigen Leistungen des Betriebes;
4. er ist technischer Leiter der Fabrikation, Kenner der Maschine, der Färbung, der Heizung;
5. er ist Organisator der Arbeitskräfte, Erhalter der Disziplin, Verteiler der Arbeitsaufgaben.

Es ist also vielerlei, was der normale Unternehmer gleichzeitig selber können soll, aber wenn es auch viel ist, so kennen wir alle zahlreiche Männer, die das geleistet haben. Überall stellt sich auf einer gewissen Stufe oberhalb des Handwerks der Mann ein, der mit seinem Betriebe selber wächst, ebenso in Finanzen wie in Personalien mit allem vertraut ist, und ohne den man sich in dieser Zeit die Produktion nicht denken könnte. Dieser Unternehmer ist das Gehirn seines Geschäftskörpers. Zu ihm führen alle Offerten, Anforderungen, Anklagen, Bitten; von ihm aus gehen alle Willensakte, deren der Betrieb überhaupt fähig ist. Er darf nicht krank werden, denn sein Gedächtnis ist mehr wert als das ganze Kopierbuch, ja er kann kaum verreisen, denn gewöhnlich, wenn er nicht da ist, geschieht eine Dummheit. Er kümmert sich nicht übermäßig um geschriebene Ordnung, denn er ist selber das Gesetz. Auf seinem Gebiet sagt er: L'état, c'est moi! Ich bin die Fabrik! Er will nichts von Verbänden wissen, weder von Arbeiterverbänden noch von Unternehmerverbänden, will überhaupt keine langen Verträge sehen. Alles geht bei ihm persönlich und kurzfristig. Nur keine fremden Augen in meinem Revier! Er glaubt, es würde ihm seine Kraft abgeschnitten, wenn er von einem Sekretär des Zentralverbandes begleitet mit seinen Arbeitern verhandeln sollte. Seine Arbeiter! Er will Herr im eigenen Hause sein, vielleicht ein guter Herr, aber jedenfalls ein Monarch ohne jede Spur von Verfassung, ein absoluter kleiner König.

Dieser Unternehmer ist in seiner reinen Ausprägung schon heute eine Seltenheit geworden. Sein eigentliches Zeitalter ist die erste Jugend der neuen industriellen Volkswirtschaft. Inzwischen haben wir soviel Sozialpolitik, soviel Verordnung, Gesetz, Verband, Kontrolle bekommen, daß auch der tüchtigste junge Anfänger eines neuen Arbeitsbetriebes nicht mehr ganz die alte selbstherrliche Monarchenstimmung finden kann. Wie wir vom Verbandshandwerker und Verbandsbauern gesprochen haben, so können wir jetzt schon vom Verbandsunternehmer reden, der zum Unternehmerverein und zum Verkaufsverein gehört und nach Tarif arbeiten läßt. Es ist aber nötig, diesen Vorgang im einzelnen zu verfolgen, da er viel verwickelter ist als bei den bisher besprochenen kleineren Betrieben. Der Unternehmer ändert nämlich sein Wesen mit dem Alter und der Größe der Betriebe, und das, was wir eben als den Unternehmer an sich hinstellten, ist nichts als seine Erscheinung in jungen und übersehbaren Unternehmungen.

Schon wenn „der Alte" stirbt, ändert sich oft die Fabrikverfassung, sei es nun, daß aus der Monarchie eine Doppelherrschaft wird, oder daß der Prokurist mit in die Leitung einrückt, oder daß ein neuer Chef eintritt, der zwar alles dirigiert, aber nicht mehr auf Grund eigener Schöpferkraft, sondern als Käufer, der den Betrieb übernimmt, wie man sich auf ein Pferd setzt, das man nicht selber eingeritten hat. In allen diesen Fällen stellt sich neben den Leiter etwas Unsichtbares: die Tradition! Noch ist sie nicht stark und kann jeden Tag verletzt werden, aber sie ist doch da als erstes leises Ahnen einer vom Wechsel der Personen unabhängigen Verfassung. Es gibt jetzt im Betriebe Personen, auf die man Rücksicht nehmen muß, weil sie allein irgendeine Seite der Tätigkeit ganz in sich haben. Es gibt alte Arbeiter, die man um der allgemeinen Kritik willen gern behalten möchte, auch wenn sie unbequem werden. Auch ist die Firma auf dem Markte fertig geprägt. Man hat dort im allgemeinen ein Urteil über das, was sie kann und nicht kann. Das läßt sich zwar ändern, aber nicht leicht und nicht schnell. In dieser Periode der beginnenden Entpersönlichung des Unternehmens wird der Gedanke einer Anlehnung an einen Verband schon längst nicht mehr als unmöglich empfunden wie in der ersten Periode. Der Unternehmer zweiter Generation pflegt in viel höherem Grade als der Unternehmer erster Generation hervorzuheben, daß er alle Dinge vorurteilslos vom kaufmännischen Standpunkt betrachte. Er hat weniger Gefühle und mehr Ziffern im Kopf. Natürlich will er keine Selbständigkeitsrechte aufgeben, aber er läßt doch über sie mit sich reden, wenn die Beschränkung seiner Kasse merkbar zugute kommt. Auch gegenüber der Arbeiterschaft ist er häufig weniger Herr und mehr Kaufmann. Er entläßt, wer ihm nicht paßt, verzichtet aber auf patriarchalische Beeinflussung im einzelnen.

Diese zweite Unternehmergestalt ändert sich aber wiederum sehr, wenn der Betrieb an sich auch nach dem Ausscheiden des Gründers stark wächst, und es sind viele Betriebe, von denen man das sagen kann. Solange nämlich der Betrieb wächst, bleibt der Unternehmer ein Diktator, und das Wachsen hängt vielfach davon ab, daß er Diktator ist. Jeder Neubau, jede Umwerfung des bisherigen Maschinen- oder Heizungssystems, jeder Übergang zu neuen Stoffen, Formen, Mustern, jede Anlage neuer Filialen oder Eroberung neuer Marktgebiete spannt seine persönliche Kraft auf das äußerste an und gibt ihm die Sicherheit des Wollens, die auch im Alltagsgetriebe keinen Widerspruch duldet. Es ist aber doch ein sehr bestimmter Unterschied zwischen dem schöpferischen Unternehmer erster und zweiter Entwicklungsstufe. Der Unternehmer ersten Grades wollte noch alle Kleinigkeiten selber sehen und entscheiden. Das kann sein Nachfolger im weiterwachsenden Betriebe nicht mehr wollen, denn es würde ihn geradezu unfähig machen, den neuen Anlagen seine ganze Hingabe zu widmen. Er organisiert deshalb ein System von Stellvertretern, das den normalen Gang der Dinge sichert, auch wenn er keine Zeit hat, sich um sie zu kümmern. Es paßt auf diese Stufe das Wort, was mir einmal der Leiter einer vielverzweigten Wohlfahrtsveranstaltung als seine Erfahrung aussprach: „Regieren heißt Stellvertreter einsetzen und kontrollieren und, wenn die Stellvertreter etwas taugen, sie wieder durch Stellvertreter entlasten.“ Durch die Einsetzung von Stellvertretern, Abteilungschefs, Geschäftsführern, Prokuristen, Direktoren, Inspektoren, Teilhabern wird die Arbeitsteilung innerhalb der Leitung eingeführt. Der Unterschied des Unternehmers ersten Grades vom Handwerker besteht darin, daß die Leitung eine Arbeit für sich wird, der Unterschied des zweiten vom ersten Grade besteht aber darin, daß die Oberleitung sich von der Alltagsleitung trennt, und daß die Alltagsleitung zur Beamtenleistung gemacht wird. Der Arbeitskäufer kauft nicht nur Arbeiter, sondern auch Arbeitsleiter. Das aber hat mehrere weitere Veränderungen zur Folge:

a) Die Tätigkeiten der Leitung zerlegen sich bei weiterer Vergrößerung des Unternehmens zu besonderen Abteilungen: Kaufmännische und technische Abteilung; Einkauf, Verkauf, Fabrikation, Maschinenwesen, Reklame, Probieranstalt, chemische Kontrolle usw. Jedes Unternehmen ist etwas anders gegliedert, und es wäre recht interessant, eine besondere Arbeit über den Prozeß der Gliederbildung am industriellen Körper zu bekommen. In dem Stadium, von dem wir reden, ist die Gliederbildung noch durchaus beweglich. Oft entscheiden zufällige räumliche oder persönliche Verhältnisse über Trennung oder Zusammenlegung von Arbeiten. Im Laufe der Zeit aber entsteht auch hierin Tradition. Man kann die einmal vorhandene Gliederung der Korrespondenz und Buchführung nicht beliebig ändern, ohne viele Stellen gleichzeitig zu stören. Das aber bedeutet, daß im Laufe der Zeit Beamtenstellen mit fest umgrenzten Pflichten und Befugnissen entstehen, die als feste Stellen neu besetzt werden, wenn der bisherige Inhaber ausscheidet. Der Betrieb wird dadurch in sich selber steif und kann gar nicht mehr beliebig vom Unternehmer geändert werden.

b) Die Oberleitung hat von nun an die Aufgabe, die Ergebnisse der Abteilungen zu prüfen und für das Zusammenwirken der getrennten Teile des einen Unternehmens zu sorgen. Das erfordert unter Umständen große Klarheit des Denkens, denn jede Abteilung bekommt im Laufe der Zeit ihren Abteilungsegoismus, der an sich berechtigt ist, der aber den Gesamterfolg geradezu in Frage stellen kann. Man kann auf diesem Gebiet merkwürdige Dinge hören, beispielsweise, daß in einem Eisenwerk die Gießerei gern größere Formen gießt, weil bei ihr nach Gewicht berechnet wird, und daß die Hobelei gern größere Formen annimmt, weil sich dadurch die berechnete Leistung vermehrt. Beide Abteilungen befinden sich rechnungsmäßig wohl bei einem Zustand, der die Produktionskosten im ganzen unnötig belastet. Die Aufgabe der Zentralstelle ist die Durchführung des Einheitsprofits durch den Wirrwarr der Einzelberechnungen. Dazu gehört eine spekulative Begabung, die gleichzeitig die verschiedenen Abteilungstendenzen zu durchschauen vermag.

c) Die Oberleitung arbeitet von jetzt ab mit einem sehr verwickelten System von Kassen und Verträgen und entfernt sich von der direkten Berührung mit der Ware und mit den Arbeitern. Sie wird in gewissem Sinne eine theoretische Arbeit und setzt einen hohen Grad von allgemeiner Bildung voraus. Insbesondere erfordert sie Kenntnis der Aufstellung schwieriger Bilanzen, Kenntnis der technischen Lage des ganzen Industriezweiges und Kenntnis des ganzen Marktes sowohl der Rohstoffe, wie der Waren, wie der Arbeitskräfte, muß sich also eine Erkenntnismethode aneignen, die der wissenschaftlichen Methode verwandt ist. Auf dieser Stufe fängt auch die Oberleitung an, sich wieder zu zerlegen, da es die Kräfte eines einzelnen Kopfes übersteigt, alle Beziehungen eines Großunternehmens zu überschauen, und es tritt ein Ministerial- oder Direktorialregiment ein, das je nach Lage der Sache und Fähigkeit der Personen mehr monarchisch oder mehr kollegialisch gestaltet sein kann.

Die größten Unternehmer entstehen auf dem Übergang von der zweiten Stufe zu diesem dritten Zustande. Leute wie der bei Freund und Feind unvergeßliche Freiherr von Stumm sind Männer dieses Überganges. Es kommt vor, daß einzelne Unternehmer in der Zeit ihres Lebens von der ersten bis an die Grenze der dritten Stufe gelangen. Beispiele sind der alte Krupp und Werner Siemens. In solchen Personen konzentriert sich alles, was überhaupt zum Begriff des Unternehmers gehört. Es ist fabelhaft, was in solcher Lage ein Mensch aus sich heraus gestalten kann. Aber diese Allergrößten sind ebenso selten als etwa in der Malerei die Rubens und Rembrandt sind. Der Durchschnitt der Unternehmer ist kleineren Kalibers, und das Unternehmertum im ganzen besteht weniger aus diesen Heroen als aus einer Menge von Personen, die nur eine Entwicklungsstufe darstellen. Und selbst die Größten sterben eines Tages und hinterlassen eine Riesenarbeit, in die sich nun verschiedene Köpfe teilen müssen. Das Ende aller Großunternehmungen ist die Verteilung der Leitung, das, was wir Ministerial- oder Direktorialsystem genannt haben.

Damit ist aber gleichzeitig gegeben, daß der Monarch des Unternehmens unter Umständen ein Mann sein kann, der die Regierung nicht mehr selbst besorgt, sondern für sich besorgen läßt. Nach Krupp dem Vater kommt Krupp der Sohn, und nach dem Sohne kommt die Enkelin. Es gibt Industriekönige, von denen man wie vom französischen König Louis Philipp sagen kann, daß sie herrschen, aber nicht regieren. Der Unternehmer ist dann Käufer von Unternehmungsleitern, was in Wirklichkeit heißt, er ist formeller Hintergrund eines sich selbst ergänzenden Kollegiums von Direktoren. Das ganze Riesenwerk arbeitet für ihn, er aber liegt vielleicht krank in Heluan und diktiert seinem Sekretär mühsam einige Telegramme.

Es gehört die ganze unerhört schnelle Volksvermehrung, technische Umwälzung und finanzielle Bereicherung des vergangenen halben Jahrhunderts dazu, um Entwicklungen wie die eben dargestellten in einer kurzen Spanne Zeit zu ermöglichen. Kein Zeitalter hat so nahe beieinander so verschiedene Organisationen der Arbeit gehabt wie das unsrige. Noch leben sie alle in buntestem Gemisch. Alles, was es zwischen dem Kleinhandwerker und dem Besitzer eines Riesenbetriebes gibt, nennt sich Unternehmer. Es vollzieht sich aber eine merkbare Verschiebung des Schwergewichtes. Vor 50 Jahren war der Unternehmer der ersten Stufe die Normalform, heute ist es der der zweiten Stufe; es scheint aber, daß es der der dritten Stufe werden wird. Die Hauptursache dieser weiteren beständigen Verschiebung ist die immer fortschreitende Trennung von Besitz und Leitung, die wir bisher absichtlich außer acht gelassen haben, um zunächst die Änderungen der inneren Verfassung der Industrie für sich zu begreifen. Wir sprachen bisher immer nur von den Unternehmungen, bei denen es einen persönlichen Inhaber gibt. Meist aber tritt der andere Fall ein, daß auf dem Übergang von der zweiten zur dritten Stufe (bisweilen auch früher) der persönliche Inhaber als solcher überhaupt ausscheidet. Die gewöhnliche Form des Ausscheidens ist die Gründung einer Aktiengesellschaft auf Grund eines vorhandenen Privatunternehmens. Damit verbinden wir die Fälle, wo neue

Unternehmungen von vornherein als Aktiengesellschaften gegründet werden, und diejenigen, wo statt der Aktiengesellschaft eine andere verwandte Rechtsform zur Verwendung kommt, wie eingetragene Handelsgesellschaft oder Genossenschaft mit beschränkter Haftung.

Wir haben schon an einer früheren Stelle darauf hinweisen müssen, daß die Banken als Verwalterinnen des anlagebedürftigen Privatkapitals die Neigung haben, ihren Einfluß zur Entpersönlichung der Unternehmungen zu benutzen. Die Gründe, weshalb sie es tun, sind dort angegeben (III, 3). In gewisser Hinsicht ist der geldsuchende kleinere gewerbliche Unternehmer schlechter daran als der Bauer und fast auch als der Handwerker. Solange das Geschäft auf zwei Augen steht, bietet es geringe kapitalistische Sicherheiten. Niemand kann berichten, welche stillen Geldbeschaffungssorgen die Unternehmer der ersten Stufe gehabt haben und noch haben. Oft mußte der letzte Taler des Familiengeldes dazu dienen, das Unternehmen über schwierige Zeiten hinwegzutragen. Erst auf der zweiten Stufe erleichtert sich das Heranziehen fremden Geldes. Da ist der Betrieb mit Lager und Inventar und Namen gesichert genug, um auch vorsichtigen Kleinbanken und Kassen Zutrauen einzuflößen. Jeder große Schritt in die Zukunft hinein geht aber doch durch die Pforte des Aktiengesetzes, wenn nicht ganz besondere Privatmittel oder monopolartige Betriebsbedingungen vorliegen. Schon in den fünfziger Jahren des vorigen Jahrhunderts gab es eine erste Periode von Aktiengesellschaftsgründungen. Damals entstanden Banken und Eisenbahngesellschaften. Die letzteren sind inzwischen verstaatlicht worden. Eine zweite Aktienperiode kam mit den französischen Milliarden, die eigentliche Zeit der Aktiengesellschaften beginnt aber erst nach 1890. Bei der Berufszählung von 1895 wurden gezählt an Arbeitskräften in

	Privatbetrieben	Gesellschaftsbetrieben mehrerer Gesellschafter	Aktien- und Kommanditgesellschaften	Genossenschaften und Gewerkschaften
Bergbau, Hütten, Salinen . .	52 500	37 200	247 300	131 000
Maschinen, Instrumente . .	305 800	112 000	126 300	5 900
Textilindustrie	493 300	323 200	164 900	13 600
Papierindustrie	82 400	44 300	19 000	2 700
Alle Industrien zusammen . .	5 521 200	1 256 100	849 000	213 000

Leider ist die neue Berufszählung vom Jahre 1907 in ihrer Bearbeitung noch nicht so weit gediehen, um die neueren Vergleichsziffern bieten zu können. Es unterliegt aber gar keinem Zweifel, daß der Privatbetrieb sich gegenüber den Gesellschaftsbetrieben noch weiter zurückgezogen hat. *Der Einzelunternehmer kämpft ein Rückzugsgefecht gegen die Vergesellschaftung der Betriebe.* Noch hat er das Übergewicht und wird es auch noch eine ganze Zeit behalten, aber mit jedem Jahre vermindert sich sein Umkreis.

Es gibt im Grunde zwei Ursachen der Vergesellschaftung:

a) Die Fähigkeit der Leitung ist etwas Nichterbliches, während der Kapitalbesitz erblich ist. Das alte Problem aller Monarchien, Erbrecht und Personaleigenschaften in Einklang zu bringen, tritt im Gewerbewesen in neuer Form auf. Auf der dritten Stufe kapitalstarker Privatgeschäfte ist dieselbe Lösung möglich wie im Staat, nämlich das von uns eben besprochene Ministerialsystem. Das aber ist bei kleineren Unternehmungen unmöglich. Hier ist nicht Spielraum genug für einen König, der nicht regieren kann. Dazu kommt, daß die industriellen Familien bürgerlichen Ursprungs weniger für fideikommissarische Erbrechte zu haben sind als etwa der schlesische Kohlenadel. Stirbt der leistungsfähige Kapitalbesitzer, so trennt sich Kapital und Leitung. Die Trennung geht oft langsam vor sich, indem das Privatgeschäft zum Familiengeschäft wird, aber man braucht nur ein Menschenalter weiterzudenken, um auch dieses in seinem unpersönlichen Gesellschaftscharakter zu erkennen. Wo sind dann alle die Menschen, denen dieses Geschäft „gehört"? Versetzen wir uns im Geist in unser Normaljahr 1925! Bis dahin werden zahllose Privatunternehmer gestorben sein, auf deren Grab eine Vergesellschaftungsurkunde liegt.

b) Der Kapitalbesitz als solcher verliert die Neigung, sich in einem einzelnen Unternehmen festzulegen. Man will das Risiko verteilen und beteiligt sich deshalb gleichzeitig an Staatsanleihen, Hypothekarinstituten und allerlei Industrien. Dieser Zug zur kapitalistischen Vorsicht ist im Wachsen. Oft auch sind die Privatinteressen der Kapitalbesitzer gar nicht kaufmännisch-technischer Natur. Die besitzende Jugend ist literarisch-ästhetisch erzogen und findet es unbequem, im Vordergrunde der Wirtschaftskämpfe zu stehen. Sie verzichtet also auf einen Teil des Unternehmergewinnes und kauft sich damit Unternehmer, die für sie die Geschäftsleitung führen.

Auf dieser doppelten Grundlage und unter Mitwirkung des Bankinteresses an der juristischen Form der Aktiengesellschaft entsteht der neue Unternehmer, der Direktor der Aktiengesellschaft. Er gleicht in gewisser Weise den Soldatenführern des 15. und 16. Jahrhunderts, die für fremdes Geld Kriege führten, und die sich dem zur Verfügung stellten, der sie am freiesten schalten ließ und am besten bezahlte. Es beginnt ein bezahlter Beruf zu werden, Unternehmer zu sein.

Der Gesellschaftsdirektor macht seinerseits denselben Stufengang durch, den wir beim Privatunternehmer kennen lernten, und auf der obersten Höhe ist er Glied eines Ministerialsystems, dessen innere Verfassung sehr verschieden sein kann. Auch hier wird man drei Stufen beobachten können, und zwar den Direktor der kleinen, der mittleren und der großen Gesellschaft. Die kleine nichtbörsenfähige (unter einer Million Mark Kapital) Gesellschaft ist ein anderes Wesen als die börsenfähige Gesellschaft, weil bei ihr die Besitzer eine feste Größe zu sein pflegen. Man denke an Zuckerfabriken, Brauereien, Straßenbahnen, Gasanstalten, Maschinenfabriken und Spinnereien begrenzten Umfanges. Hier ist der Direktor im allgemeinen wirklich der Beauftragte, der Beamte der Besitzer. In dieser Größenklasse bedeuten Vorstand, Aufsichtsrat und selbst Generalversammlung wirklich das, was sie in der juristischen Konstruktion sind, nämlich leitende Faktoren. Der Direktor ist nicht bloß formell, sondern auch wirklich kündbar; wenn er nicht Erfolg schafft, so fliegt er wie jeder andere Angestellte und Arbeiter. Infolgedessen ist im allgemeinen die kleine Aktiengesellschaft das reinste Profitgeschäft, das es gibt. Die ganze Lebensgeschichte dieser Betriebe ist die Jagd nach der Dividende und nach der Tantieme. Alles, was beim Privatunternehmer an patriarchalischem Wohlwollen vorhanden sein kann, ist hier durch die scheelen Augen der Mitbeteiligten ausgeschlossen. Das ungünstige Volksurteil über die Herzlosigkeit der Aktiengesellschaften ist ein Widerschein dieses Zustandes. Daran kann auch ein persönlich wohlwollender Direktor wenig ändern. Oft weiß er, daß die nackte Interessenwirtschaft auf die Dauer unwirtschaftlich ist, weil sie das Menschenmaterial und den Geist der Arbeit ruiniert, aber es bleibt ihm nichts anderes übrig, will er nicht seinen Posten verlassen, nur damit ein anderer noch egoistischer wirtschaftet.

Das alles ändert sich auf der nächsten Stufe unter einer Voraussetzung: Die Dividenden und Kurse müssen gut sein. Unter dieser Voraussetzung gewährt die börsenfähig gewordene Aktiengesellschaft ihrem Direktor einen Spielraum, der größer sein kann als der, den ein Privatunternehmer haben könnte. Auch wenn er, wie es meist der Fall ist, selbst finanziell irgendwie am Ertrage beteiligt ist, so ist es doch in der Hauptsache fremdes Kapital, mit dem er wirtschaftet, fremdes Risiko, das er verwaltet, und es ist unter der genannten Voraussetzung verhältnismäßig leicht, Kapital und damit Arbeitsmittel zu vermehren. Auf dieser Stufe verschieben sich die Abhängigkeitsverhältnisse oft geradezu in das Gegenteil dessen, was auf der Unterstufe die Regel ist. Die ganze juristische Konstruktion bleibt bestehen, wird aber zu einem Schein, denn:

a) Die Besitzer werden in Wirklichkeit zu Darleihern, die auf allen sachlichen Einfluß verzichten. Viele Besitzer haben das Unternehmen nie gesehen und sind völlig unfähig, die Technik, Marktlage oder auch nur die Bilanz zu beurteilen. Sie geben ihr Geld, weil der Kurszettel und der Bankvertreter es als ratsam hinstellen. Ihr Trost ist, daß sie jeden Tag verkaufen können. Nur bei ganz besonderer Mobilmachung lassen sie sich auf der Generalversammlung vertreten, und auch dann hängt es von der Formulierung der Fragen ab, ob sie etwas zu sagen haben oder nicht (Vulkan-Stettin). Im gewöhnlichen Gange der Dinge sind die Besitzer nichts als Rentenberechtigte.

b) Die Vertretung der Besitzer in Vorstand und Aufsichtsrat behält eine größere Bedeutung, verliert aber mit dem Umfange des Unternehmens zusehends an Wirkungskraft, weil es unmöglich ist, die tausend Einzelentscheidungen, aus denen der geschäftliche Wille zusammengesetzt ist, in periodischen Sitzungen erfolgreich zu kontrollieren. Den Haupteinfluß müssen diejenigen haben, die mitten in der Arbeit selber stehen. Sachlich werden die Direktoren oft unkündbar, weil ihre Beseitigung das Dividenden- und Arbeitssystem empfindlich stören würde. Das Geld ist mehr ihnen als den Aufsichtsratsmitgliedern anvertraut, ihr Name gibt der Firma Inhalt, und sie sind es, die ihre Nachfolger vorherbestimmen.

c) Die Interessen der Besitzer und des Betriebsleiters sind insoweit die gleichen, als ein guter Ertrag herausgewirtschaftet werden muß. Selbst im Falle schlechten Geschäftsganges pflegt der Direktor die Leitung in der Hand zu behalten (lebenslänglicher Präsident einer kleinen kapitalistischen Republik mit veralteter Verfassung). Über diese Gemeinsamkeit hinaus aber trennen sich die Interessen. Der Direktor vertritt das Werk an sich, und es entsteht bei ihm und seinen Beamten ein Betriebsfiskalismus gegenüber der Dividende, das heißt, ein Bestreben, den Betrieb gegenüber den Besitzern auf eigene Füße zu stellen. Der Betriebsleiter sagt im stillen und unter vier Augen: wozu soll ich die Aktionäre, die gar nichts tun, noch weiter bereichern? Mit dieser Frage auf den Lippen vermehrt er die Reservefonds, erhöht die Gehälter und gibt Geld für Wohlfahrtseinrichtungen aus. So wenig augenfällig dieser Vorgang heute erscheinen mag, so liegt doch in ihm eine weite Aussicht in die Zukunft, denn auf solche Weise meldet sich leise und schonend der ferne Tag, da das Unternehmen daran denken wird, seine „Besitzer" von sich abzulösen.

Alle diese Tendenzen vermehren sich bei dem Übergang von der zweiten zur dritten Stufe. Als besonderes Merkmal der dritten

Stufe erscheint einmal der **Eintritt der Großbanken in die Leitung** und dann der zur **Herrschaftstendenz sich auswachsende Wille zur Vergrößerung an sich.** Auf dieser Stufe ist ein Ministerialsystem vorhanden, das den juristischen Konstruktionen noch gleichgültiger gegenübersteht, als es der Direktor der zweiten Stufe tat, das aber bei dem Umfang des Kapitals in ständiger Fühlung mit den Beherrschern des Geldmarktes stehen muß. Hier ist das Anlagekapital nur ein Teil der Betriebsmittel. Die Obligation stellt sich ihm zur Seite und vergrößert die Herrschaft der Leitenden, ohne den Umfang der Besitzer zu vergrößern. Das Werk borgt Geld nach Art der Staatsanleihen. Damit vergrößert sich die Entfernung von Inhaber und Arbeit. Schiffsobligationen, Kleinbahnobligationen, Industrieobligationen schaffen eine Klasse von Besitzern zweiten Grades, die auf jeden eigenen Willen verzichtet und nur durch die Bank vertreten ist. Der Bankvertreter selbst aber steht dieser Klasse mit einem ähnlichen Gefühl von Souveränität gegenüber, wie wir es vorhin vom Industriedirektor gesagt haben. Beide sprechen über ihre Auftraggeber wie über andere Hilfswerkzeuge der Produktion. Man berät, was man über ihren Köpfen beschließen kann. Damit erst ist die oberste Form des Unternehmertums erreicht. Diese Unternehmer sind nicht mehr Dirigenten der Alltagsarbeit. Das ist längst an Kräfte zweiten Ranges abgegeben. Sie denken in Kombinationen von Unternehmungen. Der industrielle Gesamtverlauf ist der Rohstoff ihres Willens. Noch ist diese dritte Stufe erst im Werden, aber schon fühlen wir die Macht der neuen Hände. Die Hauptgebiete dieser Art von Unternehmertum ergeben sich aus der nachfolgenden Tabelle, in der aus dem Jahre 1910 die Aktiengesellschaften (Schiffahrt siehe III, 7) mit mehr als 30 Millionen Mark Grundkapital aufgezählt sind (nach dem „Handbuch der Deutschen Aktien-Gesellschaften"):

	Kapital	
Fried. Krupp	180	Mill. Mk.
Gelsenkirchener Bergwerks-A.-G.	156	„ „
Allgemeine Elektrizitäts-Gesellschaft	130	„ „
Phönix-Bergwerksgesellschaft	106	„ „
Deutsch-Luxemburgische Bergwerks-A.-G.	100	„ „
Große Berliner Straßenbahn	100	„ „
Deutsch-Überseeische Elektrizitäts-Ges.	90	„ „
Siemens-Schuckert-Werke	90	„ „
Harpener Bergbau-A.-G.	85	„ „
Hibernia	70	„ „
Berliner Elektrizitäts-Werke	64,1	„ „
Siemens und Halske	63	„ „
Elektr.-A.-G., vorm. Schuckert und Co.	60	„ „

		Kapital
Felten und Guilleaume-Lahmeyerwerke	55	Mill. Mk.
Schantung-Eisenbahn-Gesellschaft	54	„ „
Hoch- und Untergrundbahn, Berlin	50	„ „
Rombacher Hüttenwerke	50	„ „
Hohenlohe-Werke	48	„ „
Oberschlesische Eisenbahn-Bedarfs-A.-G.	48	„ „
Lothringer Hüttenverein Aumetz-Friede	45	„ „
Ges. f. elektr. Unternehmungen, Berlin	45	„ „
Große Venezuela-Eisenbahn-Ges., Berlin	42	„ „
Deutsche Solvay-Werke	40	„ „
Rheinische Stahlwerke zu Duisburg-Meiderich	40	„ „
Eschweiler Bergwerks-Verein	38	„ „
Rheinisch-Westfälische Elektr.-Werke, Essen	38	„ „
Vereinigte Königs- und Laurahütte	36	„ „
Farbenfabriken, vorm. Bayer u. Co., Elberfeld	36	„ „
Badische Anilin- und Soda-Fabrik	36	„ „
Continentale Ges. f. elektr. Unternehmungen	32	„ „

Bald genug wird diese Tabelle überholt sein, denn jedes Jahr verschiebt sich die Gruppierung dieser industriellen Großmächte. Auf dem Gebiete der Berg-, Hütten- und Eisenindustrie sind beständig neue Fusionen im Werke. Wir kommen auf diese Fusionen in einem späteren Abschnitt nochmals zurück. Hier liegt uns zunächst nur daran, zu zeigen, daß auf der obersten Stufe des unpersönlichen Unternehmens die Unternehmungen ihren früheren Selbständigkeitstrieb verlieren. Da nämlich die Besitzer nur noch als Darleiher in Betracht kommen, denen es gleichgültig sein kann, unter welcher Überschrift sie ihre Rente beziehen, da ferner die Direktoren sowieso schon im Ministerialsystem arbeiten und durch Fusionen darin nicht gestört werden, und da auf dieser Höhe alle kleine Konkurrenz als unpraktisch empfunden wird, so muß das Ideal des zentralisierten Verwaltungsapparats die geschichtliche Überlieferung der Einzelwerke verschlingen. Die Vertreter der Betriebsverwaltungen und der Banken stellen sich das Problem der Aufsaugung allen Unternehmertums in ein Gesamtunternehmen. Damit aber entsprechen sie einem Triebe, der sich, wenn auch auf andere Weise, auch überall dort kundgibt, wo die Betriebe privatwirtschaftlich und umgrenzt in ihrer Größe geblieben sind. Erst wenn wir diesen Trieb zur Regelung allen Unternehmertums betrachtet haben, werden wir imstande sein, die Entfernung zu ermessen, die uns schon heute von der Periode der industriellen Einzelunternehmer erster Stufe trennt.

6. Die Unternehmervereine.

Der Gedanke einer Organisation der Industrie im ganzen war noch vor 15 Jahren in Deutschland wenig verbreitet. Natürlich war er den Führern der entstehenden industriellen Verbände nicht fremd, aber die Mehrzahl der Unternehmer verhielt sich ablehnend, und die übrige Bevölkerung sah das neue Problem überhaupt noch nicht, nur die sozialdemokratische Presse behauptete beständig, die Kapitalistenklasse sei eine organisierte Einheit. Indem die Sozialdemokraten dieses sagten, griffen sie der Entwicklung der Dinge vor, aber sie beurteilten im Grunde die Sache richtig, richtiger als die Mehrzahl der direkt beteiligten Unternehmer. Die Unternehmerklasse war bei Beginn des großen Wirtschaftsaufschwunges in der Mitte der neunziger Jahre einem See vergleichbar, der noch nicht gefroren ist, dessen Oberfläche aber voll kleiner Eiskristalle schwimmt. Es gehört wenig dazu, und der flüssige Aggregatzustand wird an der Außenfläche in eine feste Organisation übergehen. Das ist es, was wir eben jetzt erleben: die Industrie macht sich selber Gesetze und zwingt den Einzelunternehmer in Verbände. Diesen Vorgang statistisch genau darzustellen, ist heute noch niemand imstande, denn noch ist er zu jung, um in seinem ganzen Verlauf wissenschaftlich erfaßbar zu sein, auch vollzieht er sich vielfach im Halbdunkel streng vertraulicher Privatabmachungen. Aber das Wesen der neuen Gestaltung können wir schon jetzt aufzuzeigen versuchen, denn so unklar der Einzelverlauf bis heute erscheinen mag, so deutlich ist die an allen Ecken gleichzeitig hervortretende Gesamtrichtung der Bewegung. Es handelt sich dabei um einen wirtschaftsgeschichtlichen Vorgang allerersten Ranges, um die Entstehung von Formen für unabsehbare Zeiten, um das, was in der Sprache der Sozialdemokratie die „neue Gesellschaftsordnung" heißt.

Die richtige Art, diese Veränderung des Industriezustandes darzustellen, ist nicht ohne Schwierigkeiten, denn es kann zweifelhaft sein, ob man dabei erst die Verbände der Arbeiter oder die der Unternehmer darzustellen hat. Geschichtlich richtiger würde es sein, von den Arbeitervereinen auszugehen, da sie im allgemeinen älter sind als die Unternehmervereine, aber sachlich erscheint es klarer, erst die ganze Sache vom Unternehmerstandpunkt aus zu verfolgen und dann erst denselben Prozeß nochmals vom Arbeiterstandpunkt aus zu beobachten. Wir werden also vorläufig die Arbeiterverbände schon immer als vorhanden einsetzen, verschieben aber die Darstellung ihrer inneren Konstruktion auf spätere Abschnitte. Unser Ausgangspunkt bleibt der Einzelunternehmer der ersten Stufe, der Mann, der alle Leitungstätigkeiten noch in sich selbst vereinigt, und von dem wir schon gesagt haben, daß er allen Verbänden, sowohl den Arbeiterverbänden wie den Unternehmerverbänden, ablehnend gegenübersteht. Er trägt noch genug Erinnerung an den Verbandszwang der alten Innungen in sich, um als sein erstes Prinzip die volle Ellbogenfreiheit hochzuhalten. Er glaubt an den freien Arbeitsvertrag und die freie Konkurrenz. Unsere Aufgabe wird es sein, zu zeigen, wie im Laufe der Zeit der freie Arbeitsvertrag und die freie Konkurrenz sich selbst aufzehren. Wir setzen also wieder dort ein (IV, 2), wo wir den Arbeitskauf als einen Handel zwischen Besitzenden und Nichtbesitzenden kennen gelernt haben.

Der Unternehmer hat als Arbeitskäufer das Bestreben, die Arbeitskraft möglichst billig und möglichst kurzfristig und möglichst bedingungslos zu kaufen. Daß er billig kaufen will, hat seinen sehr natürlichen Grund darin, daß jeder Groschen Tageslohn sich im Jahre als 30 Mk. in Ausgabe stellt, was schon bei 20 Arbeitern 600 Mk. ausmacht, eine Summe, mit der man eine Maschine für 12 000 Mk. kaufen und amortisieren, oder für die man eine im Verhältnis zum Geschäftsumfange nicht unerhebliche Reklame machen kann. Ein Groschen ist aber für den Arbeitsverkäufer ein sehr geringer Fortschritt, denn dieser Groschen kann durch eine einzige Preiserhöhung auf dem Brot-, Fleisch- oder Wohnungsmarkt wieder hinweggenommen werden, ohne irgendwelche Spuren seines Daseins beim Arbeitsverkäufer zu hinterlassen. Der Arbeitsverkäufer muß also um mehr als bloße Tagesgroschen handeln, wenn er sich verbessern will. Er muß um Stundengroschen handeln wollen, ein Stundengroschen aber bedeutet bei 10stündiger Arbeitszeit und 300 Arbeitstagen eine Vermehrung der Jahresausgabe des Unternehmers um 300 Mk. pro Kopf und um 6000 Mk. für 20 Arbeiter, bedeutet eine Kapitalaufwendung von 120 000 Mark (5%). Soviel Kapital wird der übrigen Geschäftsausstattung entzogen. Nun verschließt sich auch der kleinere Unternehmer der Erkenntnis nicht völlig, daß ein Arbeiter, der im Jahre 300 Mk. mehr einnimmt, im Durchschnitt auch um soviel besser arbeiten wird, da er physisch und moralisch ein anderer Mensch sein kann; aber diese Erkenntnis ist doch von vielen Zweifeln und Bedenken umwoben, denn die Besserung der Qualität tritt nicht sofort und nicht mit mechanischer Sicherheit ein, ist oft erst in der folgenden Generation wirksam, und ist oft bei Herstellung gewöhnlicher Waren nicht einmal direkt erforderlich. Das Sichere vom Standpunkt des Unternehmers ist die höhere Belastung, das Unsichere ist der dadurch zu beschaffende Nutzen. Er wird also um jeden Tagesgroschen mit sich rechten lassen und jede Forderung auch nur eines halben Stundengroschens als Angriff auf seine Unternehmerexistenz empfinden. Daß er dabei immer klug handelt, ist nicht gesagt. Wir haben schon beim landwirtschaftlichen Unternehmer gesehen, welche nachhaltig bösen Folgen die zu große Sparsamkeit auf dem Arbeitsmarkt gehabt hat, aber die Sorgen der Gegenwart töten erfahrungsgemäß oft den klugen Sinn für die Zukunft. Der kleine Normalunternehmer fühlt sich nicht verpflichtet, die Arbeiterschaft im ganzen zu heben, sondern denkt an sich und seinen Jahresabschluß. Von da aus schilt er über die Begehrlichkeit der Arbeiter und begegnet ihr wie einer feindlichen Macht.

Er will die Arbeitskraft billig kaufen und im übrigen nicht für den Arbeiter zu sorgen haben. Das ist der Sinn des Drängens aller altliberalen Einzelunternehmer auf kurzfristige Verträge. Einige von ihnen hatten in der ersten Zeit der vom Innungswesen freigewordenen Industrien geradezu einen Fanatismus gegen alle langen Bindungen. Man will den Arbeiter abschieben können, sobald man ihn nicht braucht, und sobald er unbequem wird. Was aus ihm wird, wenn er abgeschoben ist, geht den Unternehmer nichts an. Ob er wieder Arbeit findet, ob er verbummelt, verwahrlost, ob seine Kinder betteln, das ist keine Betriebsangelegenheit. Der Unternehmer kauft ja nicht den Menschen, sondern nur eine bestimmte Zahl von Arbeitsstunden. Auch vom Standpunkte des Arbeiters aus kann die Kurzfristigkeit ihre Vorteile haben. Sie ist im ganzen eine beständige Gefahr der Lebensunsicherheit, aber sie ermöglicht doch, daß der Arbeiter gerade dann seinen Vertrag fallen läßt, wenn er dem Unternehmer am unentbehrlichsten ist. Diese Ausnutzung der Kurzfristigkeit, die zunächst ein Unternehmerinteresse war, wurde zur Bedrohung des Unternehmens, sobald sie von den Arbeitern gemeinschaftlich benutzt wurde, um ihre Handelslage zu verbessern, das heißt sobald der Streik eintrat. Von dem besonderen Falle, daß er mit Kontraktbruch eintrat, brauchen wir hier, wo wir die Grundformen des beiderseitigen Verhältnisses besprechen, noch nicht zu reden. Der Kontraktbruch ist ein Protest gegen jede Art von Langfristigkeit und im Grunde nur eine extreme Durchführung einer vom Kleinunternehmer stark vertretenen Tendenz, nämlich der Tendenz, daß weder das Unternehmen für den Arbeiter, noch der Arbeiter für das Unternehmen verpflichtet ist. Der Arbeiter tritt eines Tages vor den „Arbeitgeber" und sagt: ich will dir meine Arbeit geben, aber ich steigere den Preis, denn jetzt bin ich nötig! An diesem Tage ist der Kleinunternehmer alten Stils sehr aufgeregt und hat das Gefühl, daß ihm brennendes Unrecht geschieht, denn seine wirtschaftliche Weltanschauung kennt nur den Arbeitskauf, aber nicht den Verband der Arbeitsverkäufer. Er verliert seine kaufmännisch-liberalen Prinzipien aus dem Kopf und nimmt es den Arbeitsverkäufern persönlich übel, daß sie sich auf den Boden eines Rechtes stellen, das der Unternehmer selber für sich gemacht hat, auf den Boden des Rechtes der Kurzfristigkeit aller Organisation der Arbeit. Das sind die Tage, da er unliberal wird, und da sein Ideal eine Wirtschaftverfassung wird, bei der die gemeinsame Preisbildung der Arbeiter nach Art des alten Zunftstaates unter Strafe gestellt ist. Er appelliert an die Staatsmacht, daß sie ins freie Spiel der Kräfte eingreifen soll, weil er sich dieses freie Spiel anders gedacht hat, als es nun gekommen ist.

Über die Rolle, die der Staat in diesem Zusammenhange übernimmt, sprechen wir später. Es ist nur nötig, schon hier zu sagen, daß es auf die Dauer nicht möglich war, durch Aufwärmung des Zunftstaates den Freihandel in Arbeitskraft zu hindern. Der letzte große Versuch, den Staat als Garanten des verbandslosen Einzelhandels in Anspruch zu nehmen, war kurz vor Schluß des alten Jahrhunderts die sogenannte Zuchthausvorlage. Ihr Fall bedeutet das endgültige Scheitern der Bestrebungen, den Einzelunternehmer und den Einzelarbeiter sich gegenüberzustellen. Es ist sehr unwahrscheinlich, daß dieser Versuch noch einmal gemacht wird. Diese Erkenntnis ist der stärkste Grund des totalen Umschwungs in der Stimmung des Unternehmers. Von da an schwindet bei ihm die Abneigung gegen den Unternehmerverband und macht einem zunächst resignierten Willen Platz: auch wir müssen uns verbinden, wenn wir Arbeit kaufen!

Zu diesem Umschwung im Geist und in der wirtschaftlichen Weltanschauung der Unternehmer trägt aber gleichzeitig das dritte Element des Arbeitskaufes viel bei. Der Unternehmer will die Arbeit nicht nur billig und kurzfristig, sondern auch bedingungslos kaufen. Er will keine Vorschriften über den Arbeitsraum, die Arbeitszeit, die Sonntagsarbeit, die Schutzvorrichtungen, die Arbeitsverteilung sich gefallen lassen. In dieser Hinsicht hatte die alte, aus dem Handwerk herauswachsende, liberale Theorie eine offenbare Lücke. Sie sprach vom Arbeitsvertrag und meinte im Grunde nur den Lohnvertrag. Zum Arbeitsvertrag gehört ganz offenbar die Abmachung über alle wesentlichen Vorbedingungen des Arbeitens. Gibt man einen Arbeitsvertrag theoretisch zu, so muß man das Mitbestimmungsrecht des Arbeitsverkäufers über die ganze Einrichtung der Arbeit zugestehen. Es war ein Rest vom Zustande der Herrschaftsarbeit, wenn dieses geleugnet wurde. Die „Freiheit" des Unternehmers aber bestand gerade in der Herrschaft über die Arbeitsbedingungen, er wollte sie gar nicht zum Gegenstande des Verhandelns machen und hielt es für eine Unverschämtheit, wenn die Arbeitsverkäufer einen wirklichen „Arbeitsvertrag" verlangten. In diesem Herrschaftsgefühl fanden sich die Unternehmer trotz aller sonstigen Konkurrenz als Gesinnungsgenossen, und dieses Gemeinschaftsgefühl stieg in dem Maße, als es den Arbeitsverkäufern gelang, die Staatsmacht zum Eingreifen in den Arbeitsvertrag zu veranlassen. Vorhin sagten wir, daß die Unternehmer den Staat zünftlerisch anriefen, sie vor gemeinsamem Arbeitshandel zu schützen, jetzt beleuchten wir die Kehrseite, daß die Arbeiter nach Staatseingriff in den Arbeitsvertrag verlangten: Arbeiterschutz! Ihnen ist dabei mehr geglückt als den Unternehmern, denn als Frucht ihrer Bestrebungen entstand eine wachsende Menge von Bestimmungen über Arbeiterversicherungen, Arbeitszeit, Arbeitseinrichtung, die den freien Arbeitsvertrag in gewisse Grenzen einschnüren. Vom Standpunkt der Arbeiter aus ist das, was erreicht ist, zu wenig, aber vom Standpunkt des Unternehmers aus ist es sehr viel. Er hat sich gewöhnen müssen, unter Kontrolle des Gewerbeinspektors und der Polizei zu arbeiten, und die Angst vor noch weiteren Ausdehnungen dieser Kontrolle treibt ihn in den Interessenverband, der sich gegen neue Staatseingriffe wehrt. Die Abhängigkeit vom Verband erscheint als das kleinere Übel gegenüber der wachsenden Abhängigkeit von der Staatskontrolle.

Auf diese Weise entsteht der Unternehmerverband. Wir sehen ihn in seiner mächtigsten Form als Zentralverband der Industriellen. Dieser große Verband gibt Rückhalt und Vorbild für eine nicht näher zu bestimmende Zahl von Unternehmungen von sehr verschiedenem Grade statutarischer Bindung. In ihnen allen aber ist der Hauptgegenstand der Verbandstätigkeit das Verhältnis zu den Verbänden der Arbeitsverkäufer. In diesem Verhältnis gibt es zwei verschiedene Haltungen, nämlich die grundsätzliche Ablehnung oder Anerkennung der Arbeiterverbände. Die grundsätzliche Ablehnung ist der Naturzustand des alten Einzelunternehmers, bleibt der Zustand der starken Einzelunternehmer zweiter Stufe und ist vielfach der Zustand der Großunternehmer dritter Stufe. Die Anerkennung beginnt beim schwächeren Einzelunternehmer zweiter Stufe, verbreitet sich über die kleineren Unternehmungen überhaupt und versucht auch in der dritten Stufe sich heimisch zu machen. Das Gesamtbild, das auf diese Weise entsteht, ist sehr verworren. Ablehnung und Anerkennung liegen oft noch sehr nahe beieinander, und eine Übersichtsdarstellung kann nichts tun, als beide Auffassungsformen logisch zu trennen, auch wenn sie weiß, daß sie sehr oft gemischt vorkommen.

a) *Die Ablehnung der Arbeiterverbände* kümmert sich gar nicht um die theoretische Frage, ob es liberal ist, Unternehmerverbände zu gründen und Arbeiterverbände nicht anzuerkennen. Sie sagt: der Unternehmerverband würde nicht nötig sein, wenn es die Arbeiterverbände nicht gäbe, also ist der Zweck der Unternehmerverbände, die Arbeiterverbände zu ruinieren. Da die Staatsgewalt in dieser Hinsicht versagt, so muß die Disziplin der Unternehmerverbände selbst stark genug sein, die Arbeiterverbände aus der Organisation der Industrie auszuschalten. Diese Disziplin wird zum Kernpunkt der Verbandstätigkeit. Um die Arbeiter in Schranken zu halten, muß man die Unternehmer an die Kette legen. Anfangs scheint das eine leichte Sache: „Wir ersuchen die verbündeten Firmen, folgende Mitglieder des Metallarbeiterverbandes nicht ihrerseits in Arbeit zu stellen!" Das kann man machen, es ist gut, wenn man die Hetzer los wird! Schwieriger aber wird die Lage, sobald Streik eintritt. Dann muß der Verband verhüten, daß der schwächere Einzelunternehmer, um existieren zu können, die Arbeiterverbandsleitung anerkennt. Das bedeutet unter Umständen, daß Subventionen gezahlt werden müssen. Anfangs sind solche Subventionen willkürlich, später aber müssen auch sie ihr festes System bekommen. Es geht nicht, daß sich das Kleingeschäft blind auf Subventionen verläßt, es geht nicht, daß die Unbeteiligten für die Sünden einzelner Verbandsunternehmungen dauernd in Kontribution gesetzt werden. Der Verband verschafft sich also ein Aufsichtsrecht über alle in seinem Gebiet vorkommenden Streikveranlassungen, das heißt aber in Wirklichkeit ein Aufsichtsrecht über den Betrieb überhaupt, denn jedes Stück des Betriebswesens kann Anlaß zu Arbeitsstreitigkeiten geben. Wer geschützt sein will, muß kontrolliert werden. Es ist manchem Unternehmer sauer genug geworden, seine Anmeldung an den Unternehmerverein zu schreiben, denn trotz aller schönen Versprechungen fühlte er ganz genau, daß er von diesem Tage an nicht mehr sein eigener Herr sei. Aber was blieb anders übrig? Er floh vor dem Arbeiterverband und fiel in den Unternehmerverband.

Das Ideal des Unternehmerverbandes, der auf dem Standpunkt der grundsätzlichen Ablehnung der Arbeiterverbände steht, ist der *Arbeitswillige*, das ist der unorganisierte Einzelarbeiter. Dieser unorganisierte Einzelarbeiter ist teils ein veraltetes Stück aus der Anfangszeit des Liberalismus, wo die Theorie vom Einzelmenschen alles beherrschte, oder er ist ein schwacher Arbeiter, der aus Angst, Not, Mattigkeit die Gelegenheit benutzt, sich in die warmen Nester der kämpfenden Kollegen zu legen, oder er ist ein einfacher Streber, der sich den Strapazen der Klassenbewegung nicht aussetzen will, oder er ist ein Landkind, dem überhaupt der ganze Zusammenhang des Arbeitsvertrags und Arbeitskaufs noch nicht aufgegangen ist. Ob er zu dieser oder jener Untergruppe dieser schönen Gesellschaft gehört, ist dem Unternehmerverbande zunächst gleich. Es genügt, daß er arbeitswillig ist und Arbeit ohne Handel auf Submissionsweg annimmt. Deshalb wird er als besonders brav und wertvoll gepriesen, und zwar von Leuten, die sonst modern sein wollen. Mancher Unternehmer, der sich schämt, Maschinen alter Konstruktion weiterlaufen zu lassen, hat geradezu einen Drang, Arbeitskräfte ältester Konstruktion zu kaufen. Das stört aber schließlich doch den Gang des Geschäftes, und zwar um so mehr, als es sich um Industrien mit verfeinerter Tätigkeit handelt. In den schweren Arbeiten des Bergwesens, des Straßenbaues, selbst noch im Walzwerk mag der Arbeitswillige technisch möglich und erträglich sein, aber bessere Verarbeitungsindustrien auf die Dauer mit Arbeitswilligen zu betreiben, ist so unkaufmännisch, daß es irgendwann an seinem inneren Widerspruch zugrunde geht. Deshalb wenden sich in den mittleren und leichteren Industrien die Verbände früher oder später alle dem System der Anerkennung der Arbeiterorganisation zu, selbst wenn sie in den einzelnen Kraftproben Sieger gewesen sind. Es bleiben aber die größten Verbände der schweren Industrien auf dem alten Standpunkt stehen: Kein Nachgeben, keine Anerkennung!

Die großen Unternehmungen dritter Stufe sind die eigentliche Heimat der alten Unternehmerauffassung. Es gibt unter ihnen bedeutende Werke, die rücksichtslos jeden Versuch der Vereinigung der Arbeitsverkäufer unterdrücken. Das Werk verhandelt nur mit Einzelpersonen! Das aber bedeutet: es verhandelt nicht, sondern es stellt die Arbeitsbedingungen einseitig fest. Diese Haltung wird zur Verbandshaltung gemacht. Man gehe ins Saargebiet oder an die Ruhr oder nach Oberschlesien, um diese Art von Unternehmerverbänden in ihrer größten Vollendung zu finden! Hier ist der Arbeitsvertrag zur Phrase geworden und wird überhaupt nur noch erwähnt, wenn es sich um Streik mit Kontraktbruch handelt, der Arbeiter hat kein Vertragsrecht! Aber da die Arbeiter, auch wenn sie kein Vertragsrecht haben, das Recht, die Arbeit zu verlassen, nicht verlieren können, so sind die großen Werke dieser Art beständig in Gefahr, daß die besseren Arbeiterqualitäten von ihnen weggehen, wie sie vom ländlichen Großgrundbesitzer weggehen, wenn sie nicht als Ersatz für das geschmälerte Vertragsrecht ihren Arbeitswilligen Wohlfahrtsveranstaltungen bieten. Diese Wohlfahrtsveranstaltungen sind nicht, wie es da und dort noch in harmlosen Bildungskreisen geschieht, als einfacher Ausfluß weicher Güte anzusehen, sondern sind ein festes und notwendiges Stück in einem Arbeitssystem, das unter allen Umständen den gemeinschaftlichen Arbeitsverkauf verhindern will. Häufig sind sie das Werk einzelner Privatunternehmungen, aber ebenso oft steht hinter ihnen ein Verein, der mit dem Unternehmerverband eng verknüpft ist. Sie sind die einzige Möglichkeit, um unter Arbeitswilligen Qualitätsarbeiter zu erhalten. An anderer Stelle unserer Arbeit wird Gelegenheit sein, in eine Einzelkritik dessen einzutreten, was als Wohlfahrtsmusterstätte geboten wird. Meist ist es so, daß die Veranstaltungen an sich gut sind (Bäder, Krippen, Kinderschulen, Fortbildungs- und Fachschulen, Turnhallen, Sparkassen, Pensionsrechte, Wohnungen), oft aber wird der Nebenzweck der Bindung mit einer sogar vom Unternehmerstandpunkt aus unnötigen Peinlichkeit in den Statuten ausgesprochen. Daß die Arbeiterverbände diese Veranstaltungen bekämpfen müssen, ist absolut klar, denn sie wollen und sollen ja als Kampfmittel gegen sie wirken, und es ist Schwachheit des volkswirtschaftlichen Denkens, wenn man ihren Gegensatz den Arbeiterverbänden als „Undank" verübelt. Das aber besagt noch nicht, daß diese Veranstaltungen nicht doch eine Wirkung zur Hebung der Lage der arbeitenden Klassen haben können, wenn sie gewohnheitsmäßig vermehrt werden. Aus mancherlei Gründen werden nämlich, auch bei dem System der Anerkennung der Verbände der Arbeitsverkäufer, die Erfolge dieser Verbände gerade gegenüber den Unternehmungen dritter Stufe relativ gering bleiben, so daß es sehr leicht möglich ist, daß durch den Wunsch, diese Verbände fernzuhalten, ebensoviel für das materielle Wohl der betreffenden Arbeiter geschieht, als bei dem anderen System durch Arbeiterverbände erzwungen werden könnte. Auch durch die Wohlfahrtsveranstaltungen wachsen die Ansprüche und Bedürfnisse der arbeitenden Klasse. Es entstehen auf diese Weise neue ordnungsmäßige Pflichten des Großunternehmertums, die in dem Maße wachsen, als außerhalb seines Gebietes die Arbeiterverbände Fortschritte machen.

Um aber auf unseren Grundgedanken zurückzukommen, so ist es der, daß der Unternehmerverband gar nicht anders kann, als seinen Mitgliedern wachsende Lasten aufzulegen. Das aber ist die Ursache, weshalb beständig eine Anzahl von Unternehmungen sich ihm zu entziehen suchen. Diese unorganisierten Unternehmer aber stören den ganzen Verbandsplan. Sie sind „arbeitswillig", vom Standpunkt des Arbeiterverbandes aus gesehen, und vom Verbandsunternehmer nicht besser beurteilt als der Arbeitswillige vom gewerkschaftlichen Arbeiter. Sie in den Verband hineinzuzwingen, ist Verbandsaufgabe. Hier erst tritt der Verband in seiner ganzen freiheitsbeschränkenden Wirkung hervor. Er muß, um arbeiten zu können, die Unorganisierten solange gesellschaftlich und geschäftlich als Unternehmer geringeren Grades und Wertes behandeln, bis sie sich verpflichten, nicht ferner Stützpunkte für Arbeiterorganisationen zu sein. An unzähligen Einzelstellen wird dieser innere Kampf im Unternehmertum gekämpft, aber (so merkwürdig verwickelt ist oft die Logik der Dinge) gerade dieser Kampf gegen die unbotmäßigen Unternehmer ist es, der dazu führt, von dem System der Ablehnung der Arbeiterverbände zu ihrer Anerkennung überzugehen, denn erst mit Hilfe der Arbeiter kann man alle Unternehmer zwingen, sich dem Verbande anzuschließen, indem man die Arbeiter als Sturmbock gegen die Widerwilligen benutzt. Wir können die Methode, in der dieses geschieht, nicht näher darlegen, müssen vielmehr einen zweiten noch wichtigeren Grund anführen, der selbst alte sehr große Unternehmerverbände nötigen kann, von ihrem reinen Ablehnungsstandpunkt abzugehen.

Es war sehr auffällig, daß nach dem großen Bergarbeiterstreik des Jahres 1905 die „Deutsche Arbeitgeber-Zeitung" ihre Haltung in der Anerkennungsfrage offen änderte. Sie gab das Prinzip des Nichtverhandelns mit Arbeiterverbänden auf. Es fehlt noch viel daran, daß sie positiv für solches Verhandeln eintritt, und keineswegs denkt sie bis jetzt an eine Einführung von Tarifverträgen in der Großindustrie, aber sie läßt es von jetzt ab frei, ob man verhandeln will. Schon das ist ein wichtiger Umschwung der ganzen Lage. Als Hauptgrund aber wird angegeben, daß im Bergarbeiterstreik die Staatsregierung und die öffentliche Meinung deshalb für die Streikenden Partei ergriffen hätten, weil es in der deutschen Öffentlichkeit nicht mehr verstanden werde, das Verhandeln mit Arbeiterverbänden von vornherein abzulehnen. Ein indirekter Sieg des Verbandsgedankens, der dazu führen wird, daß der zweite mögliche Fall, die Anerkennung der Arbeiterverbände, sich zum Normalfall gestaltet.

b) Die Anerkennung der Arbeiterverbände ist die zweite Grundform in der Haltung des Unternehmerverbandes, in unseren Augen die zukünftige Normalform. Ihr Wesen besteht darin, daß die Unternehmer nur Arbeiter beschäftigen, die im Arbeiterverband sind, und daß der Arbeiterverband nur bei Unternehmern arbeiten läßt, die zum Unternehmerverband gehören. Man zwingt beiderseits alle irgendwie wesentlichen Kräfte zur Zentralisation, um in geschlossenen Körpern verhandeln zu können. Diese reinste Form ist freilich fast überall noch Zukunftsmusik, und die Wirklichkeit zeigt eine Menge von Zwischenstufen. Uns aber wird es am meisten fördern, wenn wir die reine Zukunftsform ins Auge fassen. Wir setzen also voraus, daß beispielsweise alle Unternehmer des Gewerbes der Holzbildhauer oder der farbigen Drucke sich organisiert haben und nur organisierte Arbeiter verwenden. In diesem Falle ist der Arbeitsvertrag in Wirklichkeit ein Handeln von Verband zu Verband. Zwar der Einzelvertrag wird juristisch zwischen dem Einzelunternehmer und dem Einzelarbeiter geschlossen. Ich meinesteils kann wenigstens trotz der Befürwortung des kollektiven Vertrages durch Professor Brentano nicht für wahrscheinlich ansehen, daß der Verband die Garantie für die Arbeitsleistung des einzelnen und für die Lohnzahlung im Einzelfall mit rechtlich bindender Kraft übernimmt. Der Einzelvertrag ist die juristisch gültige Ausführung eines schematisch von Verband zu Verband abgemachten ideellen Vertrages. Dieses System hat für die Unternehmer zwei große Vorzüge. Es befreit sie vom minderwertigen Material der Arbeitswilligen und führt ihnen die tüchtigeren Arbeitskräfte zu, und es schützt vor unberechenbaren Stockungen ungeregelter Arbeitskämpfe. Aber der kaufmännische Gegensatz des Arbeitsverkäufers und Arbeitskäufers ist dadurch nicht aus der Welt geschafft, sondern nur in feste Regeln gebracht. Beide Teile werden sich möglichst wenig um kleine Einzelfälle streiten, aber beide Teile werden mit einer Art von peinlicher Eifersucht über ihre Satzungen und Rechte wachen, und von Zeit zu Zeit wird eine neue Kraftprobe zur Erhaltung alter Rechte oder zur Gewinnung neuer Bedingungen unvermeidlich sein. Der Streit wird seines willkürlichen Charakters entkleidet und tritt in der Art eines methodisch geführten wirtschaftlichen Krieges auf. Er wird seltener, aber tritt er einmal ein, dann handelt es sich um Gewinn und Verlust für längere Perioden, und von beiden Seiten werden die letzten Reserven herangeholt. Eine Arbeitsverfassung ohne dieses letzte Mittel können wir uns auf Grund der tatsächlichen Verhältnisse ebensowenig denken, wie wir uns eine äußere Politik der Staaten ohne die letzte Möglichkeit des Krieges denken können. In die Möglichkeit des Streiks hinein flüchtet sich alles das, was als Freiheit des Arbeitsvertrages bezeichnet wurde. Ist der Streik vorbei, so herrscht wieder die beiderseitige Bindung.

Bei dieser Sachlage müssen sowohl Unternehmerverbände als Arbeiterverbände mit festen Rüstungen umgeben sein, ein Zustand, den einmal ein Mitglied des Töpferverbandes in die Worte faßte. „In unserem Gewerbe sind die Zustände relativ gut, weil wir uns beiderseits bis an die Zähne bewaffnet gegenüberstehen." Welche Folgen das für die Arbeiterverbände hat, beschäftigt uns hier noch nicht. Für den Unternehmerverband bedeutet es, daß er im Ernstfalle absolute Herrschaft über seine Mitglieder haben muß. Er muß für sie verhandeln, muß ihre Arbeit hemmen, muß für sie unter Umständen selbst Verschlechterung der seitherigen Bedingungen annehmen können. Diese Einordnung aber muß in Friedenszeiten vorbereitet sein, wenn sie in Kriegszeiten wirksam werden soll. Gleichzeitig aber muß der Verband über die Einhaltung der vereinbarten Satzungen wachen können, da er ja als Verband den Schaden hat, wenn sich Beschwerden der Arbeiter häufen. Schärfer noch, als bei der zuerst dargestellten Form des Unternehmerverbandes, zeigt sich bei dieser zweiten der neue Charakter des neuen Zeitalters. Ein Mitglied, das sich nicht fügen will, muß kaufmännisch ruiniert werden, wenn es nicht nachgibt, denn es ist das Wesen dieser Art von Verbänden, daß sie keine Lockerungen ihres Apparates vertragen. Ein Beispiel sagt vielleicht am deutlichsten, bis zu welchen Konsequenzen das Verbandswesen führt. Ein großer Holzhändler liefert sein Holz für verschiedene Baugeschäfte, von denen ein Teil zum Verband der Unternehmer gehört, andere nicht. Der Unternehmerverband veranstaltet eine Arbeiteraussperrung, an der die Nichtverbandsmitglieder sich nicht beteiligen, wodurch der Erfolg dieser Maßregel in Frage gestellt ist. In dieser Lage schreiben die Mitglieder des Unternehmerverbandes an den Holzhändler, er habe zu wählen, ob er an sie weiterhin liefern wolle oder an die Firmen, die nicht ausgesperrt haben. Der Holzhändler ist dadurch stark betroffen, aber es bleibt ihm nichts übrig, als sich für den einen Teil und gegen den anderen zu entscheiden. So wirkt die Zucht des Unternehmerverbandes bis auf die Auswahl der Lieferanten des Rohstoffes. Der Unternehmerverband wird zur Berufsregierung an sich. Wir sagen nicht, daß er es heute schon ist, aber wir zeigen, daß es in seiner Tendenz liegt, es zu werden. Diese Tendenz muß man im Auge behalten, wenn man den Zusammenhang von Unternehmervereinen und Kartellen betrachtet. Die Kartelle wachsen teilweise unter Vorarbeit der Unternehmervereine und umgekehrt.

---

7. Die industriellen Kartelle.

Wir haben bisher den gewerblichen Unternehmer auf dem Arbeitsmarkt tätig gesehen als Einkäufer der für ihn unentbehrlichen Ware Arbeit. Jetzt ist es unsere Aufgabe, ihn auf den Warenmarkt zu begleiten und ihn dort teils als Einkäufer seiner Rohstoffe, teils und hauptsächlich als Verkäufer der Erzeugnisse seiner Fabrikation zu beobachten. Auch hier werden wir denselben Vorgang noch einmal wiederfinden, dessen Beobachtung die letzten Abschnitte unseres Buches gefüllt hat. Gerade hier aber wird sich dieser Vorgang des Überganges vom selbständigen Einzelverkäufer zum Mitglied großer Verkaufsgemeinschaften in einer viel merkwürdigeren und überraschenderen Weise zeigen als an irgendeiner anderen Stelle des wirtschaftlichen Lebens. Um das Ergebnis vorwegzunehmen, so ist es dieses: die alten Innungen wurden gerade deshalb aufgelöst und zerbrochen, damit der industrielle Unternehmer sich mit ungebundenem Flügelschlag in die Höhe heben könnte. Hat er sich aber erhoben, so fühlt er ein ihm selbst unerwartetes äußerst starkes Bedürfnis, sich an Stelle der alten kleinen mühseligen Innungen neue weitere, aber im Grunde nicht weniger fest organisierte innungsartige Bindungen zu schaffen.

Das Wesen der alten Innungen bestand darin, daß die Herstellung von Waren geregelt wurde einesteils in Hinsicht auf eine gewisse durchschnittliche Güte, anderenteils in Hinsicht auf den Preis, und daß gleichzeitig die Zahl der Arbeitskräfte (Gesellen und Lehrlinge) und die Grenzen des Absatzgebietes bestimmt wurden. Diese Bestimmungen waren ein Doppelergebnis teils der freiwilligen Organisationen und teils der gesetzlichen Bestimmungen, sei es der Stadtmagistrate, sei es der staatlichen Aufsichtsbehörden. Der Geist der alten Innungen bestand darin, daß niemand zu schlecht, zu billig, zu viel oder außerhalb seines Bezirks herstellen und verkaufen sollte. Genau diesem selben Geiste begegnen wir heute in der Industrie von neuem, und das, was anders geworden ist, ist erstens der Umfang des Gebietes, über das sich die Organisationen erstrecken, und zweitens bis jetzt das geringere Eingreifen der Staatsbehörden in die freiwillig entstandenen Verbände. Man sieht aber schon, daß auch dieser letztere Unterschied der neuen von den alten Innungen kaum von ewiger Dauer sein wird, denn in der verschiedensten Weise wenden sich die neuen Innungen selber an den Staat, damit er ihnen ihre Gebietsabgrenzungen sichere (Zölle), und andererseits versucht der Staat, sich eine Art von Aufsicht und Oberverwaltung über die neuen Gebilde zu schaffen. Man kann vielfach die Ansicht aussprechen hören, daß die industriellen Kartelle überhaupt nicht vorhanden sein würden, wenn der Staat ihnen nicht durch die Zollgesetzgebung eine feste Abgrenzung ihres Gebietes und eine künstliche Fernhaltung ausländischen Wettbewerbes garantierte. An dieser Behauptung ist ohne Zweifel soviel richtig, daß die Schutzzölle in einer ganzen Anzahl von

Erwerbszweigen die Entstehung von Verkaufsverbänden sehr erleichtern, wie auch andererseits eine staatliche Fabrikatsteuer, wenngleich sie nur aus finanziellen Gesichtspunkten heraus entstanden ist, in ihren Wirkungen die Regelung der Produktion sehr erleichtert, indem sie eine leichte statistische Übersicht über die Mengen der Herstellung schafft. Es würde aber falsch sein, so weit zu gehen, daß man die ganze Entstehung der Kaufs- und Verkaufsverbände in der Industrie allein auf derartige Staatsmitwirkungen zurückführen wollte. Dafür ist der entschiedenste Beweis der, daß die größere Zahl der bis jetzt vorhandenen Kartelle sich gar nicht mit den Landes- und Zollgrenzen deckt und nicht von Fabrikatsteuer unterstützt wird. Es gibt außerordentlich viele Kartelle, die nur in gewissen Gegenden Deutschlands ihren Sitz und ihre Wirkung haben. Wenn beispielsweise im Ziegeleigewerbe sehr zahlreiche kleine Verkaufsverbände entstanden sind, so hängt dies gerade mit dem örtlichen Charakter dieser Fabrikation zusammen, oder wenn gewisse provinzielle Teile der Textilbranche oder der Ofenfabrikation sich gemeinsamen Satzungen unterwerfen, so spielen dabei die Zölle keine nennenswerte Rolle. Die Absicht der Beteiligten ist für den Anfang nur, die Ausschreitungen der Konkurrenz innerhalb ihres nächsten eigenen Gebietes auszuschalten. Wenn in einer größeren Stadt die verschiedenen Zeitungsverleger sich zur Hochhaltung der Preise für Inserate vereinigen, so ist dieses ein einfaches und reines Beispiel eines von keinem Zoll beförderten Verbandes. Es gibt auch sehr große und mächtige derartige Verbände, die nicht mit dem Zollsystem zusammenhängen; das Rheinisch-Westfälische Kohlenkartell umfaßt gar nicht das ganze deutsche Reichsgebiet und hat sich in diesem Gebiet beständig mit der Konkurrenz anderer inländischer und ausländischer Heizmaterialien auseinanderzusetzen, und es ist wahrscheinlich, daß dieses Kohlenkartell auch bei vollem Freihandel nicht sehr viel anders aussehen würde, als es heute aussieht. Ganz ohne Rücksicht auf Zölle bestehen aber die großen und wichtigen Abmachungen der Schiffahrtsgesellschaften über Personentarife und Güterfrachten.

Das Gebiet, auf dem sich der Zoll als besonderer Hebel der Kartellierung darstellt, sind die Industrien von Eisen, Garn, Zucker und Spiritus. Es ist sehr wahrscheinlich, daß die Verbände dieser Produktionsgebiete ohne Zölle eine geringere Festigkeit erlangen würden, als es ihnen beim jetzigen Zustand möglich gewesen ist. Die Zölle ermöglichen es, hohe Inlandspreise festzuhalten, auch wenn der Weltmarktpreis herabgeht. In solchen Verbänden existiert deshalb eine beständige starke Neigung, die schutzzöllnerische Richtung im ganzen zu fördern, und jene schwere verhängnisvolle Verschiebung der deutschen Produktion zugunsten der Rohprodukte und Halbfabrikate und zuungunsten der Fertigfabrikation, von der wir früher gesprochen haben, hat in dem starken Einfluß dieser Verbände ihren hauptsächlichsten Rückhalt. Wenn es noch einmal dem deutschen Volke gelingt, seinen schweren Zollpanzer von sich zu werfen, so wird es damit gleichzeitig dem drückenden Übergewicht der großindustriellen Verbände ein für die Gesamtheit erfreuliches Ende bereiten, aber falsch wäre es, anzunehmen, daß mit Gewinnung des Freihandels die Kartellierung auch nur dieser Arbeitsgebiete vollständig zu Ende sein würde. Es ist außerdem sehr denkbar, daß sich dann an Stelle der nationalen Kartelle erweiterte internationale Kartelle einfinden.

Wenn demnach die Zollgesetzgebung nicht als einziger und hauptsächlicher Daseinsgrund für die Kartelle betrachtet werden darf, so fragt es sich, inwieweit diejenigen recht haben, welche ein gewisses monopolartiges Vorrecht als den notwendigen Hintergrund der Kartellierung bezeichnen. Unter Monopol wird in diesem Zusammenhang die wirtschaftliche Macht verstanden, die derjenige hat, der entweder einen Rohstoff oder eine Herstellungsweise für sich allein in Anspruch nehmen kann. Daß es solche Monopole gibt, ist nicht zu bezweifeln. Schon die Patentgesetzgebung sorgt dafür, daß für gewisse Zeiträume immer neue Monopole entstehen. Und viele Naturschätze, wie die Kohle oder der Sandstein oder selbst der Kalk, sind ihrem Wesen nach monopolistisch, weil sie nur an bestimmten Stellen vorkommen und bei der großen Last des Transportes nicht beliebig aus allen Weltgegenden herbeigeschafft werden können. Die Besitzer von Sandsteinbrüchen, Kalisalzen, Porzellanerde können sich untereinander verbinden, weil ihnen nicht beliebig ein neuer Mitbewerber auftreten kann; ähnlich liegt es mit denjenigen Industrien, deren Anlagekosten so groß sind, daß die vorhandenen großkapitalistischen Werke es mit ruhiger Geduld abwarten können, wer es wagt, sich mit neuem Kapital in ihre Konkurrenz einzustellen. Man denke an die Schwierigkeit, einem Unternehmen wie Krupp ein ähnliches Geschäft für Panzerplatten und Kanonen entgegenzusetzen (Ehrhardt), oder man vergegenwärtige sich, welches Risiko es in sich schließt, den vorhandenen Walzwerken neue Walzwerke an die Seite zu stellen. In gewissem Sinne sind ja auch die größten Banken vor Auftreten neuer und gefährlicher Konkurrenz sicher. Solange es sich um kleinere Unternehmungen handelt, spielt die Möglichkeit, daß morgen ein anderer das Geschäft zu sich hinüberzieht, eine bedeutende Rolle. Je riesenhafter aber die Unternehmungen werden, desto geringer wird diese Sorge, und welchen sachlichen Grund sollte ein entstehendes neues Unternehmen haben, sich einer günstigen Abmachung über höhere Preise unter allen Umständen zu entziehen? Die neu entstehende Konkurrenz bleibt vielfach nur deshalb eine Weile außerhalb des Verbandes, um sich im Laufe der Zeit eine höhere Beteiligungsziffer zu sichern.

Es ist also unbestreitbar, daß der Monopolcharakter vieler größerer Unternehmungen die Entstehung von Kartellen erleichtert; doch muß auch diesem Gesichtspunkt gegenüber festgehalten werden, daß es Kartelle gibt, bei denen weder ein Naturmonopol, noch ein Kapitalmonopol in Frage kommt. Das interessanteste Beispiel hierfür ist der Börsenverein Deutscher Buchhändler. Er ist, wenn man so sagen darf, das älteste der jetzt bestehenden deutschen Kartelle, man kann ihn bezeichnen als eine Art Innung der Buchverkäufer, die von Anfang an keinen örtlich begrenzten Charakter gehabt hat, sondern sich über das ganze deutsche Sprachgebiet gleichmäßig erstreckt. Was den Börsenverein der deutschen Buchhändler zusammenhält, ist der Umstand, daß dieser Verein sich einen Apparat der Bücherausteilung geschaffen hat, der so vorzüglich seinen Dienst tut, daß kein Mensch daran denken wird, diesem vorhandenen Apparat, der eine Arbeit vieler Jahrzehnte ist, einen ähnlichen zur Seite zu setzen. Es kann jedermann Buchhändler werden. Ist er es aber geworden, so kann er sich dem Nutzen und dem Zwange der vorhandenen buchhändlerischen Gesamteinrichtung nicht entziehen. Dieses Kartell hat sich selbst durch die Zeiten des innungsfeindlichsten Liberalismus hindurch erhalten, und zwar hauptsächlich deshalb, weil es auf Staatsgesetz und Staatsunterstützung keinen Anspruch erhob. Wir haben hier geradezu die Musterform einer Regelung der Produktion ohne Eingreifen der öffentlichen Gewalten.

Im allgemeinen sind die Kartelle jüngeren Ursprungs als der Börsenverein der deutschen Buchhändler. Aus den sechziger und siebziger Jahren stammen das Weißblechsyndikat, das Kalisyndikat und die Bromkonvention. In der überwiegenden Mehrzahl sind die Kartelle aber erst nach 1880 entstanden und haben ihren größeren Aufschwung vom Jahre 1895 an gefunden. Jetzt sind wir noch mitten drin in der Entwicklung. Die Denkschrift, welche Graf Posadowsky dem deutschen Reichstag über die Kartelle vorgelegt hat, zählt 395 derartige Verbände, von denen allerdings 132 nur kleinere Verbände der Ziegelindustrie sind. Nach der Denkschrift sind etwa 1200 industrielle Betriebe direkt an Kartellen beteiligt. Diese Zahl würde an sich noch nicht übermäßig viel bedeuten, wenn nicht in ihr die größten und leistungsfähigsten aller industriellen Unternehmungen enthalten wären.

Bei einer Entwicklung, die so sehr noch mitten im Werden und Fließen ist wie die, von der wir reden, ist es nicht ganz leicht, bestimmte volkswirtschaftliche Begriffe herauszuarbeiten. Noch ist jedes einzelne Kartell in gewissem Sinne eine Erscheinung für sich. Viele von ihnen können in ihrer heutigen Form nur als vorläufige Versuche bezeichnet werden. In allen jüngeren Kartellen findet man beständige Veränderungen und Verschiebungen der Satzungen und der Methode der geschäftlichen Tätigkeit, ja, man kann so weit gehen, zu sagen, daß vielleicht kein einziges der heute bestehenden Kartelle außer dem Verband der Buchhändler seine letzte und dauernde Form gefunden hat. Aus dieser Unsicherheit der Gestaltung darf aber in keiner Weise der Schluß gezogen werden, als sei der Trieb zur Kartellierung an sich noch etwas Unsicheres oder Problematisches. Was unsicher ist, sind die juristischen und geschäftlichen Ausdrucksformen des Kartells es steht aber unseres Erachtens über allem Zweifel fest, daß es einen allgemeinen Rückzug zur kartellfreien Industrie überhaupt nicht mehr gibt. Wohl ist es möglich, daß dieses oder jenes einzelne Kartell noch gestürzt wird, aber diejenige Macht, die es stürzt, wird ihrerseits doch wieder ein Kartell oder etwas Ähnliches sein.

Es gilt nun also aus der Vielgestaltigkeit dieses uns umgebenden Prozessen das Gleichförmige herauszufinden. Wir beginnen dabei mit einem Wort, das Geheimer Kommerzienrat Kirdorf auf der Versammlung des Vereins für Sozialpolitik in Mannheim 1905 ausgesprochen hat. Als Gründer und erster Leiter des mächtigen Rheinisch-Westfälischen Kohlenkartells sprach er aus: die Kartelle seien aus Not entstanden! Wenn man das Wort „Not" nicht gerade als Hungersnot der Nächstbeteiligten auffaßt, so liegt in diesem Ausspruch ohne Zweifel eine allgemeine Wahrheit. Die Konkurrenz nämlich schafft bei ihrer ungehinderten Verschärfung im Laufe verhältnismäßig kurzer Zeiten Zustände, bei denen teils die Höhe des kapitalistischen Verdienstes, teils auch die Reellität der Produktion in Frage gestellt wird. Der erste Grundsatz der freien Konkurrenz ist, wie wir wissen, die gegenseitige Unterbietung. Diese kann erreicht werden entweder durch Verschlechterung der Ware oder durch besondere Erleichterungen, die man dem Käufer in Hinsicht auf seine Zahlungen und Leistungen gewährt, oder durch Herabsetzung der Preise bis nahe an die niedrigsten Selbstkosten oder durch eine Vermehrung der Quantität des Angebotes, die den Markt überschwemmt und zu einer Herabdrückung aller Preise führen muß. Mit Recht hat einer der älteren französischen Sozialisten gesagt, daß die Konkurrenz die Konkurrenz tötet, und Karl Marx sah mit der Schärfe seines Verstandes die Wirkungen der Konkurrenz in der Aufzehrung der kleineren durch die größere und der größeren durch die größte. Sobald man sich die freie Konkurrenz bis an das Ende hindurchdenkt, wird sie zu einem angstvollen Kampf ums Dasein für alle Beteiligten und wird gleichzeitig in allen einfachen Massenartikeln zu einer Gefahr der Verschlechterung der Qualitäten. Diese Form der Konkurrenz konnte von der ersten Generation liberaler Volkswirtschaftler noch nicht in ihrem ganzen Umfange übersehen werden, denn diese erste Generation hatte noch gar nicht die wirklich ausgewachsene und ausgereifte Konkurrenz vor sich, sondern öffnete ihr nur die Türe. Was den fünfziger und sechziger Jahren des vorigen Jahrhunderts in Deutschland als Konkurrenz erschien, war ein harmloser Wettkampf gegenüber der Unerbittlichkeit des Rechnens und der Reklame, mit der ein Menschenalter später die verschiedenen Unternehmungen sich gegenseitig vom Markt zu stoßen suchten. Sobald aber einmal die Konkurrenz in Wirklichkeit entfesselt worden ist, so bildet sich aus Furcht und Grauen aller gegen alle die umgekehrte Gesinnung, nämlich der Drang, einen contrat social herzustellen, eine Lebensmöglichkeit durch Ausschaltung gegenseitiger Übergriffe.

Diese Grundbestimmung tritt am stärksten in die Erscheinung, wenn Perioden matteren Geschäftsganges über die Industrie hingegangen sind. In den guten Zeiten glaubt jeder Unternehmer sich selbst halten und emporkämpfen zu können. In den schlechten Zeiten aber sieht er sich und seine Konkurrenten leiden, und beide geben sich, sobald die Lage sich bessert, die Hand: Laßt uns Brüder sein! Sie wissen, daß sie damit einen Teil ihrer Freiheit und Selbständigkeit dahingeben, aber die Verhältnisse sind stärker als ihr Wollen, und bald macht man aus der Not eine Tugend und erwärmt sich für die Gemeinschaft, in die man sich einzuordnen gezwungen wurde. Es geht dies aber um so leichter, je mehr bei wiederkehrender guter Geschäftszeit das Kartell sich als finanziell förderliche Macht erweist, je mehr durch das Zusammenwirken von Unternehmerverband und Kartell einerseits die Herstellungskosten niedrig gehalten, andererseits die Verkaufspreise erhöht werden. Ist also auch das Kartell in seinem ersten Jahre eine Hilfsveranstaltung gegen Not gewesen, so wird es sehr leicht im dritten und vierten Jahre eine Gewinnveranstaltung zur

Ausnutzung guter Geschäftslage. Die Gewinne werden durch das Kartell teils größer, teils regelmäßiger, und um dieses unleugbaren Vorteils willen lassen es die Mitglieder des Kartells sich willig gefallen, daß ihre Geschäftsführung einer immer genaueren Kontrolle unterworfen wird, so daß schließlich über der Leitung der Einzelunternehmungen eine Oberleitung entsteht, ein Direktorium, eine selbstgewählte Regierung der verschiedenen industriellen Arbeitszweige. Diese Oberregierung kann sich juristisch in den verschiedensten Formen darstellen, als neue Aktiengesellschaft oder als Handelsgesellschaft oder auch nur als nichterwerbender Verband. Volkswirtschaftlich aber ist die Regellosigkeit der Feststellung der Produktions- und Verkaufsbedingungen überwunden, und das Einzelgeschäft ist im Grunde zu einer Art Filiale eines kaufmännischen Unternehmens geworden, welches den Konsum eines ganzen Gebietes zu leiten unternimmt.

Auf diesem Wege gibt es sehr verschiedene Entwicklungsphasen, und es ist deshalb wünschenswert, daß man den Oberbegriff Kartell in eine Anzahl Unterbegriffe auflöst, um eine wirkliche Anschauung dieser Entwicklungsstufen zu gewinnen. Man kann es vielleicht am besten tun, wenn man sich an das Begriffsschema hält, welches Dr. Grunzel in Wien in seinem Buche „System der Industriepolitik" scharfsinnig entwickelt. Er unterscheidet:

a) Kartelle zur Regelung der Verkaufsbedingungen (Konditionenkartelle),
b) Kartelle zur Regelung der Verkaufspreise (Preiskartelle),
c) Kartelle behufs Einschränkung der Produktion in den Einzelbetrieben (Reduktionskartelle),
d) Kartelle behufs Abteilung der Absatzgebiete (Rayonnierungskartelle),
e) Kartelle behufs Einschränkung der Gesamtproduktion (Kontingentierungskartelle),
f) Kartelle behufs Zentralisierung des Gesamtverkaufs oder des Inlandsverkaufs (Verkaufskartelle),
g) Kartelle zur Regelung des Auslandsverkaufs (Ausfuhrkartelle).

Dieses sind die Formen der auf Warenabsatz gerichteten Kartelle, und mit ihnen allein wollen wir uns zunächst weiter beschäftigen. Es liegt nicht so, als ob die sieben soeben aufgezählten Arten von Kartellen wie sieben verschiedene Möglichkeiten nebeneinander ständen, sondern fast jedes einzelne der wirklichen Kartelle gehört gleichzeitig mehreren dieser Nummern an. Beginnen wir mit dem Konditionenkartell, so hat es den Zweck, die Mitglieder zu hindern, den Kunden größere Rabatte, längere Kredite oder sonstige Zahlungserleichterungen zu gewähren, als es für den Geschäftsgang heilsam ist. Der kaufmännische Geist wehrt sich gegen die unkaufmännischen Wirkungen der Konkurrenz.

Insbesondere im Gebiet der Textilfabrikate wird schon dieses als eine Erleichterung empfunden, wenn der eine Fabrikant vom anderen versichert ist, daß er nicht zu unwirtschaftlichen Bedingungen unter allen Umständen das Geschäft machen will. Es liegt hiermit ähnlich wie mit den Bestrebungen der Handwerker gegenüber der Submission. Wenn man weiß, wie stark der Druck von Warenhäusern und Großgeschäften, auch von Exporteuren, auf manchen Teilen der Textilindustrie lastet, versteht man den Seufzer der Erleichterung, mit dem die Aufrichtung eines Normalschemas für Verkäufe (Schlußbrief) begrüßt wird. Die Gegenleistung, die der Fabrikant für diese Erleichterung seinerseits bietet, ist, daß er sich erstens selbst an diese Abmachungen halten muß, und zweitens alle seine Verkäufe der Einsicht der Verwaltungsstelle zu unterbreiten bereit ist. Wenn es möglich wäre, derartige Kartelle auf reines menschliches Vertrauen zu gründen, so würden sie eine leichte und ideale Einrichtung ein. Da aber jedes einzelne Mitglied auch nach dem Abschluß des Kartells noch immer seinen eigenen Profit höher zu schätzen pflegt als den Bestand des Kartells, so muß schon diese einfachste Form der Abmachung mit einem ziemlich schwierigen System von Beaufsichtigung und Konventionalstrafe verbunden sein. Als man die alten Innungen zerschlug, zerbrach man mit besonderer Freude die Strafgewalt, die mit ihnen zusammenhing, jetzt aber schafft man freiwillig neue Strafen, um leben zu können.

Es leuchtet aber ein, daß die Regelung der Verkaufsbedingungen solange von geringerem Wert ist, als über die Verkaufspreise selbst nichts ausgemacht wird. Diejenigen Vorteile, welche vorher Rabatt oder Kredit geheißen haben, können nun als besondere Preisherabsetzungen auftauchen, solange das Kartell nicht den nächsten Schritt getan hat und sich zum Preiskartell erklärt. Auf keinem Gebiet sind nun aber allgemeine Festsetzungen so schwierig, als bei den Preisen von Waren, die in Material und Herstellung großen Verschiedenheiten unterworfen sind. Gleichmäßige einfache Massenartikel wie Zucker und Kohle kann man sehr leicht einem Preiskartell unterordnen, weil man handelsfähige Normaltypen schaffen kann, wie wir sie bei der Besprechung des Börsenwesens schon kennen gelernt haben. Diejenigen Industrien, die keine einheitliche Ware zu verkaufen haben, können nichts anderes tun, als für gewisse immer wiederkehrende einfachste Aufträge Minimalbestimmungen festsetzen. Je genauer man aber die Preise festsetzt, desto schärfer muß gleichzeitig die Beeinflussung der ganzen Produktion durch das Preiskartell werden, denn dieses ist gezwungen, auf die Innehaltung der einmal festgestellten Normalsorten seinerseits zu dringen. Der freie Unternehmer gibt einen immer wesentlicheren Teil seiner Beweglichkeit mit Bewußtsein dahin.

Doch auch die Festsetzung von Preisen reicht nicht aus, den Markt kaufmännisch gesund zu erhalten, wenn nicht die Quantität der Herstellung einer gewissen Ordnung unterworfen wird. Was nützt es, gleichmäßige Preise zu proklamieren, wenn das Doppelte an Ware auf den Markt geworfen wird, als der Bedarf es verlangt? Dann muß das Kartell seine eigenen Preise herabsetzen oder geht selbst in die Brüche. Will es geregelte Preise dauernd erhalten, so muß es noch einen Schritt weitergehen und muß die Verfertigung allzuvieler Waren unter Verbot stellen, das aber heißt, es muß den einzelnen Produzenten zumuten, entweder die Aufstellung neuer Maschinen vom Willen des Kartells abhängig zu machen, oder die Dauer der Arbeitszeit seinerseits zu bestimmen, oder den Ausfall eines Arbeitstages in der Woche anzuordnen. Das ist es, was Grunzel als Reduktionskartell bezeichnet.

Alle Arten, die Produktion durch derartige Eingriffe zu heben, behalten natürlich etwas Gezwungenes und werden als ungerecht empfunden. Diejenigen Vorwürfe, die man den alten Innungen machte, daß sie den Tüchtigen nicht vorwärtskommen ließen, erheben sich von neuem und nötigen das Denken der Kartelleitung, bessere Lösungen des Problems der Einschränkung der Produktion zu finden. Zu diesen besseren Lösungen gehören einesteils das Rayonnierungskartell und anderenteils das Kontingentierungskartell. Der Gedanke des Rayonnierungskartells ist die Aufnahme des alten Innungsgedankens von dem begrenzten Absatzmarkt. Einst waren es die Stadtverwaltungen, die ihre Gebiete als besondere Märkte erklärten, jetzt sind es vielfach die Verbände, die dem einen Fabrikanten oder der einen Gruppe von Fabrikanten diesen Absatz und dem anderen oder der anderen Gruppe jenen Absatz zuweisen. Es entsteht damit ein Zwangsverhältnis sowohl für den Verkäufer wie für den Händler als auch für den Konsumenten. Der Händler wird vom Kartell boykottiert, wenn er seinen Bedarf anders zu decken sucht als in der vom Kartell vorgeschriebenen Weise. Der Konsument ist, solange er als einzelner auftritt, vollständig hilflos und wird einer oder der anderen Fabrikationsgruppe ohne sein Wissen und Wollen zudiktiert, wie in den alten Zeiten die Untertanen dem einen oder dem anderen Fürsten zur Steuerleistung zugewiesen wurden. In vielen Artikeln aber ist die Bezirksabgrenzung nicht durchführbar, weil die Ware leicht transportierbar ist und infolgedessen ein Zwang auf Händler und Konsumenten nicht ausgeübt werden kann. Das ist die Stunde, in der die Idee entsteht, *für das Gesamtgebiet der Produktion einen Haushaltplan zu entwerfen,* in welchem festgesetzt wird, welche Quantitäten in welchen Preislagen hergestellt werden sollen, und welchen Anteil an der Herstellung jedes einzelne Unternehmen haben darf. Dieser Haushaltplan des Kontingentierungskartells ist, rein technisch betrachtet, eine sieghafte Leistung kaufmännischen Denkens. Das, was früher vollständig unmöglich schien, die ganze Produktion eines Erzeugungsgebietes von einer Stelle aus zu übersehen und ebenso zu behandeln wie etwa in den Landtagen die Steuer- und Wegebauangelegenheiten eines Landes behandelt werden, ist in einigen Produktionen verwirklicht. Die Herstellung geschieht bei diesem System nicht mehr in das Blinde und Unberechenbare hinein, sondern sie geschieht nach vorher geschehener methodischer Überlegung. Es wird kalkuliert, wieviel Spiritus, wieviel Kohle im Laufe des nächsten Jahres im ganzen auf den Markt kommen soll, und auf Grund dieser Kalkulation bekommt der einzelne Unternehmer seinen Jahresauftrag.

Ist einmal die Entwicklung bis auf diese Stufe gekommen, dann verliert es seinen Zweck, daß der einzelne Unternehmer überhaupt noch Kaufmann ist. Er kann nichts anderes mehr sein als Lieferant der Zentralstelle, die den Haushaltplan aufstellt. Das führt zum Verkaufskartell, dessen reine Form wir in der Spiritusverwertungsgesellschaft vor uns sehen, die über 90% des in Deutschland in den Handel gebrachten Spiritus von ihrer Zentralstelle aus dirigiert. Die Absonderung des Verkaufes von der Herstellung ist somit reinlich vollzogen, und der Hersteller lebt nicht mehr von dem Handelsgewinn, sondern er bezieht von der Verkaufsstelle ein Entgelt, welches zwar formell noch als Anteil eines großen kaufmännischen Handels erscheint, das sich aber in Wirklichkeit einer Art von Gehalt sehr nähert und bei längerer Dauer dieser Kartelle immer mehr nähern wird.

Der alte Handwerker arbeitete auf Bestellung. Dieser Zustand wurde überwunden durch die Parole: Jeder Produzent ist Kaufmann und arbeitet für den Markt! Inzwischen arbeitet der Produzent wieder auf Bestellung, nur ist es diesmal seine eigene Organisation, die die Bestellung an ihn richtet. Es ist möglich, daß in noch viel späterer Zeit die Bestellung wieder vom Konsumenten ausgeht, dann nämlich, wenn einmal die Organisation der Konsumenten stark genug sein sollte, um als Bestellerin aufzutreten.

Mit diesen schematischen Darlegungen ist freilich immer noch das Wesen der Kartelle erst in seinen allgemeinsten Grundzügen dargestellt. Eine wirkliche Einsicht kann nur derjenige gewinnen, der sich die Mühe gibt, eine größere Zahl von Statuten verschiedenartiger Kartelle zu studieren und zu vergleichen.

Dieses ist in neuerer Zeit sehr viel leichter geworden, als es früher war, weil die bereits erwähnte Denkschrift des Grafen Posadowsky eine große Zahl derartiger Statuten zur öffentlichen Kenntnis bringt. Wir würden den Raum unseres Buches überschreiten, wenn wir solche Statuten hier wiedergeben wollten, verweisen aber als auf ein Beispiel auf die Satzungen des Verbandes Deutscher Druckpapierfabrikanten, zu dem 33 meist größere Firmen gehören, und von dem uns das Druckpapier der meisten großen deutschen Zeitungen besorgt wird. Das, was wir vorher als Charakter des Verkaufskartells bezeichnet haben, tritt uns in diesen Satzungen in deutlicher Wirklichkeit entgegen. Die einzelnen Gesellschafter verzichten darauf, auf eigene Hand Verkäufer zu sein und werden zu reinen Produzenten. Als solche werden sie in gewissem Sinne zu Leitern von Verwaltungsstellen ihrer kaufmännischen Zentrale. Diese kaufmännische Zentrale aber ist ihrerseits eine Art demokratischer Körper und wird von dem Majoritätswillen derjenigen geleitet, die von ihr Aufträge erhalten. Man kann sagen, daß die Hersteller von Zeitungspapier sich eine republikanische Verfassung gegeben haben, bei der, wie in jeder anderen Verfassung, auch die Strafen für Übertretung nicht fehlen dürfen. Wir machen besonders darauf aufmerksam, daß die Anrufung der vorhandenen staatlichen Gerichte durch das Kartellstatut ausgeschlossen wird. Wenn deshalb gelegentlich gesagt wird, daß die Kartelle ein Staat im Staate seien, so klingt das bei Kartellen kleineren Umfanges ein wenig übertrieben, hat aber doch seine relative Wahrheit und bekommt ein größere sachliche Berechtigung, sobald man an die eigentlich großen und wichtigen Hauptkartelle herantritt. Diese sind die Kartelle von Kohle und Eisen.

Das größte der vorhandenen Kohlenkartelle ist das Rheinisch-Westfälische Kohlensyndikat, das zurzeit 87 große Bergwerksunternehmungen umfaßt. Beinahe alle großen Zechen des rheinisch-westfälischen Kohlengebietes gehören zu diesem Verbande, dessen jetzige Statuten bis zum Jahre 1915 abgeschlossen sind. Das Kohlensyndikat ist ebenso wie das von uns erwähnte Syndikat der Papierfabrikanten seinem Wesen nach ein Verkaufssyndikat, und zwar in so hohem Grade, daß die einzelnen Zechen zwar noch immer die Selbständigkeit ihrer inneren Geschäftsführung besitzen, aber nach außen hin überhaupt nicht mehr als selbständige Körper auftreten können, denn sie verpflichten sich, alle ihre Verkäufe mit Hilfe ihres Syndikats zu vollziehen. Dieses Syndikat will aber noch mehr sein als nur Verkaufsstelle im engsten Sinne des Wortes. Es behält sich vor, Hilfseinrichtungen für Lagerung, Beförderung und Absatz von Kohle herzustellen, übernimmt infolgedessen auf

Grund besonderer Verträge den ganzen Wassertransport von Kohle auf dem Rhein (Kohlenhandels- und Rhederei-Gesellschaft), erwirbt auch selbst Kohlenfelder und Bergwerksanteile und gewinnt auf solche Weise eine Festigkeit, die seine Auflösung fast zu einer Unmöglichkeit macht; denn wenn einmal alle Transport- und Verkaufseinrichtungen des Syndikats sich durch weitere zehn Jahre hindurch eingelebt haben, so wird es ebenso unmöglich sein, einen Kohlenvertrieb des rheinisch-westfälischen Gebietes neben diesen Einrichtungen ins Werk zu setzen, als es unmöglich ist, einen buchhändlerischen Vertrieb außerhalb des Börsenvereins Deutscher Buchhändler herzustellen. Die Kohlenregierung konsolidiert sich, und es ist viel wahrscheinlicher, daß sie im Laufe der Zeit die Selbständigkeit der einzelnen Bergwerke noch weiter in sich aufsaugt, als daß der umgekehrte Fall eintreten könnte und die einzelnen Bergwerke imstande wären, jemals auf eigene Rechnung und Gefahr in freier Konkurrenz sich gegenseitig den Markt streitig zu machen.

Ist aber einmal eine derartige Kohlenregierung entstanden, so dehnt sich ihr Regierungseinfluß im Laufe der Zeit mit Notwendigkeit auf fast die ganze übrige Volkswirtschaft aus. Das war einer der Haupteindrücke, den die Teilnehmer der Regierungsenquete über das Kohlenkartell aus den interessanten und genauen Besprechungen mit hinweggenommen haben: daß die vom Geheimen Kommerzienrat Kirdorf geleitete Kohlenverwaltung bereits heute als ein Stück der volkswirtschaftlichen Gesamtregierung Deutschlands anzusehen ist. Diejenige Stelle, welche den Kohlenpreis bestimmt, hat es in der Hand, bei aufsteigender Konjunktur des Geschäfts diesen Aufstieg zu beschleunigen oder zurückzuhalten, denn von der Quantität der gelieferten Kohle hängt die Menge der Produktion zunächst in der Eisenbranche, aber weiterhin auch auf dem Gebiet der chemischen Industrie und des Textilgewerbes ab. Das Kohlensyndikat ist von sich aus in der Lage, einer übermäßigen Spekulation und Überproduktion in anderen Gewerben einen Riegel vorzuschieben. Es ist im gewissen Sinne auch in der Lage, bei sinkender wirtschaftlicher Konjunktur einen günstigen und mildernden Einfluß auszuüben, indem es verhindert, daß in der Angst des Niederganges Kohle in großen Mengen unüberlegt in die Industrie hineingeworfen wird. Es mag nicht unrichtig sein, wenn von der Leitung dieses Syndikats behauptet wird, daß es durch seine Tätigkeit die Wirtschaftskrisis der Jahre 1902 und 1903 leichter gemacht hat, als sie sonst hätte werden können. Aber ebenso richtig wie die Anrechnung dieses Verdienstes sein kann, ebenso richtig ist die andere Behauptung auf industrieller Seite, daß das Kohlensyndikat einen bedeutenden Teil des Betrages der nationalen Arbeit von vornherein für sich in Anspruch nimmt, indem es alle Industrien seines Gebietes nötigt, teurere Kohlenpreise zu zahlen, als es bei freier Konkurrenz nötig sein würde. Das Kohlenkartell wirkt auf seine Weise nicht anders wie ein Zolltarif und trägt mit dazu bei, daß die Herstellung deutscher Waren auf dem Weltmarkt mit zu teuren Selbstkosten verknüpft ist. Um gerecht zu sein, muß man freilich zugestehen, daß das Kohlensyndikat die Preise nicht willkürlich auf beliebige Höhe treiben kann, sondern daß es durch folgende Rücksichten gebunden ist:

1. Durch die Rücksicht auf die Konkurrenz der anderen deutschen Kohle, insbesondere aber der belgischen und englischen Kohle. Diese Rücksicht freilich dauert nur so lange, als sich das Kohlenkartell nicht zu einer internationalen Einrichtung ausgestaltet hat.

2. Durch die Rücksicht auf die Konkurrenz anderer Brennstoffe, insbesondere der Braunkohle und des Petroleums. Auch diese Rücksicht hört auf, sobald der Verband der Braunkohlenwerke sich mit dem Steinkohlensyndikat verständigt hat, und solange der Staat durch eine Finanzsteuer den Preis des Petroleums auf einer nennenswerten Höhe hält.

3. Durch die Rücksicht darauf, daß eine allzu große Steigerung der Preise die heimische Industrie im ganzen lähmen kann und dadurch die Aussichten einer weiteren Ausdehnung des deutschen Kohlenverbrauches sinken. Diese letzte Rücksicht ist die entscheidende. Es zeigt sich aber hier, *in wie hohem Grade es bereits allgemeine volkswirtschaftliche Regierungsaufgaben sind, die den Führern des Kohlenkartells zugefallen sind.*

Neben dem Kohlenkartell besteht der *Stahlwerksverband*. Er entstand aus Zusammenlegung mehrerer Einzelverbände (Schienengemeinschaft, Schwellengemeinschaft, Halbzeugverband, Trägerverband). Zu ihm gehören 31 große Firmen, und sein Vertrag läuft bis zum Jahre 1912. Dieser Vertrag ist sehr viel komplizierter als alle bisher genannten Kartellverträge, weil es eine verwickelte Aufgabe ist, die verschiedenartigen Erzeugnisse der Eisen- und Stahlindustrie auf allgemein gültige Begriffe zu bringen. Rein logisch betrachtet, erscheint dieser Vertrag als ein Meisterwerk, dem man Bewunderung zollen muß, aber gerade deshalb, weil es schwierig war, die einzelnen Erzeugnisse der großen Eisenindustrie unter gewisse Regeln zu bringen, war es notwendig, die Kontrolle des Verbandes über die einzelnen zugehörigen Werke äußerst scharf zu machen. Die stolzen, großen Eisenwerke Deutschlands lassen es sich freiwillig gefallen, daß nicht nur ihre Bücher, sondern auch ihre ganze Herstellungsweise der Aufsicht der Zentralstelle unterliegt. Es ist sogar nach den Statuten möglich, daß die Zentralstelle einem Werke Arbeiten zuweist, für die erst neue maschinelle Einrichtungen notwendig sind. Der Gesamteindruck ist, wenn man es absichtlich etwas grob ausdrücken will, der, daß die einzelnen großen Unternehmungen dem Stahlwerksverband gegenüber in die Rolle eingerückt sind, die in den viel kleineren Verhältnissen der Konfektionsindustrie der Zwischenmeister zwischen dem Verkaufsgeschäft und den Heimarbeitern hat. Der Stahlwerksverband ist Arbeitgeber der Stahlwerke geworden.

Vertieft man sich in diesen Entwicklungsgang, so fühlt man den Geist der kommenden Periode an dieser Stelle deutlicher als an irgendeiner anderen. Der persönliche Charakter des Gewerbes wird vollständig abgestreift, selbst die einzelne Aktiengesellschaft ist noch immer viel zu individuell, und, wenn man so sagen darf, viel zu persönlich für die Zeit, der wir entgegengehen. Die rein geschäftlichen Erwägungen haben einen Sieg über Geist und Stimmung des alten Unternehmertums davongetragen, den noch vor 20 Jahren in Deutschland kaum jemand für möglich gehalten hätte. Das, was wir früher von den industriellen Unternehmern der 3. Stufe gesagt haben, daß Besitz und Leitung sich voneinander trennen, liegt hier in ausgebildetster Form vor unseren Augen. Die Leitungen dieser großen Körper sind natürlich ihrerseits keine besitzlosen Arbeitskräfte, aber das, was sie an persönlichem Besitz haben, ist gering gegenüber der Fülle von Besitzrechten, über die sie als Beamte die Verfügung haben. Sie sind Minister neuer gewerblicher Regierungen geworden, deren Auftraggeber hinter ihnen irgendwo in der Dunkelheit der kapitalistischen Gesellschaft sitzen, denn keiner von den Führern dieser Verbände kann eine Auskunft darüber geben, wer eigentlich diejenigen sind, die die Menge der Aktien besitzen, deren Auf- und Niedersteigen von der Tätigkeit dieser wirtschaftlichen Organismen abhängt.

Rein geschäftstechnisch angesehen, sind die Kartelle der Sieg des Kaufmannsgeistes über den einzelnen Kaufmann. Mit ihrer Entstehung beginnt eine Belebung der kaufmännischen Phantasie in einer früher nicht vorhandenen Richtung. Früher war der Inhalt dieser Phantasie: Was läßt sich aus diesen oder jenen Einzelunternehmen machen? Heute ist der Inhalt dieser Phantasie ein anderer: Was läßt sich aus diesen oder jenen Gewerbszweigen im ganzen machen? Ist aber die Phantasie einmal darauf eingerichtet, sich derartige Fragen zu stellen, so erscheint ihr im Grunde aller Einzelbetrieb als eine Art Rückständigkeit und Kleinstaaterei. Wir brauchen mit Absicht das Wort Kleinstaaterei, denn der Vorgang, um den es sich hier handelt, ist der Überwindung der Kleinstaaterei im politischen Leben durchaus verwandt und läßt sich als Wiederholung dieses politischen Vorganges auf wirtschaftlichem Gebiete bezeichnen. Im 17. und 18. Jahrhundert hielt es in Deutschland kaum jemand für unnatürlich, daß es eine Unmenge politischer Zwergbetriebe gab. Erst gegen Ende des 18. Jahrhunderts beginnt die Überzeugung allgemein zu werden, daß die Kleinstaaterei ein Übel ist. Sie wird als politisch unproduktiv empfunden, und es dauert nicht lange, so werden zahllose politische Einzelbetriebe ausgeschaltet, und diejenigen, welche übrig bleiben, werden durch das politische Kartell, das wir Deutsches Reich nennen, unter die Führung der Vormacht Preußen gebracht. Der Eintritt in das politische Kartell Deutsches Reich bedeutete für die eintretenden Kleinstaaten gleichzeitig eine Verminderung ihrer Souveränität und eine Garantie ihrer weiteren Existenz. Ihnen wird der Tod durch direkte Konkurrenz erspart, indem sie sich der stärkeren Macht freiwillig angliedern. So etwa ist die Lage eines großen Teils der mittleren industriellen Unternehmungen, die sich jetzt einem Verbande anvertrauen, dessen Führung notwendigerweise in den Händen seiner stärksten Teilnehmer ruht.

Als Karl Marx vor 40 Jahren den Kapitalismus darstellte, rechnete er noch nicht mit dieser Form der schmerzlosen Überwindung des Todes durch die Konkurrenz. Er stellte sich die freie Konkurrenz als bis zu Ende wirkend vor und redete deshalb von dem Vorgang, daß die größere Konkurrenz die kleinere aufzehre, um schließlich von der größten verzehrt zu werden. Für uns, die wir den Vorgang der Kartellbildung erleben, entsteht die Frage, wie weit der von Marx dargestellte Entwicklungsgang durch die Kartelle aufgehalten oder verwirklicht wird. Beides ist gleichzeitig der Fall. Aufgehalten wird, wie wir eben sagten, die rücksichtslose Beseitigung der Schwachen durch die Stärkeren. Aber auf der anderen Seite enthält gerade das Kartell starke Antriebe zur Herstellung immer größerer Betriebe, und zwar ist es ein merkwürdiger und interessanter Vorgang, daß die Schonung der Schwächeren in einem Produktionsgebiet zur Bedrohung der selbständigen Unternehmer in einem anderen Produktionsgebiet wird. Wir denken bei diesen Worten an die Entstehung der sogenannten kombinierten Unternehmungen, an Fusionen und Trusts. Eine genaue volkswirtschaftliche Lehre dieser Neubildungen läßt sich noch nicht aufstellen. Alles das, was uns darüber aus Amerika berichtet wird, mag sehr interessant sein, hat aber keinen direkten Wert für die Erkenntnis deutscher Zustände, weil sowohl die Aktiengesetzgebung als die

Verfassung der Banken als die allgemeinen politischen Verhältnisse in Deutschland und Nordamerika sehr verschieden sind. Viele Gestaltungen, die bei uns die Form des Kartells annehmen, müssen in Amerika infolge der anderen Gesetzgebung die Gestalt eines Trust sich aneignen. Versucht man den Unterschied von Kartell und Trust sich an politischen Begriffen zu verdeutlichen, so entspricht das Kartell einem Staatenbund, der Trust aber einem Bundesstaat. Nun erinnern sich aber die Älteren unter uns, wie schwierig es vor einem Menschenalter den Staatsrechtslehrern gewesen ist, diese beiden politischen Begriffe auseinanderzuhalten. Von einem gewissen Zeitpunkt an geht der Staatenbund, wenn er energisch verwaltet wird, in den Bundesstaat über, und ebenso ist anzunehmen, daß das Kartell, wenn es 20 Jahre Lebensdauer hinter sich hat, einem Trust viel ähnlicher sehen wird als heute.

Das, was wir gegenwärtig in Deutschland vor uns haben, ist die immer häufiger hervortretende Neigung, große industrielle Werke zu ihrer gegenseitigen Ergänzung unter eine Oberleitung zu bringen. Einen Hauptanlaß dazu gibt derjenige Paragraph im Statut des Kohlenkartells, in welchem gesagt wird, daß von dem Verkauf an die Syndikatsstelle und folglich auch von den Preisrechnungen der Syndikatsstelle frei sind die zu eigenen Betriebszwecken von Hüttenwerken, Kokereien, Gasanstalten, Brikettfabriken, Ziegeleien und anderen Eigenunternehmungen verwendeten Kohlen. Dieser Paragraph nötigt die leistungsfähigsten Hütten- und Walzwerke, sich mit eigenen Kohlenschätzen zu versehen, damit sie von den Preisfestsetzungen des Kohlenkartells unabhängig werden. Es entsteht der Gedanke, daß die Kohlengewinnung, die Erzgewinnung und die Erzverarbeitung in einer gemeinsamen Hand liegen müssen, damit alle Vorteile der Syndikate sowohl in Kohle wie in Eisen beim Verkauf des fertigen Produktes in Anspruch genommen werden können. Ein kombiniertes Werk, welches eigene Erze mit Hilfe eigener Kohle verarbeitet und bis zu Gießereiprodukten, Wellblech oder Maschinenbau durchführt, ist begreiflicherweise sehr viel stärker als eine Eisengießerei oder eine Maschinenfabrik, die zu Syndikatspreisen ihre Rohmaterialien und ihre Brennstoffe kaufen muß; ebenso wird eine mechanische Weberei oder Strumpfwarenfabrik, welche ihrerseits Spinnerei in eigener Verwaltung führt, von allen statutarischen Spinnereipreisen unabhängig und kann dadurch eine scharfe und siegreiche Konkurrenz auf dem Gebiet fertiger Textilware durchführen. Es ist anzunehmen, daß wir sehr viele ähnliche Verbindungen sachlich zusammenhängender Arbeiten erleben werden. Der Satz, daß die Arbeit ein Gesamtprozeß ist, drückt sich in dieser Tatsache sichtbar geschäftlich aus.

Überschauen wir also noch einmal alles das, was wir bisher vom Unternehmertum zu sagen hatten, so ergibt sich etwa folgendes Bild. Es entsteht eine alleroberste Schicht von kaufmännischen und geschäftlichen Leitern des Produktionsprozesses, welche die Verwalter des industriellen Kapitals sind. Ihre Tätigkeit spielt sich zur einen Hälfte, wie wir früher gezeigt haben, in den Banken ab und zur anderen Hälfte in der Führung von Kartellen und kartellierten Riesenunternehmungen. Unterhalb dieser obersten Schicht steht eine zweite Klasse von Unternehmern, die an sich noch groß und bedeutend erscheinen, die sich aber den eigentlichen Leitungen gegenüber als Regierungskräfte zweiten Grades darstellen. Hinter ihnen kommt die Menge der kartellierten Verbandsunternehmer, die je länger, desto mehr Beamte in einem Betriebe sind, dessen Führung über ihre Kräfte hinausgeht, und erst hinter diesen Verbandsunternehmern bleibt eine der Zahl nach nicht geringe Menge von kleinen selbständigen Unternehmern übrig, welche, formell angesehen, unabhängig sind, in Wirklichkeit aber an das Schicksal der großen Industrien gebunden, und ebenso in dem, was sie herstellen, als in der Bildung ihrer Preise eingefügt sind in feste Normen, denen sie nur mit Gefahr ihrer Existenz Widerstand leisten können. Es bildet sich also eine industrielle Hierarchie aus, bei der die letzten von den ersten himmelweit entfernt sind, und bei der die letzten sich fragen, ob sie denn noch gemeinsame Unternehmerinteressen mit denen haben, die wie Herzöge hoch über ihnen auf der Oberstufe des wirtschaftlichen Lebens thronen.

Der hiermit dargestellte Vorgang vollzieht sich in den verschiedenen Gewerbszweigen sehr verschieden. Im allgemeinen ist festzuhalten, daß die Verarbeitung von Rohstoffen zu Halbfabrikaten der Konzentration des Betriebes größere Möglichkeiten öffnet, als die Herstellung fertiger Gebrauchswaren. Die Fertigfabrikation ist in vielen ihrer Teile fast gar nicht kartelliert. Sie leidet unter dem Druck der Preise, die von den Kartellen gemacht werden, und sucht diesen Druck an die Käufer der Waren weiterzugeben. Wie weit ihr das gelingt, hängt von der Konsumkräftigkeit der kaufenden Menge, von der Organisation des Kleinhandels und von der Möglichkeit, trotz der Kartellpreise auf dem Auslandmarkt zu konkurrieren, ab. Wird diese Möglichkeit durch allzu große Verteuerung abgeschnitten, dann bedeutet das System der Kartelle geradezu eine Verengung des Luftraumes für diejenigen Industrien, in denen sich das persönliche Element am meisten ausleben kann.

Es werden darum die Kreise der Fertigfabrikation je länger desto mehr darauf bedacht sein müssen, daß die wirtschaftliche Macht der in ihrem Rücken stehenden Kartelle keine allzu große wird, und *wir erwarten, daß aus diesen Kreisen eine Bewegung entsteht, die sich zwar nicht gegen das Kartell an sich richtet, aber alle besonderen Staatsbevorzugungen der Kartelle bekämpft.* Mit anderen Worten: Wir erwarten, daß die von den Kartellen bedrängten Fertigfabrikanten sich einer freihändlerischen Bewegung anschließen, damit durch den Freihandel die Kartelle ihrer künstlichen Stütze beraubt werden und sich nur soweit entwickeln können, als sie bei freiem Handel sich als wirtschaftlich fest und vorteilhaft erweisen.

---

8. Die Arbeitsverkäufer.

Alle kleinen und großen Unternehmer in Landwirtschaft, Handwerk und Industrie kaufen beständig diejenige Menge von Arbeit, ohne welche sie ihren Betrieb nicht in Gang erhalten können; denn so sehr man die Maschinen vervollkommnen mag, ist die Welt doch längst noch nicht dahin gelangt, ohne Menschenhände den Menschen versorgen zu können, ganz abgesehen davon, daß die Maschinen selbst erst durch Hände gebaut werden müssen. Die Unternehmer treten als Käufer auf den Markt und begegnen dort der großen Zahl derer, die nichts anderes haben als eben ihre Arbeitskraft. Man kann im allgemeinen ungefähr sagen, daß heute auf einen Arbeitskäufer fast vier Arbeitsverkäufer kommen, aber dieses Ziffernverhältnis entsteht nur dadurch, daß man auch die allerkleinsten Unternehmer, die entweder gar keine Arbeit kaufen oder sich mit Lehrlingsarbeit begnügen, in die Zahl der Unternehmer mit einrechnet. Bei der Berufszählung von 1907 ergaben sich folgende Ziffern:

	Selbständige	Angestellte und Arbeiter
Landwirtschaft	2 500 000	7 384 000
Industrie	2 000 000	9 280 000
Handel und Verkehr . .	1 012 000	2 464 000
	5 512 000	19 128 000

Sobald man die Fabriken im engeren Sinne des Wortes in Betracht zieht, d. h. diejenigen Betriebe, die der Gewerbeinspektion unterworfen sind, so kamen im Jahre 1908 auf einen Arbeitskäufer etwa 24 Arbeitsverkäufer, und in der eigentlichen Großindustrie vergrößert sich die Zahl der Arbeitsverkäufer gegenüber der der Arbeitskäufer so sehr, daß im Bergbau auf einen Käufer 256 Verkäufer gerechnet werden müssen; und geht man zu den größten kombinierten Betrieben, so gibt es Stellen, von denen aus beständig die Arbeit von 40 000 oder 50 000 Menschen gekauft wird. *Die Arbeit ist der erste Marktartikel, den es in der modernen Welt* überhaupt gibt. Nicht immer war das so. Wir haben schon früher darauf hingewiesen, daß die Arbeit in der alten, vorkapitalistischen Welt im allgemeinen keine kaufbare Leistung war. Der größere Teil der Arbeit in der alten Zeit war Herrendienst, Untertänigkeit, Sklaverei, Leibeigenschaft, Hörigkeit. In der alten Zeit war der einzelne besitzlose Arbeiter überhaupt nicht verfügungsberechtigt über seine Tätigkeit. Er konnte die Gegenleistungen, die der Arbeitsherr ihm schuldete, nicht durch seinen Willen beeinflussen. Das einzige, was er zur Not konnte, war, dem Herrschaftsverhältnisse zu entlaufen, aber auch dieses war eine strafbare Handlung und machte ihn heimatlos und vogelfrei. Die Arbeit aber, welche unter dem alten System geleistet wurde, war deshalb auch im Durchschnitt um vieles schlechter als die Arbeit, die durch das geldwirtschaftliche System hervorgebracht wird. Alle Berichte über Untertänigkeitsarbeit aus allen Zonen sind voll von Klagen über die Minderwertigkeit dessen, was auf Grund einer mehr strengen oder mehr lockeren Sklaverei wirtschaftlich geleistet wird. Um die Arbeit in ihrer Qualität zu heben, muß man ihr den Sauerstoff des freien Willens zuführen. Das ist der tiefste Grund, warum der Liberalismus den freien Arbeitsvertrag des besitzlosen Arbeiters gefördert hat. Vom Standpunkt des Unternehmers aus konnte es zweifelhaft sein, ob die Übertragung alter Herrschaftsverhältnisse auf neue Industrien oder die Einführung kurzfristiger neuer Arbeitsverträge vorteilhafter sei. Die Natur der Herrschenden findet es fast immer bequemer, das ältere System anzuwenden, aber alle diejenigen, die es praktisch versucht haben, Manufakturwaren oder Bergwerke mit unfreien Personen zu betreiben, sind durch schwere Erfahrungen dahin gelangt, daß es im Grunde keine teurere Arbeit gibt als eine Arbeit, bei der die Arbeitenden keine Hoffnung haben, sich persönlich besser zu stellen. Dazu kommt, daß die neuen Betriebe eine bewegliche Arbeiterschaft brauchen, welche aus den verschiedensten Landesteilen zusammengesammelt werden muß. Um sie aber sammeln zu können, bedurfte es der Lockerung der alten Schollenpflichtigkeiten und derjenigen Anreizung, die in dem Versprechen einer baren Bezahlung für alle diejenigen liegt, die in ihren bisherigen Abhängigkeitsverhältnissen bares Geld selten oder überhaupt nicht zu sehen bekamen.

Der Liberalismus verkündigte also, daß jeder Mensch, auch der ärmste, ein freier Herr über seine Arbeitskraft sei, ein Kaufmann, der zwar nur diese eine Ware zu verkaufen habe, aber mit dieser Ware machen dürfe, was er wolle, und er konstruierte in der Theorie den besitzlosen Arbeiter, der mit dem Arbeitskäufer in Verhandlungen eintritt, sowohl über den Ort wie über die Zeit wie über den Lohn und die anderen Bedingungen des Arbeitsverhältnisses. Er hob alle alten langfristigen oder lebenslänglichen Arbeitsverträge auf und war kaum bereit, in der Landwirtschaft die einjährige Verpflichtung zu Recht bestehen zu lassen. Bei hoher qualifizierter Arbeit hatte auch der ältere Liberalismus weniger gegen längere Verpflichtungen und längere Kündigungsfristen einzuwenden. Er wollte im Grunde, daß nicht mehr der Mensch als Ganzes gekauft und versorgt würde, sondern das, was gekauft werden sollte, war nur die begrenzte Ableistung von bestimmten Arbeiten.

Da nun die Verschiedenheit der Arbeiten sehr groß ist, und da jeder einzelne Mensch sich schließlich nur für einige wenige dieser Arbeiten wirklich eignet, so bekam infolge dieses liberalen Systems der besitzlose Einzelmensch seinen Wochenpreis oder Monatspreis, zu dem er käuflich ist, und blickt man nun mit einem volkswirtschaftlich geschulten Auge auf den Arbeitsmarkt, so erscheint er wie ein riesenhaftes Schaufenster, hinter dem nicht Waren ausgestellt sind, sondern Personen. Jede Person ist mit einem Blatt versehen, auf dem ihr Wochenpreis vermerkt ist. Es gibt da arme Frauen, denen ein Blatt angeheftet ist: Ich nähe Strümpfe für 4 Mark in der Woche! Es gibt besser gestellte Mädchen mit einem Zettel: Ich fertige Handschuhe für 8 Mark in der Woche! Es stehen dort Männer mit dem Vermerk: Ich kehre Straßen für 9 Mark wöchentlich! Es gibt auch solche, bei denen geschrieben ist: Ich mache Maurerarbeit für 28 Mark in der Woche! Gestalten aller dieser Arten sind hinter dem Schaufenster des Arbeitsmarktes zahllos wie die Waren bei Wertheim. Selbst solche Arbeiten, zu deren Verrichtung eine bedeutende Vorbildung notwendig ist, bieten sich auf dieselbe Weise an. Man braucht nur den Inseratenteil der Zeitungen daraufhin anzusehen, um zu wissen, daß der Vergleich mit dem Schaufenster keine bloße Phantasie ist. Dort bietet der eine an, daß er für einen gewissen Preis der Jugend das Klavierspiel vermittelt, und ein anderer zeigt an, daß er bereit ist, für gewisse Geldsätze fremde Sprachen in die unserige zu übertragen. Jeder, der überhaupt irgendeine Arbeit auf den Markt bringt, ist genötigt, seinen Preis zu machen. Das ist es, was man mit dem Wort bezeichnet: Die Arbeit ist Ware geworden.

Gegen diesen Zustand ist eine doppelte Kritik aufgetreten. Zunächst eine konservative Kritik, die den vorhergehenden Zustand als besser darstellen möchte, und dann eine sozialistische Kritik, die von diesem liberalen System zu einer anderen Organisation der Arbeit übergehen will. Die konservative Kritik des freien Arbeitsmarktes pflegt zu behaupten, daß die Besitzlosen unter dem früheren System sicherer und besser existiert hätten als unter dem Liberalismus. Solange nämlich die Arbeit Herrendienst gewesen sei, habe der Herr die Verpflichtung gehabt, seine Arbeitskräfte lebenslänglich zu erhalten, und sie seien nicht in die entsetzliche Notlage gekommen, in welche diejenigen hineingeraten, die sich vergeblich auf dem Arbeitsmarkt anbieten. Man kann dieses letztere offen zugeben und wird trotzdem sagen müssen, daß die Gesamtlage der besitzlosen Arbeiter sich durch die Freiheit des Arbeitskaufes sehr wesentlich gehoben hat, denn die Versorgung im alten Abhängigkeitsverhältnis war im Durchschnitt stets die denkbar geringste, da sie einzig und allein vom patriarchalischen Willen der Arbeitsherren abhing. Durch den freien Arbeitsvertrag ist für den besitzlosen Arbeiter das Risiko größer geworden, aber gleichzeitig und in noch höherem Maße die Möglichkeit, seine Kräfte in ertragreicher Weise zu verwerten. Alle konservativen Klagen über die Herzlosigkeit eines Systems, welches die menschliche Arbeit zur Ware erniedrigt, sind damit zu beantworten, daß es noch herzloser ist, den Menschen selbst zum Leibeigenen herabzuwürdigen. Wir werden also gegenüber den Anwandlungen konservativer Sentimalität den freien Arbeitsvertrag als einen wirklichen großen Sieg fortschrittlicher Bewegung verteidigen müssen, können aber allerdings nicht ebenso über das zur Tagesordnung hinweggehen, was von sozialistischer Seite an Kritik dieses Vertragssystems geleistet worden ist.

Der Kern der sozialistischen Kritik des freien Arbeitsvertrages ist einfach dieses, daß kein einzelner imstande ist, seinen Lohn oder seine Arbeitsbedingungen willkürlich festzusetzen, sondern daß die Lohnbildung und die Feststellung der Arbeitsbedingungen ein ganz allgemeiner Vorgang ist, der dem einzelnen gegenüber fast mit derselben zwingenden Kraft wirkt wie ein Naturgesetz. Es ist nicht gesagt, daß alle Arbeitsverkäufer diesem Gesetz der Gemeinsamkeit der Arbeitsbedingungen unterworfen sind, es ist noch weniger gesagt, daß ein Aufsteigen der Arbeiterschicht im ganzen unmöglich sei, aber soviel ist gesagt, daß der einzelne Mensch in der Masse keineswegs Herr seines Lohnes und seines Arbeitsvertrages ist, und das ist es, was im Grunde auch die Arbeiter verstanden haben, die der Fahne Lassalles und seiner Nachfolger sich angeschlossen haben.

Von dieser Feststellung des gemeinsamen Schicksals der Arbeitsverkäufer gehen zwei Wege aus, der eine bis zur Forderung einer völlig neuen Organisation der Arbeit, der andere aber bis zum gemeinsamen Verkauf der Arbeit innerhalb der jetzigen Organisation der Arbeit, kurz die zwei Richtungen, die wir als sozialistische Theorie und als gewerkschaftliche Praxis kennen. Nur mit der letzteren haben wir es zunächst hier zu tun.

Die Arbeitsleistung des einzelnen Menschen kann nur dann einen besonderen Preis haben und unter besonderen Bedingungen verkauft werden, wenn sie etwas Besonderes und Persönliches ist. Alle Arbeit, die sich über den Durchschnitt erhebt, die etwas Künstlerisches an sich hat, die nicht von jedermann gemacht werden kann, ist in der Lage, auf Grund des freien Arbeitsvertrages sich ihre Bedingungen zu erkämpfen. Wir sehen das an den sehr hohen Preisen, die auch von sparsamen Unternehmern und Aktiengesellschaften für ganz besondere Leistungen anstandslos bezahlt werden. In allen Arbeitszweigen gibt es Personen, die durch die Eigenart ihrer Arbeit zu einer Lebensstellung zu kommen vermögen, wie dies sonst nur durch Rentenbesitz ermöglicht zu werden pflegt. Man denke daran, daß selbst Bankdirektoren unter Umständen in die Klasse der Arbeitsverkäufer gehören, daß hervorragende Schriftsteller und Künstler unter dieser Überschrift unterzubringen sind, und daß die ganze Zahl höherer technischer Beamten ihre Arbeitskraft in nicht unbedeutende Lebensvorteile umzusetzen in der Lage ist. Diese glücklichen Verkäufer von Arbeitskraft sind es, auf die der ältere Liberalismus hinzuweisen pflegte, indem er sagte: Es steht euch frei, eure Arbeit ebenso hoch zu steigern, wie diese es taten! Der Irrtum, der dabei unterläuft, ist das Vergessen der Tatsache, daß die Mehrzahl der Menschen stets Durchschnittsarbeit leisten wird, und daß selbst bei einer allgemeinen Steigerung der Leistungsfähigkeiten immer wieder die Mehrheit zum Durchschnitt gehört. Diese Mehrheit kann auf keinem Gebiete einen besonderen Preis für sich herstellen, denn bei ihr kann immer eine Person durch die andere ersetzt werden. Es wiederholt sich genau dasselbe, was wir früher bei der Besprechung des Warenhandels beobachten konnten, daß alle gleichartige Ware unter sich vertretbar ist und darum einen gemeinsamen Preis erhält. So wenig der Getreidehändler das Getreide von einem besonderen Felde kauft, sondern nur die Getreidesorte, so wenig kauft der Bergwerksbesitzer oder der Inhaber einer mechanischen Spinnerei einen besonderen Arbeiter, weil es gerade dieser ist, sondern er kauft eine Kraft, die in eine bereits vorhandene durchschnittliche Arbeit einrücken soll. Der einzelne steht dann also gar nicht vor der Möglichkeit, einen neuen Vertrag für sich herstellen zu können, sondern tritt in Wirklichkeit in das bereits vorhandene Arbeitsverhältnis der Schicht oder Gruppe ein, zu welcher er gehört. Je größer die Betriebe sind, desto weniger ist es überhaupt denkbar, daß der einzelne seine eigenen Bedingungen stellen könnte. Denken wir an die Arbeitszeit, so muß sie im Großbetrieb für alle die gleiche sein; denken wir an die Arbeitsräume, so werden sie nicht um eines einzelnen willen verändert werden, denken wir an das System der Lohnberechnung, so wird der Eintritt einer neuen Strumpfwirkerin oder einer neuen Verkäuferin daran nichts ändern. Sie haben einzig und allein die Wahl, ob sie die Arbeit zu den vorhandenen Bedingungen annehmen wollen oder nicht, und ob sie in ihr verbleiben wollen oder weggehen. Auf diese Freiheit des Kommens und Gehens schrumpft durch Vergrößerung der Betriebe der ganze freie Arbeitsvertrag zusammen, und solange der einzelne als einzelner geht, wird auch dieses auf die Betriebsleitung keinen merkbaren Eindruck machen, ebensowenig wie es dem Hauswirt einer Mietskaserne einen besonderen Eindruck macht, wenn die eine Familie aus einer Zweizimmerwohnung auszieht, um irgendeiner anderen Familie Platz zu machen. Solange viele kleine Betriebe nebeneinander stehen, kann der einzelne Arbeiter hoffen, durch ein Wechseln zwischen dem einen und dem anderen dieser Betriebe seinen Zustand zu verbessern, genau so, wie der Mieter beständig hofft, durch Umziehen eine bessere Wohnung zu bekommen. Je mehr sich aber die großen Betriebe untereinander verbinden und in ihrer Fabrikordnung, Arbeitsweise und Lohnzahlung einander nähern, desto weniger hat das beständige Hin- und Herziehen von einer Arbeitsstelle zur anderen einen praktischen Zweck. In dem endlosen Wandern der Bergleute von einem Schacht zum anderen spricht sich eine Art dumpfer Hilflosigkeit aus. Der Einzelmensch versucht als Einzelmensch die Stelle zu finden, wo er glücklich werden kann, und gesteht nach vielem Wandern, daß die Welt der Arbeit im Grunde sich überall gleichbleibt.

Das sind die Erfahrungen, durch welche die besitzlosen Arbeiter genötigt werden, ihre Arbeitsverkäufe als eine gemeinsame Tätigkeit aufzufassen. Man denke nicht, daß das für die Menge der Arbeiter eine leichte Erkenntnis gewesen ist. Auch diese waren von Hause aus Individualisten, und was schwer ins Gewicht fällt, die tüchtigsten von ihnen haben auch heute ein gewisses Recht, Individualisten zu sein, denn sie können noch immer vom einfachen Arbeiter zum Werkmeister emporsteigen. Gerade die brauchbarsten Köpfe der großindustriellen Arbeiterschaften sind am wenigsten von dem bedrückt, was Lassalle als ehernes Lohngesetz bezeichnete. Der Druck liegt auf den vielen, deren Aufklärung und Organisierung eine Arbeit langer Mühen ist.

Daß die Sozialdemokratie die mühsame Arbeit der Aufklärung der Arbeiterschaft über den Gemeinschaftscharakter des Arbeitsverkaufs in die Hand genommen hat, ist volkswirtschaftlich ein unzweifelhaftes Verdienst, denn ohne diese Arbeit würde die Lebenslage der arbeitenden Menge und damit die Produktivität der nationalen Arbeit um vieles niedriger stehen, als sie es heute tut. In ähnlichem Sinne wirkte die Aufklärungsarbeit der Hirsch-Dunckerschen Gewerkvereine und der christlichen Gewerkschaften. Was diese gewerkschaftlichen Verbände von den sozialdemokratischen Gewerkschaften unterscheidet, ist nicht eine verschiedene Auffassung über den Verkauf der Arbeit. Darum können und müssen diese Verbände hier als eine Einheit genommen werden. Ihr letztes Ziel ist es, den Verband der Arbeitsverkäufer herzustellen.

Will man ihre Tätigkeit verstehen, so muß man noch etwas genauer, als wir es bisher getan haben, darauf eingehen, was eigentlich beim Arbeitsverkauf verkauft wird. Der Arbeitsverkauf unterscheidet sich vom Warenverkauf dadurch, daß die Arbeit nicht von der Person des Arbeitenden losgelöst werden kann, da sie nicht transportierbar ist, wenn nicht die Person selbst an einen andern Ort wandert. Schon dadurch ist der Verkauf um vieles schwerer als der Warenverkauf. Noch größer aber wird die Schwierigkeit dadurch, daß die Arbeit vom Willen, von der Gesundheit und Kraft des einzelnen abhängt. Was in Wirklichkeit verkauft wird, ist ein Stück menschlichen Willens, eine Ware, die sich nicht auf der Wage feststellen oder mit dem Metermaß bestimmen läßt. Der Verkäufer von Arbeitskraft, welcher das Verkaufsgeschäft für die Arbeitenden besorgt (Gewerkschaftssekretär), bleibt deshalb immer noch davon abhängig, ob die Arbeitenden den Ansprüchen gerecht werden, die beim Verkauf vereinbart werden. Es entsteht also ein etwas anderes Verhältnis als beim Verkauf von meßbaren Waren. Eine Milchgenossenschaft oder ein Kohlensyndikat kaufen von ihren Teilnehmern eine kontrollierbare Ware und verkaufen sie weiter. Es wird nicht die Arbeit des Bauern oder des Bergwerks verhandelt, sondern die durch diese Arbeit hindurchgegangene Materie. Die Schwierigkeit des Problems der Gewerkschaften liegt darin, daß hier die Arbeit an sich verkauft werden muß, eine Sache, die noch schwerer schematisch zu fixieren ist als Gas, Elektrizität oder Anteil an einer Zentralheizung. Aus dieser Schwierigkeit folgt, daß die Leitung eines Verbandes von Arbeitsverkäufern im allgemeinen nur eine beratende Wirksamkeit ausübt. Man überläßt den Verkauf dem einzelnen und stellt nur Normen fest, nach denen er sich vollziehen soll. Das aber hat den großen Nachteil, daß von straffer Zentralisation des Arbeitsverkaufes nicht die Rede sein kann. Professor Brentano hat auf der Tagung des Vereins für Sozialpolitik in Mannheim aus diesen Gründen den kollektiven Arbeitsvertrag gefordert, eine Forderung, die logisch sehr vieles für sich hat, aber praktisch vielen Hemmungen begegnet. Bei kollektivem Arbeitsvertrag ist als Subjekt des Vertrages der Verband der Arbeitenden gedacht. Er übernimmt die juristische Haftbarkeit für die vereinbarte Arbeitsleistung. Das aber setzt voraus, daß er mit einer Verbandsgerichtsbarkeit ausgestattet ist, die ihm ermöglicht, das einzelne Mitglied zur Arbeit zu nötigen. Es ist vielleicht der Zukunft vorbehalten, die Verfassung der Arbeitenden so straff zu gestalten, daß kollektive Arbeitsverträge möglich werden. Kein Mensch kann wissen, bis zu welchen Konsequenzen der Verbandsgedanke sich auswirken wird. Heute aber lehnen es die Führer der Gewerkschaften noch durchaus ab, syndikatartige Haftbarkeiten zu übernehmen, weil bis jetzt die Organisation der Arbeitsverkäufer längst nicht den Grad von Geschlossenheit erreicht hat, der erforderlich ist, um die Arbeit zur reinen Verbandsware zu machen.

Es bietet demgemäß der Arbeitsmarkt ein sehr unklares Gesamtbild dar. Die Käufer sind in verschiedenen Graden organisiert oder nichtorganisiert, und ebenso die Verkäufer. Die Arbeiterschaft als Ganzes hat sich noch nicht gewerkschaftlich kristallisiert. Soweit man ihren Gegenwartszustand beschreiben kann, ist er folgender:

1. Klasse der Organisierbarkeit (über die Hälfte der Berufsangehörigen gehören zu einer freien Gewerkschaft): Buchdrucker, Lithographen, Transportarbeiter, Xylographen.

2. Klasse der Organisierbarkeit (über 25 % der Berufsangehörigen gehören zu einer freien Gewerkschaft): Metallarbeiter, Töpfer, Hutmacher, Kupferschmiede, Brauereiarbeiter, Steinsetzer und Asphaltierer, Kürschner, Maurer, Stuckateure, Buchbinder, Holzarbeiter, Zimmerer, Böttcher, Maler, Tapezierer, Glaser.

3. Klasse der Organisierbarkeit (über 10 % der Berufsangehörigen gehören zu einer freien Gewerkschaft): Hafenarbeiter, Schuhmacher, Sattler, Tabakarbeiter, Dachdecker, Glasarbeiter, Bergarbeiter, Porzellanarbeiter, Steinarbeiter, Handlungsgehilfen, Schneider, Seeleute, Isolierer und Steinholzleger, Lederarbeiter, Textilarbeiter, Bäcker und Konditoren, Bauhilfsarbeiter, Schiffszimmerer.

4. Klasse der Organisierbarkeit (freie Gewerkschaften unter 10 % Beteiligung): Handschuhmacher, Schmiede, Mühlenarbeiter, Blumenarbeiter, Gärtner, Friseure, Schirmmacher, Fleischer, Gastwirtsgehilfen.

5. Klasse der Organisierbarkeit (ganz oder fast ganz unorganisiert): Landarbeiter, Hausindustrielle, Erdarbeiter, Kanalarbeiter, Schreiber, Näherinnen, Gelegenheitsarbeiter aller Art.

Diese Zusammenstellung hat darin einen Mangel, daß es uns nicht möglich ist, die Mitglieder der Hirsch-Dunckerschen Gewerkvereine, der christlichen Gewerkschaften und anderer Verbände in die Prozentrechnung der Organisierten einzubeziehen, aber wir glauben annehmen zu dürfen, daß nur einige Berufe dadurch in eine andere Klasse kommen würden (Bergarbeiter, Handlungsgehilfen,

Gastwirtsgehilfen). Im allgemeinen ist die Gruppeneinteilung richtig. Nicht ganz einfach aber scheint es, die Gründe der größeren oder geringeren Organisierbarkeit zu entwickeln. Es gibt Fälle, wo einfach nur bisher der Mann fehlt, der die Organisation in die Höhe bringt. Als Gesichtspunkte für die Beurteilung der Organisierbarkeit können folgende Sätze gelten:

a) die Frau ist schwerer zu organisieren als der Mann (daher die niedrige Ziffer der organisierten Textilarbeiter),
b) der ungelernte Arbeiter ist schwerer zu organisieren als der gelernte,
c) Handwerksbetriebe bieten mehr Hindernisse als Fabriken,
d) der mittlere Betrieb ist der Organisierung günstiger als der Großbetrieb.

Von diesen Sätzen ist der letzte der folgenschwerste. Daß er für die jetzige Sachlage gilt, wird nicht bestritten werden können; ob er für alle Zeiten richtig ist, davon hängt ein wichtiger Teil der deutschen Arbeiterfrage ab. Da nämlich die Großbetriebe die maßgebende Industrieform der Zukunft sind, so entscheidet sich das Schicksal der Arbeiterbewegung im ganzen vermutlich an der Kraft der Organisation, die in den Arbeitern der Bergwerke, Eisenhütten, Maschinenfabriken, großen Spinnereien und chemischen Unternehmungen zutage tritt. Heute liegt die höchste Leistung des Gewerkschaftswesens keineswegs mit der höchsten Industrieleistung zusammen.

Die Gesamtzahl der organisierten Arbeiter wird von den betreffenden Verbänden für 1909 in folgender Weise angegeben:

Freie Gewerkschaften	1 833 000
Hirsch-Dunckersche Gewerkvereine	108 000
Christliche Gewerkschaften	271 000
	2 212 000

Dabei sind nicht gerechnet allerlei unabhängige kleine Gewerkschaften, gelbe Verbände oder bloße Arbeitervereine.

Diese Arbeiter entsprechen den kartellierten Unternehmern, den genossenschaftlichen Bauern usw. Vieles von dem, was wir über die Verbände der Unternehmer gesagt haben, würden wir hier einfach wiederholen können: der einzelne verzichtet auf einen Teil seiner Selbstverfügung, um nicht durch Mangel an Handelsfähigkeit und durch gegenseitige Konkurrenz zugrunde zu gehen. An sich ist nämlich die Konkurrenz der „freien" Arbeiter untereinander äußerst stark. Sie entsteht aus dem Umstande, daß die Bevölkerungsvermehrung der arbeitenden Menge der Ausdehnung der Arbeitsgelegenheiten vorauszueilen gewöhnt ist, und daß der landwirtschaftliche Osten beständig besitzlose Jugend nach dem Westen abschiebt. Nur in Zeiten ganz besonders glücklichen Geschäftsganges eilt die Nachfrage nach Arbeitskräften dem Angebot voran. Sobald flauer Geschäftsgang eintritt, steht der einzelne Arbeiter immer in Gefahr, arbeitslos zu werden. Der Arbeitslose aber ist der böseste Feind des Arbeitenden, solange es nicht gelingt, ihn durch Organisation zu binden. Deshalb ist für alle Verbände von Arbeitsverkäufern die Fürsorge für die Arbeitslosen eine Vorbedingung irgendwelcher dauernden Erfolge. Es gibt darum keinen einigermaßen tüchtigen Verband von Arbeitsverkäufern, der nicht in verschiedenen Formen für Nichtarbeitende sorgt. Die freien Gewerkschaften zahlten im Jahre 1909 fast 22 Millionen Mark für Unterstützung Gemaßregelter, Reiseunterstützung, Arbeitslosenunterstützung, Krankenunterstützung, Invalidenunterstützung und Beihilfe in Not- und Sterbefällen. Ohne diesen Hintergrund von Versicherungen der Aktionsfähigkeit kann die eigentliche Verbandsaufgabe nicht gelöst werden. Diese Aufgabe hat eine individuelle und eine allgemeine Richtung. Als individuelle Richtung bezeichnen wir die Fürsorge dafür, daß der einzelne in seinen Vertrags- oder Gewohnheitsrechten nicht geschmälert wird. Ihr dienen Verbandssekretäre und Arbeitersekretariate, und ihr finanzieller Ausdruck sind im Jahre 1909 etwas über 288 000 Mark, die von den freien Gewerkschaften für Rechtsschutz verausgabt wurden. Als allgemeine Richtung bezeichnen wir die Veranstaltungen zur Erhaltung und Besserung der Löhne und sonstigen Arbeitsbedingungen für kleinere oder größere Kreise von Arbeitenden. Diese Veranstaltungen sind so mannigfach, als die Verschiedenheit der Arbeitsweisen und Lebensverhältnisse es mit sich bringt: Aufklärung, Benutzung der Presse, gütliches Verhandeln, Drohen, und schließlich das letzte Mittel, das in der Hand des Arbeitsverkäufers liegt: der Streik.

Wenn die Arbeiter zeigen wollen, daß ihre Lage so schlecht ist, daß sie nicht weiterhin ertragen werden kann, so haben sie, falls gütliche Vermittelungen aussichtslos sind, keine andere Möglichkeit, als gemeinsam zu erklären: Wir arbeiten nicht weiter! Das ist der elementarste von allen Streiks, der einfache Notstreik. Er pflegt bei den schlecht organisierten Arbeitern unvermittelt aufzutreten, wenn die Summe des dumpfen Grolles hinreichend gewachsen ist. Diese Streiks sind es, die am leichtesten unter Bruch vorhandener Kontrakte entstehen, weil sie ihrer Natur nach unvorbereitete Handlungen unter starkem Gefühlsdruck zu sein pflegen. So streng man bei Streiks, die nicht unmittelbarer Notlage entstammen, die Verletzung des formellen Rechtes beurteilen muß, so milde wird man über diese Verletzung denken, wenn die Sache so liegt, daß der Kontrakt in Wirklichkeit nichts ist als ein Herrenrecht, das einer hilfslosen Arbeiterschicht auferlegt wird, ohne daß sie dabei irgendwie gefragt wird. Notstreiks dieser Art sind nicht als geordnete wirtschaftliche Kriegführung aufzufassen, sondern als Protest des gedrückten Lebens gegen ein Übermaß von Belastung. Fast niemals kann ein Notstreik durch eigene Kräfte der Arbeiter gewonnen werden. Es fehlt an Geld, und oft sind es arme und ärmste Industrien, die von solchen Streiks betroffen werden, Industrien, die eben nur dadurch existieren, daß sie mit niedrigen Löhnen und langen Arbeitszeiten arbeiten. Es kann vorkommen, daß ein Notstreik nur der Ausdruck dafür ist, daß einer Gruppe von Gewerben die Lebenskraft an sich mangelt. Dann bleibt nichts übrig, als entweder das alte Elend neu beginnen zu lassen oder den Rückgang der Hungerproduktion zu beschleunigen. Man denke an den Streik der Konfektionsarbeiter und Arbeiterinnen in geringster Konfektion.

Vom Notstreik begrifflich verschieden ist der vorbedachte und vorbereitete Erwerbsstreik. Es ist eine vollberechtigte kaufmännische Handlung der Arbeitsverkäufer, die ihren wirtschaftlichen Wert höher einschätzen als er vom Unternehmer eingeschätzt wird. Hier ist Innehaltung aller juristischen Formen einfache Pflicht, denn hier stehen sich zwei vertragschließende Teile gegenüber, die von vornherein wissen, daß das Ende ihres Kampfes eine neue Abmachung sein muß. Meist handelt es sich in diesem wie in allen industriellen Streiks gleichzeitig um Lohn und um Arbeitsbedingungen. Der Erwerbsstreik kann bei guter Geschäftslage Angriffsstreik sein und wird bei sinkender Konjunktur zum Abwehrstreik. Natürlich gibt es zwischen Notstreik und Erwerbsstreik zahlreiche Zwischenformen. Beispielsweise gehört der letzte große Bergarbeiterstreik gleichzeitig unter beide Überschriften. Er brach vulkanisch aus wie ein Notstreik und verlief sachlich korrekt wie ein Erwerbsstreik. Mag aber der Streik mehr zu der einen oder zu der anderen Klasse gehören, so dehnt er sich meist in seinen Folgen über den ursprünglichen Kreis der Teilnehmer aus, weil die Unterbrechung einer Arbeit immer wieder eine andere Arbeit hemmt. Ein Streik der Maschinisten kann ganze Fabriken stillegen, ein Streik der Former große Gießereien untätig machen. Ein konsequent durchgeführter Streik entweder der Bergleute oder der Eisenbahnangestellten oder der Hafenarbeiter würde im Verlaufe von Wochen oder Monaten die ganze industrielle Tätigkeit des Landes aufhalten können. Das ist es, was zur Idee des **Generalstreiks** geführt hat, zu dem Gedanken einer zeitweiligen Störung des ganzen Wirtschaftslebens, um damit den Generalpreis der Arbeit zu erhöhen. Trotz der Erfahrungen der russischen politischen Streiks ist bis heute diese Idee als völlig unmöglich abzuweisen, da sie eine absolute tadellose Disziplin der Arbeiterklasse im ganzen voraussetzt. Nicht als ob der Gedanke unberechtigt wäre! So gut gewisse Kapitalisten sich überlegen, ob sie der Menschheit zeitweilig die Kohle oder das Kupfer oder die Baumwolle sperren wollen, damit die Preise steigen, ebensogut können die Arbeitsverkäufer ihre einzige Ware zu monopolisieren versuchen. Es fragt sich nur, ob die Voraussetzungen für einen so unabsehbaren Plan vorhanden sind. Zu diesen Voraussetzungen gehört,

daß es keine Streikbrecher gibt,
daß kein Anlaß zu militärischem Einschreiten gegeben wird,
daß Mittel genug vorhanden sind, um den Streik bis zu einem Erfolge durchzuführen.

Schon allein das letztere erscheint ganz unwahrscheinlich, wenn man die Statistik der bisherigen partiellen Streiks betrachtet. Wir halten uns dabei an die Angaben der Reichsstatistik für 1909 (weil 1910 leider noch nicht vorliegt). Im ganzen werden 1500 Streiks gezählt in 4811 Betrieben. Die Höchstzahl der gleichzeitig Streikenden beträgt 97 000. Als Resultat wird angegeben:

Erfolgreiche Streiks	283
Halbe Erfolge	520
Erfolglose Streiks	734

Für diese Streiks haben allein die Kassen der freien Gewerkschaften 7 Millionen Mark ausgegeben. Was aber ist die finanzielle Ausstattung dieser partiellen Lohnkämpfe gegenüber einem Generalstreik? Er würde alle Lebensmittel der Masse zu fabelhaften Preisen steigern, wenn nicht schon vorher ein System von proletarischer Konsumbefriedigung vorhanden wäre, das für längere Zeit die Massenversorgung in die Hand nehmen könnte. Wo aber ist ein solches System?

Obwohl wir also den Generalstreik für unmöglich halten, sprechen wir doch so ausführlich von ihm, weil wir voraussichtlich einer Periode großer Streiks entgegengehen, die zwar nicht den Namen Generalstreik verdienen, die aber doch das deutsche Wirtschaftsleben sehr erschüttern werden. Die verteuernde Wirkung der neuen Zollpolitik muß sich früher oder später in zähen Lohnkämpfen äußern. Die Arbeiter werden sich gegen die Herabdrückung ihrer Lebenshaltung wehren, die darin liegt, daß bei gleichbleibenden oder gar sinkenden Einnahmen die Ausgaben sich steigern. Auch dort, wo an einen direkten Erfolg nicht geglaubt werden kann, wird der Versuch des Streiks nicht aufzuhalten sein. Auf diese Weise entsteht etwas, was technisch kaum mehr ein Lohnkampf ist und was man mit dem Worte Demonstrationsstreik gut bezeichnet hat. Die Menge der Arbeitsverkäufer protestiert gegen einen Zustand, den sie als unbillig, ungerecht und drückend empfindet. Diese Proteste wenden sich an die Gesellschaft im ganzen und verlangen von ihr, daß sie die Lage der Masse als allgemeine Angelegenheit begreift.

---

9. Die Industrieverfassung.

Jede Arbeitsgemeinschaft hat eine Verfassung, aber nur sehr große und besonders verwickelte Arbeitsgemeinschaften gelangen bis zur schriftlichen Fixierung derselben. Die Verfassung der bäuerlichen Arbeitsgemeinschaft ist in echten Bauerngebieten allen Beteiligten klar. Man weiß genau, was der Bauer, die Bäuerin, der Großknecht, der Kleinknecht, die Großmagd, die Stallmagd, die Küchenmagd, der Hütejunge zu tun haben, wo ihre Rechte beginnen und aufhören. Diese Verfassung kann durch ungeeignete Personen zeitweilig in Unordnung gebracht werden und unterliegt wie jede menschliche Einrichtung der geschichtlichen Veränderung, aber im normalen Falle ist sie etwas Festes. Es würde aber sehr schwer sein, von dieser alten bäuerlichen Gewohnheitsverfassung zu sagen, ob sie monarchisch ist oder konstitutionell. Schon die unkündbare Stellung der Frau im Betriebe stört den monarchischen Charakter, und auch die Knechte und Mägde haben ihre Rechte, die sie sich nicht nehmen lassen, ohne für sie zu kämpfen. Es existiert in Wirklichkeit ein schwer juristisch zu erfassendes System von abgestuften Mitregierungen auf monarchischer Grundlage. Ähnlich war die Verfassung des alten Handwerks. Bei ihr beginnt die schriftliche Fixierung von Meisterrechten und Gesellenrechten. Die moderne Industrie hat noch keine normale Verfassung gefunden und das Suchen nach ihr durchzittert unser ganzes soziales Leben. Fast alles, was Professor Herkner in seinem vortrefflichen Buche „Die Arbeiterfrage" darstellt, gehört in dieses Kapitel. Wir aber können im Rahmen unserer Arbeit nur einige Hauptlinien zu zeichnen versuchen.

Die Grundlage der Verfassung des industriellen Betriebes sind die zwei Tatsachen, daß erstens die Arbeitsmittel (Fabrik, Maschinen, Rohstoffe) Privateigentum des Unternehmers (oder der Unternehmergesellschaft) sind, und daß zweitens die Beteiligung an der Arbeitsgemeinschaft von allen Seiten her beständig kündbar ist. Vom Grade der Kündbarkeit der Mitarbeit hängt das Maß von Konzessionen ab, das der Unternehmer seinen Mitarbeitern macht, aber freilich nicht nur von ihm, denn es liegt im Wesen des größeren Betriebes, daß sich in ihm die monarchische Souveränität über verschiedene Personen verteilen muß. Ganz absolut ist kein Industriekönig, noch weniger eine Direktion eines bereits älter gewordenen Unternehmens. Wir erinnern dabei an das, was wir zur Entwicklungsgeschichte des Unternehmertums ausgeführt haben. In gewissem Sinne hat jede Fabrik ihre besondere Verfassung, ihre Geschäftseinteilung, ihre Beamtenstaffelung, ihre Verrechnungsmethode, ihre Zeiteinteilung, ihre Art der Menschenbehandlung. Die Unterschiede zwischen Fabrik und Fabrik sind größer als die zwischen Bauernhof und Bauernhof. Es gibt Fabriken mit einem Geist der Kleinlichkeit und Sparsamkeit, der geradezu einen grämlichen Eindruck macht, Fabriken, wo kein Stuhl gut ist und kein Mensch sich richtig bewegen kann. Daneben gibt es andere, in denen Licht, Luft, Tische, Wände beinahe angenehm sind. Es gibt zänkische Betriebe, wo von oben an bis unten hin von allen über alles geschimpft wird, und relativ harmonische Betriebe, wo das Öl wohlwollender Höflichkeit vom Chef bis zum Packer herabrinnt. Es finden sich trotz aller Fabrikinspektoren noch Betriebe, deren Unsauberkeit zum Himmel schreit, und andere, die jedes prüfende Auge vertragen. Das alles aber sind Unterschiede, die nur durch Hebung der allgemeinen Sitte und der Ansprüche aller Beteiligten langsam nach oben hin sich ausgleichen können. Ebenso entzieht sich die Arbeitseinteilung jeder allgemeinen schematischen Regelung. Schon der eine Umstand, daß in diesem Betriebe der leitende Kopf mehr Kaufmann ist und in jenem mehr Techniker, bringt weitgehende Verschiedenheiten hervor. Im ganzen aber bleibt bestehen, daß sich der Betrieb aus 5 Gruppen von Arbeitskräften zusammenzusetzen pflegt:

a) die Zentralleitung,
b) die kaufmännische Abteilung,
c) die technischen Beamten und Unterbeamten,
d) die Betriebsarbeiter,
e) die Hilfsarbeiter.

In der richtigen gegenseitigen Verkoppelung und Abgrenzung dieser Elemente liegt das Geheimnis einer guten Verfassung. Meist gilt unbewußt das militärische System als stillschweigende Voraussetzung. Man kann gerade sagen, daß Deutschland durch seine militärische Erziehung für den industriellen Großbetrieb herangebildet worden ist. Aber im militärischen Vorbilde liegt neben unleugbaren großen Vorzügen eine sehr bedeutende Gefahr, nämlich die Erziehung zur gehorsamen Unterordnung auf Kosten der Erziehung zur bewußten Mitarbeit. Je größer die Unternehmungen werden, desto dringlicher wird diese Gefahr. Es entstehen Beamte und Arbeitskräfte, die nur eben ihre Arbeit fertigmachen, und deren seelische Interessen außerhalb des Betriebes liegen. Ob man mit einem Bankbeamten redet oder mit einem Angestellten der Stadtbahn oder mit einem Arbeiter der Lokomotivenfabrik oder einer Verkäuferin im Warenhause, immer ist es dieselbe Sache: ich arbeite ohne Einsicht in das Ganze, bin nichts als ein Maschinenteil! Das aber ist nicht die geistige Disposition, mit der starke Wirtschaftserfolge errungen werden. Das erste Problem der Verfassung heißt also: wie macht man Arbeiter und Angestellte zu Interessenten?

Im kleineren Betriebe gehört dazu keine besondere Verfassung, sondern nur gemeinsame Aussprache über gemeinsame Aufgaben, im größeren Betriebe aber tritt dieselbe Frage auf, die im Staate eine so große Umwandlung hervorgerufen hat: wie werden Untertanen zu Staatsbürgern? Wie werden Industrieuntertanen zu Industriebürgern? Ich wiederhole, was ich an anderer Stelle (Demokratie und Kaisertum 3. und 4. Auflage) schon ausgeführt habe, daß nämlich die Umwandlung des Staates auf zwei Sätzen beruht.

1. Der Staat sind wir alle!
2. Der Staat darf nicht alles!

Diese selben zwei Sätze sind auf den Betrieb anzuwenden. Es ist nötig, daß einerseits die Verfassung der Betriebe demokratisiert wird, und daß andererseits die Macht des Betriebes auf das zur Betriebserhaltung notwendige Maß eingeschränkt wird. Wir wollen versuchen, nach beiden Seiten hin, das Erreichbare vom Unerreichbaren zu sondern.

Die volle Demokratisierung der Betriebe setzt Übergang des Besitzes in die Hand der organisierten Arbeitsgemeinschaft voraus. Dieser Übergang mag in einer späteren Zeit der Industrie zur Wirklichkeit werden, und wir werden im folgenden Abschnitt noch genauer von den Vorbedingungen dieses etwaigen Überganges reden, hier aber müssen wir ihn als nicht vorhanden voraussetzen und müssen als ersten Satz der Betriebsverfassung der Gegenwart anerkennen, daß die Arbeitsmittel Privateigentum des Unternehmers oder anderer außerhalb des Betriebes stehender Personen sind. Darin aber liegt, daß von vornherein alle Betriebsparlamente, sei es eine Beamtenvertretung, sei es eine Beamten- und Arbeitervertretung, nur eine beschränkte Vollmacht erlangen können. Sie haben in keinem Falle über die Verwendung des Reinertrages zu beschließen, sind nicht imstande, Betriebsausgaben zu bestimmen, sind deshalb auch nicht in der Lage, über Gehälter und Löhne etwas Maßgebendes auszumachen. In allen geschäftlichen Hauptfragen sind sie entweder ganz ausgeschaltet oder haben nur beratende Stimme. Diese Lage kann etwas dadurch erleichtert werden, daß ein System der Beteiligung der Arbeitskräfte, sei es am Besitz oder am Ertrag des Unternehmens, gesucht wird. In beider Hinsicht liegen aber bis jetzt zu wenig ernsthafte Versuche vor, um ein endgültiges Urteil zu ermöglichen. Besonders hervorzuheben sind die Karl-Zeiß-Stiftung (Professor Abbe †) in Jena und die Einrichtungen des Berliner Fabrikanten Freese, der ein glücklicher und optimistischer Vertreter des Gedankens der Gewinnbeteiligung der industriellen Angestellten und Arbeiter ist. Wir bezweifeln nicht, daß durch hervorragende Einzelpersonen Formen gefunden und praktisch geübt werden können, die in der Gegenwart wie Zukunftsweissagungen erscheinen, und wünschen allen solchen Versuchen bestes Gelingen, aber wir können leider weder vom Unternehmertum noch von der Arbeiterschaft im allgemeinen sagen, daß sie für derartige freiwillige Erweiterungen des Subjektbegriffes im Unternehmen heute schon reif sind, die Unternehmer nicht, weil sie dem Gedanken der Demokratisierung der Produktion noch im ganzen fern stehen, die Arbeiter nicht, weil sie einseitig den Erwerb der industriellen Souveränität im ganzen durch politische Mittel erstreben. Heute ist der Arbeiter- und Beamtenausschuß dort, wo er existiert, mit verschwindenden Ausnahmen nur eine beratende Körperschaft, die über die konstitutiven Elemente der Arbeitsgemeinschaft nichts Maßgebendes zu sagen hat, ja in vielen Fällen stehen die Ausschüsse nur auf dem Papier oder sind Verwaltungen von Wohlfahrtsstiftungen, die mit dem Betriebe zusammenhängen. Man soll aber trotzdem diese Ausschüsse nicht verachten, denn sie sind Vorschulen des in der Zukunft kommenden Fabrikparlamentarismus. Es gilt, den Umkreis ihrer Tätigkeiten genau zu bestimmen und im Laufe der Zeit zu erweitern. Alle Schwierigkeiten staatlicher Verfassungen kehren dabei wieder: soll man eine erste und eine zweite Kammer machen für Beamte und Arbeiter, oder einen gemeinsamen Körper, soll man den Unternehmer oder seinen Stellvertreter als geborenen Vorsitzenden ansehen, oder soll der Ausschuß seine Geschäftsordnung selbständig regeln und nur eine Vertretung des Besitzes garantiert sein, sollen die Sitzungen geheim oder öffentlich abgehalten werden, wie soll das Wahlrecht festgestellt werden, mit welcher Altersgrenze? Auch für weibliche Arbeitskräfte? Soll gleiches Wahlrecht sein oder Kurienstimmrecht oder Wahlrecht nach Lohn- und Gehaltsklassen? Hier ist Spielraum fast endloser Versuche und Diskussionen. Und welche tatsächlichen

Befugnisse kann die privatwirtschaftliche Betriebsleitung dem Fabrikparlament einräumen, ohne die Geschäftsführung selbst aus der Hand zu geben? In dieses Gebiet gehören die Fragen der Einstellung und Entlassung von Arbeitskräften, die Fabrikordnung und Strafgewalt, die räumliche und zeitliche Arbeitseinteilung und möglicherweise die Verteilung des Lohnquantums innerhalb der vorhin genannten 5 Gruppen. Wir sprechen hier nur von dem ersten und letzten dieser Punkte. Die Bestimmung der notwendigen Ziffer und Art der erforderlichen Arbeitskräfte ist zweifellos Sache der Werksleitung. Hierbei kann im besten Falle der Ausschuß nur das Recht von Interpellationen haben, deren Beantwortung der Leitung freisteht. Ebenso wird die Auswahl der höheren Beamten von keiner privatwirtschaftlichen Leitung aufgegeben werden können. Anders aber verhält es sich mit der Auswahl der Werkmeister, bei der das Interesse der Beamten einerseits und der Arbeiter andererseits stark mitspricht, und die Personalfrage bei Einstellung oder Entlassung von Arbeitern und Hilfsarbeitern. Hierbei gibt die Oberleitung praktisch gar nichts auf, denn sie kennt in vielen Fällen die Leute gar nicht, die sie einstellt. Ein Vorschlagsrecht ist mindestens diskutierbar. Auch die große Organisation des Staates hat es an zahlreichen Stellen für nützlich befunden, Wahlrechte an Stelle von bureaukratischen Besetzungen einzuschieben. Und was den Lohn anlangt, so kann es die Leitung sich nicht nehmen lassen, den Haushaltplan des Werkes im ganzen aufzustellen und darin zu sagen, was sie für die Arbeit in ihren verschiedenen Gruppen voraussichtlich verausgaben kann, oder wie hoch sie in Potenzen der Produktion den Lohn ausdrücken will, oder wie hoch sie im Durchschnitt eine Arbeitskraft innerhalb einer Arbeitsgruppe einsetzt. Die weitere Einzelverteilung ist aber keineswegs ein ebenso notwendiges Vorrecht der Oberleitung. Schon heute geschieht in Wirklichkeit diese Einzelverteilung bureaukratisch und schematisch durch Unterbeamte. Es ist erwägungswert, ob nicht viele Reibungen für die Oberleitung vermieden werden, wenn das ganze Lohnsystem durch Einschiebung von Selbstverwaltung elastischer gemacht wird. Aller Parlamentarismus ist ja zweifellos eine Vermehrung von Schreiberei und Mühe, aber er trägt in sich so große positive Förderungen, daß man diese seine Schwerfälligkeiten in Kauf nehmen muß.

Stellt man sich vor, daß auf solche Weise wirklich lebendige, weil für den Betrieb wesenhafte Ausschüsse der Beamten und Arbeiter entstehen, so ist es nötig, sich über das beiderseitige Verhältnis dieser Ausschüsse und der gewerkschaftlichen Verbände der Beamten und Arbeiter klar zu werden, denn offenbar berühren sich die Tätigkeitskreise. Falsch würde es unter allen Umständen sein, die Ausschüsse im Betrieb als Gegenorganisationen gegen die Gewerkschaften herstellen zu wollen. Ein Teil der Wirkungslosigkeit der bisherigen Ausschüsse beruht auf dieser falschen Absicht. Man kann umgekehrt behaupten, daß ohne den Hintergrund einer guten gewerkschaftlichen Erziehung die Ausschüsse nicht zu reeller Leistung kommen werden, denn dasjenige Maß von Kenntnissen, das zur Führung einer industriellen Selbstverwaltung gehört, ist an sich nicht vorhanden und muß erst erworben werden. Es ist auch vom Standpunkte der Betriebsleitung aus direkt wünschenswert, daß eine beständige Fühlung zwischen den Betriebsparlamenten und Berufsorganisationen besteht. Da nämlich die letzteren doch einmal vorhanden sind und auf die Fabrik wirken, ist es am besten, dieser Wirkung einen sichtbaren und kontrollierbaren Verlauf zu verschaffen. Im allgemeinen wird sich das Verhältnis so gestalten, daß die Gewerkschaften den kleinen Betrieben gegenüber die Arbeitervertretung direkt in die Hand nehmen und mit den Unternehmerverbänden verhandeln (Tarifvertrag), und daß sie den größeren Betrieben gegenüber nur informatorische Hilfsstellen für die Fabrikparlamente abgeben, solange die Arbeitsgemeinschaft selbst in Kraft besteht. Erst dann, wenn sie zeitweilig gelöst ist (Streik), wenn also der Fabrikausschuß rechtlich aufgehört hat zu existieren, tritt bis zur Wiederherstellung der Arbeitsgemeinschaft die Gewerkschaft als Vertretung der kontraktlos gewordenen Arbeiter auf. Je größer die Betriebe sind, desto mehr werden sie von den Gewerkschaften im einzelnen unabhängig werden, weil ja dann in ihnen Beamte und Arbeiter vereinigt sind, die den verschiedensten gewerkschaftlichen Verbänden angehören (kaufmännische Gehilfenorganisation, Technikerverband, Metallarbeiterverein, Holzarbeiterverband, Hilfsarbeiterverein usw.). Es wird keine einzelne Gewerkschaft mehr imstande sein, den Bruchteil von Arbeitern, der zu ihr gehört, zu besonderem Vorgehen zu veranlassen, wie es jetzt bisweilen geschieht, sobald der innere Zusammenhang a l l e r Arbeitskräfte des Riesenbetriebes durch Betriebsparlamentarismus gestärkt ist. Es entwickelt sich etwas, was man Betriebspatriotismus nennen könnte: der Betrieb sind wir alle!

Der zweite Satz der neuen Industrieverfassung aber heißt: der Betrieb darf nicht alles! Er darf nicht zur Schädigung der Gesundheit, zur Herabwürdigung der Persönlichkeit, zur Verschlechterung der Gesamtqualität der besitzlosen Klassen führen. Die Ursachen solcher Gefahren liegen einesteils in gesteigertem Herrschaftsbewußtsein der Inhaber oder Leiter großer Betriebe und andererseits in kleinlichem Egoismus wirtschaftlich schwacher Unternehmungen. Bis jetzt sind wir gewöhnt, die S i c h e r u n g d e r M e n s c h e nrechte des Angestellten und Arbeiters ohne weiteres als zum Tätigkeitsbereich des Staates gehörig zu betrachten, weil wir den Arbeiterschutz in seiner staatsgesetzlichen Form am deutlichsten vor uns sehen, grundsätzlich aber muß festgehalten werden, daß er ein Stück der Industrieverfassung selber ist, und daß der Staat nur dort einzugreifen hat, wo diese sich als unwirksam erweist. Wir brauchen deshalb so viele Staatsgesetze, weil unsere Industrieverfassung so unentwickelt ist. Hätten wir starke Gewerkschaften einerseits und wirksamen Fabrikparlamentarismus andererseits, so würden wir uns viele staatliche Bureaukratie sparen können, denn dann würden diese beiden Faktoren für sich allein in der Lage sein, durch Verhandlung mit Syndikaten, Unternehmerverbänden und Unternehmern dasjenige Maß von Schutz und Bewegungsfreiheit zu sichern, das der Angestellte und Arbeiter braucht, um Mensch sein zu können. Insbesondere kommen in Betracht:

a) technische Schutzvorrichtungen, hygienische Einrichtungen,
b) angemessene Verkürzung der Arbeitszeiten, Einrichtung der Arbeitspausen,
c) Sicherung der moralischen und politischen Unabhängigkeit außerhalb des Arbeitsverhältnisses.

Die ersten beiden dieser drei Gesichtspunkte kommen mehr gegenüber den kleinen und mittleren Betrieben in Betracht und sind dort Aufgabe der Gewerkschaften, der letzte aber spielt vor allem bei großen Betrieben eine Rolle. In den großen Betrieben pflegen berechtigte Minimalforderungen an Gesundheitsschutz und Arbeitszeit eher erfüllt zu werden als in kleineren Unternehmungen, aber dieser unleugbare Vorzug hat als Kehrseite, daß die Leitungen der Großbetriebe sich zu Herrschaften ausgestalten, die das ganze Leben der zugehörigen Beamten und Arbeiter bevormunden. Es entsteht mitten unter uns ein neues Feudalsystem, dessen Wesen es ist, die Arbeit wieder zur Untertänigkeitsleistung zu gestalten. Jener Betriebspatriotismus, den wir vorhin als gesunde Folge gesteigerter Selbstverwaltung in Aussicht stellten, wird in diesen Fällen als Gesinnungslosigkeit gegenüber der Betriebsmonarchie angestrebt. Das Ziel dieses Feudalismus ist der herrschaftstreue Untertan, dem es äußerlich gut geht, der aber hinter die Zeit des Liberalismus zurückgesunken ist. Ein Hauptmittel zur Erreichung der Industrieuntertänigkeit sind unter Umständen die Wohlfahrtseinrichtungen. Es ist zwar schon einmal von ihnen geredet worden, aber es bleibt notwendig, über sie noch etwas ausführlicher zu sprechen. Wir tun es an der Hand von Beispielen, die der Arbeit von Dr. Günther in den Schriften des Vereins für Sozialpolitik entnommen sind.

Ein Hauptmittel, die Untertänigkeit zu erreichen, sind Pensionskassen, in denen Versorgungsrechte der Arbeiter entstehen, die nach den Bestimmungen vieler Betriebe an dem Tage hinfällig werden, da der Arbeiter das Arbeitsverhältnis löst oder aus der Arbeit entlassen wird. In allen diesen Fällen ist die Pensionskasse die faktische Aufhebung des freien Arbeitsvertrages und außerdem eine Ursache beständiger Sorge, sich irgendwie mißliebig zu machen, ein geradezu boshaftes Mittel beständiger Demütigungen. Daß es Pensionskassen ohne diese Nebenfolgen geben kann, zeigt die musterhafte Kasse der Angestellten der Zentrale für Spiritusverwertung.

Ein noch stärkeres Mittel des Industriefeudalismus sind die Wohlfahrtswohnungen. Bei den Kruppschen Werken fällt jede Arbeitskündigung mit Wohnungswechsel sofort zusammen. Das heißt für jeden gekündigten Arbeiter Wohnungswechsel binnen 14 Tagen. Das ist eine Grausamkeit. In den Stummschen Werken ermöglichen die Statuten sofortige Heraussetzung aus der Wohnung. Stumm!! Daß es bessere Systeme gibt, beweisen Beispiele dreimonatlicher Wohnungskündigung wie bei der Bergischen Stahlindustrie in Remscheid. Ein äußerst starker Eingriff in das Familienleben und Privatrecht der Arbeiter ist der Satz im Statut der Augsburger Kammgarnspinnerei:

> Fremde, Verwandte und Familienangehörige, welche nicht in der Spinnerei beschäftigt sind, dürfen nur mit Genehmigung der Direktion, wenn auch nur vorübergehend, beherbergt werden.

Noch viel weiter aber gehen die Bestimmungen bei den Mietsverträgen der Harpener Bergbau-Aktiengesellschaft und der Rheinischen Anthrazitkohlenwerke. Dort heißt es:

> Der Mieter übernimmt für sich und seine bei ihm wohnenden, dem Bergmannsstande angehörigen Söhne die Verpflichtung, während der Dauer des Mietsvertrages (ein Vierteljahr) auf der Zeche Preußen für den daselbst üblichen Schichtlohn oder Gedingsatz zu arbeiten. Er verzichtet also für sich und erwähnte Söhne ausdrücklich auf das Recht, während dieser Periode die Arbeit zu kündigen und die Abkehr zu fordern. Sollte Mieter diesen Verpflichtungen nicht nachkommen oder er selbst oder einer seiner dem Bergmannsstande angehörigen Söhne willkürlich drei oder mehr aufeinanderfolgende Schichten von der Arbeit ausbleiben, so ist die Vermieterin berechtigt, den Mietsvertrag aufzuheben und die Wohnung sofort räumen zu lassen, unbeschadet aller Ansprüche insbesondere auf den Mietszins bis zum Ablauf der Kündigungsfrist für diesen Mietsvertrag.

Hier ist Ostelbien übertroffen! Ostelbisch ist aber auch die Bestimmung der Seidenstoffwebereien in Rheinfelden:

Es müssen per Wohnung mindestens 3 Personen in der Fabrik beschäftigt sein. Wo dies bei der eigenen Familie nicht zutrifft, ist Mieter verpflichtet, Arbeiter in Kost und Logis zu nehmen.

Eine besondere raffinierte Art ist das Angebot von Darlehen an Arbeiter, die dann bei Auflösung des Arbeitsverhältnisses schleunigst zurückgezahlt werden müssen. Es überkommt den Leser des von Günther gesammelten Materials ein Grauen vor der Großindustrie, das es schwer macht, ihr gegenüber ein ruhiges volkswirtschaftliches Urteil zu behalten. Die Frage, was der Betrieb nicht darf, wächst mit jedem Jahre zu immer zentralerer Bedeutung an. Man hat bis jetzt die soziale Frage viel zu einseitig als bloße Frage materieller Versorgung angesehen, sie ist im Großbetrieb einfach die Frage des Menschenrechtes. Nicht die Wohlfahrtseinrichtungen an sich sind verwerflich. Im Gegenteil! Die Häuser, Pensionskassen und ähnliches sind oft recht gut, aber die juristischen Bedingungen, unter denen diese Vorteile dargeboten werden, sind würdelos. Und nun sehen wir eine Zukunft mit immer größeren Riesenbetrieben heranrücken. Wird diese Zukunft eine neue Sklaverei sein, ein Ende aller liberalen Träume, eine Hörigkeit der Masse? Oder gibt es eine Form der Mitwirkung der Beamten und Arbeiter an der Leitung, die derartige moderne Versklavung unmöglich macht? Behalten wir Menschenrechte im Industrialismus? Das ist das tiefste Problem der Industrieverfassung. Als solches werden wir es wieder aufgreifen, wenn wir vom Einflusse des Staates auf die Organisation der Arbeit reden.

---

10. Die Genossenschaften.

Von den verschiedensten Seiten her drängt das Wirtschaftsleben der Neuzeit genossenschaftlichen Formen entgegen, und auch wir mußten schon an verschiedenen Stellen dieses Buches von Genossenschaften reden. Die Genossenschaft ist ein rechtlicher Ausdruck für die Gemeinsamkeit der Arbeit, des Kaufes oder Verkaufes. In diesem weitesten Sinne des Wortes ist tatsächlich die Genossenschaft die Lebensform der Zukunft, man darf aber dann nicht sofort an eine bestimmte Art von Statuten oder Verfassung denken. Eine einzelne statutarische Genossenschaftsform, die als solche die Normalform des neuen Wirtschaftlebens sein soll, gibt es nicht. Auch die Aktiengesellschaft ist im weiteren Sinne des Wortes eine Genossenschaft; unter Genossenschaft im engeren Sinne des Wortes aber versteht man eine Gemeinschaft, bei der der Genossenschaftler nicht nur als Aktionär beteiligt ist, sondern irgendwie als Produzent,

Verkäufer oder Konsument selbsttätig auftritt. Am verbreitetsten ist die Verkaufsgenossenschaft. Sie ist in erster Linie gemeint, wenn man sagt, das neue Zeitalter gewinne einen genossenschaftlichen Charakter. Es genügt, daß wir an alles das erinnern, was von uns über Syndikate, landwirtschaftliche Genossenschaften, Handwerkergenossenschaften und Arbeitsverkaufsgenossenschaften (Gewerkschaften) bereits gesagt worden ist. Teilweise tritt mit der Verkaufsgenossenschaft die Einkaufsgenossenschaft gleichzeitig ins Leben. Das ist immer dort der Fall, wo die Sache so konstruiert ist, daß die Genossenschaft ihren einzelnen Mitgliedern als Käuferin (Milchkäuferin, Kohlenkäuferin) gegenübersteht, dehnt sich aber viel weiter aus, da es naheliegend ist, denselben kaufmännischen Apparat, den man für den Verkauf eingerichtet hat, gleichzeitig für den Einkauf (Düngemittel, Frachtgelegenheiten) zu benutzen. Eine scharfe Grenze zwischen Verkaufs- und Einkaufsgenossenschaften gibt es deshalb nur in der Theorie, aber nicht in der Praxis, um so mehr, da auch die eigentlichen Einkaufsgenossenschaften ihren Mitgliedern gegenüber und, wo es die Gesetzgebung erlaubt, auch gegenüber anderen Leuten als Verkäuferin auftritt.

Die Hauptformen der Einkaufsgenossenschaft sind:

der Warenbezugsverband,

der Konsumverein,

die Wohnungsgenossenschaft.

Über Warenbezugsverbände fehlt zurzeit unseres Wissens eine genügende Übersicht, im ganzen aber muß man sagen, daß sie noch auffällig unentwickelt sind. Als Beispiele sollen gelten Garneinkaufsvereine kleinerer Textilindustrieller, Kohleneinkaufsvereine von Fabrikanten, Einkaufsvereine von Schuhmachern, Schneidern, Tischlern, Konditoren, Kolonialwarenhändlern. Es sind Vereine von Verarbeitungsindustrien oder von Wiederverkäufern. Aller Wahrscheinlichkeit nach haben sie noch eine bedeutende Zukunft, denn die große wirtschaftliche Macht der Verkaufsverbände zwingt die Einkäufer geradezu, sich durch Zusammenschluß vor Benachteiligung zu sichern. Wir werden im ganzen Gebiet der Kleinindustrien eine Bewegung entstehen sehen, die syndikatsfeindlich auftritt, und werden Kämpfe erleben, die den Lohnkämpfen der Arbeiter sehr ähnlich sind. Der Berliner „Milchkrieg" war ein Vorspiel solcher Streitigkeiten. Die sich bekämpfenden Parteien waren der Verkaufsverband „Milchzentrale" und der Verein der Milchhändler. Der Kampf wurde genau so geführt wie ein großer Streik.

Viel bekannter als die Warenbezugsverbände sind bis jetzt die Konsumvereine. Wer sich über sie unterrichten will, mag das „Jahrbuch des Zentralverbandes deutscher Konsumvereine" zur

Hand nehmen, wenngleich auch dieses nur einen Ausschnitt des ganzen Gebietes darstellt. Konsumvereine bilden sich überall dort, wo eine zahlreiche Bevölkerungsschicht vorhanden ist, die nicht direkt am Warenverkauf beteiligt ist (Lohnarbeiter, Angestellte, Beamte), und wo gleichzeitig der privatwirtschaftliche Kleinhandel rückständig ist. Einem gutgeleiteten Privathandel gegenüber ist, wie wir schon gelegentlich sagten, der Konsumverein nicht der stärkere Konkurrent, da er in seiner Verfassung schwerfälliger ist als das gutgeleitete große Privatgeschäft. Die Konsumvereine sind ein höchst gesundes Hilfsmittel gegen geringwertigen Handel. Ihre Bedeutung im Wirtschaftsleben ist nicht gering. Die Ziffern der zwei größten derartigen Verbände waren im Jahre 1908:

	Vereine	Mitglieder	Umsatz
Zentralverband deutscher Konsumvereine	1028	967 000	252 601 000 Mk.
Allg. Verband d. deutsch. Erwerbs- und Wirtschaftsgenossenschaften	266	257 000	65 229 000 „
	1 294	1 224 000	317 830 000 Mk.

Über die Zusammensetzung der Konsumvereine gibt die folgende Tabelle eine wertvolle Auskunft. Von den Mitgliedern waren:

682 600	gewerbliche Arbeiter,
57 800	selbständige Gewerbetreibende,
55 200	Personen ohne bestimmten Beruf,
35 100	Staats- und Gemeindebeamte,
24 800	landwirtschaftliche Arbeiter,
14 900	selbständige Landwirte.

Man sieht, daß der gewerbliche Arbeiter der Träger des Vereinsgedankens ist. Er ist es, der unter den Schäden des ungelernten Kleinhändlertums am unmittelbarsten leidet. Durch Organisation will er die Spannungsweite zwischen Lohneinnahme und regelmäßiger Ausgabe erweitern. Was er gewinnt, ist teils ein billigerer Preis, teils eine Vereinsdividende, teils eine Verbesserung der Warenqualität. Unter günstigen Umständen kann auch der Konsumverein für Wohlfahrtszwecke bedeutende Mittel abgeben. Der Zentralverband deutscher Konsumvereine zahlte im Jahre 1908 seinen Mitgliedern 18 Millionen Mark zurück und hatte dabei noch 615 700 Mark für Wohlfahrtszwecke übrig.

Am interessantesten aber für die Organisation der Arbeit sind die in England schon zeitig begonnenen, in Deutschland neuerdings mehr in Aufnahme gekommenen Versuche, vom Einkaufsverein aus zur Herstellungsgenossenschaft überzugehen. Dabei ist zu unterscheiden zwischen Konsumenten-Produktivgenossenschaften (solchen Genossenschaften, wo die Warenkäufer als Genossenschaftler auftreten) und Arbeiter-Produktivgenossenschaften (solche Genossenschaften, wo die Hersteller als Genossenschaftler auftreten). Die erstere dieser Formen kommt besonders als Backgenossenschaft vor. Die Arbeiter-Produktivgenossenschaft erscheint in dem genannten Jahrbuch bisher nur an wenigen Stellen. Als eine Art von Konsumenten-Produktivgenossenschaften müssen auch die meisten Wohnungsgenossenschaften angesehen werden. Die Genossenschaftler sind Wohnungskonsumenten, die sich zu Bauunternehmer- und Hausbesitzer-Gemeinschaften zusammenschließen. Wir sind nicht imstande, im Rahmen unserer Arbeit auf die zahlreichen Einzelformen dieses wichtigen Gebietes einzugehen. Das, was wir hier bieten können, ist nur ein allgemeiner Hinweis und eine Erörterung darüber, welche Rolle der Genossenschaft in der sich vorbereitenden Organisation der Arbeit im ganzen zufallen wird.

Es bestehen zwei verschiedene genossenschaftliche Gedankengänge, die das ganze Wirtschaftssystem von der Genossenschaftsform aus konstruieren:

1. Die Idee des Konsumentenvereins wird dahin ausgedehnt, daß im Laufe der Zeit alle Käufer, das heißt alle Wirtschaftssubjekte, als Käufer organisiert werden sollen, um große Einkaufskörper zu bilden, die ihrerseits die Herstellung aller einheimischen und den Einkauf aller ausländischen Waren zu übernehmen haben. Der Konsument erscheint in dieser Auffassung als der Arbeitgeber an sich, der alle Unternehmer zu seinen Angestellten macht. Alle Kohlenkäufer sollen sich organisieren, um die Kohlenproduktion in die Hand zu bekommen usw.

2. Die Idee der Produktionsgenossenschaft wird dahin ausgedehnt, daß alle Arbeitsgemeinschaften eine genossenschaftliche Verfassung erlangen sollen, so daß die Industrie zu einem System unter sich verflochtener industrieller Republiken wird usw. In dieser Auffassung erscheint der Produzent als das Subjekt des Wirtschaftsprozesses, und zwar jeder Produzent, auch der Hilfsarbeiter.

In diesen zwei Gedankengängen liegt eine relative Wahrheit, und kein aufmerksamer Leser unserer bisherigen Darstellungen wird verneinen, daß wir noch weitreichende Organisationsprobleme in der Zukunft vor uns haben. Aber es ist doch nötig festzustellen, daß die vorhandene Wirklichkeit eine so einfache und einheitliche Lösung der Zukunftsprobleme nicht zu versprechen scheint. Es gibt starke Gegenwirkungen gegen die Generalidee der allgemeinen Genossenschaftlichkeit, und zwar teils solche, die im Wesen der Genossenschaftsverfassung selber liegen, teils solche, die sich aus dem beständigen Gegensatz der Produzenteninteressen und der Konsumenteninteressen ergeben.

Die Genossenschaftsverfassung ist von vornherein republikanisch gedacht, wird aber bei weiterer Entwicklung und Ausdehnung des Geschäftsumfanges immer mehr monarchisch oder wenigstens konstitutionell. Ein kleiner Konsumverein oder eine kleine Produktionsgemeinschaft kann voll sein von republikanischem Genossenschaftsgeist. Jeder Teilnehmer kann ein Pionier seiner Sache sein und sich als direkt mitbeteiligt an allen Vereinsentscheidungen betrachten. Sobald aber der Verein Tausende von Mitgliedern enthält, sinkt die Bedeutung des Einzelmitgliedes. Der einzelne ist dann nur eine Stimme in der Generalversammlung und verliert den Überblick über den Gang des Unternehmens. Die Beamten übernehmen die tatsächliche Leitung! Sobald nun aber viele Genossenschaften zu einem Verbande vereinigt werden, verliert auch die einzelne Generalversammlung an Bedeutung und der Schwerpunkt der Tätigkeiten verlegt sich nach der Zentralstelle. Damit sinkt die Temperatur der Genossenschaftlichkeit und es entstehen bureaukratische Verwaltungen, die dem kapitalistischen Geschäft gegenüber keine völlig andere Arbeitsweise mehr darstellen können. Die Leiter der Zentralstelle werden in ihrer Weise ebenso souverän wie Aktiengesellschaftsdirektoren und bewerten ihre persönlichen Leistungen nach den Grundsätzen der privatkapitalistischen Gesellschaft. Die Herrschaft der Masse der Konsumenten über den Einkauf wird durch die wachsende Undurchsichtigkeit des Riesengeschäftes zur Illusion. Das alles spricht nicht gegen die Genossenschaften an sich, sondern nur gegen die Annahme, daß sie für sich allein stark genug sind, die Organisation der Arbeit im ganzen grundsätzlich umzugestalten.

Dazu kommt nun, daß die Konsumentenvereine mit ihrer Tendenz der Herabdrückung der Herstellungspreise bei wachsender Ausdehnung mit den Produzenteninteressen ihrer eigenen Mitglieder in Widerstreit geraten müssen. Der Einzelmensch, der als Konsumvereinsmitglied billige Kleiderstoffe kaufen will, muß als Spinner oder Weber oder Färber höhere Löhne fordern. Von einem gewissen Zeitpunkt an tritt die Konsumentenbewegung als Hemmnis der Lohnbewegung auf. Schon heute ist die Lohn- und Gehaltsfrage innerhalb der Genossenschaften außerordentlich schwierig. Es ist aber eine sich beständig wiederholende Erfahrung, daß der einzelne, sobald ihm der Gegensatz von Konsumenten- und Produzenteninteressen deutlich wird, sich den letzteren zuwendet. Er will zuerst höhere Einnahmen haben, dann denkt er sich mit den Ausgaben schon abzufinden. Man braucht sich nur vorzustellen, daß sich unsere Konsumvereine verzehnfachen, so werden sie eine Legion von fast unlösbaren Lohnproblemen in ihrer eigenen Mitte haben. Wendet aber die Menge der einzelnen ihr stärkeres Interesse den Produktionsgenossenschaften zu, um von ihnen aus das Wirtschaftsleben zu beeinflussen, so ist leider als Tatsache festzustellen, daß die genossenschaftliche Betriebsverfassung bisher nur sehr schwache Proben ihrer Leistungskraft hervorgebracht hat. So oft man vor und nach Lassalle die Produktivgenossenschaften als die Lösung der sozialen Frage angekündigt hat, so oft man den Geist der gemeinsamen freien Arbeitsdisziplin wecken wollte, hat man geringe praktische Erfolge erlebt. Unter besonderen Umständen kann das Experiment glücken. Die besonderen Umstände bestehen aber meist darin, daß in der Gemeinschaft ein monarchischer Kopf vorhanden war. Keinesfalls steigt das Genossenschaftsprinzip in der Gegenwart so sieghaft in die Höhe, wie es der Fall sein müßte, wenn wir es als die Zukunftsform an sich betrachten sollten. Wir haben in unserer Wirtschaftswelt unzählige Stellen, wo sich genossenschaftliche Elemente erfolgreich einschieben, wo sie zwischen monarchischen und konstitutionellen Verfassungsformen als wertvolle Zwischenglieder wirken, wo die Genossenschaft die Mängel des privatkapitalistischen Systems ergänzt und bessert, aber mehr können wir von der Genossenschaft im ganzen nicht sagen, so gern wir es tun möchten, da wir die reine Genossenschaftsform für die moralisch höchststehende aller Betriebsformen ansehen. Es ist möglich und mit allen Kräften anzustreben, daß sich die Industrieverfassung auf dem Wege des Betriebsparlamentarismus dem genossenschaftlichen Ideal je länger desto mehr annähert, aber es würde ein Traum sein, an Stelle der vorhandenen Produktionsbetriebe ein Heer neuer genossenschaftlicher Gründungen setzen zu wollen.

---

11. Kapitalismus und Sozialismus.

Das Wort Kapitalismus ist ziemlich jung, denn es entstammt dem marxistisch-sozialistischen Sprachgebrauche. Die älteren sozialistischen Dokumente haben es noch nicht, sondern verwenden in fast demselben Sinne das Wort „Bourgeoisie": die Klasse der Kapitalisten und ihr System. Von den Sozialisten übernahmen das Wort zuerst konservative und antisemitische Gegner der neueren bürgerlichen Wirtschaftsweise und viel später und seltener auch Vertreter dieser neuzeitlichen Hauptströmung selber. In den wissenschaftlichen Sprachgebrauch der Universitätswissenschaft wurde das Wort Kapitalismus erst in letzter Zeit durch die Professoren Sombart und Max Weber eingeführt. Es hängt mit dieser seiner Entstehung zusammen, daß es im allgemeinen Sprachgebrauch einen etwas unfreundlichen Nebenton besitzt, etwa wie auf anderen Gebieten die Worte Militarismus, Methodismus, Kritizismus. Man denkt dabei an Ausschreitungen und Übertreibungen, die zum Kapitalismus gehören, als ob sie allein sein Wesen ausmachten. Dasselbe finden wir übrigens auch beim Worte Sozialismus in allen den Kreisen, denen dieses Merkwort nicht eine Glücks- und Hoffnungsbotschaft bedeutet. Was aber wollen überhaupt beide Worte? Sie wollen kurze Bezeichnungen für sehr umfangreiche Zusammenhänge von wirtschaftlichen Erscheinungen sein und gleichzeitig Ausdrücke für bestimmte Wirtschaftsabsichten. In ihrer Art sind sie ebenso komplizierte Begriffe wie Katholizismus und Protestantismus, voll von in sich selbst streitenden Momenten und vielfarbigen Stimmungen. Im Grunde aber handelt es sich um zwei Anschauungen von der Organisation der Arbeit, und deshalb gehört der Abschnitt „Kapitalismus und Sozialismus" an diese Stelle.

Der Kapitalismus entsteht und wächst mit der Geld- und Austauschwirtschaft, die wir in früheren Abschnitten beschrieben haben. Man kann nicht sagen, wann und wo er sich zuerst zeigt, denn etwas Austauschwirtschaft war immer und überall vorhanden. Solange aber die Austauschwirtschaft nur eine Nebenform des Wirtschaftens ist und der Kern des wirtschaftenden Volkes aus Menschen besteht, die ihr eigenes Brot essen und ihre eigene Wolle auf dem Leibe tragen, solange kann man vom Kapitalismus nicht reden. Erst wenn die größeren Mengen der verfügbaren Materie verkaufbare Ware geworden sind und wenn die Arbeit als solche in der Mehrzahl der Fälle eine kaufbare Leistung geworden ist, kann der Übergang vom alten vorkapitalistischen Wesen zum Kapitalismus als vollzogen gelten. Kapitalismus ist in diesem Sinne der Sieg des Kaufmanns über das Feudalsystem. Den Kaufmannsgeist der Neuzeit in seinen Voraussetzungen und Verzweigungen aufgezeigt zu haben, ist das Verdienst von Sombart und Weber.

Die Entwicklung des Kaufmannsgeistes in der Wirtschaft ist gleichzeitig extensiv und intensiv, das heißt, es gibt eine doppelte Art von Geschichte des Kapitalismus, eine Geschichte der Verwandlung des äußeren Bildes der Wirtschaft in den alten Kulturländern und von da aus auf der ganzen bewohnten Erde, und eine Geschichte der Verwandlung des Seelenlebens, des Rechts, der Technik, der Wissenschaft, der Welt- und Lebensanschauung der Menschen, die in dem großen geschichtlichen Umwandlungsprozesse begriffen sind. In diesem weiten Sinne ist die Geschichte des Kapitalismus der Hauptinhalt der neueren Geschichte überhaupt. Im

Innern dieser doppelten großen Geschichte des Kapitalismus verläuft aber etwas, was man seine Spezialgeschichte nennen könnte: die Morphologie, d. i. die Verwandlungsgeschichte der Arbeitsorganisation und des Arbeitseigentums. Von beiden haben wir schon hinreichend geredet. Wir sahen die alte Zeit des gebundenen Gewerbes sich auflösen und dann aus individueller Freiheit wieder neue Bindung werden, und wir sahen das Herrschaftseigentum zum Verkaufseigentum werden und dieses immer mehr seinen konkreten Zusammenhang mit den einzelnen Dingen verlieren, bis in neuer Form Eigentum nichts anderes ist als ein sehr beweglicher Anteil an der Herrschaft über den kapitalistischen Gesamtprozeß. Das Ergebnis aller dieser Entwicklungen ist nun ein Zustand, da Systeme von Wirtschaftsverbänden auf der einen Seite an die Stelle der einzelnen Privatkapitalisten zu treten begonnen haben. Der Kapitalist wird vom Kapitalismus verschlungen, er wird in ihm teils Organ, teils Ernährungsobjekt, als einzelner aber ist er nicht mehr Herr eines bestimmt abgegrenzten Gebietes weder der Arbeit noch des Besitzes. Diese Veränderung ist das merkwürdigste und folgenschwerste Ereignis unserer Epoche, und wir alle stehen in stiller, mit einer gewissen Angst durchzogener Bewunderung vor der unheimlichen Gewalt und Schnelligkeit, mit der sich die Leitung der Produktion und die Verwaltung der materiellen Lebensgüter der Menschheit zentralisiert.

Die Stufen dieses allgemeinen Vorganges sind folgende:

der Arbeiter wird von den Betriebsmitteln getrennt (Proletarier),

der Besitz wird von der Leitung getrennt (Aktiengesellschaft),

die Leitungen werden untereinander verflochten (Regelung der Produktion),

die Besitzrechte werden untereinander vertauschbar (Internationale Börsenwerte).

Die Arbeitsleitungen stehen in der Mitte zwischen den besitzlosen Arbeitern und den am Arbeitsvorgang nicht mehr direkt beteiligten Besitzern der im Arbeitsprozeß enthaltenen schuldbehafteten Materie. Sie sollen den Anforderungen beider Seiten gerecht werden und womöglich gleichzeitig hohe Gehälter und Löhne an die Arbeitskräfte und hohe Dividenden an die Aktionäre zahlen. Rechts von ihnen steht der Kapitalist und sagt: ich bin es, der die Möglichkeit des Arbeitens schafft, denn mir gehören Erde, Erz, Holz und Maschinen! Links aber von ihnen steht der Sozialist und sagt: ich bin es, der die Möglichkeit der Arbeit schafft, denn mir gehören die arbeitenden Hände, alle Räder stehen still, wenn mein starker Arm es will! Der Kapitalist sagt: höre nur auf zu arbeiten, ich kann warten, bis du wiederkommst! Der Sozialist sagt: und wenn ich dir nun dein Eigentum nehme?? Das ist der Augenblick, in dem es klar wird, daß der Kapitalist den Staat als Hintergrund braucht, um Kapitalist bleiben zu können. Es braucht aber ebenfalls der Arbeiter den Staat, denn in dem Moment, wo die Staatsmacht wegfällt, stürzt nicht nur das kapitalistische Besitzrecht an der Materie, sondern auch alles Vertragsrecht, auf das der Arbeitsprozeß gegründet ist. Beide also kommen zum Staat und verlangen ihn für sich. Dort werden wir sie in späteren Abschnitten wiederfinden. Hier ist es zunächst die rein wirtschaftliche Seite der Debatte zwischen Kapitalismus und Sozialismus, die uns beschäftigt.

Als die Sozialdemokratie anfing, ihre Lehren zu verbreiten, schien die Debatte zwischen Kapitalisten und Sozialisten ein Streit zwischen einer individualistischen und einer nichtindividualistischen Wirtschaftsauffassung zu sein. Der Kapitalist war damals noch im wesentlichen der Privatkapitalist, der selber den Arbeitsvorgang leitete. Damals wurde es als sozialistisches Hirngespinst verworfen, wenn überhaupt die Idee einer Regelung der Produktion ausgesprochen wurde. Die ganze ältere liberale Polemik gegen den Sozialismus bewegte sich in dem Gedankengange: es ist unmöglich und schädlich, das freie Spiel der Kräfte zu hindern! Das ist jetzt vorbei. Das freie Spiel der Kräfte im alten Sinne des Wortes ist nicht mehr da. Heute ist der Streit der Syndikate, Genossenschaften und Verbände an die Stelle der alten Einzelkämpfe getreten, und heute hört man in jeder Generalversammlung eines Syndikats den Gedankengang, der früher als sozialdemokratisch verschrien war, nämlich: es sei eine Zügellosigkeit der Konkurrenz vorhanden, die gebändigt werden müsse, und es sei Pflicht, die Produktion zu regeln! Der Übergang vom Kapitalisten zum Kapitalismus hat den Kapitalisten und Sozialisten einander theoretisch näher gebracht. Sie stehen sich nicht mehr als Vertreter zweier völlig unterschiedlichen Arbeitssysteme entgegen, des individualistischen und des kollektivistischen, denn das individualistische Arbeitssystem ist im offenbaren Rückzuge begriffen, und der große Kapitalist ist es vor allem, der es zurückdrängt. Heute ist die individualistische Wirtschaftslehre zur kleinbürgerlichen Schwäche geworden, und Großbürger und Proletarier reichen sich darüber die Hand, daß sie beide für den isolierten Einzelbetrieb keinen Sinn mehr haben. Sie erklären ihn mit Recht für eine Illusion, da sich ja die Geschichte der Gesamtwirtschaft gegen ihn gewendet hat. An dieser Änderung der alten Gegensätze kann der Sozialdemokrat seine theoretische Freude haben, denn Karl Marx war es ja, der zeitiger und scharfsinniger als alle anderen die großen Umwandlungen innerhalb des kapitalistischen Systems vorhergesagt hat. Die Gegenwart erscheint uns in vieler Hinsicht als eine Erfüllung der von ihm ausgegangenen Weissagungen. Nur ist diese Freude zunächst rein theoretischer Natur. Erleichtert ist nur die Übersicht über das Schlachtfeld, die Schlacht selbst aber ist noch ebenso unentschieden wie vor 40 Jahren, denn der Kapitalismus ist durch seine zentralistische Organisationstendenz zunächst nicht schwächer, sondern stärker geworden und besitzt heute etwas, was er früher als Gesamtheit überhaupt nicht hatte: er wird regiert, er hat industrielle und finanzielle Könige.

Der Sozialismus, wie er aus der Hand von Marx herauskam, hatte zwei Elemente, das sozialistische und das demokratische. Es schienen zwei Aufgaben vor dem Proletariat zu liegen: die Überwindung der Einzelwirtschaften durch eine Gesamtwirtschaft und die Überführung dieser Gesamtwirtschaft in Besitz und Leitung aller Beteiligten. Den ersten Teil dieser Aufgabe hat nun der Kapitalismus in seiner modernsten Form selber in Angriff genommen. Deshalb ist heute der Sozialismus nicht mehr ein absoluter Protest gegen die herrschende Wirtschaftsweise, denn diese ist gar nicht mehr privatkapitalistisch im früheren Sinne des Wortes. Sozialismus ist heute keine reine Gegenbewegung gegen die Gegenwartswirtschaft als solche mehr, sondern ein Kampf um Macht und Einfluß der Besitzlosen in dieser Wirtschaftswelt, die allseitig dem Ziele der Vereinheitlichung zustrebt. Die Vereinzelung der Wirtschaftssubjekte hört immer mehr auf, alles wird organisiert, nur sind es bis jetzt die Kapitalisten, die das Organisieren von sich aus und zu ihren Gunsten besorgen. Ihnen rücken die Arbeiter immer näher und verlangen an dem System des Kapitalismus als Mitorganisatoren und Mitbesitzer teilzuhaben. Sie sind für Großbetrieb, für Großhandel, für Einheitspreise, für alles, was die sieghaftesten Kapitalisten ihrerseits wollen, nur eben für sich. Ihr Sozialismus ist eine Umgestaltungstendenz innerhalb des Kapitalismus.

Gerade deshalb haben wir in den vorhergehenden Abschnitten die überall zutage tretende Tendenz auf Überwindung des Privatunternehmers und Einzelarbeiters durch wirtschaftliche Gemeinschaftsformen so stark und geflissentlich hervorgehoben, um diesen zentralen Satz unserer Auffassung mit dem erforderlichen Unterbau zu versehen. Sozialismus ist derselbe Vorgang im

Kapitalismus wie Liberalismus im Staat. Das was wir im Abschnitt von der Industrieverfassung ausgeführt haben, daß sich alle alten Verfassungskämpfe im Fabriksystem wiederholen werden, brauchen wir hier nur auf das Wirtschaftsleben im ganzen auszudehnen. Kapitalismus ist die aristokratische Auffassung desselben Wirtschaftslebens, dessen demokratische Auffassung Sozialismus heißt.

Es ist von allerhöchster Wichtigkeit, dieses gegenseitige Verhältnis von Kapitalismus und Sozialismus richtig zu erfassen, wenn man sich über die Aussichten des Sozialismus ein Urteil bilden will. Ist nämlich der Sozialismus eine grundsätzliche Verneinung der vorhandenen Entwicklungsrichtung unseres Wirtschaftslebens, dann ist er aussichtslos, denn keine Theorie, und sei sie noch so begeistert in den Willen vieler Menschen übergegangen, vermag etwas gegen die Wucht der unregierbaren Gewalten, die in der unbewußten Entwicklung liegen. Nur wenn, weil und soweit der Sozialismus nichts anderes ist als ein legitimes Kind der bisherigen Wirtschaftsgeschichte, wird er lebensfähig sein. Alle bloße Utopie hat nur den Wert von schönen Träumen.

Der Sozialismus hat wegen dieser seiner Stellung im Kapitalismus zu diesem eine doppelte Haltung einzunehmen. Er muß ihm einerseits zur Vollendung helfen und ihn andererseits in seiner inneren Organisation umgestalten. Beides ist vom Marxismus richtig vorgezeichnet worden. Die marxistische Lehre hat das unzweifelhafte Verdienst, die deutschen Arbeiter von einer an sich naheliegenden rückständigen Beurteilungsweise der kapitalistischen Umwandlung des Wirtschaftslebens ferngehalten zu haben. Wie leicht konnte der Arbeiter gegen maschinelle Fortschritte, gegen Bankkonzentration oder Syndikatsbildung mißtrauisch und gegensätzlich gemacht werden, wenn ihm nicht feste Begriffe über die Gemeinsamkeit seiner Interessen mit denen des kapitalistischen Fortschrittes beigebracht worden wären! Hier zeigt es sich, welchen hohen Wert es gehabt hat, daß der deutschen Sozialdemokratie ein Mann von universalem Blick als geistiger Vater geschenkt wurde. Selbst die doktrinäre Verknöcherung der marxistischen Lehre hat darin einen Nutzen gehabt, daß sie alle Versuche, die deutschen Arbeiter als Hilfstruppen der wirtschaftlichen Reaktion zu brauchen, unmöglich gemacht hat. Noch heute stehen Kapitalisten und Sozialisten den beträchtlichen Resten vorkapitalistischer Zustände, Empfindungen und Absichten gegenüber als geistige Einheit da. Sie vertreten zusammen das Zeitalter des Verkehrs, der Technik, der praktischen Bildung, des Freihandels, der Goldwährung und der Syndikate, soweit sie sich auf Freihandel aufbauen. Sie sind zusammen eine gemeinsame Kulturbewegung, nur innerhalb dieser von ihnen beiden verteidigten und geförderten Kultur streiten sich die Materialbesitzer und die Arbeitleister um das Maß ihrer Rechte.

Die Sozialisten leugnen theoretisch, daß der private Besitz an der Materie, die in den kapitalistischen Prozeß eingegangen ist, eine für diesen Prozeß notwendige Funktion erfüllt. Sie sagen, daß die ganze ungeheure Arbeit der modernen Welt auch ohne Aktionäre und Obligationenbesitzer getan werden könne. Man sehe ein Bergwerk an! Kann es nicht seinen Dienst gegenüber der Gesamtheit tun, auch wenn es keine besonderen Besitzer gibt, denen Dividende gezahlt werden muß? Kann es nicht auf irgendeine Weise diese Besitzer von sich abschieben, um nur sich selbst zu gehören? Oder kann es nicht unter Abfindung der Besitzer in die Hand der Allgemeinheit, der Gesellschaft, übergeführt werden? Und gilt das, was von dem einen Bergwerk gilt, nicht von allen großen unpersönlich gewordenen Unternehmungen? Soll die Arbeit bis in Ewigkeit mit Pflichten gegen eine Rentnerschicht belastet bleiben, die volkswirtschaftlich nicht mehr nötig ist?

Diese Grundfrage des Sozialismus ist so natürlich entstanden, drängt sich jedem Beobachter der heutigen Wirtschaftsverfassung so unmittelbar auf, daß selbst die Kapitalisten, sobald sie ihre persönlichen und egoistischen Gefühle zum Schweigen bringen, sich der Wucht der Frage an sich nicht entziehen können. Es gibt schon heute viele Kapitalisten, die den Ernst der Frage ebensogut verstehen, wie viele Sozialisten. Diese gleichen jenen Aristokraten der alten Zeit, die das Recht der Demokratie zu leugnen nicht für nötig hielten. Nur sagen sie ihrerseits, *daß die geschichtliche Rolle des privaten Wirtschaftskapitals noch lange nicht ausgespielt ist*. Noch gibt es endlos große Gebiete des inländischen und vor allem des internationalen Wirtschaftslebens, die längst nicht durchkapitalisiert sind. Der Privatkapitalismus ist erst noch mitten in seiner Arbeit. Jeder privatwirtschaftliche Kapitalzuwachs dient der weiteren Durchkapitalisierung der Erdoberfläche. Was ist es, das die notwendigen Betriebsmittel in alle Ecken der Erde wirft, wenn nicht der Trieb des Besitzes, sich zu vermehren? Glaubt man, daß ein Staatssozialismus oder eine Genossenschaftsindustrie dasselbe leisten werde? Wenn der Privatkapitalismus wirklich schon am Ende seiner Aufgabe wäre, so müßte er die Züge eines alt und müde gewordenen Systems an sich tragen, Züge der Hilflosigkeit, Unsicherheit, der inneren Gebrochenheit. Das ist aber in unseren Tagen trotz aller sozialdemokratischen Leitartikel noch nicht der Zustand des Kapitalismus. Er ist voll und übervoll von Plänen und gewinnt noch immer steigende Mittel- und Regierungskraft, während der Sozialismus Mühe hat, sich ihm gegenüber zu behaupten. Nach aller menschlichen Voraussicht ist die Uhr des Kapitalismus noch nicht abgelaufen. Man kann ihn in Resolutionen totschlagen, aber was hilft das?

Eine Wirtschaftsverfassung, die aus so vielen Voraussetzungen heraus entstanden ist, und die sich mit alten und neuen Rechten so ummauert hat wie der Kapitalismus, ist langlebig auch in einer schnell vorwärtsschreitenden Zeit. Sie verändert sich in sich selbst nach ihren eigenen Gesetzen und wird schließlich einmal sich so verändert haben, daß sie etwas völlig anderes geworden ist, aber sie ist in jedem Einzelkampf, den man ihr aufzwingt, von enormer Zähigkeit. Man sehe doch, wie zäh noch immer das prinzipiell überwundene Adels- und Feudalsystem sich am Leben erhält! Und wie sollte das viel jüngere und vollsaftigere neue System schon wieder seinen Platz räumen wollen? Der Sozialismus wird sich darauf einrichten müssen, daß es noch lange Zeiten hindurch den Kapitalismus gibt, und wird sich darauf beschränken müssen, ihm im einzelnen Terrain abzugewinnen und die Demokratisierung der Wirtschaftsleitung zu fördern.

Das alles bedeutet in keiner Weise eine Unterschätzung des Sozialismus. Er ist eine wirtschaftsgeschichtliche Bewegung allerersten Grades, eine Erscheinung, wie sie in keiner früheren Zeit vorhanden war. Die Masse will wirtschaftlich Subjekt werden. Nur wird sie nicht darauf rechnen können, daß ihr alle Fülle alter Macht sozusagen von selbst in den Schoß fällt. Sie muß sich im Kapitalismus in die Höhe arbeiten und hat dazu wesentlich drei Wege: erstens die möglichste Steigerung der technischen, geistigen und moralischen Leistung ihrer einzelnen Mitglieder, zweitens die Vervollkommnung der Organisationen der Arbeitsverkäufer und der Einkäufer von Massenwaren, drittens die Ausnutzung der staatsbürgerlichen Rechte zur Erzielung einer staatlichen Wirtschaftspolitik, die den Interessen der besitzlosen Menge entgegenkommt und sie fördert. Diese drei Richtungen der Tätigkeit des Sozialismus sind unter sich eng verbunden, denn die Qualitätserhöhung der Arbeiter ist ohne Erhöhung der Staatsleistungen für Bildung und ohne Organisierung der Arbeiterschaft nicht denkbar, die Organisierung ist ohne politische Freiheit und Qualitätsverbesserung nicht allgemein durchführbar, die politische Macht setzt wirtschaftliche Leistungen voraus. Es muß ein großer allgemeiner Wille in der Masse lebendig sein, aufwärtszusteigen. Dieser Wille ist die seelische Grundlage des Sozialismus. Daß dieser Wille von der Sozialdemokratie geweckt und gefördert worden ist, und sei es auch zeitweise in agitatorischer Heftigkeit und Rücksichtslosigkeit, ist ihr bester Beitrag zur nationalen Gesamtwirtschaft.

Die arbeitende Klasse ist in Deutschland im Aufsteigen. Die Statistik des wachsenden Volksbedarfs, die wir im zweiten Hauptabschnitt gegeben haben, beweist es, daß wir eine Erweiterung des Lebensspielraums der Menge vor uns haben. Aber die dort angegebenen Löhne und der Augenschein jedes Menschen, der das Arbeiterleben in seiner Alltäglichkeit kennt, bezeugen trotzdem, daß noch unendlich große Aufgaben vor uns liegen. Was könnte aus dem deutschen Volke gemacht werden, wenn es in allen seinen Teilen gut erzogen, gut ernährt und sittlich geachtet würde! Das würde ein Volk von wunderbarer Tüchtigkeit sein! An dieses Volk, das im ganzen kein Volk von Knechten mehr ist, glaubt der Sozialismus. Um dieses Glaubens willen werden von zahllosen kleinen Leuten Opfer gebracht, die in Erstaunen setzen. Mag für viele dieser kleinen Leute der Sozialismus eine Art Religion sein, ein Glaube, der sich mehr mit dem Endziel beschäftigt als mit den Zwischenstufen seiner Verwirklichung, so ist ein gewisses Maß von Illusion bei allen bedeutenden Geschichtsbewegungen notwendig, und auch der ältere Liberalismus ist seinerzeit nicht ohne populäre Illusionen ausgekommen. Wer viel erreichen will, muß noch mehr hoffen können. Der Verlauf der Geschichte zeigt schon von selbst, wo die Elastizität des Wünschens größer war als die Möglichkeit der Verwirklichung.[1] Es zeigt sich, daß der Kapitalismus nicht im Sturm erobert werden kann. Er ist noch fest, aber er bietet der Arbeiterklasse die Möglichkeit, sich immer mehr zu recken und zu strecken, hilft ihre Zahl vermehren und ihre Unentbehrlichkeit empfinden.

Das Ziel des Sozialismus bei seinem beständigen Vorwärtsdringen heißt also *allmähliche Demokratisierung der kapitalistischen Organisation des Besitzes und der Arbeit*. Das ist aber nicht möglich, ohne gleichzeitige Demokratisierung des Staates, der für den Kapitalismus die Vorbedingungen schafft. Der Staat muß liberalisiert sein, damit die Masse den Weg zur höheren Leistung und Mitwirkung in der Volkswirtschaft findet. Aller Sozialismus hat mit Notwendigkeit den Staat teils bekämpft, soweit er antidemokratische Strömungen im Wirtschaftsleben förderte, teils zu Hilfe gerufen, wenn er geneigt war, der Demokratisierung zu dienen. Der Staat wird von allen Wirtschaftsparteien in Anspruch genommen und ist dabei selber ein Ergebnis wirtschaftlicher Kämpfe und Kräfte. Ihn inmitten des Wirtschaftslebens zu erfassen, ist die letzte schwere Aufgabe unserer Arbeit.

5. Abschnitt.

Der Staat im Wirtschaftsleben.

1. Das wirtschaftliche Wesen des Staates.

Ob es einen einheitlichen Begriff des Staates an sich geben kann, wissen wir nicht, und alles, was wir über die Theorien vom Staate lesen, macht es uns nur zweifelhafter. Einen bestimmten Staat kann man nämlich begreifen und zwei oder drei bestimmte Staaten kann man vergleichen, es ist aber, wie es scheint, unmöglich, alle alten und neuen, kleinen und großen Gebilde, die Staat genannt werden, als verschiedene Erscheinungsformen einer und derselben Idee darzustellen. Vom Negerstaat in Afrika bis zur Republik der Vereinigten Staaten von Nordamerika ist ein gar zu weiter Weg, und es ist schwer, den Zweck dieser beiden Staaten auf eine gemeinsame Formel zu bringen. Wenn wir lesen, der Staat sei die „Organisation des Volkes", so kann das richtig sein, es hat aber Staaten gegeben, die keineswegs als „Veranstaltungen zum Zwecke des Rechtes und der Sicherheit" bezeichnet werden konnten, oder bei denen es Spott sein würde, sie als „Verwirklichung der Idee der allgemeinen Wohlfahrt" darzustellen. Meist enthalten die Theorien vom Staat keine Beschreibung dessen, was die Staaten sind, sondern nur dessen, was sie nach Meinung der Schreibenden sein oder leisten sollen. Uns aber wird es für die Zwecke unseres Buches genügen, eine Anschauung von der Entstehung und wirtschaftlichen Bedeutung derjenigen Staaten zu geben, mit denen wir zu schaffen haben. Wir tun es, indem wir zuerst vom monarchischen und dann vom konstitutionellen Staate reden. (Vergleiche dabei Gumplowicz, Geschichte der Staatstheorien!)

Der monarchische Staat bestand aus dem Fürsten und seinen Angestellten einerseits und den Untertanen andererseits. Er war ein Betrieb, dessen erster Zweck die Herbeischaffung von Einnahmen ist. Nur um der Einnahmen willen gab sich der Fürst mit seinen Untertanen ab. Das klingt hart und trifft nicht für alle Zeiten und Verhältnisse zu, ist aber der Normalzustand der älteren Territorialherrschaften. Ob die Untertanen in der Ebene wohnten oder im Gebirge, ob sie Deutsch sprachen oder Lettisch oder Dänisch, ob sie fromm waren oder nicht, war dem Fürsten gleichgültig, wenn sie nur Abgaben geben konnten. Eine Landschaft, die gar nichts abgeben konnte, hatte keinen Wert, sie wurde nicht verteidigt. Abgabefähige Gebiete aber wurden erobert, verteidigt, verhandelt, vererbt. Es war also der Staat ein Erwerbsgeschäft, das man als Abhebung des Mehrwertes der Arbeit bezeichnen kann. Die Elemente dieses Erwerbsgeschäftes sind folgende:

1. Es muß verhindert werden, daß gleichzeitig ein zweiter Fürst dasselbe Gebiet als Einnahmequelle benutzt (Soldaten).

2. Es muß verhindert werden, daß die Untertanen sich gegenseitig am Erwerbe hindern (Justiz).

3. Es muß verhindert werden, daß sie sich der Abgabe entziehen (Polizei).

4. Die Untertanen müssen angehalten werden, ihren Ertrag zu steigern, damit die Einnahmen des Fürsten wachsen können (Wohlfahrt).

5. Die Untertanen müssen in Unterwürfigkeit und Zufriedenheit erhalten werden, damit sie das Erwerbsgeschäft nicht stören (Königstreue).

Der Fürst dieser Art war in vieler Hinsicht dem späteren kapitalistischen Arbeitgeber verwandt. In der reinen Theorie des Absolutismus ist er ja auch der Arbeitgeber seines Volkes, dem im Grunde alles gehört: Acker, Vieh, Söhne und Töchter! Er gewährt die Vorbedingungen der Arbeit und beansprucht dafür einen Anteil, dessen Höhe er selbst bestimmt. Sein Geschäft konnte glänzend sein (schon der Name „König" redet vom Glück dieser Tätigkeit), aber es war nicht ohne starkes Risiko und verlangte eine sehr weitgehende Technik. Ein Fürst war allen Launen der freien Konkurrenz ausgesetzt, wenn es seinem Kollegen gefiel, dasselbe Gebiet ebenfalls bearbeiten zu wollen. Ein Mann ohne Waffengewalt konnte deshalb ein solches Geschäft niemals erfolgreich führen, und wer nicht starke Betriebsmittel von Hause aus besaß, konnte nur schwer sich zum Landesvater, und sei es eines kleinen Ländchens, erheben. Die territoriale Monarchie war aus diesen Gründen ein Erbunternehmen oder ein Unternehmen fester kirchlicher Stiftungen.

Die Abgrenzung der Monarchen von den übrigen großen Landbesitzern war nicht immer ganz klar, da sie sich nur schrittweise aus ihrer Mitte in die Höhe arbeiteten. Wir erinnern an das, was wir über das Herrschaftseigentum und die Untertänigkeitsarbeit der alten

Zeit im allgemeinen gesagt haben. Und der größte Teil der Monarchen ist später wieder in die Sphäre der Feudalherren zurückgesunken. Der ganze erste Band des gothaischen Hofkalenders ist eine Geschichte der gestiegenen und der gesunkenen Fürsten. Überall finden sich Herrschaften, die es nicht ausgehalten haben, ihren Betrieb der Steuererhebungen für sich zu reservieren. Diese sind entweder freiwillig oder unfreiwillig aus der fürstlichen Konkurrenz ausgeschieden. Das freiwillige Ausscheiden wurde mit Anteilen am siegreichen größeren Betriebe entlohnt (Rezeß!). Jede genauere Geschichtskarte des Deutschen Reiches vor 1803 ist die graphische Darstellung einer höchst ungeregelten Produktion von Sicherheiten, Recht und Wohlfahrt auf Grund zahlloser voneinander unabhängiger Steuereintreibungsbetriebe. Das 19. Jahrhundert brachte aber von 1803—1871 eine große Vereinfachung der monarchischen Konkurrenz, gleichzeitig aber auch eine ganz tiefgehende Umgestaltung des Betriebes selber. Doch ehe wir diese Umgestaltung ins Auge fassen, ist es nötig, der alten absoluten monarchischen Betriebsweise noch etwas näher ins Angesicht zu schauen, da ohne sie die heutigen deutschen Zustände und Ideen über den Staat nicht genügend verständlich sind.

Die absolute Monarchie ist teils in ihren hellen Vorzügen, teils in ihren lächerlichen Kleinkrämereien dargestellt worden. Als Beispiel des ersteren müssen Professor Schmollers hervorragende Arbeiten zur preußischen Geschichte, als Beispiel des zweiten können etwa Karl Brauns Bilder aus der deutschen Kleinstaaterei genannt werden. Vergleicht man beides, so ist es, als ob man den Bericht eines Konfektionsgroßgeschäftes mit allerlei Geschichten aus der Winkelschneiderei zusammengebunden hätte. Schon allein an diesem Gegensatz zeigt sich, daß Staat und Staat sehr verschiedene Gewächse sind. Im ganzen kann man sagen, daß die Lage der Untertanen in den verschiedenen Größenklassen des monarchischen Staates sich etwa so verhielt, wie heute die Lage der Arbeiter in den verschiedenen Größenklassen der gewerblichen Betriebe. In den kleinsten Betrieben ist Armut und Willkür zu Hause, die Majestät ist noch sehr menschlich, das geschriebene Gesetz gilt weniger als die Laune des Tages. In den mittleren Betrieben sind die eigentlichen Reibungen zwischen Fürst und Untertan zu Hause, hier reicht das persönliche Regiment nicht mehr aus, für den unpersönlichen Großbetrieb aber fehlen die Voraussetzungen. Der Großbetrieb entsteht auf deutschem Boden am reinsten in der brandenburgisch-preußischen Monarchie, und vieles, was wir als „Wesen des Staates" ansehen, ist die Betriebsform dieses Staates, die sich später über das Gebiet der

Klein- und Mittelstaaten verbreitet hat. Die Betriebsform des preußischen Staates aber ihrerseits ist nicht ohne Einfluß der älteren staatlichen Großbetriebe, besonders nicht ohne Einwirkung des französischen und englischen Staates denkbar.

Wirtschaftlich betrachtet, kann der Staat eine Verschlechterung oder eine Verbesserung der Lage der Untertanen bedeuten, je nachdem der Staat selber beschaffen ist. Auf jeden Fall bedeutet er eine Abgabe. Diese Abgabe wird vom Fürsten zunächst im Interesse seines Betriebes verwendet, aber da dieses Betriebsinteresse sich beständig auf der Wirtschaftskraft der Untertanen aufbaut, so kann auch ohne alle besondere landesväterliche Herzensgüte der reine monarchische Betrieb zur bedeutenden Wirtschaftsstärkung der Untertanen führen. Gibt der Fürst das Geld, das er den Untertanen abnimmt, für französische Weiber, italienische Sänger und allerlei Feuerwerk aus, sorgt aber nicht für Justiz, Polizei, Straßen, schafft keinen tauglichen Beamtenstand und ist nicht einmal imstande, die Bauern vor Räuberei zu schützen, so ist der Staat eine unproduktive Ausgabe, dann ist er nichts als das Recht des Stärkeren in seiner sinnlosesten Form. Man denke an den Staat Marokko, wenn man neuere Beispiele suchen will! Ein volkswirtschaftlicher Nutzen folgt also nicht aus der Existenz des Staates an sich, sondern aus seiner Qualität. Die zahllosen kleinen Monarchien würden sich besser haben erhalten können, wenn sie im Durchschnitt besseres geleistet hätten. Aber auch wenn sie bessere Neigungen hatten, so verbot ihnen die Kleinheit in vielen Fällen, positiv nützlich sein zu können, denn die Veranstaltung von Recht, Sicherheit, Militär verlohnt sich nicht im politischen Zwergbetriebe.

Lassen wir aber die nichtlebensfähigen politischen Zwergbetriebe und kleinstaatlichen Raubbauwirtschaften außer Betracht, so ergibt sich, daß die leistungsfähige Monarchie eine Veranstaltung militärischer, juristischer, polizeilicher und vor allem finanzieller Art war, die man als gemischten Großbetrieb bezeichnen kann. *Nicht die Theorie entschied darüber, was der Fürst in seinen Tätigkeitskreis aufnahm, sondern die Praxis*, ganz wie wir es heute bei großen Eisenwerken betrachten können, die sich auch nicht aus dem „Wesen" des Stahlwerkes heraus entwickeln, sondern aus dem Bedarf des Tages und aus dem Schwergewicht der einmal aufgestellten Unternehmungen heraus, die nach Überwindung der Gründungsschwierigkeiten einen gewissen Überschuß an neuen Möglichkeiten empfinden. Man kauft ein Bergwerk, weil man Kohlen braucht, man verkauft dann aber Kohlen, weil man ein Bergwerk hat. Dieser Entwicklungstrieb des wachsenden kombinierten Unternehmens hört erst dann auf, wenn sich ihm entweder äußere Hemmnisse entgegenstellen, oder wenn die innere Organisation den wachsenden Aufgaben nicht mehr nachkommen kann. An diesem wachsenden, sich vervielfältigenden Staatsbetriebe wuchs überhaupt erst die neuere Art von Geschäft und Arbeit in die Höhe, denn hier wuchs das erste wirklich unpersönliche Unternehmen aus dem Boden der alten Personalgeschäfte hervor.

Zwar es scheint nicht so, als sei der monarchische Betrieb unpersönlich, denn alles geschieht ja im Namen des Königs, in Wirklichkeit aber hat der Betrieb selbst von einer gewissen Größe an seine eigene Logik, die selbst durch periodische Unlogik eines Fürstenkopfes nur oberflächlich gestört werden kann. Es entsteht die geschriebene Ordnung, die stehende Organisation, die über allem Kommen und Gehen der Einzelmenschen sich erhaltende und beständig erneuernde Methode. Wenn Friedrich II. sich den ersten Diener des Staates nannte, so formulierte er damit die Einordnung selbst des Königs in einen Apparat, der größer geworden ist als der Einzelwille seines Inhabers. Erst auf dieser Stufe der Entwicklung entstehen diejenigen Stimmungen und Überzeugungen, die dann den Staat zum Organ des Volkes machen. Sie beginnen bei den Herrschenden und setzen sich dann fort zu den Beherrschten. An Stelle des privaten Erwerbsgeschäftes tritt ohne scharfe Übergänge das Gesamtgeschäft mit dem Ziele der allgemeinen Wohlfahrt. Die Zeit, in der diese Umschiebung sich im Bewußtsein der Herrschenden vollzieht, nennt man die Periode des aufgeklärten Absolutismus. Diese Periode ist volkswirtschaftlich von allergrößter Bedeutung, denn in ihr beginnt das, was wir Volkswirtschaft nennen, nämlich das bewußte Nachdenken über den Wirtschaftszustand eines Staatsgebiets im ganzen. Dieses Nachdenken ist natürlich noch reichlich durchsetzt mit dem Gedanken der fürstlichen Privatwirtschaft, ist zunächst Fortsetzung des Denkens über das monarchische Erwerbsgeschäft, aber weitet sich aus zur Spekulation über das Wohlsein der Untertanen an sich. Die wirtschaftlichen Theorien dieser Periode nennt man Merkantilismus.

Es muß hier genügen, den Merkantilismus nur in seinen allgemeinsten Zügen darzustellen. Er ist in erster Linie Übergang zur Geldwirtschaft. Daher kommt seine außerordentliche Hochschätzung des Goldes. Die Kassen wollen flüssige Mittel haben, denn die Heere (geworbene Soldaten) kosten Geld und jeder Fortschritt der Kultur hängt am zahlbaren Metall. Wenn man Geld machen könnte! Diese Zeit ahnt, was es bedeuten könnte, wenn einmal viel Gold da wäre. Daß sie die Bedeutung des Goldes für das Wirtschaftsleben noch unvollständig erfaßt, soll man ihr nicht zu hoch anrechnen, denn sie konnte die Ausdehnung des späteren Systems von geschriebenem Kapital nicht vorher wissen. Alle Maßnahmen waren auf Gold hin berechnet, insbesondere der Außenhandel und die Einrichtung von Industrien. Man wollte exportieren, nur um zuerst einmal Gold zu kaufen. Der Import von Waren erschien neben diesem gierigen Drange nach dem Urstoff des Kapitalismus fast als schädlich. Der Staat aber, die Beamtenschaft des Fürsten ist es, die das Golderwerbsgeschäft, das sich dem alten Steuerwesen als neue Belebung bietet, in Verwaltung nimmt. Der Staat regelt die Produktion, wo und wie es ihm gelingt. Er regelt alles, er regelt zuviel. Die einen werden finanziell unterstützt, den anderen werden ihre Herstellungsmethoden vorgeschrieben, ihnen und anderen werden Preise und Löhne diktiert, Banken werden staatlich gegründet, die Polizei sieht in jede Werkstatt, und Geld wird oft für die merkwürdigsten gewerblichen Experimente herbeigeschafft. Der Untertan verwandelte sich auf diese Weise in ein Organ der Staatswirtschaft. Man will, daß er Erwerbssinn bekommt, damit sich die Verdienste mehren. Es ist bei aller Steifheit, Willkür, Ungeschicklichkeit ein großer Zug zum neuen Leben in dieser Richtung, es meldet sich in kindlich herben Formen etwas, was auch uns noch Zukunft ist: die Produktion aller für alle. Noch aber ist es der zufällig entstandene Einzelstaat, der das alles versucht, und noch ist es die Autorität und nicht der freie Wille der vielen, die den Anstoß gibt. Der Monarch wird Erzieher zum Kapitalgebrauch. Indem er aber das wird, weckt er die Kräfte, die zunächst den Staat selbst umgestalten, indem sie seiner Erziehung entlaufen. Der Staat erzieht mit seinem Merkantilismus den Liberalismus.

Wir haben vom älteren Liberalismus bereits gesprochen, als wir uns mit dem Freihandel und mit der individualistischen Organisation der Arbeit zu beschäftigen hatten. Hier ist diese große allgemeine europäische Bewegung nur insofern zu charakterisieren, als sie das Verhältnis des Staates zum Wirtschaftsleben ändert. Es geschieht dieses auf doppelte Weise, einmal, indem sie die innere Organisation des Staates umgestaltet, und sodann, indem sie den Staat auf einen unbegrenzten Tätigkeitsbereich zurückverweist. Beides ist in sich selbst wieder voll von zahllosen Zwischenströmungen.

Der Liberalismus ändert die innere Organisation des Staates. Das gehört in die politische Geschichte und kann hier nicht vorgetragen werden. Das Ergebnis ist bekannt, an Stelle der Monarchie tritt in Deutschland das konstitutionelle System, das heißt eine Staatsleitung, die vom Fürsten geführt wird, aber an parlamentarische Mitwirkung gebunden ist. Die Herrschaft im Staate verteilt sich auf zwei oder mehrere Stellen. Das alte Erwerbsgeschäft, das im Ausgang der monarchischen Zeit eben im Begriff war, sich mit der Idee des Allgemeinwohles zu füllen, wacht damit in neuer Weise wieder auf. Die egoistischen Motive, die am Anfang des Monarchentums der Neuzeit stark hervortreten, erleben ihren zweiten Sommer, indem durch den Parlamentarismus neue Teilhaber in die Gesellschaft eintreten, deren private Wünsche noch ungesättigt sind. Es vollzieht sich ein merkwürdiger Tausch: die privaten Wirtschaftsinteressen des Fürsten scheiden aus dem Unternehmen aus, er trennt seine Schlösser, Domänen, Renten vom Staatsbetriebe und läßt sich in der Zivilliste eine fixierte Entschädigung seines früheren Unternehmergewinnes am Staate gefallen, wird also persönlich relativ neutral gegenüber den Ergebnissen des von ihm geleiteten Großunternehmens, statt dessen aber verlangen die neuen Mitinhaber der Macht, daß die Staatskräfte der Steuern, der Gesetze, des Rechtes und der Verwaltung ihnen dienen, da sie ja nun Mitunternehmer geworden sind. Von da an, wo dieser Zustand eintritt, ist es mit der einheitlichen Wirtschaftspolitik des absoluten Staates vorbei, denn von da an gibt es keinen ungebrochenen Willen mehr, da sich die Interessen der Regierung und der Parlamente nur selten völlig decken, und da in den Parlamenten selbst die Interessengruppen miteinander streiten. Zeitweilig kann das Geschick eines starken Staatsmannes eine Kombination von Maßnahmen finden, für die sich Regierung und Majoritäten einen, so wie es Bismarck um das Jahr 1878 gelang, aber im ganzen ist der Gang der staatlichen Wirtschaftsleitung unzweifelhaft durch den im übrigen geschichtlich höchst notwendigen Übergang zum Parlamentarismus unsicherer geworden, und man versteht es wohl, wenn ein Wirtschaftshistoriker wie Schmoller eine gelinde Schwärmerei für die vergangene Periode des unparlamentarischen allmächtigen Staates gewinnt.

Der Liberalismus selbst freilich kann sagen, er sei an dieser Folge des Parlamentarismus unschuldig, denn er habe von vornherein das parlamentarische System nur unter der Voraussetzung empfohlen, daß sich der Staat vom Wirtschaftsleben soweit wie möglich zurückhalte. Der Liberalismus war nämlich von vornherein ebensosehr Folge wie Gegenbewegung des Merkantilismus. Er stellte das Prinzip auf, daß die einzelnen die Träger des Wirtschaftslebens sind, die einzelnen und nicht der Staat. In welcher Weise die einzelnen auch außerhalb des Staatszwanges sich doch wieder zu Verbänden zusammengeschlossen haben, hat uns an anderer Stelle interessiert. Hier ist zu sagen, daß es im ersten sieghaften Anlauf dem Liberalismus in weitgehendem Maße gelang, den Staat auf seine ursprünglichen Tätigkeiten zurückzuwerfen, das heißt, ihm den Trieb zur Produktionsleitung zu nehmen. Dieser Vorgang vollzog sich teils in der Form des Beamtenliberalismus, teils in der Form der gesetzlichen Aufhebung staatlicher Wirtschaftsbeeinflussung. Der Beamtenliberalismus war die weitere Ausdehnung der schon im Merkantilismus vorhandenen Tendenz, den Erwerbssinn zu steigern. Die Beamten haben das meiste für die Bauernbefreiung und für die Abrüstung der Zunftordnungen getan, ehe Parlamente in Deutschland auf der Bildfläche erschienen. Daß dabei die Parlamente Englands und Frankreichs indirekt mit wirksam waren, soll freilich nicht geleugnet werden. Die volle Erklärung des produktionsfreien Staates erfolgte freilich erst mit dem norddeutschen Reichstag in der Gewerbeordnung von 1869. Diese ist die möglichste Ausschaltung des Staates aus dem beginnenden großkapitalistischen Prozeß. Sie ist der Abschluß der langen Umwandlungsperiode vom monarchischen Staat bis hin zum liberalen Staat. Liberaler Staat ist aber ein Staat, der nur für militärischen und juristischen Schutz der Personen und des Eigentums sorgt und höchstens solche Unternehmungen allgemeiner Art übernimmt, die durch keinerlei Privatinteressen hinreichend befriedigt werden wie Volksschule und Straßenbau. Liberaler Staat ist die volle Abstreifung des Erwerbscharakters, den der monarchische Kleinstaat hatte, geradezu die Organisation der Tätigkeiten, an denen nichts verdient wird, der idealistische Staat an sich. Nicht als ob dieser Staat im Jahre 1869 dagewesen wäre, aber Deutschland war ihm in diesem Jahre am nächsten, es feierte seinen ersten Durchgang durch das Lichtmeer des Freihandels.

Dieses ist der Punkt, von dem aus die weitere Entwicklung bis hin zu unseren Tagen sich erfassen läßt. Etwa in der Mitte der siebenziger Jahre beginnt die Abwendung von der liberalen Theorie, vom unwirtschaftlichen Staate und macht einer Auffassung Platz, die man als staatssozialistisch bezeichnen hört, ohne daß dieses Wort sie ganz zu charakterisieren vermöchte. Erst die Nachwelt wird den Namen finden, unter dem sich unsere Epoche in die Geschichte des Verhältnisses von Staat und Wirtschaft einträgt, wir aber müssen die Hauptmerkmale unserer Epoche darstellen, auch wenn wir sie nicht aus einem glatten Prinzip ableiten können. Als solche Merkmale der von Bismarck 1878 begonnenen und noch heute ungehemmt sich auslebenden Zeit haben folgende Erscheinungen zu gelten:

1. Als Grund der Auffassungen über das Verhältnis von Staat und Wirtschaft gilt sowohl bei den Regierungen als bei den Parla-

menten die liberale Auffassung, daß der Staat nicht dazu da sei, Geschäfte zu machen, aber alle Beteiligten pflegen zu versichern, daß diese liberale Auffassung keineswegs ein Dogma sei, sondern in jedem einzelnen Falle die besonderen Verhältnisse entscheidend sein müssen. Damit entsteht ein Opportunismus, der merkantilistischen Plänen die Tür öffnet, sobald sie vom Standpunkt der Staatskasse aus profitabel und vom Standpunkt der parlamentarischen Majorität aus erwünscht erscheinen.

2. Dieser opportunistische Merkantilismus äußerte sich in hervorragendster Weise in der preußischen Eisenbahnpolitik, brachte aber trotz mancher Anläufe keine allgemeine Bergwerksverstaatlichung, kein Tabakmonopol und erst recht keine Verstaatlichung des Bankwesens oder der Herstellung von Kriegsbedarf zustande. Die Schwäche dieser Tendenz liegt einesteils im Mangel privatwirtschaftlicher Interessen am Erwerbsgeschäft des Staates (Staatsbeamte beziehen keine Tantiemen), anderenteils in der inneren Organisation des konstitutionellen Staates, die, wie wir schon sagten, durch die Gespaltenheit der Parteiinteressen merkantilistische Akte sehr erschwert. Nur ausnahmsweise haben Majoritäten ein direktes Interesse an der Erweiterung des staatlichen Unternehmens auf neue Gebiete. Man wird deshalb im ganzen urteilen müssen, daß der Staatssozialismus im engeren Sinne des Wortes trotz weiterer Belebungsversuche seinem Erlöschen entgegengeht. Im Gebiete der Gemeindeverwaltung werden wir ihn neu entstehen sehen. Weiteres über den Staatssozialismus sagen wir dort, wo wir vom Staat als Unternehmer reden.

3. Stark in Anspruch genommen wird aber der Staat einesteils für Beeinflussung des Austausches der Güter durch Zölle und andererseits für Beeinflussung der Organisation der Arbeit durch neue Rechtsbildungen. Auf beiden Gebieten ist die Grundlage des Liberalismus mit Bewußtsein und weit über das notwendige Maß hinaus verlassen worden. Da wir über diese Entwicklungen in besonderen Abschnitten sprechen werden, genügt hier die vorläufige Anerkennung der Tatsache.

4. Das größte Vorkommnis der gegenwärtigen Periode ist aber die Ausbildung einer neuen, vom Staate unabhängigen Produktionsleitung, wie wir sie bereits dargestellt haben. In den Syndikaten und Gewerkschaften steigt neben dem Staate ein gewaltiger Neumerkantilismus, ein mächtiger Regelungstrieb des Wirtschaftslebens in die Höhe, und gerade der Umstand, daß dieses neben dem Staate geschieht, ist das Neue und im Sinne aller alten Staatstheorien Unerwartete. Auch dieses Verhältnis bedarf weiterer Untersuchung. Die Voraussetzungen dazu sind unseren

Lesern bekannt, das Gesamtergebnis aber ist, daß der Staat im Wirtschaftsleben die Führung hatte oder wenigstens haben konnte, solange er selbst ein großes Privatunternehmen war, daß er aber die Führung verlor, seit er, wie Adolf Wagner sagt, „Gemeinwirtschaft" wurde, das heißt: seitdem er demokratisiert wurde. Diesen Verlauf zu bedauern, hat nur derjenige Veranlassung, der die ganze Frage rein vom Standpunkt der Staatsmacht aus betrachtet. Die Wirtschaft des Volkes hat bei diesem Verlauf ungeheuer gewonnen, denn unser ganzer neuzeitlicher Aufschwung datiert sich erst von da an, wo das Volk sich von der Erziehungsschule des älteren staatlichen Merkantilismus freimachte und den Staat als Erwerbsgesellschaft säkularisierte, das heißt: in seiner Ausdehnung beschränkte. Ohne diese teilweise Kaltstellung der Staatsmacht war die freie schaffende Bewegung der zweiten Hälfte des 19. Jahrhunderts unmöglich. Der Staat ist heute nicht mehr das einzige Großgeschäft, sondern nur eines unter anderen, und es fragt sich, ob er für alle Zeiten das größte sein wird. Alle anderen Geschäfte aber hängen trotzdem noch immer von ihm ab, denn er liefert für sie alle die unentbehrlichen Voraussetzungen ihrer Existenz, die nicht kaufbaren Vorbedingungen des kapitalistischen Prozesses, die Sicherheit, das Recht, den Verkehr, die Durchschnittsbildung. Er ist die große Zentrale geworden, von der man die wirtschaftlichen Imponderabilien bezieht, deren Fehlen die Wirtschaft töten würde. Um dieser absoluten Unentbehrlichkeit willen wird er bleiben, aber da er eben Imponderabilien vertreibt, das heißt Dinge, deren Preis sich nicht nach Angebot und Nachfrage regelt, Dinge, die auf keine Wage gelegt werden und auf keinen Kurszettel geschrieben werden können, deshalb bleibt er auch das Kampfobjekt der Wirtschaftsparteien.

2. Heer und Wirtschaft.

Solange der Staat ein Privatunternehmen der Monarchen war, war das Heer eine geschäftliche Einrichtung der Fürsten. Nicht als ob das als der geschichtliche Ursprung des Heerwesens überhaupt gelten sollte! Im Gegenteil! Die Heere sind viel älter als die erblichen, geschäftlich rechnenden Monarchen, und eben deshalb wurden viele Männer erst dadurch zu Monarchen, daß sie vorher schon Heerführer waren. Die Heere wandeln sich teils nach innerer Logik ihrer Organisationen, teils nach der Technik der Waffen, teils aber nach Art und Leistungskraft der Hersteller oder Auftraggeber, und es ist in der langen und wechselvollen Geschichte des Heerwesens nur ein Zwischenakt, daß die Militärkraft des heiligen römischen Reiches deutscher Nation endgültig erlahmte und die Landesherren auf eigenes Risiko zu Militärunternehmern wurden. Aber gerade dieser Zwischenakt der Heeresgeschichte ist volkswirtschaftlich wichtig, denn in ihm wird die „Kanone zum Industriehebel", oder genauer gesagt: die militärischen Bedürfnisse des Landesherrn sind die Hauptursache seiner volkswirtschaftlichen Bemühungen. Um der Soldaten willen entsteht der Merkantilismus.

An sich ist der Soldat für den Fürsten nur Mittel zum Zweck, denn er braucht ihn, wie schon gesagt, um sich die Ausnutzung der Erträge seiner Gebiete zu sichern. Ja, er war nicht einmal einziges Sicherungsmittel, denn noch bestand die Rechtshoheit des alten Reiches, in deren Schatten sich manches fast militärfreie Zwergmonarchentum leise durchschleichen konnte, bis mit den eisenfrohen Tagen des ersten Napoleon fast alle unmilitärische Landeshoheit zerbrach. Soviel aber ist offenbar, daß vom Schmalkaldischen Kriege bis zu Napoleon nur diejenigen monarchischen Unternehmungen Erfolg und Garantie ihres Bestandes hatten, die mit der Maschine eines leidlich brauchbaren Heeres ausgestattet waren. Alle Heere dieser Zeit waren zwar klein gegenüber den unübersehbaren Legionen, an die wir heute bei dem Worte „Heer" denken, aber wenn sie auch klein waren, so kosteten sie doch viel Geld, und zwar bares Geld, Metallgeld, Werbegeld, Sold und allerlei Ausstattung. Dieses Geld zu beschaffen, wurde die Aufgabe, in der sich die Neuzeit am kräftigsten meldete. Man muß den ganzen Geldmangel des alten naturwirtschaftlichen Deutschland vor Augen haben, um zu ahnen, was es hieß, die Truppen zu bezahlen! An diesem Problem entstand der fiskalische Geist, die Geldsuchserei des Kleinstaates, die rechnerische Zucht des Beamtentums. Durch die Heeresbedürfnisse wuchsen die kapitalistischen Regungen gerade in den obersten Kreisen und suchten mit wahrem Spürsinn jede Ritze auf, aus der noch Groschen herausgedrückt werden konnten. Das Militär, welches von vornherein als Mittel zur Erhaltung von Steuereinnahmen auftritt, frißt in seinem Wachstum die alten Steuern, die es schützen soll, hinweg und macht immer neue Auflagen nötig. Damit vermehrt es den Druck der Herrschaft auf die Untertanen, und viele widerstrebende Gefühle, die sich noch heute gegen das Heerwesen wenden, gehen bis auf diesen alten Druck zurück, der bei der Geldarmut des 17. und 18. Jahrhunderts etwas ganz anderes war als die Steuerlast, über die wir heute klagen. Aber so schwer der Druck war und so unnütz oft im einzelnen der militärische Erfolg des Druckes erschien, so ist doch dieser Druck ein gewaltiges Erziehungsmittel zur Verkaufs- und Geldwirtschaft und damit zur Produktionsverbesserung geworden. Nach der Theorie zwar ist solcher Druck nicht nötig, denn nach der Theorie ist der Mensch schon an sich ein wirtschaftliches Wesen, das immer bestrebt ist, die höchsten Vorteile aus dem Boden herauszuwirtschaften, in der Wirklichkeit aber ist die wirtschaftliche Qualität des Einzelmenschen erst ein Erziehungsprodukt, und der Erzieher nennt sich Zahlungszwang. Indem aus den Bauern und Handwerkern Geld herausgepreßt wurde, wurden sie vorwärtsgedrückt. Und indem die Beamtenschaft es lernen mußte, Geld zu schaffen, wurde sie gleichfalls in neue, schärfere Formen gepreßt und zur Trägerin eines Polizei- und Wohlfahrtssystems gemacht, das die Verwahrlosungen des Dreißigjährigen Krieges aufzuräumen wußte. Gleichzeitig aber entstand im Heer ein Markt für Produktionen aller Art, denn das Geld wurde ja doch wieder ausgegeben. Die Entstehung der landesherrlichen Heere wirkte ähnlich wie noch heute die Verlegung einer größeren Garnison nach einer Kleinstadt.

Von Hause aus stand das Heer dem monarchischen Unternehmerbetriebe als notwendiger, aber fremder Bestandteil gegenüber. Oft wurden die Soldaten absichtlich nicht aus den eigenen Untertanen genommen, denn diese sollten arbeiten. Der Fürst verbot ihnen, sich von seinen Kollegen anwerben zu lassen, er selbst aber bemühte sich, fremde Landeskinder in seine Uniformen zu stecken. Es ist, wie wenn für ein Bergwerk eine Schutztruppe aufgestellt wird, die selber mit dem Bergbetriebe nichts zu tun hat, nur aus seinen Erträgnissen bezahlt wird. Erst allmählich wuchsen beide Teile des monarchischen Unternehmens zu einer Einheit zusammen, indem neben die bezahlte militärische Lohnarbeit der geworbenen Soldateska die militärische Dienstpflicht der Steuerpflichtigen trat, und schließlich, zuerst in Preußen, diese Form die frühere Heeresform verdrängte. Erst von da an, wo der Untertan zum pflichtmäßigen Verteidiger des über ihm waltenden monarchischen Erwerbsgeschäftes werden soll, verwandelt dieses selbst seinen Charakter, und es tritt der im vorigen Abschnitt dargestellte Zustand der wohlwollenden aufgeklärten Monarchie ein, auf den wir hier nur deshalb nochmals zurückkommen, um auch für diese hochwichtige Wirtschaftsperiode die Bedürfnisse des Heeres als treibendes Motiv aufzuzeigen. Der vermehrte Soldatenbedarf verändert die Stellung des Herrschers zu den Untergebenen in einer für diese günstigen Richtung, und die volle Anerkennung der allgemeinen Wehrpflicht ist gleichzeitig das eigentliche Ende des alten fürstlichen Privatgeschäftes, denn von ihr an setzt sich mit Wucht die Überzeugung durch: der Staat sind wir alle! Das aber ist die Luft, in der sich der allmächtige Polizeistaat in den liberalen Staat verwandelte. In Deutschland halfen die Nöte der Napoleonischen Bedrängnis dieser Entwicklung. Mitten in bitterster Kriegsnot entstehen auf Grund militärischer Bedürfnisse die weitgehendsten liberalen volkswirtschaftlichen Reformen: die Bauernbefreiung, die Aufhebung der Leibeigenschaft, die städtische Selbstverwaltung! Es gibt keine Wirtschaftsgeschichte, die nicht gleichzeitig Heeresgeschichte ist.

Wer will überhaupt sagen, was die Napoleonszeit der deutschen Volkswirtschaft alles gebracht hat? Die Kleinstaaterei lag zum erstenmal gebändigt am Boden, die Kontinentalsperre schuf neue Gewerbe, der große Militärtechniker baute Straßen in ganz Europa und warf Gelder zusammen, wie niemand vor ihm. Es war viel Zerstörung, aber auch viel Aufbau. Und als Napoleon beseitigt war, da setzte auf Grund der Erfahrungen des Krieges der Straßenbau ein. Um des Heeres willen ebnete man der Austauschwirtschaft den Weg. Und um des Heeres und der Straßen willen beginnen nun die Staatsanleihen, auch sie sind ein Schritt zum Kapitalismus. Es bleibt als Frucht dieser Tage das Welthaus Rothschild. Der Staat wird Schuldner, wird Steuererheber für seine Gläubiger, und tritt damit unter die fördernden Mächte des Systems der beschleunigten Kapitalisierung aller Produktionen.

Das aber ist gleichzeitig die Periode, wo jene Verminderung der Staatenzahl einsetzt, von der wir schon früher sprachen, und vor allem die Idee der deutschen Nationalität so stark wird, daß sie das alte Privatgeschäft Staat in ihre Hände nimmt, den Personalinteressen der bisherigen Inhaber entfremdet und ihm eine völlig neue, vorher gar nicht vorhandene Aufgabe gibt: die Vereinigung und Stärkung des Deutschtums innerhalb der Menschheit. Das Auftreten und Durchdringen der Nationalidee im Staate gehört in die politische Geschichte. Der Verlauf dieser Geschichte ist in erster Linie militärisch. Volkswirtschaftlich aber ist es von allergrößter Bedeutung, daß es von nun an eine einheitliche Nationalvertretung gibt. Erst von jetzt an existiert eine „deutsche Volkswirtschaft". Der Sieg von Königgrätz war volkswirtschaftlich der Sieg des kapitalistisch fortgeschritteneren Teiles über den weniger kapitalistischen, der Sieg der Seeküste über das Binnenland, der Sieg der Gewerbefreiheit über die Zünftlerei. Eine ungeahnte Fülle von neuer Elastizität entstand aus der Übertragung der Macht nach dem aufnahmefähigen Boden einer nach kapitalistischer Entfaltung durstenden Großstadt. Und der militärische Sieg über Frankreich vollendete die Öffnung der neuen Wirtschaftszeit, teils weil auch er Gebietserweiterung und Elastizitätsvermehrung bedeutete, teils durch die Ausstattung des neuen Reiches mit Hilfe der französischen Milliarden.

Alles dieses ist hier nur unvollkommen angedeutet. Es würde aber zur Erziehung der Volkswirtschaftler nötig sein, daß eine historisch und volkswirtschaftlich geschulte Kraft die Beziehungen zwischen Heer und Volkswirtschaft in der Geschichte des letzten Jahrhunderts eindringlich darstellt, damit jene Blindheit abnimmt, die sich jetzt beispielsweise darin äußert, daß sich im großen Handwörterbuch der Staatswissenschaften kein Aufsatz über das Heerwesen findet. Auch wer keine militärischen Neigungen hat, darf doch nicht verkennen, daß die Gesamteinwirkung des Heeres auf die Wirtschaft so vielfältig und so groß ist, wie die keines anderen Betriebes. Und gehört denn der Heeresbetrieb nicht schon um seiner eigenen finanziellen Bedeutung willen in die Mitte der Volkswirtschaft? Und ist nicht er das eigentliche Muster der Großbetriebsentwicklung überhaupt? Wo lassen sich die verschiedensten Stadien der Organisation der Arbeit so deutlich verfolgen wie bei der staatlichen Produktion von Sicherheit? Erst auf Grund einer derartigen historisch-volkswirtschaftlichen Arbeit würde man auch den brennenden Gegenwartsfragen in Hinsicht auf das Heer in der Volkswirtschaft mit genügender Rüstung entgegengehen.

Wenn wir vom Heer in der Gegenwart sprechen, so denken wir gleichzeitig mit an die Kriegsflotte. Heer und Flotte kosteten im Jahre

1872:	347	Millionen Mark
1880:	410	„ „
1890:	791	„ „
1900:	824	„ „
1910:	1250	„ „

Da aber ein bedeutender Teil alter und neuer Militärausgaben auf dem Wege der Anleihe gedeckt worden ist, vermehrt sich die Jahresleistung der späteren Jahre durch hinzutretende Zinsen und Amortisationen noch wesentlich. Aber wir wollen die Frage des Anleihewesens an anderer Stelle berühren und bleiben daher hier bei den Heeresausgaben selber. Was bedeuten diese Ausgaben volkswirtschaftlich?

Sie bedeuten unter allen Umständen zunächst eine Verminderung des privatwirtschaftlichen Anteils der einzelnen am Arbeitsprozeß, eine Verminderung der privaten Konsumtion oder Ersparnis. Als solche haben wir sie bei der Besprechung des Geldumlaufes kennen gelernt. Diese Verminderung beträgt auf den Kopf der Bevölkerung jährlich fast 20 Mark, auf den Kopf des erwerbstätigen Volksgenossen (männlich und weiblich) ungefähr 42 Mark, auf den Kopf des Reichstagswählers (Wahlberechtigte) mehr als 90 Mark. Ist es ein Wunder, wenn die Bevölkerung die Notwendigkeit dieser

Ausgabe immer wieder in Zweifel zieht, um so mehr, da nach dem Veranlagungssystem der Reichsfinanzen die Bedarfsartikel der Masse als Grundlage der Aufbringung dieser Beträge benutzt werden?

Die Beantwortung dieser Volkszweifel kann und muß zunächst politisch sein. Die politische Antwort lautet: diese große Abgabe ist heute nicht mehr Abgabe für ein fürstliches Privatgeschäft, sondern für ein nationales Unternehmen, dessen Zweck die geschichtliche Erhaltung des Deutschtums in der Welt ist. Das folgt aus der Umwandlung des Staates, von der wir geredet haben. Um dieses Zweckes willen muß die Ausgabe getragen werden, selbst wenn sie volkswirtschaftlich gar nichts nützt! Diese rein politische Antwort überhebt zwar der Nachprüfung der einzelnen Posten keineswegs, genügt aber für den politisch denkenden, idealistisch veranlagten Menschen, der die nötige Geschichtsbildung hat, um den Kampf der Nationen in aller seiner Unerbittlichkeit zu begreifen. Immerhin ist es auch für diesen geschichtlich Gebildeten ein fabelhaft schwerer Satz, jährlich eine solche Summe für einen rein politischen Zweck zu verausgaben, die Menge des Volkes wird aber schwerlich jemals auf der kalten Höhe eines derartigen historisch-politischen Standpunktes stehen. Für sie muß die Erörterung der volkswirtschaftlichen Bedeutung der Heeresausgabe hinzutreten.

Diese Notwendigkeit ist bei Begründung der neueren deutschen Flottenvorlagen im allgemeinen stärker berücksichtigt worden als bei Einbringung von Landheerforderungen. Die Flotte wird mit ihrer handelspolitischen Notwendigkeit begründet. Sie wird, und zwar mit vollem Recht, als Hilfsbetrieb der überseeischen Austauschwirtschaft angesehen. Eine Volkswirtschaft, die in so gewaltigem Maße wie unsere jetzige deutsche Wirtschaft über die Territorialgrenzen hinausgeht, muß die Milliarden von Werten, die wir auf der See und jenseits der See haben, schützen. Je größer der Austausch wird, desto größer wird die volkswirtschaftliche Verwundbarkeit. Es ist also, so hat es der Vertreter des Reichsmarineamtes wiederholt in aller Schärfe ausgesprochen, die Flotte eine Versicherungsanstalt für volkswirtschaftlichen Gewinn. Es würde aber gut sein, wenn auch die Begründungen der Ausgaben des Landheeres stärker volkswirtschaftlich durchgearbeitet würden. Der bloße Gedanke, stärker sein zu wollen als die Franzosen oder Russen, hat solange keine werbende Kraft, als der materielle Wert dieser Stärke nicht augenfällig hervortritt. Um ihn zu bestimmen, muß man aber auf das Wesen des Krieges noch näher eingehen.

Die Ursache des Krieges kann sehr verschieden sein, und schließlich kann der letzte Anlaß in einer Nichtigkeit bestehen, aber da die Kriegführenden bei ihrem Kriegsentschlusse stets ein sehr großes

Risiko vor sich haben, ist im allgemeinen anzunehmen, daß ihnen in ihrem Bewußtsein hinter den Ursachen und Anlässen die tieferen Gründe nicht verborgen bleiben. Solche Gründe können völlig unwirtschaftlich sein, können wirtschaftlich töricht sein, können in Rasse, Religion, kurz in irgendeiner Art von Gemeinschaftsvorstellung bestehen, die mit dem Vorteil rein nichts zu tun hat, aber es liegt auf der Hand, daß diese Art von Gründen wesentlich der Vergangenheit angehört. In Europa schließt die Zeit der unwirtschaftlichen Kriege mit den Religionskriegen des 17. Jahrhunderts, und schon diese sind stark volkswirtschaftlich (monarchisch-wirtschaftlich) durchsetzt. Man kann hinter dieser Zeit die Nationalitätskämpfe der Italiener, Balkanvölker, die polnischen Erhebungsversuche und ähnliches als nichtwirtschaftliche Kriege ansehen, aber auch hier ist Nationalfrage und Wirtschaftsfrage meist sehr eng verkettet. Der *durchschnittliche Krieg der Neuzeit ist eine kapitalistische Aktion.* Dieses muß nicht verschleiert, sondern im Gegenteil in aller Nacktheit herausgehoben werden, wenn wir den Krieg und die Kriegsrüstung volkswirtschaftlich würdigen wollen. Die Grundform aller neueren Kriege sind die Erbfolgekriege der monarchischen Zeit. In ihnen ist das Objekt des Krieges ganz klar. Zwei Fürsten streiten sich um die Vergrößerung ihres Betriebes durch Eingliederung eines steuerzahlenden Gebietes. Aber auch die Kriege Friedrichs II. von Preußen sind Erwerbskriege im reinen Sinne des Wortes. Es ist ein Kampf der Berliner und der Wiener Kasse um die staatlich erreichbaren Mehrwerte Schlesiens, ein Kampf, der sich dem Geschäftskampf deutscher und amerikanischer Schiffahrtsgesellschaften vergleichen läßt, nur daß diese durch die über ihnen stehenden Staatsgewalten verhindert werden, sich nach Art der Hansa oder der ostindischen Kompagnie selber mit Militär zu versehen. Diese rein privatwirtschaftliche Art des Krieges verändert sich durch die bereits mehrfach hervorgehobene Änderung im Wesen des Staates und des Heeres. Mit Ausscheiden der fürstlichen Privatwirtschaftsinteressen und mit Einführung der allgemeinen Wehrpflicht verliert der Krieg sein fiskalisches Gepräge. Er wird nicht mehr zugunsten der Staatskasse geführt, aber er wird zugunsten der im Staat vertretenen Volkswirtschaft geführt. *Sein Objekt ist der Anteil am kapitalistischen Prozeß im allgemeinen.* Dieses Objekt ist weniger klar erkennbar als die Steuerkraft Schlesiens, kann aber stets gefunden werden, wenn man die Friedensschlüsse beachtet, in denen die Resultate der Kriege formuliert werden. Man muß Kriege nicht nach den Reden beurteilen, mit denen sie eröffnet, sondern nach den Paragraphen, mit denen sie geschlossen werden.

Das erste große Muster eines volkswirtschaftlichen Krieges nichtfiskalischer Natur bietet der Riesenkampf Napoleons I. gegen England. Napoleon führt Krieg, um den englischen Handel und die englische Industrie zu vernichten. Die Kontinentalsperre ist nur ein Stück in diesem Gedankengange. Napoleons Niederlage ist Englands Wirtschaftssieg. Von da aus sind die englischen Kriegsgelder zu beurteilen, die nach Deutschland und Spanien flossen. Hätte Napoleon gesiegt, so läge jetzt das Zentrum des Menschheitskapitals nicht in London. England warf alles Geld, allen Kredit, den es hatte, in den Krieg, einer großen Bank vergleichbar, die in kritischen Tagen ihre letzten Reserven heranholt. Und mit dieser ungeheuren Anspannung hat es seinen volkswirtschaftlichen Sieg errungen, der heute das Staunen aller Völker ist.

So klar wie in den Napoleonskriegen liegt die Sache 1866 und 1870 nicht, da hier die nationale Idee als solche einen wesentlichen Anteil an der Verwicklung hat, aber ich habe in „Demokratie und Kaisertum" gezeigt, in wie hohem Grade die militärische Entstehung des Deutschen Reiches von wirtschaftlichen Beweggründen bestimmt wurde, und habe schon vorhin darauf hingewiesen, welche wirtschaftlichen Folgen die Siege von Königgrätz und Sedan hatten. Man stelle sich unsere Volkswirtschaft ohne diese Siege vor! Das preußische Heer war Organ der norddeutschen kapitalistischen Entwicklung, die Folge seiner Siege ist die neudeutsche Volkswirtschaft.

Niemand aber bezweifelt, daß (vielleicht abgesehen von den Balkanwirren) alle Kriege seit 1871 volkswirtschaftliche Konkurrenz- und Erwerbskriege gewesen sind. Ob wir von China reden, von Transvaal, von Ostasien, ob wir Ägypten, Marokko oder Venezuela ins Auge fassen, alle wirklichen oder möglichen Kriege bedeuten materiellen Einsatz für materiellen Gewinn. Die Friedensverhandlungen zwischen Russen und Japanern waren ein schweres Wirtschaftsgeschäft. Der schwächere Teil verliert fast stets an kapitalistischer Kraft und wird direkt oder indirekt zum Schuldner der siegreichen Volkswirtschaft.

Den Ernst dieser Tatsachen muß man sich eindringlich vergegenwärtigen, wenn man die schwere Militärbelastung Deutschlands volkswirtschaftlich überlegt. Wir müssen wissen, daß für uns eine militärische Niederlage Verarmung bedeuten wird, denn sie bedeutet unter allen Umständen eine Versetzung in die Reihe der Schuldnerstaaten und den Übergang unseres überseeischen Großhandels in fremde (amerikanische?) Hände. Der kapitalistische Weltprozeß selbst wird durch unsere Niederlage nicht aufgehalten, aber wir werden in ihm bedeutungsloser. Dieses zu verhindern, *bringen wir, auch abgesehen von allen nichtwirtschaftlichen*

Gründen, die kolossalen Opfer unseres Militärhaushaltes mit der Überzeugung, daß sie sich rentieren, wissen aber dabei, daß es die Schwierigkeit gerade unserer geographischen Lage ist, die uns zu Ausgaben zwingt, wie sie eine glücklichere Konkurrenz jenseits des Ozeans nicht zu leisten braucht.

Man sagt, um uns hierüber zu trösten, daß ja das Geld im Lande bleibt, das für Heer und Flotte ausgegeben wird. Das ist in der Hauptsache richtig, besagt nur nicht übermäßig viel, da das Geld, wenn es nicht für die Mannschaftsernährung und Waffenfabrikation ausgegeben würde, auch der nationalen Produktion dienen würde, und zwar teils der Konsumsteigerung, teils der industriellen Werkzeugvermehrung, teils wohl auch der Steigerung des Verkehrs und der Bildung. Ein Kriegsschiff für 40 Millionen Mark ist für die unmittelbare Bereicherung der Nation weniger wert als eine neue Aktiengesellschaft mit dem gleichen Grundkapital, nur ist die Zukunft der Aktiengesellschaft um so unsicherer, je weniger gute Schiffe wir haben. Mehr bedeutet schon der Gesichtspunkt, daß die militärische Erziehung des Volkes eine wesentliche Stärkung seiner Wirtschaftskraft bedeutet. An ihm ist vieles richtig, nur müßte die militärische Erziehung dem Ehrgefühl des „Gemeinen" in weit höherem Grade gerecht werden, wenn das Ergebnis dieser Erziehung nicht mehr zweischneidig sein soll. Körperlich ist es sicher richtig, daß die Militärjahre gerade für eine industrielle Bevölkerung von unschätzbarem Werte sind, und organisatorisch ist unbestreitbar, daß die Disziplin unserer Großindustrie auf militärischem Boden erwächst, freilich auch hier ebensowohl in ihren Tugenden wie in ihren Fehlern. Ein gewisser Trost gegenüber der schweren Belastung liegt ferner ganz sicher auch darin, daß unsere Fabrikation von Kriegsmaterial Deutschlands Ausfuhr in diesen Artikeln sehr befördert. Ein Weltkriegsgeschäft wie Krupp kann nur in einem militärischen Staate existieren. Gerade dieser letztere Gesichtspunkt aber führt auf die wundeste Stelle unserer Kriegsgeldwirtschaft zurück, nämlich darauf, daß unser Heerwesen ein Mittel der Bereicherung der Reichen auf Kosten der Armen ist.

Wir nehmen nach allem, was wir bisher ausgeführt haben, als zugestanden an, daß die Heeresausgabe politisch und volkswirtschaftlich nötig ist. Wir sind unsererseits für diese Ausgabe. Das aber kann uns nicht hindern, laut und deutlich zu sagen, daß das jetzige Deckungsverfahren dem Begriffe des nationalen Staates ins Gesicht schlägt. Nicht das ist zu beanstanden, daß für Kriegsvorbereitungen jährlich mehr als eine Milliarde ausgegeben wird, sondern das, wie sie aufgebracht wird. Jede militärische

Ausgabe bedeutet heute eine Verschiebung von Kapitalbesitz aus den Händen der Unterschicht in die der Oberschicht. Die Kosten der Schiffe werden durch Zölle auf Massenartikel aufgebracht, also auf eine sehr demokratische Weise insofern, als die Armen mitzahlen müssen; die Ausgaben für Schiffe verwandeln sich aber in Einnahmen sehr aristokratischer Unternehmungen, bei denen der Privatkapitalist den ersten Vorteil hat. Wir haben den Versuch gemacht, zu berechnen, wieviel von den 25 Millionen eines älteren Linienschiffes sich wieder in Lohn verwandelt, und wieviel als reiner Geldgewinn von Eisenwerken, Kohlenwerken und dergleichen übrig bleibt. Es ist uns mit unseren Hilfsmitteln nicht möglich gewesen, eine Rechnung aufzustellen, die man wiedergeben kann, ganz sicher ist nur, daß 5 oder 7 Millionen bei jedem Schiff aus der Unterschicht zur Oberschicht übergehen. Die Menge zahlt, damit einzelne am Heerwesen sich bereichern. Man wirft ein, das sei nichts Neues, denn am Heerwesen seien stets viele satt geworden, die nicht daran dachten, ihr Blut zu vergießen. Gewiß, es ist eine alte, sehr alte Sache, nur wächst der Schaden mit der Höhe der Ziffern. Man lese noch einmal die Zahlen unserer Ausgaben von 1872 bis jetzt, und dann lese man, wieviel Krupp hinterlassen hat, und wie hoch Panzerplattenwerke im Kurs stehen! Wer da hat, dem wird gegeben, daß er die Fülle habe!

Dieses Mißverhältnis verbittert dem Volke alles Denken über die Notwendigkeit der Waffenausgaben. Zwei Wege sind übrig: der Staat selbst stellt das Kriegsmaterial her, oder er ändert die Methode der Aufbringung des Geldes Das letztere würde an sich leichter sein als das erstere, wenn der Staat nicht von Majoritäten abhängig wäre, die Zölle verlangen. In diesem Zusammenhange werden wir die Heeresausgaben nochmals behandeln. Hier ist nur noch nötig, darzulegen, daß auch in der Gegenwart das alte Verhältnis noch besteht, daß nur reiche Staaten große Heere und Flotten haben können, und daß deshalb die Regierung als Vertreterin des politischen Machtgedankens noch jetzt dieselben Erwägungen anstellen muß, die einst von den Landesfürsten der merkantilistischen Zeit angestellt wurden. Wir gehen nochmals davon aus, daß der Jahresbedarf des Heeres und der Flotte jetzt über 1200 Millionen Mark beträgt. Diese Summe kann nach aller menschlichen Voraussicht nicht wieder geringer werden, solange Deutschland beansprucht, als selbständiger Großstaat aufzutreten, wird aber aller Wahrscheinlichkeit nach weiter steigen. Das wachsende Volk wächst über den Erdkreis hin und verlangt unerhörte Schutzveranstaltungen. Seht, welche Schiffe wird man bauen müssen, welche Plätze befestigen, welche Kohlenstationen sichern! Und noch jagt sich die Technik so auf diesem Gebiete, daß Schiffe, die vor 15 Jahren gebaut wurden, heute schon „schwimmende Särge" heißen, weil sie keine schweren Kanonen tragen können und also dem feindlichen Schusse ausgesetzt sind, ehe sie selbst schießen können. Wir sehen es kommen, daß wir 1½ Milliarden; ja daß wir später einmal 2 Milliarden jährlicher Waffenausgaben zahlen werden. Diese Zukunftsaussicht ist das Kreuz des Reichsschatzmeisters und aller bundesstaatlichen Finanzminister. Woher soll man diese Summen nehmen? Antwort: unsere Produktion muß unsere Einnahmen verdoppeln, das heißt, sie muß die technisch und künstlerisch vollendetste Produktion der Welt sein. Nur auf dieser Grundlage bleiben wir Großstaat. Deshalb ist es der größte Unsinn, daß wir gleichzeitig mit der Flottenvermehrung eine Wirtschaftspolitik annehmen, die uns hindert, reicher zu werden, eine Wirtschaftspolitik der zurückgehenden Wirtschaftsgruppen, der Agrarier und Mittelständler. Das ist der größte Zwiespalt in der heutigen deutschen Volkswirtschaft, der sich sehr wohl aus der politischen Lage erklären, der sich aber nie vor der Zukunft der Nation rechtfertigen läßt.

---

3. Verfassung und Wirtschaft.

Lassalle hat im Jahre 1862, zur Zeit der preußischen Verfassungskämpfe einen denkwürdigen Vortrag über das Verfassungswesen gehalten, dessen Inhalt etwa der ist, daß die geschriebene Verfassung nur soviel Wert hat, als sie sich mit der wirklichen Verfassung deckt. Was aber ist die wirkliche Verfassung? Sie ist der Kräftezustand, der sich ergeben würde, wenn die verschiedenen Teile des Regierungssystems sich miteinander ernstlich streiten würden. Anders gesprochen: ein König kann in Wirklichkeit mehr oder weniger Macht haben, als er in der geschriebenen Verfassung hat; mehr Macht, wenn das ihm gegenüberstehende Parlament nicht an das Volk appellieren kann, um es gegen den König auf die Schanzen zu rufen, wenn es nicht auf Unterstützung des Heeres rechnen kann, wenn es nichts in der Hand hat als eben nur das Papier der geschriebenen Verfassung; weniger Macht aber, wenn er kein Plebiszit wagen kann, wenn er der Soldaten nicht sicher ist. Die Rechte der geschriebenen Verfassung verhalten sich zur wirklichen Verfassung etwa so wie die Aktien einer Spinnerei zur Spinnerei selber. Der Wortlaut der Aktie entscheidet nicht endgültig über ihren Wert. Es kann sein, daß sie mit 80%, es kann aber auch sein, daß sie mit 130% bezahlt wird, je nach der Wirklichkeit. Verfassungsänderungen entsprechen den Konvertierungen von Geldpapieren: der Wortlaut wird dem wirklichen Werte angepaßt. Die Feststellung des wirklichen Wertes aber heißt Verfassungskampf.

Wer ist es nun eigentlich, der um die Verfassung kämpft? Es sind alle diejenigen, die am Staat interessiert sind. Die Interessen können sehr verschiedenartig sein, es können unwirtschaftliche Interessen sein (Nationalitätsfragen, Religionsfragen, Hausmacht- und Standesfragen), aber es steht doch hier im Grunde ebenso wie wir es im vorigen Abschnitte vom Kriege sagten: die durchschlagenden politischen Interessen der neueren Zeit sind wirtschaftlicher Natur. Die Verfassungen werden gemacht und benutzt, um Wirtschaftsvorteile zu gewinnen oder Wirtschaftsschäden zu vermeiden. Und zwar stehen sich folgende Interessentengruppen gegenüber:

1. Die Staatsregierung hat (nach Ausscheiden der privatwirtschaftlichen Interessen des Monarchen) ein doppeltes Wirtschaftsinteresse:

a) die Machterhaltung der Nation und damit jenes Interesse am Reichtum der Steuerzahler, von dem wir schon gesprochen haben;

b) die Selbsterhaltung und Erweiterung des staatlichen Betriebes, der, wie jeder große Betrieb, nur lebt, wenn er wächst.

Aus diesem doppelten Interesse ergibt sich, daß die Staatsregierung folgende wirtschaftlichen Gegensätze hat:

a) den beständigen Gegensatz zu allen denen, die den Staat finanziell schwächen, ihre Steuerlast von sich auf andere abwälzen oder überhaupt Steuern verweigern wollen (Steuerkämpfe);

b) den Gegensatz zu denen, die der notwendigen Reichtumsentwicklung sich deshalb entgegenstemmen, weil sie ihren Privatinteressen entgegenläuft (Agrarier);

c) den Gegensatz zu denen, die den Staatsbetrieb einschränken wollen, sei es aus kleingewerblichen, sei es aus großkapitalistischen Interessen (Kampf zwischen Fiskalismus und Staatssozialismus einerseits und kleinbürgerlichem oder großbürgerlichem Liberalismus andererseits).

Diese allgemeinen Gegensätze, denen die Staatsregierung gar nicht entgehen kann, werden vermehrt durch den Gegensatz, den sie unter Umständen als Arbeitgeberin gegenüber der Arbeiterbewegung hat. Die Geschichte des letzten Jahrhunderts hat gezeigt, daß es die Staatsregierung nicht darauf ankommen lassen kann, sich gleichzeitig nach allen diesen Richtungen hin in Gegensatz zu befinden. Das würde zur Revolution führen. Sie stärkte in der Mitte des vorigen Jahrhunderts ihre Position, indem sie sich ein Mitregiment der anderen Interessenten gefallen ließ (Parlament) und nur darauf bedacht war, die Gegensätze der anderen Interessenten untereinander zugunsten ihrer zwei Hauptzwecke nach Möglichkeit auszunützen.

2. Die Interessen der Regierten sind teils Interessen gegenüber der Regierung und ergeben sich aus dem eben Dargelegten, teils aber sind sie Gegensätze untereinander. Die Zahl dieser Gegensätze ist unbestimmter. Es kommen aber nur die stärksten Gegensätze in Betracht:

der Gegensatz von Freunden und Gegnern der Austauschwirtschaft (Zoll und Freihandel),

der Gegensatz von Arbeitskäufern und -verkäufern (soziale Frage),

der Gegensatz von Großbetrieb und Kleinbetrieb (Mittelstandsfragen),

der Gegensatz von Rohstoffproduzenten und Fertigfabrikation (Zoll- und Syndikatsfragen),

der Gegensatz von Bodenbesitzern und Mietern (Bodenpolitik).

Aus der Verflechtung aller dieser Gegensätze entsteht die Wirtschaftspolitik, aus ihr erklärt sich auch zu einem großen Teil (nicht ausschließlich) der Zustand unserer geschriebenen und unserer wirklichen Verfassung.

Unsere geschriebene Verfassung entstammt zwei verschiedenen Perioden, nämlich die Verfassungen der Einzelstaaten sind Niederschriften des Kampfes um die Steuer, und die Reichsverfassung ist das Dokument des Kampfes um die Austauschwirtschaft. Indem wir dieses aussprechen, wissen wir, wie viele Nebengesichtspunkte dabei verloren gehen, aber es ist nötig, das Allerwesentlichste einseitig herauszuheben, damit es verstanden wird. Die Landesverfassungen also sind Ergebnisse des Kampfes der monarchischen Staatswirtschaft mit den Steuerzahlern und bedeuten die Mitwirkung der Steuerzahler an der Bewilligung und Verwendung der vom Staatsgeschäft vereinnahmten Gelder. Von da aus erklärt sich die Zusammensetzung der Landesvertretungen, es sind Versammlungen der Zahlungspflichtigen nach dem Maße der Zahlungsfähigkeit einerseits und nach dem Maße der Widerstandskraft gegen Zahlungspflichten andererseits. Die Herrenhäuser (erste Kammern) sind wesentlich Vertretungen der zahlungsfähigsten Widerstandskräfte. Die Abgeordnetenhäuser (zweite Kammern) sind in ihrer älteren Form Vertretungen der Zahlungsfähigkeit an sich. Daher stammt ihre in Preußen am reinsten durchgeführte finanzielle Zusammensetzung. Dieses ganze System entsprach dem Kräftebestand zur Zeit seiner Entstehung. Heute ist es veraltet, denn heute ist weder das Herrenhaus eine reine Darstellung der großen Zahlungsfähigkeit an sich, da inzwischen ein viel größerer Reichtum in städtischen und gewerblichen Kreisen entstanden ist und viele Adelsvertreter längst wirtschaftlich zu Statisten herabgesunken sind, noch ist das Abgeordnetenhaus eine Darstellung der Zahlungskraft im ganzen, da seine alte Wahlkreiseinteilung in gar keinem Verhältnis zur neueren Reichtumsentwicklung steht. Es sind in beiden Häusern des preußischen Landtages vergangene Wirtschaftszustände formell festgelegt. In beiden Häusern herrscht die Vergangenheit über die Gegenwart, nur hilft das formulierte Recht den alten Kräften so lange, als es ungestört in Geltung bleibt. Diese veraltete Verfassung ist ein Bleigewicht am neuen deutschen Wirtschaftskörper.

Die Reichsverfassung hat mit Zahlungskräftigkeit nichts zu tun. Sie ist, politisch ausgesprochen, die Abbildung der allgemeinen Wehrpflicht und entspricht in erster Linie den militärischen Aufgaben der Nation. Wirtschaftlich aber war die Reichsverfassung der Sieg der Austauschwirtschaft über den kleinen Markt der Einzelstaaten, ein Erfolg des gewerblichen Freihandels, ein Sieg der Antizünftler und Kaufleute (Demokratie und Kaisertum). Sie hat auch die Wirkung gehabt, die inneren Trennungen des deutschen Wirtschaftsgebietes für alle Zeiten zu erledigen. Inzwischen aber ist sie aus einem Mittel der Überwindung der innerdeutschen Wirtschaftsgrenzen zum Werkzeug der Abschließung nach außen und damit zu einem Mittel gegen die Austauschwirtschaft geworden. Auch das hängt damit zusammen, daß die geschriebene Verfassung sich nicht mehr mit der wirklichen Verfassung deckt, weil die alte Wahlkreiseinteilung die Kräfteverteilung der Reichsgründungszeit formell festgelegt hat und mit jedem Jahre zu einer größeren Benachteiligung der am Austausch interessierten Volksteile wird. Das neue gewerbliche Volk ist überall geringeren Rechtes in der Verfassung.

Aus diesem Zustande ergibt sich, daß die neudeutsche Wirtschaftspolitik in Vertretungskörpern beraten wird, die nicht neudeutsch sind. Darin liegt unsere Mühsal. Irgendwann wird dieser Zustand aufhören, denn irgendwann wird die wirkliche Verfassung sich eine Änderung der geschriebenen Verfassung erzwingen. Heute aber ist am vorhandenen Rechtsbestande nur schwer etwas zu ändern, denn die Interessen derer, die sich mit dem alten System geschriebener Verfassung abgefunden haben, sind so stark, und die Interessen derer, die eine neudeutsche Verfassung suchen, sind so zerspalten, daß noch eine lange Entwicklung dazu gehört, ehe die Konvertierung der unwahr gewordenen Verfassungswerte eintritt. Versuchen wir die bestehende Interessenverflechtung der Staatsregierung in ihren Urelementen darzustellen, so stellt sie sich etwa so dar:

1. Die Staatsregierung müßte aus ihrem Machtinteresse heraus rückhaltlos für Austauschwirtschaft (Freihandel) und Reichtumsentwicklung sein, wenn sie sicher wäre, daß ihr staatliches und militärisches Selbsterhaltungsinteresse dabei nicht zu kurz käme. Dieses aber kommt zu kurz, wenn bei durchgeführter neudeutscher Demokratie (allgemeines Wahlrecht in allen Vertretungen bei neuer Wahlkreiseinteilung) die Steuerleistung geschwächt und damit die Macht des Staatsbetriebes und der militärischen Nationalvertretung geschädigt würde. Aus Angst vor den politischen Fehlern der Sozialdemokratie, ohne deren Mitwirkung eine Wendung zum Freihandel unmöglich ist, läßt es sich die Regierung gefallen, daß sie in eine der Nation schädliche Wirtschaftspolitik hineingedrängt und in ihr festgehalten wird.

2. Die Staatsregierung selbst ist zwar theoretisch frei von allen eigenen Wirtschaftsinteressen und steht über den Wirtschaftsparteien der Regierten, aber die einzelnen Menschen, die die Regierung ausmachen, erwachsen auf dem Boden der formulierten Verfassungen und aus dem Schoße der sinkenden Mächte und sind deshalb menschlich geneigt, ihre Staatseinsicht von ihren wirtschaftlichen Klasseninteressen durchtränken zu lassen.

3. Die Staatsregierung fürchtet sich in Hinsicht auf die Selbsterhaltung ihres Großbetriebes mehr vor den neuen kapitalistischen als vor den alten agrarischen Mächten, wird also geneigt sein, diesen vor jenen den Vorzug zu geben, obwohl sie weiß, daß die kapitalistischen Mächte den volkswirtschaftlichen Fortschritt bedeuten und allein imstande sind, die nationale Macht auf der Höhe zu halten.

4. Die Staatsregierung hat in ihrer Eigenschaft als Leiterin eines Großbetriebes zahlreiche gemeinsame Interessen mit den Arbeitskäufern überhaupt und ist beständig in Gefahr, diese Interessen in der Praxis höher einzuschätzen als das viel größere Staatsinteresse an der physischen und finanziellen Leistungskraft der Arbeiterschaft im ganzen. Das hindert sie, frei auf Seite der den militärischen Staat in Wirklichkeit erhaltenden Masse zu treten.

5. Die Staatsregierung fühlt sich in eben dieser Eigenschaft als Leiterin eines Großbetriebes denjenigen Erwerbsformen am

verwandtesten, in denen der Großbetrieb am reinsten durchgebildet ist, obwohl sie weiß, daß diese ihrer Selbsterhaltung am gefährlichsten sind. Auch der Staat als Einrichtung gehört zu einer Wirtschaftsklasse, und zwar einesteils zu derselben Klasse, zu der die Bergwerke und Eisenwerke gehören, und anderenteils zu der Klasse, in der die Fideikommißbesitzer und Rittergutsherren sich aufhalten. Dieser Klassenzusammenhang trübt die reine Durcharbeitung des Nationalitätsgedankens im Staat, da er sich gegen alle Volksteile wendet, die nicht in diesen ersten Klassen untergebracht sind. Insbesondere fühlen die Viehbauern, Fertigfabrikanten und Arbeiter aller Arten, daß sie mit der Staatsregierung nicht so kollegialisch verkehren können wie die Glieder der obenbezeichneten Großbetriebsklassen.

Aus allen diesen Zusammenhängen der Staatsregierung ergibt sich, daß die veraltete Verfassung sehr fest geankert liegt. Das aber bedeutet leider wirtschaftlich die fortdauernde Stärkung einer rückläufigen und hemmenden Wirtschaftspolitik. Es bedeutet insbesondere:

die Erhaltung der schädlichen Zollpolitik,

die Stärkung der Getreideproduzenten auf Kosten der Viehwirtschaft,

die Stärkung der schweren Industrie auf Kosten der Fertigfabrikation,

die Stärkung der Arbeitskäufer gegenüber den Arbeitsverkäufern.

Mit allen diesen Tendenzen müssen wir solange rechnen, bis die neue wirkliche Verfassung stark genug ist, zur formellen Verfassung zu werden. Die Urelemente der neuen staatlichen Interessengruppierung aber sind folgende:

1. Die Staatsregierung erfährt, daß die Erhaltung der vaterländischen Macht auf Grund einer durch Zölle, Polizei und Rechtsnachteile verbitterten Masse unmöglich ist und entschließt sich angesichts eines vorhandenen oder zukünftigen Krieges, der arbeitenden Menge eine wirkliche Mitbeteiligung an der Staatsleitung zuzugestehen, indem sie die Wahlrechte dem heutigen Bevölkerungsbestande anpaßt.

2. Die Staatsregierung erfährt durch üble Kolonialerfahrungen und Abwanderung leistungsfähiger Industrien, zu welchen sichtbaren Schädigungen eine Staatsleitung führt, in der der Kaufmann und der Industrielle so gut wie nicht vertreten ist, und bemüht sich, ihren Personalbestand aus diesen Kreisen zu ergänzen, um nicht

fernerhin den drängendsten Wirtschaftsfragen unfähig gegenüberzustehen.

3. Die Staatsregierung sieht, daß sie im Laufe kurzer Zeit in eine derartige Abhängigkeit von den Syndikaten der schweren Industrie gerät, daß sie ihre Selbständigkeit nur retten kann, wenn sie die Staatsförderung der Syndikate durch Zölle aufgibt und die Arbeitervertretungen gegenüber den Syndikaten stärkt.

4. Die Staatsregierung sieht, daß Zahl und Qualität der Bevölkerung unter der Herrschaft der Bodenrente und des Kohlenmonopols leiden, und stellt sich deshalb auf seiten teils der Mieter, teils der Arbeitsverkäufer, obwohl sie selber Bodenbesitzerin und Arbeitskäuferin ist, da im Zweifelsfalle schließlich doch bei allen gewissenhaften Beamten das Interesse an der Volkserhaltung größer ist als das Arbeitgeberinteresse des Staates.

5. Die Staatsregierung sieht durch den Vergleich mit England und Nordamerika, daß eine Volkswirtschaft, die sich auf zurückbleibende Schichten stützt, notwendig selber zurückbleiben muß, und erwägt, in welcher Weise sie die Konkurrenz dieser Länder aushalten und überwinden will. Dabei gelangt sie dazu:

die deutsche Viehwirtschaft durch Abschaffung aller Futtermittelzölle zur ersten Viehwirtschaft der Welt zu machen,

die deutsche Fertigfabrikation durch Abschaffung aller Zölle auf Halbfabrikate auf die höchste Stufe zu heben,

die deutsche Arbeit im ganzen durch freies Recht und bessere Erziehung der Arbeiter in ihrer Qualität möglichst zu steigern.

Aus solchen Erfahrungen und Erwägungen heraus *kann* die neue Verfassung und mit ihr die neue Wirtschaftspolitik kommen. Von welchen politischen Voraussetzungen dieser Umschwung abhängt, habe ich in „Demokratie und Kaisertum" dargelegt. Hier muß der Gedankengang dieses politischen Buches als bekannt vorausgesetzt werden, er wird aber durch alle diese wirtschaftlichen Erwägungen des näheren erläutert, und vor allem zeigen diese Einblicke in das Wirtschaftsleben, welche ungeheuer großen Zukunftswerte in der Frage von Demokratie und Kaisertum auf dem Spiele stehen. *Gelingt die neue Politik, dann gelingt auch die neudeutsche Wirtschaft, dann haben die Deutschen den größten und besten Teil ihrer Geschichte noch vor sich. Mißlingt aber die neue Politik, bleiben wir im Bann der alten sinkenden Mächte und geraten in eine ungehemmte Untertänigkeit der absolut herrschenden Syndikate, dann liegt die Höhe* der deutschen Geschichte in der Vergangenheit und unsere Kinder erleben einen vielleicht langsamen, aber sicheren Abstieg.

Welche von den obengenannten Erfahrungen der Staatsregierung voraussichtlich am entscheidendsten wirken und den Umschwung ihrer Haltung hervorrufen, hängt teils von Dingen ab, die ganz regellos eintreten (Kriege, Kolonialschwierigkeiten), teils von Entwicklungen, die je, nach der Flut und Ebbe des kapitalistischen Weltprozesses überhaupt, sich verschieden gestalten. Es gibt in dieser Richtung, wenn es erlaubt ist, eine sehr verwickelte Frage auf eine allzu einfache Grundformel zu bringen, zwei verschiedene Möglichkeiten, nämlich die eines guten und die eines schlechten Geschäftsganges in den nächsten 10 oder 20 Jahren.

Der Fall des schlechten Geschäftsganges wird in den Reden der liberalen und sozialdemokratischen Zollgegner gewöhnlich als wahrscheinlich angenommen. Es wird gesagt: diese Zölle und sonstigen Erschwerungen der Arbeit werden in Zeiten wirtschaftlicher Krisis eine solche Notlage aller abhängigen Volkskreise hervorrufen, daß der Sturm der Hungernden, die Verzweiflung arbeitsloser Arbeiter und Fabrikanten, der Groll eines ganzen ausgebeuteten Volkes so berghoch steigt, daß eines Tages die englische Antikornzolliga vergrößert, verstärkt durch die proletarische Revolution, vor uns steht, und daß dann, da Not stärker ist als alle Verfassungen, die Wucht der Angst und die Qual der Verantwortung die Regierenden zu Konzessionen zwingen wird, die heute unmöglich scheinen. Der Vorgang, den in der ersten Hälfte der vierziger Jahre des vorigen Jahrhunderts England erlebt hat, steht vielen, die über solche Fragen nachdenken, dabei vor der Seele. Dort wuchs aus Not die neue Größe, da stieg aus Hunger der Wohlstand auf, denn es war teure Zeit, in der das Zollsystem in den verdienten Abgrund rollte. So kann es auch bei uns kommen, so wird es kommen, wenn die Märkte sich verengen und alle Welt sich unterbieten muß, nur um zu leben. Es ist aber ebenso möglich, daß der andere Fall eintritt, der Fall des guten Geschäftsganges. Wir unsererseits sind geneigt, diesen Fall für den wahrscheinlicheren zu halten. Diese unsere optimistische Ansicht gründet sich vor allem auf dasjenige, was wir früher über Goldproduktion gesagt haben. Wir erwarten ein weiteres allgemeines internationales Aufsteigen der Austauschwirtschaft, wie es bisher noch nicht vorhanden war. Das schließt vorübergehende Krisen nicht aus, nur sind diese Krisen keine Hungerzeiten in dem eben besprochenen Sinne. In diesem volkswirtschaftlich günstigen Falle treten die schlechten Wirkungen der Zölle weniger grell zutage. Sie sind zwar ebenso vorhanden wie im schlechten Falle, aber sie äußern sich nicht als fühlbare Not, sondern nur als Zurückbleiben gegenüber dem stärkeren Fortschritt anderer Völker, als Verlust an Gewinn, nicht als Verlust an Besitz. In diesem Falle entsteht keine wirksame Antikornzolliga und keine politisch wirkende Hungerrevolte, denn als Not wird von der Masse ebensowohl der Arbeiter wie der Unternehmer nur das direkte Rückwärtssinken empfunden. In diesem Falle treten andere Folgen ein, nämlich die ungezügelte Herrschaftsentwicklung der Syndikate. Diese Herrschaft ruft, je größer sie wird, desto sicherer eine allgemeine Gegenbewegung hervor, deren Ergebnis ein Bund der Regierung mit der Demokratie zur Dämpfung der Syndikatsherrschaft ist. Alle Energien sammeln sich dann auf diesem Punkt, bis der Staat den großindustriellen Gegenstaat mit Hilfe der Demokratisierung besiegt.

In beiden Fällen aber ist es eine Sache langer Jahre, die neue wirkliche Verfassung, das heißt, den Umschwung der jetzigen Gruppierung der herrschenden Mächte herbeizuführen. Möglich ist, daß sich der Umschwung an das Ende der jetzigen Handelsverträge (1917/18) anknüpft. Aber wer kann das wissen? Soviel nur ist sicher, *daß eine Wirtschaftspolitik der Linken mit einem solchen totalen Umschwung rechnen muß, wenn sie überhaupt einen Sinn haben soll.*

Alle wirklich großen Forderungen, die in diesem Buche enthalten sind, warten auf diesen Zeitpunkt. Das ist nicht ein Warten auf eine „andere Gesellschaftsordnung" oder einen „Zukunftsstaat", sondern ein Erwarten bestimmter und möglicher Veränderungen, für die es an Vorbildern in der Vergangenheit nicht fehlt. Die große Umgestaltung des Volkes, die Entstehung des neuen Wirtschaftsvolkes, muß ihren politischen und wirtschaftspolitischen Ausdruck finden. Bis aber der Umschwung kommt, muß jede Gelegenheit wahrgenommen werden, Einzelvorteile zu erreichen. In dieser Hinsicht schafft die eigentümliche Zusammensetzung des Zentrums, über dessen Einfluß und Charakter wir in „Demokratie und Kaisertum" geredet haben, gewisse Möglichkeiten. Es gibt innerhalb des jetzigen Machtsystems *eine Majorität des Zentrums, der Liberalen und Sozialdemokraten für eine ganze Anzahl sozialreformerischer Einzelheiten.* Alles, was dieser Majorität möglich ist an Einzelfortschritten, Freiheitsvermehrungen, Schutzbestimmungen, muß angenommen werden, aber vor allem: die Köpfe müssen bereitgemacht werden für die größere Zukunft, für ihre Kämpfe und Siege.

4. Der Staat als Unternehmer.

Indem der Staat für Sicherheit, Recht, Straßenbau und Bildung sorgt, leistet er notwendige Hilfsarbeiten für die ganze Volkswirtschaft, deren Eigentümlichkeit es ist, daß sie sich nicht unmittelbar bezahlt machen, selbst wenn man Prozeßabgaben und Schulgelder als Erwerbseinkünfte des Staates in Rechnung setzen wollte. Um dieser Tätigkeiten willen muß er einen zahlreichen Beamtenkörper schaffen und sich selbst gleichsam im ganzen Volke allgegenwärtig machen. Damit aber ist nach reiner altliberaler Theorie die positive Staatstätigkeit erschöpft. Der Liberalismus leugnete in seinen reinsten Vertretern jede weitere Unternehmung des Staates, es war aber nicht ganz leicht, diese Leugnung in die Praxis umzusetzen, da der monarchische Staat, den der Liberalismus umzugestalten übernahm, seinem ganzen Wesen nach Erwerbsunternehmer war und davon auch nach seiner Liberalisierung nicht völlig befreit werden konnte, weil jedes Aufgeben erfolgreicher staatlicher Erwerbsgeschäfte eine Vermehrung der Steuern mit sich bringen mußte, die zu bewilligen den Liberalen auch keine besondere Freude war. Was sollten sie tun? Um der Theorie willen alle erwerbenden Staatsbetriebe töten? Es wäre korrekt gewesen, aber unpraktisch, und außerdem hatte der Liberalismus gar nicht die Macht, den fiskalischen Erwerbsgeist der Staatsbeamten alter kameralistischer Schulung aus der Welt zu schaffen. Man drückte also ein Auge zu und ließ ein Teil alter Staatsbetriebe, die ehedem fürstliche Privatbetriebe gewesen waren, am Leben, besonders solche, die wie die Bergwerke und Domänen dem liberalen Bürgertum nicht als Konkurrenz erschienen. Es blieben aber gelegentlich auch Brauereien (München), Porzellanfabriken (Meißen und Berlin), Tabakfabriken (Straßburg) in staatlichem Betriebe. Die besonderen Gebiete des staatlichen Erwerbsgeschäftes waren jedoch die Waldwirtschaft, die Landwirtschaft und der Bergbau. In Preußen unterstehen der Domänenverwaltung 1080 Grundstücke mit fast 350 000 Hektar Fläche. Die Nettoeinnahme aus Domänen beträgt 15 Millionen Mark, aus Forsten 66 Mill. Mk., aus Bergwerken, Hütten, Salinen und Bernsteinwerken 22 Mill. Mk., aus anderen kleineren Erwerbsgeschäften (Lotterie, Porzellanmanufaktur, Musterbleiche, Badeanstalten, Seehandlung und anderen) im ganzen 16 Mill. Mk. Diese Geschäfte alle, selbst die Berg- und Hüttenwerke, die etwa $^1/_{10}$ des preußischen Bergbauwesens ausmachen, sind im Grunde eine Sammlung von Nebentätigkeiten des Staates, denen aber finanziell noch in anderer Hinsicht eine starke Bedeutung beizulegen ist, da sie den Gang des privatwirtschaftlichen Erwerbslebens fühlbar beeinflussen. Auch die Staatsbergwerke können bei heutiger Sachlage als Staatsgeschäfte im strengen Sinne des Wortes nicht bezeichnet werden. Sie sind auf Staatskosten betriebene Privatgeschäfte, die sich in Art des Betriebes und der Preisbildung von anderen ähnlichen Unternehmungen nur wenig unterscheiden. Man kann sagen, daß der Staat, indem er die jährliche Abfindung für das frühere monarchische Privatgeschäft übernahm (Zivilliste), auch die Quellen übernahm, aus denen die Abfindungssumme floß, und daß er dabei eine für die Staatskasse günstige Unternehmung einleitete, da die Erträgnisse dieser nicht mehr fürstlichen Betriebe stärker wuchsen als die Ansprüche der fürstlichen Familie an den Staat. Diese alten Erwerbsgeschäfte wurden vom Liberalismus geduldet, aber ihre Ausdehnung wurde verhindert, indem die alten Staatsvorrechte auf Naturschätze, insbesondere das alte Bergrecht, aufgegeben wurden. Der liberale Staat saß da wie ein alter Bankier, der sein Haupterwerbsgeschäft aufgegeben hat und nur aus Gewohnheit und zu seinem Vergnügen noch einige kleine Verbindungen unterhält. Das war der Zustand, den Bismarck vorfand, als er mit der Verstaatlichung der Eisenbahnen eine neue Epoche des Staatsgeschäftes herbeiführte. Zwar ganz unvermittelt kam auch dieser Schritt nicht, denn der staatliche Straßenbau in der ersten Hälfte des 19. Jahrhunderts und die Übernahme der Post durch den Norddeutschen Bund zeigten dem Staate den Weg. Die Post wurde zunächst verstaatlicht, um der Unordnung der Privatposten ein Ende zu bereiten, also im Sinne einer Hilfsarbeit für die Volkswirtschaft, die der Staat auch dann hätte übernehmen müssen, wenn sie nichts einbringt. Unter der Führung des Generalpostmeisters Stephan zeigte sich aber in der Praxis, wie bedeutsam die Post- und Telegraphenverwaltung als Erwerbsgeschäft des Staates werden könne. Im Jahre 1910 war die Einnahme des Reiches durch Post und Telegraphie über 50 Mill. Mk. im ordentlichen Etat, also nicht viel weniger als die der preußischen Forstverwaltung. Aber was ist die Post, geschäftlich angesehen, gegenüber der Eisenbahn? Die Verstaatlichung der Eisenbahnen begann ebenfalls mit dem Gedanken, daß es Aufgabe des Staates sei, die Unordnung des privaten Eisenbahnwesens zu beseitigen. Mehr als diesen Gedanken will nämlich der die Eisenbahnen betreffende Paragraph der Reichsverfassung nicht besagen, und die Herstellung des Reichseisenbahnamtes hatte nur den Zweck, eine zentralistische staatliche Aufsichtsbehörde über die durch den 1846 gegründeten Verein deutscher Eisenbahnverwaltungen kartellierten Privatbahnen zu schaffen. Wir brauchen absichtlich das Wort „kartellierte Privatbahnen", um auf die Ähnlichkeit der Eisenbahnverstaatlichung mit denjenigen Plänen hinzuweisen, die jetzt vielfach über eine Verstaatlichung der industriellen Kartelle geäußert werden. Die Staatskontrolle erwies sich als unwirksam, wenigstens die Reichskontrolle. Es entstanden, wie Bismarck sagte, 63 verschiedene Eisenbahnprovinzen, „territoriale Verkehrsherrschaften, deren jede mit den mittelalterlichen Rechten des Stapelrechtes, des Zoll- und Geleitwesens und der Auflagen auf den Verkehr nach Willkür zugunsten ihres Privatsäckels ausgerüstet ist, ja mit dem Fehderecht". Diesen Zuständen, die dem Verkehrsinteresse einerseits und der Staatshoheit andererseits widersprachen, wollte Bismarck durch Verstaatlichung ein Ende machen. Dabei lehnt er es im Jahre 1876 direkt ab, ein staatliches Erwerbsgeschäft gründen zu wollen. Er sagt:

> Die Eisenbahnen sind nach meiner Überzeugung viel mehr für den Dienst des Verkehrs als für den Dienst der Finanzen bestimmt.

Die Finanzminister von Sachsen, Bayern und Preußen wußten aber schon damals, welche fiskalische Kraft im Staatsbahnsystem liegen könne, und halfen mit, daß der Gedanke der Reichseisenbahn nicht zustande kam. Die Parlamente der Steuerzahler (Einzelstaaten) entzogen die Eisenbahn dem Parlament des Freihandels (damaliger Reichstag). Von da an wurde die Eisenbahn für die in Frage kommenden Staaten und insbesondere für Preußen das größte Erwerbsgeschäft. Der Gesichtspunkt der einheitlichen Regelung des Transportes, der sich vielleicht auch ohne Verstaatlichung hätte durchführen lassen, wurde verschlungen von der neu belebten Idee, daß der Staat als Staat Geschäfte machen müsse. Das Kapital der preußisch-hessischen Eisenbahnverwaltung verzinst sich zu 6,4%, das aber bedeutet, daß von einem Nettoertrag, der 1904 auf 473 Mill. Mk. veranschlagt wurde, mindestens $^2/_5$ als staatlicher Reingewinn gebucht werden kann. Mit diesem großen Verstaatlichungsakte ist das altliberale Staatsprinzip gewaltig durchbrochen worden. Der Merkantilstaat feierte seine Auferstehung, und Bismarck war bereit, ihm noch weiter zum Durchbruch zu verhelfen, indem er 1878 das Tabakmonopol in Vorschlag brachte. Hierbei trat der Erwerbsgesichtspunkt von vornherein in den Vordergrund. Das aber war es, was die Vorlage zu Fall brachte. Der Liberalismus des Freihandelsparlamentes (Reichstag) war noch stark genug, den Bismarckischen Plan abzulehnen, allerdings, wie wir des weiteren zeigen werden, nicht stark genug, den Übergang zum Zollsystem zu hindern. Damit war und ist der Verstaatlichungsgedanke bis jetzt zur relativen Ruhe gekommen, soweit es sich um Erwerbsgeschäfte handelt, denn die Versicherungsgesetzgebung ist zwar auch Verstaatlichung, aber kein Erwerb.

Der Staat in seiner Doppelform als Reich und Einzelstaat hat infolge dieser Entwicklung ein sehr gemischtes Gemenge von Unternehmertätigkeiten auszuüben und stellt sich infolgedessen als größter vielseitiger Arbeitgeber dar. Im Eisenbahndienste stehen in Deutschland etwa 700 000 Beamte und Arbeiter, im Post- und Telegraphendienste etwa 325 000. Dazu kommen die Beamten und Arbeiter der Bergwerke, Salzbergwerke, Domänen, Forsten usw. Dieses Heer von Angestellten und Arbeitern ist gleichzeitig Staatsbürger und Staatsdiener. Es könnte sagen: „der Betrieb ist unser", wenn nicht der staatssozialistische Geist vom staatsfiskalischen Geiste allzusehr überwunden worden wäre. Man kann zugeben, daß der Durchschnitt der Staatsangestellten materiell etwas besser gestellt ist als der Durchschnitt in der privaten Großindustrie (von den Oberstufen gilt das Gegenteil), aber die persönliche Freiheit ist im ganzen geringer als in der Privatindustrie. Der Satz „der Betrieb darf nicht alles" ist fast nirgends so wenig durchdacht und durchgeführt als in den Staatsbetrieben. Vergewaltigung der Gesinnungen ist eine beständig wiederkehrende Erscheinung. Der Staat achtet den freien Arbeitsvertrag noch weniger als ein anderer Großunternehmer. Er verlangt Untertänigkeitsarbeit. Das Militärsystem wirft starke Schatten in alle Staatsbetriebe. Deshalb ist es in jedem einzelnen Fall für die Arbeiter und Angestellten eine peinlich schwere Frage, ob sie grundsätzlich für Verstaatlichung von Industrien eintreten sollen. Damit aber beraubt sich die Staatsregierung selbst ihrer besten natürlichen Hilfstruppe, sobald sie mit neuen Verstaatlichungsgedanken auftritt. Die Staatsarbeiter sollten die Wortführer des Verstaatlichungsgedankens sein können. Aber man frage die Eisenbahnschaffner und Postassistenten, ob sie es sind! Als der Kaiser 1890 sagte, daß die Staatsbetriebe Musterstätten sein sollten, sprach aus ihm ein weitblickender staatsmännischer Geist. Musterhafte Staatsbetriebe würden eine fabelhafte Werbekraft für den staatssozialistischen Gedanken an sich haben müssen. Es ist aber nicht nur der passive Widerstand des Beamtenmilitarismus und des Fiskalismus, der diese für den Staat so wünschenswerte Entwicklung hindert, sondern man muß der Sache noch tiefer auf den Grund gehen und bekennen, daß ein Staat, dessen wirkliche Verfassung in der Herrschaft der agrarischen und großindustriellen Unternehmer besteht, gar nicht imstande ist, staatssozialistisch im vollen Sinne des Wortes zu wirken. Erst ein Umschwung in den Herrschaftsverhältnissen kann den Staatsbetrieb so gestalten, daß er für die Menge des Volkes Glanz und Magnetismus erhält. Heute sagt die Masse: lieber unter Krupp oder unter der Allgemeinen

Elektrizitätsgesellschaft stehen, als unter der fiskalischen Staatsunternehmung!

Es kommt also bis auf weiteres für neue Verstaatlichungspläne die sozialdemokratische Masse nicht in Betracht. Der Liberalismus kommt wegen seiner prinzipiellen Stellung zum Staat auch nicht in Betracht. Es ist möglich, daß er gewisse Verstaatlichungen mitmacht, aber er wird sich nicht stark für sie regen. Es bleibt also nur übrig, daß neue Verstaatlichungen von der Regierung mit den Parteien der Rechten (mit Zentrum und Konservativen) gemacht werden. Das aber hat seine sehr großen Schwierigkeiten, solange eben diese Parteien mit den in Betracht kommenden kartellierten Großindustrien durch gemeinsame Zolltendenzen verbündet sind. Man hat es an dem Versuche, die Zeche „Hibernia" zu verstaatlichen, gesehen, wie schwach allseitig die Triebkraft zur Vermehrung der Staatserwerbsgeschäfte ist. Die Zöllner wollen gar nicht, daß die Staatskassen von den Zöllen unabhängiger gemacht werden, und die Antizöllner trauen „diesem Staate" keine liberale Handhabung seines Unternehmertums zu. Damit ist aber für die Staatsregierung eine Situation geschaffen, in der sie das nicht ausführen kann, wozu sie ihr staatlicher Beamtengeist eigentlich drängen müßte. Als Vertreter des Staatsgedankens an sich müßte sie das Aufwachsen der neuen Syndikatsregierungen etwa ebenso empfinden, wie Bismarck damals die Macht der Eisenbahngesellschaften empfand, aber was soll sie tun? Der Staatsgedanke ist durch rückständige Verfassung und durch unsoziale Praxis gehemmt und kann sich nicht mehr auswirken. Jeder neue Tag stärkt die Syndikatsherrschaft, Bülow aber zitiert demgegenüber: non possumus, d. i. wir können die Alleinherrschaft des Staates nicht mehr zur Geltung bringen.

Jeder, der mit einem volkswirtschaftlich geschulten Auge die Politik der Gegenwart betrachtet, sieht, daß heute in der Verstaatlichungsfrage die Zukunft des Staatsorganismus im Verhältnis zum Wirtschaftsorganismus liegt. Einen Wirtschaftsorganismus im eigentlichen Sinne des Wortes gab es damals noch nicht, als der Liberalismus den Staat auf die nichterwerbenden Tätigkeiten zu beschränken suchte. Deshalb schien damals die Gefahr, daß es neben dem Staat wirtschaftliche Nebenregierungen geben könne, gar nicht vorhanden zu sein. Der Staat verzichtete auf die Regelung der Produktion, weil jenes Zeitalter der Ansicht war, daß es eine Regelung der Produktion überhaupt nicht wieder geben werde. Diese Ansicht aber ist, wie wir heute wissen, irrig gewesen. Die neue Regelung der Produktion entsteht und wird n i c h t vom Staat gemacht. Sie wird von Organismen gemacht, die zwar auf Grund des staatlichen Rechtes und unter dem Schutze seines Militärs existieren, die sich aber jede Staatsbeteiligung nach Möglichkeit verbitten und nur mühsam und unter viel Verbeugungen bis zur Kartellenquete willig gemacht werden konnten, die nach Möglichkeit ihr eigenes Recht (Kartellentscheidungen) ausbilden, und deren Einfluß auf Gemeindeverwaltungen und untere Staatsbeamte unter Umständen größer ist als der Einfluß der staatlichen Zentralstelle, die viel mehr Geld haben als der von den Parlamentsbewilligungen abhängige Staat, und deshalb imstande sind, dem Staate seine fähigsten Beamten wegzunehmen und damit den Staat langsam, aber sicher zur altmodischeren und schwerfälligeren Organisation herabzudrücken. Wir sind so sehr an die relative Allgewalt des Staates gewöhnt, daß es uns schwer wird, seine neue Lage richtig zu beurteilen. Würden wir Deutschland von der Ferne aus sehen, etwa so wie wir Amerika zu sehen pflegen, so würde uns der Kaiser mit aller seiner Regierung den wirtschaftlichen Kartellen gegenüber nicht stärker erscheinen als der nordamerikanische Präsident gegenüber den gigantischen Trusts seines Landes. In Amerika sieht alles etwas theatralischer aus als bei uns, aber die Sache ist dieselbe. Ein Staat, der grundsätzlich nur die Organisation der Hilfstätigkeiten des Erwerbslebens besorgen soll, muß in die Lage eines Hilfsgewerbes einrücken, sobald das Erwerbsleben selber beginnt, organisiert aufzutreten. Das sind die Folgen des ungeheuren Schlages, den der Liberalismus dem alten Erwerbsstaate versetzte, als er den Staatsbegriff vom Erwerbssinn reinigte.

Solange man diese Dinge nur vom Standpunkt der Monarchie und des Staatsbeamtentums aus bedenkt, sind sie einfach niederdrückend. Der Staat verliert an Führung in den wichtigsten Lebensbewegungen der Nation und kann sich infolge seiner Konstruktion nicht aufraffen, das einzige zu tun, was seine frühere leitende Bedeutung retten könnte, nämlich im Namen aller derer, die durch das Kartellsystem gedrückt sind, im Namen des Arbeiters, Fertigfabrikanten und Viehbauern, wirklichen Staatssozialismus zu treiben, indem er die Parole: „Der Betrieb sind wir alle" zur siegreichen Losung einer großen Verstaatlichungsaktion macht, die an Umfang und Mühe die Bismarckische Eisenbahnverstaatlichung weit übertreffen müßte. Das kann nur ein Staat, der glattweg mit der Demokratie zu gehen entschlossen ist und bereit ist, auch seine eigenen Staatsbetriebe zu demokratisieren. Einen solchen Staat haben wir nicht, und weil und solange wir ihn nicht haben, vollzieht sich die Regelung der Produktion ohne den Staat. Ob dieser Zustand, der, wie wir sagten, für alle berufsmäßigen Staatsvertreter sehr bedrückend sein muß, an sich ein Unglück ist, steht keineswegs von vornherein fest. **Wir unsererseits sind geneigt, die Vorteile der staatlosen Regelung der Produktion für höher einzuschätzen als die Nachteile**, und zwar auf Grund folgender Erwägungen:

1. Der Bruch der alten Rechtsgewalt in Wirtschaftssachen hat sich als durchaus nötig und heilsam erwiesen, da offenbar die Entfesselung aller wirtschaftlichen Kräfte, die wir erlebt haben, unter Fortdauer des alten Erwerbsstaates nicht möglich gewesen wäre. Mit anderen Worten: ein direkter Übergang vom monarchischen Merkantilsystem zum industriellen Staatssozialismus war unmöglich. Damit aber war es auch unvermeidlich, daß sich die neue Organisation der Industrie außerhalb des Staatsapparates vollzog.

2. Die Leistungen des Staates, den wir vor uns haben, sind militärisch und juristisch sehr große und absolut unentbehrliche, aber die Fähigkeit, Wirtschaftsprozesse großen Stils zu leiten, hat der juristisch-militärische Staat nur in geringem Grade. Alle unsere Staatsbetriebe sind geschäftlich weniger elastisch, als es für eine um ihren Platz auf dem Weltmarkt ringende Industrie notwendig ist. Man denke sich die Kruppschen Anlagen verstaatlicht, oder den Stahlwerksverband, oder gar die Hamburg-Amerika-Linie und die Deutsche Bank. Der Staat würde vielleicht kaum soviel herauswirtschaften, um die bisherigen Aktionäre auszuzahlen, und schwerlich der staatlichen Wirtschaft ähnliche Vorteile zuführen, wie es bei der Eisenbahnverstaatlichung möglich war, da Transport leichter militärisch zu leiten ist als Fabrikation, und Eisenbahnwesen leichter als Schiffahrt. Selbst die Verstaatlichung der Kohlenbergwerke zum heutigen Werte würde nicht die Erträgnisse bringen können, die bei den alten Staatsgruben sich ergeben. Und bloß die Kohlenwerke für sich allein zu verstaatlichen, ist heute schon ausgeschlossen und wird in 10 Jahren ganz undenkbar sein, weil Kohle und Eisen sich in einer Weise kombinieren, daß der Staat entweder die ganzen Riesenwerke von Kohle, Eisen und Maschinenbau übernehmen muß, oder nichts übernehmen kann.

3. Der Staat kann, wenn er nicht selbst mit neuen Unternehmeraufgaben belastet ist, leichter der Demokratisierung der von ihm unabhängigen Kartellindustrien seine Kräfte widmen und damit der Produktivität der nationalen Wirtschaft und dem Wohlsein der Masse besser dienen. In welchem Maße er das tun wird, hängt von der Verteilung und Veränderung der parlamentarischen Kräfte ab.

Das Zukunftsbild, das wir uns machen, sieht demnach etwa so aus: **Der erwerbende Staatsbetrieb vergrößert sich nicht mehr wesentlich, der Staat aber bleibt in**

Wirtschaftssachen eine höchst notwendige Kontroll- und Aufsichtsinstanz für die sich bildende Selbstregierung der kapitalistischen Wirtschaft und wird in Zukunft ein Organ der Demokratisierung dieser neben ihm entstandenen zentralisierten Wirtschaftsleitung.

5. Recht und Wirtschaft.

Außer dem militärischen Schutze ist das wichtigste, was der Staat der Wirtschaft des Volkes leistet, die Formulierung und Sicherstellung des Rechtes. Ohne uns in die schweren Probleme der Rechtsphilosophie zu vertiefen, wie sie Professor Stammler in seinem Buche „Wirtschaft und Recht" ausgiebig erörtert hat, ist es doch nötig, mit einigen Worten das Verhältnis der Wirtschaftsvorgänge zur Rechtsbildung darzustellen, so gut oder schlecht dieses dem Nichtjuristen gelingen mag. Es ist nicht so, als ob der Staat einfach das Recht machen könnte, denn das Recht ist im Grunde nichts als ein Ausdruck für das Verhältnis des Menschen zum Menschen und des Menschen zur Materie, wie es sich durch Naturgrundlage, Volkssitte, Herrschaftsverhältnisse und Technik zunächst unformuliert bildet und dann erst vom Staat in Paragraphen gebracht und unter Strafandrohung oder sonstigen Zwang gestellt wird. Wir erinnern an das, was wir früher über städtische Bodenrechte geschrieben haben. Nicht als ob der Staat bei der Fixierung des Rechtes nicht auch seinerseits einen merkbaren und folgenschweren Einfluß ausüben könnte! Das kann und tut er ohne Zweifel, aber er ist nicht der willkürliche Schöpfer einer Rechtsordnung, die er sozusagen aus der freien Luft herausgreift. Nicht einmal der absolut monarchische Staat war zu willkürlicher Rechtsschöpfung befähigt, denn was half es ihm, Gesetze über die Köpfe der Bevölkerung auszuspannen, von denen diese Köpfe nichts wußten und wissen wollten? Noch viel weniger kann der konstitutionelle Staat ein Recht herstellen, das eine weltfremde Konstruktion ist. Er kann nur Rechte formulieren, für die der jeweils herrschende Teil der Bevölkerung eintritt. Es ist deshalb falsch, die soziale Frage einseitig als eine Rechtsfrage darzustellen, als sei es denkbar, mit einigen weitgehenden juristischen Sätzen die wirklichen Unterordnungs- und Überordnungsverhältnisse von heute auf morgen zu ändern. Im allgemeinen schreitet das Recht hinter der wirklichen Entwicklung her und formuliert die in einem Teile des Volkes zur Gewohnheit gewordenen Zustände, damit sie zur Regel auch für die übrige Bevölkerung werden. Ob es Fortschritte oder Rückschritte sind, die auf diese Weise formuliert werden, hängt vom Einzelfalle ab. Wenn rückständige Mächte den Haupteinfluß auf die Rechtsformulierung haben, wird das formulierte Recht nur ein Ausdruck ihrer Rückständigkeit sein können. Meist handelt es sich ja auch in unserer Geschichtslage nicht um völlige Neuformulierungen des Rechtes, sondern um Änderungen innerhalb eines höchst komplizierten geschichtlichen Rechtssystems. Das wirkliche Leben findet das geltende Recht beständig an gewissen Stellen zu weit und an anderen zu eng, und ist unermüdlich, das Kleid des Rechtes seinen Wachstumsverhältnissen anzupassen.

Man kann sich die Beziehungen des Rechtes zum Wirtschaftsleben gut verdeutlichen, wenn man sich an das erinnert, was wir über das geschriebene Kapital im Verhältnis zur kapitalistischen Materie gesagt haben. Wie sich über dem verwickelten Gesamtvorgange der kapitalistischen Austauschwirtschaft ein System von Verschreibungen aufbaut, in dem die Verschuldungen und Anteile am großen Materialbestande ausgedrückt werden, so erhebt sich über den tatsächlichen Arbeitsverfassungen, Verkehrsbeziehungen, Besitzverhältnissen das Personenrecht, Forderungsrecht, Güterrecht, Handelsrecht, Erbrecht. Das, was sich in erster Linie bewegt und ändert, ist die Grundlage selber, mit ihr aber ist der Rechtsoberbau in beständigen Verschiebungen begriffen. Nur ruhende Völker können ruhende Rechtssysteme besitzen, wachsende, sich verwandelnde Völker müssen aber in unaufhörlicher Rechtsbewegung sich befinden. Jeder Stoß nach vorwärts oder rückwärts, der in der Volkswirtschaft erlebt wird, äußert sich irgendwo im juristischen Gegenbilde des Lebens. Und wenn die Rechtsformulierung zu schwerfällig ist, um dem Wechsel der Lebensverhältnisse zu folgen, so bleiben die Worte des Rechtes wie alte Inschriften stehen, wie österreichische Doppeladler an Gebäuden, in denen preußische Soldaten in Garnison liegen. Wie wenig ein solches Wort für sich allein eine Zauberkraft enthält, beweist die durch Bismarck berühmt gewordene Stelle des allgemeinen preußischen Landrechtes, in der das „Recht auf Arbeit" statuiert wird, ohne daß angegeben werden kann, wie in der heutigen Welt dieses Recht praktisch gemacht werden soll. Nur Rechte, die im Leben stehen, haben lebengestaltende Kraft. Auch hier hilft der Vergleich des geschriebenen Kapitals. So gut das geschriebene Kapital auf die Bewegung der kapitalistischen Materie zurückwirkt, indem sich die entstandenen kapitalistischen Anteile in neue Materialkapitalisierungen umsetzen, ist auch jede neue juristische Formel ein Anlaß zu veränderten Anlagen in Arbeitsgemeinschaft, Technik und Besitztum. Um mit Beispielen zu reden, so kann eine ländliche Erbrechtsverfassung nicht gegen den einmütigen Willen einer Landschaft oktroyiert werden. Sie muß an das vorhandene, in Fleisch und Blut des Bauern übergegangene Erbrecht anknüpfen, aber von da an, wo eine Formulierung existiert, verschiebt sie die Sitte der Widerstrebenden in ihrer Richtung und beeinflußt damit auch die Technik der Landwirtschaft, indem sie zu gewissen Gütergrößen und Feldeinteilungen hinführt. Oder um ein Beispiel aus der Großindustrie zu bringen, so ist die gesetzliche Einführung von Arbeiterausschüssen in Fabriken so lange sachlich wertlos, als weder Unternehmer noch Arbeiter solche Ausschüsse haben wollen, gewinnt aber sofort an Bedeutung, wenn auch nur ein Teil der Interessenten sich mit der Tendenz der Formulierung in Einklang befindet. In diesem Falle hilft das Gesetz dem betreffenden Teile, seine Wünsche zu verwirklichen. Es ist also der Kampf um das Recht nichts, was sich rein nach eigener Logik außerhalb der Wirtschaftskämpfe vollzieht, sondern ein Teilvorgang dieser Kämpfe.

Die beiden Hauptstellen, um die in der Gegenwart gekämpft wird, sind erstens das Recht des Eigentums an der kapitalistischen Materie und zweitens das Recht der Person innerhalb der kapitalistischen Arbeitsverfassung. Beides hängt unter sich in vielfältigster Weise zusammen. Es gibt im Grunde zwei alte Rechtsfragen, die im Wirtschaftsleben in immer neuer Verwandlung auftreten: der Kampf um das Eigentum und der Kampf um die Herrschaft. Eigentum und Herrschaft aber sind nur zwei Seiten derselben Sache, denn nur bei verteiltem Eigentum ist verteilte Herrschaft möglich und umgekehrt. Das Rechtsproblem ist im tiefsten Wesen ein einheitliches, nämlich das Verhältnis der Unabhängigen zu den Abhängigen. Dieses Problem erscheint als Staatsrecht, sobald der Staat als Herr, Arbeitsleiter und Eigentümer auftritt, es erscheint als Privatrecht, sobald Einzelpersonen innerhalb des Staates als Herren, Arbeitsleiter und Eigentümer in Betracht kommen. Dieses letztere Verhältnis ist das Hauptthema der Wirtschaftspolitik. Sie ist, rechtlich betrachtet, der Kampf der Vielen gegen Leitung und Besitz der Wenigen, oder der umgekehrte Kampf der Wenigen gegen die Vielen. Alle Eigentums- und Gewerbeverfassungstheorien sind nur Ausdrucksformen dieses hin und her wogenden Kampfes.

Wir mußten schon an verschiedenen Stellen dieses Buches von der Entwicklung der Eigentums- und Herrschaftsverhältnisse sprechen und haben bereits dargestellt, wie das feudale Herrschaftseigentum mit der zu ihm gehörigen Untertänigkeitsarbeit sich in das Kaufmannseigentum mit dem zu ihm gehörigen freien Kontraktverhältnisse der Arbeitsverfassung umgewandelt hat. Dieses Kaufmannseigentum (der persönliche Besitz einer stets verkaufbaren

Materie) ist die Grundform unseres Eigentumsrechtes geworden, neben der nur vereinzelt ältere Eigentumsformen sich erhalten haben (Fideikommisse). Das Kaufmannseigentum ist nur Sacheigentum. Es gibt kein Eigentumsrecht an menschlichen Personen mehr. Dieses Sacheigentum begründet aber eine starke Herrschaft des Besitzenden über den Nichtbesitzenden, weil es ihn beim Abschlusse der Kontrakte stärker macht. Das ist die jetzige Gestalt der Einheitlichkeit von Eigentum und Herrschaft. Um diese wird von beiden Seiten gerungen. Die Kernfrage aber in diesem Ringen ist, ob die Grundform des privaten Kaufmannseigentums die zweckmäßigste Gestalt des Eigentumsrechtes für unsere Produktionsweise ist.

Es unterliegt keinem Zweifel und ist von uns verschiedentlich ausgeführt worden, daß der volkswirtschaftliche Nutzen dieser Eigentumsform ungeheuer groß gewesen ist. Die Frage ist nur, inwieweit heute noch dieser Nutzen fortwirkt. Das ist der theoretische Streit der Kapitalisten und Sozialisten. Die Sozialisten verneinen die Zweckmäßigkeit der herkömmlichen Eigentumsform, weil sie ihren alten Zweck verloren habe, nämlich eine Sicherung des Ertrages ihrer Arbeit für die Arbeitenden zu sein. Das Eigentum, so sagen sie, hat solange einen Zweck, als der Acker oder die Erzgrube von dem bearbeitet wird, der sie besitzt. Wird aber die Arbeit ganz oder hauptsächlich von denen geleistet, die den Acker oder die Grube nicht besitzen, so verwandelt sich die Sicherung des Ertrages der eigenen Arbeit in eine Sicherung des Ertrages fremder Arbeit. Damit aber verliert das Eigentum seine Grundlage im Rechtsgefühl des Volkes. Eigentum bedeutet unter diesen Umständen nur noch ein besonderes Anrecht auf einen beliebigen Anteil der von allen hergestellten gemeinsamen Arbeit, ist also ein für den Arbeitsvorgang nicht mehr nötiges Herrschaftsrecht geworden, das seiner Ablösung entgegensieht.

Diese sozialistische Auffassung vom Eigentum ist eine psychologische Folge der Trennung einesteils der Arbeitsmittel von den Arbeitern und andernteils der Arbeitsleitung vom Materialbesitz. Sie ist heute noch nicht allgemeine Auffassung, weil heute diese doppelte Trennung noch längst nicht allgemein vollzogen ist, aber es ist wahrscheinlich, daß in dem Maße als die doppelte Trennung fortschreitet, die sozialistische Kritik am bisherigen Rechtsbestande sich verallgemeinern und schließlich zur herrschenden Volksmeinung werden wird. Damit rückt das Problem der staatlichen Rechtsfixierung in ein neues Stadium. Wenn man bisher vom Eindringen des sozialistischen Gedankenganges in die Rechtsformulierung noch wenig merkt, so hängt dies mit dem schon erwähnten Umstande zusammen, daß einerseits die Rechtsfixierungen den tatsächlichen Entwicklungen nachzufolgen pflegen, und daß andererseits die politische Zusammensetzung der Staatskräfte (Verfassung) eine derartige ist, daß sie alle Versuche, die Rechtsformen den wirklichen Zuständen der industriellen und finanziellen Großunternehmungen anzupassen, von vornherein abweist. Mit einem Umschwung der politischen Machtverhältnisse (Demokratie und Kaisertum) muß das Problem der neuen Besitzformulierungen notwendigerweise in den Vordergrund treten und wird in dem Maße zum Zentralproblem des Rechtslebens werden, als die Bedeutung der persönlichen Betriebe gegenüber der Wucht der unpersönlichen Betriebe zurücktritt.

Das Eigentumsproblem der unpersönlichen Großbetriebe ist also noch kein Problem von heute, aber eine Frage von morgen. Es wird nicht eines Tages in seiner ganzen Vielseitigkeit auftreten, sondern langsam sich Raum schaffen. Unsere Leser wissen, daß wir nicht der Ansicht sind, daß in dem Wort Verstaatlichung die Generallösung dieser schwersten Zukunftsfrage liegt. Es handelt sich nicht um einen Bruch mit der seitherigen Entwicklung, sondern um ihre normale Weiterführung in das formale Recht hinein. Es handelt sich um neue Rechtsformen für das Verhältnis der großen zentralisierten Unternehmungen (kombinierte Eisenwerke, Schächte, Schiffahrtsgesellschaften, Banken, Syndikate, Trusts usw.) zu den Aktionären und um Rechtsformen für das Verhältnis der Angestellten und Arbeiter zu den Betrieben, in denen sie tätig sind. Die Frage: wer ist Subjekt der Riesenbetriebe? drängt nach neuer Beantwortung. Die juristische Antwort von heute lautet: Subjekt der Unternehmungen sind die zeitweiligen Eigentümer der verkäuflichen Aktien. Diese Antwort ist schon heute sachlich falsch, denn die Aktionäre sind gar nicht das wirkliche Subjekt. Sie sind gar nicht imstande, einen einheitlichen Willen zu bilden, und müssen es sich gefallen lassen, daß ihnen ein Wille zugeschoben wird, der in ihnen selbst nicht entstehen kann. Die wirkliche Leitung aller großen Unternehmungen liegt in den Händen weniger Männer, die sich in den Direktorien der Großbetriebe und in den beteiligten Banken befinden. Die Aktionäre spielen diesen realen Leitungen gegenüber höchstens die Rolle der ehemaligen „edlen und getreuen Stände" gegenüber den Territorialfürsten, das heißt, man braucht sie wegen des Geldes und muß sie im allgemeinen bei guter Laune erhalten, aber Regierung sind sie nicht. Regierung der Industrie und des Handels sind die wenigen, die im Kern des kapitalistischen Getriebes sitzen und dessen Fäden in der Hand haben. Diese zum juristischen Subjekt der Betriebsleitung zu machen, erscheint als der erste Schritt aller weiteren Rechtsentwicklung. Es soll nur in Rechtsform ausgesprochen werden, was schon in Wirklichkeit da ist. Die Aktionäre werden möglicherweise ihrerseits diesen Schritt der Rechtsbildung verlangen, wenn sie in mehreren schweren Fällen („Vulkan“ in Stettin und Hamburg) erleben, daß ihnen ihre heutigen Rechte praktisch wenig nützen. Sie werden mit der Leitung der Unternehmungen wie mit einer rechtlichen Größe verhandeln wollen und gegen sie unter Umständen klagbar werden können. Es handelt sich um etwas Ähnliches wie um die Ministerverantwortlichkeit im Staat. Aber auch wenn der Wunsch nach rechtlicher Verselbständigung der Betriebsleitungen nicht in dieser Weise kommt, so wird er sich doch irgendwie einstellen, sobald die Kämpfe der Arbeiter mit den Betriebsleitungen an Heftigkeit zunehmen. Der Aktionär ist gar nicht mehr das Subjekt dieser Kämpfe, die für ihn geführt werden, er steht ihnen oft innerlich ganz fern und beklagt unter Umständen die Methode seiner Beauftragten, an der er nichts ändern kann. Man stelle sich Haftbarkeitsklagen zwischen großen Unternehmungen und Arbeiterverbänden vor. Wer ist hier haftbar? Der Aktionär? Er ist hilflos. Die sachliche Haftbarkeit liegt bei der Leitung. Erst wenn die Loslösung der Leitung von der Generalversammlung der Aktionäre auch juristisch vollzogen ist und wenn damit der wirkliche Zustand in Paragraphen gebracht ist, wenn das Unternehmen an sich juristische Person geworden ist, ist es möglich, daß über den Anspruch der Angestellten und Arbeiter auf Teilnahme an Eigentum und Herrschaft am Unternehmen rechtskräftig etwas festgesetzt werden kann. Heute ist die ganze juristische Konstruktion des Großunternehmens exzentrisch, das heißt die Zentralstelle des Willens liegt formell außerhalb der Unternehmung. Gibt man den Aktionären das, worauf sie einen Anspruch haben, und was sie im Grunde allein interessiert, eine Rechtsvertretung ihrer Gläubigerrechte gegenüber dem Betriebe, und entlastet sie von dem, was sie doch nicht ausüben können, nämlich von der Beschlußfassung über die innere und äußere Einrichtung, so macht man das Unternehmen frei, sich selbst seine ihm sachlich angemessene Verfassung zu geben. Damit erst werden die Voraussetzungen geschaffen, unter denen ein konstitutionelles Fabriksystem entstehen kann, bei dem der Arbeiterausschuß und die Beamtenvertretung mehr als ein bloß beratendes Hilfsinstitut werden. Ein organisches Zusammenwirken von Generalversammlung der Aktionäre und Fabrikparlament ist ausgeschlossen, weil beide Versammlungen direkt fast gar nichts miteinander zu verhandeln haben. Jede von ihnen aber hat für sich dann mit der juristisch selbständig gewordenen Leitung zu verhandeln.

Der Vorgang, den wir hier in seinen allgemeinsten Zügen dargestellt haben, ist nicht eine Enteignung, sondern nur eine Ablösung der mit dem Eigentum bisher verbundenen Herrschaftsrechte. Er gleicht in gewissem Sinne dem Verfahren, das bei der Bauernbefreiung eingeschlagen wurde, wenn dabei der „schlechte Besitz" der Bauern in guten Besitz verwandelt wurde, das heißt in rechtskräftiges Eigentum, für welches den bisherigen Oberbesitzern (Grundherren) eine Ablösungsabgabe gezahlt werden mußte. Das, was bisher alle am Betrieb aktiv Beteiligten haben, ist schlechter Besitz. Sie schaffen alle am Betriebe, werden in ihm alt, geben ihre Kräfte für ihn hin, aber rechtlich ist er nicht ihr Betrieb. Dieser schlechte Besitz soll in guten Besitz umgewandelt werden, in Rechtseigentum. Erworbene Rechte sollen dabei selbstverständlich geachtet, aber, soweit nötig, in reine Rentenrechte umgewandelt werden. Die Aufgabe, die damit vor dem Staat als Rechtsinstitut steht, ist schwer und langwierig, und ihrer Lösung werden sich mindestens so viele Hemmnisse entgegenstellen wie seinerzeit der Bauernbefreiung, und es ist leider auch wahrscheinlich, daß diese Lösung ebensogut ihre Unvollkommenheiten haben wird, wie die Bauernbefreiung sie in reichlichem Maße hatte, aber man denke nicht, daß unsere Kinder um dieses Problem herumkommen werden! Das heutige Eigentumsrecht der Aktionäre an den großen Unternehmungen ist bereits jetzt ein sachlich veraltetes Recht. Sobald das von der Menge des Volkes, auch der gebildeten Schichten des Volkes, einmal erfaßt worden ist, dann gibt es kein Aufhalten mehr, dann muß der Staat dem sich umwandelnden Rechtsempfinden folgen, wenn er nicht riskieren will, als Schützer veralteten Unrechtes sich von der Empfindung der Menge zu trennen, auf deren aktiven Patriotismus er in allen ernsten Zeiten der Staatengeschichte unbedingt muß rechnen können.

---

6. Sozialpolitik.

Auch das, was unter der allgemeinen Überschrift „Sozialpolitik" zusammengefaßt wird, ist ein Teil von „Recht und Wirtschaft", denn immer handelt es sich dabei um erzwingbare Rechte und Pflichten, als deren Hersteller und Garant die Staatsmacht auftritt. Es handelt sich um staatliche Eingriffe in das Wirtschaftsleben, die zum Schutze der Schwächeren notwendig werden. Ob man diese Eingriffe mehr mit den Grundsätzen der christlichen Nächstenliebe oder mit staatlichen Notwendigkeiten begründet, ist sachlich gleichgültig. Ihr Wesen ist die Erkenntnis, daß mit bloßer Hinstellung der zwei Prinzipien des Privateigentums und des freien Arbeitsvertrages die Fülle der Rechtsbeziehungen zwischen Unternehmern und Arbeitern nicht erledigt ist. Und zwar kommen dabei folgende Hauptgesichtspunkte in Betracht.

Festsetzungen darüber, wer überhaupt einen freien Arbeitsvertrag schließen darf.
Festsetzungen einer Zeitgrenze für Jugendliche, Frauen, Männer.
Festsetzung eines wöchentlichen Ruhetages.
Bestimmung der unentbehrlichen Maßregeln für gesundheitlichen Schutz.
Bestimmungen über Art und Frist der Lohnzahlung.
Bestimmungen über Dauer und Kündbarkeit der Arbeitsverträge.
Vorschriften über Kassen in Krankheitsfällen.
Vorschriften über Versicherung gegen Unfallsfolgen.
Vorschriften über Versicherung für die Zeit dauernder Erwerbsunfähigkeit.
Vorschriften über Versicherung der Hinterbliebenen des Arbeiters.

Wir haben zwischen Festsetzungen, Bestimmungen und Vorschriften unterschieden, nicht als seien diese drei Ausdrücke von ganz verschiedener Bedeutung, sondern nur um drei Gruppen sozialpolitischer Rechtssatzungen nebeneinanderzustellen. Die erste Gruppe enthält die Antwort auf die Fragen: wer darf für unbegrenzte Zeit, wer für begrenzte Zeit und wer gar nicht seine Arbeitskraft verkaufen? Die zweite Gruppe enthält Modalitäten anderer Art, unter denen der Arbeitsvertrag gültig und zulässig ist oder nicht, und die dritte Gruppe enthält die Ausdehnung der Vorteile des Arbeitsvertrages über seine unmittelbare Geltungsdauer hinaus. In allen drei Gruppen aber begegnen uns Freiheitsbeschränkungen, die nicht nur der Arbeitskäufer, sondern unter Umständen auch der Arbeitsverkäufer als solche empfindet. Man denke nur an das Verbot der gewerblichen Kinderarbeit, an die Sonntagsruhe im Ladengeschäft, an die Kleidervorschriften der Fabrikinspektion, an den Kontraktbruch bei Streiks, an die Zahlungspflicht für allerlei Kassen, um zu wissen, wie verschiedene Leute gelegentlich diese Gesetze als Verkürzungen ihrer persönlichen Willkür ansehen. Wir haben in der Tat ein Heer von Verordnungen aller Art bekommen, durch deren dichtes Gestrüpp sich nur noch ganz kundige Aufsichtsbeamten hindurchfinden können, während es der Durchschnittsmensch darauf ankommen lassen muß, durch die Praxis und durch gelegentliche Strafverfügung seinen Anteil an der Sozialpolitik kennen zu lernen. Das Gewerberecht wächst beständig, und wir alle, die wir für Hebung der arbeitenden Klassen eintreten, sind trotz aller Einsicht in den Zustand der allgemeinen Überfütterung mit Einzelvorschriften doch immer wieder in Versuchung, eine Reihe neuer Verordnungen zu verlangen. Keine Aufdeckung eines allgemein verbreiteten Schadens, wie es etwa die Heimarbeitausstellungen in Berlin und Frankfurt waren, kann vorübergehen, ohne daß das Reichsamt des Innern aufgefordert wird, die Unerschöpflichkeit der

Gesetzesfabrikation aufs neue zu beweisen. Das war es, was der ältere Liberalismus herankommen sah, als mit den Forderungen sozialpolitischer Gesetze begonnen wurde. Er wollte die Produktion vor Staatsbevormundungen behüten, weil er an ihren eigenen Verstand mehr glaubte als an die Weisheit eines mit gewerblichen Normalvorschriften ausgestatteten Beamtenheeres. Und er würde damit auch recht gehabt haben, wenn erstens nicht neben dem freien Arbeitsvertrag das erbliche Eigentum gestanden hätte, und wenn zweitens die Freiheit des Arbeitsvertrages auch für den gemeinsamen Vertrag der Arbeiterverbände gesichert gewesen wäre.

Es ist nicht nötig, hier nochmals zu wiederholen, daß der freie Arbeitsvertrag seine ganz besondere Färbung dadurch bekommt, daß er für diejenigen, die gar nichts besitzen, ein Notvertrag ist. Notverträge aber müssen unter schlechtesten Bedingungen abgeschlossen werden, so daß sie überhaupt aufhören, Verträge zu sein. Da nun der Liberalismus den einseitigen Notcharakter der Arbeitsverträge der untersten Schicht nicht beseitigen konnte, weil er nicht daran denken konnte, das Eigentumsrecht der Arbeitskäufer in Frage zu stellen, und weil auch heute niemand, kein Sozialist und kein Liberaler, die Existenz unwürdiger Notverträge leugnen oder aus der Welt schaffen kann, so bleibt nichts übrig, als Minimalbedingungen aufzustellen und Grenzen des Arbeitskaufes nach unten. Die wesentlichsten jetzt bei uns geltenden derartigen Festsetzungen sind folgende:

Kinder unter 12 Jahren dürfen nicht gewerblich beschäftigt werden (eigene Kinder nicht unter 10 Jahren).

Kinderarbeit darf 4 Stunden täglich (3 Stunden) nicht überschreiten und darf nicht nachts vorgenommen werden.

Jugendliche Arbeiter unter 16 Jahren dürfen nur 10 Stunden täglich beschäftigt werden.

Weibliche Arbeiter dürfen nicht über 10 Stunden gewerblich beschäftigt werden.

Weibliche Arbeiter dürfen nachts zwischen $8^1/_2$ und $5^1/_2$ Uhr nicht beschäftigt werden.

Wöchnerinnen dürfen 4 Wochen nach der Niederkunft nicht beschäftigt werden.

Alle Arbeiter haben ein Anrecht auf eine Sonntagsruhe von 24 Stunden.

Naturalien dürfen als Lohn nur zum Selbstkostenpreise gegeben werden.

Der Arbeitgeber hat kein Recht, über die Lohnverwendung etwas zu bestimmen.

Lohnabzüge dürfen $^1/_4$ des Lohnes nicht übersteigen.

In Fabriken mit mehr als 20 Arbeitern muß es eine schriftliche Fabrikordnung geben.

Die Kündigungsfrist muß für beide Teile die gleiche sein und beträgt in der Regel 14 Tage.

Man sieht, daß es keine übermenschlich hohen Opfer sind, die vom Arbeitskäufer gefordert werden. Man sollte annehmen, daß jeder anständige Mensch von selbst diesen Minimalforderungen gerecht würde. Aber die Praxis hat gezeigt, welches Drängen und Stoßen, welche kaiserlichen Botschaften und ministeriellen Mühen, welche Reden Bebels und welche endlosen Kommissionsverhandlungen nötig gewesen sind, auch nur dieses zu erlangen. Wenn die Mehrheit der Arbeitgeber von vornherein und von selber diesen Minimalforderungen genügt hätte, so wäre diese Mühe von fast zwei Jahrzehnten nicht erklärlich. Nein, es ist so, es muß offen zugestanden werden: Wir brauchen des staatlichen Zwanges, um die Elemente einer gewerblichen Anstandslehre überhaupt erst zu lernen! Noch haben wir in der Textilbranche und auch in anderen Gewerben für die Männer teilweise ganz unmenschliche Arbeitszeiten, noch ist die Ausnutzung der Frau zu groß, noch entbehren die Kinder der Heimarbeit fast allen Schutzes. Mag das Wort „Achtstundentag" eine zu schematische Formel sein, aber unsere Volksgesundheit und moralische Kultur fordert die Sicherung eines viel größeren Quantums von Menschentum außerhalb des gewerblichen Dienstes, als es heute der Mehrzahl der abhängigen Arbeitenden zu Gebote steht.

Die unterste Schicht der Lohnarbeiter wird voraussichtlich immer durch gesetzlichen Minimalschutz vor dem Versinken in Barbarei bewahrt werden müssen. Es wird in aller für unser Auge erkennbaren Zeit eine Unterklasse von Arbeitskräften geben, deren rein kaufmännischer Wert so gering ist, daß sie nur durch einen Rechtsakt der Gesamtheit vor äußerster Willkür und Ausbeutung gesichert werden kann. Das sind die Menschen, die von der großen kapitalistischen Materialfülle nichts ihr eigen nennen können, als eben nur ihr Hausgerät und ihre Kleider, die oft traurig genug aussehen; die Leute, von denen das Wort des kommunistischen Manifestes richtig bleibt, daß sie nichts zu verlieren haben als ihre Ketten; eine Schicht, die zur Angst und Qual aller übrigen Volksgenossen wird, sobald man sie unter Menschenmaß herabgleiten läßt. Um ihretwillen muß der gesetzliche Arbeiterschutz eine dauernde Einrichtung sein. Für die höheren Arbeiterschichten verliert er aber in dem Maße an Notwendigkeit, als ihnen die Freiheit gewährleistet wird, für ihre Interessen gemeinsam einzutreten; denn jede einigermaßen gute Gewerkschaft erzwingt sich das in Freiheit selber, was das Gesetz als Minimalbedingung zu fordern in der Lage ist. Hätten wir mehr Freiheit der gewerkschaftlichen Entwicklung gehabt, so würden wir weniger Gesetze, Strafen und Beamte gebraucht haben. Es gehört zur

Weisheit und Ironie aller Geschichte, daß aller Freiheitsmangel sich als Organisationsbelastung äußert. Wenn man statt des Sozialistengesetzes und statt aller der polizeilichen Schikanen, deren sich heute alle Welt zu schämen beginnt, ein ordentliches freies Recht für Berufsvereine geschaffen hätte, so würden wir jetzt einen gut funktionierenden Selbstverwaltungsapparat besitzen, in dem die Sekretäre der Unternehmer und Arbeiter sich auf Grund von Tarifverträgen verständigen. Das würde für die Staatsverwaltung eine Entlastung und für alle Beteiligten eine höchst nützliche Schulung sein. Mit jedem Stück polizeilicher Verfolgung eines Arbeitervereins wurde die gesunde liberale Lösung der Arbeiterfragen gehindert. Die Gewerkschaften konnten keine verhandlungsfähigen Körper bilden, die Arbeiter konnten nicht auf Besserung ihrer Lage durch eigene gemeinsame Anstrengung rechnen. Wenn man die Großtaten der deutschen Reichsregierung in Sozialpolitik rühmt und preist, so soll man nie verschweigen, daß ein bedeutender Teil dieser Großtaten nur nötig geworden ist durch ebenso gigantische Irrtümer derselben Regierung, und daß aller Arbeiterschutz für gelernte Arbeiter nur ein dürftiges Ersatzmittel der freien Bewegung der Berufsvereine der Arbeiter ist.

Die freie Koalition der Arbeiter ist in Deutschland grundsätzlich durch die Gewerbeordnung von 1869 ausgesprochen worden. Vorher waren Verabredungen der Arbeiter zur Erlangung besserer Arbeitsbedingungen vielfach unter Strafe gestellt. Aber auch die Erklärung der Koalitionsfreiheit in den Paragraphen 152 und 153 der Gewerbeordnung ist keine reine Ausgestaltung der Idee der Selbstverwaltung der Industrie durch frei entstandene Verbände. Der Wortlaut dieser Paragraphen enthält mehr Sorge vor den Verbänden der Arbeiter, als den Wunsch ihrer Stärkung. Ganz einseitig ist die Bestrafung derer, die mit Zwang oder Drohung die Arbeiter in die Verbände hineinnötigen wollen, solange es keine entsprechende Bestrafung derer gibt, die mit denselben Mitteln sie von den Verbänden fernhalten. Und was alles ist in dieser Richtung schon als Zwang, Drohung, Ehrverletzung und selbst als grober Unfug verurteilt worden! Während die Ausbildung des Netzes der Syndikate ohne alle polizeilichen Hemmungen erfolgte, und während der Bund der Landwirte sich vielfach mit Hilfe der Landräte ausgebreitet hat, war es eine Kunstleistung, einen Fachverein von Arbeitern überhaupt gründen zu können. Ein deutsches Vereinsrecht, das der Reichsverfassung entspricht, ist vom Liberalismus in der Zeit seiner Stärke nicht geschaffen worden, es konnten also die ältesten partikularistischen Rechte zur Hemmung der Organisation der Arbeiter verwendet werden. Erst 1899 hob der Fürst Hohenlohe das Verbindungsverbot der Vereine auf, die sich mit öffentlichen Angelegenheiten beschäftigen, und beseitigte damit viel zu spät ein offenbares Unrecht. Das Bürgerliche Gesetzbuch hat die zivilrechtliche Stellung der Vereine zwar etwas gebessert, aber noch keineswegs gesichert. Das Vereinsgesetz von 1908 brachte weitere Fortschritte, noch aber fehlt ein Reichsgesetz über die Berufsvereine, dessen Tendenz es ist, sie zu befördern. Ein solches Gesetz würde eine große Entlastung der sozialpolitischen Gesetzgebung sein und würde der Anfang einer Epoche liberaler Sozialpolitik werden können.

Unter liberaler Sozialpolitik verstehen wir die Anwendung der zuletzt dargelegten Grundsätze auf das ganze Gebiet der Staatseinwirkung auf das Wirtschaftsleben, insbesondere den Gedankengang, daß die gesetzliche Regelung eines Wirtschaftsverhältnisses immer nur dann und nur soweit eintritt, als eine Regelung durch freie Organisation und Selbstverwaltung ausgeschlossen ist. Die freie Organisation hat im Zweifelsfalle stets den Vortritt vor dem Beamtenapparat! Man soll der erziehenden Kraft etwas zutrauen. Selbst solche Einrichtungen, die nicht ohne Staatszwang zu schaffen gewesen sind, wie die Versicherungseinrichtungen des Deutschen Reiches, sollen möglichst mit Selbstverwaltung durchsetzt werden, damit sie nicht als eine widerwillig getragene Last erscheinen.

Als die Reichsversicherungen ins Leben gerufen wurden, stimmten die Liberalen vielfach gegen sie, weil sie als Gegenmittel gegen die freie Organisation der Arbeiter gedacht waren. Heute, wo sie diesen polemischen Nebenzweck nicht mehr haben, ist kaum noch jemand, der sie nicht als ein vortreffliches nationales Werk anerkennt. Sie sind eine notwendige Ergänzung des freien Arbeitsvertrages. Der Arbeitsvertrag als solcher enthält nur eine Bezahlung der im gegenwärtigen Zeitpunkt geleisteten Arbeit. Er kümmert sich nicht um das Leben des Arbeiters im ganzen. Wird der Arbeiter krank oder schwach, so erlischt der Arbeitsvertrag. Was soll dann aus ihm werden, wenn er nichts besitzt? Es ist nötig, ihm Rentenrechte zum Zwecke der Lebenserhaltung zu verschaffen. Wir haben an anderer Stelle gezeigt, wie die Arbeiter durch diese staatlich geregelten Rentenrechte zum kleinen Teile zu Erwerbern kapitalistischen Eigentums werden. Der Arbeitsvertrag wird gesetzlich mit der Pflicht der Eigentumsbildung für die Besitzlosen belastet. Auch wenn man die heutigen Leistungen der Versicherungen noch für ungenügend hält, so ist doch die Versicherung an sich einer der Wege, auf denen wir uns einer Zukunft nähern, in der die Mitarbeiter der Industrie zu Mitbesitzern der kapitalistischen Materie werden. Es ist eine Unmöglichkeit, über die Hälfte des Volkes in fast absoluter Besitzlosigkeit erhalten zu wollen, während das Volksvermögen steigt.

---

7. Die Zollfrage.

Alle Eingriffe des Staates in die Privatwirtschaft, die in dem Worte Sozialpolitik zusammengefaßt sind, erscheinen aber klein und bescheiden gegenüber den ungeheuren, das ganze Volksleben bis in seinen Kern treffenden Maßregeln des Zolltarifes. Daß wir die Schutzzölle, wie sie auf Grundlage unseres parlamentarischen Systems entstanden sind, für ein nationales Unglück halten, haben wir dort, wo wir vom Freihandel geredet haben, mit aller Deutlichkeit gesagt. Wir wiederholen unsere Haupteinwände gegen unser gegenwärtiges deutsches Zollsystem:

Es ist ein Schutz der Starken auf Kosten der Schwachen, und also eine der Sozialpolitik entgegenarbeitende Maßregel.

Es ist eine Stärkung der Rohstoff- und Halbfabrikatsindustrien gegenüber der Fertigfabrikation, und also eine die Qualitätsarbeit niederdrückende Maßregel.

Es ist eine Stärkung der Getreideproduktion gegenüber der Viehwirtschaft, und also eine der kleinbäuerlichen Entwicklung schädliche Maßregel.

Es ist eine Hemmung von Import und Export, und deshalb eine den Handel und die Teilnahme Deutschlands am internationalen Kapitalismus hindernde Maßregel.

Dieses Zollsystem, das der wirtschaftlichen Gegenwart und Zukunft die schwersten Lasten auferlegt, ist, wie wir auf Seite 186 gesagt haben, nur aus politischen Gründen erklärlich, und deshalb müssen hier die politischen Gründe zur Darstellung gebracht werden. Wir tun es unter Benutzung der an der angeführten Stelle verwendeten Reihenfolge und numerieren in der dort begonnenen Weise:

4. Durch den Freihandel treten Verschiebungen der Herrschaftsverhältnisse ein, die von den bisherigen Herrschaftsschichten mit allen Mitteln bekämpft werden. Der Freihandel ist für die deutsche Gesamtwirtschaft, wie wir früher gesagt und eben wiederholt haben, eine Stärkung des Viehbauern, Fertigfabrikanten, Qualitätsarbeiters und Kaufmanns und eben damit eine gewisse Zurückdrängung des Getreideproduzenten, Eisengießers und Garnproduzenten. Ob die beiden letztgenannten wirklich unter Freihandel leiden würden, ist dabei noch sehr zweifelhaft, denn die große

Steigerung des Eisen- und Garnbedarfs durch Belebung der Austauschwirtschaft in Fabrikaten wird den etwaigen Nachteil englischer und amerikanischer Garn- und Eiseneinfuhr völlig oder fast völlig ausgleichen. Auch der Getreideproduzent wird, wie wir früher gesagt haben, weniger stark erschüttert werden, als er selbst jetzt glaubt, weil der Weltmarktpreis in Getreide bei Erweiterung der Freihandelszone leichter steigen wird als jetzt. Aber selbst wenn er gar nicht oder wenig leidet, so wird der Freihandel ihm eine andere Art von neuer Aristokratie zur Seite stellen, die von ihm, ganz abgesehen von allen Wirtschaftsinteressen, nicht gewünscht wird. Am liebsten würden natürlich die Großgetreideproduzenten für sich allein die erste Rolle im Staate spielen und würden nur Agrarzölle einführen und keine Industriezölle. Aber dazu sind sie politisch zu schwach und müssen sich deshalb bequemen, den Zentralverband der Großindustrie in das politische Versicherungsbündnis aufzunehmen. Als alte erprobte Herrschaftsklasse kennt der Getreideadel die Grenzen seiner Macht und will sie lieber mit den Eisenbaronen teilen, als ganz aufgeben. Er sagt zum Eisen- und Garnadel: halbpart! Mit klarem Wissen und Wollen werden die Erwerbszweige, die diesen doppelten Machtkomplex fördern, mit Hilfe des Staates und seiner Gesetzgebung subventioniert, denn die Zölle bedeuten Garantie höherer Einnahmen für die größten inländischen Verkäufer der geschützten Waren. Ob die Volkswirtschaft im ganzen unter diesen Zöllen Schaden leidet, ob Erwerbszweige, in denen gerade wir Deutschen das allerbeste leisten können, durch sie künstlich zurückgehalten werden, kümmert den von allen nationalen Rücksichten freien Machttrieb der alten Herrschaftsschicht äußerst wenig. Schichten, die sich in der Herrschaft erhalten wollen, sind immer brutal. Über die Klagen der Masse, die nun alles teuerer bezahlen soll, wird gehöhnt, gegen Versuche der Menge, sich die Erhöhung der Ausgaben durch Vermehrung der Einnahmen zu erleichtern, wird, soweit es geht, die Polizei aufgerufen: wir sind der Staat! Dieses Verfahren ist so unliberal und im Grunde so staatsgefährlich, daß keine Regierung, die sich ihrer Verantwortung für die geschichtliche Größe der Nation auch nur einigermaßen bewußt ist, leichten Herzens ihm zustimmen kann, selbst wenn sie ihrerseits aus den Kreisen des Getreideadels sich rekrutiert und als Leiterin von Domänen und Bergwerken verwandte Wirtschaftsinteressen zu vertreten hat. Um aber die Regierung trotz dieser starken Bedenken dem Klassenegoismus der alten Herrschaftsgruppen gefügig zu machen, werden weitere politische Gründe für die Zollgesetzgebung vorgebracht, die die Zölle im Lichte nationaler und staatserhaltender Akte sollen erscheinen lassen.

5. In diesem Sinne wird gesagt, daß durch den Freihandel die Wehrfähigkeit des Volkes geschädigt werde. Diese Behauptung ist in jeder Hinsicht falsch, tritt aber so häufig und mit so ungetrübter Unverfrorenheit auf, daß wir ihr eine etwas ausführlichere Kritik gönnen müssen. Sie erscheint in der doppelten Form, einmal, daß Kaufmannsländer im allgemeinen militärisch wenig wert seien, und dann, daß der Bauernstand die Grundlage der Wehrkraft sei. Was die erste dieser zwei Behauptungen anlangt, so ist an der Hand der Weltgeschichte, wenn man will, ebensogut der „Nachweis" zu führen, daß Agrarländer militärisch schwach sind, und daß Kaufmannsrepubliken wiederholt politisch und militärisch weite Agrargebiete beherrscht haben (Karthago, Venedig). Irgendwann zerbrach auch deren Kraft, aber das ist Schicksal aller Mächte gewesen, die auf kleiner Basis weite Herrschaften aufrichten wollten. An sich sind Kaufmannsstaaten wie Athen nicht unpolitisch, und das alte Rom war mindestens so sehr eine Kaufmannsrepublik als ein Agrarstaat. Alles dieses aber hat praktisch für uns nur geringe Bedeutung. Wir sehen, daß die erste Weltmacht der Gegenwart, das großbritannische Reich, unter Freihandel an Macht und maritimer Waffenkraft sehr zugenommen hat, und können nicht zugeben, daß seine Landheerverhältnisse durch den Freihandel sich verschlechtert haben. England hat infolge seiner insularen Lage die neuere Geschichte der kontinentalen Heeresverfassung nicht mitdurchlebt und wird sie vielleicht nicht nacherleben, aber das trifft ebensogut das konservative und schutzzöllnerische England vor 1846 wie das freihändlerische England nach dieser Zeit. Und warum sollte denn der Übergang zum Freihandel die politische und militärische Staatskraft schwächen? Daß aus einem Kaufmanns- und Gewerbevolke starke politische Talente aufsteigen können, zeigt das ältere Holland und das gegenwärtige England und Nordamerika. Es gibt kein politisches Patentrecht des Getreideadels. Und daß der Getreideadel allein Offiziere stellen kann, ist dadurch recht zweifelhaft gemacht, daß schon bisher die Mehrzahl der Offiziere nicht zu ihm gehören. Allein um der Offiziere willen eine volkswirtschaftliche Belastung der Volksmenge zu übernehmen, wie sie unser Zollsystem darstellt, ist ein unerhörter Gedanke. Wenn man gute Offiziere braucht, soll man sie gut bezahlen, aber um der Stellung des Adels in der Heeresverfassung willen die ganze Volkswirtschaft leiden zu lassen, ist eine Verwirrung des politischen Augenmaßes, die um so größer ist, je mehr die Seeinteressen sich ebenbürtig neben die militärischen Landinteressen stellen. Unsere Seeoffiziere sind nach Urteil der ganzen

Nation ein vorzügliches Offiziersmaterial, obwohl sie nur zum kleinsten Teile von der Großgetreidefläche stammen. Und man denke doch nicht, daß der alte Adel mit der Erklärung des Freihandels einfach verschwinden werde. Er wird sich verwandeln wie in England und innerhalb der Nation eine weit nützlichere Gruppe bilden als jetzt, wo er mit Händen und Zähnen für die Erhaltung besonderer wirtschaftlicher Vorrechte und Subventionen kämpft. Der Kampf der Staaten um die Herrschaft hängt zudem in der neueren Zeit so sehr von der finanziellen Kraft der Staaten ab, daß die schwere Hemmung Deutschlands, die in der künstlichen Abschließung vom großen Weltstrom des Kapitalismus liegt, rein politisch betrachtet, ein viel größerer Verlust ist, als es die wirtschaftliche Verdrängung eines Teiles des Getreideadels je sein kann.

Wie aber steht es damit, daß der Soldatenstand selber unter dem Übergange zum Industrialismus und insbesondere zu den freihändlerischen Qualitätsindustrien leidet? Darüber geben verschiedene Arbeiten von Professor Brentano hinreichende Auskunft, am besten wohl sein Aufsatz „Der Streit über die Grundlage der deutschen Wehrkraft" im Jahrbuch der Hilfe „Patria" 1906. In diesem Aufsatz hat Brentano auf Grund der Aushebungsergebnisse von Bayern den zwingenden Nachweis geliefert, daß der Bauer gar nicht der erste und eigentliche Träger der Wehrkraft ist. Der nicht landwirtschaftlich beschäftigte Landbewohner stellt die beste Tauglichkeitsziffer. Vom Standpunkt der Militärverwaltung aus darf die Parole nicht lauten: schafft Bauernsöhne! sondern: schafft Landindustrie! Die Großstädte sind militärisch ungünstig, aber die Dezentralisation der Industrie und die Parzellierung des Landbesitzes ist das beste, was dem Heere begegnen kann, also das Gegenteil der Zollpolitik. Und ist denn der Sohn des Viehbauern militärisch weniger wert als der des Getreidebauern? Vom Viehbauern aber wissen wir, daß seine Blütezeit erst anfängt, wenn die Zölle fallen. Er ist es, der innerhalb der Landwirtschaft das Soldatenmaterial liefert, das innerhalb der Industrie eine gut gelohnte dezentralisierte Fabrikindustrie hervorbringt. Sobald man sich von herkömmlichen Vorurteilen freimacht und die Zusammenhänge zwischen Wirtschaftsform und Militärtüchtigkeit sachlich prüft, muß man aus militärpolitischen Gründen ein Gegner des jetzigen Zustandes werden, der Getreidelatifundien und Großstädte züchtet.

6. Durch den Freihandel aber soll, so hören wir weiter, die finanzielle Grundlage des Heerwesens erschüttert werden. Da nämlich bisher die Haupteinnahmen des Deutschen Reiches auf der Zollgesetzgebung beruhen, so wird die Sache so hingestellt, als sei Freihandel eine Verminderung der Reichsmittel für

Militärzwecke. Man hat in patriotischen Vereinen die Zölle durch Hinweis auf Kriegsbedürfnisse schmackhaft zu machen gesucht. Und in der Tat, wenn Freihandel eine Streichung der Gelder für die nationale Wehrhaftigkeit bedeuten müßte, so würde dies ein Argument gegen den Freihandel sein, dem sich staatspolitisch denkende Reichsbürger schwer würden entziehen können. Aber wenn unsere Voraussetzung richtig ist, daß der Freihandel die größere Reichtumsentwicklung zur Folge hat, und das Beispiel Englands spricht laut für diese Auffassung, so ist es unerfindlich, weshalb das wohlhabendere Land für seine Verteidigung weniger sollte aufwenden können als das ärmere Land. Schafft der Freihandel die größeren nationalen Einnahmen, und das tut er, so ist es nur eine Einrichtungsfrage, wie man steuertechnisch den Teil von Einnahmen der Staatskasse zuführt, der für Militärzwecke nötig ist. Davon werden wir im nächsten Abschnitt weiter zu reden haben.

7. Durch den Freihandel aber soll, so wird uns zuletzt versichert, das Volk im ganzen entnationalisiert und damit politisch willenlos gemacht werden. Auf diesen Einwand gründlich einzugehen, verbietet der Umfang unserer Arbeit und gleichzeitig die Unfertigkeit aller der rassetheoretischen Voraussetzungen, auf denen er sich aufbaut. Es handelt sich bis jetzt mehr um Stimmungen als um Gedanken, aber allerdings um Stimmungen, denen eine gewisse Triebkraft innezuwohnen scheint. Die echte deutsche Rasse, deren genauere Bestimmung ein sehr verwickeltes Unterfangen ist, fühlt sich vom Zeitalter des Verkehrs und Austausches in ihrem Fürsichsein bedrängt. Die Industrie wirft alle Menschensorten wahllos untereinander und füllt Bochum mit Polen und Lothringen mit italienischen Arbeitern, und die Landwirtschaft holt sich Galizier, Tschechen, Ruthenen. Fast überall in Deutschland entsteht eine fremdsprachliche Unterbevölkerung, deren Sitten nicht unsere Sitten sind, und deren Lebensansprüche geringer sind als die der deutschen Urbevölkerung. Rechnet man hinzu, daß auf einer höheren Stufe fremde Juden, Armenier, Griechen zu uns kommen, und daß in den Hafenstädten Chinesen unsere schwarzen Schiffe anstreichen und Neger in der Küche dienen, so ist nicht zu leugnen, daß wir in einen Vermischungsprozeß der Menschen hineingleiten, der langsamer vor sich geht als der Austauschprozeß der Produkte, der aber doch irgendwie mit ihm zusammenhängt. Diesen Prozeß aber auf Rechnung des Freihandelsprinzips im Sinne der Ablehnung der Zollgrenze für Waren zu setzen, ist falsch, denn es sind ja gerade die schärfsten Zöllner, die den größten Import fremder Menschen betreiben. Es sind die Agrarier und die Herren vom Zentralverband der Industriellen, die zwar Zollgrenzen für Waren durchsetzen, aber

dabei vollste Freiheit der Einfuhr kulturell minderwertiger Menschen für sich verlangen. Es würde nicht zu verwundern sein, wenn innerhalb der Arbeiterbewegung die Gegenforderung eines Einfuhrzolles für Ausländer auftauchen würde, und es spricht nur für die starke Kraft der marxistischen Erziehung, wenn das bisher in Deutschland nicht in nennenswerter Weise der Fall ist. Sachlich liegt es so, daß sich die Gefahr der Einführung geringwertiger fremder Elemente an dem Tage vermindert, wo bei uns der Freihandel eingeführt wird, da dann die Viehzucht und die Fertigfabrikation mehr in den Vordergrund treten, also Produktionszweige, die weit „nationaler" sind als Großgüterwirtschaft und Berg- und Hüttenwerke. Nicht als ob damit das ganze Problem aus der Welt geschafft wäre! Es ist aber soviel festgestellt, daß man der wirtschaftlichen Freihandelsrichtung in keiner Weise vorwerfen darf, daß sie in höherem Grade entnationalisiere als die Zollrichtung.

Geschichtlich ist es zwar richtig, daß die Freihandelstendenz häufig in Verbindung mit einem Internationalismus auftritt, der für den Machtkampf der Nationen keinen Sinn hat, aber diese Verbindung ist keine sachlich notwendige. Wir unsererseits sind überzeugt, daß wir die geschichtliche Größe des Deutschtums und die Zukunft unserer nationalen Kultur durch nichts so sehr befördern können als dadurch, daß wir alle Kräfte einsetzen, unser Volk so leistungsfähig im internationalen Wirtschaftskampfe zu machen als irgend möglich. Diese große geschichtliche Leistungsfähigkeit erwirbt aber das Deutschtum nicht, wenn es sich abschließt und einkapselt. **Wir vergraben deutsche Kräfte, solange wir Zöllner sind**, und es ist für uns vaterländische Pflicht, ein System zu brechen, unter dem der Volksgeist und die Volkswohlfahrt leiden.

---

8. Der Staat als Finanzkörper.

Nachdem der Staat aufgehört hat, ein Erwerbsunternehmen des Fürsten zu sein, ist, wie wir früher gezeigt haben, sein Hauptzweck die Herstellung derjenigen notwendigen Tätigkeiten, die durch Privatunternehmungen nicht oder nur schlecht hergestellt werden können. Welche Tätigkeiten dabei in Betracht kommen, ist keineswegs von vornherein zu sagen, und fast jeder Einzelstaat ist etwas anders in seinen Staatszwecken umgrenzt. Davon, daß es strittig sein kann, ob und inwieweit die Herstellung von Verkehrs- und Transportanlagen Staatsaufgabe ist, haben wir schon geredet. Auch die Übernahme des Schulwesens durch den Staat unterliegt theoretisch und praktisch verschiedener Beurteilung. Der ältere

Liberalismus war nach seiner ganzen Staats- und Lebensauffassung sehr geneigt, den Umfang der Staatszwecke zu beschränken, da er das wesentliche der Kultur in der privatwirtschaftlichen Entwicklung sah und den Staat nur als leider notwendigen Hilfsfaktor betrachtete. Trotzdem aber ist das letzte Jahrhundert in seinem Gesamtverlauf zu einer beständigen Häufung der Staatstätigkeiten und damit der Geldbedürfnisse gelangt, und zwar aus folgenden Gründen:

In ganz Europa stieg seit den Tagen Napoleons der militärische Bedarf und damit die Ausdehnung der Herstellung von Festungen, Kasernen, Kanonen, Kriegsschiffen. Es stieg gleichzeitig das Bedürfnis nach einer einheitlicheren und schärfer arbeitenden Justiz und Verwaltung. Es stieg in früher ungeahnter Weise das Bedürfnis nach gesetzlicher Regelung der verschiedensten Lebensverhältnisse (Sozialpolitik) und nach allgemeinerer Bildung der Masse (Volksschule, technische Schulen). Das wachsende Volk stellte an seine Zentralleitung immer erhöhte Ansprüche, und das parlamentarische System, obgleich es vielfach dazu ins Leben gerufen wurde, die Staatstätigkeiten und damit die Staatsbedürfnisse einzuschränken, hat trotzdem einen beständigen Drang in sich, neue Stellen ausfindig zu machen, wo neue Beamte nötig werden. Dieselben Landtage, die zuerst als Steuerverweigerungsanstalten gedacht waren, wurden bald zu Ausgabebewilligungsinstituten, und der Reichstag, der anfangs nur als Verwalter der Reichsbeiträge der Einzelstaaten gedacht war, sah sich bald vor die Aufgabe gestellt, dem Reiche eigene Einnahmequellen zu erschließen. Und soweit Menschenaugen sehen können, ist an kein Sinken der Staatsbedürfnisse zu denken. Im Gegenteil! Die wachsende Volkswirtschaft verlangt eine wachsende staatliche Hilfswirtschaft.

Um was für Summen es sich dabei handelt, zeigen die Haushaltpläne des Reiches und der Einzelstaaten. In Preußen betragen nach dem Etat von 1910 die Ausgaben für die Staatsverwaltung im engeren Sinne des Wortes 1043 Millionen Mark, wovon nur 155 Millionen durch eigene Einnahmen dieser Verwaltung und 134 Millionen durch Gebühren gedeckt werden. Für Staatsschulden (Verzinsung und Tilgung) aber sind 396 Millionen eingesetzt. Und je nach Verhältnis fordern alle deutschen Bundesstaaten von Jahr zu Jahr immer neue Millionen. Dazu aber kommen die Anforderungen des Reiches, die in demselben Jahre 1910 auf 2854 Millionen angewachsen waren, wovon fast anderthalb Milliarden nicht aus Verwaltungseinnahmen (Matrikularbeiträge, die annähernd zurückgezahlt werden, Post- und Telegrapheneinnahmen, Eisenbahnverwaltung usw.) gedeckt werden. Wir können ohne ganz besondere Spezialstudien aus der Ziffernfülle der verschiedenen deutschen Staatshaushaltpläne die Generalsumme der nicht durch Einnahmen ausgeglichenen Staatsausgaben nicht herstellen, und selbst wenn wir sie für ein besonderes Jahr herausrechnen würden, so würde schon im nächsten Jahre die Ziffer wieder anders lauten, aber wir halten es für ungefähr richtig, den deutschen reinen Staatsbedarf im Jahre auf 2½ Milliarden zu schätzen. Das heißt auf den Kopf der Bevölkerung etwa 38 Mark. Diese Summe muß aufgebracht werden, wenn der Staat nicht schlechtere Arbeit leisten soll als bisher, sie wird aber vermehrt werden müssen, wenn wir mehr und bessere Arbeit von ihm zu fordern gesonnen sind.

An dieser Stelle liegt ein absolut schweres Problem für alle liberalen Wirtschaftspolitiker. Nicht als ob die Aufbringung der Staatsbedürfnisse für konservative Politiker ohne Schwierigkeiten wäre! Aber sie können bei ihrer Neigung zum Zollwesen von vornherein einen beträchtlichen Teil der Staatsbedürfnisse durch Zolleinnahmen decken. Die Einnahme aus Zöllen und Verbrauchssteuern beträgt jetzt 1200 Millionen Mark. Sie können auch ohne viel Bedenken die Eisenbahnen und anderen Verkehrsanlagen dem Staatsfinanzsystem dienstbar machen, was dem verkehrsfreudigen Liberalen schwer auf sein wirtschaftliches Gewissen fällt. Dazu kommt, daß es dem konservativen Wirtschaftssystem immer nahegelegen hat, in Form von Extrasteuern den wirtschaftlichen oder technischen Fortschritt im einzelnen zu belasten und zu hemmen (Börsensteuer, Warenhaussteuer, Quittungssteuer, Automobilsteuer). Der Konservative hat sozusagen hundert Mittel, um Staatseinnahmen zu schaffen, die ihm selber dienlich sind, denn er kann den Fortschritt in allen seinen Gestalten mit Abgabepflichten beschweren. Was aber sollen diejenigen tun, die für freieste Entwicklung des Verkehrs und aller lebensfähigen Betriebsformen eintreten? Können sie etwa ihrerseits die Rückständigkeit mit Steuern belasten, so wie die konservativen Richtungen den Fortschritt mit Bleigewichten beschweren? An einigen Stellen würde es möglich sein. Man könnte eine Fideikommißsteuer haben, die zur Aufhebung dieser Erscheinung führen müßte. Man könnte auch diejenigen Unternehmer, welche nichttarifmäßige Löhne bezahlen, wegen der auf unfeine Weise gewonnenen finanziellen Erträgnisse besonders mit einer Erziehungsabgabe bedenken. Aber man sieht sofort, daß das ernstliche Lösungen des staatlichen Finanzproblems nicht sein könnten. Die Rückständigkeit ist im ganzen ärmer als der Fortschritt und deswegen als Hauptträger der Staatslasten ungeeignet. Nur vom vorwärtsschreitenden Teile des Wirtschaftsvolkes kann der Staat getragen werden, nur von ihm wird er in Wirklichkeit getragen. Solange aber ein konservatives

Regiment die Staatsfinanzen regelt, wird der Fortschritt die Staatslasten als eine Art Fortschrittsstrafe auferlegt bekommen, wenn er aber selber zur Leitung kommt, wird er zwar auch dann noch die Last tragen müssen, aber er wird sie so veranlagen können, daß der Organismus der Wirtschaft dabei möglichst wenig gedrückt wird.

Wie schwer es ist, auf parlamentarischem Wege überhaupt ein erträgliches Finanzgesetz zustandezubringen, zeigen die Verhandlungen des deutschen Reichstages. Jede Partei will gern populäre Steuern durchbringen, populär ist aber stets nur die Steuer, die ein anderer zahlt. Die Herrschenden verstehen zu allen Zeiten die dunkle volkswirtschaftliche Lehre von der Abwälzbarkeit aller Steuern dahin, daß sie die Entrichtung derselben zunächst nach Möglichkeit von sich abzuwälzen suchen. In diesem Sinne stimmen die Getreideproduzenten für Deckung der Heeresvorlage durch Brotzölle, und die Kleinkrämer für Staatserhaltung durch Börsensteuern, die Besitzlosen aber rufen nach Erbschaftssteuern, und die Leute mit geringen Gehältern verlangen eine Einkommensteuer mit stark steigenden Progressionen. Das Land ruft: laßt die Städter zahlen! Die Städter aber sagen: es ist falsch, die Grundsteuern den Bauern und Rittergutsbesitzern zu erlassen! Auf diese Weise entsteht ein finanzpolitischer Hexensabbat, in dessen Getöse es fast nur von Glück und Laune des Augenblicks abhängt, was schließlich Gesetz wird.

Nun gibt es ja auch in der Tat eine Betrachtungsweise, die uns diesen Zustand finanzpolitischer Wirrnis mit einer gewissen Gelassenheit ertragen lassen möchte, nämlich die soeben schon erwähnte Lehre von der Abwälzbarkeit aller Steuern. Diese Lehre sagt: ob man den Mieter oder den Vermieter, den Unternehmer oder den Arbeiter, den Kapitalisten oder Proletarier besteuert, ist im Grunde ganz gleich, denn alle Steuern sind ein Zwangsabzug vom Wirtschaftsertrag im ganzen, der sich irgendwie für alle fühlbar macht, und der den einzelnen Steuerzahler nur zufällig trifft. Würden wir beispielsweise alle Steuern auf das Lohnquantum legen, so würden die tatsächlichen Löhne, die dann übrig bleiben, nicht anders sein, als wenn alle Steuern auf den Unternehmergewinn gelegt würden oder als wenn sie sonst beliebig verteilt wären, gerade so wie es für die Wasserhöhe des Teiches nichts ausmacht, an welcher Stelle eine Tonne Wasser herausgeschöpft wird. Als Trostmittel für die vom Steuerzorn Gefaßten ist diese Lehre sehr beliebt. So sagt man beispielsweise den Tabakinteressenten: fürchtet euch nicht, das Publikum wird euch die Auslagen ohne Mühe wieder bezahlen! Es ist nur merkwürdig, daß die Betroffenen selbst fast nie an diese Theorie glauben. Sie gehört noch nicht zu den elementaren Erfahrungssätzen des Volksbewußtseins und wird kaum je zu ihnen gehören, denn in Wirklichkeit ist die Abwälzbarkeit ganz unkontrollierbar. Es soll nicht geleugnet werden, daß sie existiert, aber kein Mensch kann sagen, wann und wo sie aufhört. So halten wir es beispielsweise für sachlich ziemlich gleichgültig, ein wie großer Teil des Krankenkassenbeitrages vom Arbeitgeber und vom Arbeiter bezahlt wird, denn das regelt sich schon beim nächsten Lohnkampfe nach dem sonstigen beiderseitigen Kräfteverhältnis. Es ist aber nicht gleichgültig, ob ganze Provinzen vom Staate viel mehr Geld empfangen als sie ihm leisten, denn es ist sehr unsicher, ob die empfangende Provinz dadurch als Käuferin der zahlenden Provinz auftritt. Und vor allem die volkswirtschaftlichen Veränderungen, die im Gefolge von einseitigen Besteuerungen auftreten, sind oft gar nicht wieder gutzumachen. Wenn beispielsweise ein Börsensteuergesetz die kleinen Banken oder ein Brausteuergesetz die kleinen Brauereien schneller sterben läßt, so bringt nicht einmal eine spätere Aufhebung der betreffenden Gesetze ihre unerwünschten Folgen aus der Welt. Man kann im allgemeinen sagen: staatliche Zuwendungen, sowie staatliche Geldentziehungen für besondere Erwerbszweige sind in gleicher Weise eine Stärkung der kräftigeren Konkurrenten innerhalb des in Frage kommenden Erwerbszweiges. Ein Getreidezoll nützt dem großen Getreideproduzenten, weil bei ihm der Überschuß des Verkaufs über den Einkauf zweifellos ist, und eine Zigarettensteuer nützt den größeren Zigarettenfabrikanten, weil sie die Absatzverminderung, die der Einführung der Steuer folgt, zur Zerdrückung der kleineren Wettbewerber benutzen. Eine Maßregel ist so ungerecht wie die andere. Der Staat, der für einzelne Erwerbszweige besondere Belastungen ausschreibt, oder ihnen besondere Vorrechte einräumt, ändert damit fast stets etwas am freien Leben der Gesellschaft. Das ist die Ursache, weshalb die reine Doktrin des Liberalismus, die in Hinsicht auf Steuerfragen am ungetrübtesten im sozialdemokratischen Programm ausgesprochen ist, alle Arten von Erwerbssteuern, Warensteuern, Konsumsteuern, Zöllen grundsätzlich verwirft und nur das Einkommen selbst in seiner Ziffer zur Deckung des Staatsbedarfs heranziehen will. Die sozialdemokratischen Arbeiter sagen: es kann sein, daß es bei völlig freiem Koalitionsrecht ein Abwälzungsverfahren geben mag, das es uns gleichgültig erscheinen lassen kann, ob wir oder die Kapitalisten die Entrichter der Staatsgelder sind, aber da wir dieses freie Koalitionsrecht in der Praxis nicht haben und da die Abwälzbarkeit auch sonst problematisch ist, so ziehen wir es vor, eine Steuerform zu fordern, bei der von vornherein die Hauptabgaben auf die kräftigsten Nutznießer des Produktionsprozesses gelegt werden! Man wird zugestehen müssen, daß der Kampf gegen alle indirekten Steuern und Zölle vom Standpunkt der besitzlosen Masse aus psychologisch begreiflich und theoretisch gut zu verteidigen ist, und man kann trotzdem im Zweifel sein, ob selbst bei sehr veränderten politischen Machtverhältnissen diese glatte Theorie zur Durchführung gelangt.

Betrachten wir, was heute die Einkommensteuer leistet! In dem oben schon angeführten Etat 1910 finden wir die preußische Einkommensteuer mit 321 Millionen Mark und die ihr verwandte Vermögenssteuer mit 55 Millionen Mark. Denkt man sich das ganze Reich gleichmäßig nach den jetzigen preußischen Steuersätzen behandelt und stellt sich vor, die nichtpreußischen Teile im ganzen seien im Durchschnitt etwa ebenso wohlhabend wie Preußen, so würde sich ein Reichsertrag aus bisheriger direkter Besteuerung von rund 600 Millionen Mark ergeben, also etwa $1/4$ der Summe, die wir als notwendigen Gesamtstaatsbedarf annehmen. Da nun auch noch die Kommunalsteuern hinzuzurechnen sein würden, so würde die Last der direkten Steuern eine sehr fühlbare werden. Wir lassen aber hier die Kommunalsteuer außer acht und setzen zunächst nur den Fall, daß die jetzigen Staatssteuersätze einfach vervierfacht werden müßten, so kommen wir auf den Unterstufen zu ganz unmöglichen Ergebnissen. Alle kleinen Einkommen vertragen eine Vervierfachung ihrer direkten Belastung nicht. Die Einkommen unter 6500 Mark bringen aber etwa die Hälfte der bisherigen Einnahme aus Einkommensteuer. Will man sie nicht übermäßig steigern, so muß man auf die größeren Einkommen die jetzige Belastung achtfach bis zehnfach machen, d. h. eine Progression der Steuern bis zu 30 oder 40% des Einkommens herbeiführen. Nach unserer privaten Meinung würde die Beseitigung der konservativen Herrschaft und des Zollsystems mit einer solchen Riesensteuer nicht zu hoch bezahlt sein, denn die Reichtumssteigerung, die mit diesem Umschwung eintritt, wird äußerst stark sein (vergleiche England!). Wenn die Deutschen reich werden wollen, müssen sie unter allen Umständen später einmal die Zollherrschaft abschütteln, koste es, was es wolle. Immerhin ist es sehr unwahrscheinlich, daß so fabelhafte Steuersätze je durchgeführt werden, und daß auf einem Gebiet, wo alter Schutt so berghoch liegt wie auf dem Zoll- und Steuergebiet, jemals in so radikaler Weise glatte Rechnung gemacht wird. Es werden in Wirklichkeit voraussichtlich immer mehrere Steuerformen nebeneinander bestehen. In diesem Sinne ist die Erbschaftssteuer als eine weitere Form der Kapitalbesteuerung zu begrüßen. Sie ist in hohem Grade eine liberale Steuer, denn gerade der prinzipienfeste Liberalismus muß, wie wir schon früher sagten, das Erbrecht als antiindividualistische Erscheinung mit theoretischem Mißtrauen betrachten. Außer der Erbschaftssteuer werden voraussichtlich indirekte Steuern auf einzelne Artikel des Massenverbrauchs, die keine unentbehrlichen Lebensmittel sind, wie Tabak, Bier, Branntwein, Wein, Kaffee, Kakao in Deutschland ebensowenig zu entbehren sein wie in England, falls nicht die weitere Entwicklung der wirtschaftlichen Verbände ganz andere Formen von Staatseinnahmen herbeiführt.

Die ganze Besteuerungsweise, von der wir sprechen, ist individualistisch gedacht. Der Staat wird bei dieser Art von Steuersystem als Hilfswirtschaft aller Einzelsubjekte des Wirtschaftslebens angesehen und muß deshalb von allen Einzelsubjekten erhalten werden. Das ist auch heute noch richtig, aber doch schon nicht mehr in alter Weise. Der Staat ist heute bereits vielfach eine Hilfswirtschaft der Wirtschaftsverbände, die große Basis ihrer Existenz und Macht. Je mehr das Einzelsubjekt gegenüber den Verbänden an Bedeutung verliert, desto weniger zwingend wird die Logik der bisherigen Steuersysteme. Die Erwerbskartelle sind viel geeigneter, die finanzielle Staatserhaltung zu übernehmen, als die Einzelsubjekte, ihre Aktionäre, Direktoren, Beamten und Arbeiter. Sobald der Kartellgedanke noch um wenige Kilometer vorwärtsmarschiert sein wird, wird es sich von selbst ergeben, daß die großen Abrechnungsstellen der Volkswirtschaft gleichzeitig die Zahlstellen für den Beitrag der Volkswirtschaft und den Staat werden. An diesen Stellen werden Privatgefühle viel weniger verletzt als bei Entnahme des Geldes von den Einzelsubjekten. Es ist nicht undenkbar, daß in irgendeiner späteren Zeit das Geldbedürfnis der Staatsregierungen dazu führt, auch die dann noch nicht kartellierten Staatsbürger in irgendeiner Form zum Anschluß an Staatssteuerleistungsverbände zu zwingen. Dort, wo die Produktionsvorgänge geleitet werden, ist gleichzeitig die normale Stelle für Leitung der Abzweigung eines Teiles des Kapitals für die Erhaltung und Verbesserung der nationalen Vorbedingungen dieser Vorgänge. Das alles setzt freilich starke Verschiebungen der politischen Verfassung voraus, und liberale Staatsbürger müssen alles daran setzen, daß diese Umwandlung des Steuersystems, falls sie kommt, erst dann eintritt, wenn die Einführung des Industrieparlamentarismus vollzogen ist.

Erst eine fernere Zukunft, in der die mächtigen Erwerbskräfte den Staatsbedarf direkt decken können, wird auch in der Lage sein, das System von Staatsschulden zu entwirren, unter dem heute die Staaten und die Steuerzahler leiden. Das Wachsen der Staatsschulden ist eine der unerfreulichsten Erscheinungen im Staatsleben der Neuzeit. Soweit zwar den Schulden reelle staatliche Erwerbswerte gegenüberstehen, sind sie nicht bedenklicher als ländliche Hypotheken und industrielle Obligationen, aber soweit in ihnen nichts liegt, als eine Anweisung auf einen Teil des Ertrages von Zöllen und Steuern, bilden sie eine unerhört große Belastung der Gegenwart durch die Vergangenheit und der Zukunft durch die Gegenwart. Der jährliche Verzinsungsbetrag beläuft sich jetzt im Reich auf 182 Millionen Mark, in Preußen auf 334 Millionen Mark, in Bayern auf 64 Millionen Mark, in Sachsen auf 28 Millionen Mark. Wir zahlen noch an Festungen, die wir schon wieder einreißen, und an Schiffen, die längst nicht mehr diensttauglich sind. Es liegt aber im parlamentarischen System, daß es leichter ist, Schulden zu beschließen als Steuern. Die Nachwelt mag zahlen! Die Kraft der Regierung ist nicht stark genug, die immer tiefere Verschuldung aufzuhalten. In Friedenszeiten mag das gehen, obwohl es auch da ein Mißstand ist, aber was soll bei etwa schwerer Kriegsbelastung werden? Der Staat müßte ebenso sorgfältig für Reservefonds sorgen können wie eine Großbank oder Schiffahrtsgesellschaft. Das macht ihn schließlich schwächer als die großen Erwerbsgemeinschaften, daß er sich nicht finanziell sanieren kann. Er wird eines Tages an der Tür dieser seiner reicheren Konkurrenten stehen, damit sie ihm helfen, schuldenfrei zu werden. Dann, wir wiederholen es absichtlich, muß der Industrieparlamentarismus bereits eingelebt sein, wenn nicht der Staat in der Tat das werden soll, was heute die Sozialdemokratie von ihm behauptet: ein abhängiges Organ der obersten Kapitalisten. **Entweder der Staat demokratisiert die Industrie, oder er beugt sich vor der industriellen Aristokratie.**

---

9. Die Gemeindeverwaltung.

Zwischen dem Staate und dem wirtschaftlichen Einzelmenschen steht, teils eine Dienerin und Helferin des Staates, teils ein eigener Körper, die Gemeinde. Ihr fällt ein Teil der Tätigkeiten zu, die wir bisher dem Staate im allgemeinen zugeschrieben haben. Insbesondere ist sie wesentlich beteiligt an der Bildung der Jugend, am Verkehrswesen, an der Verwaltung des Wohnungswesens und an der Versorgung der Armen, auch ist sie ein Doppelwesen wie der Staat, teils Inhaberin von Erwerbsunternehmungen, teils Veranstalterin solcher Leistungen, die nötig sind, ohne doch von der Privatwirtschaft hinreichend befriedigt zu werden. Von ihr im einzelnen zu reden, würde außerhalb des Rahmens dieses Buches fallen und auch unnötig sein, da **Adolf Damaschke** in seinen „Aufgaben der

Gemeindepolitik" (Jena 1904) ein gutes Handbuch für die an dieser Stelle vorliegenden Fragen geliefert hat. Wir können hier nur mit wenigen Worten von der volkswirtschaftlichen Bedeutung des Gemeindewesens im ganzen sprechen.

Die alte Ortsgemeinde war fast überall ein wirtschaftender Körper und bedeutete für die lokal begrenzte alte Wirtschaft ungefähr dasselbe, was heute für eine erweiterte Wirtschaft der Staat bedeutet. Alle denkbaren Arten des Verhältnisses von Staat und Wirtschaft lassen sich in alten Landgemeindeverfassungen und Stadtverfassungen finden, monarchische, aristokratische, demokratische Regelung der örtlichen Wirtschaft. Wirtschaftskraft und Freiheit der Gemeinde war das Ideal der Städte im ausgehenden Mittelalter. In diesen alten Städten gab es schon alle Formen der sozialen Frage und Kämpfe der Heimatpolitiker mit den Freihandelspolitikern jener Tage, die wachsende Macht aber der Fürsten und das Elend des Dreißigjährigen Krieges brachten die Gemeindefreiheit unter die Botmäßigkeit der Landesherren und machten die Städte viel abhängiger vom Staatsunternehmen (Fürstenunternehmen), als heute die industriellen Einzelunternehmen von den Kartellen sind. Die Zentralisierung war natürlich in den größeren Staatsgebilden stärker als in den kleineren, und es waren deshalb die Stadtverwaltungen Preußens, bei denen für Norddeutschland die Geschichte des wirtschaftlichen und politischen Liberalismus beginnt. Mit der preußischen Städteordnung von 1808 erhielten die Städte selbständige Verwaltung ihres Haushaltes, ihres Armen- und Schulwesens und teilweise auch ihrer Polizei, und bekamen das Recht, Steuern innerhalb ihres Umkreises einzutreiben. Die Städte wurden damit eigene Subjekte inmitten des Staates, ein Vorgang, der auch für die zukünftigen Probleme der Industrieverfassung nicht ohne vorbildliche Bedeutung sein wird. Es ist anzunehmen, daß hinter einer Periode der Überspannung der Souveränität der Zentralstellen eine neue Freiheitsbewegung der Einzelbetriebe in den Industrieverbänden einsetzen wird. Aber das sind spätere Sorgen. Hier stellen wir nur fest, daß Gemeindefreiheit und Gewerbe- und Wirtschaftsfreiheit in der Vergangenheit in einem nahen Zusammenhange gestanden haben: von der Gemeinde aus lockert sich der Polizeistaat. Die Forderung der Selbstverwaltung der Gemeinde geht parallel mit allen übrigen Forderungen des wirtschaftlichen Liberalismus, und die Rückbildung der Gemeindefreiheit ist eine gleichzeitige Erscheinung mit dem Rückgange des Liberalismus überhaupt. Wir erleben eine immer weitergehende Einengung der Gemeinden durch die Staatshoheit, die dahin führt, daß den Gemeinden zwar die Pflicht der Aufbringung der Mittel verbleibt, aber die Verfügung über deren Verwendung von Jahrzehnt zu Jahrzehnt umgrenzter wird. Man denke an die Fülle staatlicher Vorschriften im Schulwesen, Armenwesen und in allen Zweigen städtischer Verwaltung! Auch die sozialreformerischen Bestrebungen laufen teilweise auf Verdrängung der Gemeindefreiheit hinaus. Es heißt: Da die Stadtverwaltungen in den Händen der Haus- und Grundbesitzer sind, müssen ihnen Normen aufgezwungen werden, die den Egoismus der privilegierten Kaste beschränken! Das ist ähnlich wie jene gewerbliche Sozialpolitik, die man deshalb einführen muß, weil man keine Koalitionsfreiheit gegeben hat. Je gerechter und freier die städtischen Wahlrechte sind, desto freier im Staate können die Städte sich entwickeln. Es ist aber für die Demokratisierung allen Volkstums und aller Gewerbeverfassungen, für die Belebung der nationalen Energie und Produktivität von ungeheurer Bedeutung, mitten im Zwangsgetriebe der modernen Welt die Ortsgemeinden als Inseln der Freiheit zu erhalten.

Eine Stadtverwaltung, die nicht durch eine peinliche Staatskontrolle mürbe gedrückt wird, kann das wirtschaftliche Wohlsein innerhalb ihres Bezirkes und selbst in weiterem Umkreise desselben sehr günstig beeinflussen. Auch auf dem Lande hängt die Einführung von Bildung und Arbeitsmöglichkeit zu einem nicht unbeträchtlichen Teile von den Ortsgemeinden ab. Nicht immer freilich stehen die Gemeindeverwaltungen auf der Höhe der Zeit, ja viele von ihnen müssen erst vorwärtsgeschoben werden und können selbst bei freiem Wahlrechte (Elsaß, Hessen, Württemberg, Oldenburg) eine gewisse Obervormundschaft der Staatsbehörden nicht entbehren. Man sage sich offen, wie die Schulen weiter Landesteile, wie die Armen- und Krankenhäuser aussehen würden, wenn es keine Kontrolle von Staatsbeamten gäbe! Die nur durch Takt und Sachkunde zu lösende Aufgabe ist, den Staat zum Dränger der lässigen Gemeinden, aber nicht zum Unterdrücker der eifrigen Gemeinden werden zu lassen. Von den lässigen Gemeinden hat er ein Minimalmaß zu fordern. Wo dieses erreicht ist, beginnt die kommunale Freiheit.

Wir können uns aus Erwägungen über die Notwendigkeit gemeindlicher Selbstverwaltung und Selbständigkeit je länger desto weniger mit dem früher von der Sozialdemokratie aufgestellten Gedankengange befreunden, daß alle Armen-, Schul- und Wegelasten vom Staate übernommen werden. Was bleibt denn dann der Tätigkeit der Ortsgemeinden noch übrig? Der Staat kann Entschädigungen für kommunale Minimalleistungen austeilen, damit arme Gemeinden lebensfähig bleiben, aber er soll vor allem die Schule und die Armenpflege nicht zentralisieren und generalisieren.

Über die Schule in ihrem Verhältnis zu Arbeit, Handel und Erwerb sprechen wir in diesem Buche nicht, obwohl es zur Wirtschaftspolitik gehört, darüber zu reden. Wir würden die ganzen schweren und verwickelten Fragen des Bildungswesens in ihrer wirtschaftlichen Wichtigkeit berühren müssen und wollen uns das für spätere Gelegenheiten aufheben. Vom Armenwesen aber müssen wir einige Worte sagen, um es in seiner Bedeutung für die Gesundheit des Wirtschaftslebens kurz darzustellen. Es gibt kaum ein Gebiet wirtschaftlicher Tätigkeit, das in seinen Einzelergebnissen so unerfreulich ist wie das Verwenden von Steuergeldern zum Zwecke der Erhaltung des Existenzminimums der erwerbsunfähigen Teile der Bevölkerung, unerfreulich deshalb, weil eine öffentliche Armenpflege in größeren Orten gar nicht imstande ist, dem Einzelfalle eine Aufmerksamkeit und ein Maß von Mitteln zuzuwenden, das eine Herstellung normaler Lebensverhältnisse herbeiführt. Gerade wenn man in Armenpflege tätig gewesen ist, versteht man die Theorien, die früher in England verbreitet waren und heute noch in Frankreich vorkommen, nach denen ein Staatseingriff in die natürliche Auslese durch Armut nicht volkswirtschaftlich richtig sein soll. Sie stammen weniger aus dem Begriff der Armenpflege an sich als aus der notwendigerweise stets unvollkommenen Praxis, die zu pessimistischen Gefühlen verleitet. Theoretisch ist festzuhalten, daß einerseits die Gebote der Nächstenliebe und Gerechtigkeit, andererseits die Furcht vor unübersehbarer moralischer und hygienischer Verwilderung einer unversorgten Armut die öffentliche Armenpflege erzwingen. Es ist falsch zu sagen, daß in der heutigen Gesellschaft Armut die Folge von persönlichem Verschulden sein müsse. Bei einer Organisation der Arbeit, die nur die einzelne Leistung bezahlt, genügt jedes zeitweilige Versagen der Kraft, um in die Nacht der Armut zu versinken. In weitgehender Weise haben die Reichsversicherungen diesem Versinken gewehrt, aber es bleibt eine Fülle von Einzelfällen, die noch von keiner Versicherung erreicht werden. Noch haben wir ja keine Witwen- und Waisenversicherung! Eine Gesellschaft, die den freien Arbeitsvertrag als theoretische Grundlage ihres Wirtschaftslebens anerkennt, muß öffentliche Armenpflege als Ergänzung haben. Im ganzen stehen 3% bis 4% der Bevölkerung unter Armenrecht. Dieses Recht seiner Willkürlichkeiten zu entkleiden und zu einem auf dem Verwaltungswege einklagbaren Rechte zu gestalten, ist eine der Aufgaben, die vor den Kommunen liegen. Dazu kommt eine vielgestaltige vorbeugende Tätigkeit, die sich besonders in Zeiten wirtschaftlichen Niederganges zu bewähren hat. In gewissem Sinne ist schon jeder Winter ein wirtschaftlicher Niedergang, da er die weitverzweigten Bautätigkeiten und ihre Hilfsarbeiten lahmlegt. Die Verlegung städtischer Arbeiten auf den Winter ist ein erster Schritt zur Abhilfe. Versuche kommunaler Versicherung gegen Arbeitslosigkeit (Köln, Offenbach) sind Zeichen, daß es noch viel für humane und weitsichtige Stadtverwaltungen zu tun gibt.

Da die Stadtverwaltungen geradeso wie der Staat große Arbeiten zu vergeben oder selber auszuführen haben, können sie für Submissionen handwerkerlicher Aufträge musterhafte Normen zu finden suchen und gegenüber ihren Angestellten und Arbeitern eine Arbeitsverfassung durchführen, die den privaten Unternehmern zum Vorbild dienen soll. An vielen Orten sind es die Städte, die den Arbeitsnachweis geregelt haben. In Hinsicht auf Krankenpflege stehen oft sehr stolze Städte noch weit zurück. Kurz, in vielfältigster Weise kann und soll sich sozialer Sinn gerade in diesem Verwaltungskörper regen, wo es einen Parlamentarismus gibt, der keine hohe Politik zu treiben, sondern in nahen und übersehbaren Verhältnissen am Überwinden von menschlichem Leid zu wirken berufen ist. Der „Gemeindesozialismus", der in erster Linie eine moralische Willensrichtung ist, wird sich in seinen Folgen als wirtschaftliche Erhaltungskraft dartun Seine härteste Probe aber hat er in der Wohnungsfrage zu bestehen. Wir erinnern dabei an alles das, was wir unter der Überschrift „die Wohnung des Volkes" gesagt haben. Es steht nicht so, als ob die Gemeinde allein der Platz der Wohnungsreform sei, sie aber muß die Führung in die Hand nehmen. Die dringende, brennende Angelegenheit: wie wohnt die Masse? darf in Stadt und Land nicht von den Tagesordnungen der Ortsverbände verschwinden. Was die Gemeinden in dieser Hinsicht zu tun haben, ist seinerzeit von einer Hauptversammlung der nationalsozialen Vereine in folgenden Sätzen ausgesprochen worden:

> Die Vereine sollen sich betätigen: Durch Errichtung unparteiischer Arbeits- und Wohnungsnachweise, durch Hinwirkung auf Freistellung möglichst guter und billiger Wohnungen:
>
> a) Dadurch, daß die Gemeinde die private Verwertung des in städtischem Besitz befindlichen Bodens an Bedingungen knüpft, welche dessen kapitalistische Ausbeutung ausschließen und die Zuwachsrente der Gesamtheit erhalten („Erbbaurecht").
>
> b) Durch Aufstellung solcher Bebauungspläne und Ortsbaustatuten, welche eine übermäßige Ausnutzung des Bodens und eine Herstellung ungesunder Wohnungen ausschließen.
>
> c) Durch Förderung solcher Unternehmen, bei denen, wie bei den Spar- und Bauvereinen, Pachtgärten usw. der dauernd gemeinnützige Charakter gewährleistet ist.

Wenn irgendeine Stelle des Verwaltungsapparates der Nation nicht Klassen-, sondern Volksinteressen im ganzen zu vertreten hat, so ist es die Gemeindeverwaltung. Eine solche Vertretung humaner Tendenzen aber kostet gewöhnlich Geld, und es ist nicht immer leicht, den guten Willen mit den verfügbaren Mitteln in Einklang zu bringen. Deshalb gehören zu allen Erörterungen der Gemeindeaufgaben Vorschläge, wie sich die Gemeinde durch eigenen Erwerb oder durch Besteuerung des steigenden Bodenwertes von der Einkommensteuer möglichst freimachen könne. Diese Vorschläge kommunalsozialistischer und bodenreformerischer Art sind unseres Erachtens solange durchaus gut, als sie nicht die ganze Gemeindeverwaltung auf Bodenwerten und Erwerbseinkünften aufzubauen verlangen. Das letztere würde in Zeiten sinkender Werte und Geschäfte finanziell sehr bedenklich sein (Kriegszeiten) und würde den Sinn für Gemeindepolitik erschlaffen lassen, was um der allgemeinen demokratischen Schulung willen nicht zu wünschen ist. Eine Gemeinde darf nie zur bloßen Verwaltung von Einnahmen werden, die der parlamentarischen Beschlußfassung sich entziehen. Die Besteuerung der Bodenwertsteigerungen ist keine Veranlagungssteuer, die sich beliebig wechselnden Verhältnissen anpaßt, ihre Vorteile liegen aber im übrigen so sichtbar zutage, daß sie voraussichtlich in nicht zu ferner Zeit von allen Stadträten beantragt werden wird. Ebenso ist der Trieb der Stadtverwaltungen, Gasanstalten, elektrische Bahnen, Schlachthöfe, Apotheken usw. in eigene gewinnbringende Verwaltung zu nehmen, im Wachsen.

---

10. Der neue Liberalismus.

Wir sind am Ende unserer Wanderung durchs Wirtschaftsleben der Gegenwart. Daß unsere Darstellung Lücken und Mängel hat, wissen wir, aber einen Erfolg erwarten wir trotzdem von ihr: daß sie denjenigen, die nach der Wirtschaftspolitik einer neuen liberalen Epoche Ausschau halten, eine Handreichung tut, um die Fragestellungen zu finden, von denen aus der neue Aufbau erfolgen muß. Mit Absicht haben wir die Grundsätze des älteren Liberalismus an den verschiedensten Stellen unseres Buches besprochen, um nach Möglichkeit herauszuarbeiten, nicht nur, worin ihre wunderbare Größe für die Vergangenheit bestand, sondern vor allem auch, inwieweit sie heute für uns noch Geltung haben können. Wir taten es in demselben Geiste, in dem Dr. Barth in seiner knappen und inhaltreichen kleinen Schrift „Was ist Liberalismus?" (Verlag der Hilfe 1905) die Gegenwartsaufgaben des Liberalismus behandelt hat. Dr. Barth sagt folgendes:

Sobald eine Partei in die Minorität gedrängt ist und in ihrem Bestande zurückgeht, muß sie, um sich zu regenerieren, eine Revision ihrer politischen Ideen vornehmen und auf die geistigen Quellen ihres früheren Einflusses zurückgehen. Sie muß ihre Anhänger wieder an selbständiges politisches Nachdenken gewöhnen, sogar auf die Gefahr hin, daß bei diesem Gedankenprozeß mancher bisherige Anhänger zu der Überzeugung kommt, er sei innerlich der Partei, zu der er sich äußerlich rechnet, schon längst entfremdet.

Was hier Dr. Barth von der Politik des Liberalismus im ganzen sagt, gilt von seiner Wirtschaftspolitik in besonders hohem Grade. Die Wirtschaftswelt, in die seinerzeit der Liberalismus eintrat, war eine ganz andere als die Wirtschaftswelt ist, in der er sich heute seinen Platz zu suchen hat, und so gut seine alte Erscheinungsweise eine zeitgeschichtliche Anwendung seiner Grundprinzipien war, so wird auch heute der Liberalismus eine zeitgeschichtliche Färbung haben müssen, wenn er überhaupt leben soll.

Ob er aber überhaupt noch einmal wieder Leben, Magnetismus, praktische Ideen, Gruppierungskraft und Gesetzgebungsfähigkeit wird erlangen können, das ist die Frage. Die große Abwendung der Bevölkerung von den liberalen Parteien läßt diese Frage als keineswegs leicht erscheinen. Zwischen einer konservativ-klerikalen Politik, die sich als Zoll- und Mittelstandspolitik äußert, und einer sozialdemokratischen Politik, die in der Theorie den wirtschaftlichen Liberalismus als ein bloßes Stück der Vergangenheit hinstellt, hat der Liberalismus einen verhältnismäßig kleinen Raum unseres öffentlichen Lebens für sich gerettet, und zunächst hat er noch immer mindestens ebensoviel Verluste als Gewinne zu buchen. Er kann nicht ohne eine neue Weckung der Geister seine Auferstehung halten, nicht ohne Kritik an sich selbst und feste Zielsetzung in die Zukunft hinein. Aber diese Weckung wird kommen, denn die Politik der konservativ-klerikalen Seite wird an ihren eigenen Erfolgen sterben, die im Grunde nur Erfolge der Angst vor der neuen Zeit sind, und die Politik der Sozialdemokraten wird sich je länger desto mehr als das herausschälen, was sie schon heute trotz aller Phrasen in Wirklichkeit ist, als eine liberale Politik auf Grundlage der jetzigen Wirtschaftsverhältnisse. Liberalismus und Sozialdemokratie sind in der Wirtschaftspolitik viel verwandter, als sie es im allgemeinen beiderseits zugeben. Wir stellen hier zunächst die Merkmale ihrer Verwandtschaft fest, um dann von den Unterschieden zu reden.

Liberale und Sozialisten sind verwandt in einer optimistischen Gesamtbeurteilung der wirtschaftlichen Entwicklung. Das unterscheidet sie von den rechtsstehenden Parteien. Diese gehen der Entwicklung der Technik und des Verkehrs mit offenem Mißtrauen entgegen und versuchen sie zu hemmen, wo sie können. Ihre ganze Wirtschaftspolitik ist ein einziges großes Rückzugsgefecht der alten Wirtschaftsweise. Sie wollen im Grunde keinen Großbetrieb in Industrie und Handel, keinen starken internationalen Güteraustausch, keine neue Aristokratie und keine neue Demokratie und deshalb auch keine neue Bildung und Weltanschauung. Ihnen erscheinen Maschinen und Masse als Verhängnis. Liberalismus und Sozialismus rechnen mit der Maschine und der Masse wie mit notwendigen und darum im Grunde erfreulichen Erscheinungen, denn alles, was als notwendig in Bewußtsein und Willen aufgenommen wird, wirkt als Weckung von Kraft. Es gibt ein neudeutsches Volk, das seine Zukunft erst noch vor sich sieht. In allerlei Schichten und Berufen leben Männer und Frauen, die nicht im Trauergewand des Zöllners dem neuen Zeitalter sich nahen, sondern einen Glauben haben an die Vernunft, die auch in den wirtschaftlichen Dingen ist, sobald nur die Menschen vernünftig sein und handeln wollen. Diese Menschen, die sich nicht bangemachen lassen, weder vor ausländischer Konkurrenz noch vor neuen Arbeitsmethoden, weder vor Kartellen noch vor Gewerkschaften, diese sind es, die den besten Bestandteil der Nation ausmachen, weil sie nichts anderes wollen als der immer vorwärtsschreitenden Geschichte selber mit ihrem kleinen Können zu dienen. Es sind die Menschen, deren Seelen leuchten, weil sie die Welt um sich herum neu werden sehen. Zwischen ihnen allen besteht eine Harmonie des Wollens an sich, selbst wenn sie sich um ihrer Programme willen zeitweilig zu zerreißen drohen.

Liberale und Sozialisten sind verwandt, weil sie beide den Grundsatz der möglichst hohen technischen Vervollkommnung haben. Sie wollen keinen rückständigen Betrieb nur deshalb erhalten, weil er eben da ist. Alle jene Maßnahmen, mit denen man das kaufmännisch, technisch, volkswirtschaftlich Vorhandene bindet, nur weil der Fortschritt Gewohnheiten und Bequemlichkeiten stört, sind ihnen beiden zuwider. Beide sind überzeugt, daß das Wohlsein der Menschen niemals durch künstliche Erhaltung von Unvollkommenheiten gesichert wird, denn die unvollkommene Technik bedeutet immer, daß mit Aufwendung größerer Arbeit ein geringerer Erfolg erzielt wird. Beide fragen beständig: wie können wir noch mehr Menschenkräfte aus unnötigen Tätigkeiten herausziehen, um sie in vorteilhaftere Arbeiten hineinzubringen? Von da aus stehen beide der gegenwärtigen Wirtschaft mit unausgesetzter schaffender Kritik gegenüber, da sie noch voll und übervoll von altväterlicher Vergeudung menschlicher Kräfte ist. Diese Haltung ist für beide agitatorisch oft schwer durchzuführen, da es vielen Zeitgenossen nicht einleuchtet, daß die Methode des menschlichen Tuns beständigem Wandel und unaufhörlicher Umformung zum Besseren hin unterworfen sein muß; aber das, was heute agitatorisch unbequem sein mag, ist das, wovon die Zukunft leben wird.

Liberale und Sozialisten sind ferner deswegen unter sich verwandt, weil sie beide den Schutz und die Erhaltung der Einzelpersönlichkeit auf ihre Fahnen geschrieben haben. Der Liberalismus hat seine ganze Stoßkraft dadurch bekommen, daß er den einzelnen aufrief, er solle alte Untertänigkeitsverhältnisse brechen und sich Ellenbogenfreiheit für seine Entwicklung verschaffen. Liberalismus war und ist durchweg der Gegensatz der Bevormundung. Er glaubte an die unversiegliche Kraft des freien Einzelwesens. Diesen Glauben schien anfangs die Sozialdemokratie nicht zu haben, denn sie begann mit scharfem Kampfe gegen die „Manchesterleute" und war voll von staatssozialistischen Ideen, die vom Liberalismus als direkte Leugnung seiner besten Ideale angesehen wurden. Inzwischen aber hat sich eine doppelte Wandlung vollzogen, indem einerseits der Liberalismus sich überzeugt hat, daß gewisse Staatseingriffe in das Wirtschaftsleben gerade deshalb nötig sind, um die Einzelpersönlichkeit mit einem Mindestmaß von Freiheit zu versehen, und indem andererseits bei der Sozialdemokratie die staatssozialistischen Ideen (allgemeine Verstaatlichung) mehr in den Hintergrund getreten sind und einer (schon bei Marx und besonders bei Engels vorbereiteten) Auffassung Platz gemacht haben, nach der es ein nicht mit politischen Mitteln zu erledigender Kampf ist, der sich in der Wirtschaftsgesellschaft zwischen den jetzigen Besitzern und den Leitern des kapitalistischen Prozesses und den besitzlosen und geleiteten Arbeitskräften abspielt. Die Entwicklung der Organisation der Arbeit innerhalb der letzten vier Jahrzehnte hat sowohl für den Liberalismus wie für die Sozialisten eine neue Situation geschaffen, in der sie sich leichter finden und verständigen können als vorher. Das neue ist die Tatsache, daß sich der liberale Einzelunternehmer nicht mehr als letzte Normalform der Volkswirtschaft ansehen kann, sondern daß das System der Verbände sich als Grundform der vor uns stehenden Wirtschaftsperiode meldet. In dieser Tatsache liegt sowohl für den Liberalismus wie für den Sozialismus der Zwang einer absoluten Revidierung ihrer alten Gedankengänge, denn für den Liberalismus beginnt die Voraussetzung seiner älteren Wirtschaftsauffassung zu fehlen, und für den Sozialismus ergibt sich das überraschende Erlebnis, daß die praktische Sozialisierung der Gesellschaft, nämlich die zentralistische Regelung der Produktion, nicht vom Proletariat besorgt wird, sondern von der Klasse der Besitzenden. Der

Liberalismus sieht sich einer Gesellschaftsgestaltung gegenüber, die aus ihm erwachsen ist und doch nicht einfach seines Blutes, einer „Wirtschaftsordnung", deren Möglichkeit er früher überhaupt leugnete, und deren Dasein sich ihm nun mit hundertfältiger Gewalt aufdrängt. Was soll er in dieser Gesellschaft tun? Soll er einfach sagen: das ist es, was ich gewollt habe? Wenn der Liberalismus das tut, dann verletzt er nachträglich die Ideale seiner Jugend, denn diese Jugend war voll von Protest gegen den Zwang des Einzelmenschen gegenüber den vielen. Solcher Zwang aber ist ein Wesensfaktor der jetzigen Ordnung der Wirtschaft. Will der Liberalismus überhaupt noch etwas sein, will er eine moralische und kulturelle Bedeutung haben, so muß er bei aller Anerkennung der Technik in der neuen Wirtschaftsweise doch eine Kampfbewegung sein und werden gegen alle Unterdrückung der Einzelmenschen im neuen System. Er muß es vor aller Welt verkündigen und vertreten, daß wir kein neues Feudalalter unsern Kindern hinterlassen wollen, sondern eine Organisation der Arbeit freier Männer und Frauen! Der Liberalismus muß um seiner eigenen Selbsterhaltung willen für die Industrieverfassung sein, für freie Koalition, für Tarifverträge, für Arbeiterschutz, für alles, was den Wert der einzelnen Person in der Menge der Angestellten und Arbeiter erhöht. Tut er das nicht, dann begräbt er seine eigene urälteste Idee, dann begräbt er sich selber. Der Sozialismus aber kann praktisch gar nichts anderes mehr tun als das, was ein neuer grundsätzlicher Liberalismus seinerseits tun muß. Er hat in sich von Hause aus zwei Elemente: das sozialistische und das demokratische. Das sozialistische Element im sozialdemokratischen Gedankengang ist aber nun inzwischen in so hohem Grade von der gesamten Wirtschaftsgemeinschaft der kapitalistischen Gesellschaft übernommen worden, daß die Regelung der Produktion heute kein besonderes Ideal der Sozialdemokratie mehr ist. Das Kohlenkartell, der Stahlwerksverband, die Großbanken besorgen diesen Teil des marxistischen Programms viel schneller und gründlicher, als es je die proletarische Bewegung würde gekonnt haben. Die Sozialdemokratie leistet zur Sozialisierung der Gesellschaft ihren Beitrag, indem sie die Arbeiterklasse organisiert. Dieser Beitrag ist wesentlich, aber er ist doch nur ein Stück der großen Gesamtentwicklung, zu der die ländlichen Genossenschaften, die Handwerkerverbände, Kaufmannsverbände, Beamtenvereine, Technikervereine, Unternehmervereine und Kartelle auch gehören. Das Sozialistische ist nicht mehr Spezialität der Sozialdemokratie. Die Idee der Genossenschaftlichkeit ist viel allgemeiner geworden, und die Idee des Staatssozialismus ist durch die

Praxis zurückgedrängt worden. *Was bleibt jetzt der großen sozialdemokratischen Bewegung übrig, als allen Nachdruck auf die Demokratisierung der Wirtschaftsordnung zu legen?* Sie muß die Großbetriebe, Kartelle, Genossenschaften demokratisieren. Das aber ist die alte *liberale* Idee vom Kampfe der vielen um ihren Anteil an der Herrschaft, das ist die Idee der Persönlichkeiten, die sich nicht bloß als Maschinenteile des wirtschaftlichen Mechanismus wollen verbrauchen lassen. Auch die Sozialdemokratie hat in Wirklichkeit kein anderes Wirtschaftsprogramm mehr, als der zur Erkenntnis der Tatsachen gekommene Liberalismus.

Beide Teile versuchen, schon um ihres politischen und agitatorischen Gegensatzes willen, die Einheitlichkeit in allen großen Dingen zu verschleiern. Sie behaupten noch immer, daß eine ungeheure Kluft zwischen ihnen sei. Diese Kluft ist vorhanden, aber sie ist nicht mehr so ungeheuer groß, wie sie im Interesse der gegenseitigen Bekämpfung oft dargestellt wird. Als einst Eugen Richter seine Bilder aus dem sozialdemokratischen Zukunftsstaate schrieb, lagen die Dinge noch anders als heute. Damals hatte der Liberalismus noch kein Bewußtsein davon, daß die Zeit des Einzelunternehmers sich so schnell in eine Zeit der Verbände verwandeln würde, und damals sah der Sozialismus noch nicht, daß die Verfassung des industriellen Zukunftsstaates in den Händen seiner kapitalistischen Gegner entstehen würde. Ein Liberalismus, der sich nur auf unkartellierte, ungenossenschaftliche, ungewerkschaftliche Einzelmenschen gründen wollte, würde heute ein Unding sein, eine Art Paganismus, eine geschichtliche Rückständigkeit. Er muß sich auf Verbandsmenschen gründen, die als Verbandsmenschen Persönlichkeitswert bewahren wollen. Ebenso würde ein Sozialismus, der da glauben wollte, er könne das ganze jetzt entstehende System der Organisation der Arbeit erst noch einmal zerbrechen, um dann aus seiner Idee heraus einen Neubau aufzurichten, ein zweckloser Utopismus sein. Noch gibt es auf beiden Seiten Vertreter dieser alten Denkformen, es gibt einen Liberalismus stehengebliebener Kleinbürger und einen Sozialismus unpraktischer Utopisten, aber zwischen diesen beiden absterbenden Formen, denen der Boden der Wirklichkeit mehr und mehr entschwindet, arbeitet sich die Gemeinsamkeit aller derer empor, die auf dem Boden der Tatsachen den Fortschritt und die Freiheit erringen wollen, indem sie die von selbst entstehende Gestaltung der Wirtschaft anerkennen, aber mit Persönlichkeitsrechten und Persönlichkeitsschutz füllen und durchsetzen wollen. Es entsteht die Weltanschauung derer, die für Technik und Freiheit kämpfen, es entsteht die *neudeutsche Wirtschaftspolitik*.

Schon jetzt gehen Sozialdemokraten und Liberale zusammen in folgenden praktischen Angelegenheiten:

in der Handelspolitik (Kampf gegen die Zölle),
in der Geldpolitik (Goldwährung, Börsengesetzgebung),
in der Verkehrspolitik (Kanäle, Tarife),
in der Mittelstandsfrage (für Genossenschaften, gegen Zünftlerei),
in der Steuerpolitik (Erbschaftssteuer, Einkommensteuer),
in der Rechtspolitik (Koalitionsrecht, Arbeiterschutz).

Was gegensätzlich zwischen ihnen beiden liegt, sind einerseits Fragen der Taktik, des Temperaments, der Tonart, und andererseits Fragen der Interessengegensätze innerhalb des wirtschaftlichen Liberalismus. Dazu kommen Gegensätze politischer Art, die wir hier nicht zu besprechen haben (Heer und Flotte, Budgetverweigerung usw.). Es gibt in der liberalen Gesamtströmung verschiedene Teile, die wir etwa so gruppieren können:

bürgerlicher Liberalismus	Unternehmer Kaufleute Bauern Handwerker Beamte Angestellte Kleinbauern
proletarischer Liberalismus	Kleinhandwerker Kleinkrämer Unterbeamte Werkmeister Gelernte Industriearbeiter Industrielle Hilfsarbeiter Hausindustrielle Landarbeiter

Die zwei Hauptgruppen sind nicht scharf voneinander geschieden, denn sowohl beim Kleinbauern wie beim Kleinhandwerker, Werkmeister und Unterbeamten hängt es oft von fast zufälligen Begleitumständen ab, ob sein Liberalismus, falls er vorhanden ist, mehr die Farbe des bürgerlichen oder des proletarischen Liberalismus trägt. Oft waren es nur Fehler, die im Liberalismus begangen wurden, was diese Schichten zur Sozialdemokratie drängte. Trotzdem aber läßt sich nicht verkennen, daß innerhalb jeder der beiden Hauptgruppen ziemlich verschiedene Interessen zusammengefaßt sind, und daß zwischen ihnen beiden nicht unwesentliche Differenzen bestehen, die den gemeinsamen Kulturzielen Hemmnisse in den Weg legen. *Sobald alle diese Einzelgruppen kleinlich und selbstisch vorgehen wollen, werden sie jede sieghafte Aktion einer fortschrittlichen Wirtschaftspolitik unmöglich machen. Es ist viel gegenseitige*

Duldsamkeit notwendig, damit wir überhaupt einen neudeutschen Liberalismus bekommen können. Es muß zwischen ländlichen und städtischen Interessen, zwischen Klein- und Großbetrieben, zwischen Unternehmern und Arbeitern, zwischen Angestellten und Arbeitern, zwischen gelernten und ungelernten Arbeitern ein ständiges Ausgleichsverfahren in Gang kommen, wenn nicht die Menge der inneren Spannungen den Liberalismus auseinandertreiben soll. Der englische Liberalismus hat es fast 60 Jahre lang verstanden, dieses Ausgleichsverfahren zu üben, und auch jetzt, wo eine besondere englische Arbeiterpartei sich bildet, hört dieses Bemühen nicht auf. Wir stehen in Deutschland erst am Anfang dieser 60 Jahre. Bei uns hängt aller wirtschaftspolitischer Fortschritt von dem Gelingen dieser taktischen Leistung ab. Eine Linke, die sich selbst zerreißt, ist von vornherein machtlos. Deshalb müssen die Temperamentsunterschiede, die es zwischen der liberalen Oberschicht und Unterschicht stets gibt und geben muß, als vorhandene Notwendigkeiten hingenommen und beiderseits ertragen werden. Der ungelernte Arbeiter wird, wenn er einmal geweckt ist, im Durchschnitt radikaler sein als der gelernte Arbeiter, dieser wieder radikaler als der Beamte, dieser unter Umständen radikaler als der Unternehmer und Bauer. Wem die Tonart alles ist, der verzichtet auf den Erfolg.

Aber auch abgesehen von diesen Unterschieden in Energie und Tempo bleiben sachliche Schwierigkeiten genug, deren größte die Differenz zwischen Arbeitskäufern und Arbeitsverkäufern ist. Für sie gibt es keine absolute Lösung, aber die Durchführung des reinen liberalen Prinzips ist die beste Erleichterung dieser dauerndsten Schwierigkeiten, die es gibt. Wenn beiderseits die Achtung der Persönlichkeit und die unbedingte Freiheit der Koalition festgehalten wird, dann sind es kaufmännische und rechtliche Fragen, die in Wirtschaft und Politik strittig bleiben, und bei denen kein Teil es dem anderen verübeln wird, wenn er seine Interessen korrekt und zäh vertritt. Ausgeschlossen muß sein jede Art von Herrschaftsarbeit und jede Art von Bevormundung. Unser ganzes Buch hat den Zweck zu zeigen, daß es möglich ist, die sich streitenden Einzelinteressen in den Gedanken einer gemeinsamen vorwärtsschreitenden neudeutschen Kultur einzuordnen. Diese Kultur muß eine Methode der Mitbeteiligung aller an Leitung und Ertrag der Produktion zum Ziele haben. Das ist neuer Liberalismus, ebenso wie die Beteiligung aller am Staat das Ziel des älteren rein politischen Liberalismus war.

Nur mit einem lebendigen gemeinsamen Glauben an diese Kulturaufgabe wird die schwere Schlacht gegen die vereinigten

Mächte des Rückschrittes erfolgreich geschlagen werden. Vom Sieg in dieser Schlacht aber hängt die deutsche Zukunft ab. Wir wenden jetzt am Schlusse dieser Arbeit den Blick noch einmal zurück auf das, wovon wir ausgegangen sind. Das deutsche Volk wächst, wächst, wächst. Dieses Wachstum bedeutet Mangel und Knechtschaft, wenn es nicht erfüllt wird mit Technik und Freiheit. Ein wachsendes Volk mit einer rückständigen Wirtschaftspolitik ist ein Volk, das der Sorge und der Revolution in die Arme läuft. Der Bann der Zöllner muß gebrochen werden! Helfe, wer helfen kann! Jeder, der Zukunftsgeist in seiner Seele hat, der neuen Willen, frisches Hoffen kennt, jeder, der selber aufsteigen will und seinen Kindern ihre Lebenspfade ebnen, muß tatkräftig und unermüdlich dort stehen, wo man die neudeutsche Wirtschaftspolitik zu erkennen und zu verwirklichen sucht, auf der deutschen Linken. Möge das, was wir geschrieben haben, trotz aller Schwächen und Mängel der Darstellung ein kräftiger Weckruf sein zu lebendiger Arbeit am Wohle der Gesamtheit!

Kolibri 360 GmbH
Ferdinand-Jühlke-Straße 7
99095 Erfurt, Deutschland
produktsicherheit@kolibri360.de